제 2 판

세법입문

이창희 · 임상엽 · 김석환 · 윤지현 · 이재호 공저

박영사

I. 세법공부는 왜?

이 책은 세법을 처음 공부하는 학생들을 위한 교재이다. 초학자들이 통상 필요로 하는 세법지식을 전달하고 세법 문제를 풀어나갈 수 있는 사고방식을 익힐 수 있도록 만들려고 하였다. 시작 단계에서 일러두고 싶은 몇 가지 사항들을 적어 둔다.

세법을 처음 공부하는 사람들 가운데에는 여러 가지 유형이 있다. 대학 1, 2학년 단계에서 세무나 회계를 전공하는 학생도 있고, 학부 법학과에서 세법을 처음 배우는 학생도 있다. 회계사나 세무사 시험공부를 하면서 처음 배우는 사람도 있을 것이다. 흔히 말하는 '로스쿨'에 들어와서 세법을 처음 배우는 학생도 있고, 이미 법률가가 되었지만 세법은 배운 적이 없는 사람도 있다. 이 책은 이런 여러 유형의 초학자들 모두가 일단 쉽게 접할 수 있는 교재로 개발한 것이지만 기본적으로는 아예 법을 배운 적이 없는 독자를 대상으로 삼고 있다.

세법을 올바르게 이해하고 적용하기 위해서는 여러 분야에 관한 이해가 필요하다. 헌법, 행정법, 민법, 상법과 같은 다른 법영역은 물론, 회계학 지식도 필요하고 나아가 경제학과 같은 사회과학 분야도 알아야 하는 경우가 많다. 누구에게 세금을 얼마나 물릴 것인지는 대체로 그 사람의 경제적 처지에 달려 있고, 이러한 처지를 정확히 측정하기 위해서는 마땅히 경제학적 사고방식이 필요한 것이다. 세법은 애초 만들 때부터 이런 경제학적 분석 위에 서 있다. 세법이 어렵게 느껴지는 진정한 이유는 바로 여기에 있다. 그러나 이런 제대로 된 분석은 본격적 교과서에서나 다룰 수 있는 것이고, 이 책에서는 독자가 정말로 꼭 생각해보아야 하는 최소한의 논점만 던져보고 있을 뿐이다.

세법은 우리 사회에서 매우 중요한 자리를 차지한다. 세법 또는 세무를 전문 직업으로 삼는 사람만도 세무사, 공인회계사, 상당수의 변호사 등 몇 만 명이 넘고, 다른 한편으로는 국세청이나 지방자치단체에도 몇 만 명의 세무공무원이 있다. 기업체에도 모두 세무를 담당하는 직원들이 따로 있다. 이들의 업무를 보조하는 인력까지 다 합하면 아마 수십 만 명이 세법 실무에 종사하고 있으리라. 일반인의 입장에서도 월급을 받든 집을 팔든 무엇이든 경제활동을 할 때마다 세금 문제를 피할 수가 없다. 그러다 보니 헌법소송이나 행정소송 사건의 상당수가 세금 사건이다. 세금 문제를 정확히 모른다면 그러한 거래를 통하여 실제로 당사자들이 어떠한 손익을 얻게 되는지, 아예 손해를 보는 것이나 아닌지 제대로 알 길이 없다. 회사설립, 이익배당, 자본의 증감, 인수합병 이런 복잡한 거래는 세법이야말로 이해관계를 따지는 핵심이다.

마지막으로 세법을 공부해야 하는 가장 큰 이유는 도대체 어떤 나라를 만들어야 하는가라는 민주시민으로서 피할 수 없는 고민과 덕성의 문제이다. 예전에는 나라의 경제가 거듭거듭 성장한 덕택에 늘어나는 재정수요를 큰 마찰 없이 쉽게 마련할 수 있었지만 이제는 세상이 바뀌었다. 복지지출 등 돈 쓸 곳은 점점 느는데 경제성장은 점점 둔화해서 나라의 곳간은 갈수록 비기 쉽다. 세금을 누구로부터 어떻게 걷어야 하는가를 둘러싸고 그야말로 첨예한 사회적 대립이 벌어지고 있다. 세금 문제는 어느 때보다도 중요한 정치문제가 되고 있다. 이 상황에서 세금에 관한 문제를 좀 더 잘 알고 이해하는 것은 우리가 살고 있는 이 나라, 이 사회가 어디로 가고 있고 어디로 가야 하는가에 바로 직결된다. 우리나라의 민주주의가 제대로 돌아가려면 직업적 법률가가 아닌 일반 시민도 한 사람 한 사람이 세법의 기본을 고민해보아야 한다.

이 책은 필자들이 이러한 생각 하에서, 세법에 관한 생각거리 가운데에서 그래도 가장 기본적인 사항을 가급적 쉽게 소개하려고 노력한 결과물이다. 지엽적이거나 너무 어려워서 아무래도 전문가들한테나 어울리는 내용은 과감히 제외하려고 한다. 대신 일단 소개하려고 한 사항들은 가능한 한 차근차근, 필요한 경우에는 사례를 들어 소개할 것이다. 법을 공부한 적이 없는 대학 1, 2학년 수준을 전제하다 보니 이 책에는 불가피하게 법학의 기초에 관한 설명이 이것저것 들어 있다. 세법을 제대로 이해하려면 법을 알아야 한다. 세무 실무자나 세무 실무를 위한 공부를 하는 학생들도 마찬가지이다. 한편 법대나 로스쿨 학생, 나아가서 기성 법률가들의 입장에서는 이미 다 아는 내용을 또 읽느라고 시간을 허비할 이유는 없다. 이 두 가지 고려를 동시에 달성하는 방편으로, 이 책을 공부하면서 기초적 법학지식이 필요해질 때에는 그에 관한 설명을 본문과 구별해서 '기초학습'이라는 제목이 달린 박스 속에 따로 표시해 두기로 하였다.

공부의 정도(正道)는 학생들이 논점에 대한 호기심을 갖도록 부추기고 그에 따라 스스로 문제를 발견하고 답을 깨달아 가도록 하는 것이다. 그렇지만 이 책의 많은 부분에서는 어쩔 수 없이, 이런 이상적인 접근방법을 버리는 대신, 이미 법으로 정해진 내용과 법의 바른 해석으로 법률가들이 널리 받아들이고 있는 결론들을 그냥 제시하고 있다. 세법이라는 것이 워낙 생소한 분야임을 감안하여 내린 고육책임을 양해해 주기 바란다. 물론 그 이상의 것들을 궁금해 하는 학생들도 얼마든지 있을 수 있기 때문에, 이들을 위해서 필요한 곳에는 따로 '심화학습'난을 두어 법을 만들거나 해석하는 사람들은 실제로 어떠한 것들을 고민하고 논의하는지를 창 밖에서나마 엿볼 수 있도록 하였다. 기성 법률가나 로스쿨 학생의 입장에서는 실제로 중요한 문제들이지만, 법을 배운 적이 없는 학생들이라면 꼭 깨우치지 못해도 괜찮다. 읽어보다 잘 모르겠으면 그냥 넘어가도 된다. '심화학습' 내용을 잘 몰라도 그 뒤에 나오는 내용을 이해하는 데 아무 지장이 없다. 필자들의 이러한 시도와 노력이 학생들의 수요와, 각자가 현재 처해 있는 상황에 적절한 것이기를 바랄 뿐이다.

Ⅱ. 이 책의 구성

우선 제1장에서부터 제3장까지는 세법 전체에 적용되는 공통된 원칙을 설명한다. 제1장에서는 우선 세법이 헌법 질서의 일부로서 존재하고 헌법에 어긋날 수 없다는 점을 설명하고, 그와 같이 존재하는 세법을 어떻게 해석·적용해야 하는지를 간단히 살핀다. 제2장에서는 구체적 사실관계를 놓고 세법을 해석·적용한 결과 국가와 국민 내지 납세의무자 사이에 생겨나는 권리의무라는 법적인 관계를 공부한다. 어떤 권리의무가 어떤 식으로 생기고 일단 생긴 권리의무는 어떻게 소멸하는지를 공부한다. 제3장에서는 그러한 법률관계를 둘러싸고 분쟁이 발생하면 이를 어떻게 해결하는가를 살핀다.

제4장 이후에서는 우리나라에 현재 존재하는 구체적인 세목들 중 중요한 것들을 하나하나 살핀다. 주된 관심의 대상이 되는 것은 소득에 대한 세금인 소득세와 법인세, 그리고 소비에 대한 세금인 부가가치세이다. 상속세와 증여세도 법률실무에서는 중요하고 때때로 국민들의 관심도 끌지만, 실제로 우리 국민 가운데 이 세금을 내는 사람은 극소수이고 국가 재정에서 차지하는 비중도 크지 않으므로 이 책에서는 다루지 않는다.

소득세란 기본적으로 개인을 납세의무자로 삼는 세금이다. 대표격으로 근로자의 근로소득이나 개인사업자의 사업소득에 물리는 종합소득세를 들 수 있다. 많은 사람이 평생 몇 번은 부딪히게 되는 양도소득세도 소득세법에 들어 있다. 제4장에서는 소득세법 전체의 윤곽을 공부하고, 제5장에서는 종합소득과 퇴직소득을, 제6장에서는 양도소득을 공부한다.

법인세는 법인을 단위로 삼는 소득과세이고, 법인세제는 출자자나 주주에 대한 과세와 서로 얽혀 있다. 제7장에서는 법인세의 윤곽과, 법인의 설립에서 청산에 이르는 과정에서 법인 및 주주에게 어떤 세금 문제가 생기는지를 공부한다. 그 뒤 세 장은 대개 '세무회계'라고 부르는 내용이다. 제8장에서는 총론에 해당하는 내용을, 제9장에서는 사업활동에서 생기는 손익과 고정자산에서 생기는 손익을 공부한다. 제10장에서는 경제적 소득이나 기업회계상의 당기순이익과 세법상 소득 사이에 어떤 차이가 있는가를 항목별로 짚어본다.

부가가치세는 법인·개인의 구별 없이 모든 '사업자'가 내는 소비세이다. 제11장에서는 부가가치세라는 제도의 윤곽을 공부하고, 제12장에서는 부가가치세에 관한 실제 사업자들이 내는 세액을 어떻게 계산하는가를 공부한다. 제13장에서는 부가가치세 면세사업자 제도와 국제거래에 관련한 영세율 제도를 공부한다.

PART 01 세법과 조세법률관계

CHAPTER 01 세법의 입법과 해석 · 적용

CHAPTER 02 조세법률관계

CHAPTER 03 세무조사와 쟁송

PART 02　소득세

CHAPTER 04　소득세법의 기본 구조

CHAPTER 05 종합소득과 퇴직소득

CHAPTER 06 양도소득

PART 03 법인세

CHAPTER 07 법인세와 주주과세

CHAPTER 08 소득의 기간개념과 세무회계

CHAPTER 09 **주요 손익 항목**

CHAPTER 10 **익금불산입과 손금불산입**

PART 04　부가가치세

CHAPTER 11　부가가치세의 틀: 기본 구조 및 요소

CHAPTER 12　부가가치세의 납부세액

CHAPTER 13 **면세, 간이과세, 국제거래의 과세**

세법과 조세법률관계

CHAPTER

세법의 입법과 해석·적용

제1절 **세법과 헌법**

Ⅰ. 헌법과 세법의 관계

　　우리나라에서 가장 높은 위치를 차지하고 있는 법규범은 말할 나위도 없이 헌법, 곧 '대한민국헌법'이다. 정확히는, 적어도 법률적 관점에서는 대한민국이라는 국가가 '대한민국헌법'에 의하여 창설된 것이다. 물론 우리 역사는 고조선 시대로 거슬러 올라가고 1948년에 대한민국헌법을 제정하면서 우리나라가 처음 생긴 것은 아니다. 여기에서 말하는 바는 '대한민국'이라는 이름을 달고 있는 현재 상태의 우리 정부나 법체계가 1948년의 대한민국헌법에 의해 생겨났다는 것이다. 아무튼 대한민국의 모든 법은 그 형식이나 내용이 헌법에 맞아야 한다. 헌법에서 정한 형식과 내용에 어긋나는 법은 흔히 말하듯 '위헌(違憲)'이며 일반적으로 '효력이 없다'고, 곧 '무효(無效)'라고 말할 수 있다. 세법도 법이므로 헌법에 어긋나는 세법은 위헌으로서 무효이다.

기 초 학 습

헌법재판소와 위헌법률심사

▲ 1987년 6월 민주화운동과 이한열 열사 영결식 장면. 헌법재판소는 이러한 역사적 사건들의 결과물이다.

　1987년 수십 년 만에 비로소 민주적인 절차를 거쳐 헌법이 개정되면서 헌법재판소가 생겼다. 헌법재판소의 역할 가운데 가장 중요한 것이 위헌법률심사, 그러니까 국회가 만든 법률이 헌법에 어긋나는지 아닌지를 심사하는 것이다. 논의를 세법으로 좁혀 보면, 과세를 당한 납세의무자가 법원의 소송에서 과세처분을 다투면서 그러한 과세의 근거가 된 법률 자체가 위헌이라고 주장할 수 있다. 즉 과세는 '법대로' 하였지만 그 '법'이 잘못되었다는 것이다. 이때 납세자는 법원의 '위헌법률심판 제청'이라는 절차를 거치거나, 법원이 그러한 제청을 실제로 해주지 않는다면 헌법재판소에 직접 내는 '헌법소원'이라는 절차를 거쳐서 헌법재판소로 사건을 가져갈 수 있다. 그 결과 헌법재판소로부터 위헌이라는 결정을 받은 법률은 정말로 무효가 된다. 납세자는 꼭 법원에 '위헌법률심판 제청'을 구하는 절차를 먼저 거쳐야만 하는가? 현재의 법에 따르면 그렇다. 법원을 전혀 거치지 않은 채 납세자가 바로 헌법재판소로 달려갈 수는 없다.

Ⅱ. 헌법의 관련 조문

그런데 헌법의 모든 조항이 다 세금과 관련을 갖는다고 말할 수는 없을 터이고, 헌법의 조항 중에서도 세법과 특히 자주 관련을 갖는 몇몇이 있다. 그 중 가장 중요한 것이 아마도 제59조이다.

> 대한민국헌법 제59조 조세의 종목과 세율은 법률로 정한다.

이 절의 나머지 부분에서 계속 살펴보려고 하지만, 널리 받아들여지기로는 이 조항이 이른바 '조세법률주의'를 규정하고 있는 것이라고 한다.

그 밖에도 세금과 특별히 관련이 있는 조항들이 있을 수 있는데 현실적으로 많이 문제가 되는 것에는 제11조가 정하는 평등 원칙 또는 평등권이 있다. 세금과 관련하여 사람들을 평등하게 취급하여야 한다는 것이다. 그 밖에 이른바 경제 조항에 나오는 다음 글귀—아마 언론에서 종종 들어 보았을 '경제 민주화'라는 말을 실제로 담고 있다—도 사실은 중요한 의미가 있다.

> 대한민국헌법 제119조 ② 국가는 균형 있는 국민경제의 성장과 적정한 소득의 분배를 유지하고 시장의 지배와 경제력의 남용을 방지하며, 경제주체 간의 조화를 통한 경제의 민주화를 위하여 경제에 관한 규제와 조정을 할 수 있다.

국가가 '적정한 소득의 분배를 유지'할 의무를 지는 이상, 소득이 더 많은 사람에게는 더 높은 비율—흔히 '누진세율'—로 세금을 물리는 제도가 정당화되기 때문이다.

물론 이 조항은 소득이 더 많은 사람에게 '어느 정도의' 높은 비율로 세금을 물리는 것이 정당한지에 관하여는 더 이상의 기준을 제시하지 않는다. 계속해서 등장하는 '부자 증세' 논란에서도 보듯이, 이 문제는 헌법 조항의 '해석'만으로 해결될 수 있는 문제는 아마도 아닌 듯하다.

제2절 │ 조세법률주의

Ⅰ. 조세법률주의의 뜻

헌법 제59조는 조세의 '종목'과 '세율'을 '법률'로 정하여야 한다고 한다. 이때 '법률'은 흔히 말하는 '형식적 의미의 법률', 곧 국회가 법률이라는 이름 또는 형식으로 제정한 법규범을 가리킨다.

글귀를 보면 헌법 제59조가 '종목'과 '세율'만 언급하고 있지만 헌법이 '법률'로 정하라고 명령하고 있는 대상은 그보다 더 범위가 넓다고 이해함이 보통이다. 이것이 바로 조세법률주의의 핵심 내용인데, '종목'과 '세율'뿐 아니라 조세와 관련하여 일정한 범위의 중요한 사항은 반드시 법률로 정하라고 한다. 따라서 그러한 '일정한 범위의 중요한 사항'으로 일단 인정되면, 그러한 것들은 반드시 법률로 정하여야 한다. 그 내용이 아무리 보편타당하더라도 법률에 규정되지 않고 대통령령(시행령)이나 기획재정부령(시행규칙)에 들어 있게 되면 헌법 제59조에 어긋나게 되는 것이다.

기초학습

법률과 명령

법전에서 가령 '소득세법'이라는 법률을 찾아보면, 그 뒤에(출판사에 따라서는 그 옆에) '소득세법시행령'이라는 것이 나타나고 다시 그 뒤에(또는 그 옆에) '소득세법시행규칙'이 나온다. 소득세법의 가장 앞부분에 보면 '소득세법'이라는 법률의 제목과 함께 '법률 제○○○○호'라는 말이 적혀 있다. '소득세법시행령'과 '소득세법시행규칙'에는 같은 방식으로 각각 '대통령령 제○○○○호', '기획재정부령 제○○○○호'라고 적혀 있다.

'법률'은 국회가 헌법이 정한 절차를 밟아서 만든다. 한편 헌법 제75조는 '대통령은 법률에서 구체적으로 위임받은 사항과 법률을 집행하기에 필요한 사항에 관하여 대통령령을 발할 수 있다'고 정하고 있다. 또 헌법 제95조는 '국무총리 또는 행정각부의 장은 소관 사무에 관하여 법률이나 대통령령의 위임 또는 직권으로 총리령 또는 부령을 발할 수 있다'고도 정하고 있다. 이러한 대통령령과 부령을 내자면 헌법상 일정한 절차를 밟아야 한다. 소득세법시행령이란 이 헌법 규정에 따라 나온 대통령령이고 소득세법시행규칙이란 이 헌법 규정에 따라 나온 기획재정부령이다.

다른 차원의 구별로 위임명령과 집행명령이 있다. 위임명령이란 법률이나 상위명령에서 그 규정을 위임받은 사항을 정하는 명령이다. 가령 소득세법을 보면 "대통령령으로 정하는 … " 등과 같이 표시하여 하는 위임이 있고, 반대로 그에 터잡은 시행령을 보면 "법 제○○조에서 '대통령령으로 정하는 … '란 이렇고 저런 것을 말한다"와 같이 쓰인 내용이 있다. 이런 내용의 시행령 조항이 바로 위임명령이다. 드물게는 법률에서 바로 기획재정부령에 위임하는 것도 있다. 마찬가지로 소득세법시행령이 다시 기획재정부령에 일정한 사항을 위임하고 소득세법시행규칙을 보면 그를 받아서 일정한 내용을 위임명령으로 정한 것을 찾을 수도 있다.

한편 집행명령이란 이런 위임이 없는 상태에서 시행령이나 시행규칙이 알아서 정하고 있는 조항을 말한다. 법률의 내용을 실제로 집행하는 과정에서 행정부 내부에서 정해두어야 하는 사항들(기실 그 내용의 대부분은 법률의 뜻을 더 자세히 풀이한 것이다)을, 따로 위임을 받지 않은 상태에서도 스스로 정하고 있는 것이다. 실제로 소득세법시행령을 찾아보면 위임명령보다는 집행명령에 해당하는 내용이 더 많다.

이러한 위임명령이나 집행명령이 유효하려면 어떤 요건을 갖추어야 하는가? 위임명령의 경우에는 구체적인 위임의 범위 안에 있어야 하고 집행명령이라면 법률이나 시행령의 집행에 필요한 범위 내의 것이어야 한다. 그 범위를 벗어나게 되면 시행령이나 시행규칙은 무효가 된다. 그리고 이와 같이 시행령이나 시행규칙의 내용이 위임의, 또는 집행을 위한 범위 안에 있는가, 또 달리 헌법이나 법률에 맞는가는 모두 (헌법재판소가 아니라) 법원이 판단한다.

Ⅱ. 과세요건명확주의, 그리고 과세요건법정주의와 포괄위임 금지의 원칙

조세법률주의, 곧 조세에 관한 법규범을 만들 때 일정 범위의 중요사항은 반드시 법률로 정하여야 한다는 생각은 주로 1990년대 중후반에 헌법재판소 판례로 확립되었다. 왜 그래야 하는가, 그래야 한다면 중요사항이란 그 범위가 과연 어디까지인가에 관한 논란은 계속되고 있지만 조세법률주의 그 자체에 관한 헌법재판소의 입장은 현재에도 확고한 판례로 남아 있다.

　　헌법재판소가 들고 있는 조세법률주의의 가장 중요한 내용은 과세요건법정주의와 과세요건명확주의, 이 두 가지이다. 이는 방금 이야기한 것처럼, 세금에 관한 일정한 범위의 사항(곧 '과세요건')은 법률로 정하여야 하고(법정주의), 그와 같이 법률로 정할 때에는 명확한 말로 적어야 한다는 것이다(명확주의). 헌법재판소의 어느 결정 중 중요 부분을 발췌하여 이를 살펴보도록 하자.

> 헌재 2006. 11. 30. 2006헌바36등 결정[1]
> "조세법률주의는 과세요건법정주의와 과세요건명확주의를 그 핵심적 내용으로 하고 있다."
> "과세요건법정주의는 납세의무를 성립시키는 납세의무자, 과세물건, 과세표준, 과세기간, 세율 등의 모든 과세요건과 부과·징수절차는 모두 국민의 대표기관인 국회가 제정한 법률로 규정하여야 한다는 것"
> "과세요건명확주의는 과세요건을 법률로 규정하였다고 하더라도 그 규정내용이 지나치게 추상적이고 불명확하면 이에 대한 과세관청의 자의적인 해석과 집행을 초래할 염려가 있으므로 그 규정내용이 명확하고 일의적이어야 한다는 것"
> "과세요건을 국회가 제정한 법률로 명확하게 규정함으로써 국민의 재산권을 보장함과 동시에 국민의 경제생활에 있어서의 법적 안정성과 예측가능성을 보장하기 위한 것"

　　세금 문제에 관한 중요사항은 반드시 국회가 만든 법률에 적어두어야 한다는 뜻에서 조세법률주의란 세법을 입법하는 '형식'에 관한 헌법의 제약이다. 그 내용의 타당성과 관계없이 그 존재 형식이 반드시 '법률'이어야만 한다고 하기 때문에 그렇다. 기실 이런 생각은 세법만이 아니라 다른 법률에도 있고, 그것을 '형식적 법치주의'라 부른다. 그러면 왜 이와 같이 국회입법이라는 절차를 통해서 만든 법률(좀 이상하게 들리겠지만 법률가들은 이를 '형식적 의미의 법률'이라 부른다)에 집착하는 것일까? 이는 '법률'과 '행정입법'이 다르고 입법부와 행정부가 다르다는 생각 때문이다. 입법부는 국민의 대표들로 이루어진 곳이어서 입법부가 만드는 법률은 국민의 의사를 대표하는 것이며, 반대로 행정부는 흔히 국민의 기본권과 재산권을 억압하고 침해할 우려가 큰 곳이기 때문에, 행정부의 과세권을 법률로 제약해야 한다는 것이다. 이는 서양에서 근대 민주주의가 발생하여 온 과정과

---

1) 여기서는 편의상 비교적 최근의 결정을 인용하지만, 이 결정에서 처음 나온 이야기가 아니고 이미 그보다 10여 년 전부터 계속하여 쓰여 온 내용이다.

일치하며(영국 역사에서 대헌장(Magna Carta), 권리청원(Petition of Rights) 등이 왜 나왔는지를 확인하여 보라), 곧 '대표 없이 과세 없다(no taxation without representation)'는 단순명료한 구호로도 잘 표현된다.

이러한 역사적 배경 하에서 조세법률주의는 현재의 우리나라에서도 널리 받아들여지고 있다. 이는 앞에 발췌 인용한 헌법재판소 판례에서 확인할 수 있다. 그런데 정말로 입법부와 행정부에 관한, 방금 살펴본 것과 같은 단순한 이분법이 정당한 것일까? 지금같이 세법이 온갖 법영역 중에서도 가장 복잡하고 까다로우며 그 이해에 전문적 지식을 요구하는 것으로 여겨지는 시대에도 입법부가 늘 그 대강을 정해야 한다는 생각이 옳을까?

이 문제에 관련해서는 방금 발췌하여 소개한 결정 중 특히 마지막 문장에 주목할 필요가 있다. 서양사의 발전 과정과 관계없이 지금의 우리나라에서 왜 조세법률주의를 강조하여야 하는지에 관하여 나름대로 답하고 있기 때문이다. 곧 납세자가 어떤 경우에 어느 정도의 세금을 부담할지에 관하여 일정한 예측을 할 수 있어야 하고, 그러한 예측이 미리 이루어졌을 때 나중에 뒤집히는 일이 생겨서는 안 된다는 것이다. 그렇지 않으면 불확실성이 증대하여 궁극적으로 경제에 해악을 끼치게 되기 때문이다. 그리고 조세법률주의가 실제로 정당한지는, 시행령이나 시행규칙이 아니라 반드시 법률에 일정한 사항을 규정하여야만 그러한 예측가능성과 법적 안정성이 보장되는지에 따라 생각해 보아야 할 것이다.

여기쯤 왔으면 반드시 법률로 정해야 하는 중요한 사항의 범위를 정하는 기준에 관하여도 약간 감이 생기기 시작했을 것이다. 즉 법률로 정하여져야 하는 중요한 사항이란 납세자의 예측가능성과 법적 안정성에 영향을 미치는 범위의 것이라고 뒤집어 말할 수 있다. 그리고 그러한 예측가능성 등에 영향을 미치지 않는 사항이라면 반대로 법률로 정하지 않고 시행령이나 시행규칙에 규정을 위임하더라도 무방하다는 것이다. 이러한 의미에서 실제로 위임입법이 흔히 행하여지는데, 이때에는 헌법이론에서 말하는 '포괄위임 금지'의 원칙도 같이 문제 삼는 경우가 많다. 즉 법률에서 그 범위를 명확하게 정하지 않고 하위법령에 그 규정을 포괄적으로 위임하게 되면, 예측가능성·법적 안정성의 문제를 일으켜 과세요건명확주의에도 반하고 동시에 포괄위임 금지의 원칙에도 반하여 위헌이라는 것이다.

Ⅲ. 조세법률주의의 적용사례

기 | 본 | 사 | 례

'고급오락장'이란?

실제 일어난 사건을 가지고 한 번 살펴보자.[2] 부동산의 소유권을 갖고 있는 사람은 그 부동산의 가치에 따라 매년 일정한 재산세를 부담하는데, 예나 지금이나 부동산의 용도에 따라 그 부담하는 세금의 정도가 다르다. 그런데 예전 지방세법은 '고급 오락장용 건축물'에는 일반적인 경우보다 더 무거운 세금을 물리는 것으로 정하고 있었다. 그리고 그 구체적인 범위는 하위법령에서 정하도록 하였다. 실제로 당시의 지방세법 시행규칙은 '고급 오락장용 건축물'에 해당하는 경우를 상세하게 열거하고 있었다.

이 사건은 지방세법 시행규칙에 '유흥주점'을 고급 오락장용 건축물의 하나로 명시한 데에서 생겼다. 자신이 소유한 건물의 일부가 유흥주점으로 쓰이고 있는 어느 건물의 소유주는, 지방세법이라는 '법률'만 보아서는 유흥주점용의 건물에 재산세를 무겁게 물린다는 내용이 분명하지 않기 때문에 시행규칙에 이 내용을 규정하는 것은 조세법률주의 위반이라고 주장하였다. 이 생각은 옳은가?

🖐 헌법재판소의 결정에 따르면, 이때 법률이 사용하고 있는 '고급 오락장용 건축물'이라는 말은 그 뜻이나 구체적인 범위가 충분히 명확하지 않다. 물론 법률로부터 더 상세한 규정을 위임받은 시행규칙에는 이에 관하여 더 구체적인 내용이 들어 있지만 이 내용들은 상당 부분 법률로 정하여져야 할 성격의 것이기 때문에, 결국 이러한 사항을 법률에 전혀 규정하지 않고 시행규칙에 곧바로 정한 것은 위헌이라고 보았다.

요컨대 법률이 사용한 '고급 오락장용 건축물'이라는 말이 그 자체로 납세자의 예측가능성과 법적 안정성을 보장하기에 충분히 명확하지 않다고 본 것이다. 그리하여 법률에 이러한 내용만을 정하고 하위 법령이 더 이상의 상세한 규정을 두도록 위임함은 포괄위임으로서 금지된다는 것이 헌법재판소의 입장이었다.

---

2) 헌재 1999. 3. 25. 98헌바11 등 결정.

뒤에 제5절에서 실질과세 원칙을 살펴볼 때 다시 언급하겠지만, 최근에 와서는 과세 측면에서 행정부의 자의(恣意)를 억제하는 것에 못지않게 과세관청이 적정한 과세를 할 수 있는 가능성을 보장하는 것이 중요시되고 있다. 이에 따라 구체적인 경우에 좀 더 탄력적으로 적용될 수 있도록, 세법에도 어느 정도는 포괄적인 개념을 사용할 필요성이 생겼다. 그 대신 더 구체적인 내용은 법률보다는 행정입법으로 그때그때 시의 적절하게 정하도록 하는 것이다. 헌법재판소도 소득세법 제20조 제2항이 정하는 '필요경비'의 개념과 관련하여서는 다음과 같은 설시를 남기고 있다(필요경비가 무엇이냐 하는 것은 소득세법을 공부할 때 보고, 여기서는 그저 '필요'라는 말의 애매함을 둘러싼, 앞에 소개한 것과 다른 입장을 확인하기만 하면 된다).

헌재 2002. 6. 27. 2000헌바88 결정
"필요경비의 내용이나 범위는 입법자가 법률로써 그 기준을 정할 수 없을 만큼 극히 다양하거나 수시로 변화하는 성질의 것이어서 이에 관한 입법은 행정입법인 대통령령에 위임될 수밖에 없는 불가피한 사정이 있고 그 위임에 있어서도 구체성과 명확성이 다소 완화되어도 무방한 것으로 보여질 뿐 아니라, 위와 같이 필요경비의 의미가 분명한 이상 그 계산에 관하여 필요한 사항을 법률에 정하지 않고 하위법규에 위임하였다 하더라도 이는 기술적인 사항이나 세부적인 사항으로서 납세의무자인 국민이 그 대강을 쉽게 예측할 수 있는 경우라고 할 것"

본래 소득이란 경제 활동에서 발생하므로 어떤 소득을 과세할지 법률로 일일이 정하려면 그러한 경제 활동의 종류를 법률에 하나하나 정하여야 할 것이다. 그런데 경제 활동이라는 것이 하루가 다르게 진화하고 변화하는 것이니 입법부가 그 추이를 쫓아가기가 쉽지 않다. 그러므로 법률 차원에서는 '구체성과 명확성이 다소 완화'될 수밖에 없고 그 만큼 행정입법에 좀 더 의존할 필요가 있다는 것이다. 이는 예측가능성과 법적 안정성을 이유로 과세요건법정주의와 명확주의를 내세우는 앞의 설시와는 분명하게 다른 인상을 주는 입장이다.

조세법률주의의 문제는 이와 같이 한 마디로 쉽게 결론을 내기가 쉽지 않다. 독자들은 이러한 대립하는 생각들, 그리고 각 생각들이 타당성을 갖는 각각의 차원에 대하여 우선은 열린 마음을 갖고 대할 필요가 있으리라.

Tax In News

🎤 포괄적 입법의 한계는?

박문덕 하이트그룹 회장은 지난 2008년 2월 자신의 두 아들인 태영·재홍 씨가 주요주주로 있는 삼진이엔지에 자신의 개인회사인 하이스코트의 총 주식 100만주를 증여했다. 이 과정에서 삼진이엔지의 주가는 폭등했고, 서울지방국세청장은 박씨 형제에게 328억 원의 증여세를 부과했다. 이에 박 씨 형제는 증여세 부과가 부당하다며 소송을 제기했다. 과세당국은 상증세법 제2조 3항을 적용했다. 이른바 증여세 완전포괄주의이다. 이는 법인을 통한 증여를 했을 경우 주주 또한 상당한 이익을 얻었다고 판단, 주식 상승분에 따라 증여세를 부과하는 것이다. 하지만 보유 주식이 올랐다고 세금을 매기는 것이 적절한 지는 논란으로 남아있다. 또한 과세시점에 주식가치를 평가하기 때문에 주가 상승이 100% 증여에 따른 것이라고 증명하기 어려운 측면도 있다. 특히 비상장법인의 경우 주식가치 평가방식을 둘러싸고 이견이 분분하다. 물론 법인을 통한 증여는 그동안 편법증여 수단으로 활용돼 왔다. 현재 상속·증여세의 세율은 과세표준 구간에 따라 10~50%이며 과세표준이 30억원을 초과하게 되면 최고세율인 50%가 적용된다. 반면 법인세율은 10~22%로 상속·증여세 세율의 절반도 되지 않는다. 세법 전문가들은 모호한 완전포괄주의에 대한 수정이 불가피하다고 지적한다. 무엇보다 조세법률주의에 위반되며, 그만큼 과세권을 남용할 여지가 있다는 것이다. "포괄주의라고 하더라도 최소한의 기준은 필요"하고 "세법은 기본적으로 납세자가 예측가능해야 한다"는 것이다. 결국 이 사건은 납세의무자의 승소로 끝났다.

(2015년 7월 15일, 2016년 6월 28일 언론보도)

제3절 세법의 내용에 관한 위헌심사

　세법은 입법 형식만이 아니라 그 내용도 헌법에 맞아야 한다. 가령 앞서 들었던 헌법상의 경제조항이나 평등조항 등 실체적 내용을 정한 헌법규정에 어긋나서는 안 된다. 좀 어려운 말이지만 세금문제를 넘어서 일반적으로 법의 내용이 헌법에 맞아야 한다는 것을 실질적 법치주의라 부른다.

 연습문제

[2002년 사법시험 제2문 수정]

헌법재판소는 조세법률주의의 현대적 의미에 관하여 다음과 같이 판시한 바 있다. 아래 (A)에서 (G)까지 차례대로 ㉮에서 ㉡까지의 어구를 골라 넣을 때 그 순서를 옳게 배열한 것은?

> 　헌법 제38조는 "모든 국민은 법률이 정하는 바에 의하여 납세의 의무를 진다"라고 규정하고, 제59조는 "조세의 종목과 세율은 법률로 정한다"라고 규정하였는데 위 두 개의 규정은 조세행정에 있어서 법치주의를 선언하는 규정이다. 조세행정에 있어서의 법치주의의 적용은 조세징수로부터 국민의 재산권을 보호하고 법적 생활의 안전을 도모하는 데 목적이 있는 것으로서 (A)와(과) (B)를(을) 그 핵심적 내용으로 하는 것이지만, 오늘날의 법치주의는 국민의 권리와 의무에 관한 사항을 (C)(으)로써 정해야 한다는 (D)에 그치는 것이 아니라 그 법률의 목적과 내용 또한 기본권 보장의 헌법이념에 부합되어야 한다는 (E)를(을) 의미하며 헌법 제38조, 제59조가 선언한 (F)도 이러한 (G)를(을) 포함하는 것이다.

(어구군)
㉮ 과세요건 법정주의　　　　㉯ 과세요건 명확주의
㉰ 조세법률주의　　　　　　㉱ 형식적 법치주의

⑩ 실질적 법치주의   ㉕ 공평과세의 원칙
㉖ 법률

① ㉮㉕㉖⑩㉣㉮㉣   ② ㉢㉕㉖⑩㉣㉢㉣
③ ㉮㉨㉖㉣⑩㉢⑩   ④ ㉣⑩㉖㉣⑩㉢⑩
⑤ ㉮㉨㉖㉮㉨㉢㉨

정답 ③

Ⅰ. 비례의 원칙

현실적으로 세법의 특정 조항이 헌법에 위반되는지가 문제될 때 정책적인 이유에서 국가가 어떠한 납세자에게 더 무거운 세금 부담을 지웠기 때문에 시비가 생기는 경우가 있다. 헌법재판소는 이때 종종 헌법 제37조 제2항에 근거한 이른바 '비례의 원칙'에 따른 심사를 한다. 즉 (i) 무거운 세금을 물리는 정책적 목적이 정당하고 (ii) 이와 같이 무거운 세금을 물리는 것이 수단으로서 적절하며 (iii) 이 수단이 납세자의 이익을 침해하는 정도가 상대적으로 작고, (iv) 목적과 수단 사이에 일정한 비례 관계가 충족되는지를 따진다. 이러한 요건들 중 하나라도 어긋난다면 그 세법 조항이 위헌이라고 선언하는 것이지만, 실제로 이에 근거하여 세법 조항을 위헌이라 선언하는 경우가 그리 흔하지는 않다.

Ⅱ. 평등원칙 – '조세공평주의'

제1절의 Ⅱ에서 몇몇 헌법 조항들을 살펴보기도 했지만, 우리 헌법재판소도 그러한 조항들에 주목하여, 헌법 차원에서는 세법과 관련된 두 가지 중요한 원칙이 조세법률주의와 조세공평주의라고 한다. 이때 '공평'이라는 말은 헌법 제11조의 평등 원칙과 연결된다. 일단 이것부터 먼저 살펴본다. 세금은 어떻게 부담해

야 공평하고 또 같은 의미에서 평등의 원칙에 들어맞는 것인가?

1. 평등 또는 공평과 담세력(擔稅力)

앞에서 소득이 같으면 같은 세금을 부담하여야 평등의 원칙에 맞게 된다고 설명하였다. 하지만 세금은 소득에 대하여서만 물리는 것은 아니며, 때로는 소비에 대하여, 때로는 재산 또는 그 보유에 대하여도 물린다. 소비에 물리는 세금으로 대표적인 것은 부가가치세이다. 부가가치세가 소비세라는 점이 얼핏 잘 이해되지 않는다면 나중에 이 책의 제4편에서 다시 볼 것이고, 우선은 술이나 담배를 살 때 내는 주세나 담배세를 생각해 보면 된다. 재산 또는 그 보유에 대하여 물리는 세금으로는 종합부동산세와, 지방세인 재산세가 있다. 이는 사람들이 소득이나 재산이 있거나 소비를 하는 사람에게는 그에 상응하는 세금을 물리는 것이 옳다고 받아들이기 때문에 가능한 일이다.

이와 같이 '뭔가'에 '대하여', 또는 그에 '상응하여' 세금을 물린다고 할 때, 그 '뭔가'를 흔히 '담세력(擔稅力)'이라고 부른다. 말 그대로 세금을 낼만한 능력이란 뜻이다. 시대의 변화에 따라 그에 내포된 것들이 바뀔 수 있는 상대적인 개념이지만, 지금 우리가 살고 있는 시대에는 방금 이야기한 소득, 소비, 재산 정도가 대체로 누구나 공감하는 담세력이라고 할 만하다. 이와 같이 어느 정도의 세금을 물릴지를 정하는 것이 담세력이므로, 평등 원칙과 관련하여서도 담세력을 기준으로 하여 이야기를 풀어나가 볼 수 있다. 그리고 지금까지는 '평등' 또는 '공평'이라는 용어를 혼용하여 왔는데, 여기서부터는 세법 이론의 논의에서 좀 더 흔히 쓰이는 '공평'이라는 용어만을 사용하기로 한다(하지만 이는 여전히 헌법 제11조의 평등 원칙과 연결되는 것이다).

2. 수평적 공평

"담세력이 같은 사람에게는 같은 세금을 물려야 한다"는 명제는 아마 거의 모든 사람이 쉽사리 받아들일 수 있으리라. 이를 '수평적 공평'이라 부른다. 동일한 담세력을 가진 사람인데, 출신 지역이나 성별, 종교 등을 이유로 한 차별이 있을 수 없음은 당연하다.

　　한편 우리나라의 소득세제는 모든 소득을 동일하게 취급하지 않는다. 단적으로 우리나라에는 부동산으로부터 얻은 소득을 무겁게 과세하여야 한다는 생각이 널리 퍼져 있다. '부동산 경기'가 오르고 내리는 데 따라 조금씩 온도 차가 있기는 하지만 전반적으로, 특히 최근에 와서 다시, 부동산 양도소득을 각종 명목으로 무겁게 과세하는 방안이 소득세법에서 좀 더 많은 지지를 얻고 있는 듯하다. 반면 주식 양도소득을 비롯하여 금융자산으로부터 얻은 소득은 그 크기가 같더라도 부동산보다는 가볍게 과세한다. 이는 나름대로 이유가 있는, 말하자면 '합리적인 차별'이라고 보는 데에서 이런 입장이 나왔다고 볼 수 있을 것이다.

　　출신 지역이나 성별, 종교에 따른 세금차별은 할 수 없지만, 부동산 양도소득과 주식 양도소득 사이에 세금차별을 해도 된다는 근거는 무엇인가? 아마도 가장 중요한 차이는 출신 지역이나 성별은 자기가 고를 수 없이 타고나지만 내 돈을 가지고 부동산에 투자할 것인가 주식에 투자할 것인가는 내 마음대로 고를 수 있다는 생각일 것이다. 그리고 좀 더 일반화시키자면 결국 그 시대를 살아가는 사람들의 합리적인 상식에 달려 있다고 말할 수도 있을 것이다. 그러면 그러한 상식의 내용은 어떻게 발견할 수 있는가? 그에 관하여 사람들의 생각이 갈라진다면 그에 대한 판단은 누가 내리는가? 이러한 질문들이 수평적 공평과 관련하여 심각하게 고려해 봐야 할 문제일 것이다.

[심화학습 – 조세특례와 조세지출(tax expenditure)]

　　세금에 관한 법에는 모든 종류의 세금에 공통되는 사항들을 정하는 법률도 있고, 특정 종류의 세금에 관하여만 정하고 있는 법률도 있다. 앞의 범주에 속하는 것으로는 국세기본법과 국세징수법이 대표적이고, 뒤의 범주에 속하는 것으로는 소득세법, 법인세법, 부가가치세법, 『상속세 및 증여세법』, 개별소비세법, 종합부동산세법 등을 들 수 있다.

　　흥미로운 것은 '조세특례제한법'이라는 이름이 붙은 법률이다. 이름 그대로 각종의 조세특례를 정하는 이 법률은 주로 비과세나 감면, 소득공제나 세액공제와 같이 납세자에게 유리한 조세특례를 모아서 규정하고 있다(경우에 따라서는 '충당금'이나 '적립금'과 같은, 좀 더 기술적인 개념을 활용하기도 한다). 물론 소득세법이나 법인세법과 같이 개별적 세목에 관하여 정하고 있는 법률에도 이러한 조세특례에 관한 규정

▲ 조세지출 개념을 만든 스탠리 서리(1910~1984)의 모습

들이 흩어져 있지만, 특히 조세특례제한법은 이러한 특례들만을 따로 모아 놓은 법률로서 현실 세계에서 중요한 의미를 가진다.

여기서 주목할 점은, 일단 소득세법이나 법인세법으로 모든 사람, 모든 경우에 공통적으로 적용되는 세금 부담을 정해놓고, 다시 조세특례제한법의 비과세나 감면, 각종 공제와 같은 형식으로 일정한 사람이나 경우에 한하여 세금을 줄여 주거나 없애준다는 것이다. 이러한 조항들은 특정 범위의 사람이나 그 사람들의 납세의무 중 특정 부분에 한하여 적용되고, 그로 인한 혜택은 그 사람들에게만 돌아가게 된다. 그리고 그만큼 국가의 조세 수입은 줄어든다. 이는 마치 그 사람들에게서도 그러한 특례 규정 없이 똑같이 세금을 걷은 다음에, 그 사람들에게 따로 정부가 보조금을 주는 것과 마찬가지의 결과가 된다. 다시 말해 특정인들에게 세금을 깎아주는 것은 정부가 그 특정인들에게 돈을 직접 지출하는 것과 논리적으로 다를 바가 없다. 그래서 이러한 비과세·감면과 같은 조세 특례를 '조세지출(tax expenditure)'이라 부르기도 한다.

이 개념은 미국 하버드 대학의 세법 교수를 역임했고 미국 재무부에서도 일했던 스탠리 서리(Stanley Surrey)가 만들어낸 것이다. 굳이 이러한 말이 필요했던 이유는, 두 가지가 사실상 서로 같은 것임에도 불구하고, 많은 사람들이 이를 인식하지 못하고 있다는 생각 때문이다. 즉 정부 지출의 당부(當否)에 대해서 많은 사람들이 들이대는 엄격한 잣대를 '조세지출'에 대해서도 똑같이 들이대어야 함에도 불구하고 그렇지 못하다는 것이다. 이 개념 덕분인지 오늘날에 와서는 조세지출에 대해서도 그 당부를 좀 더 엄격히 따져봐야 한다는 생각이 어느 정도 받아들여져 있고, 이를 전제로 한 제도들도 있다. 엇비슷한 생각으로 조세특례로 절약한 돈은 납세자의 사유재산이기는 하지만 국가가 일정한 사후관리를 하기도 한다.

다만 조세지출에 대한 그러한 통제 장치에 못지않게, 이러한 비과세·감면 규정이 지금과 같이 흔하게 활용되는 것이 애당초 타당한지에 관하여도 생각하여 볼 필요는 남는다. 특정 부류의 사람들에게 비과세·감면의 혜택을 주고 사람들이 각각 그러한 (다른 사람이 받지 못하는) 혜택을 받기를 원하도록 하는 것보다는, 그러한 비과세·감면의 혜택을 축소하고 대신 모든 사람들이 고르게 혜택을 누리도록 하는 편이 더 낫다고 생각할 여지가 있기 때문이다.

3. 수직적 공평

앞에서 '수평적 공평'이라는 표현을 사용하였다. 그러면 '수직적 공평'이라는 개념도 존재한다는 말인가? 그렇다. 그리고 수평적 공평이 흔히 하는 말로 '같은 것은 같게' 원칙이라면, 수직적 공평은 '다른 것은 다르게' 원칙이라고 할 수 있다. 담세력이 큰 사람은 작은 사람보다 더 많은 세금을 물어야 한다는 것이다. 이 수직적 공평을 특히 우리 헌법 제119조 제1항 하에서 누진세제를 정당화하는 근거가 되는 개념으로 들기도 한다.

수평적 공평에 대해서는 적어도 표면적으로는 누구나 고개를 끄덕이게 마련이다. 그러나 수직적 공평에 관하여는 좀 더 다양한 견해들이 표출될 가능성이 있다. 누진세제라고 해도 어느 정도 '누진적'이어야만 하는지, 다시 말해 소득이 많은 사람에게 어느 정도 더 높은 세율을 적용해야만 하는지에 관하여 누구나 공감할 수 있는 과학적인 논의의 틀이 마련될 수 있을까? 이것은 민주시민이라면 누구나 고민해야 할 문제이다. 그렇지 않고서는 세금 부담의 분배에 관하여 이야기할 때에는 그저 적나라하게 드러난 계층 간의 이해대립만이 남을 뿐이기 때문이다(혹은 어차피 그러한 이해대립만이 가능한 문제인 것인가?).

Tax In News

🎙 세율 인상을 둘러싼 논쟁

2018년부터 최고 소득세율이 인상되면서 초고소득자의 근로소득세 부담이 크게 늘어난 반면 연봉 2억원 이하 소득자는 큰 변화가 없는 것으로 나타났다.

1일 국세청의 국세통계연보를 살펴보면, 지난해 근로소득 10억원이 넘는 고소득자의 근로소득세 실효세율 37.1%였다. 2년 전인 2017년 31.8%에 비하면 5.4%포인트 늘었다. 또 5억~10억원 소득자는 같은 기간 30.7%에서 32.0%로 1.3%포인트 올랐다.

반면 아래로 내려갈 수록 거의 변화가 없는 것으로 나타났다. 연봉 3억~5억원 소득자는 실효세율이 2019년 27.6%로 0.3%포인트 올랐고, 1억~2억원과 2억

~3억원의 소득자는 각각 13.3%, 22.9%로 차이가 없었다. 또 4500만~5천만원과 5천만~6천만원, 8천만~1억원 소득자는 각각 실효세율이 3.2%, 3.9%, 8.1%로 2년 전에 비해 0.1%포인트 올랐다. 6천만~8천만원 소득자는 5.4%로 0.25%가 올랐다.

세금을 납부할 결정세액이 있는 급여소득자 전체 평균은 2017년 6.6%였고, 2019년에는 6.7%로 0.1%포인트 상승했다. 문재인 정부 출범 이후인 2018년 고소득자에 대한 소득세율을 인상했는데, 그에 따라 연봉 5억원 이상의 초고소득자에게 세율 인상 영향이 집중된 셈이다. 정부는 2017년 소득세법을 개정해 과세표준 구간 3억~5억원을 신설하고, 최고소득세율을 40%에서 42%로 올렸다. 2018년부터 소득세율은 과세표준 기준 △1200만원 이하 6% △1200만~4600만원 15% △4600만~8800만원 24% △8800만~1억5000만원 35% 1억5000만~3억원 38% △3억~5억원 40% △5억원 초과 42%로 바뀌었다.

내년부터 과세표준 10억원 초과 구간이 새로 생기고, 최고 소득세율은 45%로 오른다. 이에 따라 초고소득자의 세금 부담은 더 늘어날 것으로 보인다. 기획재정부는 2년 만에 소득세율 인상한 배경으로 '사회적 연대'를 꼽는다. 김용범 기재부 1차관은 지난해 11월 국회 기재위 조세소위에서 "초고소득자의 경우 배당, 이자 등 금융소득 비중이 높아 코로나19 피해가 적거나 오히려 소득이 늘었다"며 "저소득층의 어려움이 가중되고 있는 만큼 세율을 올려 사회적 연대를 강화할 필요가 있다"고 밝혔다.

한편, 최근 3년 사이 근로소득을 얻어 소득세를 내는 사람이 늘어난 것으로 나타났다. 전체 급여소득자는 2017년 1800만5534명에서 2019년에는 1916만7273명으로 약 116만명(6.5%) 늘었다. 동시에 근로소득세 면세자는 같은 기간 739만4651명에서 705만4651명으로 약 34만명(4.5%)이 줄었다. 이에 따라 면세자 비중은 2017년 41.0%에서 2019년 36.8%로 낮아졌다. 기재부 관계자는 "매년 2% 정도의 임금 인상이 있는 반면 (3억원 이하) 과세표준은 계속 같아 줄어든 것"이라고 설명했다.

(2021년 1월 1일 언론보도)

생각해볼 점 이 기사에는 생각해 볼 점이 굉장히 많다. 이를 위해 먼저 '실효세율' 개념을 살펴보자. '실효세율'이란 세금을 계산할 때 과세표준에 적용하는 세율 –

흔히 '명목세율'이라 한다 - 이 얼마인지 관계없이, 소득의 금액에 대하여 최종적으로 부담한 세금이 차지하는 비율을 대개 나타낸다. 가령 소득이 1억원이더라도 어떤 이유에서든 그 중 3천만원이 비과세 대상이고 나머지 7천만원에 대하여 세법이 정하는 (명목)세율이 30%라면, 실효세율은 30%가 아니라 21%인 셈이다. 누가 얼마나 세금을 부담하는지 정확히 알고 또 비교하고 싶다면, 명목세율과 실효세율 중 어느 것이 더 중요하겠는가? 하지만 세법에서 쉽게 찾아볼 수 있는 세율은 명목세율과 실효세율 중 어느 쪽일 것 같은가? 한편 소득의 크기가 커질수록 실효세율도 같이 올라간다면, 이를 '누진세제'라고 부른다. 위 보도에 따르면 10억원이 넘는 근로소득이 있는 사람은 대략 그 중 37%를 세금으로 낸다. 당신이 상상(또는 기대)했던 것과 일치하는가? 만약 당신에게 그 정도의 소득이 생긴다는 (행복한?) 상상을 해 보자. 37%의 실효세율은 적절하다고 여겨질 것 같은가? 또 고소득자의 세율을 무작정 올릴 수만은 없다고 할 때, 흔히 그 사람의 근로의욕을 떨어뜨린다는 점이 논거로 들어진다. 매년 10억원을 버는 사람에 적용되는 실효세율이 가령 위 보도에서처럼 2년 동안 32% 정도에서 37% 정도로 올랐다면, 그 사람은(또는 당신은) 일을 덜 할 것 같은가(아니면 악착같이 더 할 것 같은가?)

Ⅲ. 평등원칙, 공평, 자유, 효율 [심화학습]

여기서는 간단히 말하고 넘어가지만 세법에 대한 헌법의 제약 문제는 물론 대단히 중요하고 어려운 논의를 필요로 한다. 이는 궁극적으로는 조세정책의 문제로 넘어가는데 여기서는 그 중 한두 가지 문제를 더 짚고 넘어가도록 하자. 반드시 강조하여 두어야 할 것은 조세정책은 경제학자들의 전유물이 아니고 또 그렇게 되어서도 안 된다는 점이다. 하지만 법률가가 조세정책을 자신들의 활동영역 안으로 끌어들이려면 그에 걸맞은 정도의, 세금과 세법에 대한 이해를 먼저 갖추어야 함도 당연하다.

가지고 있는 부동산과 예금의 가치가 동일하고 거기서 동일한 소득이 생긴다고 가정하여 보자. 그럼에도 불구하고 부동산으로부터 발생하는 소득이나 그 보유에 더 무거운 세금을 물린다면 이것은 '법'에 어긋나지 않을까? 물론 이렇게 세금이 다른 경우란 애초에 소득세법이라는 법률 자체가 그렇게 정한 경우일 것이므로, 그러한 과세가 실정 세법에 어긋나는 경우는 아마 아닐 것이다. 그렇다면 이것이 억울하다고 여기는 납세의무자는 자신의 주장을 법률문제로 제기할 길이 없는 것인가? 있다. 주장의 내용이 옳은지 그른지는 나중 문제이고 일단 제기할 수 있는 형식은, 과세의 근거가 된 세법 조항이 헌법에 어긋난다는 주장을 하는 것이다(제1절의 I의 [기초학습] 참조). 그런데 헌법에 어긋난다고 주장하려면 어느 조항에 어긋난다고 주장해야 할까?

우선 생각할 수 있는 것이 앞서 본 평등 조항이다. 세법이 하는 차별에 합리성이 없다면 평등 조항 또는 조세공평주의에 어긋난다고 일단은 생각할 수 있다. 손쉬운 생각이고, 실제로 일반적인 이해이다.

하지만 조금 다른 생각도 있다. 현금을 가진 누군가가 부동산과 예금 중 어디에 투자할 것인지를 결정해야 한다고 생각하여 보자. 우리나라에서 예금보다 부동산에 투자하는 쪽이 종종 각종 세금을 더 무겁게 부담한다는 것은 누구나, 적어도 어렴풋이는 알고 있다. 그렇다면 더 무겁게 세금을 부담할 것을 알고 투자에 관한 결정을 내린 사람이, 나중에 가서 "부동산에 무겁게 세금을 물리는 것이 불평등하다"고 말할 수 있는가? 이 질문에 대하여 가능한 한 가지 답은, 나 자신에게, 곧 모든 사람에게 똑같이 주어진 두 가지의 투자 대안 중 어느 하나의 선택 문제이므로 애초 평등한지 불평등한지를 물을 수 없고, 나아가 이것이 불공평하다고 말할 수도 없다는 것이다. 애초 세금이 더 무겁다는 것을 알면서 스스로 선택한 일이기 때문이다.

그렇다고 이렇게 생각하는 사람들이, 부동산에 무겁게 세금을 물리는 것에 아무런 제약이 없다고 말하지는 않는다. 다만 이러한 생각에서는, 이 문제를 '평등'이 아니라 '자유'의 문제로 다룬다. 사유재산 제도가 보장되므로 부동산과 예금 중 어디에 투자할 것인지에 관하여 선택할 자유가 있는데, 부동산에 좀 더 무겁게 세금을 물림으로써 그러한 자유에 제약이 생긴다는 것이다.

그리고 이어서 이러한 경제적 자유에 대한 제약은 '효율'을 떨어뜨리기 때문에 대개 나쁜 것이라고 말한다. 이는 일반적으로 세금이 경제 주체들의 경제적인 의사 결정에 관여하여 이를 '왜곡'시키는 것은 나쁘다는 생각이다. 위의 예에서는 부동산과 예금을 서로 달리 과세해서 투자에 관한 결정을 왜곡한다고 할 때 이를 '중립적'이지 않다고 표현하기도 하고 또 이러한 세제를 '비(非)중립적'이라고 부르기도 한다. 이러한 '조세중립성'의 개념은 조세정책에서 매우 중요하다. 그리고 조세정책을 주된 관심사로 다루는 사람들, 특히 경제학자들은 방금 살펴본 것과 같은, 법률가들이 흔히 평등의 문제로 다루는 문제를 조세중립성과 '비중립적 세제의 정당화'라는 측면에서 살핀다. 즉 일정한 경우에는 비중립적 세제가 정당화될 수 있다고 보는데, 이는 어떤 면에서는 평등의 시각에서 무엇이 '합리적 차별'인지를 살펴보는 것과 비슷한 일이 된다.

Ⅳ. 소급입법

국세기본법을 보면 '소급과세의 금지'라는 제목 하에 다음과 같은 조항이 마련되어 있다.

국세기본법 제18조[세법 해석의 기준 및 소급과세의 금지] ② 국세를 납부할 의무(세법에 징수의무자가 따로 규정되어 있는 국세의 경우에는 이를 징수하여 납부할 의무. 이하 같다)가 성립한 소득, 수익, 재산, 행위 또는 거래에 대해서는 그 성립 후의 새로운 세법에 따라 소급하여 과세하지 아니한다.

이 조항은 마치 법률로 정하더라도 소급과세는 불가능하다는 것처럼 읽히기도 한다. 그렇다면 실제로 제18조 제2항에서 문제 삼는 것과 같은 법률이 만들어졌다고 해 보자. 곧 국회가 제18조 제2항에 불구하고 '소급과세'를 하는 법률을 실제로 만들었다면, 역시 법률로서 동일한 정도의 효력을 갖는 제18조 제2항 때문에 이 새로운 법률이 무효라고 할 수 있을까? 구체적 정황에 따라 달라질 수도 있겠지만 보통은 아마도 아닐 것이다. 결국 제18조 제2항의 의미는 크지 않다.

실제로 이러한 의미의 '소급과세 금지' 문제는 국세기본법 제18조 제2항의 해석론 차원이 아니라 헌법 차원에서 보통 논의된다. 그리고 이는 헌법 제13조 제2항이 소급입법에 의한 '재산권 박탈'을 금지하는 것과 관련지어 이야기되기도 한다. 이 문제에 관하여 여기서 상세한 논의를 하기는 어렵고, 다만 대체로 합의가 이루어져 있는 몇몇 사항들을 지적하고 넘어가는 정도로 그치고자 한다.

Tax In News

🎙 세금을 줄이는 소급과세

　정부와 여당이 현행 세법을 재개정해 연말정산에 소급적용하기로 했지만 새누리당 내에서 진통이 이어지고 있다. 여당 내 대표적인 경제통으로 꼽히는 정희수 국회 기획재정위원회 위원장과 이한구 새누리당 의원은 22일 한국경제신문과의 인터뷰에서 당정의 결정에 대해 "조세법치주의 원칙을 흔든 일"이라며 한목소리로 비판했다. 정 위원장은 당정이 세법 재개정과 소급적용을 추진키로 한 데 대해 "(여론을 의식한) 당의 입장을 이해하지만 보다 신중하게 접근해야 했다"고 지적했다. 그는 "나중에 소급적용을 할 때 형평성 시비가 많이 나올 것"이라며 "조세법치주의에 참 안 좋은 사례가 만들어지는 것 같다"고 말했다. 이 의원은 "많은 납세자들이 반발한다고 엉뚱한 내용으로 선심 쓰듯이 하면 조세원칙이 훼손된다"고 지적했다. 그는 "소급을 하더라도 공평하게 해야 하는데 (이번 당정 결정은) 몇 가지 케이스만 해주고 나머지는 모르겠다는 식"이라며 "정확한 분석을 바탕으로 국민들에게 잘못된 것은 사과하고 매듭을 지어야 했는데 너무 성급했다"고 강조했다.

(2015년 1월 22일 언론보도)

　① 여기서 문제되는 '소급과세'란 결국 세법을 납세자에게 불리한 방향으로 개정하여 소급 적용하는 것을 말한다. 반대로 납세자에게 유리한 소급 입법은 문제없이 허용된다(위 'Tax in News' 참조).

　② '소급과세'는 납세자의 예측가능성 또는 법적 안정성을 해친다는 의미에서 일반적으로 금지된다. 하지만 종전의 세법에 따른 과세가 이루어질 것이라는 점에 대한 납세자의 신뢰에 보호가치가 없거나, 소급과세로 달성할 수 있는 공익이 특별히 크다거나, 그 밖의 이유로 소급과세의 필요성이 인정되는 경우의 소급과세는 헌법에 위반되는 것이라 할 수 없다.

　③ 과세의 대상이 되는 행위나 사건이 완전히 종료되거나 또는 납세의무가 법에 따라 이미 생겨난 후의 소급과세를 흔히 '진정소급과세', 그러한 행위나 사

건이 시작되기는 하였지만 종료되기 전이나 또는 그에 따른 납세의무가 생겨나기 전에 소급입법이 이루어져 과세되는 경우를 흔히 '부진정소급과세'라고 부른다. 좀 극단적이지만 손쉬운 예로, 2015년의 종합소득세를 늘리는 법률의 개정일자가 2015년 12월 30일이라면 부진정소급이고 2016년 1월 1일이라면 진정소급이라는 것이 된다(나중에 제2장에서 공부할 것이지만 얼핏 상식으로 알 수 있는 것이, 2015년의 소득세 납세의무는 1년마다 내도록 되어 있는 소득세의 성질 때문에 2015년 12월 31일 밤 자정이 지날 때 생겨난다). 진정소급과세는 위헌이고 부진정소급과세는 합헌이라는 식의 도식적 이분법(二分法)은 반드시 타당하다고 볼 수 없지만, 진정소급과세가 원칙적으로 금지된다는 점은 어느 정도 분명하다. 반면 부진정소급과세의 위헌 여부는 좀 더 완화된 기준으로 심사된다고 할 수 있다.

제4절 세법의 법원(法源)과 해석적용

I. 세법의 '법원(法源)'

세금을 낼 의무가 있는가, 있다면 얼마를 내어야 하는가는 어떻게 정하는가? 가령 올해 분 소득세 같으면 '올해 소득 얼마를 벌었다'라는 사실을 확정하고, 그 사실에 올해 분 소득세에 관한 법규범을 적용해서 결정한다. 달리 말하면 '올해 번 소득이 얼마이면 낼 세금이 얼마이다'라는 법규범이 있고, '내가 올해 일정 금액의 소득을 벌었다'는 사실이 있으면, 두 가지를 결합한 효과로서 '내가 올해 낼 소득세는 얼마이다'라는 결과가 나온다. 좀 어려운 말이지만 법률요건('올해 번 소득이 얼마이면')과 법률효과('낼 세금이 얼마이다')를 정해둔 법이 있고, 그에 해당하는 요건사실('내가 올해 일정 금액의 소득을 벌었다')이 있으면, 법에 정한 대로 법률효과가 생긴다고 말한다. 특히 세법에서 쓰는 용어로 이러이런 경우에는 세금을 매길 수 있다고 정한 법률요건을 '과세요건'이라고 부르기도 한다. 법률요건, 요건사실, 법률효과, 이런 말들은 뒤에 제2장에서 또 다시 공부할 것이고 우선은 세법에 정한 사실이 있으면, 또 있어야, 세금을 내게 된다는 말이라고 이해하여 두자.

1. 법률, 시행령, 시행규칙

세금에 관한 법률요건과 법률효과를 정하고 있는 법을 통틀어 세법이라 부른다. 지금까지 언뜻 살펴본 것처럼 세법은 헌법에 부합하는 내용으로 된 법률과, 그 위임을 받아 만들어지거나 그 집행을 위해 만들어지는 행정입법으로 구성됨이 기본이다(그 밖에 우리나라가 다른 나라와 체결한 조약도 세법의 일부이지만 이 책에서는 제쳐 놓도록 한다). 즉 각종 법률과 그 하위의 대통령령, 기획재정부령 — 흔히 '시행령', '시행규칙' — 이 기본적으로 세법 질서를 이루는 것이다. 이를 조금 어려운 말로 세법의 '법원(法源)'이 된다고 말하기도 한다. 법원(재판하는 법원, 곧 '法院'과는 물론 다른 말이다)이라는 말의 공식적인 정의는 '법의 존재형식'이지만 쉽게 말하면 국민을 법적으로 '구속'하는 규범을 발견하려면 무엇을 찾아보아야 하는가라는 말이다. 따라서 과세관청은 어디까지나 이러한 법률과 시행령, 시행규칙에 따라 과세권을 행사하여야 한다. 과세권 행사가 적법한지에 관하여 다툼이 생길 때 법원은 이러한 법률과 시행령, 시행규칙에 따라 판단하게 된다.

2. 행정규칙 또는 행정해석 ≠ 법원(法源)

과세관청이 과세권 행사와 관련하여 내어 놓은 각종 행정해석들은 어디까지나 과세관청의 견해일 뿐이며, 그 자체로 세법의 일부를 이루지 않는다. 특히 혼란을 일으키는 것이 국세청이 각 세법과 관련하여 만들어 놓은 '기본통칙'과 '세법집행기준'이라는 것이다. 예컨대 소득세법에는 '소득세법 기본통칙'이란 것이 있다. 이는 소득세법, 소득세법 시행령, 소득세법 시행규칙에 따라 과세관청이 과세권을 행사할 때 스스로 소득세법을 해석하여 놓은 것을 조문의 형태로 배열하여 놓은 것이다. 하지만 조문의 형태로 되어 있다고 하여(심지어는 법전에 시행규칙 다음 순서로 수록되어 있는 경우도 볼 수 있다) 소득세법이나 시행령, 시행규칙과 같은 효력을 가지지는 않는다. 소득세법 기본통칙의 내용은, 그것이 소득세법이나 시행령, 시행규칙을 적정하게 해석한 범위에서만 참고할 가치가 있다. 반대로 그와 같이 적정한 해석이 아닌 소득세법 기본통칙의 내용은 법적으로 아무런 의미가 없으며, 그에 따른 과세권 행사는 그저 위법할 따름이다. 물론 재판하는 법원(法院)도 이러한 기본통칙의 내용에 전혀 기속되지 않는다. 법의 해석은 오로지 법원의 전권이다.

이는 다른 형태의 행정해석이 문제되는 경우에도 마찬가지이다. 현실 세계에서 흔히 접할 수 있는 것은 '예규'라고 종종 불리는 각종의 질의회신들이다. 주로 납세자의 질의에 대하여 과세관청이 회신하면서 자신의 행정해석을 담는 형태로 되어 있는데, 그 해석은 어디까지나 과세관청의 생각일 뿐이다. 물론 행정해석이 옳은 해석일 가능성이 틀릴 가능성보다는 높다. 그렇더라도 얼마든지 틀릴 수도 있고 만약 정말로 틀렸다면 아무런 법적 의미를 가질 수 없는 것이다. 그 판단은 궁극적으로 법원(法院)에 달려 있고, 법원은 이러한 판단을 할 때 기본통칙이나 예규의 내용에 전혀 기속되지 않는다.

한편 행정해석이 법원(法源)이 아니라는 말은 기실 소송 단계에 가야 통하는 말이다. 행정해석은 말 그대로 행정부 안에서는 그대로 통용될 가능성이 높기 때문이다. 적어도 아직 판례가 없는 쟁점을 놓고 과세관청이 과세처분을 하는 단계나, 심지어 행정부 단계의 쟁송(흔히 '행정심판' 또는 '전심(前審)')에서 행정해석을 제치고 납세자가 이기는 결과는 기대하기 어렵다. 쟁송을 심판하는 기관이 그 이전에 나와 있는 행정해석이 틀렸다 하여 이를 뒤집어야 하기 때문이다.

Ⅱ. 세법의 해석방법론

1. '엄격해석의 원칙'이나 그 밖의 전통적 입장

세법의 해석방법에 관하여는 전통적으로 받아들여지거나 유력하게 소개되는 명제들이 있다. 즉 ① '세법의 해석에 의문이 있을 때에는 납세자에게 유리한 방향으로 해석해야 한다'거나, ② '세법은 그 문언에 따라 엄격하게 해석되어야 한다'는 것이다. ②는, ③ '세법에서 확대해석이나 유추해석은 금지된다'는 것으로 나타나기도 한다.

納세자에게 유리한 방향성을 갖고 있는 ①은 형사재판을 연상시킨다. 형사사건에서 피고인은 일단 무죄로 추정하고 피고인이 범죄를 저질렀다는 사실에 대해서 '합리적 의심'이 들지 않을 정도로 검사가 그에 대한 '엄격한 증명'을 해야 한다. 쉽게 말하자면 검사가 대는 유죄 증거가 피고인이 대는 무죄 증거를 압도해야 한다는 말이다. 한편 민사재판에서 법원은 원고나 피고, 어느 쪽의 편도 들 수 없으므로 원고든 피고든 '증거의 우위'가 있는 쪽이 이기게 된다. 예전에는 세금 사건에서도 법원이 납세의무자 편을 드는 것이 원칙이라 생각해서 의심스러운 때에는 납세자에게 유리하게 판결해야 한다는 식의 언급도 있었지만 형사법과 세법의 차이가 올바로 인식되면서 지금은 거론되는 빈도가 줄어든 것 같다. 다만 ②나 ③은 여전히 대법원 판례에서도 자주 찾아볼 수 있는 등 하나의 '원칙'으로 종종 받아들여진다(흔히 '엄격해석의 원칙').

2. 해석방법의 실제

여기서 길게 이야기할 여유는 없지만, 결론만 말하자면 대법원의 흔한 판시에 불구하고 이러한 엄격해석을 '원칙'이라고 액면 그대로 받아들이기는 어렵다. 만약 이것이 정말로 '원칙'이라면 세법에서는 문리해석만이 가능하고 그 밖에 입법자의 입법의도나 개별 조문이 세법체계 전체에서 차지하는 위치를 감안한 해석이 불가능하고 또 하여서는 안 된다는 말이 된다. 하지만 그러한 결론이 가능할 리가 없다. 물론 대법원이 엄격해석을 종종 원칙으로 내세운다고 해서, 판사들이 세법 사건에서 문리해석만을 하는 것도 아니고 또 그럴 리도 없는 것이다. 확대해석이나 유추해석도 경우에 따라서는 분명히 이루어지고 있으며 또 그것이 잘못된 것도 아니다.

대법원의 진정한 의도를 조금 넘겨짚자면 아마도, 문리해석을 하면 안 된다고 볼 명확한 사정 — 뚜렷한 입법의도, 조문에 쓰여 있지 않지만 어느 정도 보편타당성을 갖고 받아들여지는 세법의 기본적 원칙, 상위 규범과의 조화 등등 — 이 떠오르지 않는다면, 그때에는 더 고민하지 않고 문언에 따라 그대로 해석하겠다는 정도이리라. 말하자면 꼭 달리 해석해야 할 논리적 필연을 찾지 못했다면 글귀에 따르겠다는 말일 것이다. 이러한 '진정한 의도' 역시 비판의 여지가 없는 것은 아닐지 모르나, 아무튼 대법원이 쓰는 '엄격해석의 원칙'이라는 말을 액면 그대로 받아들이면 안 된다는 점은 여기서 강조하여 두고 싶다.

그러면 과연 세법은 도대체 어떻게 해석하여야 하는지의 질문이 남지 않느냐고 반문할 수도 있다. 여러 가지 생각을 해 볼 여지가 있겠지만, 일단 가장 무난한 답은 '다른 법과 똑같이'라는 것이 아닐까 한다. 다르게 해야 할 이유를 찾을 수가 없기 때문이다. 실제로도 세금 사건을 처리하는 판사들이 다른 민형사 사건을 처리할 때와 특별히 다른 방법론 하에 법을 해석한다고 보기 어렵고, 또 현실적으로 그렇게 하기도 어려울 것이다.

Ⅲ. 요건사실의 확정: 근거과세와 추계과세

이미 이야기했지만, 법에 정한 요건(법률요건)을 충족하는 사실(요건사실)이 있으면 법에 정한 법률효과가 생긴다. 사실('사실관계'라는 말도 쓴다)은 어떻게 확정하는가? 국세기본법은 세법을 해석하거나 적용할 때 지켜져야 하는 일반적인 원칙들의 하나로 다음과 같이 정하고 있다.

> 국세기본법 제16조[근거과세] ① 납세의무자가 세법에 따라 장부를 갖추어 기록하고 있는 경우에는 해당 국세 과세표준의 조사와 결정은 그 장부와 이에 관계되는 증거자료에 의하여야 한다.

납세의무를 지우는 근거가 되는 요건사실에 관해 국세기본법은 이른바 근거과세의 원칙을 정하고 있다. 국가가 납세자에게 세금을 물릴 때에는 납세자에게 그러한 납세의무가 있다고 인정할 만한 근거가 있어야 한다는 것이다. 그 자체로는 너무나 당연한 내용이기도 한데, 다만 이 조항은 그러한 '근거' 중에서도 특히 납세자가 평소에 작성하는 '장부'를 강조하고 있다는 점에 의미가 있다.

이와 같이 '장부'를 근거로 하여 과세표준과 세액을 조사하여 납세자에게 부담을 지우는 것이 원칙일 터인데, 문제는 '장부'가 제대로 작성·관리되지 않은 경우이다. 그 결과 과세표준과 세액을 제대로 조사하여 정할 수 없다는 이유로 아예 세금을 물릴 수 없게 되는 것인가 하는 의문이 생기기 때문이다. 소득세법이나 법인세법, 부가가치세법 등은 이러한 경우 부득이하게 과세표준이나 세액을 어림잡아 계산한 후 세금을 물릴 수 있도록 하는 특별한 조항들[3])을 두고 있다. 이를 흔히 '추계과세(推計課稅)'라고 부르며, 근거과세 원칙의 중요한 예외를 이룬다. 나중에 소득세법에서 배우겠지만 가령 소규모 사업자의 소득은 실제금액의 파악을 포기하고 표준소득율, 기준경비율, 단순경비율과 같은 여러 가지 일률적인 비율로 추계해서 과세하는 경우가 많다.

제5절 실질과세

Ⅰ. 실질과 형식

> 국세기본법 제14조[실질과세] ① 과세의 대상이 되는 소득, 수익, 재산, 행위 또는 거래의 귀속이 명의(名義)일 뿐이고 사실상 귀속되는 자가 따로 있을 때에는 사실상 귀속되는 자를 납세의무자로 하여 세법을 적용한다.
> ② 세법 중 과세표준의 계산에 관한 규정은 소득, 수익, 재산, 행위 또는 거래의 명칭이나 형식과 관계없이 그 실질 내용에 따라 적용한다.

이 조항의 구체적인 문구와 무관하게 '실질과세의 원칙'이라는 말은 세법에서 매우 잘 알려져 있다. 그 기본적인 내용은 '외관', '명의' 또는 '형식'과, '실질'이 구별된다는 전제 하에, 만약 어떤 경우에 '외관'·'명의'·'형식'과 '실질'이 다르다면 세법을 해석·적용할 때에는 '실질'에 초점을 맞추어야 한다는 것이다. 이는 우리나라에 고유한 것이 아니고, 표현 방식은 조금씩 다르더라도 어느 나라의 세

---

3) 소득세법 제80조 제3항, 법인세법 제66조 제3항, 부가가치세법 제57조 제2항들이 그러하다.

법에서나 보편적으로 받아들여지고 있는 것이기도 하다.

국세기본법 제14조 제1항과 제2항도 원래부터 그러한 내용을 담고 있다. 특히 제14조 제1항은 세금을 물릴 때 문제되는 소득이나 수익, 재산, 거래 등이 누구의 것인지를 정하여야 할 때(곧 '귀속'을 정하여야 할 때), '외관', '명의'나 '형식'이 아닌 '실질'에 따라야 함을 정한다. 같은 조 제2항은 '귀속' 외에 세금 계산에 필요한 사항들도 다 마찬가지라는 것이다.

Ⅱ. 남의 이름으로 거래한다면?

> ### 기 본 사 례
>
> 흔히 말하는 '신용불량자'가 된 '나본인'은 자신의 이름으로 장사를 해서는 금융거래 등 여러 가지 측면에서 불리한 점이 많다고 보고 아내 '배유자'의 이름으로 과세관청에 사업자로 등록하고, 금융기관이나 거래처 등과도 모든 거래를 배유자의 이름을 내세워서 하였다. 하지만 실제로는 나본인이 이러한 사업에 관한 모든 일을 하고 또 의사 결정을 한다.
>
> 🖐 만약 이 사업에서 소득이 발생한다면 그 소득은 이러한 사실관계의 실질에 따라 배유자가 아니라 나본인의 것이 된다. 사업과 관련한 거래 역시 배유자가 아니라 나본인에게 귀속되므로, 예컨대 소득세나 부가가치세의 납세의무자도 나본인으로 보아야 한다.

이와 같이 '외관'이나 '명의'가 '실질'과 다른 경우들이 있다. 특히 다른 사람의 '명의'를 빌리는 거래, 즉 '차명거래(借名去來)'는, 금융이나 부동산 거래에서 모두 '실명제(實名制)'가 실시되어 실제 이름 외의 다른 이름을 내세운 거래가 불가능해진 뒤에도 아마도 여전히 성행하고 있다. 이 경우 이러한 외관·명의는 모두 세법을 적용할 때에는 무시된다. 부동산에 관한 비(非)실명 또는 차명의 거래는 명의신탁이라 불리기도 하는데 이 역시 마찬가지이다.

기 본 사 례

'진소유'는 부동산을 취득하였으나 이런저런 이유로 '가명의' 앞으로 소유권이전등기를 마쳤다(법률용어로 이런 것을 '명의신탁'이라 부른다). 진소유는 이 부동산을 '양수언'에게 양도하기로 하였고, 이에 따라 가명의에서 양수언에게로 소유권이전등기가 마쳐졌다. 이때 관련된 양도소득은 누구의 것인가?

 부동산을 취득한 가격과 양도한 가격이 다르고 양도한 가격이 더 높으면, 그 양도로 인하여 그 차액만큼 소득이 발생하였다고 하고 이를 양도소득이라 부른다. 통상의 경우 양도소득은 당연히 그 부동산 소유자였던 사람의 것이고, 그에게 '귀속'된다. 그러면 명의신탁의 경우는 어떠한가? 이때 명의수탁자는 단순히 겉으로만 소유자로 드러나 있는 사람에 불과하다고 보게 되고, 따라서 일반적으로는 명의신탁을 한 사람으로서 부동산의 '실질'적 소유자였던 진소유에게 양도소득이 귀속된다. 따라서 진소유가 양도소득세의 납세의무자가 된다(명의수탁자가 임의로 부동산을 처분하거나 하는 특이한 경우에는 또 다른 문제가 생기지만 여기서 이 문제는 논의하지 않는다[4]).

📠 연습문제

[2019년 제8회 변호사시험 제1문 1.]

[사실관계]

거주자 甲(이하 '甲'이라 함)은 폐기물 재활용품을 판매하는 업을 영위하고자 하였다. 그러나 본인이 신용불량자이거니와 관련 법령에 의하면 생산자가 직접 소비자에게 판매하도록 규제하고 있어서 자신의 명의로는 이를 판매할 수 없었다. 그리하여 甲은 2006년경 같은 폐기물 재활용품의 생산 및 판매업을 영위하는 乙 주식회사(이하 '乙'이라 함)와 다음과 같은 내용의 독립채산제 판매약정을 체결하여 乙이 甲에게 협의된 이윤을 붙여 폐기물 재활용품을 공급하면 甲이 이를 판매하여 수익을 얻는 방법으로 사업을 영위하였다.

① 甲은 乙의 A영업소에서 乙의 영업이사 직함을 사용하여 乙이 생산한 폐기물 재활용품을 乙 명의로 판매한다.
② 乙은 세금계산서의 발행 및 판매계약서의 체결 등의 용도로 사용하도록

---

4) 관심이 있는 독자는, 대법원 2014. 9. 4. 선고 2012두10710 판결을 읽어보라.

사용인감과 고무인을 甲에게 제공한다.

③ 甲은 乙이 개설해 준 乙 명의의 계좌와 직불카드를 독자적으로 관리·사용하며, 甲이 乙과 거래할 때에는 乙의 대표이사가 직접 관리·사용하는 다른 계좌와 상호 이체거래를 한다.

④ 乙이 A영업소의 운영을 위하여 임차한 건물의 임차료는 甲이 부담한다.

乙은 본점과 위 영업소의 매입·매출을 합산하여 법인세를 신고·납부하여 왔다. 그러던 중 관할세무서장은 乙의 2016, 2017 사업연도에 대한 법인세통합조사를 실시한 결과 A영업소에서의 일부 매출누락을 발견하였다며, 乙에 대하여 2017년 귀속 법인세를 추가로 경정고지하는 처분(이하 '이 사건 처분'이라 함)을 하였다(가산세는 논외로 함). 이에 대하여 乙은 조세불복절차를 거쳐 관할법원에 소송을 제기하였다.

乙은 이 소송에서 위 판매약정에 따른 폐기물 재활용품 판매수익이 실질적으로 甲의 과세소득에 해당하므로 乙을 납세의무자로 하여 추가로 경정고지된 이 사건 처분은 위법하다고 주장하였다. 「국세기본법」제14조 및 위 판매약정의 내용을 참조하여 이러한 주장의 타당성 여부를 검토하시오.

해설 을 법인은 겉보기에는 문제된 사업을 직접 수행한 것으로 보이지만, 관련된 사업은 실질적으로 갑의 것으로서 그 수익 역시 갑에게 귀속된다고 볼 수 있다. 이는 관련된 '판매약정'의 내용을 살펴볼 때 문제된 사업에서 발생하는 수익과 위험이 실제로는 갑에게 귀속한다는 점을 확인할 수 있기 때문이다. 그 정황으로서는, 무엇보다 판매 수량에 관계없이 을은 '협의된 이윤'(만)을 얻을 수 있는 반면, 그 이상의 수익이나 그에 미치지 못하는 손실은 모두 갑이 부담하게 된다는 점을 들 수 있고, 또 중요한 사업용 자산인 건물의 임차료를 갑이 부담한다는 점 역시 그러한 생각을 뒷받침한다. 따라서 '이 사건 처분'은 실질과세 원칙에 위반된 것으로서 위법하다.

Ⅲ. 조세회피의 문제: 형식 ≤ 실질

조금 더 어려운 문제는 거래의 법적인 '형식'과 경제적인 '실질'이 괴리된 경우에 생긴다. 이러한 괴리는 꼭 세금을 줄이거나 피하려는 목적에서만 일어나지 않지만, 많은 경우 그러한 목적에서 생긴다. 이 두 가지 요소가 결합된 것이 흔히 말하는 '조세회피' 행위이다. 세금을 줄이거나 피하려는 목적에서 일정한 법적 형식을 취했지만, 그 경제적 실질은 다른 곳에 있다고 여겨지는 경우를 말한다. 이해를 돕기 위해서 다음의 경우를 보자.

기 | 본 | 사 | 례

괜한 맞교환?

지금은 그렇지 않지만 과거에는 양도소득세를 계산할 때 부동산의 '기준시가'에 따랐는데, '기준시가'는 보통 실제의 거래가액보다 낮은 수준인 것이 보통이었다. 하지만 이때에도 부동산을 자연인이 아닌 법인에게 양도하는 경우에는 기준시가가 아니라 실제의 거래가액 — 흔히 '실지거래가액' — 에 따랐다. 이 설명이 잘 이해가 안 가도 여기서는 상관없다. 그저 개인과 법인에 양도할 때 각각 취급이 다르고, 뒤의 경우 더 무거운 세금 부담을 진다는 것만 기억하면 된다.

개인인 '소유일'과 '소유이'는 각각 토지1과 토지2를 보유하고 있는데 공교롭게 이들 부동산은 모두 법인인 ㈜매수가 매입하기 원하는 것이었다. 소유일과 소유이가 각자 부동산을 ㈜매수에게 양도할 경우 양도소득세는 실지거래가액에 따라 계산되어 기준시가에 따르는 경우보다 그 부담이 더 무거워진다. 이를 감안하여 소유일과 소유이는 부동산을 교환하는 계약을 체결하여 각각 자기 앞으로 토지2와 토지1의 소유권이전등기를 마쳤다. 그 결과 낸 양도소득세는 원래 소유하던 토지를 바로 ㈜매수에게 팔았을 경우보다 훨씬 적었다. 그 다음 소유일은 토지2를, 소유이는 토지1을 각각 ㈜매수에게 양도하였다(양도소득세의 해당 부분을 배우기 전에는 설명하기 어려운 이유로 인해서, 부동산을 취득하자마자 바로 양도하는 이 거래에서는 양도소득세 부담이 거의 발생하지 않았다). 결국 교환거래를 끼워 넣음으로써 소유일과 소유이 두 사람의 양도소득세 부담은, 교환거래를 거치지 않는 경우에 비하여 줄어들었다. 이러한 결과를 그대로 인정하여야 하는가?

🖐 이와 같이 세금 부담을 줄일 목적을 가지고, 그러한 목적이 없었더라면 하지 않았을 법적 형식을 취하는 경우가 문제가 된다. 문제는 이 법적 형식이 민사법에 따르는 한 완전히 유효하다는 것이다. 그렇다면 세법을 적용할 때에도 이는 일단 주어진 것으로 보고 그대로 따라야 하는가, 아니면 세법을 적용할 때에는 이 법적 형식 자체를 무시할 수 있는가 하는 문제가 생긴다.

만약 무시할 수 있다고 하면 그 근거가 무엇인지가 문제가 되는데 이때 흔히 드는 것이 실질과세 원칙이다. 법적 형식이 경제적 실질 — 이 사안에서 교환 거래는 경제적 실질이 없다고 보는 셈이다 — 에 어긋나면 경제적 실질이 우선한다는 것이다. 이러한 입장에 따르면 이 사안에서 경제적 실질이 없는 교환 거래는 아예 존재하지 않는 것이 되고, 결국 소유일과 소유이가 ㈜매수에게 각자 토지1과 토지2를 '양도한 것으로 보아' 세법을 적용하여야 한다는 결론이다(흔히 '경제적 실질설'). 하지만 실질과세 원칙에 그러한 효력은 없고, 민사법에 따라 유효한 거래라면 그것은 세법에서도 그대로 받아들여야 한다는 입장도 있다(흔히 '법적 실질설'). 위와 같은 납세자의 행태를 그대로 받아들일지 아니면 그러한 행태에 구애받지 말고 '원래대로' 세금을 걷어야 하는지의 문제이기도 하다.

사실 위 소유일과 소유이, 두 사람의 사안은 실제로 일어난 일인데, 대법원이 여기서는 말하자면 '법적 실질설'의 입장을 취하였다.[5] 하지만 간단히 덧붙여 두자면, 이것도 항상 일관된 입장이라고 보기는 어려웠다.

조세회피는 어려운 문제를 낳는다. 위 사안이 실제로 일어났을 때 대법원은 분명히 법적 실질설을 피력하였다. 그리하여 설사 교환 거래를 끼워 넣은 납세자의 소행이 탑탁지 않더라도 민사법적으로 유효한 거래를 함부로 무시 — 흔히 '부인'한다고 말하기도 한다 — 할 수는 없으며, 그러한 '무시' 또는 '부인'이 가능하려면 그에 관한 구체적인 법적 근거가 필요하다고 판단하였다. 바로 여기서 실질과세 원칙은 조세법률주의와 접점을 갖는다. 곧 명확한 과세의 근거 규정이 있어야 세금을 물릴 수 있고, '실질'과 같은 불명확한 개념에 근거하여 과세함은 용납할 수 없다는 생각이야말로 조세법률주의와 일맥상통한다는 것이다. 그리고 조세법률주의의 이념이 도전받고 있는 현재에는, 위 사안과 같은 경우 경제적 실질설에 따른 과세가 가능하여야 하지 않느냐 하는 생각이 점점 세를 얻어가고 있는 듯하다. 여기서 더 길게 이야기하기는 어렵지만, 일단 그 증거로 들 수 있는 국세기본법 조항 하나만을 제시하고 넘어가려고 한다.

국세기본법 제14조[실질과세] ③ 제3자를 통한 간접적인 방법이나 둘 이상의 행위 또는 거래를 거치는 방법으로 이 법 또는 세법의 혜택을 부당하게 받기 위한 것으로 인정되는 경우에는 그 경제적 실질내용에 따라 당사자가 직접 거래를 한 것으로 보거나 연속된 하나의 행위 또는 거래를 한 것으로 보아 이 법 또는 세법을 적용한다.

---

5) 실제 판결이 어떤 내용인지에 관심이 있으면, 대법원 1991. 5. 14. 선고 90누3027 판결을 찾아보라.

같이 국세기본법 제14조에 들어 있음에도 제1항과 제2항을 먼저 설명한 후 제3항을 따로 소개하는 것은, 제1항·제2항이 오래 전부터 존재하여 왔음에 반하여 제3항은 2007년 말에 새로 만들어졌기 때문이다. 그리고 이 조항은 글귀를 읽어보면 알 수 있는 그대로, 앞에서 살펴본 '교환거래' 사안과 비슷한 경우에 과세관청이 그러한 교환거래의 존재를 부인할 수 있는 직접적 근거를 제공한다. 조세법률주의에 들어맞는 것인지에 관한 헌법적 평가와는 별개로, 그러한 유형의 조세회피 행위를 겨냥하여 만들어진 조항임은 분명한 것이다. 그리고 위 사안에 이 조항을 적용한다면, 교환거래가 민사법적으로 유효함에도 불구하고 당사자인 소유일과 소유이가 '연속된 하나의 행위', 곧 ㈜매수에 직접 양도한 행위를 하였다고 볼 여지가 생기게 된다.

이 조항이 들어옴으로써 일단 과세관청이 일정한 경우 법적 형식을 무시하고 경제적 실질에 따라 과세할 수 있는 권한을 가짐은 분명하게 되었다고 평가할 수 있다. 하지만 그러한 경우에도 그러한 거래의 '경제적 실질'이 무엇인지를 정하는 일이 반드시 쉬운 것이 아님은 물론 당연하다.

Ⅳ. 실질과세 원칙에 관한 최근의 대법원 판결 [심화학습]

조세회피 행위에 대한 과세관청과 법원의 적극적인 대처가 필요하다는 입장이 점차 지지를 얻어가는 증거로 들 수 있는 것으로는, 방금 살펴본 국세기본법 제14조 제3항 외에도 2012년의 어느 대법원 전원합의체 판결을 들 수 있다. 이 판결은 위 제14조 제3항이 적용되기 전의 사건에 대한 것으로서, 기존의 국세기본법 제14조 제1항만으로 경제적 실질에 따른 과세를 할 수 있는지에 관한 대법원의 달라진 입장을 보여 준다.

▲ 13인의 대법관이 모두 참석한 대법원 전원합의체의 모습

대법원 2012. 1. 19. 선고 2008두8499 전원합의체 판결

(1) 사실관계

전원합의체 판결이란 보통의 경우—대법원장을 포함한 14인의 대법관들 중 그 사건에 관련된 4인만이 관여한다—와 달리 대법관 전원(실제로는 법원행정처장을 제외한 13인)이 관여하여 나온 판결을 의미하는데, 그만큼 그 중요성은 더 크다고 할 수 있다. 이 판결의 배경이 되는 것은, 부동산을 소유한 법인의 주식을 일정 비율 이상으로 취득하는 경우 지방세법이 그러한 주식 취득을 부동산의 취득과 마찬가지로 다루어 취득세를 물린다는 점이다(흔히 '간주취득세'). 이 사건 당시에는 그 비율이 51%로 정하여져 있었는데, 외국 투자자인 이 사건의 납세자는 이 간주취득세를 회피하기 위해 자신이 100% 지배하는 두 개의 자회사(子會社)를 그 외국에 설립하여 문제된 우리나라 회사의 주식을 각각 50%씩 취득하도록 했다. 역시 간주취득세 개념을 이해하기 쉽지 않다면, 세법이 51% 이상 주식을 취득하면 불이익을 주는데 납세자가 이를 회피하기 위해 자회사를 2개 만들어 각각 50%의 주식을 취득하게 하였다고 생각하면 충분하다. 이 경우 자회사를 통하여 주식을 100% 취득한 것이나 마찬가지이지만, 법적 형식만 놓고 보면 어느 누구도 51% 이상의 주식을 취득하지 않았다는 것이다.

(2) 쟁 점

이 결과를 그대로 인정하여야 하는가 하는 것이 이 사건의 쟁점이다. 자회사의 설립이 그 나라의 민사법에 따른 것이어서 유효하다는 점을 중시한다면, 어느 누구도 51% 이상의 주식을 취득하지 않았다는 결론을 피하기는 어렵다(법적 실질설). 하지만 자회사의 설립이 법적 형식뿐이고 '실질'에 맞지 않는 것이라면, 자회사의 존재를 무시하고 외국 투자자 자신이 직접 100% 주식을 취득한 것처럼 이해하여야 한다는 입장도 있을 수 있다(경제적 실질설).

(3) 대법원의 기본 입장

결론을 말하자면 이 사건의 대법원은 드디어 명시적으로 경제적 실질설의 길을 열었다고 평가할 수 있다. 즉 대법원은 위에 언급한 대로 외국 투자자 자신이 직접 100% 주식을 취득한 경우와 마찬가지의 취급을 하여, 이 외국 투자자에게 간주취득세를 물리는 것이 적법하다고 판단하였다. 그 중 가장 중요하다고 여겨지는 부분을 떼어내어 살펴보자.

"따라서 구 지방세법 제105조 제6항을 적용함에 있어서도, 당해 주식이나 지분의 귀속 명의자는 이를 지배·관리할 능력이 없고 명의자에 대한 지배권 등을 통하여 실질적으로 이를 지배·관리하는 자가 따로 있으며, 그와 같은 명의와 실질의 괴리가 위 규정의 적용을 회피할 목적에서 비롯된 경우에는, 당해 주식이나 지분은 실질적으로 이를 지배·관리하는 자에게 귀속된 것으로 보아 그를 납세의무자로 삼아야 할 것이다. 그리고 그 경우에 해당하는지는 당해 주식이나 지분의 취득 경위와 목적, 취득자금의 출처, 그 관리와 처분과정, 귀속명의자의 능력과 그에 대한 지배관계 등 제반 사정을 종합적으로 고려하여 판단하여야 한다."

대법원이 법적 형식 — 여기서는 '명의'라고 표현하였지만 이 사건은 이를테면 차명거래와 같은 경우와는 그 성격이 다르며 따라서 '명의'보다는 '법적 형식'이라는 말이 더 적합한 듯하다 — 과 실질이 다르다는 이유로 실질에 따라 과세할 수 있는 요건으로 들고 있는 것은, 그러한 법적 형식과 실질의 괴리 외에, 그러한 괴리가 조세회피의 목적에서 나와야 한다는 점이다. 이 요건이 충족되면 과세관청과 법원은 유효한 법적 형식이라도 무시하고, '실질'에 따라 과세할 수 있다. 대법원의 이 판시는 앞에서 살펴본 90누3027 판결('괜한 맞교환')의 그것과 명확히 구별되며, 중요한 입장의 변경이라고 할 수 있다.

(4) 대법원의 부연 — 조세법률주의와 관련하여

다만 이러한 설시는 역시 조세법률주의에 반하는 것이 아닌지 하는 의문이 생긴다. '실질'이라는 말이 과세의 핵심적인 요건으로 되는 셈인데, 이 말은 그 의미가 극도로 불명확하기 때문이다. 대법원 스스로도 우려가 없지 않았던지 이에 관하여는 다음과 같은 부가 설명을 남겨 놓았다.

"구 국세기본법(2007. 12. 31. 법률 제8830호로 개정되기 전의 것, 이하 같다) 제14조 제1항, 제2항이 천명하고 있는 실질과세의 원칙은 헌법상의 기본이념인 평등의 원칙을 조세법률관계에 구현하기 위한 실천적 원리로서, 조세의 부담을 회피할 목적으로 과세요건사실에 관하여 실질과 괴리되는 비합리적인 형식이나 외관을 취하는 경우에 그 형식이나 외관에 불구하고 실질에 따라 담세력이 있는 곳에 과세함으로써 부당한 조세회피행위를 규제하고 과세의 형평을 제고하여 조세정의를 실현하고자 하는 데 주된 목적이 있다. 이는 조세법의 기본원리인 조세법률주의와 대립관계에 있는 것이 아니라 조세법규를 다양하게 변화하는 경제생활관계에 적용함에 있어 예측가능성과 법적 안정성이 훼손되지 않는 범위 내에서 합목적적이고 탄력적으로 해석함으로써 조세법률주의의 형해화를 막고 실효성을 확보한다는 점에서 조세법률주의와 상호보완적이고 불가분적인 관계에 있다고 할 것이다."

대법원은 실질과세 원칙의 새로운 해석이 조세법률주의와 충돌한다고 하지는 않았다. 하지만 종래와 같이 조세법률주의를 널리 적용하는 경우에는 문제가 생길 수 있음 역시 인식하고 있음이 분명하다. 따라서 실질과세 원칙의 이러한 새로운 해석 경향에 조세법률주의가 걸림돌이 되지 않아야 하고, 또 그와 같이 실질과세 원칙과 균형을 이루어야만 조세법률주의가 계속 살아남을 수 있다고 보고 있는 것이다.

 연습문제

[2010년 사법시험 제12문]

실질과세원칙과 관련이 없는 것은?

① 사업자등록증에는 甲이 사업자로 등록되어 있으나 사실상 乙이 사업을 영위하고 있다면, 과세관청은 乙을 납세의무자로 본다.
② 공부상 甲의 명의로 등기·등록되어 있으나 사실상 乙이 취득하여 자기사업에 공(供)하였음이 확인되는 경우, 과세관청은 이를 乙의 사업용 자산으로 본다.
③ 제3자를 통한 간접적인 방법으로 세법의 혜택을 부당하게 받기 위한 것으로 인

정되는 경우, 과세관청은 그 경제적 실질내용에 따라 당사자가 직접 거래를 한 것으로 본다.

④ 사업소득이 있는 거주자의 계산이 그 거주자와 특수관계가 있는 자와의 거래로 인하여 해당 소득에 대한 조세의 부담을 부당하게 감소시킨 것으로 인정되는 경우, 과세관청은 그 거주자의 계산에 관계 없이 해당 납세자의 소득금액을 계산할 수 있다.

⑤ 새로운 세법해석이 종전의 해석과 상이한 경우에는 새로운 해석이 있는 날 이후에 납세의무가 성립하는 분부터 새로운 해석을 적용한다.

정답 ⑤

해설 소급과세 금지 원칙과 관련이 있다, ④는 부당행위계산부인에 관한 설명인데 부당행위계산부인은 실질과세 원칙에 따라 거래를 재구성한 결과로 설명하기도 한다.

[2016년 제5회 변호사시험 제2문 1.]

[사실관계]

A주식회사(이하 'A사'라 한다)는 건설업을 영위하는 비상장 내국법인이고, 거주자인 甲은 A사 발행 주식 10,000주 전부를 보유하고 있는 1인 주주이자 대표이사이다. 2008. 1.경 甲은 개인적인 사정으로 자금이 필요하여 그 보유 주식 중 3,000주(이하 '이 사건 주식'이라 한다)를 매각하고자 하였으나, 이를 매수하고자 하는 자를 찾을 수 없었다. 이에 甲은 이 사건 주식을 유상소각하여 자금을 마련하기로 마음먹고, 2008. 3. 19. A사의 이사회와 주주총회를 개최하여 이 사건 주식을 유상소각하는 자본감소를 결의하였다. 그런데 甲은 유상소각을 통하여 감자대가를 지급받으면 이미 종합소득세 최고세율을 적용받고 있는 甲으로서는 감자로 인한 의제배당소득에 대하여 약 40%의 종합소득세를 납부하여야 한다는 사실을 알게 되었다. 甲은 고문 세무사로부터 주식의 양도소득에 대해서는 의제배당소득의 경우보다 훨씬 적은 10% 정도의 양도소득세만을 납부하면 된다는 조언을 듣고, 2008. 3. 22. 이 사건 주식을 당초 결의한 감자대가와 동일한 금액으로 A사에게 양도하는 내용의 주식 매매계약을 체결하였다. 동 매매계약은 체결일에 이행되어 甲은 이 사건 주식을 양도하고 A사는 자기주식을 취득하였다(자기주식 취득은 적법한 것으로 가정함). A사는 자기주식 취득 즉시 이를 소각하고 감자절차를 마무리하였다. 甲은 2009. 5.경 2008년 귀속 종합소득세를 신고납부하였으나, 이 사건 주식의 양도 및 소각을 통한 이익에 대해서는 양도소득세를 신고납부하였다. (중략)

2013. 2. 2. 관할 세무서장은 甲이 양도소득으로 신고한 소득을 의제배당에 따른 종합소득으로 분류하고 상속분에 따라 나누어 계산된 종합소득세를 상속으로 받은 재산의 한도에서 연대하여 납부하도록 하는 적법한 내용의 납세고지(이하 '이 사건 처분'이라 한다)를 乙에게만 송달하였다(당초 甲이 신고납부한 양도소득세는 환급함).

이 사건 처분에서 甲이 양도소득으로 신고한 소득을 관할 세무서장이 실질적으로 의제배당에 따른 종합소득이라고 보아 과세한 것이 「국세기본법」상의 실질과세원칙에 부합하는지에 관하여 논하시오.

> 정답과 해설　법인세나 관련된 의제배당에 관한 지식이 있어야 완전히 이해할 수 있는 문제이기는 하지만, 아무튼 중요한 것은 갑이 주식을 보유하고 있는 동안에 주식을 소각하면 관련된 소득은 의제배당이라고 하여 배당소득으로 취급하고, 갑이 주식을 A사에 양도한 다음 주식을 소각하면 갑의 소득이 양도소득이 된다는 점이며, 이때 양도소득으로 과세되는 쪽이 갑의 입장에서 더 유리한 결과가 된다. 여기서 사실 의미가 있는 것은 갑이 더 이상 주식을 보유하고 있지 않다는 사실과, 그 대신 갑이 A사로부터 일정한 현금을 받아서 소득을 올렸다는 사실이다. 그렇게 보면 미리 주식을 A사에 양도하는 행위는 경제적 실질과 무관한 것이고 오로지 세금 부담을 줄이기 위하여 이루어진 것이라고 볼 수 있다. 이런 논리에서는 실질과세 원칙에 따라서 이러한 양도 행위의 존재를 무시하고 갑이 주식을 보유한 동안에 소각이 이루어진 것과 마찬가지로 과세되어야 한다고 생각할 여지가 있다. 곧 실질과세 원칙에 부합하는 과세라는 결론이다. 적어도 이는 판례의 입장과 일치한다(대법원 2010. 10. 28. 선고 2008두19628 판결).

제6절　신의성실의 원칙

> 국세기본법 제15조[신의·성실] 납세자가 그 의무를 이행할 때에는 신의에 따라 성실하게 하여야 한다. 세무공무원이 직무를 수행할 때에도 또한 같다.

원래 민법에 등장하는 신의성실의 원칙은 국세기본법에도 납세자와 세무공무원에 대하여 따로따로 조문을 만들어 놓은 것을 제외하고는 비슷한 형태로 규정되어 있다.[6] 하지만 적어도 실무에서는 그 적용 범위가 그보다 좁아서 대부분의 경우 상대방의 정당한 신뢰를 보호하는 작용만을 한다.

Ⅰ. 세무공무원에 대한 신의성실 원칙의 적용

설명의 편의를 위해서 두 번째 문장, 세무공무원의 직무수행이 신의성실에 따라야 한다는 부분을 먼저 살펴보자. 이는 세무공무원이 그 직무를 수행하면서 납세자에게 일정한 신뢰를 갖게 하였고 그 신뢰가 정당한 경우에는 보호되어야 한다는 내용으로 나타난다. 다음의 사례를 통하여 살펴보자.

기 | 본 | 사 | 례

시키는 대로 했는데 …

납세자 '이요기'는 의료기기를 수입하는 사업을 한다. 관할 세무서 소득세과의 세무공무원 '구담당'은 이요기를 만나 문제의 의료기기는 부가가치세 면세의 대상이고 따라서 부가가치세 신고를 할 필요 없이 소득세 신고만 잘 하면 된다고 말하였다. 이요기는 그 말을 믿고 수입 부가가치세를 전혀 신고하지 않았다. 그 후 관할 세무서 부가가치세과의 세무공무원 신담임은 이 기기가 부가가치세의 면세 대상이 아니라고 판단하여 수입을 한 이요기에게 그 동안 신고가 누락된 부분의 부가가치세를 한꺼번에 부과하는 납세고지서를 세무서장 명의로 보냈다. 부가가치세 면세 여부에 관한 한 신담임의 말이 옳다고 하면, 이 과세처분은 적법한가?

👆 이 사례는 대법원 1990. 10. 10. 선고 88누5280 판결의 사안과 그 내용이 기본적으로 같다. 이때 이요기가 부가가치세 신고를 하지 않은 이유는 세무공무원인 구담당의 말을 믿었기 때문이므로, 부가가치세 신고를 하지 않아도 된다는 데에 대한 이요기의 신뢰는 보호받아야 하는 정당한 것이 아닌가 하는 의문이 생긴다. 그리고 대법원의 입장도 이

---

6) 다음의 민법 조항과 비교하여 보자. 민법 제2조(신의성실) ① 권리의 행사와 의무의 이행은 신의에 좇아 성실히 하여야 한다.

> 와 같아서, 아무리 부가가치세법에 따른 정당한 결과라 하더라도 이와 같이 납세자의
> 정당한 신뢰를 침해하는 과세는 할 수 없고 하더라도 위법하다고 한다.

이처럼 세무공무원이 과세되지 않는다거나 또는 가볍게 과세된다는 말이나 행동을 납세자에게 하고 납세자가 그를 믿었으며 또 그와 같이 믿은 데에 잘못이 없는 경우라면, 비록 세법에 따른 납세의무가 있다고 하더라도 과세관청은 이를 전제로 과세할 수 없다. 이것이 국세기본법 제15조의 두 번째 문장에 따른 결과이다.

중요한 것은 법에 따라 생기는 납세의무가, 세무공무원의 잘못된 언동으로 사실상 사라지는 결과가 된다는 점이다. 이 때문에 실제로 이러한 결과가 인정되는 경우가 그리 흔하지는 않으나, 위 사례에서 언급한 대법원 판결에서 보듯이 간혹 이러한 납세자의 주장이 받아들여지는 경우가 있다.

Ⅱ. 납세자에 대한 신의성실 원칙의 적용

국세기본법 제15조의 구조에서 보듯이 이러한 의미의 신의성실 원칙은 납세자에게도 적용된다고 정하여져 있다. 따라서 납세자도 과세관청에게 잘못된 언동을 하고 그로 인해 과세관청에게 신뢰를 주게 되면, 반대로 그 때문에 과세를 당하는 결과가 될 수도 있다는 것이 된다. 아래 사례를 통하여 살펴보자.

기 본 사 례

'㈜분식' 법인은 발행한 주식이 거래되는 거래소의 투자자들이나 돈을 빌려준 금융기관에게 사업이 잘 되고 있다는 인상을 주기 위해서 의도적으로 이익을 부풀려 재무제표에 계상하였고 외부감사를 맡은 회계법인도 이를 묵인하였다. 하지만 이와 같이 이익을 부풀려서 재무제표에 표시하다 보니, 어쩔 수 없이 법인세 부담도 증가하였다. 이익을 부풀리지 않고 정상적으로 재무제표를 만들었다면, 2014 사업연도에는 500억 원의 당기순손실이 발생하였고 법

인세 부담이 없었을 것이지만, 이른바 '분식회계'로 200억 원의 당기순이익이 난 것처럼 재무제표를 작성하였고 이에 따라 40억 원의 법인세를 납부하였다고 가정하여 보자. ㈜분식의 이러한 행태는 곧 적발되었고, 이에 따라 ㈜분식과 관련자들은 상응하는 민·형사책임을 지게 되었다.

그 후 ㈜분식은 분식회계는 잘못된 일이었지만 그로 인하여 원래 내야 할 것보다 더 많은 법인세를 낸 셈이어서 이는 돌려받아야 한다고 생각하고 있다. 하지만 이러한 이야기를 들은 관할 세무서장은, 분식회계와 같이 위법한 행동을 저지른 ㈜분식이, 위법이 적발되자 이제 와서 세금을 돌려달라고 하는 행태는 신의성실의 원칙에 어긋나는 것이어서 용납되어서는 안 된다고 판단하고 있다. ㈜분식은 국가에 40억 원의 법인세를 돌려달라고 청구할 수 있는가?

이 사례는 대법원 2006. 1. 26. 선고 2005두6300 판결의 사안과 그 내용이 기본적으로 같다. 원칙의 차원에서 말한다면, 재무제표에 표시된 내용이 어찌 되었든 간에 세법이 관심을 갖는 것은 어떤 소득이 '실제로' 발생하였는지 여부이다. 따라서 사실관계를 살펴본 결과 2014 사업연도에 손실만이 발생하였을 뿐 발생한 소득이 없다면 법인세 납세의무가 생길 수 없다. 따라서 ㈜분식이 잘못 낸 세금 40억 원을 돌려받을 수 있어야 한다는 결론에 이른다.

문제는 ㈜분식이 과연 이러한 요구를 할 수 있는지 여부이다. ㈜분식은 자신에게 2014 사업연도에 소득이 발생하였음을 스스로 대외적으로 분명하게 알렸다. 그리고 나서 그에 따른 세금만은 낼 수 없다고 함은 신의성실의 원칙에 반하는 것이 아닐까? 대법원은 일단 이러한 경우에 신의성실의 원칙이 작동할 여지가 있음은 분명히 한다. 다만 실제로 신의성실의 원칙에 따라 납세자가 이러한 주장을 할 수 없다고 하려면, 납세자에게 모순된 언동이 있다는 것 외에, 국가가 그러한 언동에 대한 신뢰를 가졌고 그러한 신뢰가 보호가치 있는 정당한 것이어야 한다고 말한다. I.에서 살펴본 것과 사실 비슷하다. 그런데 대법원은 대부분의 경우 국가가 납세자의 언동에 대하여 신뢰를 가졌다 하더라도 그러한 신뢰는 정당하다거나 보호가치 있다고 말하기 어렵다고 판시하여 왔다. 납세자와 달리 국가는 납세의무에 관련된 사실관계를 스스로 밝혀낼 수 있는 능력을 가지고 있다는 것이다. 그리하여 이러한 분식회계 관련 사건에서도, 재무제표에 부풀려 표시된 이익에 관한 국가의 신뢰를 보호할 필요는 없다고 한다. 결론적으로 이 사례에서 ㈜분식은 40억 원의 법인세를 국가로부터 돌려받을 수 있다.[7)

---

7) 다만 이 대법원 판결의 선고 당시와 달리 현재에는 과다하게 납부한 세액을 돌려주기는 하되, 법인세법 제58조의3에서 정하는 시기와 방법에 따라 환급하는 것으로 정하여져 있다.

납세자에게 신의성실의 원칙을 적용하는 것은, 세무공무원에게 같은 원칙을 적용하는 것과 비슷한 측면이 있다. I.에서 보았듯이 세무공무원에게 신의성실의 원칙이 적용된 결과는, 세법에 의하여 생긴 납세의무가 세무공무원의 잘못된 언동에 의하여 사실상 사라져 버린다는 것이다. 반대로 납세자에게 신의성실의 원칙이 적용된 결과는, 세법에 따르면 과세할 수 없음에도 납세자가 잘못된 언동 때문에 납세의무를 지게 된다는 것이다. 위 사례를 놓고 보자면, ㈜분식은 소득이 있어서 법인세 납세의무를 지는 것이 아니라, (소득이 없음에도 단지) 소득이 있다고 말했기 때문에 법인세 납세의무를 진다는 셈이 된다. 대법원은 특히 납세자에 대한 신의성실 원칙의 적용에 인색한데, 아마도 이러한 결과를 쉽게 받아들이기 어렵다고 보기 때문이리라.

Tax In News

🎙 분식회계와 경정청구, 그리고 신의성실의 원칙

(아래 언론보도는 위에서 살펴본 (주)분식의 경우와 유사한 건으로 법인세법 제58조의3 신설 등 개정이 있은 다음의 현행법이 적용되는 사건에 관한 것이다.)

대우조선해양이 지난 3월 부실 회계처리를 시인하며 2013~2014년도의 재무제표를 수정 공시함에 따라 해당 연도에 납부했던 법인세 2340억원을 뒤늦게 돌려받게 된 것으로 밝혀졌다. 24일 세무당국과 회계업계에 따르면 대우조선은 2013년도와 2014년도에 각각 4409억원, 4711억원의 영업이익을 반영한 재무제표를 발표했다. 이에 근거해 두 회계연도에 법인세를 1291억원, 1049억원(현금흐름표상 법인세 납부액 기준)씩 납부했다. 하지만 대우조선은 지난 3월 25일 2013년도와 2014년도 재무제표를 수정해 공시했다. 당초 4409억원이었던 2013년 영업이익은 7784억원의 영업적자로, 4711억원이었던 2014년 영업이익은 7429억원의 영업손실로 각각 바꾼 것이다. 하지만 재무제표 정정으로 대우조선은 5년 뒤 2340억원을 고스란히 돌려받을 것으로 예상된다. 영업손실을 낼 경우 법인세가 부과되지 않는데, '법인세법 제58조의3(사실과 다른 회계처리로 인한 경정에 따른 세액공제)'에 근거해 과거 내지 않아도 됐던 세금에 대해 '경정 청구(과다

납부한 세액을 바로잡을 것을 요청하는 행위)'할 수 있기 때문이다. 현행 법인세법상 경정 청구를 한 기업들은 세금을 당장 돌려받지는 않는다. 대신 해당 기업은 향후 5년간 법인세를 내야 할 경우 경정 청구한 세금으로 대신 납부할 수 있다. 그리고도 남는 세금이 있으면 5년 후 잔액을 환급받는다. 대우조선은 2013~2015년 5조원이 넘는 대규모 이월결손금(세무상 적자)을 내었고 앞으로 5년간 5조원의 이익을 내지 않는 한 대우조선은 세금을 내지 않게 된다. 제도를 바꿔야 한다는 목소리도 적지 않다. 자본시장법상 분식회계 관련 과징금이 최대 20억원으로 묶여있고 형사처벌도 5년 이하 징역이나 2억원 이하 벌금에 그치는 등 '솜방망이 제재'가 이뤄지고 있는 만큼 세법에도 분식회계에 대한 징벌적 요소를 강화해 회계투명성을 높여야 한다는 것이다.

(2016년 5월 24일 언론보도)

연습문제

[2009년 사법시험]

「국세기본법」상 신의성실의 원칙에 관한 설명 중 옳지 않은 것은? (학설상 다툼이 있는 경우 판례에 의함)

① 납세자뿐 아니라 세무공무원에게도 신의성실의 원칙이 적용된다.
② 이 원칙이 적용되려면 과세관청이 납세자에게 공적인 견해를 표명하였을 것이 요구된다.
③ 이 원칙이 적용되려면 납세자가 과세관청의 견해표명이 정당하다고 신뢰함에 귀책사유가 없어야 한다.
④ 이 원칙이 적용되려면 과세관청이 그 견해표명에 반하는 처분을 하여야 할 필요는 없다.
⑤ 이 원칙에 반한 처분은 취소할 수 있는 처분이다.

정답 ④

[2008년 사법시험]

세법상 신의성실의 원칙에 관한 설명으로 옳지 않은 것은?

① 신의성실의 원칙은 국세부과원칙의 하나이다.
② 신의성실의 원칙은 상대방의 합리적 기대나 신뢰를 배반할 수 없다는 법원칙으로 원래 사법관계에서 발전하였다.
③ 신의성실의 원칙은 국세기본법에 명문으로 규정되어 있다.
④ 판례는 과세관청에 대한 신의성실원칙의 적용요건의 하나로 '과세관청의 납세자에 대한 공적인 견해표명'을 들고 있다.
⑤ 신의성실의 원칙에 위배된 과세관청의 처분은 당연무효라고 함이 통설 및 판례의 입장이다.

정답 ⑤

Ⅲ. 소급과세 금지와 신의칙

국세기본법 제18조[세법 해석의 기준 및 소급과세의 금지] ② 국세를 납부할 의무(세법에 징수의무자가 따로 규정되어 있는 국세의 경우에는 이를 징수하여 납부할 의무. 이하 같다)가 성립한 소득, 수익, 재산, 행위 또는 거래에 대해서는 그 성립 후의 새로운 세법에 따라 소급하여 과세하지 아니한다.
③ 세법의 해석이나 국세행정의 관행이 일반적으로 납세자에게 받아들여진 후에는 그 해석이나 관행에 의한 행위 또는 계산은 정당한 것으로 보며, 새로운 해석이나 관행에 의하여 소급하여 과세되지 아니한다.

우선 제2항의 글귀가 소급입법을 금지하는 효력을 가질 수 없다는 점은 이미 제3절 Ⅳ.에서 살펴보았다. 오로지 헌법상 가부 문제가 있을 뿐이기 때문이다. 한편 부진정 소급은 원칙적으로 허용된다. 만약 제2항의 의미가 법이 새로 바뀌어 과세대상이 넓어졌더라도, 법 자체가 소급입법이 아닌 이상 이미 끝난 일에 새로운 법을 적용하여 국세청이 임의로 과세할 수 없다는 것이라면 그것은 구태여 법에 명시할 필요도 없는 당연한 사리이다. 결국 제18조 제2항은 별 의미가 없다.

Tax In News

🎙 차명재산과 소급과세

경기 고양시청 공무원인 A씨는 올해 5월, 5년 전 시에서 업무상 지급받은 포상금에 대해 세무서로부터 "종합소득세를 내라"는 통지를 받고 당혹감을 감추지 못했다. 자진신고 의무를 위반했다는 이유로 가산세까지 함께 부과됐다.

당시 포상금은 지방세 체납액을 끈질기게 징수한 공로로 받은 것이었다.

고양시에서만 올해 A씨와 같이 갑작스러운 통지를 받은 공무원은 총 490여 명이나 되며, 모두 5년 전 포상금을 문제 삼았다. 금액도 총 4억7000만원에 이른다. …

이런 가운데 최근 조세심판원이 공무원들의 손을 들어주는 첫 판결을 내놓아 관심이 모아지고 있다.

4일 관련기관에 따르면 조세심판원은 지난달 13일 인천광역시와 안산시 소속 공무원이 국세청을 상대로 제기한 심판청구 2건에 대해 모두 '과세 취소' 결정을 내렸다.

심판을 제기한 공무원들은 지난 2014년 세금징수 공적을 인정받거나, 공무원 연구모임 발표대회에서 우수팀으로 선정돼 포상금을 받았지만 올해 5월 종합소득세를 고지받자 취소 심판을 청구했다.

청구인은 "포상금은 근로의 제공에 따라 당연히 지급되는 보수와는 성격이 엄격히 다르다"며 "국세청이 부처간 어떠한 협의과정도 거치지 않고 일방적으로 쟁점포상금에 대해 과세하는 것은 '국세기본법'의 '소급과세금지' 원칙도 위배된다"고 주장했다.

반면 국세청은 "공무원이 업무와 관련해 받은 쟁점포상금은 근로소득으로, 당초 과세처분은 정당하다"고 맞섰다.

이에 조세심판원은 "청구인이 수령한 포상금을 비과세 기타소득이 아니라고 단정하기 어렵고, 기획재정부가 '비과세 되는 기타소득에 해당한다'고 해석한 점을 비춰 처분청(국세청)이 쟁점포상금을 과세대상 근로소득으로 보아 과세한 당초 처분은 잘못이 있는 것으로 판단된다"고 해석했다.

50여 년 동안 세금을 부과하지 않다가 갑자기 칼을 빼 든 국세청이 망신을 당한 모양새다. …

(2020년 11월 4일 언론보도)

생각해볼 점 (소득세법의 규정을 떠나) 공무원이 일을 잘하여 받은 포상금에 세금을 물리지 않을 특별한 이유가 있는가? 한편 국세청이 세금을 걷을 수 있다는 점을 5년 간 제대로 파악하지 못하고 있다가 5년 후에 세금을 물리는 일은 잘못인가? 반대로 공무원의 입장에서 볼 때 5년 후에 갑자기 세금을 내라는 통지가 온다면 선뜻 세금을 내고 싶겠는가? 당연히 그렇지 않다고 하면, 그렇게 '세금을 내고 싶지 않은 마음'은 법적으로도 보호를 받아야 하는가?

제18조 제3항은 대개 '비과세관행'이 성립했다고 말하는 경우에 적용되는 것으로 신의성실 원칙의 일부라고 볼 수 있다. 과세관청이 일정한 방법으로 특정한 세법 조항을 해석·적용하다가 어느 시점에 갑자기 그러한 해석·적용이 잘못되었다고 생각하여 다른 내용으로 변경하였다고 생각하여 보자. 납세자가 종전의 해석을 신뢰하여 일정한 행동을 하였는데 그 후 갑자기 그러한 해석이 잘못되었다고 한다면, 납세자로서는 신뢰를 침해당하는 문제가 생긴다. 따라서 만약 이러한 신뢰가 정당하여 보호받을 만한 가치가 있는 것이라면, 비록 해석이 변경되었더라도 그 효과가 이 납세자에게는 미치지 않도록 해야 한다는 것이다.

요컨대 과세관청의 세법 조항에 대한 해석이 '일반적으로 받아들여진' 정도의 것이 되어 납세자가 앞으로도 이러한 해석이 계속되리라고 신뢰함이 정당하다면, 과세관청은 이 납세자에게는 종전의 해석에 따른 과세(또는 비과세)만을 하여야 한다. 이것이 제18조 제3항의 내용이다. 이는 II.에서 살펴본 신의성실의 원칙을 적용한 것과 결과가 매우 유사한데, 실무에서도 두 조항은 함께 주장되는 경우가 흔하다. 소급적용이 아닌 장래를 향한 과세처분이라면 신의성실 원칙이나 비과세관행 위반 문제를 일으키지 않는다는 것은 당연하다.

📱 **연습문제**

[2019년 제8회 변호사시험 제1문 2.]

[사실관계] 실질과세 원칙에 관한 31쪽에 인용한 사실관계를 참조할 것

만약 문1.에서의 乙의 주장이 받아들여져 관할세무서장이 판결의 취지에 따라 위 영업소의 매출누락분 2017년 귀속 소득을 甲에게 종합소득세로 고지하고자 한다면, 甲은 자신이 2006년 폐기물 재활용품 판매업을 시작한 이래 관할세무서장이 乙 명의의 법인세 신고·납부를 그대로 용인하고 문제 삼지 않아 온 것은 그 자체로 자신과 관련하여 이미 비과세관행이 성립된 것으로서, 이제 와서 과세관청이 태도를 바꾸어 자신을 실소득자라는 이유로 과세하는 것은 위법하다고 주장할 수 있는지에 대하여 「국세기본법」 제18조 제3항을 참조하여 그 타당성 여부를 검토하시오.

정답과 해설 판례에 따르면, 국세기본법 제18조 제3항의 적용요건인 이른바 '비과세의 관행'이 성립되었다고 하기 위해서는, 일정 기간 동안 과세가 이루어지지 않았다는 사실뿐 아니라, 과세관청이 원래 과세할 수 있음을 알고 있지만 어떤 특별한 사정 때문에 과세하지 않는다는 의사를 갖고 있어야 한다. 그리고 이 점에서 단순한 '과세 누락'과는 구별된다고 한다. 하지만 이 사안에서 과세관청은 갑에게 과세할 수 있다는 사실을 단순히 몰라서 하지 않은 것일뿐, 갑에게 과세하여야 함을 알면서도 어떤 특별한 사정 때문에 과세하지 않은 것이라고는 할 수 없다. 따라서 판례의 입장에 따를 때 갑의 비과세 주장은 제18조 제3항과 안 맞다.

Ⅳ. 신의성실 원칙을 납세자에게 한결 넓게 적용하는 근래의 추세 [심화학습]

제5절의 [심화학습]에서 소개한 위 2012년 전원합의체 판결에서, 실질과세 원칙을 활용하여 납세자의 조세회피 행위에 적극적으로 대응하고 국가의 적정한 과세권을 보장하는 방향으로 대법원이 입장을 전환하고 있음을 엿볼 수 있다는 점을 살펴보았다. 실제로 관련이 있는지 여부는 불분명하지만, 최근의 대법원은 납세자에 대한 신의성실 원칙의 적용 범위 역시 조금씩 넓혀 가는 입장을 드러내고 있다.

우선 대법원 2009. 4. 23. 선고 2006두14865 판결은 부가가치세의 맥락에서 납세자

에 대한 신의성실 원칙의 적용을 인정한 극히 드문 사례이다. 여기서 자세한 사실관계를 설명하지는 않으려 하지만, 아무튼 이 사안에서는 매입세액의 환급(혜택)을 받을 때에 자신이 실제 사업자라고 주장하였다가 공급 의제로 매출세액을 납부(부담)하여야 할 때에는 자신이 명의대여자에 불과하다고 주장한 납세자가 모순된 언동으로 인하여 불이익을 부담하는 결과가 그대로 인정되었다. 즉 정말로는 명의대여자에 불과하지만, 자신이 실제 사업자였음을 먼저 내세워 '혜택'을 받은 이상 실제 사업자로서 납세의무를 '부담'하여야 한다는 것이다.

나아가 대법원 2011. 1. 20. 선고 2009두13474 전원합의체 판결은, 납세자에 대한 신의성실 원칙의 적용 범위를 더 넓혀서, 납세자의 언동에 대한 국가의 신뢰를 보호해야 하는 경우가 아니더라도 납세자의 일정한 행태가 '보편적인 정의관과 윤리관에 비추어 도저히 용납'할 수 없다는 이유로 신의성실의 원칙을 적용한 과세를 허용하였다. 이 판결에서 문제된 납세자의 행태는 설명하기가 복잡하여 여기서 더 이상의 설명은 삼가겠지만, 대법원이 이러한 몇몇 판결에서 보여주는 최근의 경향은 앞으로도 계속 주목하여 지켜볼 필요가 있다.

 연습문제

[2006년 사법시험 제3문]

조세법령불소급의 원칙에 대한 설명으로 옳지 않은 것은? (학설상 다툼이 있는 경우에는 판례에 의함)

① 조세법령불소급의 원칙은 조세법의 시간적 적용범위에 관한 문제이다.

② 조세법령불소급의 원칙의 적용기준시점은 납세의무자의 조세납부시이다.

③ 법령이 개정되면서 그 부칙에 경과규정을 두지 아니한 경우 납세의무의 성립 당시의 법령을 적용하여야 한다.

④ 조세법령불소급의 원칙의 근거는 실질적 법치국가이념에 입각한 법적 안정성 내지는 당사자의 신뢰보호에 있다.

⑤ 기간과세 세목의 경우 부진정소급효의 적용이 문제가 된다.

정답 ②

[2006년 사법시험 제10문]

세법의 해석 또는 국세행정의 관행이 일반적으로 납세자에게 받아들여진 후에는 그 해석 또는 관행에 의한 행위 또는 계산은 정당한 것으로 보며 새로운 해석 또는 관행에 의하여 소급하여 과세되지 아니하는바(국세기본법 제18조 제3항), 이에 관한 설명으로 옳지 않은 것은? (학설상 다툼이 있는 경우에는 판례에 의함)

① 위 규정은 신의칙 규정의 하나로 볼 수 있다.
② 행정상의 관행을 존중하려는 것은 일정기간 계속된 사실관계를 믿은 납세자의 신뢰를 보호하려는 데 중점이 있다.
③ 상급관청의 유권해석이나 지침시달에 따라 전국 과세관청에서 통일적으로 운용된 사항만이 국세행정상의 관행이 될 수 있다.
④ 비과세관행이 성립하려면 과세관청 자신이 과세요건 사실에 관하여 과세할 수 있음을 알면서도 어떤 특별한 사정 때문에 과세하지 않는다는 의사가 있어야 한다.
⑤ 과세관청의 의사는 명시적 또는 묵시적으로 표시되어야 한다.

정답 ③

[2005년 사법시험 제4문]

「국세기본법」상 국세부과의 원칙에 관한 설명 중 옳은 것을 모두 고른 것은?

ㄱ. 과세의 대상이 되는 소득, 수익, 재산, 행위 또는 거래의 귀속이 명의일 뿐이고 사실상 귀속되는 자가 따로 있을 때에는 명의자를 납세의무자로 하여 세법을 적용한다.
ㄴ. 납세자가 그 의무를 이행할 때에나 세무공무원이 직무를 수행할 때에는 신의에 따라 성실하게 하여야 한다.
ㄷ. 국세를 조사·결정할 때 장부의 기록 내용이 사실과 다르거나 장부의 기록에 누락된 것이 있을 때에는 추계에 의해서만 과세할 수 있다.
ㄹ. 정부는 국세를 감면한 경우에 그 감면의 취지를 성취하거나 국가정책을 수행하기 위하여 필요하다고 인정하면 세법에서 정하는 바에 따라 감면한 세액에 상당하는 자금 또는 자산의 운용 범위를 정할 수 있다.

① ㄱ, ㄴ   ② ㄴ, ㄷ   ③ ㄴ, ㄹ
④ ㄱ, ㄹ   ⑤ ㄷ, ㄹ

정답 ③

[2014년 제3회 변호사시험 제2문 1.]

[사실관계]

甲은 서울시에 근무하는 공무원이다. 甲은 2000. 5. 1. 지리산 근처에 있는 과수원을 상속하였다. 甲은 이후 10여 년 동안 주말마다 과수원에 가서 농사를 지었다. 甲의 과수원은 2010년 댐 건설을 위해서 수용되었다. 甲은 2010. 5. 10. 과수원 수용보상금 전액을 지급받았다. 과수원의 수용으로 인하여 甲은 수억 원의 양도차익을 얻었다. 甲은 주소지 관할 세무서 양도소득세 담당공무원 乙에게 과수원 토지의 양도차익에 대해 소득세를 신고 · 납부해야 하는지 문의하였다.

乙은 甲이 주말마다 과수원에 가서 농사를 지었고 과수원 토지는 법률에 따라 수용된 것이므로 소득세를 신고 · 납부하지 않아도 된다고 서면으로 답변하였다. 甲은 乙의 답변을 믿고 과수원 토지의 수용과 관련하여 소득세를 신고 · 납부하지 않았다. 그런데 乙의 답변은 잘못된 것으로 밝혀졌다. 甲의 주소지 관할 세무서장은 2017. 6. 10. 甲에게 과수원을 양도하여 소득을 얻었다는 이유로 소득세부과처분(가산세 포함)을 하였다.

甲은 乙의 서면 답변을 믿고 소득세를 신고 · 납부하지 않았으므로 2017. 6. 10.자 소득세부과처분은 취소되어야 하고(제1주장), 적어도 가산세 부분이라도 취소되어야 한다고 주장한다(제2주장). (생략)

「국세기본법」 제15조, 제47조의2, 제47조의4 및 제48조를 참조하여 甲의 제1주장 및 제2주장이 타당한지 여부를 논하시오.

정답과 해설 여기서는 신의성실의 원칙과 관련된 제1주장에 대해서만 살펴본다(제2주장에 관해서는 가산세 관련 부분 참조). 신의성실의 원칙을 적용할 때 중요한 것은 과세관청의 '공적 견해'가 표명되었는지 여부와, 그러한 '공적 견해'를 신뢰한 데에 납세자의 귀책사유가 있는지 여부이다. 일단 조금 쉽게 문제를 풀어보자면, 담당 공무원이 직접, 그것도 서면으로 답변한 것이므로 '공적 견해'의 표명이 있었다고 볼 수 있고, 갑은 이를 신뢰하여 행위한 것이므로 신의성실의 원칙이 적용되어야 한다고 바로 결론지을 수도 있다. 즉 제1주장은 타당하다. 조금 더 어렵게 살펴보자면, 보통 토지가 수용되었다고 하여 양도소득세 납세의무가 없는 것은 아니지만, 특히 이 사실관계에서는 일정 기간 동안 스스로 경작한 농지의 경우 양도소득세를 감면하는 특례 조항의 적용이 문제되었을 여지가 있다. 이 조항의 적용 여부는 흔히 쉽게 판단하기 어렵고,

그렇기 때문에 갑으로서는 더구나 담당 공무원의 판단을 신뢰할 수밖에 없는 입장에 있다고 할 수 있다. 즉 갑이 을의 말을 신뢰한 데에 귀책사유가 있다고 볼 수 없다는 것이다. 이 점에서도 제1주장은 타당하다.

조세법률관계

　이 장(章)에서는 구체적 사실관계에 세법을 적용한 결과 형성되는 '법률관계', 곧 '조세법률관계'를 공부한다. 세법도 분명히 '법'이고 실제로 개개의 세법 조항들의 구조나 글귀는 모두 다른 법이나 마찬가지이다. 따라서 세법의 내용을 분석하고 공부하려면 법률가들의 사고방식과 용어를 전혀 몰라서는 안 된다. 그러한 의미에서 이 장에서는 세법을 주로 다루는 법률가들이 쓰는 용어와 사고방식에 관하여, 가능한 한 쉽게, 그리고 차근차근 설명하여 보려고 한다.

　가장 단순화한다면 법을 적용한다는 것은, 사람들 사이에 일정한 사건이 있고 그 사건에 적용할 법이 있으면 법에 정한 '권리·의무'가 사람들 사이에서 생김을 말한다. 이런 '권리의무 관계'를 '법률관계'라고도 부르는데, 곧 사람들은 그런 법률관계에 따라 권리를 행사하고 의무를 이행해야 한다는 것이다. 세법 역시 마찬가지로서, 법에서 정한 일정한 사건이 생기면 국가와 납세자 사이에는 조세 '법률관계'가 만들어진다. 이 법률관계는 기본적으로는 국가와 납세자가 각각 갖는 권리와 의무로 이루어져 있으며 그 내용을 모두 법에서 정하고 있다. 즉 법에 정한 대로 국가가 세금을 걷을 수 있는 권리, 또한 법에 정한 대로 납세자가 세금을 내야 할 의무, 이 두 가지가 조세법률관계의 내용을 이루는 것이다. 또한 이런 권리의무 관계 역시 세법이 정한 일정한 사건이 일어나면 사라지게 된다. 이 장은 이러한 '발생―내용―소멸'의 순서에 따라 조세법률관계에 관한 기본적인 사항들을 살펴보는 것을 목표로 삼는다.

기 초 학 습

법률관계와 조세법률관계

예를 들어 어떤 물건을 팔기로 한 사람과 사기로 한 사람이 있다고 하자. 그러면 살 사람은 값을 치러야 하고 팔 사람은 그 돈을 받고 물건을 넘겨주게 된다. 너무나 당연한 일이지만 이 두 사람이 돈과 물건을 주고받는 결과에 이르는 과정을 법에서는 권리의무라는 개념으로 파악한다. 즉 두 사람 사이에는 매매계약을 내용으로 하는 '법률관계'가 형성된다. 그리고 그 내용은, 파는 사람에게 물건의 소유권을 넘겨 줄 의무와 물건 값을 받을 권리가 생긴다는 것이다. 반대로 사는 사람에게는, 물건의 소유권을 넘겨받을 권리와 물건 값을 지불할 의무가 생긴다. 서로서로에 대한 이 권리와 의무는 두 사람이 각각 소유권을 넘겨주고 물건 값을 치르면 모두 사라진다. 돈과 물건을 주고받는다는 단순한 관계를 이렇게 복잡하게 파악하는 것은, 두 사람 사이에서 시비가 붙는 경우 법원이 그 시비를 해결해 주려면 권리의무라는 개념이 필요해지기 때문이기도 하다. 당사자에게 돈을 낼 의무나 물건을 넘겨줄 의무가 없는 이상 법원에서 그렇게 하라고 명령할 수가 없기 때문이다.

법률관계는 크게 사법(私法) 또는 민사법(民事法) 관계와 공법(公法) 관계로 나눌 수 있다. 전자(前者)의 범위에는 사인(私人)들 사이의 관계, 전형적 보기를 들자면 사람들이 서로 합의해서 물건을 사고파는 계약관계나, 합의한 적은 없지만 그래도 법에서 정한 손해배상을 해야 하고 받을 수 있는 관계 — 흔히 '불법행위'라고 부르는데 일부러 또는 실수로 사람을 다치게 하거나 다른 피해를 주는 경우도 여기에 포함된다 — 따위가 들어간다. 민사법 관계에서 가장 중요한 법으로는 누구에게나 적용되는 민법(民法)이라는 법률과 회사나 사업하는 사람들에게 적용되는 상법(商法)이라는 법률이 있다. 반면 공법 관계는 대체로 여러 국가기관이나 공공기관(또는 행정청) — 가령 국세청, 경찰청이나 아니면 시청이나 구청 등을 생각하여 볼 수 있다 — 의 고유 업무와 관련하여 생기고, 그러한 법률관계에 관한 법률을 각각 따로 두고 있는 것이 보통이다.

조세법률관계는 대부분이 국세기본법, 국세징수법, 소득세법, 법인세법, 부가가치세법, 『상속세 및 증여세법』 등 여러 가지 세법에 따라 형성되는 공법 관계로서, 과세관청(세무서나 그 상급 국세청)과 납세의무자 사이에서 세금을 받고 낼 의무를 중심으로 형성된다. 다만 예외적으로 조세법률관계가 민사법 관계가 되는 경우도 있다. 그리고 공법 관계가 되는지 아니면 민사법 관계가 되는지는 조세법률관계를 둘러싼 소송이 벌어지는 경우 이를 재판하는 관할법원이 어디인지, 또 이러한 소송을 재판하는 과정에서 세법에 분명한 규정이 없으면 보충적으로 민사법의 규정을 적용하여야 하는지 등 여러 가지 중요한 차이를 낳는다.

제1절 조세법률관계의 성립과 확정

Ⅰ. 조세법률관계는 어떻게 성립하는가?

기 | 본 | 사 | 례

민사 관계에서 발생하는 금전 채권채무와 비교

(1) 민사채권의 경우

그림을 좋아하는 '소집가'는 화가인 '김흥도'에게 그림을 하나 그려주면 대가로 1천만원을 주겠다고 제안하고 김흥도는 이를 승낙하였다. 김흥도는 소집가의 주문대로 그림을 그려서 소집가에게 주었다. 그 결과는?

김흥도는 소집가로부터 1천만 원의 돈을 받을 수 있게 된다. 법적으로는, 두 사람 사이의 합의 또는 계약에 따라서 김흥도에게 1천만원이라는 돈(금전)을 지급 받을 수 있는 금전 '채권(債權)'이 발생하며, 반면 소집가에게는 1천만원이라는 금전을 지급하여야 할 금전 '채무(債務)'가 발생한다. 역으로 소집가에게는 그림을 받을 채권이 생기고 김흥도에게는 그림을 그려서 주어야 할 채무가 생긴다. 이러한 채권과 채무로 이루어진 관계가 곧 소집가와 김흥도 사이의 법률관계 — 그 중에서도 민사법 관계, 조금 더 좁히면 계약관계 — 이다. 김흥도는 제 채무를 다 이행하였으므로 소집가가 김흥도에게 1천만원을 주면 이 법률관계는 소멸한다.

(2) 조세채권의 경우

'사업녀'는 01년 1월 1일부터 12월 31일까지 카페를 운영하여 사업소득 5천만원을 벌었다. 그 결과는?

사업을 해서 번 소득은 '소득세법'이라는 법률에서 '종합소득'의 한 종류인 '사업소득'으로 분류되고 법은 이러한 사업소득을 얻은 사람에게는 1년 동안의 소득에 대하여 종합소득에 대한 소득세, 곧 종합소득세를 납부할 의무를 지우고 있다. 반대로 국가의 입장에서는 01년 12월 31일이 지나면 사업녀가 번 1년 동안의 사업소득에 대하여 종합소득세를 걷을 수 있는 권리, 곧 '조세채권'이 발생한다. 사업녀에게는 그러한 세금을 납부하여야 할 '납세의무'(또는 '조세채무')가 발생한다고 말할 수도 있는데, 이러한 조세채권과 조세채무로 이루어진 관계가 곧 국가와 사업녀 사이의 조세법률관계이다. 이 조세법률관계는 사업녀가 세금을 납부하면 소멸한다.

용례 문제로 세법의 조문에서는 '조세채무'라는 말을 쓰지 않고 '납세의무'나 '납부할 세액' 또는 '납부세액'이라는 용어만 나온다. 세법문헌이나 판결문에서는 '조세채권', '조세채무'라는 말을 흔히 쓴다. 법률관계의 성질을 따지다 보니 그렇게 쓰는 것이다. 또한 납세의무라는 말을 가령 헌법에 따라 모든 국민은 납세의무를 진다는 식의 아주 추상적인 차원에서 쓰기도 하다 보니, 조세채권이나 조세채무라는 말을 써야 말뜻이 분명해지는 경우가 생기기 때문이기도 하다.

위 사례에 대한 설명에 적었듯이 민사법 관계에서는 일정한 요건이 충족되면 채권채무가 그대로 '발생'한다고 말한다. 하지만 조세법률관계의 조세 채권채무는 사실 '발생'한다고 하지 않는다. 대신 조세 채권채무가 1단계로 '성립'하였다고 말하고, 2단계로는 '확정'되었다고 표현한다. 이 점이 조세법률관계의 큰 특징이고, 이에 따라 조세에 관련된 절차법은 여러 가지 고유한 내용을 갖게 된다. 이하에서 이 점을 살펴본다.

기 초 학 습

법률요건과 법률효과

(1) 일반론

법은 잘 뜯어보면 대체로 일정한 '요건'을 만족하는 사실이 있을 때 그에 따라 일정한 '효과'가 생긴다고 정한다. 다음의 조항을 보자.

"민법 제750조(불법행위의 내용) 고의 또는 과실로 인한 위법행위로 타인에게 손해를 가한 자는 그 손해를 배상할 책임이 있다."

이 조항에서 요건은 '고의 또는 과실로 인한 위법행위로 타인에게 손해를 가한'다는 것이다. 이 요건이 충족되면 피해자에게 '손해를 배상할 책임' 또는 의무라는 효과가 생기게 된다. 물론 그 결과 피해자는 '손해를 배상받을 권리'를 얻는다. 이와 같이 법이 정하는 '요건'이 충족되었을 때 생기는 '효과'는 대개 관련된 사람들 중 일부에게는 '권리'를 주고 나머지 일부에게는 그에 대응하는 '의무'를 지우는 내용이다. 즉 법에서 정하는 '효과'는 대개 권리와 의무라는 형태로 나타난다. 이와 같이 법에서 정하고 있는 '요건'을 '법률요건', 법률요건이 만족되어 생기는 '효과' 또는 권리의무를 '법률효과'라고 부른다.

(2) 응용

위의 그림 사례로 돌아가 보면, 소집가와 김홍도 사이에는 '계약'이라는 법률요건이 충족되어 그에 따라 각자의 채권과 채무라는 법률효과가 발생하게 되었다. 법률요건으로서 계약이란 소집가와 김홍도가 서로 상대방에게 한 의사표시, 곧 '청약'과 '승낙'이 있음으로써 충족되는 것이다. 좀 더 쉽게 말하자면 한쪽은 그림을 그려주고 한쪽은 돈을 지불하는 데에 의사 합치가 있었다는 것이기도 하다. 그리하여 소집가에게는 그림을 받을 권리와 돈을 줄 의무, 반대로 김홍도에게는 그림을 그려줄 의무와 돈을 받을 권리라는 법률효과가 각각 생겨난다.

한편 국가와 사업녀 사이에서는, 사업녀가 사업을 해서 돈을 벌었다는 사실 ― 곧 소득을 얻은 것이다 ― 이 있음으로써 법률요건이 충족되었다. 그에 따른 법률효과는 사업녀에게 납세의무가 생겼다는 것이고, 국가는 그 반대 당사자로서 세금을 받거나 걷을 수 있는 권리를 얻게 된다. 일상생활에서는 쓰지 않는 좀 낯선 말이겠지만 이런 말을 모르면 법령의 규정이나 판결문 같은 법률문서를 읽을 수가 없고, 세법도 올바로 공부할 수가 없다.

Ⅱ. 조세 채권채무 또는 납세의무의 성립시기

> 국세기본법 제21조[납세의무의 성립시기] ① 국세를 납부할 의무는 이 법 및 세법에서 정하는 과세요건이 충족되면 성립한다.
> ② 제1항에 따른 국세를 납부할 의무의 성립시기는 다음 각 호의 구분에 따른다.
> 1. 소득세·법인세: 과세기간이 끝나는 때. (단서 생략)
> 2. 상속세: 상속이 개시되는 때
> 3. 증여세: 증여에 의하여 재산을 취득하는 때
> 4. 부가가치세: 과세기간이 끝나는 때. 다만, 수입재화의 경우에는 세관장에게 수입신고를 하는 때를 말한다. (이하 생략)

1. 성립요건과 성립시기

납세의무의 성립에 관하여 일반적으로 정하는 국세기본법 제21조는 납세의무가 언제 성립하는지에 관하여만 규정할 뿐 어떤 요건을 갖추어야 성립하는지에 관하여는 언급하지 않는다. 그러나 위 조항을 보면 어느 정도의 단서를 얻을 수 있다.

(1) 소득세

예를 들어, 소득세는 1년 동안의 소득을 합쳐서 그에 대하여 세금을 물린다. 그렇기 때문에 납세의무가 생겨나려면 그 1년이 다 지나야만 하는 것이다. 위 조항이 정하는 것은 이러한 당연한 이치이지만, 이 조항의 또 다른 당연한 전제는 그 1년 동안에 소득세법이 과세 대상으로 정하는 소득이 발생하였다는 것이다. 곧 (i) 1년 동안 일정한 소득이 있고 (ii) 그 1년이 다 지나게 되면, 바로 그 시점에서 국세기본법 제21조 제1항 제1호에 따라 납세의무가 성립하는 것이다. 가령 01년분 소득이라면 01년 12월 31일 밤 12:00가 될 때까지 생길 수 있으므로 01년분 소득세채무는 성질상 01년이라는 기간이 다 지나야 비로소 성립할 수 있다.

여기서 한 가지 유의할 것은 소득세법에서 1년이라는 이러한 과세기간은 모든 사람에게 동일하게 정하여져 있다는 점이다. 매년 1월 1일에서 12월 31일까지라는 기간, 곧 사람들이 일상생활에서 쓰는 1년의 개념 그대로를 사용한다(조금 어려운 말로는 '역년(曆年)'이라고 부르기도 한다).

(2) 법인세

그러나 법인세에서는 이와 다르게 과세기간을 법인마다 다르게 정할 수 있다. 예를 들면 법인의 1년 과세기간은 4월 1일에 시작하여 그 다음 해 3월 31일에 끝날 수도 있는데, 이는 그 법인에 적용되는 법령이나 그 법인이 설립될 때 만들어 놓은 정관(定款)에 정하여져 있다. 따라서 법인세의 경우 이와 같이 따로 정하여진 과세기간 동안에 과세대상이 되는 소득이 발생하였음을 전제로 하여, 그 과세기간이 종료하는 시점에 납세의무가 성립한다.

기 초 학 습

법인과 세법

법인세법은 '법인'을 납세의무자로 삼는 세금이다. 원래 의미의 '사람' — 곧 개인 또는 자연인 — 이 아니지만 법이 사람처럼 권리의무를 가질 수 있는 '주체' 또는 단위로 삼는 것을 법인 (法人)이라 부른다. 대표적인 것이 주식회사를 비롯하여 상법에 따라 설립된 회사들이다. 그 밖에 민법에 따라 설립한 사단법인이나 재단법인, 또 다른 특별법에 따라 설립한 학교법인, 의료법인 등도 있다.

이런 법인들은 모두 '법인격'을 지닌다고 말한다. 본래 사람이 아니어서 '인격'이란 것도 있을 수 없지만 법이 인격을 가진 사람처럼 취급한다는 말이다. 따라서 이러한 회사들은 마치 한 사람인 것처럼 계약을 하고, 그 결과로 권리나 의무를 취득하며 특히 재산을 소유하기도 한다(앞에서 말한 '권리의무의 주체 또는 단위').

법인세라는 세금에서도 보듯이 이러한 법인 개념은 세법에서도 중요하다. 하지만 세법에서 '법인'으로 다루는 것들의 범위가 다른 법과 꼭 일치하지는 않는다. 법인격이 없는 단체이더라도 주무관청의 인허가를 받아서 설립되었다든가 그 밖에 세법이 정한 요건을 만족한다면, 세법에서는 법인처럼 다룬다. 그 결과 법인세법의 납세의무를 지기도 하고 그 밖에 다른 세법에서도 그런 단체에 납세의무나 다른 세법상 권리나 의무를 부여하기도 한다.

(3) 상속세·증여세

한편 이 책에서 따로 공부하지는 않지만 일반인들에게 친숙한 세목으로 증여세의 경우는 어떨까?『상속세 및 증여세법』을 보면 증여세는 일정 기간 동안의 증여를 모두 합치는 것이 아니라 하나하나의 증여가 있으면 그에 대하여 세금을 물린다. 따라서『상속세 및 증여세법』이 과세 대상으로 정하는 증여가 있으면 더 이상 기다릴 것 없이 그 증여의 시점에서 국세기본법 제21조 제1항 제3호에 따라 납세의무가 성립한다. 이 점은 상속세에서도 마찬가지이다.

2. 성립의 효과

납세의무가 성립한다는 말은 국가에 세금을 받을 채권(곧 '조세채권')이 생기고 납세의무자에게는 세금을 납부할 의무(곧 '조세채무')가 생긴다는 뜻이다. 납세의부가 성립하지 않으면 애초에 그런 권리와 의무가 없다.

　그렇지만 납세의무가 성립했다고 해서 당장 세금을 내야 하는 것도 아니고 국가가 바로 세금을 걷을 수 있는 것도 아니다. 그에 앞서 납세의무의 확정이라는 다음 단계를 거쳐야 한다. 그런 의미에서 납세의무 성립의 가장 큰 법률효과는 납세의무의 확정이라는 다음 단계로 넘어갈 수 있는 상태가 된다는 것이라고도 할 수 있다.

 연습문제

[2013년 사법시험 제5문]

국세기본법상 납세의무의 성립시기로 옳지 않은 것은?

① 각 사업연도 소득에 대한 법인세 – 과세기간이 끝나는 때
② 수입재화에 대한 부가가치세 – 세관장에게 수입신고를 하는 때
③ 증여세 – 증여에 의하여 재산을 취득하는 때
④ 원천징수하는 소득세 – 소득금액을 지급하는 때
⑤ 종합소득세 – 과세표준 및 세액을 신고하는 때

정답 ⑤

해설 ②에 관하여는 국세기본법 제21조 제1항 제4호 단서 참조.

[2002년 사법시험 제4문]

납세의무의 성립, 확정 및 소멸에 관한 설명 중 옳은 것은?

① 소득세는 납세자가 과세표준과 세액을 정부에 신고하는 때에 성립한다
② 원천징수하는 법인세는 당해 소득이 발생한 달의 말일에 납세의무가 성립한다
③ 상속세는 당해 재산에 상속세를 부과하는 때에 납세의무가 성립한다
④ 원천징수하는 소득세는 소득금액을 지급하는 때에 성립함과 동시에 확정된다
⑤ 체납자의 행방이 불명하거나 재산이 없음이 판명된 경우 결손처분을 함으로써 납세의무는 소멸한다.

정답 ④

> **해설** 납세의무의 소멸에 관한 국세기본법 제26조는 '결손처분'을 그 원인으로 정하고 있지 않다. 참고로, 결손처분에 관하여 규정하던 국세징수법 제86조는 2011년 말에 삭제되어, 이 제도는 더 이상 존재하지 않는다.

Ⅲ. 조세 채권채무 또는 납세의무의 확정

> **국세기본법 제22조[납세의무의 확정]** ① 국세는 이 법 및 세법에서 정하는 절차에 따라 그 세액이 확정된다.
> ② 다음 각 호의 국세는 납세의무자가 과세표준과 세액을 정부에 신고했을 때에 확정된다. 다만, 납세의무자가 과세표준과 세액의 신고를 하지 아니하거나 신고한 과세표준과 세액이 세법에서 정하는 바와 맞지 아니한 경우에는 정부가 과세표준과 세액을 결정하거나 경정하는 때에 그 결정 또는 경정에 따라 확정된다.
> 1. 소득세
> 2. 법인세
> 3. 부가가치세 (이하 생략)
> ③ 제2항 각 호 외의 국세는 해당 국세의 과세표준과 세액을 정부가 결정하는 때에 확정된다.

1. 확정의 요건과 시기

(1) 신고에 의한 확정

중요 세목인 소득세·법인세·부가가치세 등에서는 모두 납세자가 우선 납세의무의 존재와 크기를 신고하도록 한다. 즉 납세자는 세액이나 과세표준, 그 밖에 세금과 관련하여 중요한 사항들을 신고하여야 한다. 그리고 국세기본법 제22조 제2항 제1~3호가 적고 있듯 이러한 신고의 시기에 납세의무가 확정된다(흔히 '신고납세 세목').

(2) 부과처분에 의한 확정

한편 국가가 직접 과세표준과 세액을 '확정'시키는 경우도 있다. 국가가 납세의무를 '확정'시키는 경우는 세 가지를 생각할 수 있다.

① 우선 신고납세 세목이라 하여도 현실 세계에서는 납세자가 신고 의무를 이행하지 않는 경우가 있다. 이러한 경우에는 국가가 과세표준과 세액을 '결정'하는 방식으로 납세의무를 '확정'한다(위 제2항 후문(後文)의 경우).[1]

② 처음부터 신고를 요하지 않는 세목이 있다. 가령 요즘 관심의 대상이 되는 종합부동산세가 원칙적으로 그에 속한다. 이때에도 국가가 과세표준과 세액을 '결정'하는 방식으로 납세의무를 '확정'한다(위 제3항의 경우).

③ 신고를 하였거나 국가가 결정을 하였지만 잘못된 경우가 있다. 이러한 경우 국가가 나서서 이를 바로잡아야 한다. 이와 같이 과세표준과 세액을 바로잡는 작용을 '경정'이라고 부른다. 국세기본법에는 언급이 없지만 이때 '경정'의 시점에서 역시 납세의무가 확정된다는 데 의문이 없다.

이와 같이 납세의무가 성립하면, 납세자의 신고나 국가의 결정·경정과 같은 절차적 행위를 거쳐 납세의무가 확정된다. 이해나 기억에 도움을 줄 수 있다면, 따라서 납세의무의 성립은 납세의무 발생의 '실체적' 측면, 확정은 '절차적' 측면과 관련이 있다고 말하여도 무방할 것이다.

2. 확정의 효과

또 다른 말로 '성립' 시점에는 납세의무가 '추상적' 납세의무로서 발생하고, 이 추상적 납세의무는 '확정' 절차를 거쳐서 '구체적' 납세의무가 된다고 표현하기도 한다. 여기서 '구체적'이라는 말은 국가가 실제로 행사(또는 강제징수)할 수 있는 금전채권이 되었다는 뜻이다. 따라서 납세의무가 확정되어 국가가 구체적 조세채권을 갖게 되었는데 납세자가 이를 임의로 납부하지 않으면, 채권자인 국가는 이 채권을 실제로 행사한다. 즉 국세징수법에 따라 세금을 강제로 징수할 수 있게 된다는 것이다.

한 가지 오해가 없어야 할 것은 이 '확정'이라는 말이 더 이상 고칠 수 있는 절차가 없다는 의미는 아니라는 점이다. 법원의 판결은 일정한 기간 안에 패소한

[1] 좀 더 엄밀하게 이야기하자면, 그 결과가 납세고지서에 의하여 납세자에 통지되는 시점에 비로소 '확정'된다고 볼 여지가 있다. 이 점에 관하여는 제3장 제2절 I.에서 다시 살펴보도록 하고 여기서는 그저 국세기본법 조항의 문언에 따라 이해하기로 하자.

당사자가 상급심에 상소하지 않으면 판결내용 그대로 확정되고, 이렇게 확정된 판결은 더 이상 다툴 여지가 없다. 2심에 상소하는 것을 항소, 대법원에 상소하는 것을 상고라고 부르는데, 특히 대법원의 종국적 판결은 더 이상 다툴 곳이 없으므로 그대로 확정된다. 그러나 비록 같은 '확정'이라는 말을 쓰기는 하지만, 국세기본법에서 말하는 확정이란 방금 말한 대로 구체적 납세의무를 발생시키는 사건에 불과하다. 잘못된 '확정'은 1.의 ③에서 말한 대로 '경정'을 통하여 다시 새로이 '확정'시킬 수 있다. 이러한 의미에서 '확정'의 효과는 어디까지나 '확정'된 과세표준과 세액 범위에 한하여 미칠 뿐이다. 아래 사례들을 통하여 이 점을 확인하여 보자.

기 | 본 | 사 | 례

조세채권의 성립과 확정

납세자 '신고남'은 소매업을 하는데, 01년 1월 1일부터 12월 31일까지 그러한 사업을 통하여 일정한 소득을 올렸다. 소득세 납세의무는 언제 성립하는가?

👆 소득이 있으므로 01년 12월 31일이 다 지나는 시점에 납세의무는 성립한다.

신고남은 02년 5월 1일 위 소득과 그에 따라 산정되는 과세표준·세액을 신고하였다. 신고한 세액은 5백만원이다. 납세의무는 언제 얼마나 확정되는가?

👆 5백만원의 소득세를 신고하였으므로 신고하는 시점에서 5백만 원의 납세의무가 확정된다.

신고남은 5백만원의 소득세를 신고하였으나 당장 현금이 없다는 이유로 이를 납부하지 않았다. 국가는 무엇을 할 수 있는가?

👆 소득세 신고로 5백만원의 조세채권이 확정되어 구체적 조세채권으로 되었지만 납세자는 조세채무를 이행하지 않고 있다. 채권자인 국가는 5백만원에 관하여 강제징수 절차에 돌입할 수 있게 된다.

신고남은 사실은 7백만원의 소득세를 신고하여야 하였으나 세금을 줄일 의도에서 5백만 원만 신고하였다. 국가는 무엇을 할 수 있는가?

👆 납세의무가 5백만원으로 '확정'되어 더 이상 고칠 수 없는 것이 아니다. 국가는 소득

> 세액을 5백만원에서 7백만원으로 늘리는 경정을 할 수 있으며, 이 시점에서 세액은 5백
> 만원이 아니라 7백만원으로 확정된다. 이제 국가는 7백만원의 구체적 조세채권을 갖는
> 채권자가 되었다. 이에 따라 임의로 납부된 세액을 적법하게 수령하고 보유할 수 있고
> 그렇지 않은 경우에 이를 강제징수할 수도 있다.

[심화학습] 원천징수하는 소득세와 법인세

앞에 설명한 확정시기와 확정방법에 대한 예외라 할 만한 것이 세금을 원천징수
하는 경우이다. 앞에서 소득세와 법인세는 과세기간이 끝나는 시점에 그 기간분 납
세의무가 성립한다고 설명했던 부분에 대한 예외이기도 하다. 상식적으로 대개 알듯
이 근로자가 다달이 월급을 받으면 회사에서 세금을 떼고(이것을 '원천징수'라 부른
다) 근로자는 나머지만 받는다. 소득을 지급하는 자, 곧 여기서 회사('원천징수의무
자'라 부른다)는 이렇게 원천징수한 세금을 법이 정한 기간 안에 납부한다. 이처럼
과세기간이 끝나기도 전에 미리 세금을 걷다보니, 원천징수하는 소득세나 법인세 납
세의무는 소득을 지급하는 시기에 성립하고, 그와 동시에 특별한 절차 없이 자동으
로 확정된다고 정하고 있다. 조세채무가 일단 성립·확정되어야 세금을 원천징수하
고 납부받을 수 있기 때문에, 과세기간과 무관하게 거꾸로 정하고 있는 것이다. 이처
럼 거꾸로 개념을 잡다보니 원천징수하는 소득세나 법인세 납세의무의 성립이나 확
정이라는 말에 대해서는 기간과세하는 소득세나 법인세 납세의무의 성립이나 확정
이라는 말과 똑같은 법률효과를 주기 어려운 경우도 생긴다.

3. 성립·확정의 실체법상 법률효과

지금까지 살펴본 것은 납세의무 성립과 확정이라는 개념이 납세의무가 발생
해서 소멸하는 과정에서 어떤 절차법적 의의를 가지는가에 대한 설명이다.

한편 세법 규정들 중에는 납세의무 성립이나 확정 여부에 따라 실체법적 법
률효과를 주는 것들이 있다. 성립과 확정 여부나 그 시기를 따지는 일은 이러한
경우에도 의미가 있다.

예를 들어 국세기본법 제39조 제1항을 보면 회사의 지배주주는 회사가 세금
을 내지 못하는 경우 이를 대신 부담해야 하는 경우가 있다. 이를 '제2차 납세의

무'라 부르는데, 출자자가 이런 제2차 납세의무를 지는지 여부는, 그 납세의무 성립의 시점에 출자자의 지위를 갖고 있었는지에 달려 있다. 따라서 이 경우 문제된 납세의무가 언제 성립하였는지를 따져야 한다.

또 다른 예로 국세기본법 제41조 제1항을 들 수 있다. 이 조항은 '사업양도'를 한 양도인에게 밀린 세금이 있었던 경우 양수인에게 그런 세금에 대한 제2차 납세의무를 지운다. 이 경우 양수인이 제2차 납세의무를 지는지 여부는 사업양도 시점과 납세의무 확정의 시점 중 어느 것이 시간적으로 앞서느냐에 달려 있다. 따라서 문제된 양도인의 납세의무가 언제 확정되었는지를 따져야 한다.

4. 납세의무의 확정과 소송

조세소송에 관심이 있는 독자라면 더욱더 납세의무 확정의 개념에 친숙해져야 한다. 제3장에서 다시 공부하겠지만 현재의 소송법 이론체계는 납세의무를 확정시키는 국가의 결정·경정이나 납세자의 신고를 중심으로 짜여 있다. 납세의무가 확정되기도 전에 미리 납세의무가 성립하였는지를 놓고 소송을 하는 일은 없다. 또 납세의무의 확정 단계에서 그것은 다투지 않은 채, 나중에 강제징수 절차 그 자체에 흠이 있는지 없는지만 따지는 소송도 드물다. 실제로 대부분의 조세소송은 행정처분의 취소소송이고, 그 대상이 되는 행정처분 중 납세자가 가장 관심을 갖는 것은 납세의무의 내용(곧 액수)을 정하는 행정처분으로서 이는 곧 납세의무 확정과 관련을 맺고 있기 때문이다.

제2절 조세법률관계의 소멸

조세법률관계는 어떻게 소멸하는가? 조세채권은 크게 보아 국가가 세금을 걷거나 그에 해당하는 이익을 얻음으로써 소멸하기도 하고, 그러한 이익을 얻지 못했지만 시간이 너무 많이 흘렀다는 이유로 그대로 소멸하기도 한다. 차례로 살펴보자.

I. 납부와 충당

채권의 소멸사유

(1) 민사채권의 경우

① 금전채권이라면 실제로 채권의 내용대로 돈을 받는 것을 변제(辨濟)라고 한다. 예를 들어 '채권언'이 '채무언'으로부터 100만원을 받을 수 있는 권리, 즉 채권을 가지고 있는데 채무언이 실제로 이 100만원을 채권언에게 지급하였다고 하자. 이때 채무언의 채무는 변제된 것이고 그 결과 채권언의 채권 또는 채무언의 채무는 소멸한다. ② 채무언에게 현금은 없지만 100만원의 가치를 가지는 명품 시계가 있어서, 이를 탐낸 채권언이 채무언으로부터 시계를 받고 대신 더 이상 100만원은 받지 않아도 되는 것으로 정하였다고 하자. 결과적으로 변제가 이루어진 셈 치는 것인데, 이를 뭔가 다른 물건으로 대신하는 변제, 곧 '대물변제(代物辨濟)'라고 한다. ③ 채권언에게 100만원을 줄 의무가 있는 채무언에게, 거꾸로 채권언으로부터 100만원을 받을 수 있는 다른 권리가 새로 생겼고 두 채권의 변제시기가 우연히 같다고 하자. 채무언은 서로 100만원씩을 주고받아 각각 변제를 하니, 서로 100만원을 받지 않기로 하자는 뜻을 채권언에게 표시하였다. 그 결과 그러한 뜻대로 각자 상대방에 대하여 가지는 같은 액수의 채권이 소멸하는데, 이를 '상계(相計)'라고 한다.

(2) 조세채권의 경우

국세기본법 제26조 제1호에서 보듯이 조세법률관계에서도 위 ①~③에 해당하는 사유로 각각 조세채권이 소멸하게 된다. ① 납세의무의 내용대로 세금을 내면 물론 납세의무는 소멸한다. 예를 들어 02년분 소득세로 100만원의 소득세를 내야 하는 '나세자'가 100만원을 내면 02년분 소득세 납세의무는 소멸한다. 다만 이를 '변제'가 아니라 '납부'라고 부른다. 즉 세금의 납부는 납세의무의 소멸 원인이 된다. ② 1,000만원의 세금을 내야 하는 나세자가 현금이 없다는 이유로 1,000만원의 가치를 가지는 부동산의 소유권을 국가에 이전하여 주고 납세의무로부터 벗어날 수 있을까? 일반적으로 이러한 일을 가능하게 하는 세법의 규정이 없는 가운데, 『상속세 및 증여세법』처럼 이를 가능하게 하는 특별한 조항이 마련된 경우가 있다. 이 조항의 적용을 받는 때에는 이른바 '물납(物納)'이 가능하며 이로 인하여 납세의무가 소멸하게 된다. ③ 02년분 소득세로 100만원을 납부할 의무가 있는 나세자가 예전에 잘못 낸 01년분 소득세 100만원을 돌려받을 권리가 있다면서 두 가지를 상계할 수 있을까? 절차법적인 문제를 일단 제쳐놓는다면 이런 가능성도 열려 있기는 하고 국세기본법 제51조는 이러한 상계를 '충당'이라고 부른다. 곧 법에 정한 절차를 밟아서 정말로 돌려받을 세액('환급세액')이 있다는 것이 국가와 납세자 사이에서 이미 분명해졌다면 나세자는 자신이 돌려받을 01년분 환급세액을 자신의 02년분 소득세 채무에 충당해줄 것을 국가에 '청구'할 수 있다. 또 반대로 국가는 01년분 환급세액 100만원을 돌려주지 않고 그 대신 나세자로부터 새로 걷어야 할 02년분 소득세 100만원에 '충당'할 수 있다. 국가가 나세자에게 이와 같은 뜻을 통지하면 02년분 소득세 100만원을 납부할 나세자의 의무는 소멸하고 더 이상 100만원을 내지 않아도 된다. 물론 국가도 01년분 환급세액 100만원을 돌려주지 않아도 된다.

Ⅱ. 부과제척기간과 소멸시효

1. 세월이 흐르면 돈을 갚지 않아도, 곧 채무를 이행하지 않아도 된다.

변제, 대물변제, 상계 또는 납부, 물납, 충당은 모두 채권자가 채권의 액수만큼 경제적 이익을 얻었기에 채권이 소멸하는 것이다. 하지만 아무런 이익을 얻지 못한 상태에서 채권이 소멸하기도 하는데, 이는 일정한 시간이 흘러간 데 따른 효력, 곧 '시효' 때문이다.

민사채권은 권리를 적절하게 행사하지 않은 채로 일정한 시간이 경과하면 그 이유만으로 소멸한다. 이를 소멸시효의 완성이라고 부른다. 동사형(動詞形)으로 '시효소멸하다', 곧 시효로 인하여 소멸한다는 말도 쓴다. 조세채권에도 비슷한 개념이 있다. 다만 조세채권의 소멸은 제1절에서 살펴본 납세의무의 성립·확정, 그리고 이와 관련된 추상적·구체적 조세채권의 개념과 얽혀 있어서 그보다는 조금 복잡하다.

기 | 본 | 사 | 례

조세채권 = 부과권 + 징수권

국가의 '부과권': ① '남세자'에게 01년 한 해 동안 소득이 발생한 상태에서 01년 12월 31일이 지나갔다. 남세자의 01년분 소득에 대한 소득세 납세의무는 01년 12월 31일 밤 12:00에 성립하지만 바로 그 시점에 남세자가 실제로 내어야 할 소득세의 금액이 얼마인가 알기는 어렵다. 실제로 계산해 보기 전에는 알 수 없기 때문이다. 그렇지만 세액이 얼마인가에 영향을 주는 요소들은 이미 01년 12월 31일 밤 12:00까지는 모두 확정되어 있다. 실제 계산에는 좀 시간이 걸리고 오류가 있을 수도 있지만 아무튼 01년 12월 31일에 성립하는 소득세 납세의무의 금액이 얼마인지를 조만간 정확히 계산할 수 있다. 이 01년분 소득세액이 100만원이라고 하면 01년 12월 31일 현재 소득세 납세의무 100만원이 성립하는 것이다. 소득세법은 이 계산을 일단 납세의무자 본인에게 맡기되, 이듬해 5월 한 달 사이에 세액을 신고하라고 정하고 있다. 남세자는 02년 5월 한 달 사이에 이 01년분 소득세 100만원을 신고하여야 하고, 제대로 신고하면 100만원의 소득세 납세의무가 신고시점에 확정되며, 남세자는 이를 납부할 의무를 지게 된다. 하지만 신고를 하지 않으면 어떻게 되는가?

👉 국가가 100만원의 세액을 결정하여 납세의무를 확정시켜야 하고 국가는 실제로 이렇게 할 수 있는 권리를 가진다. 이와 같이 국가가 세액을 결정하여 확정시키는 행위를 '부과'한다고 표현하고, 이러한 '부과'를 할 수 있는 국가의 권한을 '부과권'이라고 한다. '부과권'이란 곧 성립한 납세의무를 확정시킬 수 있는, 또는 추상적 납세의무를 구체적 납세의무로 만들 수 있는 국가의 권한이다.

② 따라서 납세의무가 성립하여 추상적 납세의무에 머물러 있는 단계라면 국가는 부과권을 가진다. 그러한 의미에서 부과권은 추상적 조세채권의 한 속성이기도 하다. 방금 살펴본 대로 100만원의 소득세를 신고하여야 하는 남세자가 정해진 기간 내에 아무런 신고를 하지 않았다면 추상적 조세채권자인 국가는 100만원의 소득세를 결정 또는 부과할 수 있다. 한편 남세자가 정해진 기간 내에 40만원만 신고하였다면 어떻게 될까?

👉 신고된 40만원만큼 납세의무는 확정되었고 이 액수에 관한 한 국가는 구체적 조세채권을 갖는다. 하지만 신고되지 않은 60만원에 대하여는 여전히 추상적 조세채권자일 뿐이고 따라서 이에 관하여는 스스로 세액을 경정하여 확정시킬 수 있는 권한을 갖고 있다. 이와 같이 세액을 경정하여 확정시키는 행위 역시 부과의 한 경우이고, 국가가 이러한 행위를 할 수 있는 권한 역시 부과권에 속한다.

국가의 '징수권': 납세의무가 확정되면 국가는 구체적 조세채권을 갖게 된다. 이는 구체적 권리로서 채권자인 국가는 납부를 강제하고 실제로 납부를 받을 수 있는 권능을 갖는다. 만약 정하여진 기간 내에 납세자가 세금을 납부하지 않으면 국가는 무엇을 할 수 있는가?

🖐 이미 제1절에서 살펴본 대로 강제징수 절차를 개시하여 강제로 조세채권의 만족을 얻을 수 있다. 이와 같이 할 수 있는 국가의 권리를 '징수권'이라고 부른다. 이는 구체적 조세채권의 한 속성이다.

이와 같이 국가는 납세의무의 확정 전후에 걸쳐 부과권과 징수권이라는 권리를 갖고 있다. 성립된 납세의무가 확정되지 않을 경우 국가가 확정시킬 수 있는 권리가 부과권이고, 납세의무가 확정되었음에도 불구하고 납부가 이루어지지 않을 경우 국가가 세금을 강제징수할 수 있는 권리가 징수권이다. 이들 권리 역시 영원히 가지는 않는다. 곧 권리를 적절하게 행사하지 않은 상황에서 일정한 시간이 지나가면 부과권이든 징수권이든 소멸할 수 있다. 이하에서 이 점에 관하여 차례로 살펴본다.

2. 부과권의 제척기간

법은 부과권이 일정한 제척기간에 걸린다고 정하고 있다. 제척기간 역시 권리가 행사되지 않은 채 일정한 기간이 경과되었다는 이유로 그 권리를 소멸시키는 제도임은 소멸시효와 마찬가지이다.

(1) 기　간

국세기본법 제26조의2[국세의 부과제척기간] ① 국세를 부과할 수 있는 기간(이하 '부과제척기간'이라 한다)은 국세를 부과할 수 있는 날부터 5년으로 한다. (단서 생략)
② 제1항에도 불구하고 다음 각 호의 어느 하나에 해당하는 경우에는 다음 각 호의 구분에 따른 기간을 부과제척기간으로 한다.
1. 납세자가 법정신고기한까지 과세표준신고서를 제출하지 아니한 경우: 해당 국세를 부과할 수 있는 날부터 7년(괄호 안 생략)
2. 납세자가 대통령으로 정하는 사기나 그 밖의 부정한 행위(이하 "부정행위"라 한다)로 국세를 포탈(逋脫)하거나 환급·공제받은 경우: 그 국세를 부과할 수 있는 날부터 10년(이하 생략)
④ 제1항 및 제2항에도 불구하고 상속세·증여세의 부과제척기간은 국세를 부과할 수 있는 날부터 10년으로 하고… (이하 생략)

현행법에서 부과권에 대한 제척기간은, 온갖 경우의 수를 나누어 아주 다양하고 복잡하게 정하고 있다. 이 제도가, 국가의 입장에서 보자면 아무런 이익도 얻지 못한 채 일정 시간의 경과라는 사건만으로 조세채권을 상실하는 결과를 가져오기 때문이다. 무언가 조세채권을 보호할 이유가 있다는 사정이 생길 때마다 부과제척기간을 늘리는 조항을 자꾸 끼워 넣다 보니 생긴 결과이다.

(가) 규정의 뼈대─5년, 7년, 10년

이처럼 추가된 내용을 대부분 생략하고 나면 위에 인용한 것처럼 전체적인 뼈대가 남는다. 우선 부과제척기간의 기본은 5년에서 시작한다(제1항). 다만 신고납세 세목에서 납세자가 신고를 하지 않으면 부과제척기간이 7년으로 늘어나 채권자인 국가가 그만큼 두텁게 보호를 받는 결과가 된다(제2항 제1호). 특히 일정한 '사기 그 밖의 부정한 행위'가 개입된 경우에는 부과제척기간이 10년으로 늘어난다(제2항 제2호). '사기 그 밖의 부정한 행위'는 일반적으로 조세포탈죄로 형사처벌의 대상이 되므로,[2] 이는 결국 조세포탈죄가 성립하는 경우 특별히 긴 부과제척기간을 만들어 놓은 것으로 볼 수도 있다.

(나) 제척기간을 서로 달리 정한 이유

이와 같이 납세자의 무신고나 '부정행위'와 같은 일정한 행위가 개입하였을 때 부과제척기간을 늘리는 이유는 무엇일까? 우선 납세의무를 적게나마 신고한 경우와 전혀 신고하지 않은 경우, 그리고 아예 납세의무를 감추기 위한 부정행위를 한 경우에 국가가 겪는 곤란의 정도가 다르다는 점을 들 수 있다. 즉 뒤로 갈수록 국가로서는 납세의무의 존재를 밝히는 데 더 곤란을 겪을 수밖에 없기 때문에 부과권 행사에 더 많은 시간적 여유를 부여할 필요가 있다는 것이다. 그리고 또 다른 한편으로는 신고를 아예 하지 않거나 심지어 부정행위를 한 납세자에 대하여 불이익을 준다는 의미도 물론 있을 것이다.

(다) 특별한 취급─상속세와 증여세

끝으로 상속세와 증여세는 다른 세목과 달리 취급하여 일반적으로 더 긴 부과제척기간을 정한다. 사망한 개인에 속했던 모든 재산을 과세대상으로 삼는 상

---

2) 조세법처벌법 제3조 제1항 참조.

속세나, 흔히 가까운 사람들 사이에서 일어나는 행위를 과세대상으로 하는 증여
세 모두 과세관청이 납세의무의 존재를 쉽게 파악하기 힘들다는 점을 감안하였
을 것이다. 그리고 상속세나 증여세가 특히 부(富)의 세대 간 무상이전에 물리는
세금으로 공평의 측면에서 중요하다는 고려가 포함되어 있을 수도 있다.

(2) 기산점

> 국세기본법 제26조의2[국세 부과의 제척기간] ⑨ 제1항부터 제4항까지의 규정에 따른 국
> 세를 부과할 수 있는 날은 대통령령으로 정한다.
>
> 국세기본법 시행령 제12조의3[국세 부과 제척기간의 기산일] ① 법 제26조의2 제9항에 따
> 른 국세를 부과할 수 있는 날은 다음 각 호의 날로 한다.
> 1. 과세표준과 세액을 신고하는 국세(괄호 안 생략)의 경우 해당 국세의 과세표준과 세
>   액에 대한 신고기한 또는 신고서 제출기한(이하 "과세표준신고기한"이라 한다)의 다
>   음 날. (후문 이하 생략)

5년, 7년, 또는 10년이라는 부과제척기간은 언제부터 세기 시작하는가? 이
기산점(起算點, 곧 세기 시작하는 점)은 국가가 비로소 부과권을 행사할 수 있게 되
는 날이다. 현재 소득세와 법인세, 부가가치세는 모두 신고납세 세목이고 신고를
통하여 납세자가 조세채무를 확정하는 것은 과세기간 후 일정 시점이 지난 신고
납부기한까지 하면 된다. 따라서 납세의무자 대신 국가가 나서서 조세채무를 확
정하는 것, 곧 세금을 부과하는 것은 납세자의 신고기한이 지나야 비로소 가능하
다. 국세기본법 시행령이 신고기한 다음 날부터 (1)에서 정한 기간들이 기산하는
것으로 정하고 있는 것은 그 때문이다.

▲ 정부가 2016년 제작한 종합소득세 신고납부 홍보자료이다. 이와 같이 5월 한 달 동안 자진신고할 수 있는 기간을 부여한 후, 이 기간이 지나도 신고가 없거나 제대로 신고되지 않으면 부과권을 행사한다. 그리고 이 부과권에 관하여는 그 행사할 수 있는 날로부터 제척기간이 기산한다.

기 본 사 례

몇 년 지난 후 받은 납세고지서

'가소신'에게는 01년 한 해 동안 소득이 있었고, 이 소득에 대하여 신고하여야 하는 소득세는 500만원이다. 하지만 가소신은 소득세법에서 정하여진 기간 내에 400만원을 신고하였다. 관할 세무서는 07년 7월 1일 가소신에 대한 세무조사에서 이 과소신고 사실을 발견하였다. 가소신은 100만원을 추가로 납부할 의무를 지는가?

👆 01년분 소득세는 02년 5월 한 달 사이에 신고하도록 되어 있다.[3] 따라서 부과제척기간은 02년 6월 1일에 기산한다. 가소신은 소득세 신고를 하였고 부정행위를 하였다고 볼 근거는 없으므로 부과제척기간은 5년이다. 결국 07년 5월 31일이 다 지나면 더 이상 100만원을 부과할 수는 없게 되고, 이 100만원 부분에 관한 한 이 시점에서 납세의무가 소멸한다.

만약 가소신이 01년분 소득세 신고를 아예 하지 않았다면 어떨까?

👆 부과제척기간의 기산점이 02년 6월 1일인 것은 그대로이지만 기간은 7년이다. 부과제척기간은 09년 5월 31일에 만료하므로, 관할세무서는 가소신에게 500만원의 소득세를 부과할 수 있고 가소신은 이 금액을 납부할 의무를 진다.

─────────────

3) 소득세법 제70조 제1항.

연습문제

[2016년 사법시험 제4문]

「국세기본법」상 국세부과의 제척기간에 관한 설명 중 괄호안에 들어갈 내용으로 옳은 것은? (단, 국제거래는 고려하지 아니함)

> 납세자가 법령이 정하는 사기나 그 밖의 부정한 행위로 법인세를 포탈한 경우, 포탈한 법인세와 관련하여 상여처분된 금액에 대한 소득세부과의 제척기간은 그 소득세를 부과할 수 있는 날로부터 ( )년간이다.

① 5   ② 7   ③ 10

④ 15   ⑤ 20

정답 ③

해설 2011년 말 개정 이후의 국세기본법 제26조의2 제1항 제1호 제2문(현행법으로는 제2항 제2호 제2문) 참조.

[2014년 제3회 변호사시험 제2문 1.]

[사실관계]

내국법인인 A주식회사(이하 "A사"라 한다)는 2001. 4. 1. 산업용 전자기기의 판매업을 영위하기 위하여 설립되었고, 설립 이후 현재까지 甲이 발행주식 60%를 소유하는 대표이사로서 A사를 실질적으로 경영하여 왔다. 내국법인인 B주식회사(이하 "B사"라 한다)는 2003. 1. 2. 의료기기 제조와 판매업을 영위하기 위하여 설립되었고, 설립 이후 현재까지 甲의 배우자인 乙이 발행주식의 51%를 소유하는 대표이사로서 B사를 실질적으로 경영하여 왔다. A사와 B사의 사업연도는 매년 1월 1일부터 12월 31일까지이다.

(중략)

그 후 A사의 관할 세무서장은 A사가 B사에 본건 장치를 판매한 금액이 부당하다고 보아 2012. 5. 1. A사에 대하여 2006 사업연도와 2007 사업연도의 법인세를 증액경정하는 각 처분을 하였다(이하 "이 사건 각 처분"이라 한다).

국세기본법 제26조의2를 참조하여 이 사건 각 처분이 국세 부과의 제척기간을 도과한 것인지 여부를 논하시오.

정답과 해설 2006, 2007 사업연도에 관하여 모두 법인세 신고가 있었고 특별히 '사기 그 밖의 부정행위'가 있었다고 볼 근거가 없으므로, 5년의 부과제척기간이 각각 적용된다. 매년 12월 31일에 사업연도가 종료되므로, 법인세 신고기한은 다음 해 3월 31일이 되고 부과제척기간은 4월 1일부터 기산한다. 따라서 2006 사업연도의 부과제척기간은 2012년 3월 31일, 2007 사업연도의 부과제척기간은 2013년 3월 31일에 각각 만료된다. 과세처분은 두 사업연도에 관하여 모두 2012년 5월 1일에 있었으므로, 2006 사업연도에 관해서는 제척기간 도과 후에, 2007 사업연도에 관해서는 도과 전에 각각 이루어진 것이다. 참고로 판례에 따르면 2006 사업연도분 부과처분같이 부과제척기간을 도과한 후에 이루어진 과세처분은 (단순히 소송을 통해 취소할 수 있는 데에 그치지 않고) '당연무효'이다.

[2018년 제7회 변호사시험 제1문 3.]
[사실관계]
(전략) 甲의 과수원은 2010년 댐 건설을 위해서 수용되었다. 甲은 2010. 5. 10. 과수원 수용보상금 전액을 지급받았다. 과수원의 수용으로 인하여 甲은 수억 원의 양도차익을 얻었다. (중략) 甲의 주소지 관할 세무서장은 2017. 6. 10. 甲에게 과수원을 양도하여 소득을 얻었다는 이유로 소득세부과처분(가산세 포함)을 하였다.

「국세기본법」 제26조의2 및 「국세기본법 시행령」 제12조의3을 참조하여 甲의 제3주장이 타당한지 여부를 논하시오.

정답과 해설 생략된 사실관계 부분에 더 자세히 들어 있기는 하지만, 여기서 중요한 것은 갑이 양도소득세 신고를 하지 않았다는 점이다. 따라서 7년의 부과제척기간이 적용되고, 2010년의 양도소득세 납세의무이므로 그 기산점은 2011년 6월 1일이다. 따라서 부과제척기간은 2018년 5월 31일에 만료되고, 2017년 6월의 과세처분은 적법하다. 제3주장은 타당하지 않다.

[2019년 제8회 변호사시험 제2문 1.]
[사실관계]
甲은 불법 사행성 게임물을 설치하여 「게임산업진흥에 관한 법률」을 위반하면서 2010. 1.경부터 2012. 12.경까지 그의 계산과 책임하에 직원 10명을 고용하여 PC

방을 운영하였다. 甲은 이 PC방 운영과 관련된 소득세를 지금까지 신고·납부한 적이 없다. 甲은 위 기간 동안 PC방 운영과 관련된 소득 외에 다른 소득은 없다. 甲은 2017. 6.경 다른 죄로 수사를 받던 도중 이 PC방 운영 사실이 밝혀져, 등급분류가 거부된 사행성 게임물을 유통 및 이용제공한 혐의로 기소되었고, 이와 관련하여 1심이 진행중이다. 한편 이 사실을 알게 된 관할세무서장은 세무조사를 거쳐 甲에게 이 PC방 운영과 관련된 소득을 사업소득으로 보아 2010년, 2011년, 2012년 각 귀속 종합소득세를 2018. 12. 3. 부과처분하였고(이하 '이 사건 처분'이라 함), 2018. 12. 5. 甲에게 적법하게 송달되었다. 甲은 이 사건 처분에 대해서 다투고 있다.

또한 甲은 이 사건 처분이 제척기간을 경과하여 무효라고 주장한다. 「국세기본법」 제 26조, 제26조의2 제1항 및 같은 법 시행령 제12조의3 제1항을 참조하여 甲 주장의 타당성 여부를 검토하시오.

정답과 해설 갑이 소득세 신고를 한 적이 없기 때문에 적용되어야 할 부과제척기간은 7년이다. '사기 그 밖의 부정한 행위'로 10년의 제척기간이 적용되려면, 단순히 신고를 하지 않았다는 것 외에 소득을 적극적으로 은닉하는 행위가 있어야 한다는 것이 판례의 입장인데, 이 사안에서는 PC방 운영과 관련된 범죄 행위가 있었는지는 몰라도, 소득을 숨기는 행위가 있었다고 볼 근거는 드러나지 않는다. 각 연도 별 소득세 납세의무에 관한 부과제척기간의 기산일은 그 다음 해 6월 1일이므로, 2010~2012년 소득세 납세의무에 관한 부과제척기간은 각각 2018~2020년 5월 31일에 만료된다. 이 사건 처분은 2018년 12월에 있었으므로, 2010년의 소득세 납세의무에 관한 부과처분은 부과제척기간 만료 후에 행하여진 것으로서 위법할 뿐 아니라, 판례에 따를 때 당연무효이다. 즉 2010년 소득세에 한하여 갑의 주장은 타당하다.

Tax In News

🎙 횡령과 부과제척기간

범 한진가(家) 2세들이 고(故) 조중훈 창업주의 해외 재산에 대한 800억원대 상속세 부과 처분에 불복해 조세심판원에 청구를 냈으나 기각된 것으로 13일 파악됐다. …

2018년 5월 서울국세청은 한진가 2세들이 조중훈 창업주의 스위스 비밀계좌

등 재산을 상속받으면서 신고하지 않았다고 보고, 고 조양호 회장 등을 조세포탈 혐의로 검찰에 고발했다. 당시 국세청은 한진가 2세 5남매(조현숙·조양호·조남호·조수호·조정호) 측에 상속세와 가산세 총 852억원을 부과했다.

그러나 한진가 2세들은 불복 심판을 냈다. 조중훈 창업주의 해외자산을 사전에 몰랐기 때문에 고의 탈세가 아니라는 것이다. 조중훈 창업주는 2002년 11월 사망했다. 그러나 한진가 2세들은 해외자산의 존재를 2016년께 알았다고 주장했다. 따라서 상속세 미납은 고의가 아닌 단순누락이고, 이에 따른 부과제척기간은 10년이므로 2013년 5월까지만 과세할 수 있다고 주장해왔다.

반대로 국세청은 이들이 애초부터 해외자산의 존재를 알고도 신고하지 않았다고 봤다. 고의 누락인 경우 부과 가능 기간이 15년이고, 그 전에 부과한 상속세이기 때문에 적법하다는 입장을 고수해 왔다.

조세심판원은 심리를 통해 국세청이 추가 제출한 자료 등을 바탕으로 한진가 2세들이 이미 비밀계좌의 존재를 알고도 신고하지 않았다고 판단하고, 국세청의 손을 들어줬다.

(2021년 1월 13일 언론보도)

생각해볼 점 일정한 시간이 지나면 납세의무에서 벗어나게 된다는 결과에 대해서 어떻게 생각하는가? 근본적으로 다양한 법영역에 이와 같은 제도가 널리 퍼져 있다. 민법의 소멸시효는 일정한 시간이 지나면 민사채무에서 벗어나게 해 주고, 형사법의 공소시효는 역시 일정한 시간이 지나면 범죄를 저질렀더라도 처벌받지 않게 해 준다. 이러한 제도는 왜 필요한가? 또 이러한 결과는 정당하다고 생각하는가? 반대로 10년, 20년 전의 일을 들추어내어 과세하려고 한다면 납세자의 입장에서는 어떠한 생각이 들겠는가?

---

3. 징수권의 소멸시효

(1) 기산점과 기간

납세자가 납세의무를 신고하거나 국가가 부과권을 행사하여 납세의무가 확정되고 구체적 조세채권이 생기면 국가는 강제징수권을 행사할 수 있게 된다. 하지만 이 징수권도 일정 기간 동안에 적절하게 행사하지 않으면 소멸한다. 그리고 이때 징수권은 부과권과는 다르게 소멸시효에 걸린다.

> 국세기본법 제27조[국세징수권의 소멸시효] ① 국세의 징수를 목적으로 하는 국가의 권리(이하 이 조에서 '국세징수권'이라 한다)는 이를 행사할 수 있는 때부터 다음 각 호의 구분에 따른 기간 동안 행사하지 아니하면 소멸시효가 완성된다. 이 경우 다음 각 호의 국세의 금액은 가산세를 제외한 금액으로 한다.
> 1. 5억원 이상의 국세: 을0년
> 2. 제1호 외의 국세: 5년
> ③ 제1항에 따른 국세징수권을 행사할 수 있는 때는 다음 각 호의 날을 말한다.
> 1. 과세표준과 세액의 신고에 의하여 납세의무가 확정되는 국세의 경우 신고한 세액에 대해서는 그 법정 신고납부기한의 다음 날
> 2. 과세표준과 세액을 정부가 결정, 경정 … 하는 경우 납세고지한 세액에 대해서는 그 고지에 따른 납부기한의 다음 날

징수권의 소멸시효에서도 일단 중요한 것은 소멸시효 기간의 기산점과 길이이다. 우선 시효기간의 길이는 부과제척기간에 비하여 훨씬 단순하다. 오랫동안 민법이나 국가재정법상 채권의 소멸시효에 맞추어 5년 한 가지로 정하고 있다가 현행법에서는 세액의 크기에 따라 5년 또는 10년이다. 세액이 크다고 해서 소멸시효 기간이 더 길어야 할 논리필연적 이유는 없지만 국가의 조세채권을 더 두텁게 보호하자는 생각일 것이다. 한편 기산점은, 징수권을 행사할 수 있는 날이 세금을 납부할 날, 곧 납부기한이 지나는 날이므로 바로 그 시점이 된다.

기 본 사 례

신고만 했다면?

'안납부'가 01년 소득세 500만원을 02년 5월 중에 신고만 하고 납부는 하지 않았다고 가정하여 보자. 국가가 징수권을 행사할 수 있는 기간은 언제까지인가?

🖑 이때 안납부가 소득세를 납부하여야 하는 기한은 02년 5월 31일이다.[4] 이 기한까지 납부하지 않으면 그 이후에 국가는 강제징수에 나설 수 있다. 따라서 02년 6월 1일부터는 징수권의 행사가 가능하고 소멸시효도 기산한다. 세액이 500만원이므로 소멸시효 기간은 5년이고 따라서 07년 5월 31일이 다 지나면 더 이상 징수권을 행사할 수 없다.

---
4) 소득세법 제76조 제1항.

(2) 소멸시효의 중단

징수권의 소멸시효가 부과제척기간과 다른 중요한 점은 '중단'되거나 '정지'
될 수 있다는 점이다. 여기서는 '중단'에 관해서만 살펴보도록 한다.

> 국세기본법 제28조[소멸시효의 중단과 정지] ① 제27조에 따른 소멸시효는 다음 각 호의
> 사유로 중단된다.
> 1. 납세고지
> 2. 독촉 또는 납부최고(納付催告)
> 3. 교부청구
> 4. 압류
> ② 제1항에 따라 중단된 소멸시효는 다음 각 호의 기간이 지난 때부터 새로 진행한다.
> 1. 고지한 납부기간
> 2. 독촉이나 납부최고에 의한 납부기간
> 3. 교부청구 중의 기간
> 4. 압류해제까지의 기간

소멸시효 중단은 민법의 소멸시효에도 존재하는 개념이다. 원래 소멸시효가
권리를 가진 사람이 권리를 제대로 행사하지 않을 때 권리를 소멸시키는 제도이
므로, 권리자가 권리를 일정한 방법으로 행사하는 이상 단순히 시간이 지났다는
이유만으로 권리가 소멸해서는 안 된다는 생각이다. 따라서 이러한 권리의 행사
가 있으면 소멸시효의 진행을 멈추게 하고, 권리를 다시 행사할 수 있는 시점부
터 새로이 소멸시효를 진행시킨다. 여기서 중요한 것은 남은 소멸시효가 그대로
진행하는 것이 아니라 원점으로 돌아가 소멸시효 기간 전체를 다시 기산시킨다
는 점이다. 제28조 제2항이 이 뜻을 정하고 있다.

기 본 사 례

징수권소멸시효의 중단

'안납부'가 02년 5월 31일에 01년 소득세 500만원을 신고만 하고 납부하지 않자 국가가
02년 8월 1일 500만원에 관한 납세고지서를 안납부에게 보낸 경우를 가정하여 보자. 안납
부가 신고로 확정한 500만원 외에는 소득세 본세로 납부할 금액이 없고 국가가 추가로 부과

권을 행사한 것은 없다. 이 납세고지서에는 500만원과 그 밖의 가산세 등을 02년 8월 31일까지 납부하라고 적혀 있다. 안납부는 납세고지서를 받은 이후에도 고지받은 세액을 전혀 납부하지 않았다. 07년 8월 30일 관할 세무서는 안납부가 숨겨놓았던 재산을 찾았다. 관할세무서는 이 재산을 압류할 수 있는가?

① 납세의무가 최초로 확정된 것은 신고가 있은 02년 5월 31일이고 징수권의 소멸시효 기산일인 02년 6월 1일로부터 5년이 되는 날은 07년 6월 1일이다. 그러나 02년 8월 11일에 국가가 납세고지서를 보냄으로써 소멸시효는 일단 중단되므로 새로 따져보아야 한다.

② 소멸시효가 중단되었을 때 납세고지서에서 '고지한 납부기간'은 02년 8월 31일까지이므로 이 기간이 지날 때까지 소멸시효 기간도 계속해서 중단된 상태에 있게 된다. 이때까지 안납부가 납부하지 않으면, 이 기간이 지난 02년 9월 1일부터 5년 소멸시효가 다시 처음부터 기산하므로 소멸시효가 완성하는 날은 07년 9월 1일이다. 07년 8월 30일에는 아직 징수권이 시효소멸하지 않았으므로 관할 세무서는 찾아낸 안납부의 재산을 압류할 수 있다.

③ 실제로는 납세고지서를 한번 보내고 마는 법은 없고, 고지한 납기까지 세금을 안내면 '독촉장'을 다시 보낸다. 예컨대 독촉장을 02년 12월 1일에 보내서 02년 12월 31일까지 납부하라는 뜻을 전했다고 가정하여 보자. 독촉 역시 소멸시효 중단의 사유이므로, 조세징수권의 소멸시효는 08년 1월 1일이 되어야 완성된다.

Tax In News

국가가 조세 채권의 소멸시효(일정 기간 권리를 행사하지 않을 경우 그 권리가 소멸하는 것)를 중단하려고 소송을 제기할 수 있다는 대법원 판단이 나왔다.

대법원 3부(주심 민유숙 재판관)는 정부가 "조세 채권 존재를 확인해달라"며 일본업체 A사를 상대로 낸 소송의 상고심에서 원고 승소로 판결한 원심을 확정했다고 25일 밝혔다.

골프장을 경영해온 A사는 사무소를 일본에 두고 있는 외국 법인으로, 2006~2007년 국내 법인에 주식을 양도하고 97억8천엔(약 1천100억원)을 지급받았다.

이와 관련해 국세청은 A사에 대한 세무조사를 실시한 결과 법인세를 미납한 사실을 확인했다. 이를 바탕으로 세무서는 2011년 3월 법인세 223억여원을 부과했다.

그러나 A사는 정부의 거듭된 세금 납부 독촉에도 불구하고 세금을 납부하지 않았다. A사가 국내에 보유한 재산도 없어 강제 집행도 어려웠다.

이에 정부는 조세 채권의 소멸시효(납부기한인 2011년 3월 31일의 다음 날부터 5년)가 임박하자 소송을 냈다.

A사는 "한국 정부가 재판을 청구하는 것은 소멸시효를 중단할 사유에 해당하지 않아 한국 정부가 얻을 수 있는 소송의 이익이 없다"고 맞섰다. 소송 제기 자체가 각하돼야 한다는 취지였다.

관련법은 소멸시효를 중단해 달라고 청구할 수 있는 사유로 '납세고지, 독촉 또는 납부최고, 교부청구, 압류'만을 규정하고 있기 때문에, '재판 청구'가 소멸시효의 중단 사유로 인정될 수 있는지가 쟁점이 됐다.

1심은 "'재판 청구'를 조세 채권의 소멸시효 중단 사유로 인정할 수 있다"며 정부 손을 들어줬다.

1심 재판부는 "A사는 국내 어떤 재산도 소유하고 있지 않아 정부로서는 자력 집행권을 행사해 A사에 대한 조세 채권을 실현할 수 없다"며 "소멸시효 중단을 위해 A사를 상대로 소송을 제기할 이익이 있다"고 판단했다.

2심도 "정부가 납세고지 이후 독촉장 발송, 국제적인 조세 행정 공조 절차의 진행, 납부 최고서 발송 등 징수에 필요한 모든 조치를 적절히 이행했음에도 불구하고 조세채권이 징수되지 않고 있다"며 "이 사건의 경우 예외적으로 소송의 이익이 있다고 봐야 한다"고 판단했다.

대법원 역시 "원심이 국세징수권의 소멸시효 중단에 관한 법리 등을 오해한 잘못이 없다"며 A사의 상고를 기각했다.

(2020년 3월 25일 언론보도)

📠 **연습문제**

[2012년 사법시험 제1문]

국세기본법상 국세 납부의무의 소멸사유로 옳지 않은 것은?

① 체납처분 유예

② 충당

③ 납부

④ 국세징수권의 소멸시효 완성

⑤ 부과의 취소

정답 ①

[2007년 사법시험 제1문]

국세기본법상 소멸시효의 중단사유가 아닌 것은?

① 납세고지   ② 독촉

③ 교부청구   ④ 연부연납

⑤ 압류

정답 ④

[2015년 제4회 변호사시험 제2문 3.]

　[사실관계]

　(전략) 또한 과세관청은 甲이 2008년도분 종합소득세 1억 원에 대하여 법정신고기한 내에 신고만 하였을 뿐 그 세금을 납부하지 아니한 사실을 뒤늦게 발견하고, 2014. 11. 15.에 甲에게 종합소득세 1억 원을 납세고지(이하 '제2처분'이라 한다)하였다.

「국세기본법」 제27조를 참조하여 제2처분이 국세징수권의 소멸시효를 도과한 것인지를 논하시오.

정답과 해설 2008년도분으로 신고된 소득세의 납부기한은 2009년 5월 31일이고 6월 1일부터 국가의 징수권의 소멸시효가 기산된다. 금액이 5억 원 이하이므로 소멸시효 기

간은 5년이다. 따라서 다른 중단이나 정지의 사유가 없는 이상 2014년 5월 31일에 소
멸시효가 완성되었다. 11월 15일에 한 납세고지는 소멸시효 완성 후의 것으로서 유효
한 징수권 행사로서 효력이 없다.

Tax In News

🎤 재산추적과 징수권 소멸시효

최근 4년간 세금 체납으로 출국금지 조치가 내려진 체납자가 4배 이상 늘어
난 것으로 나타났다. 밀린 세금을 내지 않고 버텨 세금을 면제받은 '세꾸라지'도
최근 5년간 2000명에 달하는 것으로 집계됐다. …

2014년 3705명이던 출국금지 체납자는 2015년 4485명, 2016년 8095명, 2017년 1
만1763명으로 급격히 증가하는 흐름이다. 이들이 체납한 체납액은 지난해 말 기
준으로 33조1405억원에 달했다. 1인 평균 21억3600만원의 세금을 납부하지 않은
셈이다. 2014년 기준 7조3616억원이었던 체납액 역시 4년 만에 4배 이상 늘었다.

국세징수법 시행령에 따르면 국세청은 정당한 사유 없이 5000만원 이상 체납
한 납세자 가운데 가족이 해외로 이주했거나 최근 2년간 5만달러 상당을 해외
송금한 사람, 5만달러 상당의 국외자산이 있는 사람, 고액·상습체납자 등에 대
해 출국금지를 요청해야 한다.

하지만 국세기본법 시행령에서 정하고 있는 국세징수권의 소멸시효가 체납
국세 5억원 이하는 5년, 5억원 이상인 경우 10년이라는 규정에 따라 소멸시효를
채워 출국금지가 해제된 체납자만도 최근 5년간 1965명에 달했다. 국세징수권
소멸시효 완성으로 출국금지가 해제된 경우는 2014년에는 105명이었지만. 이듬
해 177명, 2016년 339명, 2017년 531명으로 증가했다. 지난해에는 813명으로 전년
대비 53.1% 증가했다. 소멸시효가 체납 회피 수단이 되고 있는 셈이다. 납부를
통해 출국금지 해제 조치를 받은 사람은 지난해 131명, 5년간 548명에 그쳤다.

(2019년 9월 26일 언론보도)

▲ 고액체납자의 존재는 국세청으로서는 골칫거리이다. 사진에서 보듯이 홈페이지를 통해 명단을 공개하
는 등 여러 가지 수단을 쓰지만, 근본적인 해결은 쉽지 않다.

제3절 조세채권의 효력

성립과 확정의 단계를 차례로 거쳐 국가의 (구체적) 조세채권이 생겨났고 아
직 소멸하지 않았다면 국가는 그런 채권을 행사해서 세금을 받아갈 수가 있다.
여기에서는 이런 조세채권의 내용이 무엇이고 어떤 효력을 갖는지에 관하여 살
펴보도록 한다. 이것 역시 민사채권과 비교하면 이해가 쉽다. 특히 문제는 채권
자가 채권의 만족을 확보하는 수단이 무엇인가 하는 점이므로 이를 중심으로 살
펴본다.

기 본 사 례

민사채권과 조세채권의 효력 비교

(1) 민사채권

민사 금전채권에서 변제할 시기가 도래하였는데 채무가 이행되지 않는다고 해서 채무자의 집에 가서 돈이나 재산을 빼앗아 올 수는 없다. 예컨대 아무리 '악질적'인 채무자라 하더라도 그 집에 함부로 들어가서 그 물건에 손을 대거나 한다면 이는 대개 범죄가 된다. 돈을 받자면 우선 ① 채권자는 원래의 채권액과 그에 더하여 채무불이행으로 인한 손해의 배상을 법원에 청구할 수 있다. 이때의 손해배상은 흔히 말하는 '지연배상' ― 이행이 '지연'됨으로 인하여 얻은 손해에 대한 배상 ― 의 성격을 가지고 그 현실적 의미는 결국 변제기 이후 발생하는 이자 상당액이 된다. 다음으로 ② 채권자는 채무자의 재산을 압류하고 경매에 붙이는 강제집행을 할 수 있다. 다만 방금 말했듯이 재산압류나 강제집행도 채권자 스스로 할 수는 없고, 원칙적으로 법원의 판결을 받고 국가에 소속된 집행관의 힘을 빌려야 한다. 조금 까다로운 내용이지만, ③ 만약 채무자에게서 돈 받을 것이 있는 다른 채권자가 있어서 이러한 경매 절차에 끼어든다면, 누가 더 먼저 돈을 받아갈 수 있는지에 관한 우선순위의 문제가 생긴다. 저당권 같은 담보권을 미리 등기해 두었던 채권자끼리라면 담보권의 설정 시점이 문제가 된다. 담보권이 없는 채권자끼리는 특별히 우선순위랄 것이 없고 모두 동등한 입장이 된다. ④ 채무자를 위한 제3자의 (인적) 보증을 미리 받아두었던 채권자는 그런 보증인으로부터 돈을 받을 수 있다.

(2) 조세채권

위 ①~④에 상응하는 내용은 조세채권에도 모두 어떤 형태로든 존재하는데, 이하에서 하나하나 살펴보도록 하고 이 '기본사례'에서는 우선 ②에 관하여만 간단히 짚고 넘어간다. 민사채권의 경우 강제집행은 법원과 집행관의 힘을 빌려야 하지만, 조세채권의 경우 국가는 스스로 강제집행을 할 수 있다. 이것이 강제징수이다. 구태여 법원에 갈 것 없이 과세관청은 스스로 납세자의 재산을 압류하고 이를 공매에 붙일 수 있다. 이에 관한 내용은 모두 국세징수법에 들어 있다. 강제징수와 관련된 이런 절차를 따로 '체납처분'이라 부르기도 하였으나, 2021년부터 국세기본법이나 국세징수법은 이 말을 쓰지 않고 '강제징수'라는 말만을 사용한다.

I. 가산세

1. 지연손해에 대한 배상에 유사한 가산세

민사 금전채권의 변제기가 도래하였는데 채무자가 돈을 갚지 않으면 채권자가 그로 인한 지연손해배상을 청구할 수 있는 것처럼, 납세의무가 제때 이행되지 않으면 국가는 납세자에게 일정한 금액을 추가로 더 내라고 할 수 있다. 그렇지 않으면 세금을 늦게 내는 사람이 항상 이익을 보기 때문이다. 이러한 이익의 크기는 늑장을 부리거나 늦어지는 정도에 비례하기 때문에 이를 상쇄하기 위한 불이익 조치도 실제 세금을 내는 시점에 연동해서 늘리거나 줄인다.

> 국세기본법 제47조의4[납부지연가산세] ① 납세의무자(괄호 안 생략)가 법정납부기한까지 국세의 납부(괄호 안 생략)를 하지 아니하거나 납부하여야 할 세액보다 적게 납부(이하 "과소납부"라 한다)하거나 … 경우에는 다음 각 호의 금액을 합한 금액을 가산세로 한다.
> 1. 납부하지 아니한 세액 또는 과소납부분 세액(괄호 안 생략) × 법정납부기한의 다음 날부터 납부일까지의 기간(납세고지일부터 납세고지서에 따른 납부기한까지의 기간은 제외한다) × 금융회사 등이 연체대출금에 대하여 적용하는 이자율 등을 고려하여 대통령령으로 정하는 이자율

위에 보듯 납부지연가산세의 크기는 민사채권의 지연손해배상금에 유사하게 정하여진다. 곧 ① 모자라게 납부한 금액의 크기와, ② 법에 따라 납부하였어야 할 시점 이후 지나간 기간에 비례하게 되어 있다.[5]

---

5) 임의로 납부하는 경우에는 본문의 설명으로 쉽게 이해가 되리라 생각한다. 다만 제1호의 두 번째 괄호에서 보듯이 임의로 납부하지 않아 국가가 국세징수법 제9조 제1항이 정하는 납세고지서를 보내는 경우에는 그 시점까지만 가산세를 계산한다. 납세고지서를 받고도 납부하지 않으면 역시 계속해서 실제 납부할 때까지 가산세 부담이 생긴다. 예전에는 이 추가적인 부담을 '가산금'이라고 하여 국세징수법에서 따로 규율하였으나, 이제는 이 조항에서 함께 납부지연가산세의 일종으로 규율한다.

Tax In News

🎙 가산세와 이자율

 기한 내 납부하지 못한 세금에 대한 이자로 부과한 금액이 연평균 2조 원에 육박하는 것으로 7일 나타났다. 국세청이 이렇게 부과한 금액은 지난 5년간 9조 3000억 원에 달한다.

 국회 기획재정위원회 소속 ○○○ 의원이 기획재정부와 국세청으로부터 제출받은 자료를 분석한 결과 국세청은 2018년 신고의무 불이행에 따른 가산세 1.2조 원과 납부지연에 따른 가산세 1.8조 원 등 총 3조 원에 달하는 가산세를 부과한 것으로 분석됐다. 이들 가산세 합계는 연간 상속세 세수와 맞먹는 규모다.

 세법상 신고·납부의무 불이행에 따른 제재는 신고불성실가산세와 납부지연가산세로 나뉜다. 신고불성실가산세는 법정 신고기한 내 신고하지 않는 경우 부과하는 무신고가산세(20~40%)와 신고를 했더라도 과소하게 신고한 경우 부과하는 가산세(10~40%)가 있다. 여기에 제대로 신고를 했더라도 기한 내 세금을 납부하지 않은 경우 납부지연가산세를 추가로 부과한다.

 ○○○ 의원은 납부지연가산세율이 연 9.125%로 과도하다는데 주목했다. 반대로 국세청이 납세자로부터 초과수납을 받은 경우 과오납한 세금에 국세환급가산금을 더해 돌려받게 되는데 국세청이 지급하는 이자율은 연 1.8%다.

 국세기본법에 따르면 납부지연가산세와 국세환급가산금은 각각 연체이자율과 정기예금이자율을 반영해 정하도록 하고 있다. 실제로 지난 10년간 시장이자율 하락에 따라 환급가산금율은 2012년 4%에서 2020년 1.8%로 절반 넘게 하락했다. 그러나 납부지연가산세율는 2012년 10.95%에서 2019년 9.125%로 내리는 수준에 그쳤다.

 ○○○ 의원은 "일반적으로 신고불성실가산세와 납부지연가산세가 동시에 부과되는 점을 고려할 때 국세 미납에 따른 제재라 하더라도 시중은행 연체금리와 비교하면 과도하다"고 지적했다. 금융위원회가 2018년 '취약·연체차주 지원방안'을 통해 연체가산금리를 기존 6~9%포인트에서 3%포인트로 인하한 만큼 납부지연가산세율도 최소한 3%포인트 내려야 한다는 주장이다.

 ○○○ 의원은 "최근 대부업 금리를 10%로 제한하자는 논의가 뜨거운 마당에 국가가 걷는 지연이자가 10%에 육박하는 것은 과다하다"며 기획재정부에 납부

지연가산세율을 인하하는 방안을 검토하도록 주문했다.

(2020년 10월 7일 언론보도)

생각해 볼 문제 세금을 늦게 내면 그 기간에 상당하는 이익이 납세자에게 생길 것이다. 이러한 일을 방지하기 위해서는 세금을 늦게 낼 때 그에 이자를 덧붙여 내도록 해야 할 것이다. 그리고 세금 납부가 가지는 공익적 성격을 생각하면 그 이자율이 가령 시중 금리보다는 어느 정도 더 높게 설정되기는 해야 하리라. 그렇다면 과연 어느 정도 더 높게 설정되어야 할 것인가? 어느 정도 더 높게 설정되었을 때 납세자가 '고통'을 느끼고 자기가 할 수 있는 한 최선을 다하여 세금을 납부할 것이라고 생각하는가? 그렇다고 납세자에게 무한정의 '고통'을 안길 수는 없는 노릇이고, 위 언론보도도 바로 그 점을 다루고 있다. 그렇다면 그와 같이 가할 수 있는 '고통'의 한계는 어떤 잣대로 정하여야 할까?

2. 가산세 = 의무불이행에 대한 제재

1.에서 인용한 국세기본법 조항의 앞뒤 내용을 법전에서 살펴보면 알 수 있겠지만, 가산세는 이러한 '납부지연'의 경우에 한하지 않고 훨씬 광범위하게 사용된다. 일반론으로 말하면 가산세는 세법이 납세자에게 지우는 각종 의무가 제대로 이행되지 않은 경우 국가가 납세자에게 가하는 제재라고 할 수 있다. 방금 살펴본 납부지연가산세는 세법에서 납세자에게 지우는 가장 기본적인 의무라 할 수 있는 세금의 납부의무를 제대로 이행하지 않은 경우에 가하는 제재이다. 또 납세자가 제1절에서 본 과세표준이나 세액의 신고의무를 이행하지 않은 경우에도 역시 가산세를 부과한다(국세기본법 제47조의2, 3을 보라).

기 | 본 | 사 | 례

신고의무와 납부의무에 관한 가산세

01년 한 해 동안 번 소득에 대하여 5백만원의 소득세를 신고하고 납부하여야 할 납세자 '안납부'를 가정하여 보자. 안납부가 신고와 납부를 아예 하지 않으면 어떻게 되는가?

국세기본법 제47조의2에 따른 무신고가산세와, 제47조의4에 따른 납부지연가산세를 부담한다. 이 경우 국가는 먼저 안납부의 소득세액을 5백만원으로 '결정'하고 동시에 이에 대한 무신고·납부지연가산세를 각각 관련 규정에 따라 계산하여 안납부에게 부과하게 된다. 따라서 이때 국가가 안납부에게 보내는 납세고지서에는 원래 신고납부하여야 할 5백만원의 '본세'에 더해서 '가산세'가 추가로 적혀 있게 된다.

안납부가 5백만원의 소득세를 신고는 하였으나 당장 현금이 없어 납부하지는 않았다고 가정하여 보자. 이때는 어떻게 되는가?

무신고가산세를 물릴 수 없으나 납부지연가산세는 물릴 수 있다.

가산세는 이와 같이 의무위반에 대한 제재의 성격을 갖기 때문에, 세법 말고 다른 법영역에서 널리 통용되는 일반적 원칙의 적용을 받기도 한다. 즉 결과적으로 의무를 위반하였더라도 그러한 의무 위반을 비난할 수 없다거나, 그 상황에서 의무를 이행할 것으로 기대할 수 없는 경우(흔히 '비난가능성', '기대가능성'이 없다고 말한다) 의무 위반이 있더라도 가산세를 물릴 수 없다는 판례가 예전부터 확립되어 있었다. 이제는 그런 내용이 국세기본법에 정면으로 들어와 있다.

국세기본법 제48조[가산세 감면 등] ① 정부는 이 법 또는 세법에 따라 가산세를 부과하는 경우 그 부과의 원인이 되는 사유가 다음 각 호의 어느 하나에 해당하는 경우에는 해당 가산세를 부과하지 아니한다.
2. 납세의무자가 의무를 이행하지 아니한 데에 정당한 사유가 있는 경우

 연습문제

[2013년 사법시험 제11문]

국세기본법상 가산세에 관한 설명으로 옳지 않은 것은?

① 세법에서 규정한 의무를 위반한 자에게 국세기본법 또는 세법에서 정하는 바에 따라 가산세를 부과할 수 있다.
② 가산세는 납부할 세액에 가산하거나 환급받을 세액에서 공제한다.

③ 국세기본법에 따라 가산세를 부과하는 경우 납세자가 의무를 이행하지 아니한 데 대한 정당한 사유가 있는 때에는 해당 가산세를 부과하지 아니한다.

④ 기한 후 신고에 따른 가산세 감면은 무신고가산세에 한정한다.

⑤ 국세를 감면하는 경우에는 가산세도 감면한다

정답 ⑤

해설 국세기본법 제47조 제2항 단서에 따르면 '국세를 감면하는 경우에는 가산세는 그 감면 대상에 포함시키지 아니하는 것으로 한다'.

[2018년 제7회 변호사시험 제1문 2.]

[사실관계]

甲은 서울시에 근무하는 공무원이다. 甲은 2000. 5. 1. 지리산 근처에 있는 과수원을 상속하였다. 甲은 이후 10여 년 동안 주말마다 과수원에 가서 농사를 지었다. 甲의 과수원은 2010년 댐 건설을 위해서 수용되었다. 甲은 2010. 5. 10. 과수원 수용보상금 전액을 지급받았다. 과수원의 수용으로 인하여 甲은 수억 원의 양도차익을 얻었다. 甲은 주소지 관할 세무서 양도소득세 담당공무원 乙에게 과수원 토지의 양도차익에 대해 소득세를 신고·납부해야 하는지 문의하였다.

乙은 甲이 주말마다 과수원에 가서 농사를 지었고 과수원 토지는 법률에 따라 수용된 것이므로 소득세를 신고·납부하지 않아도 된다고 서면으로 답변하였다. 甲은 乙의 답변을 믿고 과수원 토지의 수용과 관련하여 소득세를 신고·납부하지 않았다. 그런데 乙의 답변은 잘못된 것으로 밝혀졌다. 甲의 주소지 관할 세무서장은 2017. 6. 10. 甲에게 과수원을 양도하여 소득을 얻었다는 이유로 소득세부과처분(가산세 포함)을 하였다.

甲은 乙의 서면 답변을 믿고 소득세를 신고·납부하지 않았으므로 2017. 6. 10.자 소득세부과처분은 취소되어야 하고(제1주장), 적어도 가산세 부분이라도 취소되어야 한다고 주장한다(제2주장). (생략)

「국세기본법」 제15조, 제47조의2, 제47조의4 및 제48조를 참조하여 甲의 제1주장 및 제2주장이 타당한지 여부를 논하시오.

정답과 해설 제1주장에 관하여는 신의성실 원칙에 관한 부분에서 살펴보았다. 여기서는 가산세에 관한 제2주장만을 살핀다. 국세기본법이 정하는 가산세의 일반적 감면사유에는 '정당한 사유'라는 것이 있고, 이는 납세자가 의무를 이행하지 않은 것이 무리가 아니라고 말할 수 있는 경우를 가리킨다. 담당 세무공무원이 서면으로 답변한 결과 양

> 도소득세 신고납부의 의무를 이행하지 않은 것이므로, 방금 말한 것과 같은 의미에서 '정당한 사유'가 있다고 볼 수 있다. 즉 제2주장도 타당하다.

Ⅱ. 2차 납세의무와 연대납세의무

1. 납부책임의 인적(人的) 확장 — 다른 사람의 조세채무에 책임을 지는 수도 있다

민사채권자가 채권의 만족을 얻지 못하면 채무자의 재산에 강제집행을 할 수 있는 가능성이 있다. 하지만 채무자의 재산이 충분하지 못하면 법원의 판결을 받아 강제집행을 하더라도 여전히 채권의 만족을 얻지 못할 수도 있다. 특히 채무자가 유한책임회사·유한회사·주식회사일 경우 그 '사원'6)이나 주주의 개인 재산에 대하여 강제집행을 할 수는 없다. 다만 혹시 연대채무자나 보증채무자가 있으면 그들의 고유한 재산에 대하여도 강제집행을 할 수 있을 따름이다.

이처럼 조세채권을 갖는 국가도 바로 그 납세의무자로부터 만족을 얻는 것이 원칙이다. 하지만 혹시 그 납세자가 고유의 재산으로 세금을 납부하지 못하는 경우 그 밖의 다른 사람이 납세자와 함께 납세의무를 부담하는 경우가 있다. 이 것이 제2차 납세의무 또는 연대납세의무로 불리는 경우이다. 연대납세의무에 관한 국세기본법의 규정은 제25조인데 실제로 이 조항이 적용되는 경우는 별로 없고, 현실에서 많이 활용되는 중요한 규정은 『상속세 및 증여세법』에 있으며 사실 그 내용은 제2차 납세의무와 별 차이가 없다. 따라서 여기서는 제2차 납세의무에 관하여만 살펴보도록 한다.

---

6) 여기서 말하는 '사원(社員)'은 일반인들이 쓰는 말과는 다른 뜻이다. 일반인들이 생각하는 '사원'은 회사에 고용되어 근로를 제공하는 사람을 말하지만, 유한회사나 합명·합자회사의 '사원'은 기본적으로 출자자나 그러한 지위를 다른 사람으로부터 양수한 사람을 가리키며 이는 물론 상법의 용례이다. 일반인들이 생각하는 '사원'을 세법에서는 흔히 '직원'이라고 하며, 때로는 '임원'을 포함하여 '임직원'이라고 한다.

기 초 학 습
물적담보와 인적담보, 연대채무와 보증채무

채무자의 신용만 믿고 돈을 빌려주기에는 그 돈을 과연 돌려받을 수 있을지 불안감이 들 수 있다. 이 경우 채권자는 미리 특정한 물건을 '담보'로 잡기도 하는데, 이때 채권자가 그러한 담보에 관하여 갖는 권리를 '담보권', 좀 더 정확히는 '담보물권'이라 부른다. 물론 채무자가 가진 물건 중 이와 같이 '담보'가 될 만한 것이 없으면 때로 채무자 말고 다른 사람의 '보증'을 받아두는 경우도 있다. 담보물권은 뒤에 관련 부분에서 설명하기로 하고, 우선 (인적) 보증은 채무자로 하여금 보증인을 세우게 하는 것이다. 보증에서는 채무자 아닌 사람(보증인)이 자신의 개인 재산으로 남의 빚을 갚아야 하는 효과가 생긴다. 은행에서 돈을 꾸는 경우 이러한 일이 흔히 일어난다. 원래의 채무자, 곧 '주(主) 채무자'가 보증인을 세우면 이 보증인은 주된 채무와 동일한 내용의 채무를 지게 된다. 이와 같이 보증인이 부담하는 채무를 주(主) 채무에 대비시켜 보증채무라 부른다.

현실세계에서 보증은 대부분 '연대' 보증이 되는데, 이 '연대'라는 말은 보증인이 처음부터 주채무자나 마찬가지의 책임을 진다는 뜻이다. '연대'라는 말이 없는 단순한 보증인은 주채무자가 돈을 갚지 못하는 경우에만 책임을 지지만, 실제로는 흔하지 않다. 채권자의 입장에서 연대보증 대신 단순한 보증을 받아들일 이유가 별로 없기 때문이다. 아무튼 단순보증이라면 채권자는 일단 주채무자에게서 돈을 받으려는 노력을 해야 하고, 그것이 허사인 경우에만 보증채무자에게 채무의 이행을 청구할 수 있다(너무나 상식적인 이야기지만 보증채무자에게 찾아가서 돈 달라고 하소연하거나 통사정하는 것을 법이 금지하거나 처벌한다는 말은 아니다. 이 말은 보증채무자를 피고로 하여 법원에 소송을 내더라도, 주채무자에게서 돈을 받으려는 노력을 먼저 하지 않았다면 법원이 채권자 편을 들어주지 않는다는 말이다. 참고로 보증채무자의 이러한 법적 지위를 '최고(催告)·검색의 항변권'이라 부르는데 너무 생소한 말이라고 느낀다면 굳이 알고 있어야 할 필요는 없다). 이런 의미에서, 정확한 법률용어는 아니지만 보증채무는 보충적 또는 '제2차적' 채무라고 부를 수도 있다.

한편 '연대'보증인은 주채무자와 똑같은 '제1차적' 지위에 서고, 따라서 채권자는 연대보증인에게 채권 전액을 지급하라고 바로 청구할 수 있다. 곧 '연대'라는 말이 뜻하는 바는 최고·검색의 항변권이 없다는 말이다. 더 쉽게 말하면 '연대'해서 채무를 진다는 말은 채권자가 주채무자와 보증채무자 중 누구에게나 채권의 전액을 지불하라고 요구하면서 소송을 할 수 있다는 말이다.

지금까지 이야기한 것은 보증채무의 한 종류로서 연대보증이다. 이러한 연대보증이 아니더라도 여러 사람들이 같거나 서로 관련된 채무를 함께 부담하는 경우가 있다, 이러한 경우는 단순히 연대채무라고 부르는데, 여러 채무자가 원해서 스스로, 곧 '약정'에 의해서 연대 관계에 설

수 있다. 다만 연대보증이 아닌 연대채무가 합의에 의해 발생하는 실례는 드물다. 한편 일정한 요건을 충족하는 사실관계가 있으면 '법률의 규정'에 따라 여러 사람이 연대채무를 지는 경우도 있다. 가령 여러 사람이 공동으로 불법행위를 저지르는 경우 가해자 각각은 서로 연대해서 손해 전부를 배상할 채무를 부담한다('공동불법행위'에 따르는 이런 법정 연대채무의 내용이 약정 연대채무와 정확히 똑같지는 않지만 여기서는 이를 일러두는 데에 그치도록 한다). 어느 경우에나 동일한 내용의 채무를 지는 사람이 여럿이 되므로 채권자를 그만큼 두텁게 보호하는 셈이 된다.

2. 제2차 납세의무(1) — 청산인과 사업양수인

국세기본법이 정하는 제2차 납세의무에는 네 가지가 있다. 그 중 이 항(項)에서는 먼저 청산인과 사업양수인의 제2차 납세의무부터 살펴본다.

(1) 청산인의 제2차 납세의무

> 국세기본법 제38조[청산인 등의 제2차 납세의무] ① 법인이 해산하여 청산하는 경우에 그 법인에 부과되거나 그 법인이 납부할 국세 및 강제징수비를 납부하지 아니하고 해산에 의한 잔여재산을 분배하거나 인도하였을 때에 그 법인에 대하여 강제징수를 하여도 징수할 금액에 미치지 못하는 경우에는 청산인 또는 잔여재산을 분배받거나 인도받은 자는 그 부족한 금액에 대하여 제2차 납세의무를 진다.

법인이 해산하면 청산인이 주관해서 청산 절차를 밟게 된다. 청산인은 제일 먼저 그 법인의 채무부터 다 변제해야 한다. 물론 여기에는 국가에 대한 조세채무도 포함된다. 혹시 그러고도 남는 재산이 있으면, 회사라면 출자자에게, 비영리법인이라면 그 밖에 법에 정한 사람에게 돌아가는 것이 순서이다. 따라서 세금을 다 내지 않고 잔여재산의 분배가 이루어질 수는 없음이 원칙이다. 하지만 혹시라도 그러한 경우가 발생한다면 그 납세의무는 이러한 업무를 처리한 청산인과, 재산을 가져간 출자자 등에게 대신 지운다는 것이다. 그 범위는 청산인의 경우 자신이 분배한 재산, 출자자 등의 경우 이들이 가져간 재산으로 한정된다.

국가로서는 물론 법인이 청산으로 소멸하여 버리면 더 이상 조세채권을 행사할 상대방이 없어진다는 점과, 청산인이 업무를 적정하게 수행할 동기를 부여

한다는 점을 생각하고 만든 법일 것이다. 하지만 그래도 청산인에게 납세의무를 지운다는 결과는 좀 가혹하다고 생각할 수도 있는데, 그래서인지 이 조항이 실제 적용되는 예는 사실 그리 흔하지 않다.

(2) 사업양수인의 제2차 납세의무

> 제41조[사업양수인의 제2차 납세의무] ① 사업이 양도·양수된 경우에 양도일 이전에 양도인의 납세의무가 확정된 그 사업에 관한 국세 및 강제징수비를 양도인의 재산으로 충당하여도 부족할 때에는 대통령령으로 정하는 사업의 양수인은 그 부족한 금액에 대하여 양수한 재산의 가액을 한도로 제2차 납세의무를 진다.
>
> 국세기본법 시행령 제22조(사업의 양도·양수의 범위) 법 제41조 제1항에서 "대통령령으로 정하는 사업의 양수인"이란 사업장별로 그 사업에 관한 모든 권리(미수금에 관한 것은 제외한다)와 모든 의무(미지급금에 관한 것은 제외한다)를 포괄적으로 승계한 자로서 다음 각 호의 어느 하나에 해당하는 자를 말한다.
> 1. 양도인과 특수관계인인 자
> 2. 양도인의 조세회피를 목적으로 사업을 양수한 자

사업양도라는 말은 사업 또는 영업을 일체로서 동일성을 유지한 채 다른 사람에게 양도한다는 뜻이다. 시행령은 '모든'이라는 표현을 쓰고 있지만, 판례는 말 그대로 모든 권리와 의무 등이 승계되어야 한다기보다는 전체로서 '동일성'이 유지되었는지 여부를 평가하는 입장을 취하고 있다. 상법에서는 영업양도라는 말을 쓴다.

국가의 입장에서 보면 납세의무를 부담하는 양도인이 영업을 양도하고 그 대가로 현금을 받은 다음 세금을 내지 않으면 실제로 세금을 받기 어려울 수 있다. 아무래도 현금은 추적하기 어렵기 때문이다. 그래서 그러한 영업을 양수한 납세자에게 제2차 납세의무를 지운다. 다만 사업양도 전에 국가가 원래대로 양도인에게서 세금을 받는 경우 실제 받을 수 있는 금액은 양도인이 가지고 있는 재산을 상한(上限)으로 할 수밖에 없으므로, 양수인이 대신 물어내야 하는 범위 역시 양도인으로부터 양수한 재산으로 한정된다.

따라서 양수인으로서는 사업양도 전에 혹시 그 '사업에 관'하여 확정된 납세의무(곧 신고나 부과처분이 있었지만 아직 납부하지 않은 세금)가 있는지를 조사하여

볼 필요가 생긴다. 국가의 조세채권을 확보할 필요가 있다고 생각하여 만든 조항이겠지만 그만큼 원활한 거래가 저해될 수 있다. 한편 2019년 초에는 이 두 가지 서로 충돌하는 가치를 어떻게 절충할지에 관한 국세기본법(시행령)의 입장이 달라졌다. 그리하여 그 전과 달리 이제는, 양도인이 세금을 내지 않거나 줄이려는 의도를 가지고 사업양도를 한 경우에만 양수인에게 제2차 납세의무를 지운다. 그리고 그러한 의도가 있었음을 뚜렷이 증명하기 어렵더라도 양도인과 양수인 사이에 이른바 '특수관계'가 있다면 마찬가지로 제2차 납세의무를 지운다. 이는 이 조항의 적용범위를 좁힌 중요한 개정이라고 평할 수 있다.

3. 제2차 납세의무(Ⅱ) – 출자자와 법인의 제2차 납세의무

1.에서 잠시 언급하였듯이 일반적으로 법의 세계에서 법인과 이를 만든 출자자 등은 별개의 존재이다. 특히 강제집행이라는 측면에서 보면, 유한책임회사, 유한회사, 주식회사의 경우 사원·주주의 유한책임이 상법에 명시되어 있어, 회사의 채무에 대하여 이들이 자신의 고유재산으로 책임을 지지 않는다. 이런 출자자가 유한책임만 진다는 것은 법으로 회사라는 제도를 두고 있는 여러 이유 가운데 아마도 가장 중요한 점이고 누구나 상식으로 알고 있는 내용이다. 그러나 국세기본법은 일정한 요건이 갖추어진 경우 국가가 이러한 상식을 깨고 조세채권을 확보할 수 있도록 정하고 있다.

> ### 기 초 학 습
>
> #### 유한책임과 무한책임
>
> 상법에는 여러 가지의 회사가 있다. 현재는 합명·합자·유한책임·유한·주식회사의 다섯 가지가 있다. 어느 경우에나 사람들이 상법에 정하여진 대로 회사를 만드는 법률행위를 해서 회사가 설립된다. 회사를 설립할 때에는 무언가 사업을 하는 밑천이 될 수 있는, 재산적 가치가 있는 것을 내어놓게 되는데 이를 '출자'라고 하고, 이와 같이 출자를 한 사람, 곧 출자자를 보통은 '사원'이라고 부른다.[7] 다만 현실 세계에서 절대 다수를 차지하는 주식회사의 사원은 '주주'라고 부르는 것으로 확립되어 있어서, 굳이 정확히 이야기할 필요가 없을 때에는 회사의 종류를

---

7) 일상생활의 용례와 다르다는 점은 Ⅱ. 1.의 각주 참조.

가리지 않고 그냥 주주라고 말하기도 한다.

(1) 무한책임

서로 다른 종류의 회사들은 여러 가지 면에서 차이를 보이지만(반대로 그러한 차이가 없다면 굳이 여러 종류를 규정할 필요도 없을 것이다), 그 중 중요한 것 중 하나가 사원 또는 주주가 회사의 채무에 어떠한 책임을 부담하는지이다. 예컨대 합명회사도 법인이라 분명히 법적으로는 사원 개인과 구별되는 존재이기는 하지만, 합명회사의 사원은 회사채무에 대하여도 개인 재산으로 책임을 진다. 곧 합명회사의 채권자는 회사 재산에서 채무의 만족을 얻지 못하면, 채무의 전부 만족을 얻을 때까지 사원의 개인 재산에 대하여도 강제집행을 할 수 있다. 합명회사의 사원은 이런 뜻에서 '무한책임'을 진다고 말하고, 그래서 '무한책임사원'이라고 부르기도 한다.

(2) 유한책임

상법의 조문 체계에서 합명회사에 바로 이웃해 있는 합자회사는 조금 다르다. 합자회사에도 방금 살펴본 것 같은 무한책임사원이 있다. 하지만 합자회사에는 무한책임사원만 있는 것이 아니라 '유한' 책임사원도 있다. 유한책임사원의 경우 회사채무에 개인재산으로 책임을 지지 않는다. 혹시 회사가 빚을 갚지 못하게 되어 망한다 하더라도 유한책임사원은 그 회사에 대하여 사원으로서 가지는 지분 또는 법적 지위를 상실하게 될 뿐이다. 그러한 의미에서 그 책임이 '유한' 하다고 말하는 것이다. 유한회사·유한책임회사·주식회사의 사원·주주는 모두 유한책임을 지고, 이들 유형의 회사에는 무한책임사원이 아예 없다. 따라서 이들 회사를 구별하는 징표들은 또 다른 데에서 찾아야 하는 것이기도 하다.

(1) 출자자의 제2차 납세의무

제2차 납세의무 중에서도 가장 흔하게 문제되고 그런 의미에서 중요한 것이, 회사의 사원·주주가 회사의 납세의무를 부담하는 경우이다.

국세기본법 제39조[출자자의 제2차 납세의무] 법인(대통령령으로 정하는 증권시장에 주권이 상장된 법인은 제외한다. 이하 이 조에서 같다)의 재산으로 그 법인에 부과되거나 그 법인이 납부할 국세 및 강제징수비에 충당하여도 부족한 경우에는 그 국세의 납세의무 성립일 현재 다음 각 호의 어느 하나에 해당하는 자는 그 부족한 금액에 대하여 제2차 납세의무를 진다. 다만, 제2호에 따른 과점주주의 경우에는 그 부족한 금액을 그 법인의 발행주식 총수(의결권이 없는 주식은 제외한다. 이하 이 조에서 같다) 또는 출자총액으로 나눈 금액에 해당 과점주주가 실질적으로 권리를 행사하는 주식 수(의결권이

> 없는 주식은 제외한다) 또는 출자액을 곱하여 산출한 금액을 한도로 한다.
> 1. 무한책임사원으로서 다음 각 목의 어느 하나에 해당하는 사원
>   가. 합명회사의 사원
>   나. 합자회사의 무한책임사원
> 2. 주주 또는 다음 각 목의 어느 하나에 해당하는 사원 1명과 그의 특수관계인 중 대통령령으로 정하는 자로서 그들의 소유주식 합계 또는 출자액 합계가 해당 법인의 발행주식 총수 또는 출자총액의 100분의 50을 초과하면서 그 법인의 경영에 대하여 지배적인 영향력을 행사하는 자들(이하 "과점주주"라 한다)
>   가. 합자회사의 유한책임사원
>   나. 유한책임회사의 사원
>   다. 유한회사의 사원

합명회사나 합자회사의 무한책임사원은 본디 회사의 채무에 대하여 자기 고유의 재산으로 책임을 진다(곧 강제집행을 당할 수 있다). 따라서 위 제1호는 그러한 기본원칙을 조세채무에도 그대로 연장한 결과로서 사실 특별할 것이 없다.

문제는 제2호인데, 이 조항은 세법이 가지는 독자적인 성격을 잘 보여준다. 즉 일반 민사채무에 대하여는 유한책임을 부담하는 납세자들이, 조세채무에 관한 한 회사의 채무에 자기 고유의 재산으로 책임을 져야 하는 경우가 있는 것이다.

다만 모든 사원·주주가 그러한 것은 아니고, '과점주주'에 해당하는 경우에 한한다(그래서 이 조항을 '과점주주의 제2차 납세의무'라고 부르기도 한다). '과점(寡占)'이라는 말이 좀 낯설겠지만 '독과점(獨寡占)'이라는 말의 '과점'과 같은 한자를 쓴다. 주주 몇 명을 합해서 판단할 때 이 몇 명의 주주들이 일정 수준을 넘는 지배력이나 영향력을 갖고 있다는 말이다. 결국 '과점주주의 제2차 납세의무'란, 회사 경영에 어느 정도 수준 이상의 지배력이나 영향력을 갖는 주주(들이)라면 회사의 납세의무에 대하여도 2차적으로 납세의무를 지울 만하다고 본 것이다. 중요한 것은 둘 이상의 사원·주주가 일정한 '특수관계'[8]로 얽혀 있을 때 개개 사원·주

---

8) 세법에는 '특수관계'라는 말이 자주 등장한다. 여기서 기술적(技術的)인 설명을 피하고 당장의 이해에 필요한 수준으로 개략적으로만 설명하자면 개인 간에는 주로 친족 관계에 있는 경우, 법인 간에는 주로 출자 관계로 얽혀 있거나 동일 기업집단에 속한 경우, 개인과 법인 간에는 주로 출자나 그 밖의 수단으로 지배력·영향력을 행사할 수 있는 경우를 가리

주별로 따지지 않고 특수관계인의 집단 전체를 놓고 지배력이 있는가를 판단한다는 점이다.

그렇다면 어느 정도로 지배력이 있을 때 과점주주로 삼아야 할까? 현행법은 그 회사의 의사 결정에 관한 의결권을 절반 넘게 갖고 있거나, 출자금액이 출자자 전체의 출자총액의 절반을 넘으면 제2차 납세의무를 지운다. 둘 중 어느 하나라도 해당하면, 그 법인의 납세의무를 대신 부담할 만하다는 것이다. 대신 그 범위는 지배력·영향력을 행사하는 정도에 비례하도록 한다. 예를 들어 60%의 의결권을 갖고 있다는 이유로 과점주주인 납세자라면 이행되지 않은 납세의무의 60% 한도에서 제2차 납세의무를 부담한다는 것이다.

또 출자자의 변경이 있는 경우 제2차 납세의무를 지는 사람은, 법인이 이행하지 못한 조세채무의 성립일(예컨대 법인세라면 문제된 사업년도의 종료일) 현재의 출자자라는 점은 이미 본 바와 같다.

끝으로 공개 시장에서 주식이 거래되는 상장회사에 대하여도 이 조항을 적용할지 입법이 갈팡질팡하고 있음을 주목할 필요가 있다. 과점주주와 회사를 많은 경우에 경제적으로 동일한 존재인 것처럼 취급할 수 있더라도, 상장회사의 경우에는 그렇지 않을 수 있다는 생각 때문이리라. 그럼에도 2015년에 이러한 생각을 떨치고 상장회사에도 이 조항이 적용되는 것으로 정하였다가, 2021년에 와서는 상장회사를 적용 대상에서 배제하는 조항을 다시 집어넣었다. 어느 쪽이 옳다고 생각하는가?

Tax In News

🎙 제2차 납세의무의 제한?

법인이 국세를 체납한 경우 그 과점주주에게 부여되는 제2차 납세의무를 '과점주주의 과점주주'에게까지 지울 수는 없다는 대법원 판결이 나왔다. 국세기본법상 과점주주의 2차 납세의무 범위에 관한 대법원의 첫 판단이다.

킨다고 말할 수 있다. 당장 자세한 것이 궁금하다면 일단은 국세기본법 제2조 제20호에서 출발하라.

대법원 1부(주심 김선수 대법관)는 대한민국재향군인회가 서울 남대문세무서를 상대로 법인세 83억여원 부과처분을 취소해달라고 낸 소송에서 원고승소 판결한 원심을 확정했다고 21일 밝혔다.

과점주주는 발행주식 과반수를 보유하고 기업경영을 지배하는 주주로 '지배주주'나 '대주주'라고도 한다. 국세기본법은 법인이 납세의무를 이행하지 못하면 과점주주가 2차 납세의무를 지도록 하고 있다.

재판부는 "해당 법조항은 법인에 대한 제2차 납세의무자로 과점주주만 규정하고 있을 뿐, 그 과점주주가 제2차 납세의무자로 체납한 국세에 대해 '과점주주의 과점주주'가 또다시 제2차 납세의무를 진다고 규정하지 않고 있다"고 밝혔다.

이어 "2차 과점주주가 단지 '1차 과점주주의 과점주주'라는 사정만으로 보충적 납세의무를 확장해 해당 법조항이 규정한 과점주주에 해당한다고 보는 건 이 법조항 취지와 엄격 해석의 필요성에 비춰 특별한 사정이 없는 한 허용되지 않는다"고 판단했다.

재향군인회는 2010년 5월께까지 근질권(채무자가 불확정 채권을 담보로 돈을 빌리면 채권자는 채무자가 돈을 갚지 못했을 때 담보로 설정된 동산을 처분해 우선변제할 수 있는 권리)을 행사해 D사의 과점주주 U사가 발행한 주식 전부를 취득했다.

그런데 D사는 부동산 소유권을 이전하며 생긴 양도차익에 대한 법인세 110억여원을 체납한 상태였고, D사 주식 82.19%를 보유한 과점주주 U사도 지분비율에 따른 제2차 납세의무 지정금액을 내지 않았다.

그러자 세무당국은 U사의 과점주주인 재향군인회가 제2차 납세의무를 져야 한다며 2015년 3월 U사가 체납한 법인세 83억9640만여원을 재향군인회에 부과했다. 재향군인회는 이에 불복해 소송을 냈다.

(2019년 5월 21일 언론보도)?

(2) 법인의 제2차 납세의무

그런가 하면 뒤집어서 출자자의 납세의무를 법인이 2차적으로 부담하는 수도 있다. 어떤 회사에 출자하고 있는 자가 자기 자신의 세금을 못 내는 경우, 회사가 출자자의 세금을 대신 물어야 한다는 말이다.

국세기본법 제40조[법인의 제2차 납세의무] ① 국세(괄호 안 생략)의 납부기간 만료일 현재 법인의 무한책임사원 또는 과점주주(이하 "출자자"라 한다)의 재산(그 법인의 발행주식 또는 출자지분은 제외한다)으로 그 출자자가 납부할 국세 및 강제징수비에 충당하여도 부족한 경우에는 그 법인은 다음 각 호의 어느 하나에 해당하는 경우에만 그 부족한 금액에 대하여 제2차 납세의무를 진다.
1. 정부가 출자자의 소유주식 또는 출자지분을 재공매(再公賣)하거나 수의계약으로 매각하려 하여도 매수희망자가 없는 경우
2. 법률 또는 그 법인의 정관에 의하여 출자자의 소유주식 또는 출자지분의 양도가 제한된 경우(괄호 안 생략)
② 제1항에 따른 법인의 제2차 납세의무는 다음 계산식에 따라 계산한 금액을 한도로 한다.

$$\text{한도액} = (A - B) \times \frac{C}{D}$$

A: 법인의 자산총액
B: 법인의 부채총액
C: 출자자의 소유주식 금액 또는 출자액
D: 발행주식 총액 또는 출자총액

납세자에게 납세의무를 이행할만한 다른 재산은 없더라도, 주식이나 그 밖의 출자지분이 있다면 국가는 물론 이 출자지분을 압류하고 공매에 붙이면 된다. 그런데 이 출자지분이라는 것이 가령 비상장법인의 지분 — 그 지분 비율이 높지 않은 경우는 더더구나 그렇다 — 이라든가 다른 사정으로 공매에 붙여도 살 사람이 나서지 않는 경우가 있다. 이런 경우 그 법인이 일정 범위 내에서 출자자의 세금을 대신 내도록 할 의무를 지우는 것이다.

다만 그 한도는 그 법인의 순(純) 자산(=자산−부채) 가액 가운데 그 출자자의 지분 비율 만큼이다. 결과적으로 사실상 매각되지 않는 출자지분에 상당하는 자본을 출자자에게 환급하라고 국가가 회사에 강제하면서 그 환급액을 받아가는 셈이다. 실제로 이런 일이 생기면 법적으로 여러 가지 어려운 문제가 생기지만, 실제 사례는 드물다.

연습문제

[2015년 사법시험 제9문]

「국세기본법」상 제2차 납세의무에 관한 설명 중 옳은 것(○)과 옳지 않은 것(×)을 올바르게 조합한 것은?

> ㄱ. 법인의 재산으로 그 법인에 부과되거나 그 법인이 납부할 국세·가산금과 체납처분비에 충당하여도 부족한 경우에는 그 국세의 납세의무 성립일 현재 무한책임사원은 그 부족한 금액에 대하여 제2차 납세의무를 진다.
> ㄴ. 법인의 제2차 납세의무는 그 법인의 자산총액에서 부채총액을 뺀 가액을 그 법인의 발행주식 총액 또는 출자총액으로 나눈 가액에 그 출자자의 소유주식 금액 또는 출자액을 곱하여 산출한 금액을 한도로 한다.
> ㄷ. 사업이 양도·양수된 경우에 양도일 이전에 양도인의 납세의무가 확정된 그 사업에 관한 국세·가산금과 체납처분비를 양도인의 재산으로 충당하여도 부족할 때에는 대통령령으로 정하는 사업의 양수인은 그 부족한 금액에 대하여 양수한 재산의 가액을 한도로 제2차 납세의무를 진다.

① ㄱ(○), ㄴ(×), ㄷ(×)
② ㄱ(×), ㄴ(○), ㄷ(×)
③ ㄱ(○), ㄴ(○), ㄷ(○)
④ ㄱ(×), ㄴ(×), ㄷ(○)
⑤ ㄱ(○), ㄴ(×), ㄷ(○)

정답 ③

해설 2.(2)에 언급했듯이 사업양수인의 제2차 납세의무에 관하여는 그 범위를 좁히는 중요한 법 개정이 있었으나 이는 전적으로 시행령 차원에서 이루어진 것이므로, '대통령령으로 정하는 사업의 양수인'이 제2차 납세의무를 진다는 말은 현재에도 여전히 참이다.

[2012년 사법시험 제9문]

국세기본법상 주된 납세의무자와 제2차 납세의무자의 관계가 성립할 수 있는 것으로 옳지 않은 것은?

주된 납세의무자	제2차 납세의무자
① 합자회사	해당 법인의 납세의무 성립일 현재 무한책임사원
② 주식회사	해당 법인의 발행주식 총수의 100분의 50의 권리를 실질적으로 행사하는 자
③ 사업양도인	해당 사업의 포괄적 사업양수인
④ 해산법인	해당 법인의 청산인
⑤ 해산법인	해당 법인 청산 후 남은 재산을 분배받은 자

정답 ②

[2007년 사법시험 제2문]

국세기본법상 제2차 납세의무자 중 원래의 납세의무자로부터 징수할 수 없는 세액의 범위 내에서 일정한 한도로 납세의무를 부담하는 자가 아닌 것은?

① 사업양수인
② 청산인
③ 무한책임사원
④ 법인
⑤ 과점주주 중 법인의 경영을 사실상 지배하는 자

정답 ③

[2002년 사법시험 제8문]

국세기본법상 제2차 납세의무를 지는 자에 대한 설명 중 옳은 것은?

① 유한회사의 과점유한책임사원에 해당하는 자는 모두 제2차 납세의무를 진다.
② 주식회사의 과점주주에 해당하는 자는 모두 제2차 납세의무를 진다.
③ 합자회사의 과점유한책임사원에 해당하는 자는 모두 제2차 납세의무를 진다.
④ 합명회사의 무한책임사원은 모두 제2차 납세의무를 진다.
⑤ 사업양수인은 사업양도인과 특수관계를 가지는 경우에 한하여 제2차 납세의무를 진다.

정답 ④

[2015년 제4회 변호사시험 제1문 2.]

[사실관계]

내국법인인 A 주식회사(이하 'A회사'라 한다)는 건설업을 영위하는 비상장법인이다. 설립 당시부터 현재까지 A회사의 주주명부상 발행주식(발행주식은 모두 의결권이 있음) 총수의 45%는 甲 명의로, 25%는 甲의 배우자인 乙 명의로 되어 있다. 그러나 乙 명의의 주식은 甲이 乙에게 명의신탁한 것으로, 甲이 주주총회에서 乙명의의 주식에 대해서도 실질적으로 권한을 행사하여 왔다.

A회사가 2011 사업연도 법인세 중 10억 원을 체납한 상태에서 2014. 9.경 폐업하였고 A회사의 재산으로 체납법인세를 납부하기에 부족한 경우, A회사의 체납세액에 대해 甲과 乙이 각각 부담해야 할 부분을 「국세기본법」 제39조에 근거하여 설명하시오.

정답과 해설 갑과 을이 특수관계에 있어 두 사람의 지분 비율을 합쳤을 때 70%가 되므로 과점주주가 존재한다고 할 수도 있고, 을의 주식이 갑에게 실질 귀속되므로 결국 갑이 70%를 보유한 과점주주라고 할 수도 있다. 어느 경우에나 국세기본법은 주식에 관한 권리를 실질적으로 행사하는 사람을 기준으로 판단하므로, 결국 이러한 권리 행사의 주체인 갑이 제2차 납세의무를 진다(반대로 을은 그렇지 않다). 다만 세액의 70%가 그 한도가 된다(또 A 주식회사가 비상장법인임이 분명히 표시되어 있음에도 유의할 것).

[2020년 제9회 변호사시험 제1문 1.]

[사실관계]

매년 1. 1.부터 12. 31.까지의 사업연도를 가지는 내국법인인 A 주식회사(이하 'A사'라 함)와 B 주식회사(이하 'B사'라 함)는 건설업을 영위하는 비상장법인이다. A사는 2018. 10. 30. B사의 주식 60%를 취득하여 현재까지 소유하면서 실질적으로 권한을 행사하고 있다. B사는 2018년 귀속 법인세 100억 원(이하 '이 사건 법인세'라 함)을 기한 내에 신고하였으나 납부하지 않았다.

관할 세무서장은 2019. 7. 5. 이 사건 법인세의 납부를 고지하면서 납부기한을 2019. 7. 30.로 정하였으나 B사는 납부하지 않았다. B사의 재산으로 이 사건 법인세와 체납처분비에 충당하여도 부족하다고 판단한 관할 세무서장은 2019. 9. 3. A사를 제2차 납세의무자로 지정하여 이 사건 법인세 전액을 부과하는 처분을 하였다.

「국세기본법」 제39조를 참조하여 관할 세무서장이 2019. 9. 3. A사에 한 처분의 적법성을 논하시오.

정답과 해설 주주가 법인이라는 것은 과점주주의 제2차 납세의무의 성립 여부를 따질 때 큰 문제가 되지 않는다. 주된 납세의무의 성립 시점인 2019년 1월 1일 기준으로 할 때, 60%를 가진 주주이고 실질적으로 권리를 행사하고 있으므로 과점주주의 요건을 충족한다(주된 납세의무자는 비상장법인으로 밝혀져 있으므로 이 역시 문제가 되지 않는다). 다만 주된 납세의무 중에서도 지분 비율인 60%에 상당하는 금액만이 제2차 납세의무의 내용이 되므로 문제된 '법인세 전액'을 부과한 것은 잘못이다. 즉 부과처분 중 60% 상당액을 초과하는 부분은 위법하다.

[2013년 제2회 변호사시험 제2문 1.]

[사실관계]

甲은 서울 서초구 서초동 소재 5층 건물(이하, '이 사건 건물'이라 함)에서 '상상'이라는 상호로 의류할인매장을 운영하는 개인사업자이다. 甲은 2011. 9. 1. 이 사건 건물, 재고자산, 사업용 비품과 시설, 채권채무, 상호 등 일체의 사업(이하, '이 사건 사업'이라 함)을 乙(개인)에게 금 20억 원에 양도하기로 하는 계약(이하, '이 사건 사업양도계약'이라 함)을 체결하였다. 甲은 이 사건 사업양도계약에서 정한 잔대금 지급일인 2011. 10. 5. 乙로부터 잔대금을 모두 지급받음과 동시에 이 사건 사업 일체를 양도하였고, 같은 날 이 사건 건물에 대하여 乙 명의로 소유권이전등기가 경료되었다.

甲은 이 사건 사업의 2010년분 사업소득에 대하여 2011. 5.경 종합소득 과세표준확정신고서를 제출하였으나, 그에 대한 종합소득세 5억 원을 납부하지는 않았다. 甲이 2010년분 사업소득에 대한 종합소득세를 납부하지 않자, 甲에게 아무런 재산이 없음을 확인한 관할 세무서장은 이 사건 사업의 양수인인 乙을 제2차납세의무자로 지정한 후 2012. 8. 6. 이 사건 사업에서 발생한 2010년분 사업소득에 대하여 종합소득세 5억 원을 고지하는 처분을 하였다(가산세는 부과하지 아니함).

관할 세무서장이 2012. 8. 6. 乙에게 한 처분의 적법성을 논하시오.

정답과 해설 문제의 출제 당시와 달리 현행법에서는 조세회피 목적의 사업양수이거나 양도 당사자 간 특수관계가 있어야 제2차 납세의무가 성립함에 유의. 이 점을 논외로 한다면, 종합소득세 납세의무가 확정된 것은 2011년 5월의 일이고, 그 후에 사업양도가 있었던 것이므로 양수인에게 제2차 납세의무가 생긴다.

Ⅲ. 국세우선권

1. 채권에는 순위가 있을 수 있다

채무자가 채무를 제대로 갚지 못해서 재산을 강제집행당하는 경우, 채권자가 여럿이라면 누가 먼저 돈을 받는지 순위를 정할 필요가 있다. 저당권 등 담보물권을 미리 등기해 둔 채권자는, 저당권이 없는 다른 채권자에 우선해서 변제받을 권리, 곧 우선변제권을 가진다. 담보물권이 없는 채권자는 원칙적으로 각자의 채권액에 비례해서 평등하게 변제받는다. 누구의 채권이 먼저 발생하였는지는 문제되지 않는다.

기│초│학│습

담보물권의 종류

은행에 가서 돈을 꾸려 한다면 으레 믿을만한 보증인을 세우거나 부동산 같은 재산을 담보로 제공해야 한다. 채권자가 그러한 담보물에 관하여 갖는 권리를 '담보권' 또는 좀 더 정확히는 '담보물권'이라 부른다. 물론 채무자가 가진 물건 중 이와 같이 '담보'가 될 만한 것이 없으면 때로 채무자 말고 부모형제 같은 다른 사람의 소유물에 담보를 설정해주고 돈을 꾸는 경우도 흔하다. 즉 담보를 제공하는 사람은 채무자 본인이 아닌 제3자일 수도 있다.

(1) 가장 대표적인 담보물권은 저당권이다. 저당권을 설정할 때에는 채무자의 동의를 받아서 채무자의 부동산에 저당권을 등기해 둔다. 만약 채무자가 빚을 갚지 않으면 이러한 저당권이라는 권리를 '실행'하는데, 이는 곧 그 부동산을 경매에 붙이고 그 경매 대금을 통하여 우선적으로 채권의 만족을 얻는 것이다.

(2) 이미 저당권이 설정된 부동산에 다시 저당권을 설정할 수도 있다. 제1은행에 10억 원짜리 집을 저당 잡히고(곧 집에 '저당권을 설정'하고) 5억 원을 꾼 뒤 제2은행에 가서 다시 4억 원을 꾸는 경우를 생각하면 된다. 이 경우 채무자가 두 은행 가운데 어느 쪽에 대해서든 돈을 갚지 못한다면 어느 쪽 은행이든 모두 부동산을 경매에 붙일 수 있다. 이 경우 저당권을 먼저 등기해 둔 채권자가 우선변제를 받는다. 가령 이 집이 8억 원에 팔렸다면 제1은행이 5억 원을 받고 제2은행은 3억 원만 받는다. 제1은행의 저당권이 있다는 것이 이미 등기부에 나와 있으므로, 제2은행은 이 사실을 알면서도 돈을 꿔주었다고 보기 때문이다(이 이치를 깨달았다면 왜 저당권자가

일반채권자보다 우선변제를 받는지, 왜 일반채권자는 돈을 언제 꿔주었나에 관계없이 모두 평등하게 자신의 채권액에 비례해서 변제받는지를 이해했을 것이다).

(3) 이야기가 좀 복잡해지지만, 이와 조금 다른 형식으로는 돈을 돌려받을 때까지 채무자 부동산의 소유권을 일단 채권자 앞으로 이전하여 두기도 한다. 바로 소유권을 이전받을 생각까지는 없지만 담보의 목적으로 이렇게 하는 것이다. 이를 양도담보라고 부른다. 또 비슷한 목적에서, 채무자의 부동산에 '가등기'라는 것을 마쳐두기도 한다. 각각의 경우 채권자가 가지는 권리를 각각 양도담보권, 가등기담보권이라고 부르기도 한다. 한편 세금 관련 사건에서 실제 문제되는 경우는 거의 없지만, '질권'이라는 담보물권도 있다. 채무자의 동산이나 권리(예컨대 제3채무자에 대한 채권 등)를 채권자가 양도받는 것과 비슷한 절차를 통해서 담보권을 가지는 것이다. 이들의 경우 채무자가 빚을 갚지 않으면 저당권의 경우처럼 담보물을 경매에 붙일 수도 있고, 경우에 따라서는 스스로 담보물의 소유권을 취득하여 버리는 것도 가능하다. 그 밖에 유치권이라는 담보물권도 있지만 세금 사건에 등장할 가능성은 아마도 별로 없을 것이므로 여기서는 몰라도 된다.

(4) 마지막으로, 원래는 담보물권이 아니지만 부동산을 빌려 쓰는 사람이 주인에게 준 보증금 — 흔히 '전세금' — 에 관련해서 전세권을 등기하는 경우가 있다. 이 경우의 전세권은 담보물권과 비슷한 보호를 받는다. 한 걸음 나아가 임대보증금을 내고 부동산을 빌려 쓰는 경우(일상생활에서는 이것을 '전세'라고 부르지만 법적으로는 월세나 마찬가지로 임대차일 뿐이고 다만 차임의 지급형태가 특수할 뿐이다)의 임대보증금 채권도 비슷한 보호를 받는다. 주민등록 전입신고를 하고 계약서에 확정일자를 받아둔다면 이 두 가지 요건을 모두 갖춘 날을 마치 담보권자의 등기일처럼 보아서 우선변제권을 주고 있다.

그러면 조세채권자인 국가의 순위는 어디로 정해야 할까? 조세채권이 가지는 공익적인 성격을 생각할 때 민사채권보다 앞서는 순위를 부여하여야 한다는 생각도 있을 수 있다. 하지만 일방적으로 조세채권에 우월한 지위를 부여하기 시작하면 민사채권자들의 이익을 지나치게 해할 뿐 아니라, 이로 인한 불확실성을 경계한 나머지 돈 있는 사람이 애초에 돈을 빌려 주지 않는 사태가 생길 것이라는 우려도 있을 수 있다. 따라서 조세채권에 우선권을 주기는 하되 적절한 선은 지켜야 한다는 생각이 나오게 된다.

2. 국세우선권의 구체적 내용

이 항에서는 이러한 문제를 낳는 국세우선권의 내용을 구체적으로 살펴본다 (지방세에서도 기본적으로 같은 문제가 생기고 비슷한 방식으로 규율된다). 약간 복잡하지만 단계적으로 하나하나 살펴보면 꼭 어렵지만도 않다.

(1) 제1단계 – 무담보(無擔保) 민사채권에 대한 우선권

> 국세기본법 제35조[국세의 우선] ① 국세 및 강제징수비는 다른 공과금이나 그 밖의 채권에 우선하여 징수한다. (단서 생략)

위 글귀만 보면 국가의 조세채권은 일반 민사채권보다 순위가 앞선다.[9] 하지만 위에 생략되어 있는 단서 이하의 글귀(이것은 아래 2단계 이하에서 본다) 때문에, 이와 같이 항상 국가의 조세채권보다 순위가 뒤로 밀리게 되는 민사채권은 담보권이 없는 것에 한정된다. 곧 국가의 조세채권은 무담보(無擔保) 민사채권보다는 항상 우선한다. 따라서 담보권을 취득하지 않고 돈을 빌려 주려는 사람은 (한결 넓게는 발생원인이 무엇이든 채권자는) 담보부(擔保附) 민사채권은 물론이고 국가의 조세채권에도 언제나 순위가 밀린다는 것을 알고 있어야 하는 셈이 된다. 요컨대 무담보 채권자는, 설령 자신의 채권보다 늦게 생긴 것이더라도 담보부 채권이나 조세채권보다 항상 후순위로 밀려난다.

(2) 제2단계 – 담보권 또는 담보부 민사채권과 우열 관계

> 국세기본법 제35조[국세의 우선] ① (본문 생략) 다만, 다음 각 호의 어느 하나에 해당하는 공과금이나 그 밖의 채권에 대해서는 그러하지 아니하다.

---

[9] 본문에서는 이해를 돕기 위해 원래의 조세채권과 민사채권 간 비교에 논의를 집중하였다. 하지만 덧붙여 두자면, 이 조항에 따를 때 국가가 조세채권과 관련하여 갖는 강제징수비를 상환받을 권리는 조세채권과 같은 순위이다. 그리고 이 조항은 이러한 국가의 채권이 국가·지방자치단체가 갖는 또 다른 공적인 채권보다 순위가 앞선다는 점도 정하고 있다. 다른 한편으로 국세기본법 제35조 제1항 단서 각 호에는 사인(私人)이 갖는 채권이지만 공익적 이유에서 조세채권에 버금가거나 그보다 앞서는 우선순위를 주는 채권들도 열거되어 있는데 여기서는 상세한 논의를 하지 않는다(그 중 가장 대표적인 것은 일정 범위의 임금채권, 또 주택 임차인의 소액임차보증금 채권이다).

> 3. 제2항에 따른 법정기일 전에 다음 각 목의 어느 하나에 해당하는 권리가 설정된 재산을 매각할 때 그 매각금액 중에서 국세를 징수하는 경우 그 권리에 의하여 담보된 채권 또는 임대차보증금반환채권. 이 경우 다음 각 목에 해당하는 권리가 설정된 사실은 대통령령으로 정하는 방법으로 증명한다.
>   가. 전세권, 질권 또는 저당권
> ② 이 조에서 "법정기일"이란 다음 각 호의 어느 하나에 해당하는 기일을 말한다.
> 1. 과세표준과 세액의 신고에 따라 납세의무가 확정되는 국세(괄호 안 생략)의 경우 신고한 해당 세액: 그 신고일
> 2. 과세표준과 세액을 정부가 결정·경정 또는 수시부과 결정을 하는 경우 고지한 해당 세액(괄호 안 생략): 그 납세고지서의 발송일

글귀가 좀 복잡하기는 하지만, 중요한 것은 (1)에서 살펴본 국세기본법 제35조 제1항 본문에 대한 예외가 그 단서 이하의 규정에 들어 있다는 것이다. 특히 여기서 살펴볼 것은 담보권이 붙어 있는 민사채권이다.

(가) 기본원칙: 등기·등록일 대(對) '법정기일'

국세채권에 언제나 '지는' 무담보 채권과 달리 담보부의 민사채권은 국세채권에 '이기기'도 '지기'도 한다. 이를 가리는 기준은 무엇인가? 위 제2항에서 말하는 '법정기일'이다. 즉 문제된 담보권이 등기·등록된 날과, 조세채권의 '법정기일'을 비교하는 것이다. 등기·등록일이 더 빠르면 민사채권이 우선하고 늦으면 조세채권이 우선한다. 이것이 위 제1항 단서 제3호 가목의 규정 내용이다.

(나) 법정기일의 내용 ≒ 납세의무 확정일

'법정기일'이 무엇인가 하는 점은 제2항이 따로 정하고 있다. 그 내용을 살피기 전이라도 담보권의 등기에 맞먹을 정도로 조세채권에 무언가 우선권을 줄만한 기준이 되는 어떤 날을 법정기일로 삼아야 하리라 쉽게 생각할 수 있다.

그리고 현재의 법에 따를 때 그런 법정기일은 납세의무의 '확정' 개념과 관련이 있다. 즉 비교 대상이 되는 납세의무 또는 그 내용이 되는 세액이 어떤 식으로 확정되었는지를 따져야 한다. 그리하여 납세자의 신고로 확정된 납세의무, 가령 소득세, 법인세, 부가가치세의 납세의무는 신고일이 '법정기일'이 된다. 따라서 문제된 민사채권의 담보권 등기일보다 먼저 신고는 했지만 아직 납부하지 않은 세액이 있으면 그 국세채권이 우선한다. 만약 등기일보다 더 늦게 신고되었

다면 민사채권이 우선한다.

　반면 국가가 결정·경정하여 확정시킨 납세의무는 그러한 결정·경정의 결과 납세자에게 보내는 납세고지서의 발송일이 '법정기일'이 된다. 보통 상식적으로 짐작하는 것과는 다르게, 납세고지서가 납세자에게 도달(송달)된 날짜가 아니라 세무서가 발송한 날짜이다. 따라서 문제된 민사채권의 담보권 등기일보다 먼저 발송된 납세고지서가 있으면 거기에 적힌 세액은 그 날 이후에 등기한 담보권보다 우선한다. 채무자가 고지서를 등기일보다 더 뒤에 송달받았더라도 마찬가지이다. 한편 등기일보다 뒤에 납세고지서를 발송한 것이라면 민사채권이 우선한다.

　따라서 담보권을 설정하면서 돈을 빌려주려는 사람은 채무자에게 이미 신고만 하고 세금은 내지 않은 것이 있는지, 또 무신고나 과소신고에 따른 결정·경정을 알리는 납세고지서가 발송된 것이 있는지를 세무서에 가서 확인해 보아야 한다는 말이 된다. 특히 납세고지서의 발송 여부를 확인하기는 현실에서 어려울 수 있는데, 아무튼 현행법의 입장은 그러하다. 그 범위 내에서는 국가의 조세채권 보호를 위하여 채권자의 이익이 희생당하는 셈이라고 할 수도 있다.

📟 연습문제

[2002년 사법시험 제9문]

다음 사안에서 본세액(가산세 제외)에 대하여 국세와 담보물권 사이의 우선권 판단기준이 되는 국세기본법상의 '법정기일'은?

　사업연도가 1. 1.부터 12. 31.까지인 甲 주식회사는 2001. 3. 20. 2000년도 귀속 법인세의 과세표준과 세액을 신고하면서 납부할 세액으로 1억원을 신고하였으나 자금사정이 악화되어 법정신고기한(2001. 3. 31.)까지 자진납부를 하지 못하였다. 이에 관할 세무서장은 2001. 7. 9. 법인세 미납액 1억원, 납부불성실가산세 500만원을 2001. 7. 25.까지 납부하라는 내용의 납세고지서를 甲 주식회사에 발송하였으며, 甲 주식회사는 2001. 7. 11. 위 납세고지서를 수령하였다.

① 2001. 3. 20.　　　　　② 2001. 3. 31.

③ 2001. 7. 9.　　　　　④ 2001. 7. 11.

⑤ 2001. 7. 25.

정답 ①

(3) 제3단계 – 담보권보다 언제나 우선하는 조세채권, 이른바 '당해세(當該稅)'

지금까지는 민사채권을 담보권이 붙지 않은 것과 붙은 것으로 나누어 조세채권과 우열 관계를 따졌다. 하지만 조세채권 중에는 담보권이 붙은 민사채권보다도 언제나 우선하는 것이 있다. 말하자면 '예외의 예외'에 해당하는 셈이다.

> 국세기본법 제35조[국세의 우선] ③ 제1항에도 불구하고 해당 재산에 대하여 부과된 상속세, 증여세 및 종합부동산세는 법정기일 전에 설정된 제1항 각 호의 권리에 의하여 담보된 채권 또는 임대차보증금반환채권보다 우선한다.

그러한 조세채권이 무엇인지를 보려면 위 제3항을 보아야 한다. 지금도 그 흔적이 좀 남아 있지만, 특히 예전에는 법의 글귀가 '당해 재산에 대하여 부과된 국세'라고 되어 있어, 그 당시에 생긴 약어(略語)로 이처럼 언제나 우선하는 세금을 '당해세'라고 줄여 불렀다. 지금도 실무에서는 이 말을 쓰기도 한다.

이러한 조세채권은 담보부 민사채권에도 항상 우선하기 때문에 거래에서 불확실성을 증대시킨다. 담보권을 잡고 돈을 빌려주기 전에 자기보다 선순위(先順位)의 담보권자가 없음을 확인한 채권자도 당해세의 조세채권이 그보다 앞선 선순위로 등장할 가능성을 항상 염두에 두어야 하기 때문이다. 따라서 이러한 당해세는 원론적으로 거래의 안전을 저해하지 않는 범위 내에서 인정되어야 한다는 점이 일반적으로 받아들여져 있다.

일단 국세기본법은 상속세, 증여세, 종합부동산세가 이러한 당해세에 해당하는 것으로 열거하고 있다. 하지만 이러한 조세채권의 경우에도 당해세로 인정하는 것이 거래의 안전을 해친다고 인정할만한 사정이 있다면 여전히 당해세에 해당하지 않는다고 해석할 여지도 남아 있다. 가령 특정 재산을 실제로 증여받아서 내게 되는 증여세는 당해세이지만, 재산의 취득자금을 증여받은 것으로 추정[10]되어 부담하는 증여세는 당해세가 아니다. 전자는 등기부에 증여라는 사실이 등기원인으로 기재되어 있고 따라서 이해관계자들이 증여세 납세의무의 발생을 어느 정도 예상할 수 있으니 저당권보다 우선시킬 수 있지만 후자는 증여세가 나오리라는 사실을 저당권자가 내다볼 길이 없다는 것이다.[11]

연습문제

[2015년 사법시험 제5문]

「국세기본법」상 국세의 우선에 관련된 법정기일에 관한 설명 중 옳지 않은 것은?

① 과세표준과 세액의 신고에 따라 납세의무가 확정되는 소득세의 경우 신고한 해당 세액에 대해서는 그 신고일
② 과세표준과 세액을 정부가 수시부과 결정을 하는 경우 고지한 해당 세액에 대해서는 그 납세고지서의 발송일
③ 원천징수의무자로부터 징수하는 소득세의 경우 징수하는 세액에 대해서는 그 납세고지서의 발송일
④ 제2차 납세의무자의 재산에서 국세를 징수하는 경우에는 납부통지서의 발송일
⑤ 양도담보재산에서 국세를 징수하는 경우에는 납부통지서의 발송일

정답 ③

해설 원천징수의무의 경우 납세의무의 확정일, 국세기본법 제35조 제2항 제3호

---

10) 현행법으로는 『상속세 및 증여세법』 제45조 제1항을 보라. 이 조항에 따르면 '직업, 연령, 소득 및 재산상태' 등에 비추어 볼 때 일반적으로 어떤 재산을 스스로 취득하기 어렵다고 인정되는 경우에는, 납세자가 스스로 그러한 재산을 스스로 취득하였다는 점을 증명하여야 한다고 정한다. 만약 그러한 증명을 하지 못하면 그 재산의 취득 자금은 누군가로부터 증여받은 것으로 인정되어 증여세 납세의무를 부담하게 된다.

11) 대법원 1996. 3. 12. 선고 95다47831 판결. 또 다른 사례로, 대법원 2002. 6. 14. 선고 2000다 49534 판결 참조. 이 판결에서는 부동산 등기부에 등기 원인이 증여로 적혀 증여세 납세의무의 존재를 알 수 있는 일반적인 증여의 경우가 아니라, 부동산을 시가(時價)보다 낮은 가격으로 매도하여 그 차액이 증여로 의제되는 경우 이로 인한 증여세는 당해세가 될 수 없다고 한다. 이러한 증여세는 제3자가 그 납세의무의 존재를 쉽게 알 수 없기 때문이다.

[2007년 사법시험 제8문]

다음 채권 등과 국세(당해세 제외)가 경합하는 경우 국세가 우선하는 것은?

① 강제집행에 의한 재산의 매각에 있어서 그 매각대금 중에서 국세를 징수하는 경우 그 강제집행에 소요된 비용
② 지방세의 체납처분에 있어서 그 체납처분금액 중에서 국세를 징수하는 경우 그 지방세의 체납처분비
③ 상가건물임대차보호법이 적용되지 않는 점포를 매각함에 있어서 그 매각대금 중에서 국세를 징수하는 경우 그 임대차에 관한 보증금 전액
④ 사용자의 재산을 매각함에 있어서 그 매각대금 중에서 국세를 징수하는 경우 근로자의 최종 3월분의 임금
⑤ 저당권이 설정된 재산의 매각에 있어서 그 매각대금 중에서 국세를 징수하는 경우 그 저당권설정일이 국세법정기일보다 빠른 피담보채권

정답 ③

[2004년 사법시험 제9문]

압류재산에 관하여 국세 A의 법정기일 전에 저당권 B가 설정되어 있는 경우 다음 채권들에 대한 배당의 우선순위로서 옳은 것은?

ㄱ. 저당권 B에 의하여 담보된 채권
ㄴ. 최종 3월분의 임금·최종 3년간의 퇴직금·재해보상금
ㄷ. 국세 A(그 재산에 대하여 부과된 것은 제외)
ㄹ. 최종 3월분 이외의 임금·최종 3년간 이외의 퇴직금 기타 근로관계로 인한 채권

① ㄱ→ㄴ→ㄷ→ㄹ
② ㄱ→ㄴ→ㄹ→ㄷ
③ ㄴ→ㄱ→ㄹ→ㄷ
④ ㄴ→ㄱ→ㄷ→ㄹ
⑤ ㄴ→ㄹ→ㄱ→ㄷ

정답 ③

> 해설 최종 3월분 이외의 임금채권 등은 현행 근로기준법에서 담보권보다 후순위로 정하고 있으므로 이와 같은 순서가 작용한다고 해석함이 보통이다.

3. 국세우선권의 범위는 법의 '글귀'보다 그 입법의 '취지'에 따르기도 한다 [심화학습]

이 절(節)에서 살펴본 내용들은 주로 국가의 조세채권을 보호하기 위하여 국세기본법이 특별히 마련한 장치들에 관한 것이다. 국가의 조세채권도 금전채권의 일종이기는 하지만 그 공익적 성격에 비추어 이와 같이 특별한 보호 장치가 마련된 것이기 때문에, 이러한 규정들은 민사법 질서에 비추어 보면 상당히 이례적인 내용을 담고 있다. 따라서 민사법을 공부하거나 다루는 사람들도 현실 세계에서 세법의 이러한 특별한 규정들이 함께 작용한다는 점을 충분히 숙지하고 있어야 한다.

다른 한편으로 이러한 규정들은, 물론 국가의 이익을 위한 것이기는 하지만, 민사법 질서와 충돌하기도 하고 그 결과 불확실성을 늘리며 거래의 안전을 저해한다. 따라서 그것이 지나치게 국가의 이익을 추구하는 쪽으로 기운다면 그 유효성에 한계가 있을 수 있다. 특히 실무에서 많이 문제가 되는 제2차 납세의무나 당해세를 비롯한 국세우선권의 경우, 과거의 규정들이 지나치게 거래의 안전을 해친다는 이유로 헌법재판소의 위헌 결정12)을 받거나 또는 법원에 의하여 무효가 된 사례들이 있다.13) 또한 종합부동산세, 상속세, 증여세라고 해서 무조건 당해세라는 우선권을 가지지는 않는다는 판례가 있음도 이미 보았다. 그밖에도 여러 사례가 있다.14)

---

12) 예컨대 과점주주에게 제2차 납세의무를 지우려면 그 사람이 문제된 주식에 대한 권리를 실질적으로 행사할 수 있어야 하고 단순히 특수관계인들 중에서 주식을 가장 많이 보유한 사람이라고 하여 제2차 납세의무를 지우는 것은 헌법에 위반된다고 본 헌재 1998. 5. 2. 97헌가13 결정.

13) 예전에 존재하였던 토지초과이득세를 당해세로 정한 국세기본법 시행령 규정이 무효라고 한 대법원 1999. 3. 18. 선고 96다23184 전원합의체 판결.

14) 예컨대 제2차 납세의무를 부담하는 과점주주가 되기 위해서는 단순히 주주명부에 등재되어 있는 것으로 충분하지 않고 주주로서 권리를 실질적으로 행사해야 한다고 한 대법원 1986. 1. 21. 선고 85누813 판결. 주 12)의 헌재 결정과 비슷한 뜻을 담고 있다.

Tax In News

🎙 임차보증금과 국세우선권

　건물주가 세금을 체납해서 건물이 공매에 넘어갔는데, 이 과정에서 엉뚱하게 세입자가 보증금을 날리는 피해가 속출하고 있습니다. 현행법상 어쩔 도리가 없다고 합니다. 고깃집을 하는 김수연 씨는 상가 보증금 1억 5천만원을 전부 날리게 됐습니다. 건물주가 세금 28억 원을 체납하는 바람에 건물이 공매에 넘어간 겁니다. 이들은 확정일자도 받았고 등기부등본도 꼼꼼히 확인했습니다. 그러나 세입자가 계약하기 전에 집주인이 이미 세금을 체납하고 있었다면 세금 징수가 보증금보다 우선이라는 현행법 때문에 세입자들의 보증금이 집주인의 밀린 세금으로 사용되는 겁니다. 피해를 안 당하려면 집주인이 세금을 체납하고 있는지 여부를 확인해야 하지만 집주인 동의가 없으면 알 방법이 없습니다. 세입자라면 누구나 당할 수 있다는 얘기입니다. 그래서 부동산 계약을 할 때 공인중개사가 집주인의 세금 체납 사실을 확인할 수 있도록 하는 법안이 2013년에 발의됐지만, 개인 정보 침해가 우려된다는 정부 반대로 통과되지 못하고 있습니다.

(2016년 5월 1일 방송보도)

생각해볼 점 이 보도에 나오는 내용이 반드시 모든 면에서 정확한 것은 아니지만, 세입자가 가지는 보증금반환채권의 상당 부분이 이미 확정되어 있는 국세채권에 의하여 우선당할 수 있고 그 결과 보증금을 회수하지 못하는 결과가 나올 수 있는 것은 사실이다. 세입자가 임대차 계약의 체결 시점에서 이러한 국세채권의 확정 여부를 온전히 파악하기 힘들다는 것도 사실이다. 이에 관하여는 제도적 보완이 필요하다고 생각하는가? 그렇다면 어떻게 법이 바뀌어야 하겠는가? 저당권을 설정받기 전에 선순위 저당권이 있는지는 다 확인했지만 확정된 국세채권이 있는지를 확인하지 않은 저당권자에 대해서는 어떻게 생각하는가?

📧 연습문제

[2014년 제3회 변호사시험 제1문 2.]

[사실관계]

(전략) 그 결과 B세무서장은 甲의 2010년도 임대수입 누락 및 필요경비 과다산입사실을 밝혀내고 2013. 4. 1. 甲에게 2010년도 종합소득세 2억 원을 납부하라는 고지서를 발송하였고, 이 납세고지서는 2013. 4. 3. 甲에게 송달되었다(이하 "이 사건 처분"이라 한다).

그러나 甲이 위 납세고지서에 적힌 납부기한 내에 종합소득세를 납부하지 아니하자 B세무서장은 甲이 체납한 종합소득세를 징수하기 위하여 甲 소유의 주택을 압류하였다. B세무서장의 대행 의뢰에 따라 한국자산관리공사가 실시한 위 주택에 대한 공매절차에서 매수인은 매수대금 3억 원을 전액 납부하였고, 그 배분과 관련된 사항은 다음과 같다.

(1) 종업원 乙의 최종 3개월분 임금채권 1,500만 원과 그 외의 임금채권 3,000만 원(미지급 퇴직금과 재해보상금은 없다.)
(2) 압류된 주택에 대하여 甲이 2013. 2. 25. C은행을 채권자로 하여 등기한 저당권에 의하여 담보된 채권 1억 원
(3) 친구 丙의 대여금채권 5,000만 원

이 사건 처분이 적법하다는 가정 하에 국세채권과 다른 채권 사이의 우열 관계를 고려하여 B세무서장이 위 공매절차에서 얼마의 금액을 배분받을 수 있는지 설명하시오(단, 가산세와 가산금은 고려하지 않는다).

정답과 해설 중요한 것은, 담보권과 국세채권의 순위는 그 설정일과 법정기일을 비교함으로써 정하고, 담보 없는 채권은 항상 국세채권보다 후순위라는 것이다. 문제에서 국세채권은 부과처분에 의하여 확정되었으므로 그 법정기일은 납세고지서 발송일인 2013년 4월 1일이다. 따라서 같은 해 2월 25일에 설정된 담보권보다 후순위이다. 그러나 대여금 채권보다는 선순위이다(대여금 채권에는 담보권이 있다는 언급이 없으므로 담보권이 없는 경우로 이해할 수밖에 없다). 임금채권의 문제는 본문에서 충분히 설명하지 않았는데, 여기서 문제 풀이를 위하여 간단히만 보자면, 그 성격상 일정한 공익성이 인정되고 특히 최종 3개월분의 것이 그렇다. 따라서 최종 3개월 분 임금채권은 담보권

에도 우선하고, 그 외의 임금채권은 담보권보다 후순위이지만 대신 국세채권에는 여전히 앞선다. 따라서 순위는 최종 3개월 임금채권 - 저당권부 채권 - 그 밖의 임금채권 - 국세채권 - 대여금 채권과 같이 된다.

세무조사와 쟁송

제2장에서는 조세법률관계의 발생·소멸과 내용에 관하여 살펴보았다. 이 장(章)에서는 그러한 조세법률관계의 주요 내용인 납세의무의 존재 여부와 금액에 관하여 다툼이 생기는 경우를 공부하여 보도록 한다.

제1절 세무조사와 납세자 권리의 보호

현실 세계에서 많은 경우 국가와 납세자 간 다툼의 시작은 세무조사이다. 세무조사란 말 그대로 납세자에게 어떤 납세의무가 있는지를 국가가 조사하여 보는 절차이고, 납세의무가 없거나 있더라도 정확하게 국가에 신고한 사람이라면 별로 겁낼 일이 없어야 한다. 하지만 현실은 다르다. 이유야 무엇이든 세무조사는 그 자체로 납세자에게 커다란 불이익으로 여겨진다. 그리하여 1996년 말 국세기본법 제7장의2에 납세자 보호를 위한 일련의 조항들을 추가하면서, 국가의 세무조사권을 다소나마 제한하는 내용을 담게 되었다. 세무조사의 진행 순서에 따라 관련된 법조항을 살펴보자.

Tax In News

🎙 어느 유명인에 대한 세무조사

국세청이 운영 중인 국세행정개혁 태스크포스(TF)가 2008년 태광실업에 대한 세무조사에서 중대한 조사권 남용이 의심된다고 결론 내렸다.

이와 관련 국세청장에게 관련자들에 대한 적법 조치와 함께 강력한 재발 방지 대책을 마련할 것을 권고했다.

촛불시위에 참여한 연예인이 소속된 연예기획사를 상대로 한 세무조사, 최순실 국정농단 과정에서 청와대의 압박으로 이뤄졌다는 컨설팅업체 조사 등에 대해서도 권한 남용이 의심된다는 의견을 내놨다.

...

세무조사 개선 분과는 과거 정치적 논란이 된 총 62건의 세무조사를 점검하고 정치적 중립성을 높이기 위한 세무조사 개선 방안을 마련하고 있다.

...

일부 업체는 세금 탈루 혐의가 미미함에도 조사 대상이 됐고 조사 대상 과세기간을 과도하게 확대하고 중복 조사를 한 경우도 있었다고 설명했다.

...

또 조사권 남용 수단으로 비판을 받은 교차조사에 대해서는 근본적 개선방안을 마련해 즉시 시행하고 감사원 등 외부 기관의 객관적인 추가 검증이 필요하다고 조언했다.

...

촛불시위에 참여한 연예인 소속 기획사에 대해 보복성 세무조사가 이뤄졌다는 의혹에 대해서도 서류상으로는 조사권 남용이 확인되지는 않았지만 언론 등을 통해 공개된 문건을 볼 때 조사권 남용을 의심할 수 있다고 밝혔다.

...

TF는 점검 결과를 토대로 종합적인 국세행정 개혁방안을 마련해 다음 달 중 발표하고 조속한 실행계획 추진을 국세청장에게 권고할 계획이다.

(2017년 11월 20일 언론보도)

Ⅰ. 세무조사의 개시 단계

1. 조사대상 선정

세무조사는 그 결과에 관계없이 '받는 것' 자체가 큰 불이익이라는 인식이 보편적이다. 따라서 세무조사의 대상을 선정하는 단계부터 이미 공정성의 문제가 생길 수 있다. 이와 관련하여 국세기본법 제81조의6은 세무조사를 할 만한 사정을 법에 정하고 그런 사정이 있어야 세무조사 대상으로 삼을 수 있다고 정한다. 또 대상을 공정하게 선정해야 한다는 선언적 조항도 있다. 이에 위반하여 세무조사 대상을 선정하면, 그에 따른 과세는 원칙적으로 그 자체로 위법하다는 대법원 판결이 나와 있다.[1] 세무조사 결과 정말로 세금 낼 것이 있다고 밝혀졌다 하더라도, 그 세무조사가 시작된 계기에 문제가 있다면 과세가 위법하고 따라서 세금을 걷을 수 없다는 말이 된다.

2. 중복조사 금지

같은 맥락에서 세무조사에 관한 국가의 권력이 남용되어서는 안 된다는 내용의 조항도 있다. 적정하고 공평한, 필요 최소한의 조사가 되어야 한다는 국세기본법 제81조의4 제1항의 선언적 규정은 아마도 현실적으로 큰 의미가 없겠지만, 같은 세목·과세기간에 대한 두 번 이상의 세무조사를 원칙적으로 금지한 제2항은 실제로 중요하다. 특히 이러한 중복조사 금지에 위반한 과세는 그 이유만으로 이미 위법하다는 대법원의 판결이 나와 있다.[2] 역시 첫 번째 세무조사에서 밝혀내지 못한 내용을 두 번째 세무조사에서 밝혀내어 과세했다 하더라도, 중복하여 조사가 이루어졌다는 사실 때문에 그러한 과세는 위법하고 따라서 세금을 걷을 수 없다는 말이다.

---

1) 대법원 2014. 6. 26. 선고 2012두911 판결.
2) 대법원 2006. 6. 2. 선고 2004두12070 판결.

3. 사전 통지

세무조사를 하려면 원칙적으로 15일 전에 사전 통지를 하여야 한다는 것이 국세기본법 제81조의7의 내용이다. 무슨 세금에 대하여 왜, 그리고 얼마 동안 조사를 할 것인지 등에 관한 통지를 하도록 정한다. 그리고 이를 받은 납세자는 일정한 사유가 있으면 조사의 연기를 신청할 수 있고 극단적으로는 세무조사를 하기로 한 결정을 취소해 달라는 소송을 법원에 낼 수도 있다.

Ⅱ. 세무조사의 방법

1. 조사기간의 제한

세무조사 자체를 납세자에 대한 불이익으로 보는 이상, 그 기간에도 제한이 필요하다. 국세기본법 제81조의8은 일정 규모 이하의 납세자에 대한 세무조사 기간은 원칙적으로 20일 이내로 하고, 일정한 사유가 있으면 연장할 수 있도록 하되 연장에도 엄격한 절차적 제약을 가하고 있다. 그 규모를 넘는 경우라면 이러한 명확한 기간 제한은 없으나, 위 국세기본법 조항은 여전히 필요한 최소한의 기간을 정하여 조사를 하도록 요구하고 그 연장에도 마찬가지의 제약을 가한다.

2. 통합조사

세무조사는 가능한 한 관련된 세목들을 모아서 한꺼번에 실시하여야 한다는 것이 국세기본법 제81조의11이 정하는 '통합조사의 원칙'이다. 그 뜻은 앞에서 살펴본, 중복조사를 금지하는 것과 비슷하리라 생각할 수 있다. 그리고 이와 같이 정하여지는 세무조사의 범위는 이미 살펴보았듯이 미리 통지해야 한다. 국세기본법 제81조의9는, 필요하다면 조사 중간에 조사범위를 확대할 수 있지만 대신 이때에도 엄격한 요건을 지켜야 함을 정하고 있다.

3. 전문가의 조력을 받을 권리

납세자는 세무조사 절차 내에서 관련 전문가의 조력을 받거나 이 전문가가 의견을 진술하도록 할 수 있다고 국세기본법 제81조의5는 정한다.

4. 장부의 보관에 대한 제한

납세자의 상업장부는 영업과 관련하여서나 세무조사와 관련하여서나 가장 중요한 자료이다. 따라서 세무공무원으로서는 이 장부를 확보하여 오랜 시간 동안 가까운 곳에 두고 확인하고 싶을 것이고 반대로 이로 인하여 납세자는 큰 불편을 겪게 된다. 그리하여 국세기본법 제81조의10은 납세자의 동의가 없는 한 국가가 이러한 장부를 가져가서 세무관서 내에 보관하는 것을 원칙적으로 금지한다. 또 납세자가 동의하더라도 일시적인 정도를 넘는 보관은 허용되지 않는다. 끝으로 혹시 일시적 보관에 대한 납세자의 동의가 있더라도, 그 후 납세자가 언제라도 반환 요청을 할 수 있다고 정한다.

III. 세무조사의 종료

1. 조사결과/과세전예고 통지

세무조사 결과 추징할 세금이 있다면 납세고지서를 보내기 전에, 국세기본법 제81조의12에 따라 그 결과를 먼저 납세자에게 통지하여야 한다. 납세자는 이 결과통지에 대하여 '과세전 적부심사'라 불리는 사전적(事前的) 불복 절차를 국세기본법 제81조의15에 따라 밟을 수 있다.

2. 비밀유지

세무공무원은 세무조사 과정에서 납세자에 대하여 많은 정보를 얻게 될 터인데 이를 비밀로 유지하여야 한다. 다만 법에 정한 일정한 사유가 있으면 수집된 정보를 다른 국가기관 등에 제공할 수 있다.

연습문제

[2002년 사법시험 제17문]

납세자의 권리에 관한 설명 중 옳지 않은 것은?

① 신고내용에 탈루나 오류의 혐의를 인정할 만한 명백한 자료가 없는 성실 납세자에 대하여는 범칙사건의 조사는 물론이고 무작위추출방식에 의한 표본조사도 허용되지 않는다.

② 납세자가 소득세, 법인세 및 부가가치세의 결정 또는 경정조사를 받는 경우에는 변호사, 공인회계사 및 세무사 등의 조력을 받을 수 있다.

③ 세무조사의 사전통지를 하는 경우 증거인멸 등으로 조사목적을 달성할 수 없다고 인정되는 때에는 사전통지 없이 세무조사를 할 수 있다.

④ 납세자가 질병 또는 장기출장 등으로 세무조사가 곤란하다고 판단될 때에는 관할 세무서장에게 세무조사의 연기를 신청할 수 있다.

⑤ 납세자의 거래상대방에 대한 조사가 필요한 경우에는 그 납세자의 같은 세목 및 같은 과세기간에 대한 재조사·재경정이 허용된다.

정답 ①

해설 국세기본법 제81조의6 제2항 제3호에 따른 세무조사에는 별다른 제한이 없다. ② 제81조의5, ③ 제81조의7 제1항 본문, ④ 제81조의7 제2항, ⑤ 제81조의4 제2항 제2호

[2014년 제3회 변호사시험 제1문 1.]

[사실관계]

거주자 甲은 부동산임대사업자로서 2010년 제1기와 제2기의 부가가치세, 2010년도 종합소득세를 각 법정기한 내에 신고납부하였다. 그런데 甲의 사업장을 관할하는 A세무서장은 2011. 6. 26.부터 같은 해 7. 5.까지 甲에 대한 세무조사를 실시하여 2010년 제1기와 제2기의 임대수입 누락 사실을 확인하고 2011. 10. 20. 부가가치세 1억 원을 납세고지하였다. 甲은 위 임대수입 누락 사실을 인정하고 납부기한 내에 위 부가가치세를 납부하였다.

한편 甲의 주소지를 관할하는 B세무서장은 甲의 종업원 乙에게서 甲의 종합소득세 탈세 제보를 접수한 후 2012. 11. 26.부터 같은 해 12. 5.까지 세무조사를 실시하였다. 그 결과 B세무서장은 甲의 2010년도 임대수입 누락 및 필요경비 과다산입 사실을 밝혀내고 2013. 4. 1. 甲에게 2010년도 종합소득세 2억 원을 납부하라는 고

지서를 발송하였고, 이 납세고지서는 2013. 4. 3. 甲에게 송달되었다(이하 "이 사건 처분"이라 한다).

甲이 이 사건 처분이 중복조사에 기초한 것이므로 위법하다고 주장하자 B세무서장은 변호사에게 법리 검토를 의뢰하였다. 과세관청의 변호사 입장에서 이 사건 처분이 적법하다는 논리를 전개하시오.

정답과 해설 국세기본법 제81조의4는 세무조사권의 남용 금지를 규정하면서 원칙적으로 '같은 세목 및 같은 과세기간'에 대한 재조사를 금지한다. 이 조항은 단순한 선언적 조항이 아니라 그에 위반된 세무조사에 기한 과세처분을 위법하게 만든다는 의미를 가진다는 것이 판례이다. 그러나 재조사 금지의 범위로서 세목과 과세기간이 같아야 한다는 점을 분명히 하고 있으므로, 문제에서처럼 부가가치세와 종합소득세로 과세처분의 대상이 되는 세목이 달라졌다면, 중복조사 때문에 과세처분이 위법해지는 결과는 생기지 않는다. 한편 세목과 과세기간이 같더라도 재조사를 할 수 있는 예외 사유들이 제2항에 규정되어 있고 그 중 '조세탈루의 혐의를 인정할 만한 명백한 자료가 있는 경우'가 있다. 문제에서는 '탈세제보'가 있었다고만 하고 있기 때문에, 이 '제보'가 그러한 '명백한 자료'인지 여부를 판단하기 어렵다. 다만 방금 살펴보았듯이 세목이 다른 과세처분이 이루어졌기 때문에 이러한 문제를 굳이 논의할 필요가 없이 과세처분이 적법하다는 결론에 이를 수 있다.

제2절 쟁송의 기본구조

Ⅰ. 쟁송의 기본구조는 소송을 염두에 두어야 알 수 있다

1. 궁극적인 해결기관은 법원

납세의무의 존재 여부와 그 크기를 둘러싸고 국가와 납세자 사이에는 흔히 분쟁이 발생한다. 이러한 분쟁은 어떻게 해결될 것인가?

뒤에 다시 보겠지만 일단 소박하게 생각할 때 행정부 단계에서 해결할 수 없다면 결국은 법원이 주재하는 소송이라는 절차를 거칠 수밖에 없다는 점은 쉽게 짐작할 수 있다. 법적 분쟁을 해결하는 사법(司法)³⁾이라는 기능은 헌법상 법원의 고유권한이기 때문이다.

물론 대개 상식적으로 알고 있듯이 행정기관이 하는 일에 불만이 있을 때 꼭 당장 법원으로 달려가야 하는 것은 아니고, 해당 행정기관이나 상급 행정기관, 또는 행정부에 속하는 다른 심판기관에 이의를 제기하거나 관련된 쟁송 절차를 이용하여 시시비비를 가릴 수 있는 가능성이 있다(사건을 법원으로 가져가기 전에 이러한 절차를 거친다고 하여 '전심(前審) 절차'라고 부르기도 한다). 그렇지만 이런 행정부 단계의 쟁송도 기본적으로는 법원의 소송 절차가 어떻게 생겼는지를 염두에 두어야 이해할 수 있다. 그런 절차도 정도의 차이는 있지만 대개 법원의 소송 절차를 모델로 삼고 있기 때문이다. 또 헌법 제107조 제3항에 근거하여 반드시 거쳐야 하는, 그러한 의미에서 '필요적'인 전심의 절차는 모두 사법절차를 준용하여야 한다는 것이 헌법재판소의 입장이기 때문이기도 하다.⁴⁾

2. 어떤 종류의 소송을?

소송에도 몇 가지 종류가 있지만, 국가와 납세자 사이의 시비는 대부분의 경우 '행정소송'이라는 절차를 거쳐야 한다. 우리나라 법에서는 세금에 관한 소송이라고 해서 별도의 절차가 있는 것은 아니고 행정소송이라는 한결 넓은 범주에 들어간다.

---

3) 한글로는 둘 다 '사법'이지만 '사법(司法)'이라는 말과 '사법(私法)'이라는 말은 서로 다른 말이니 문맥에 따라서 읽어야 한다(실제로 발음도 다르다). 가령 사법부(=법원)는 전자, 사법 관계는 후자와 관련이 있는 단어 또는 표현이다.

4) 이 점이 더 궁금하다면, 옛 지방세법 하에서 지방세 심사청구를 필요적 전심으로 운용하는 것은 헌법에 위반된다고 선언한, 헌재 2001. 6. 28. 2000헌바30 결정을 참조하라. 이 결정 이후 지방세에 관해서는 행정심판을 거치지 않더라도 바로 소송을 낼 수 있는 것으로 운용되어 오다가 2019년 말 지방세기본법 개정으로 필요적 전심절차가 다시 시행되었다. 지방세기본법 제98조 제3항.

기초학습

민사소송과 행정소송

우리나라의 사법절차는 3심제이다. 그 중 세금과 관련하여 제1심을 담당하는 법원에는 지방법원과 행정법원이 있다(가정법원과 특허법원은 세금과 무관하다). 어느 법원으로 가서 어떤 절차를 밟는가는 민사소송이냐 행정소송이냐에 달려 있고, 다시 이것은 사건의 배경이 되는 '법률관계'(제2장에서 그 개념을 살펴보았다)의 종류에 달려 있다. 그리하여 사법(私法) 관계에 관한 소송은 민사소송으로 지방법원에서 담당한다. 반면 조세법률관계를 포함하여 공법 관계에 관한 소송은 (혹시 헌법소송이 아니라면) 행정소송이 되고 이는 행정법원이 담당한다. 낸 세금을 돌려달라는 민사소송의 형식 — 법률용어로는 이것을 '부당이득반환청구의 소'라 부른다 — 으로 소송을 내는 경우에는 지방법원에서도 민사소송을 담당하는 민사 재판부가 그 내용을 들여다보고 시비를 가려주게 되는데 이는 아주 예외적이다. 즉 대부분의 세금 사건은 행정소송이 되고 행정법원의 관할이다. 다만 현실적으로 행정법원은 전국적으로 서울행정법원 하나뿐이고, 그 관할 지역 밖이라면 지방법원에 행정소송을 전담하는 행정 재판부가 따로 설치되어 있어서 지방법원에서 행정소송인 세금 사건을 다루게 된다.

세금과 관련된 사건의 경우 1심을 어디에서 시작하든 똑같이 제2심과 최종심은 각각 고등법원과 대법원에서 맡는다. 물론 이러한 상소심(上訴審)에서도 행정소송이라는 소송의 성격은 그대로 유지된다. 소송의 절차에 적용되는 법도, 행정소송에서는 행정소송법이라는 특별법이 민사소송법에 우선하여 적용된다.

나아가 행정소송에도 여러 가지 종류가 있다. 그 중에서도 우리나라에서 가장 중심이 되는 것은 행정청이 한 행정처분을 취소해 달라는 청구를 받아 재판하는 '취소소송'의 유형이다. 그리고 이 취소소송의 유형이 세금과 관련된 행정소송에서도 역시 중심이 된다.

그런데 이 유형의 소송은 무엇보다 문제된 국가의 행정작용이 '행정처분'에 해당함을 전제로 한다. 따라서 이제 본격적으로 살펴보아야 할 것은 국가가 세금을 걷기 위해 하는 여러 가지 행정작용 중에서 어느 것이 '행정처분'(줄여서 '처분'이라고 부르는 경우가 많다)에 해당하는지이다.

▲ 서울행정법원 공식 홈페이지에 있는 서울행정법원 전경. 현재는 우리나라의 유일한 행정법원이다.

Ⅱ. 부과'처분'의 취소소송

1. 부과처분을 다투게 되는 경우란?

국세청에서 세금을 내라는 부과처분을 하였는데 납세의무자가 이를 다투는 상황은 어떤 경우에 생겨날까? 앞서 공부한 조세채무의 성립과 확정 절차를 염두에 두고 분쟁이 일어나는 몇 가지 전형적인 경우들을 그려보자.

기 본 사 례

어, 세무서에서 뭘 하는 거지?

① 소득세·법인세·부가가치세와 같은 중요한 종류의 세금들은 신고납세 세목에 속한다. 따라서 이러한 납세의무가 있다면 납세자는 법에 정해진 절차에 따라 낼 세금이 얼마인지 신고하여야 한다. 그런데 납세자 '안신고'는 이러한 신고 의무가 없다고 생각해서 또는 신고의무가 있다는 것을 알면서도 신고를 하지 않았지만, 국가는 신고했어야 하는 세액이 있다고 판단한다고 하자. 이때 국가는 어떤 조치를 취하게 되는가?

☝ 국가가 처음으로 세액을 '결정'하여 납세의무를 안신고에게 고지한다.

② 납세자 '신고남'이 150만원의 소득세 신고를 하였지만, 국가는 세무조사의 결과, 아니면 세무조사는 없었지만 다른 자료가 있어서 2백만원을 세액으로 신고하였어야 한다고 판단하는 경우를 가정하여 보자. 이때 국가는 어떤 조치를 취하게 되는가?

☝ 국가는 신고남의 소득세액을 5십만원만큼 늘려서 2백만원으로 하는 '경정' — 특히 '증액' 경정 — 을 한 후 이 내용을 신고남에게 고지하게 된다.

③ 국세에서 부과과세 세목은 현재 그리 흔하지 않다. 종합부동산세가 그래도 일반인에게 비교적 잘 알려진 사례인데, 해마다 일정한 시기가 되면 국가가 스스로 세액을 결정하여 납세의무자에게 부과한다. 국가가 납세자 '부가남'에게 2백만원의 종합부동산세를 부과 — 곧 결정과 고지 — 하고 부가남도 이 액수가 옳다고 생각하고 있다. 그러나 국가는 그 후 원래 3백만원의 세액을 결정하였어야 한다는 판단을 내렸다고 가정하여 보자. 이때 국가는 어떤 조치를 취하게 되는가?

☝ 국가는 3백만 원으로 종합부동산세 세액을 늘리는 경정을 하고 이를 부가남에게 고지하게 된다.

이와 같이 국가가 세액을 결정하거나 경정하면 납세의무가 그에 따라 확정되고 그 내용대로 구체적 조세채권이 생겨남을 이미 제2장에서 확인하였다. 그런데 위 사례들에서 언급해 둔 것처럼 납세자가 이러한 '부과' 행위가 잘못되었다고 생각하는 경우가 있을 수 있다. 이러한 경우 납세자가 이러한 행위를 바로잡을 수 있는 가능성을 가져야 함은 당연하다. 앞서 보았듯 '확정'이라는 말은 다음 단계의 강제징수로 넘어갈 수 있다는 말일 뿐이지, 다툴 수 없다는 뜻은 아니다.

2. 부과처분에 대한 불복 = 취소소송

문제는 시시비비를 밝혀서 바로잡는 절차가 무엇인지 하는 것이다. 그리고 다시 강조하지만, 우리나라에서 이러한 조세법률관계에 관한 다툼은 기본적으로 행정소송에 의하여 해결된다. 그리고 다른 행정영역과 마찬가지로 그 중에서도 취소소송이 가장 전형적이고 중요한 소송의 유형이다.

> 소송 → 행정소송 → ('처분'의) 취소소송: 가장 전형적인 유형의 조세소송

취소소송에서는 말 그대로 국가, 즉 행정관청의 행정작용을 법원이 판결로 취소한다. 이러한 '취소' 판결이 확정되면 그러한 행정작용을 처음부터 없었던 것과 같은 상태로 되돌리는 효과가 생긴다. 그런데 이와 같은 취소소송의 대상이 되는 행정작용에는 일정한 제한이 있다. 그리하여 이러한 제한을 충족하기 때문에 취소소송의 대상이 될 수 있는 것을 특히 '처분' 또는 '행정처분'이라고 부른다.

3. 조세법률관계에서는 무엇이 '행정처분'인가? — 부과 '처분'의 개념

지금까지 살펴본 것처럼 국가 또는 과세관청이 납세의무의 액수, 곧 세액을 결정하거나 경정함으로써 납세의무를 확정시키는 것을 '부과'라고 한다. 그리고 일반적으로 이러한 '부과'의 행정작용은 행정처분에 속한다고 이해한다. 곧 '부과처분'이다. 다만 유의하여야 할 것은, 행정처분은 통상 국민에게 그 내용이 통지되어야 한다고 보므로, '부과처분'이 있기 위해서는 단순히 세액이 결정·경정되는 것으로 족하지 않고, 그에 따른 납세고지가 이루어져야 한다는 점이다.

요컨대 국가가 납세의무를 '결정' 또는 '경정'하여 확정시키고 이를 납세자에게 고지하는 행정작용이 바로 '부과처분', 곧 세액을 '부과'하는 행정처분이다. 그리하여 법원의 판결에서는 '부과처분'이라는 말 대신 '과세처분'이라는 말이 더 자주 눈에 뜨인다.

> 납세의무 또는 세액의 부과처분(과세처분) = 세액의 결정 또는 경정 + 납세고지

이런 부과처분이 있지만 납세자가 그 내용에 승복할 수 없다면, 납세자는 이 부과처분에 대한 취소를 구하여야 한다. 행정부 단계의 전심 절차도 그렇고, 혹시 전심 절차에서 소기의 성과를 달성하지 못하여 법원에까지 가게 되는 경우에도 그렇다. 물론 어느 경우에나 납세자의 주장이 받아들여져 부과처분이 취소되면, 납세의무 확정의 효과는 처음부터 없던 것이 된다.

Ⅲ. 잘못 신고한 세금을 돌려받으려면?

부과처분을 다투는 것이 아니라 납세의무자가 애초 신고할 당시에 세액을 과다하게 잘못 신고했다고 나중에 생각하게 되는 경우에는 어떤 구제절차를 밟아야 할까? 납세의무의 확정은 국가의 부과 행위에 의하여 이루어지는 경우도 있지만, 납세자 스스로가 신고함으로써 이루어지는 경우도 있기 때문에 문제가 된다.

1. 수정신고와 경정청구

소득세 같은 신고납세 세목에서 신고납세 후에 다시 보니 세액이 틀렸던 것을 알게 된다면 어떻게 하면 될까?

기 본 사 례

신고를 잘못 했네, 어쩌지.

① 납세자가 세액을 신고하여 놓고, 신고한 세액에 대해서 스스로 적정하다고 생각하지 않는 경우가 있을 수 있다. 예컨대 납세자 '소신고'가 소득세로 100만원을 신고하였는데 그 후 300만 원을 신고하였어야 한다고 생각하는 경우가 있다고 하여 보자. 소신고는 어떻게 하여야 하는가?

소신고는 국세기본법 제45조가 정하는 수정신고를 하면 된다. 이는 100만원의 세액을 300만원의 세액으로 늘려서(곧 '수정하여') 신고하는 것이다. 그 결과 세액이 300만원으로 확정되고 과세관청은 (세액을 늘리는 경정, 곧 부과처분을 스스로 한 경우와 마찬가지로) 300만원의 구체적 조세채권을 갖게 된다. 이런 (증액) 수정신고가 있는 경우 가산세는 어떻게 되는가? 과소신고에 대한 가산세는, 다 면제해 주지는 않지만 일정 기간 내에 수정신고가 일어났다면 일부를 깎아준다. 그러나 납부를 적게 한 데 대하여 지연이자 성격으로 물리는 가산세 — 곧 납부지연가산세 — 는 깎아주지 않는다. 이 점에 관해서는 국세기본법 제48조 제2항 제1호 참조.

② 이보다 더 큰 문제는 물론 납세자가 세액을 신고해 놓고 너무 많은 금액을 신고하였다고 생각하는 경우이다. 납세자 '가다납'이 소득세로 300만원을 신고하였는데 그 후 100만원

만 신고하였어야 한다고 생각한다고 하자. 가다납은 어떻게 하여야 하는가?

✋ ①에서 말한 수정신고는 오직 '증액'의 경우에만 가능하다(곧 국세기본법의 '수정신고'
는 오로지 '증액 수정신고'이고 '감액 수정신고'라는 것은 현재의 법에 없다). 만약 신고
로 확정된 세액을 감액하고자 한다면 납세자는 국세기본법 제45조의2 제1항에 정하는
경정청구라는 절차를 밟아야 한다.

국세기본법 제45조의2[경정 등의 청구] ① 과세표준신고서를 법정신고기한까지 제출한 자
… 는 다음 각 호의 어느 하나에 해당할 때에는 최초신고 및 수정신고한 국세의 과세표
준 및 세액의 … 경정을 법정신고기한이 지난 후 5년 이내에 관할 세무서장에게 청구할
수 있다. (단서 생략)
1. 과세표준신고서 … 에 기재된 과세표준 및 세액(괄호 안 생략)이 세법에 따라 신고하
   여야 할 과세표준 및 세액을 초과할 때 (이하 생략)

국세기본법 제45조의2 제2항이나 제5항에는 또 다른 종류의 경정청구에 관
한 규정이 있으므로 이와 구별하기 위해서 위 제1항의 경정청구를 '통상의 경정
청구'라고 부르기도 한다. 물론 경정청구란 말도 글자와는 다르게 '감액 경정의
청구'라는 뜻이다. 곧 신고한 세액을 증액할 때에는 수정신고, 감액하고자 할 때
에는 경정청구가 각각 문제된다고 정리하여 볼 수 있다.

여기서 특히 유의할 것은, 수정신고와 달리 경정청구는 말 그대로 과세관청
더러 감액경정을 해 달라고 '청구'하는 의미만을 가진다는 것이다. 앞서 소신고
의 (증액) 수정신고는 그 자체로 세액을 300만원으로 늘려서 확정시키지만 가다
납의 (감액) 경정청구가 있더라도 곧바로 세액이 100만원으로 확정되는 것이 아
니다. 세액이 다시 얼마로 확정되는가는 과세관청의 경정처분이 있는지에 따르
게 된다.

연습문제

[2007년 사법시험 제12문]

국세기본법상 수정신고에 관한 설명 중 옳지 않은 것은?

① 수정신고의 대상에는 과세표준신고서에 기재된 환급세액이 세법에 의하여 신고하여야 할 환급세액을 초과하는 경우도 포함된다.

② 과세표준신고서를 전혀 제출하지 않았거나 신고기한 경과 후에 제출한 자는 수정신고를 할 수 없다.

③ 당해 국세에 관하여 세무공무원이 조사에 착수한 것을 알고 과세표준수정신고서를 제출한 경우 수정신고에 따른 가산세감면 규정이 적용되지 아니한다.

④ 신고납세방식 조세의 경우 과세관청이 경정하여 이를 납세의무자에게 통지하기 전까지 수정신고를 할 수 있다.

⑤ 신고납세방식의 조세에서 수정신고는 조세채무를 확정하는 효력이 없고, 과세자료를 추가로 제출하는 협력의무의 이행에 불과하다.

정답 ⑤ (그리고 출제 당시와 달리 이제는 ②도 정답이다)

해설 ③에 관하여는 국세기본법 제48조 제2항 제1호 참조. 한편 국세기본법은 2020년부터 이 책에서 다루지 않은 이른바 '기한 후 신고'(제45조의3)를 한 사람도 수정신고를 할 수 있도록 규정하므로, 이제는 ②의 설명도 옳지 않은 것이 된다.

2. 경정청구의 요건

위 조항에서 볼 수 있듯 경정청구를 하려면 우선 법에서 정하는 대로 제때에 납세의무를 신고하였어야 한다. 또한 이러한 경정청구가, 납세자가 원래 신고하였어야 할 세액보다 더 많은 세액을 신고하였다고 생각할 때 하는 것임은 이미 확인하였다. 그리고 그 기간은 신고하여야 하는 기한이 지난 다음부터 5년이다. 참고로 경정청구의 기간이 5년임은, 과세관청이 경정을 할 수 있는 부과권의 제척기간이 납세자의 신고가 있은 경우 원칙적으로 5년인 것과 맞추어 놓은 결과이다.

기|본|사|례

소득세 신고액이 너무 많았네, 어쩌나 …

납세자 '가다납'은 01년 한 해 동안의 소득에 대하여 02년 5월 중 500만원의 소득세를 신고하고 납부하였다. 그 후 가다납은 자신이 세법을 잘못 해석한 나머지 너무 많은 세액을 신고하였고 실제로 신고·납부하였어야 하는 금액은 200만원뿐이라고 생각하게 되었다. 가다납은 300만원을 어떻게 돌려받을 수 있는가?

✍ 실제로 세법에 따라 정확히 계산한 것인지에 관계없이 국가가 500만원을 받은 것은 가대납의 신고 때문이다.[5] 좀 어려운 이론이 깔려 있기는 하지만 그냥 생략하고 결론만 적자면, 세금에 관한 소송은 원칙적으로 행정소송이 되어야 한다는 생각 때문에 가다납이 바로 국가를 상대로 그냥 300만원을 돌려달라는 민사소송을 할 수는 없다. 대신 방금 공부한 대로, 먼저 소득세를 200만원으로 감액하는 내용의 경정을 하여 달라는 청구를 과세관청에 하여야 한다.

요컨대 가다납은 소득세법에서 정한 대로 소득세 신고를 하였으므로, 소득세를 너무 많이 신고하였다고 주장하는 이상 국세기본법 제45조의2 제1항에서 정하는 경정청구를 할 수 있다. 그리고 이 경정청구는 소득세법에서 정하는 신고기한인 02년 5월 31일의 다음 날인 6월 1일부터 5년 동안, 즉 07년 5월 31일까지 할 수 있다. 만약 과세관청이 가다납의 청구를 받아들인다면 세액을 감액경정하고 300만원을 돌려줄 것이다.

🖩 **연습문제**

[2004년 사법시험 제10문]

국세기본법상 수정신고와 경정 등 청구에 관한 설명으로 옳지 않은 것은?

① 수정신고는 당초에 과세표준신고서를 법정신고기한 내에 제출한 자만이 할 수 있다.
② 당초에 제출한 과세표준신고서에 기재된 과세표준 및 세액이 세법에 의하여 신고하여야 할 과세표준 및 세액에 미달하는 경우 수정신고를 할 수 있다.
③ 수정신고한 과세표준 및 세액이 세법에 의하여 신고하여야 할 과세표준 및 세

---

5) 다만 제2장 제3절에서 공부한 대로, 납부로 인하여 이러한 구체적 조세채권은 또한 소멸하였다.

액을 초과하는 경우 경정 등의 청구를 할 수 없다.

④ 관할세무서장은 과세표준수정신고서를 법정신고기한 경과 후 6월 이내에 제출한 자에 대하여는 최초의 과소신고로 인하여 부과하여야 할 가산세의 100분의 50에 상당하는 세액을 경감하지만 경정이 있을 것을 미리 알고 수정신고를 한 경우에는 그러하지 아니하다.

⑤ 과세표준신고서를 법정신고기한 내에 제출한 자는 소득 기타 과세물건의 귀속을 제3자에게 변경시키는 결정 또는 경정이 있는 경우에 그 사유가 발생한 것을 안 날부터 2월 이내에 관할세무서장에게 경정 등의 청구를 할 수 있다.

정답 ③ (이제는 ① ⑤도 정답이다)

해설 국세기본법 제45조의2 제1항에는 수정신고한 세액이나 과세표준도 경정청구의 대상이 됨을 분명히 하는 부분이 포함되어 있다. 유의: ①과 마찬가지로 ⑤도 현행법 하에서는 그르다. 후발적 사유가 발생한 경우에 국세기본법 제45조의2 제2항에 따라 할 수 있는 경정청구(흔히 '후발적 경정청구')의 기간은 현행법에서 사유 발생을 안 날로부터 3개월로 늘어나 있기 때문이다

[2001년 사법시험 제3문]

소득세의 수정신고와 경정청구에 관한 설명으로 옳지 않은 것은?

① 납세의무자가 법정신고기한 내에 과세표준신고서를 제출하지 않은 때에는 수정신고를 할 수 없다
② 관할세무서장이 과세표준과 세액을 결정 또는 경정하여 통지하기 전까지는 수정신고를 할 수 있다
③ 과세표준신고서에 기재된 환급세액이 신고하여야 할 환급세액을 초과하는 때에는 수정신고를 할 수 있다
④ 수정신고를 하면 신고한 때에 수정한 내용대로 과세표준과 세액이 확정된다
⑤ 과세표준신고서에 기재된 과세표준 및 세액이 신고하여야 할 과세표준 및 세액에 미달하는 때에는 경정청구를 할 수 있다

정답 ⑤ (이제는 ①도 정답이다)

[심화학습] 후발적 사유에 기한 경정청구 또는 후발적 경정청구

1.에서 잠시 언급하였듯이 통상의 경정청구 말고 다른 종류의 경정청구도 있으며, 특히 제2항의 이른바 후발적 경정청구 제도는 이론적으로 흥미롭고, 실무적으로도 특히 2010년 대에 들어와서 대단히 각광을 받고 있기 때문에, 여기서 간단히 개념과 관련 상황을 설명해 둘까 한다. 납세의무는 어느 특정의 시점을 기준으로 하여 그 과세요건이 충족되었을 때 성립한다. 일단 납세의무가 성립하면 일정한 절차를 거쳐 확정되고, 이처럼 확정된 납세의무는 국가에게 구체적·현실적인 금전채권을 안겨 준다. 문제는 납세의무가 성립하였는데, 어떤 상황이 '후발적으로' 생겨서 "사실은 납세의무가 성립해서는 안 되었다"고 여겨지는 경우이다. 실무상 흔히 문제가 되었던 것으로는 소득을 발생시킨 계약이 해제되어 결국 소득이 없었던 원래의 상황으로 돌아가버린 경우를 들 수 있다. 물론 원래 세금을 제대로 신고하였다면 통상의 경정청구를 통해서도 세금을 돌려 받거나 납세의무로부터 벗어날 여지가 있지만, 때에 따라서는 신고를 하지 않아 과세처분을 받았을 수도 있고(그 불복 기간은 매우 짧다), 또 신고를 했더라도 경정청구 기간이 지나버렸을 수도 있다. 이러한 경우에 납세자가 구제를 받을 수 있어야 하지 않겠는가? 이런 소박한 의문을 반영하는 제도가 바로 국세기본법 제45조의2 제2항의 후발적 경정청구이다.

하지만 다른 한편으로 일단 특정 시점에 납세의무가 성립하면 그 이후에 벌어진 사정은 이미 생겨난 국가의 조세채권에 영향을 미칠 수 없다는, 보기에 따라 약간은 국가 쪽을 편드는 생각도 있을 법하다(어느 쪽에 더 공감하는가?). 제45조의2 제2항과 그 내용을 좀 더 상세하게 규정하는 국세기본법 시행령 제25조의2에는 그러한 서로 부딪치는 생각들이 타협한 결과로서, 후발적 경정청구가 명확히 인정되는 경우들이 열거되어 있다. 방금 말한 계약 해제나 취소, 무효에 관한 언급도 있고, 가령 자기 땅인 줄 알고 매년 꼬박꼬박 종합부동산세를 내 왔는데 진정한 소유자가 나타나 소송을 통하여 소유권을 회복해 갔다면 그때까지 낸 종합부동산세를 돌려받을 가능성도 있다.

문제는 후발적 경정청구의 범위가 이와 같이 명시적으로 열거된 경우에 국한되는지 하는 것이다. 시행령 조항 자체가 '한정적'으로 열거하는 방식을 채택하고 있지는 않은 데다, 최근 대법원이 명확한 규정이 없는 경우에도 후발적 경정청구를 인정하는 판결들을 쏟아내고 있기 때문에, 그와 같이 제한적인 시각으로 이 제도를 바라보기가 더 이상 어렵게 되었다. 따라서 방금 말한 대로 어떤 후발적 사유 때문에 이미 성립

한 납세의무가 유효하게 존속하는 결과가 정당화되지 않는다고 볼 수 있는 경우라면, 후발적 경정청구가 인정될 가능성이 넓게 존재한다. 그러나 그 범위가 과연 어디까지인지에 관하여는 좀 더 정밀한 논의가 필요한데, 그러한 논의가 아직 제대로 이루어지지도 않고 있을 뿐 아니라 어차피 이 책에서 더 다룰 만한 문제는 아니다. 다만 2010년대의 대법원이, 예컨대 사후적으로 계약 대금이 감액된 경우(대법원 2013. 12. 26. 선고 2011두1245 판결), (희귀한 경우이지만) 주주총회에서 배당을 결의한 회사가 갑자기 현금이 부족하게 되어 실제 배당을 지급하지 못할 상황에 몰린 경우(대법원 2014. 1. 29. 선고 13두18810 판결), 받은 뇌물에 대한 소득세를 부담하였으나 형사 확정판결로 그 받은 뇌물을 국가에 모두 내어 놓은 경우(형사법에서는 '몰수'나 '추징'이라는 말을 쓴다. 대법원 2015. 7. 16. 선고 14두5514 전원합의체 판결) 등에 모두 후발적 경정청구를 인정하였다는 점은 덧붙여 두도록 한다.

3. 경정거부 → 취소소송

경정청구를 거부당하면 가다납은 어떻게 해야 할까? 결국 법원의 도움을 받을 수 있어야 할 텐데 어떤 절차를 밟아야 할까? 현재 확립된 판례는 과세관청의 이러한 '거부' 행위를 하나의 행정처분으로 본다. 그리하여 마치 부과처분에 대한 취소소송을 내는 것과 마찬가지로, '경정거부처분'에 대한 취소소송을 할 수 있다. 법원이 경정거부처분을 취소할 경우 결국 국가는 세금을 돌려주게 된다.

Tax In News

🎤 경정거부처분취소소송의 사례

카카오 임직원들이 주식매수선택권(스톡옵션)을 행사해 차익을 거뒀더라도 이는 손금에 해당하지 않아 법인세를 줄일 수 없다는 법원의 판단이 나왔다.

7일 법조계에 따르면 제주지법 행정1부(○○○ 부장판사)는 카카오(kakao)가 제주세무서를 상대로 "법인세 경정거부처분을 취소해 달라"며 낸 소송에서 원고 패소 판결했다.

카카오는 2008년 3월 13일부터 2013년 3월 28일까지 총 17회에 걸쳐 임직원들에게 신주발행형 스톡옵션을 부여했다. …

　카카오는 임직원들이 거둔 스톡옵션 행사차익이 법인세법상 손금에 해당한다고 보고, 이를 산정해 세무당국에 법인세를 환급해 달라고 경정청구를 제기했다.

　카카오는 임직원들이 행사한 스톡옵션 행사차익이 인건비에 해당한다는 입장이다. 법인세 부과 대상이 되는 인건비는 법인의 순자산을 감소시키므로 손금에 포함해야 한다는 설명이다.

　…

　하지만 법원은 스톡옵션 행사차익을 사업연도의 손금에 해당하지 않는다고 봤다.

　…

　재판부는 "이 사건 스톡옵션 부여 당시 원고의 발행주식 총수 100분의 10 범위를 초과해 부여된 행사 차익은 이를 손금에 산입되는 성과금으로 볼 수 없으므로 원고의 주장은 이유 없다"고 판시했다.

(2020년 7월 7일 언론보도)

연습문제

[2007년 사법시험 제11문]

개인과세사업자인 甲은 2005년 제2기분 부가가치세를 확정신고·납부하였다가 2006년 5월경 위 부가가치세를 과다신고·납부하였음을 알게 되었다. 甲이 과다납부한 부가가치세액을 환급받기 위하여 다른 절차를 거치지 아니하고 직접적으로 취할 수 있는 국세기본법상의 제도는? (단, 과세관청의 다른 처분은 없는 것으로 가정한다)

① 경정청구
② 수정신고
③ 심판청구
④ 이의신청
⑤ 과세전적부심사청구

정답 ①

[2012년 제1회 변호사시험 제2문 1.]

이 문제가 출제되었을 때는 국세기본법 제45조의2 제1항이 정하는 통상의 경정청구를 할 수 있는 기간이 3년이었다.

[사실관계]

甲은 2007년 1월 5일 자신의 소유인 경기도 인근의 토지(「국토의 계획 및 이용에 관한 법률」상 토지거래허가 대상 토지가 아님)를 아들 乙에게 대금 1억 원에 매도하는 내용의 계약을 체결하고 2007년 7월 25일 매매 잔금을 수령하면서 乙에게 위 토지에 관한 소유권을 이전하였다. 그후 甲은 소득세법 규정에 따른 신고기한 내에 위 토지에 관한 양도소득세를 신고납부하였다.

그러나 위 토지의 소득세법상 시가는 2억 원이었다. 이에 관할 세무서장은 甲이 특수관계자에게 위 토지를 시가보다 낮은 가격에 매도하였다고 판단하고, 시가와 양도가액의 차액에 대하여 소득세법상 양도소득에 관한 부당행위계산부인 규정에 따라 2011년 10월 5일자로 甲에게 양도소득세를 추징하는 처분을 하였다. 위 처분을 받은 甲은 위 토지거래가 시가보다 저가양도라는 점 때문에 양도소득세를 과도하게 부담해야 한다면 乙과 위 거래를 할 필요가 없다고 판단하였다.

이에 甲은 2011년 10월 15일 乙과 위 2007년 1월 5일자 계약을 합의해제하고 乙에게 매매대금을 모두 반환하였다. 이때 위 토지거래에 관하여 甲과 乙 외의 다른 이해관계인은 없다.

甲은 관할 세무서장에게 위 매매계약이 합의해제되었음을 이유로 이미 신고납부한 양도소득세를 환급받고자 한다.(60점)

(1) 甲이 2011년 11월 15일 현재 국세기본법 제45조의2 제1항에 따른 경정청구권을 행사할 수 있는지에 관하여 논하시오.(30점)

(2) 甲이 2011년 11월 15일 현재 국세기본법 제45조의2 제2항에 따른 경정청구권을 행사할 수 있는지에 관하여 논하시오.(30점)

정답과 해설 2007년 귀속 양도소득세의 문제이므로, (1) 통상의 경정청구는 과거 기준으로 2011년 5월 31일까지 가능하였다. 따라서 '제1항에 따른 경정청구권'은 행사 불가능(현행법에서라면 가능). (2) 후발적 경정청구는 사유 발생일로부터 3개월 이내에 하여야 하므로 가능한 것처럼 보이지만, 국세기본법 시행령 제25조의2 제2호에 따르면 계약 해제에는 '부득이한 사유'가 필요한데, 이 사실관계에 그러한 사유가 있는지는 의문. 따라서 '제2항에 따른 경정청구권'도 행사 불가능하다고 보아야 할 것.

[2016년 제5회 변호사시험 제1문 2.]

[사실관계]

(전략) 甲은 2007. 9.경 이 사건 뇌물의 수령과 관련하여 특정범죄가중처벌등에 관한법률위반(뇌물)죄로 기소되었다. A사의 관할 세무서장은 2007. 10.경 A사에 대한 세무조사 과정에서 甲이 이 사건 뇌물을 수령한 사실과 그로 인하여 甲이 특정범죄가중처벌등에관한법률위반(뇌물)죄로 기소된 사실을 알고 이를 甲의 관할 세무서장에게 통보하였다. 甲의 관할 세무서장은 2007. 12.경 이 사건 뇌물을 甲의 2006년 귀속 종합소득세 과세표준의 계산에 포함하여 해당 세액을 증액하는 경정처분(이하 '이 사건 처분'이라 한다)을 하였다.

한편, 甲의 이 사건 뇌물 수령에 관한 형사재판에서 이 사건 뇌물 상당액(1억 원)의 추징을 명하는 판결이 선고되었고, 동 판결은 2015. 7. 20. 대법원 상고심에서 확정되었다(이하 '이 사건 형사판결'이라 한다). 甲은 이 사건 형사판결에 따라 추징금 1억 원을 모두 납부하였다.

甲이 이 사건 처분에 불복하지 않고 부과된 종합소득세를 모두 납부하였다고 할 경우, 이 사건 형사판결 이후 甲이 이미 납부한 2006년 귀속 종합소득세에 대하여 경정청구할 수 있는지 「국세기본법」상의 근거를 들어 설명하시오.

정답과 해설 후발적 경정청구가 가능하다고 대법원이 명시적으로 인정한 유형의 사안이다. 현재의 소득세법은 뇌물을 소득세의 과세대상으로 열거하고 있기 때문에 과세처분이 이루어질 수 있지만, 그러한 경제적 이익은 결국 형사 판결에 의해서 모두 박탈당하는 것이기 때문에, 소득세 부과처분이 그대로 유지되는 결과는 타당하지 않다고 본 것이다. 현재의 판례에 따를 때 갑은 후발적 경정청구를 할 수 있다.

제3절 불복 절차 – 행정부 단계

현행법에서는 부과처분이든 경정거부처분이든 법원에 가기 전에 원칙적으로 일단 행정부 단계의 전심 절차를 거쳐야 한다. 만약 납세자가 전심 절차에서 이긴다면 세금을 돌려받거나 납세의무에서 벗어나므로 법원에 갈 이유가 없어진다. 진다면 결국 법원의 힘을 빌려야 한다. 시간 순으로 살펴보자.

Ⅰ. 관할세무서에 대한 불복 = 임의적 불복 절차

1. 과세전 적부심사

부과처분은 관할 세무서장이 한다. 법에 따르면 세무서와 국세청 본청의 중간에 있는 지방국세청의 장(長)이 부과처분을 할 수도 있으나 실제 사례는 거의 없다. 아무튼 이 절에서 과세관청이라는 말은 관할 세무서장이든 지방국세청장이든 부과처분을 하는 행정청을 가리키는 것으로 새겨 읽으면 된다.

부과처분을 하기 전에 과세관청은 납세자에게 일정한 통지를 하게 된다. 세무조사를 거쳐 부과처분을 하는 경우에는 먼저 세무조사 결과에 대한 통지를 하여야 한다. 세무조사가 없는 경우에도 부과처분을 하기 전에 과세예고통지라는 것을 하는 경우가 있다. 이러한 통지는 아직 부과처분을 하기 전에 미리 안내하는 것에 불과하여 행정처분이 아니라고 보고, 따라서 행정처분의 취소소송이라는 일반적인 경로를 통해 불복할 수 없다.

물론 납세자의 입장에서는 부과처분이 실제로 이루어지기 전에 미리 불복하여 부과처분이 나오는 것 그 자체를 아예 봉쇄하는 편이 유리하다. 납세자가 그렇게 할 수 있는, '과세전 적부심사'라고 부르는 절차가 실제 있다.

국세기본법 제81조의15[과세전적부심사] ② 다음 각 호의 어느 하나에 해당하는 통지를 받은 자는 통지를 받은 날부터 30일 이내에 통지를 한 세무서장이나 지방국세청장에게 통지 내용의 적법성에 관한 심사[이하 이 조에서 "과세전적부심사"(課稅前適否審査)라 한다]를 청구할 수 있다. (단서6) 생략)
1. 제81조의12에 따른 세무조사 결과에 대한 서면통지
2. 제1항 각 호에 따른 과세예고 통지
④ 과세전적부심사 청구를 받은 세무서장, 지방국세청장 또는 국세청장은 각각 국세심사위원회의 심사를 거쳐 결정을 하고 그 결과를 청구를 받은 날부터 30일 이내에 청구인에게 통지하여야 한다.
⑤ 과세전적부심사 청구에 대한 결정은 다음 각 호의 구분에 따른다.
1. 청구가 이유 없다고 인정되는 경우: 채택하지 아니한다는 결정
2. 청구가 이유 있다고 인정되는 경우: 채택하거나 일부 채택하는 결정. 다만, 구체적인 채택의 범위를 정하기 위하여 사실관계 확인 등 추가적으로 조사가 필요한 경우에는 제2항 각 호의 통지를 한 세무서장이나 지방국세청장으로 하여금 이를 재조사하여 그 결과에 따라 당초 통지 내용을 수정하여 통지하도록 하는 재조사 결정을 할 수 있다.
3. 청구기간이 지났거나 … 경우: 심사하지 아니한다는 결정

국세기본법 제81조의15에 따르면, ① 과세전 적부심사는 문제의 통지를 받은 날로부터 30일 이내에 청구하여야 하고, ② 과세관청이 이 청구를 '채택'(법률용어로는 보통 '인용'이니 '기각'이니 하는 표현을 사용하지만 유독 과세전 적부심사의 실무에서는 이와 같이 '채택'이라는 용어를 쓴다)하는 결정을 하면 그것으로 절차가 종결된다. 즉 과세관청은 세무조사결과 통지나 과세예고 통지에 기재된 것과 같은 내용의 부과처분을 더 이상 할 수 없게 된다. 그러나 ③ 채택하지 아니한다면 과세관청의 부과처분으로 바로 이어지게 된다. ④ 경우에 따라서는 청구의 채택 여부를 판단할 수 없으니 조사를 더 하여 보라는 내용의 결정 — 흔히 '재조사 결정' — 을 하기도 한다. 마지막으로 청구 제기 전에 30일이라는 날짜가 지났으면 내용을 볼 것도 없이 심사하지 아니한다고 결정한다(흔히 법률용어로 '각하'한다고 말하는 경우이다).

①에서 말한 30일 이내에 청구가 없으면 과세관청은 ③과 마찬가지로 부과처분을 한다. 이러한 의미에서 과세전 적부심사의 청구는 임의적인 것이고 이를 거

---

6) 이 생략된 단서에는 국세청장에게 직접 청구할 수 있는 예외적인 경우에 관한 언급이 들어 있다.

치지 않았다 해서 따로 불이익을 받지 않는다. 한편 과세관청이 과세전 적부심사에 대한 결정을 할 때에는, 절차의 중립성을 보장하기 위해 그 과세관청 안에 설치된 국세심사위원회의 심의를 거치도록 한다.

Tax In News

🎙 과세적부심의 사례

　세무조사를 받거나 관할 지방국세청 이상에서 감사를 받은 건으로 과세예고 통지를 받은 납세자 4명 중 1명은 국세청이 미리 과세할 내용을 알려준 뒤 과세를 받아들일 지 물어보고 못 받아들이겠다면 청구하라고 하는 '과세적부심'을 실제로 청구, 과세당국이 과세 내용을 재검토한 것으로 확인됐다.

　과세적부심은 관할 세무서와 지방국세청, 국세청 본청에 모두 청구할 수 있는데, 청구 결과 인용(채택)되는 비율은 국세청 본청이 압도적으로 높은 것으로 나타났다.

　본지가 국세청이 발간한 '2017 국세통계연보'를 분석한 결과, 지난 2016년 과세전적부심사청구 처리건수 2864건 중 720건(25.1%)이 채택(인용)됐다. 처리건수 4건 중 1건이 채택된 것이다.

　국세청 본청은 총 131건 중 63건이 채택돼 48.1%의 채택율을 보였다.

　…

　'과세전적부심' 제도는 세무관서가 세무조사 결과를 납세자에게 서면통지하거나 과세할 내용을 미리 납세자에게 알려주고 납세자가 그 통지 내용에 따른 과세가 적법한지 여부를 청구토록 보장, 과세처분 전단계에서 납세자 권리를 공정하고 신속하게 보호·구제하기 위한 제도다.

　…

　세무조사 결과통지 또는 과세예고통지의 경우에는 조사 또는 자료 처리한 세무서장 또는 지방국세청장에게, 감사결과 과세예고통지의 경우에는 그 감사를 실시한 지방국세청장 또는 국세청장에게 청구한다. 법령해석사항의 경우에는 국세청장에게 청구한다. 지방국세청장이나 국세청장에게 청구하는 경우라도 관할세무서에 직접 또는 우편으로 제출하면 된다.

　신청하려는 납세자는 세무서나 지방국세청으로부터 세무조사 결과통지나 감사결과 등 과세예고통지를 받은 날부터 30일 이내에 과세전적부심사청구서를 제출해야 한다.

(2018년 7월 10일자 언론 보도)

 연습문제

[2012년 사법시험 제12문]

국세기본법상 과세전적부심사 및 불복제도에 관한 설명으로 옳지 않은 것은?

① 심사청구, 이의신청 또는 과세전적부심사 청구사항을 심의하기 위하여 세무서, 지방국세청 및 국세청에 각각 국세심사위원회를 둔다.
② 심판청구는 세법에 특별한 규정이 있는 것을 제외하고는 해당 처분의 집행에 효력을 미치지 아니한다.
③ 심사청구에 대한 결정에 잘못된 기재, 계산착오가 있는 것이 명백할 때에는 국세청장은 직권 또는 심사청구인의 신청에 의하여 경정할 수 있다.
④ 과세전적부심사 청구를 받은 세무서장은 국세심사위원회의 심사를 거쳐 결정을 하고, 그 결과를 청구를 받은 날부터 90일 이내에 청구인에게 통지하여야 한다.
⑤ 이의신청은 원칙적으로 법령으로 정하는 바에 따라 불복의 사유를 갖추어 해당 처분을 하였거나 하였어야 할 세무서장에게 하거나 세무서장을 거쳐 관할 지방국세청장에게 하여야 한다.

정답 ④
해설 30일 이내에 통지하여야 한다.

[2017년 제6회 변호사시험 제1문 1.]

[사실관계]

내국법인 A주식회사는 2013 사업연도 법인세 1억 원을 신고·납부하였다. 그런데 A주식회사의 대표이사 甲에 대한 탈세제보를 받은 甲의 관할 세무서장 乙은 甲에 대한 확인조사를 한 결과 A주식회사의 승용차를 甲이 개인적인 용도로 사용한 것으로 파악하여 A주식회사의 관할 세무서장 丙에게 통보하였다. 통보를 받은 丙은 A주식회사의 위 승용차에 대한 감가상각비를 손금불산입하여, 2014. 7. 1. 「국세기본법 시행령」 제63조의14 제2항 제2호에 따라 A주식회사에게 법인세 1,000만 원을 추가로 부과하겠다는 과세예고통지를 하였고, A주식회사는 2014. 7. 8. 위 통지서를 송달받았다.

甲은 위 통지가 위법하다며 2014. 7. 10. 변호사를 찾아가 상담하였다. 귀하가 변호사라면 甲에게 「국세기본법」상 다툴 수 있는 방법과 절차에 대하여 어떻게 알려줄 것인지 설명하시오.

정답과 해설 국세기본법 제81조의15가 정하는 과세전적부심사의 청구를 할 수 있다.

2. 이의신청

(1) 기본적인 내용

국세기본법 제66조[이의신청] ① 이의신청은 대통령령으로 정하는 바에 따라 불복의 사유를 갖추어 해당 처분을 하였거나 하였어야 할 세무서장에게 하거나 세무서장을 거쳐 관할 지방국세청장에게 하여야 한다. 다만, 다음 각 호의 경우에는 관할 지방국세청장에게 하여야 하며, 세무서장에게 한 이의신청은 관할 지방국세청장에게 한 것으로 본다.
1. 지방국세청장의 조사에 따라 과세처분을 한 경우
2. 세무서장에게 제81조의15에 따른 과세전적부심사를 청구한 경우
④ 제1항 및 제2항에 따라 이의신청을 받은 세무서장과 지방국세청장은 각각 국세심사위원회의 심의를 거쳐 결정하여야 한다.

국세기본법 제66조가 규정하는 이의신청은 꼭 거치지 않아도 무방한 임의적 절차라는 점과, 원칙적으로 처분을 하려고 하거나 처분을 한 바로 그 과세관청(관할 세무서장)에 대한 불복이라는 점에서 과세전 적부심사와 같다. 차이점은 이의신청의 경우 일단 부과처분이나 경정거부처분이 있은 다음에 그러한 처분에 대하여 불복한다는 데에 있다.

그렇다면, 관할 세무서장을 상대로 제기한 과세전 적부심사의 청구에서 진납세자가 부과처분을 받은 뒤에 같은 관할 세무서장에 다시 한 번 불복해야 무슨 소용이 있을까? 실제 별 소용이 있을 리 없다. 따라서 이런 경우에는 이의신청을 관할 세무서가 아니라 그 상급 과세관청(곧 지방국세청장)에게 낸다. 그 밖에도 상급 과세관청에 이의신청을 해야 하는 경우가 법에 정해져 있다.

(2) 이의신청의 요건과 절차

이의신청은 부과처분 등을 받은 날로부터 90일 이내에 제기하여야 한다(국세기본법 제66조에서 준용하는 제61조 제1항). 90일이 지난 다음에 제기된 이의신청은 부적법하므로 내용을 볼 것도 없이 그대로 내쳐서 '각하'한다.

이의신청에 대한 결정도 그 과세관청에 설치된 국세심사위원회의 심의를 거쳐야 한다. 이의신청이 받아들여지면('인용') 과세처분은 취소된다. 받아들여지지 않는('기각') 경우 계속 불복하려는 납세자는 아래에 설명하는 심사/심판청구 단계로 넘어가야 한다.

 연습문제

[2001년 사법시험 제17문]

국세에 관한 이의신청은 처분이 있은 것을 안 날부터 몇 일 이내에 하여야 하는가?

① 20일 이내　　　　　　　② 30일 이내
③ 60일 이내　　　　　　　④ 90일 이내
⑤ 180일 이내

정답 ④

Ⅱ. 심사청구나 심판청구 = 필요적 절차

1. 필요적 전치(前置)

> 국세기본법 제56조[다른 법률과의 관계] ② 제55조에 규정된 위법한 처분에 대한 행정소송은 『행정소송법』 제18조 제1항 본문, 제2항 및 제3항에도 불구하고 이 법에 따른 심사청구 또는 심판청구와 그에 대한 결정을 거치지 아니하면 제기할 수 없다. (단서 생략)

과세처분이나 경정거부처분의 취소소송에서는 행정심판을 반드시 미리 거쳐야 한다는 원칙이 통용된다. 어려운 말로 이를 '필요적 전치주의(前置主義)'라고 한다.

위에 인용된 법조항에서 보듯이, '심사청구'나 '심판청구' 둘 중 하나를 거쳐야 비로소 적법하게 법원에 소(訴)를 제기할 수 있다는 것이다. 이런 전심절차를 거치지 않은 채 취소청구의 소를 제기하면, 소가 부적법하다고 하여 과세처분이나 경정거부처분의 내용이 위법한지는 따지지도 않고 그대로 소를 각하하는 판결이 나온다. 즉 바로 패소하는 것이다.

이렇게 필요적인 절차라는 점에서, 그리고 그럼에도 불구하고 거치지 않을 경우 더 이상의 불복이 불가능하여지는 불이익을 받는다는 점에서, 심사청구나 심판청구는 I.에서 살펴본 과세전 적부심사나 이의신청과 다르다. 적부심사나 이의신청 절차는 거칠지 여부가 전적으로 납세자에게 맡겨져 있고 안 거친다고 해서 따로 불이익이 생기지는 않기 때문이다.

> 국세기본법 제62조[청구 절차] ① 심사청구는 대통령령으로 정하는 바에 따라 불복의 사유를 갖추어 해당 처분을 하였거나 하였어야 할 세무서장을 거쳐 국세청장에게 하여야 한다.
>
> 국세기본법 제67조[조세심판원] ① 심판청구에 대한 결정을 하기 위하여 국무총리 소속으로 조세심판원을 둔다.
>
> 국세기본법 제69조[청구 절차] ① 심판청구를 하려는 자는 대통령령으로 정하는 바에 따라 불복의 사유 등이 기재된 심판청구서를 그 처분을 하였거나 하였어야 할 세무서장이나 조세심판원장에게 제출하여야 한다.

'심사청구'란 위에서 보는 것처럼 국세청장에게 하는 행정심판의 청구이다. '심판청구'는 세금과 관련된 행정심판을 담당하기 위해 따로 설립된 기관인 국무총리 조세심판원에 내는 행정심판의 청구이다. 국세기본법이 정하는 '필요적'인 전심 절차에는 이 두 가지가 있고, 납세자로서는 이 둘 중 어느 하나를 선택하여 청구를 제기하면 된다.[7]

---

7) 굳이 덧붙이자면 감사원법 제43조에 따른 심사청구를 거치더라도 바로 취소소송을 낼 수 있다. 감사원법 제46조의2 참조. 다만 실무상 활용되는 경우가 훨씬 적다.

2. 청구기간의 제한

> 국세기본법 제61조[청구기간] ① 심사청구는 해당 처분이 있음을 안 날(처분의 통지를 받은 때에는 그 받은 날)부터 90일 이내에 제기하여야 한다.
> ② 이의신청을 거친 후 심사청구를 하려면 이의신청에 대한 결정의 통지를 받은 날부터 90일 이내에 제기하여야 한다. (단서 생략)

이의신청 때에도 보았지만, 실무적으로 취소쟁송에서 가장 중요한 것은 불복할 수 있는 기간을 지켜야 한다는 점이다. 부과처분이나 경정거부처분에 대한 불복 절차는 지금껏 살펴본 것처럼, 몇 가지 단계를 거칠 수 있는데 어느 경우에나 하나의 단계에서 다음 단계로 넘어갈 때마다 기간 제한이 있다. 납세자는 각 단계마다 그러한 기간 제한을 잘 지켜야 하고, 어느 한 단계에서라도 기간 제한을 어기게 되면 그 이후의 불복은 불가능하여진다.

심사청구나 심판청구 역시 일정한 기간 제한을 받는다.[8] 부과처분을 받고 바로 심사청구나 심판청구를 제기하는 경우라면 부과처분을 받은 날부터 90일 이내에 제기하여야 한다. 부과처분을 받고 이의신청을 거친 다음에 심사청구나 심판청구를 제기하는 경우라면, 이의신청에 대한 과세관청의 결정을 받은 날부터 다시 90일 이내에 제기하여야 한다. 어느 경우에나 전 단계의 종료일부터 90일 이내에 청구를 해야 한다는 제약이 있는 것이다. 이러한 기간을 넘겨 청구를 하는 경우에도, 그러한 청구는 내용이 옳든 그르든 90일이라는 날짜가 지났다는 이유만으로 각하된다.

3. 심리와 결정

(1) 심 리

> 국세기본법 제64조[결정 절차] ① 국세청장은 심사청구를 받으면 국세심사위원회의 의결에 따라 결정을 하여야 한다. (단서 생략)

---

8) 본문 중에는 심사청구에 관한 조항만을 인용하였으나, 심판청구에 관해서도 비슷한 조항이 있다. 국세기본법 제68조 제1항과 제2항.

국세청장에 대한 심사청구의 경우 그 심리 절차에 관하여 국세기본법이 특별히 정하고 있는 것은 없다. 다만 과세전 적부심사나 이의신청과 같이 국세심사위원회의 심의를 거쳐야 할 뿐 아니라, 그 의결 내용에 따른 결정이 이루어져야 한다.

> 국세기본법 제78조[결정 절차] ① 조세심판원장이 심판청구를 받았을 때에는 조세심판관회의가 심리를 거쳐 결정한다. (단서 생략)

심판청구의 경우 심리 절차에 관한 좀 더 상세한 규정들이 마련되어 있는 한편, 그 결정의 주체가 조세심판원장이 아니라 심판관들로 이루어진 조세심판관회의라는 점이 특이하다. 이와 달리 심사청구의 경우는 국세심사위원회의 심의와 의결을 거치되 결정 주체는 국세청장이다.

(2) 결 정

> 국세기본법 제65조[결정] ① 심사청구에 대한 결정은 다음 각 호의 규정에 따라 하여야 한다.
> 1. 심사청구가 다음 각 목의 어느 하나에 해당하는 경우에는 그 청구를 각하하는 결정을 한다.
>   가. 심판청구를 제기한 후 심사청구를 제기(같은 날 제기한 경우도 포함한다)한 경우
>   나. 제61조에서 규정한 청구기간이 지난 후에 청구된 경우
>   다. (생략)
>   다. 심사청구가 적법하지 아니한 경우
>   마. (생략)
> 2. 심사청구가 이유 없다고 인정될 때에는 그 청구를 기각하는 결정을 한다.
> 3. 심사청구가 이유 있다고 인정될 때에는 그 청구의 대상이 된 처분의 취소·경정 결정을 하거나 필요한 처분의 결정을 한다. 다만, 취소. 경정 또는 필요한 처분을 하기 위하여 사실관계 확인 등 추가적으로 조사가 필요한 경우에는 처분청으로 하여금 이를 재조사하여 그 결과에 따라 취소. 경정하거나 필요한 처분을 하도록 하는 재조사 결정을 할 수 있다.
> ② 제1항의 결정은 심사청구를 받은 날부터 90일 이내에 하여야 한다.

이 규정은 국세기본법 제81조에 따라 심판청구에도 준용된다. 여기서 보듯이 청구기간을 준수하지 않았거나 그 밖의 절차 관련 이유로 청구가 법에서 정

한 요건을 준수하지 않았다면, 그 청구의 내용이 옳은지 그른지 묻지 않고 그냥 각하한다. 한편 기간제한 등 청구를 낼 절차적 요건은 통과했지만 내용을 보니 취소해 달라는 과세처분이나 경정거부처분에 잘못이 없다면, 흔히 하는 말로 그 청구는 '이유가 없는' 것이 된다. 이때에는 기각결정이 내려진다. 어느 경우에나 납세자의 청구를 받아들이지 않는다는 결과에는 차이가 없지만, 그 판단의 과정이 다른 것이다.

심리 결과 납세자의 주장에 '이유가 있다'면 두 가지 가능성이 있다. 우선 국세청장이나 조세심판관회의가 과세처분이나 경정거부처분을 스스로 취소할 수 있다. 세액을 전부 다 취소할 수도 있고 일부만 깎아주는 '감액경정' 또는 '일부취소'를 할 수도 있다. 때로는 국세청장이나 조세심판관회의가 스스로 취소하지 않고 취소 또는 감액경정의 기준만을 제시한 채 과세처분을 한 과세관청에게 사건을 다시 돌려보내면서, 그 기준에 맞추어 세액을 새로 계산해서 전부나 일부를 취소 또는 감액경정하라고 명하기도 한다.

한편 실무상 흔히 행하여지는 유형으로 '재조사 결정'이라는 것도 있다. 이는 직접 처분을 한 과세관청에게, 사실관계를 재조사하여 그에 따라 적절한 처분을 할 것을 명함을 말한다. 이는 오랜 기간 법에 명시적 근거를 두지 않은 채 행하여져 왔으나 2017년에 와서 위 제1항 제3호 단서에 그 근거가 마련되었다.

기 본 사 례

언제까지 무엇을?

① 납세자 '나불복'은 01년 3월 한 달 동안 세무조사를 받고 01년 3월 31일 100만원의 소득세 납세의무가 있다는 ○○세무서장의 '세무조사결과 통지'를 받았다. 나불복은 이에 동의하지 않는다. 나불복은 어떠한 조치를 취할 수 있는가?

👆 나불복은 세무조사결과 통지를 받은 날부터 30일 이내인 01년 4월 30일까지 ○○세무서장에게 과세전 적부심사를 청구할 수 있다.

② 나불복은 ①과 같이 01년 4월 5일에 과세전 적부심사를 청구하였으나, 01년 4월 30일에 '불채택' 결정을 받았고, ○○세무서장은 01년 5월 1일에 나불복에게 소득세 100만

원을 결정하고 이 돈을 내라는 납세고지서를 보냈으며 이는 같은 날 나불복에게 송달되었다. 나불복은 이때 어떤 조치를 취할 수 있는가?

우선 나불복은 이의신청을 할 수 있다. 다만 ○○세무서장에 대한 과세전 적부심사를 거쳤기 때문에 국세기본법 제66조 제1항 단서 제2호에 따라, ○○세무서장의 상급 지방국세청장에게 이의신청을 하여야 한다. 이런 이의신청도 부과처분을 받은 날부터 90일 이내, 즉 01년 7월 30일까지 하여야 한다. 한편 나불복은 이의신청을 거치지 않고 바로 국세청장에 대한 심사청구나 조세심판원에 대한 심판청구를 제기할 수도 있다. 심사청구나 심판청구 역시 부과처분을 받은 날부터 90일 이내인 01년 7월 30일까지 하여야 한다.

③ 납세자 나불복이 ②에서 01년 7월 1일에 이의신청을 하였다고 가정하자. 하지만 관할 지방국세청장 역시 나불복의 이의신청에 이유가 없다고 보아 01년 7월 31일에 기각 결정을 하였다. 나불복은 어떤 조치를 취할 수 있는가?

이때에도 심사청구나 심판청구를 제기하여야 한다. 이는 이의신청에 대한 기각 결정을 받은 날부터 90일 이내, 즉 01년 10월 29일까지 하여야 한다. 이의신청을 거쳤다는 이유로 심사청구나 심판청구 단계를 뛰어넘어 바로 법원에 취소소송을 낼 수는 없다.

연습문제

[2015년 사법시험 제13문]

「국세기본법」상 불복에 관한 설명 중 옳은 것은?

① 「감사원법」에 따라 심사청구를 한 처분에 대해서는 심판청구를 제기할 수 있다.
② 동일한 처분에 대해서는 심사청구와 심판청구를 중복하여 제기할 수 없다.
③ 이의신청을 거친 후 심판청구를 하려면 이의신청에 대한 결정이 확정된 후 90일 이내에 제기하여야 한다.
④ 세법에 따른 처분으로서 위법이 중한 경우에는 「국세기본법」에 따른 심사청구 또는 심판청구를 거치지 아니하고 취소소송을 제기할 수 있다.
⑤ 심사청구가 있는 경우에는 「국세기본법」 및 세법에 특별한 규정이 있는 것을 제외하고는 해당 처분의 집행이 정지된다.

정답 ②

[해설] 국세기본법 제55조 제9항 참조. ③에 관하여는 제61조 제2항, ⑤에 관하여는 제57조
제1항 본문 각 참조.

[2009년 사법시험 제19문]

국세기본법상 국세불복절차에 관하여 옳은 것(○)과 옳지 않은 것(×)을 옳게 배열한
것은?

> ㄱ. 심사청구는 당해 처분이 있은 것을 안 날(처분의 통지를 받은 때에는 그 받
>   은 날)로부터 60일 이내에 제기하여야 한다.
> ㄴ. 감사원법의 규정에 의한 심사청구에 대한 처분은 심판청구의 대상이 된다.
> ㄷ. 심판청구가 있으면 당해 처분의 집행은 당연히 중지된다.
> ㄹ. 조세범처벌절차법에 의한 통고처분은 심판청구의 대상이 되지 않는다.

① ㄱ(○), ㄴ(○), ㄷ(×), ㄹ(○)
② ㄱ(×), ㄴ(×), ㄷ(×), ㄹ(○)
③ ㄱ(×), ㄴ(○), ㄷ(○), ㄹ(×)
④ ㄱ(×), ㄴ(×), ㄷ(○), ㄹ(○)
⑤ ㄱ(○), ㄴ(×), ㄷ(○), ㄹ(○)

[정답] ②

[해설] 국세기본법 제55조 제1항 단서 제1호에 따라 통고처분은 심판청구의 대상이 되지 않
는다.

[2004년 사법시험 제5문]

국세기본법상 불복절차에 관한 설명으로 옳지 않은 것은?

① 이의신청을 거쳐야 심사청구를 할 수 있다.
② 심사청구를 거쳐야만 심판청구를 할 수 있는 것은 아니다.
③ 감사원법에 의한 심사청구를 거친 경우에는 국세기본법에 의한 심사청구 또는
   심판청구를 거친 것으로 본다.
④ 심사청구는 그 처분이 있은 것을 안 날(처분의 통지를 받은 때에는 그 받은 날)
   부터 90일 이내에 제기하여야 한다.
⑤ 국세심판관은 심판청구에 관한 조사 및 심리의 결과와 과세의 형평을 참작하여

자유심증으로 사실을 판단한다.

정답 ①

[2017년 제6회 변호사시험 제1문 2.]

丙은 2014. 10. 1. A주식회사에 대하여 위 과세예고한 대로 법인세를 부과하였고, A
주식회사는 해당 고지서를 2014. 10. 8. 송달받은 후, 2014. 10. 31. 이를 납부하였
다. 그러나 甲은 이것이 억울하다고 생각하고 2014. 12. 31. 변호사를 찾아가 상담하
였다. 귀하가 변호사라면 甲에게 「국세기본법」상 다툴 수 있는 방법과 절차에 대하여
어떻게 알려줄 것인지 설명하시오(여러 절차가 있다면 모두 포함하되, 경정청구는 제
외할 것).

정답과 해설 '임의적'인 절차, 즉 거쳐도 되고 거치지 않아도 되는 절차로서 이의신청이 있
다. 이의신청을 하였으나 소기의 성과를 거두지 못한 경우, 또는 이의신청을 거치지
않고 불복하고자 하는 경우라면 '필요적' 절차, 곧 반드시 거쳐야 하는 절차로서 국세
청 심사청구나 조세심판원 심판청구가 있다. 납세자는 이 둘 중 하나를 선택하여 제기
하여야 한다. 그리고 국세기본법이 상세하게 정하고 있는 절차는 아니지만 그 효과에
대하여 간단히 언급하고 있는 것으로서 감사원에 하는 심사청구가 있다. 이의신청이
나 심사, 심판 청구에서 납세자의 주장이 받아들여지면, 그 결과에 대하여 과세관청은
더 이상 불복할 길이 없다. 그러나 심사, 심판 청구에서도 납세자가 유리한 결정을 받
지 못한다면, 납세자는 이제 법원에서 행정소송 절차를 시작할 수 있는 가능성을 갖게
된다.

4. 필요적 전치의 예외 [심화학습]

예전에는 조세행정 외에 다른 행정 영역에서도 필요적 전치주의를 채택하여, 소송
단계에 앞서 반드시 행정심판을 거치도록 행정소송법에서 정하고 있었다. 하지만 이
제 행정소송법에는 그런 내용이 없고, 국세기본법에 나오는 필요적 전치주의는 조세
행정에 고유한 특징이 되고 있다.

법원에 소송을 내는 것은 국민의 고유한 기본권일 수 있는데 왜 법원에 소송을 직
접 내지 못하게 하는 걸까? 대체로 다음과 같이 생각해 볼 수 있다.

가장 흔히 드는 이유는 조세행정 영역의 전문성이다. 세법은 워낙 특수한 분야인

만큼 이 분야를 따로 접하거나 공부한 사람이 아니면, 심지어 법원의 판사와 같은 숙련된 법률가라 하더라도 법을 올바로 해석적용하기 어렵다는 생각이다. 따라서 처음부터 판사가 과세처분이나 경정거부처분의 위법성 여부를 심리하도록 하기보다는, 좀 더 전문성을 갖춘 심판기관의 능력을 활용하여 1차적인 판단이 이루어지도록 함이 타당하다는 생각이 있다.

다른 한 가지는 과세처분의 대량성(大量性)이다. 과세처분의 잠재적 상대방은 전 국민이라고도 할 수 있고, 실제로 매년 다양한 세목에 관하여 많은 납세고지서가 발행되어 개별 납세자에게 송달되는데 이 하나하나가 다 행정처분의 성격을 갖게 된다. 이와 같이 행정처분의 절대적 수가 많고 또 하나하나에 납세자가 나름대로 힘들게 벌어들인 돈이 걸려 있는 만큼 그에 따른 불복도 많다. 따라서 이 많은 사건을 법원이 처음부터 처리하도록 하기보다 행정심판기관에서 좀 더 간이한 절차에 따라 1차적으로 판단하도록 하고, 그 과정에서 '걸러진' 사건들에 한하여 법원이 좀 더 엄격한 절차를 통하여 심판하도록 함이 효율적이라는 생각이다.

아무튼 필요적 전치주의란 어떤 절대적인 진리라기보다 이와 같이 일정한 현실적 필요성에서 생겨난 제도이다. 따라서 그러한 필요성이 반드시 뚜렷하지 않은 경우라면 예외를 인정해야 한다는 생각도 들 수 있다. 실제로도 판례를 찾아보면, 다소 드물기는 하지만, 납세자가 심사청구나 심판청구와 같은 전심 절차를 거치지 않고 소를 제기한 경우에도 필요적 전치주의의 예외를 인정하여 소 각하 판결을 하지 않고 사건의 내용을 심리한 사례들이 있다.[9] 물론 어떤 경우에 이러한 예외가 인정되는지를 미리 분명히 판단하기는 어렵다. 따라서 실제로 불복 절차를 진행하고자 하는 납세자라면 전심 절차를 거치지 않은 채 바로 법원에 소송을 내는 모험을 굳이 할 필요는 없을 것이다.

---

9) 일반론을 잘 설시하고 있는 것으로, 대법원 1989. 11. 10. 선고 88누7996 판결이 있다.

제4절　불복 절차 – 소송 단계

Ⅰ. 언제 어떤 소송을?

　　납세의무의 존재 여부나 그 액수를 둘러싸고 벌어지는 분쟁은 제3절에서 살펴본 것처럼 먼저 행정심판 절차를 거쳐야만 하지만 궁극적으로는 법원이 주재하는 소송 절차에서 해결된다. 이때 중요한 것은, 이러한 분쟁을 해결하는 소송의 형태가 주로 부과처분이나 경정거부처분의 취소소송이라는 점, 그리고 이러한 소송은 납세자만이 시작할 수 있다는 점이다.

> **기 본 사 례**
>
> 심판원에서 지면? 이기면?
>
> ① 납세자 '피기각'은 300만원의 소득세 부과처분을 받고 이에 불복하여 조세심판원에 심판청구를 제기하였으나 기각 결정을 받았다. 이에 승복하지 못한다면 피기각은 어떻게 하여야 하는가?
>
> 🖐 부과처분에 대한 취소소송을 개시하는 절차를 밟아야 한다. 즉 취소청구의 소를 법원에 제기하여야 하는데, 곧 이는 그러한 내용의 '소장(訴狀)'을 작성하여 일정한 첨부서류와 함께 법원에 제출하는 일을 가리킨다.
>
> ② 납세자 '승리녀'는 300만원의 소득세 부과처분을 받고 이에 불복하여 조세심판원에 심판청구를 제기하였다. 조세심판원은 사건을 심리한 후 300만원의 소득세 부과처분을 전부 취소하는 내용의 인용 결정을 하였다. 과세관청이 이에 승복하지 못하겠다면 어떻게 하여야 하는가?
>
> 🖐 심사청구나 심판청구와 같은 행정심판 절차에서 납세자의 청구가 전부 인용된 경우 과세관청은 이에 불복할 방법이 없다. 법원이 주재하는 행정소송 단계로 사건을 끌고 갈 수 있는 것은 오로지 납세자뿐이다. 따라서 여기서 과세관청, 좀 더 구체적으로는 관련된 세무공무원이 아무리 억울하게 느낀다 하더라도 승리녀에 대한 소득세 부과처

분은 취소된 것이며, 과세관청이 여기에 대하여 더 이상 취할 수 있는 조치는 없다.

③ 납세자 '부분승'은 300만원의 소득세 부과처분을 받고 이에 불복하여 조세심판원에 심판
청구를 제기하였다. 조세심판원은 사건을 심리한 다음 정당한 세액은 200만원이라고 보
아 이에 따른 경정을 명하는 내용의 결정을 내렸다. 부분승이나 과세관청 모두 이에 승복
하지 않는다고 할 때 이들은 각각 어떻게 하여야 하는가?

비록 승복하지 않는다 하더라도 조세심판원 결정에는 국세기본법 제80조 제1항에 따
른 기속력이 있으므로, 과세관청은 소득세를 200만원으로 감액하는 경정을 하여야만
한다. 그리고 이에 대하여 불복할 수 있는 방법이 없다. 반면 부분승은 과세관청의 감
액경정 후 남아 있는 200만원 부분에 대해서도 부과처분을 취소하여 달라는 내용의 소
송을 낼 수 있다.

납세의무가 있는지 없는지, 그리고 그 크기가 얼마인지를 다투는 것이 조세
소송에서는 가장 중심이 된다. 이미 이 장(章)의 첫 머리에서 쓴 대로, 이 전형적
인 유형의 소송은 대개 민사소송이 아니라 행정소송이다. 그리고 그 중에서도 가
장 흔한 유형인 취소소송이며, 이는 행정청의 작용이 '행정처분'에 해당함을 전제
로 하여 이를 취소할지 여부를 다투는 것이다. 곧 과세관청의 결정·경정의 효력
을 다툴 때에는 부과처분, 납세자 스스로 한 납세의무 신고의 효력을 다툴 때에
는 경정거부처분의 취소를 구하게 된다.

Ⅱ. 제소기간

부과처분이나 경정거부처분을 받고 나서 기간을 잘 지켜 임의적인 또는 필
요적인 전심절차를 적법하게 거쳐 온 납세자라 하더라도 소송을 낼 때에는 다시
정해진 기간을 준수하여야 한다.

국세기본법 제56조[다른 법률과의 관계] ③ 제2항 본문에 따른 행정소송은 「행정소송법」 제20조에도 불구하고 심사청구 또는 심판청구에 대한 결정의 통지를 받은 날부터 90일 이내에 제기하여야 한다. (단서 생략)

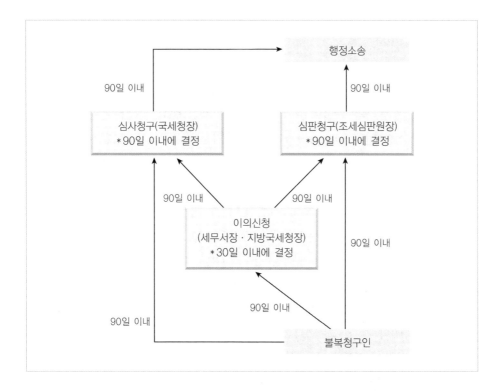

따라서 심사청구가 되었든 심판청구가 되었든 납세자에게 불이익한 결정이 내려지면, 이로부터 90일 이내에 소를 제기하여야 한다. 이 기간을 지나서 소를 제기하게 되면 그 소는 부적법한 것이기 때문에, 역시 납세자의 주장내용이 이유가 있는지 살펴보지도 않고 법원은 소 각하 판결을 내리게 된다.

이와 같이 불복 절차의 전 단계에 걸쳐 납세자는 끊임없이 90일이라는 기간을 준수하여야 하며, 한 번이라도 이 기간을 놓치게 되면 결정적인 불이익을 받게 된다. 그리고 이처럼 납세자에게 계속적인 부담을 주는 이유는 일반적으로 '조세법률관계를 조속하게 안정시킬 필요'라고 설명한다(동의하는가?). 부과처분이나 경정거부처분에 대한 취소소송을 낼 때 이 제소기간의 준수와, 제3절에서 살

퍼본 필요적 전심절차를 적법하게 거치는 것은 사건에 관한 법원의 판단을 받기 위한 가장 중요한 요건이다.

Ⅲ. 심리와 판결

취소소송의 절차가 적법하게 개시되면 다른 행정소송이나 마찬가지로 행정소송법에 따라 심리와 판결이 이루어진다. 몇 가지 중요사항만 살펴보자.

① 행정소송 일반론과 마찬가지로, 과세처분의 적법성을 뒷받침할 수 있는 사실에 관한 입증책임은 일반적으로 국가 측에 있다. 즉 과세관청이 그 과세처분이 적법하다는 점을 법원을 상대로 하여 보이고 설득할 책임이 있음이 원칙이다. 하지만 현실적으로는 과세처분이 적법한지, 즉 과세처분과 관련된 납세의무가 실제로 있는지, 또 얼마나 있는지 하는 판단은 납세자의 경제적 상황에 달린 것이므로 국가가 속속들이 알기 어려운 경우도 있다. 이러한 경우 실무적으로는 과세처분이 위법하다는 것을 보여야 하는 부담을 사실상 납세자가 지는 수도 생긴다. 이는 기본적으로 소송절차의 주재자인 법원이 그때그때 적절하게 판단하여야 하는 사항이다.

② 과세처분이 적법하다는 심증을 갖게 되면, 법원은 청구를 기각하는 판결을 선고한다. 반대로 적법하지 않다는 심증을 갖게 되면, 법원은 부과처분이나 경정거부처분을 취소하는 판결을 선고한다. 물론 100만원의 부과처분 중 30만원 부분만 적법하므로 30만원을 넘는 부분만을 취소한다는 식으로, 세액의 일부를 취소하는 판결을 선고하는 경우도 흔하다. 어느 경우에나 취소판결에는 기속력이 있으므로 과세관청은 이에 따라야 한다. 따라서 세액을 납부받은 경우라면 돌려주어야 할 의무가 있고, 납부받지 않은 경우라면 더 이상 강제징수 절차를 진행할 수 없다.

③ 납세자는 패소 판결을 받으면 상급법원에 상소(上訴)할 수 있다. 제2심 법원에 대한 것을 항소(抗訴), 최종심인 대법원에 대한 것을 상고(上告)라 한다. 중요한 것은 전심절차와 달리 일단 법원 단계에 이른 후 소송절차 내에서는 과세

관청도 자신에게 불리한 판결에 대하여 똑같이 상소할 수 있다는 것이다. 따라서 납세자로서는 가능하다면 행정심판 절차에서 이기는 것이 많은 비용과 시간을 아끼는 길이 된다. 행정심판기관의 인용 결정은 최종적인 것으로 과세관청의 불복이 허용되지 않으므로, 그 범위에서는 일종의 '단심제(單審制)'로 운영되는 셈이기 때문이다.

 연습문제

[2006년 사법시험 제8문]

다음은 국세의 불복절차를 나열한 것이다. 국세기본법상 허용되는 불복절차의 흐름으로 옳지 않은 것은?

ㄱ. 세무서장에 대한 이의신청
ㄴ. 국세청장에 대한 심사청구
ㄷ. 국세심판원장에 대한 심판청구
ㄹ. 감사원법에 의한 심사청구
ㅁ. 행정소송 제기

① ㄴ → ㅁ
② ㄷ → ㅁ
③ ㄹ → ㅁ
④ ㄱ → ㄴ → ㅁ
⑤ ㄴ → ㄷ → ㅁ

정답 ⑤

해설 심사청구와 심판청구 중 어느 하나만 제기할 수 있다. 국세기본법 제55조 제9항.

제5절   조세소송의 기초 [심화학습]

　　행정부 단계의 불복은, 꼭 조세법률관계에 따른 권리의무를 엄격히 따지기보다는 납세의무자가 얼마나 억울한가를 따지는, 말하자면 '원님재판' 같은 성격이 조금쯤은 있다(또는 있어야 한다). 헌법은 억울한 사정이 있는 국민이라면 누구라도 국가기관에 청원을 낼 수 있는 권리, 즉 청원권을 보장하고 있기 때문이다(제26조).

　　이와 달리 법원의 소송 단계에 이르면 납세자가 구제받을 수 있는지는, 절차법 면에서나 실체법 면에서나 철저하게 법을 따지고 권리의무의 존재, 법률관계의 내용 등을 하나하나 살펴서 그야말로 '법대로' 정한다. 특히 소송법이라는 것은 그 전체가 기술적인 규정이므로 원래 까다롭고 또 조세소송에는 한결 어려운 논점들이 이것저것 들어 있다. 그렇지만 어려운 것을 익혀보자는 각오를 단단히 하고 이 심화학습을 읽어보면 아주 재미있는 일종의 논리 게임임을 발견할 것이다. 고등학교 시절 수학을 잘 하는 사람이라면 문제를 풀면서 재미를 느끼는 것과 마찬가지이다. 원래 '법을 다룬다'는 일의 상당 부분이 이런 논리 게임이기 때문이다. 이 제5절은 기본적으로 법을 전공하는 학생들에게 조세소송의 기초를 소개하기 위한 심화학습이니 다른 독자들은 바로 다음 장으로 뛰어넘어도 좋다. 노파심에서 한 마디 덧붙이자면, 기성 법률가로서 세법을 공부하는 사람들이 실제 문제에 대한 답을 이 심화학습에서 바로 구하려 하면 안 됨은 물론이다(실제의 사건이란, 대개 사실관계 측면에서나 이와 관련된 법률적 쟁점의 측면에서나 훨씬 복잡한 문제들을 많이 포함하고 있기 마련이다).

I. 이른바 절차적 위법의 문제

　　부과처분이나 경정거부처분의 취소소송에서 주로 다툼의 대상이 되는 것은 실제로 세법이 정하는 요건을 갖추어 성립한 납세의무가 있는지, 그리고 그 액수는 얼마인지이다. 그리하여 낼 세금이 없는데도 부과처분이나 경정거부처분을 하였거나, 실제 낼 세액을 넘는 부과처분이나 경정거부처분을 했다면 이러한 처분은 위법한 것이 된다. 물론 법원은 위법한 부분을 취소 또는 감액경정하게 되고, 과세관청은 다시 같은 이유로 같은 내용의 부과처분을 할 수는 없다.[10]

그런데 간혹 이와 같은 부과처분의 '실체적 내용'이 아니라 그러한 부과처분을 하는 과정의 '절차적'인 흠이 문제가 되는 경우가 있다. 가장 전형적인 것이 부과처분을 할 때 납세자에게 보내는 납세고지서에 필요한 기재사항이 다 적히지 않은 경우이다.

기 본 사 례

납세고지서에 세액만 딸랑 …

소득세를 신고하지 않은 납세자 '나불복'에게 소득세 100만원을 부과하는 납세고지서가 송달되었다. 나불복은 50만원이 정당한 세액이라고 생각하고 있다. 다른 한편으로 이 납세고지서에는 100만원의 세액이 어떻게 산출되었는지에 관하여 전혀 아무런 내용이 기재되어 있지 않은 채 관련된 부분이 공란으로 비워져 있었다. 나불복은 소송에서 어떠한 주장을 할 수 있는가?

나불복은 이러한 부과처분에 대하여 전심 절차를 거치고 제소기간도 지켜 가면서 취소소송을 낼 수 있다. 이 소송에서 나불복은 두 가지의 주장을 할 수 있다. 우선 ① 이 부과처분 중 50만원을 넘는 부분은 실제로 납세의무가 성립하지 않았다는 점을 내세워 부과처분의 일부 취소를 구할 수 있다('실체적' 위법의 주장). 나아가 ② 100만원의 부과처분 전체에, 법에 따른 납세고지서를 발행하여 송달하지 않은 '절차적' 위법이 있다고 주장하여 부과처분의 전부 취소를 구할 수도 있다. 납세고지서에 문제된 세금의 과세표준과 그 산출 근거를 제대로 기재하지 않으면, 이와 관련된 부과처분이 위법하다는 것은 대법원의 확립된 입장이다.[11]

---

10) 여기서 자세한 설명은 하지 않으려 하지만, 대법원은 '다른 이유로 같은 내용의' 과세처분을 하는 것은 가능하다는 입장을 취한다. 궁금한 사람은 예컨대 대법원 2002. 7. 23. 선고 2000두6237 판결을 보라.

11) 이런 뜻의 판결은 매우 많은데, 그 중 최근의 것 하나로 대법원 2012. 10. 18. 선고 2010두 12347 전원합의체 판결. 특히 본세에 비하여 상대적으로 소홀히 취급되는 가산세의 경우에도 이러한 법리가 그대로 적용된다는 점을 밝힌 판결로 잘 알려져 있다.

일반론으로, 행정처분은 그 실체적 요건뿐 아니라 절차적 요건도 완전히 갖추어야만 적법하다. 따라서 절차적 요건을 갖추지 못한 과세처분은 실체적 요건을 갖추지 못한 경우와 동일하게 위법한 것이 되고 따라서 취소되어야 한다. 다만 절차적 요건을 갖추지 못하였다는 이유로 과세처분이 취소된 경우, 과세관청이 그러한 절차적 흠을 바로잡아 다시 과세처분을 할 수 있다면 이 새로운 과세처분은 적법하게 된다는 것이 판례이다.

기 본 사 례

이겼다고 생각했는데 … ㅠㅠ.

위의 사례에서 법원은 나불복의 ① 주장은 심리하지 않은 채 ② 주장을 받아들여 소득세 100만원의 부과처분을 모두 취소하였다. 관할 세무서장은 동일한 소득세 100만원에 관하여 과세표준과 그 산출근거를 제대로 기재한 납세고지서를 다시 발행하여 나불복에게 보냄으로써 새로운 부과처분을 할 수 있는가?

🖐 방금 말한 대로 예전 부과처분의 취소판결에 불구하고 이러한 새로운 부과처분을 할수 있다는 것이 확고한 판례이다. 소송에서 이겼는데 세금이 다시 나온다는 것이 선뜻납득하기 어려울 수 있지만, 과세관청이 비록 최초의 부과처분 당시 절차적인 측면에서잘못을 저질렀다 하더라도, 그를 기화로 나불복과 같은 납세자가 소득세 100만원의 납세의무로부터 완전히 벗어난다는 결론은 옳지 않다는 생각이다. 따라서 나불복이 위 ②와 같은 절차적 위법에 관한 주장을 할 때에는 이러한 점 역시 염두에 두었어야 한다(혹시 소송대리인이 있었다면 그러한 점을 나불복에게 분명히 알렸어야 함도 물론이다).

Ⅱ. 이른바 '특례제척기간'과 잘못을 바로잡은 재처분

방금 살펴본 것처럼 법원이 절차적 위법을 이유로 하여 과세처분을 취소한 경우, 만약 과세관청이 먼저 저지른 절차적 위법의 잘못을 바로잡아 다시 과세처분을 하는 것이 가능하다면, 그러한 과세처분을 되풀이할 수 있다. 그런데 소송절차에서 판결이 나올 때까지는 흔히 상당한 시일이 소요된다. 그리하여 절차적 위법을 이유로 한 취소판결이 선고된 다음에 다시 과세처분을 하려고 해도 부과제척기간이 지나버려서 그러한 과세처분을 할 수 없다고 여겨지는 경우가 있을 수 있다.

현재 과세관청의 이러한 어려움을 구제하여 주는 수단으로 국세기본법 제26조의2 제6항이 마련되어 있다. 같은 조의 제1항이, 제2장 제3절에서 살펴본 (일반적인) 부과제척기간에 관한 규정이라면, 이 제6항은 흔히 '특례제척기간'으로 불린다. 이 조항에 따르면 과세관청은 부과제척기간이 지났다 하더라도 취소판결이 확정된 날부터 1년 이내라면 이와 같이 예전의 잘못을 바로잡은 새로운 과세처분을 할 수 있다.

이 조항에 따라 새로운 과세처분을 받는 것은, 납세의무자의 입장에서 본다면 아주 당황스러울 수 있다. 소송에 이겼음에도 불구하고 다시 같은 내용의 과세처분을, 그것도 일반적인 부과제척기간이 지난 시점에 받게 되는 것이다(기억을 되살려 일반적인 부과제척기간이 5년, 7년, 10년으로 정하여져 있다는 점을 생각하여 보라).

나아가 실체적인 위법으로 취소판결이 나온 경우에도 국세청이 비슷하게 재처분을 하는 경우가 있다. 즉 과세처분의 내용이 잘못되어 취소된 경우에도 다시 같거나 유사한 내용의 과세처분이 이루어질 수도 있다는 것이다. 몇 가지 경우를 생각하여 보자.

① 우선 취소판결이 부과처분을 전부취소하기는 했지만 판결의 이유 부분을 잘 살펴보면 부과처분이 속속들이 잘못된 것은 아니라고 밝히고 있는 경우가 있다. 이러한 경우에는 부과처분에 일부 잘못이 있기는 한데, 그 잘못된 부분을 따로 가려내어 그 부분에 대한 세액을 계산하는 것이 법원의 입장에서 어렵다 보니 부과처분을 전부취소한다고 판결에 쓰게 된다. 이러한 경우 국세청이 세액을 새로 계산해서 다시 부과처분을 한다. 물론 이 경우는 따지고 보면 납세자로서 특별히 억울할 것은 없을 수도 있고 판결의 이유 부분을 잘 읽어보았다면 이러한 결과가 나오리라는 것을 예상하였을 수도 있다. 하지만 그런 상황을 잘 이해하지 못하였다면, 전부승소 판결 이후에 이루어지는 새로운 부과처분이 당혹스러울 수도 있다(이미 말한 대로 특히 특례제척기간의 적용까지 받았다면 더욱 그러할

것이다).

② 한편 국세기본법 제26조의2 제7항 제1호를 보면 애초 부과처분을 받은 납세자가 그저 명의대여자였을 뿐이라는 이유로 취소판결이 나온 경우 실제로 사업을 한 자에게 1년 안에 부과처분을 할 수 있다고 정하고 있기도 하다. 이 경우에는 같은 내용이기는 하지만 그 전과 다른 납세자에 대한 과세처분이 이루어지게 된다.

요컨대 국세기본법 제26조의2 제6항이나 제7항은, 과세관청의 입장에서 보자면 부과제척기간에 구애받지 않고 소송절차에서 끝까지 다투어 볼 수 있는 가능성을 보장하여 주는 조항이라고 여기게 될 것이다. 일단 패소 판결을 받더라도 다시 적법한 과세처분을 할 수 있는 가능성이 늘 시간적으로 보장되기 때문이다. 그리고 그 범위 내에서 납세자는 그만큼 불리한 입장에 서게 되며, 부과처분의 취소 판결을 받는 경우에도 그 결과 자체뿐 아니라 그러한 결과가 나온 이유까지 판결을 꼼꼼히 읽어가며 확인할 부담─당연한 것이라고 해야 할까?─을 안게 된다.

Ⅲ. 증액경정처분과 취소소송

지금까지 살펴본 대로 과다신고한 세액에 대하여는 경정청구를 해야 하고, 부과처분에 대해서는 바로 그 취소를 구하는 행정심판부터 내야 한다. 물론 경정청구의 경우에도 이를 거부하는 처분이 있으면 행정심판부터 내야 함은 마찬가지이다. 그리고 행정부 단계의 이런 전심 절차에서 원하는 바를 얻지 못하면 궁극적으로는 행정소송을 하게 된다. 또한 신고나 부과처분이 잘못되어 이를 증액경정하는 부과처분이 있으면 그런 증액된 부과처분에 대해서 역시 행정심판이나 행정소송을 해야 한다.

그런데 어느 한 해(가령 2020년)의 소득세를 생각해 보면, 1) 애초 신고가 있고, 그 뒤에 2) 신고한 세액을 증액하는 경정처분, 그 뒤 다시 3) 증액경정에 틀린 점이 있다고 생각해서 증액한 금액 중 일부를 감액경정하는 처분, 4) 또 다시 따져보니 또 다른 이유로 더 낼 세금이 있다고 생각해서 세액을 다시 올리는 새로운 증액경정처분, 이런 식으로 신고와 둘 이상의 처분이 섞여 있을 수 있다. 애초 신고가 없었던 경우에도 처음에 소득세를 부과— 세법이 쓰는 용어로는 '결정' — 하는 처분과 그 뒤에 이어지는 증액, 감액, 재증액의 '경정' 등 여러 처분이 혼재할 수 있다. 이러한 경우 무엇을 대상으로 삼아 어떻게 다투어야 하는지가 복잡해진다. 실제로도 굉장히 복잡하고 까다로운 이론과, 이를 더 까다롭게 만든 국세기본법 제22조의3 제1항과 같은 법조문의 내용에 따라 답을 정하므로, 여기서 자세히 설명할 수는 없다. 다만 몇 가지 전형적인 사례에서 어떤 결과가 나오는지 결론만 언급하여 둘까 한다.

기 | 본 | 사 | 례

그냥 넘어갔는데 이제 보니 …

(1) 01년분 소득세 납세의무를 신고하지 않았던 납세자 '소홀남'은 03년 4월 1일에 30만원의 소득세 부과처분을 받았으나 바쁜데다가 금액이 그렇게 큰 것도 아니어서 그 내용을 살펴보지 못한 채 90일 동안 행정심판 청구를 내지 않았다. 90일의 기간 제한 때문에 이 부과처분은 더 이상 다툴 수 없는 상태가 되었다. 그런데 과세관청인 관할 세무서장은 03년 10월 1일에 다시 소득세를 500만원 더 내라는 내용의 부과처분, 곧 증액경정처분을 하였다. 깜짝 놀란 소홀남이 그 내용을 살펴보니 새로 나온 500만원만이 아니고 처음에 나온 30만원 부분도 터무니없는 오해 때문임을 알게 되었다. 소홀남은 어떠한 조치를 취할 수 있는가?

소홀남은 증액경정처분을 받은 날부터 90일의 기간들, 곧 심사청구나 심판청구를 할 수 있는 기간, 그 다음에 법원에 소를 제기할 수 있는 기간들을 꾸준히 준수하면서 불복 절차를 밟아야 한다. 문제는 이때 소홀남이 혹시 더 이상 다툴 수 없게 되었던 30만원 부분에 대해서까지 부과처분 취소를 구할 수 있는가 하는 점이다. 예전의 판례는, 어차피 01년분 세액을 다투는 마당이니 불복할 수 있는 시한이 지나간(조금 더 어려운 말로는 '절차적 확정력'이 생긴) 30만원 부분도 함께 취소를 구할 수 있다는 입장이었지만, 현재에는 그 뒤에 새로 생긴 국세기본법 제22조의3 제1항이 이러한 결과를 막는다고 보고 있다. 따라서 소홀남은 증액경정처분 취소소송에서 증액된 500만원의 세액 부분에 한하여 부과처분 취소를 구할 수 있다. 이는 처음의 부과처분으로부터 90일이 지날 때까지 소홀남이 불복 절차를 밟지 않음으로써 국가가 30만원의 세액에 관하여 갖게 된 일정한 법적 지위나 그에 관한 법적 안정성을 계속 보호한다는 의미를 가진다.

(2) 01년분 소득세 납세의무를 신고하지 않았던 납세자 '소송종'은 03년 4월 1일에 100만원의 소득세 부과처분을 받고 이에 바로 심판청구를 하였으나 03년 9월 1일에 기각 결정을 받았다. 소송종은 바로 이 과세처분을 취소하여 달라는 내용의 소를 제기하여 현재 소송을 하고 있는 중이다. 그런데 관할 세무서장은 04년 2월 1일에 다시 200만원만큼 소득세를 늘리는 내용의 부과처분, 곧 증액경정처분을 하였다. 소송종은 이에 대하여도 불복하고자 한다. 어떤 조치를 취할 수 있는가?

소송종은 물론 증액경정처분에 대하여도 행정심판 단계부터 시작하여 불복을 할 수 있다. 다만 이런 증액경정처분에 대해서 따로 소송을 할 수는 없다는 것이 확립된 판례이다. 대신 소송종은 이미 계속하고 있는 소송절차를 이용할 수 있다. 즉 원래 하였던, 100만원의 부과처분을 취소하여 달라는 내용의 청구를 '확장'하여 합계 300만원의 부과처분을 취소하여 달라는 내용의 청구로 바꾸는 것이다. 이때 새로운 증액경정처분에 대하여는 굳이 행정심판 절차를 새로이 거치지 않아도 된다. (1)의 소홀남과 달리 소송종이 이와 같이 300만원 전액에 관하여 취소를 구할 수 있는 것은, 처음의 100만원에 관하여도 소송종이 90일이라는 기간 안에 불복 절차를 개시하였기 때문에 이에 관하여 보호하여야 할 국가의 '법적 지위'가 없고 법적 안정성의 문제도 생기지 않기 때문이다 (다시 정리하여 보자면 판례에 따를 때, 소송종은 세액을 증액하는 경정처분에 대하여 행정심판을 거친 다음에 이미 계속하고 있는 소송절차 내에서 청구를 확장할 수도 있지만, 그러한 행정심판을 굳이 거치지 않고 바로 청구를 확장할 수도 있다고 한다[12]).

(3) 납세자 '가신고'는 01년분 소득세 100만원을 02년 5월에 신고하였다. 관할 세무서장은 04년 4월 1일 01년분 소득세를 200만원만큼 늘리는 내용의 증액경정처분을 하였고, 가신고는 이에 불복하고자 한다. 특히 가신고는 원래 신고하였던 100만원 부분에 대해서도, 법을 잘 몰라서 필요경비를 제대로 반영하지 못해서 과대신고했던 것일 뿐이고 필요경비를 제대로 다 공제하면 세액이 영(0)이었다고 생각하고 있다. 가신고는 어떤 조치를 취할 수 있는가?

가신고가 증액경정처분 취소소송에서 200만원 부분의 취소를 구할 수 있음은 물론이다. 문제는 원래 신고한 100만원 부분에 대해서도 취소를 구할 수 있는가 하는 점이다. 현재의 실무에 따르면 이 100만원 부분을 합한 300만원 전부에 대하여 취소를 구할 수

---

12) 관심이 있는 사람은, 대법원 2013. 2. 14. 선고 2011두25005 판결을 찾아보라.

있다. 왜 그런 결론이 나오는지 논리 게임을 해 보자.

① (1)(2)에서 보았듯이 증액경정처분 취소소송에서 단순히 증액경정처분으로 추가 확정된 세액 부분만 다툴 수 있는지, 아니면 그 전에 확정된 세액 부분까지 한꺼번에 다툴 수 있는지는 그 전에 확정된 세액에 관하여 국가가 어떤 지위를 갖게 되었는지에 달려 있다. (1)의 소홀남의 경우에는 원래 부과처분에 절차적 확정력이 생기면서 국가가 그 세액에 관하여 일정한 '법적 지위'를 갖게 되었고, (2)의 소송종의 경우에는 불복 절차가 제대로 개시되었기 때문에 절차적 확정력이 생긴 세액 부분이 없었다. 가신고의 경우는 어떠한가? 신고로 확정된 세액에 관하여는 경정청구를 하여야 하는데 경정청구의 기간은 5년으로서 아직까지 남아 있는 상황이다. 즉 가신고가 100만원에 대하여 여전히 경정청구를 할 수 있기 때문에 국가는 이 세액에 관하여 아직껏 별다른 법적 지위를 갖게 된 것이 없다. 따라서 여기서도 가신고는 이 부분까지 합쳐 하나의 소로 한꺼번에 300만원의 취소를 구할 수 있다는 것이다. 100만원 과대신고 부분에 관하여 굳이 별도의 경정청구를 낼 필요도 없다. 혹시 법학 전공자가 아닌 독자 가운데 이 논리 게임을 제대로 풀어서 이 답에 이른 사람이 있으면 법학전문대학원 진학을 생각해봄직하다. 장차 법률가로 대성할 가능성이 있다.

위 (1)~(3)의 논의에서 한 가지 살펴보지 않은 '경우의 수'가 있다. 즉 신고로 확정된 세액에 관한 5년의 경정청구기간이 지났는데, 그 뒤 증액경정처분이 이루어지는 경우이다. 신고가 있은 경우 부과제척기간이 보통은 5년이기 때문에 이런 일이 흔하지는 않겠지만, 10년의 부과제척기간이 적용되는 경우도 있으므로 불가능하지는 않다. 그러한 경우라면 (1)의 소홀남에 준하여 생각하여 보아야 할 것이다. 다만 흔한 경우가 아니고, 이미 논의가 너무 어려운 곳으로 접어든 것 같으므로 별도의 사례를 설정하여 논의하지는 않았다.

한편 위 (2)의 소송종의 사례나 (3)의 가신고의 사례에서 분명히 증액경정처분은 200만원의 세액을 추가로 확정시키는 것을 내용으로 하였는데, 어떻게 당초의 부과처분이나 신고에 따른 세액 100만원을 포함해서 300만원의 부과처분 취소를 구할 수 있는가 하는 의문이 들 수 있다. 의문을 제기하는 것은 당연하며, 이러한 의문을 해결하기 위해 그 동안 학설·판례는, 가령 이들 사례라면 01년의 세액이 얼마인가가 소송의 쟁점이라고 보고 그에 맞추어 증액경정처분이 먼저 이루어진 부과처분이나 신고를 '흡수'한다는 이론을 만들어서 활용하여 왔다

(흔히 '흡수설'). 즉 100만원의 신고나 부과처분이 있은 후 200만원의 증액경정처분이 있으면, 이 증액경정처분이 그 전의 신고나 부과처분을 '흡수'하여 결국 300만 원의 부과처분이 있었던 것과 마찬가지가 된다는 설명이다.[13]

Ⅳ. 원천징수의무에 대한 불복

여태까지는 세액이 확정되는 경로를 크게 납세자의 신고와 과세관청의 결정·경정으로 보고, 각각의 경로에서 경정거부처분과 부과처분이라는 행정처분이 생긴다는 점에 주목하였다. 행정처분이 생기는 이상 결국 그에 대한 불복 절차는 취소소송으로 수렴하게 된다.

여기서 다루지 않은 것이 원천징수의무를 다투는 경우이다. 근로소득을 벌어 본 사람은 다 알 듯이 납세의무 자체는 소득을 얻은 근로자가 지지만, 근로소득에 들어갈 급여를 지급하는 회사는 미리 세금을 떼어 국가에 납부할 원천징수의무를 지고 근로자는 그 나머지, 곧 세후(稅後) 금액만 지급받는다. 그 밖에도 소득세의 원천징수의무가 생기는 경우들이 있고, 또 법인에게 소득을 지급하는 경우에도 훨씬 범위가 좁기는 하지만 원천징수의무가 문제될 때가 있다. 그리고 이런 원천징수의무를 둘러싸고 원천징수의무자(소득을 지급하는 자, 가령 고용주)와 국가 사이에 다툼이 생기는 경우가 있다.

이때에는 지금껏 살펴본 것과는 다른 이론이 적용된다. 여기서 다루지 않았지만, 소득세나 법인세 원천징수의무는 납세자의 신고나 과세관청의 부과처분 같은 별도의 행위 없이 법의 규정에 의하여 '자동으로' 성립하고 확정된다고 보기 때문이다. 역시나 복잡한 논의가 필요하므로, 혹시나 관심을 가질 사람을 위하여 실무상 가장 중요한 결론 세 가지만 덧붙여 두자면 이렇다.

① 원천징수의무자가 원천징수의무를 이행하지 않으면 국가는 납세고지서를 보내는데 이것은 부과처분의 성격이 없는 징수처분, 곧 강제징수 절차의 일환

---

13) 이 문제는 사실 필요 이상으로 아주 까다롭고 복잡하다. 혹시라도 관심이 있다면 우선 대법원 2009. 5. 14. 선고 2006두17390 판결로부터 출발하도록 할 것.

이다. 원천징수의무자는 이 징수처분의 취소소송을 내고(물론 전심 절차를 거쳐야 한다), 그 취소소송에서 원천징수의무가 없다는 점을 주장하여 다툴 수 있다. 징수처분 취소소송에서 납세의무가 있고 없고를 다툴 수 있다는 것은, 신고나 부과처분으로 확정된 세액에 관하여는 인정되지 않는 예외적인 결론이다(이때에는 어디까지나 부과처분 취소소송이나 경정거부처분 취소소송에서 납세의무가 있고 없고를 다투어야 하고, 그 뒤에 이루어진 징수처분 취소소송에서는 더 이상 그러한 쟁점이 문제될 수 없다는 것이 확고한 판례·실무례이다).

② 종래의 판례에 따를 때 원천징수의무자가 원천징수의무를 이행하고 나서 그 원천징수의무가 없었다는 점을 주장하여 소송을 하고 싶다면, 이때에는 국가를 상대로 한 부당이득반환청구를 해야 한다. 이것은 행정소송이 아니라 민사소송이며, 그러한 점에서 역시 예외적인 결론이다. 그런데 현행 국세기본법은 일정한 경우 원천징수의무자에게도 경정청구를 허용하므로(국세기본법 제45조의2 제5항을 보라), 이에 해당한다면 그에 따라 경정청구를 할 수도 있다. 이 제도의 여파로 그렇다면 이제 이러한 경우에는 (더 이상 민사소송을 할 수는 없고) 경정청구 — 만약 거부당한다면, 이제는 독자들에게 익숙할 경정거부처분 취소소송 — 라는 길만이 남아 있는 것 아닌가라는 문제가 생긴다. 이에 관한 판례는 아직 없다. 나아가 세금 문제를 민사소송으로 해결한다는 결론에 대하여 납득하지 못하는 사람도 많아서, 종래 확고하게 인정되던 민사상의 부당이득반환 청구도 앞으로는 행정소송으로 바뀌어야 한다는 쪽으로 판례가 바뀔 수도 있다. 이와 관련하여 '당사자소송'이라는 또 다른 행정소송의 유형에 대한 관심이 높아지고 있다.

③ 법인세 부분에서 살펴보겠지만 법인의 소득이 '사외(社外)'로 유출'된 경우, 소득세법에 따라 소득금액변동통지[14]라는 서류를 법인과, 그러한 '유출'의 상대방에게 보낸다. 법인이 소득금액변동통지를 받으면 '사외유출'된 소득에 대한 원천징수의무가 생긴다. 이 경우에는 소득금액변동통지라는 행정'처분'의 취소를 구하는 행정소송을 내어야 한다.[15] 대신 이에 대하여는 민사소송도, 경정청구도

---

14) 우선 소득세법 제131조 제2항 제1호를 보라.

15) 혹시라도 궁금한 사람은, 우선 대법원 2006. 4. 20. 선고 2002두1878 전원합의체 판결을 보라.

할 수 없다.

V. 사 족

이 모든 결론들을 보면서 어떤 생각이 드는가? 조세법률관계는 누구에게나 생길 수 있지만 그 관계에서 벌어지는 쟁송 절차는 (아마도 필요 이상으로) 이해하기 어렵고 까다롭다. 이 제5절 심화학습이 무슨 말인지 이해하지 못한 독자가 있더라도 스스로의 잘못이 아니다. 잘 훈련받은 법률실무가라 해도 이 영역에 익숙하지 않으면 이러한 내용을 속속들이 알기 어렵기 때문이다.

이러한 상태가 '최선'은 아니겠지만, 현재의 실무가 분명 그러하고 또 쉽게 바뀔 것 같지도 않다. 만약에 주위의 누군가에게 정말로 이러한 다툼이 생기고 불복하여야 할 상황이 생긴다면 어떨까? 가능한 한 빨리, 이러한 내용을 잘 이해하는 사람과 상의할 필요가 있다는 것이 아마도 현실적으로 할 수 있는 유일한 조언이리라. 이 심화학습을 읽었다고 답을 알거나 알 것 같다고 생각하면 안 됨은 물론이다. 정말로 빙산의 일각을 보여준 것뿐이다.

🖩 연습문제

[2020년 제9회 변호사시험 제2문 3.]

[문] A사가 소득금액변동통지를 행정소송으로 다투기로 하였다고 할 때, 적법한 소 제기에 이르기까지 A사가 필수적으로 거쳐야 하는 「국세기본법」상의 절차를 청구기간과 함께 논하시오.

정답과 해설 현재의 판례에 따를 때 소득금액변동통지는 그 자체로 행정처분이므로, 이에 관한 통지를 받은 날로부터 90일 이내에 전심 절차를 개시하여야 한다. 즉 심사청구나 심판청구를 하여야 하고, 거기서 각하 또는 기각 결정을 받으면 그 날로부터 역시 90일 이내에 취소소송을 낼 수 있다.

PART

02

소득세

이 편에서는 소득세법의 주요 내용을 살펴본다. '소득'을 과세대상으로 삼는 세금인 소득세제에는 소득세와 법인세가 있는데, 전자는 주로 개인의 소득을, 후자는 주로 법인의 소득을 과세대상으로 삼는다. 법인의 소득이란 결국 개인 또는 개인의 집합이 법인을 통해 벌어들인 소득으로서 궁극적으로 전부 개인의 소득으로 귀속된다. 따라서 법인세는 소득세제의 큰 틀 속에서 개인의 소득 중 법인을 통해 벌어들이는 소득을 과세대상으로 삼아 별도의 세목으로 정하고 있는 것으로 볼 수 있으며, 이 책의 제3편(법인세)에서 따로 자세히 다룬다. 또한 오늘날 이자, 배당, 임금과 같은 개인의 소득은 대부분이 회사 내지 법인이라는 형태의 기업조직을 통해서 창출된 것을 기업에 관련된 개인들이 계약이나 회사법 등 여러 가지 법적 제도를 통해서 나누어 가지는 것이다. 이 점에서 이 편의 내용과 제3편(법인세)의 내용은 상호 밀접한 연관성을 가지고 있다.

소득세법의 기본 구조

소득세법이나 법인세법이 '소득'을 과세한다고는 하지만 사실 '소득'이라는 말은 당연히 그 의미가 확정되어 있는 불변의 용어가 아니다. 소득세의 경우 과세대상 소득의 범위는 법에 명시한 일정한 원천이나 성격에 국한하는 소득원천설 또는 제한적 소득 개념인 데 비해, 법인세의 경우 소득이라는 말은 원천이나 성격을 묻지 않고 부의 증가를 모두 과세하는 순자산증가설 또는 포괄적 개념이다. 역사를 살펴본다면 소득이라는 개념은 근대사회의 도래라는 특정한 배경 아래 생겨난 것이고, 시대에 따라 또는 각 나라의 사회경제적 처지에 따라 그 의미가 변해왔음을 알 수 있다.

역사를 볼 때 소득을 과세하는 세제로는 개인을 납세의무자로 삼는 소득세가 당연히 먼저 생겼다. 이 장에서는 소득세의 역사를 살펴봄으로써 '소득'의 개념이 어떻게 형성·발전해 왔는지를 이해한 다음, 오늘날 '소득' 개념의 기본적인 틀이 무엇인지를 살펴보기로 한다. 이와 함께 현행 소득세법의 총칙에 해당하는 법령과, 소득세 전반에 걸친 중요한 쟁점과 개념 틀을 함께 살펴보기로 한다. 특히 제1절과 제2절의 내용은 제3편(법인세)과 매우 밀접한 연관을 갖는다.

소득세제의 연혁과 기본 이념

Ⅰ. 소득세제의 연혁

　　오늘날 소득에 대한 세금, 즉 소득세는 세제의 중핵을 차지하고 있으며, 소득에 따라 세금을 낸다는 생각은 너무나 자연스럽게 받아들여지고 있다. 그러나 이와 같이 너무나 당연한 것처럼 받아들여지는 소득세의 역사는 실제로 200년 안팎에 불과하다. 또한 '소득'이란 개념도 그 의미가 반드시 명확한 것이거나 또는 소득세 도입에 앞서 분명히 정착되어 있었던 것이 아니며, 오히려 소득세가 도입되어 발전되는 과정에서 과연 '소득'이란 무엇인가 하는 것이 본격적으로 연구와 논쟁의 대상이 되어 온 것이다.

1. 영 국

　　세계에서 최초로 근대적인 소득세를 도입한 나라는 영국으로, 나폴레옹을 상대로 한 전쟁이 소득세 도입의 배경이 되었다. 전쟁에 드는 비용이 기하급수적으로 늘어나자, 결국 당시 영국 정부는 소득세(duties on income)라 불리는 새로운 내용의 세금을 도입하게 된다. 그 내용이 무엇이든 새로운 세금이 국민들의 환영을 받을 리는 만무하다. 실제로 소득세 역시 납세자들의 격렬한 반발을 부르게 되었다. 이 과정에서 납세자 개개인으로부터 직접 걷었던 소득세는 조세저항을 최소화하기 위하여 간접세에 가까운 방향으로 변화하기도 한다. 이와 같이 변모된 소득세는 납세자의 모든 소득이 아니라 관련 세법에 열거되어 있는 종류(또는 원천)의 소득에 한하여 물리는 것(요즘의 용어로 하면 '분류과세')으로 바뀌었고, 특히 납세자로부터 직접 세금을 걷는 것이 아니라 중간에서 납세자에게 소득을 지급하는 자로부터 — 즉 '원천(source)'에서 — 세금에 해당하는 부분을 걷었다는 점(요즘의 용어로 하면 '원천징수')에 그 중요한 특징이 있었다. 이에 힘입어 국가가 개개 납세자의 경제생활 전반을 들여다볼 필요성이 상당 부분 사라지게 되었고,

소득세제는 종전보다 훨씬 더 원활하게 운영되었다.

애초에 전비조달 수단이라는 필요악으로 도입했던 만큼 소득세제는 나폴레옹 전쟁 종결 직후 '다시는 재도입되지 않을 것'이라는 정치적 약속과 함께 폐지되었다. 그러나 그 이후에 영국 정부는 재정적 어려움을 겪을 때마다 소득세를 한시적으로 도입하여 문제를 해결하고자 하였다. 이러한 상황이 계속됨과 동시에 19세기 중반을 거치면서 담세력이나 세부담의 공평한 분배에 관한 사람들의 사고방식이 서서히 변화하게 되었고, 소득세는 필요악이 아니라 오히려 가장 공평한 세금이라고 받아들이는 사람이 점점 늘어났다. 결국 19세기 후반 이후로 소득세는 한시적인 세금이 아니라 영구적인 세금으로 전환되어 오늘날에 이르고 있다.

기 초 학 습

창문세(windows tax): 자유와 공평의 타협

▲ 19세기 프랑스 화가인 Beaumont이 창문 수를 기준으로 세금을 매기는 장면을 묘사한 그림이다.[1]

오늘날 누진세를 기초로 한 소득세가 서구 사회에 보편화되기 전에 이와 비슷한 취지에서 활용되던 세금이 흔히 '부유세'라 일컬어지는 자본세(capital taxes)였다. '소득', 즉 얼마나 부의 증가가 있었는가를 잴 수 있는 방법이 마땅치 않았던 상황에서 얼마나 많은 재산을 보유하고 있는가를 기준으로 세부담을 지우는 것이 공평하다는 생각에 기초한 것이다. 특히 산업혁명과 상공업의 발달로 거대한 부를 축적한 제조업자와 상인(merchants) 계급이 새로운 세력으로 등장하면서 이들에 대한 과세의 필요성은 더욱 커졌다. 하지만 이들의 부를 정확히 파악하기 위해서는 국가가 이들의 집 안을 들여다보게 되어 사생활 침해의 문제를 야기하였고 필연적으로 상당한 저항을 받게 된다. 당시 싹트고 있던 민주주의 원리에 입각한 자유권과 충돌이 발생한 것이다. 이런 사정에서 16세기~19세기까지 서유럽에서 널리 활용되던 세금 제도가 창문세(windows tax), 굴뚝세(hearth tax) 등이다. 창문이나 굴뚝이 많으면 부자로 취급하는 일종의 추정과세(presumptive taxation)라 할 수 있다.

---

1) F. Grapperhous, Taxes through the Ages, IBFD, 2009, p. 37에 실린 그림에서 발췌.

2. 독 일

독일의 소득세제 역시 영국의 소득세제와 마찬가지로 나폴레옹 전쟁의 와중에서 생겨났으며(나폴레옹이 프로이센을 굴복시키고 자신의 전비 중 일부를 부담시키고자 한 데에서 기원한다), 대체로 위에서 살펴본 영국의 변형된 소득세와 같은 내용을 담고 있었으나 역시 나폴레옹 전쟁 직후 바로 폐지되었다. 독일의 소득세제 발전과 관련해서는 1891년에 전국적으로 실시했던 소득세법이 특히 중요하다. 이 소득세는 영국이 일찍이 도입했던 분류과세와 신고납세를 그 중핵으로 하고 있었다. 분류과세, 결국 소득세법에 열거된 유형별로 소득을 각각 달리 과세하는 제도는 열거된 유형에 속하지 않으면 과세소득이 아니라는 결과를 낳는다. 이를 '제한적 소득 개념'이라는 용어로 표현하기도 한다. 이와 같이 '열거된 소득만이 소득'이라는 입장을 관철해야 옳은 것인가를 둘러싸고 논쟁이 있었으며, 특히 제한적 소득 개념을 정당화하기 위하여 소득이란 '늘 반복되는 수입'이라든가(반복성설), '고정된 원천으로부터의 순소득으로 규칙적·반복적으로 생기는 재화의 합'이라든가(원천설) 하는 주장들이 제시되었다. 그리고 이러한 주장 역시 선재(先在)하는 소득 개념으로부터 연역적으로 도출된 것이라기보다는 당시의 독일 세법상 열거되어 있는 소득 항목들의 공통점을 귀납적으로 추출하고자 한 것에 불과하였다. 한편 이에 대하여 '소득'이란 납세자의 경제적 부(富)의 일체의 증가를 말한다는 순자산증가설 또는 포괄적 소득 개념이 제시되기도 하였으나 실정법에 채택되지는 못하였다.

3. 미 국

미국의 소득세제 역시 남북전쟁의 전비조달을 위하여 최초로 도입되었다가 곧 폐지되었다는 점에서는 다를 것이 없다. 그러나 그 후 1894년 미국이 소득세를 재도입한 역사는 오늘날 소득세의 근거가 무엇인가에 관한 명확한 정치적 색채를 띠게 되며, 특히 20세기를 전후하여 사람들의 인식이 어떻게 바뀌는가를 뚜렷이 보여 준다.

1894년 소득세제는, 남부와 중서부의 농촌에 뿌리를 둔 민주당이 관세 중심의 종래 세제가 북동부의 상공업자들에게 일방적으로 유리한 세제라고 주장한 결과 생겨났다. 19세기 후반 미국에서는 산업이 급속도로 발전하면서 철도, 철강, 석유 등과 관련된 거부들(카네기, 록펠러, 모간, 웨스팅하우스와 같은 지금도 익숙한 이런 이름들은 다 그때 그 부자들의 이름이다)이 다수 출현하게 되는데, 그럼에도 불구하고 관세나 물품세와 같은 간접세 중심의 세제하에서 이들이 부담하는 세부담의 비중은 상대적으로 미미하였던 것이다. 그리하여 1894년에 소득세가 다시 도입되었으나, 바로 다음 해

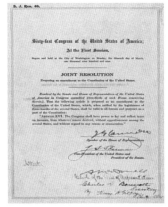

▲ 미국의 16차 헌법 개정을 발의한 1909년 상하원 합동 결의서

에 연방대법원에서 위헌 판결을 받아 사라지게 된다. 소득세가 위헌 판결을 받은 기술적인 이유는 미국 연방헌법의 해석상 소득세와 같은 세금을 부과하는 것이 연방정부의 권한범위 내에 속하지 않는다는 것이지만, 실제로 이 판결은 정치적 의도—즉 연방대법원의 보수적 성향—에 따른 것으로 의심을 받기도 한다. 결국 연방헌법의 개정을 통하여 1913년에 이르러 순자산증가설과 신고납세, 그리고 누진율을 중심으로 하는 새로운 소득세제가 나타나게 되었고 여러 변화를 거쳐 현재에 이르고 있다.

기초학습

미국의 16차 헌법 수정운동과 Edwin Seligman

1800년대 후반에 영국, 독일 등 유럽 각국이 소득세를 도입하자 미국도 1894년에 정치적 논란 끝에 소득세를 도입하였다. 하지만 당시 미국 사회는 부에 대한 누진적 과세체계를 당연하게 받아들일 준비가 되어 있지 못하였다. 결국 대법원은 이듬해인 1895년 Pollock 판결에서 소득세는 연방헌법의 주(州)별 인구비례 원칙에 어긋난다는 이유로 당시 소득세가 위헌이라고 판단하였다. 하지만 이 판결은 정부 재정에 있어서 Dred Scott 판결[2]이라는 등의 혹독한 비판에

---

2) 노예제도를 인정한 1857년 미국 대법원의 악명 높은 판결로서 남북전쟁의 도화선이 되었다.

▲ Edwin Seligman
(1861~1939)

직면하게 되었고 연방제도의 영속성을 위협하는 사건으로 엄청난 정치적 반향을 불러일으켰다. 예를 들어, 당시 세제(주로 관세, 물품세 등의 간접세)만으로는 매사추세츠 주민의 세부담은 소득의 2.8%인 반면, 미네소타 주민의 세부담은 소득의 32.9%에 이르는 심한 역진성을 보이고 있었다. 이리하여 1900년대에 들어 주간 인구비례 배분 없이도 소득세를 부과할 수 있는 내용의 16차 헌법 수정운동이 전개되었고 1909년 연방의회의 상하 양원을 통과한 후 2/3의 州의 인준을 거쳐 1913년 공식 발효하여 오늘에 이르고 있다.

한편, 미국의 16차 헌법 수정운동을 주도한 대표적 인물이 당시 컬럼비아 대학의 정치경제학자인 Edwin Seligman이다. 그는 갈수록 부의 집중이 심화되는 시대에는 적절하게 누진적인 소득세만이 국민의 담세력을 재는 가장 좋은 방법이며, 누진세제를 어느 정도로 실행할 것인지의 문제는 여전히 어려움이 있으나 납세의 무자의 능력을 기초로 세제를 짜기 위한 이론적 기반의 표현으로서 매우 유효한 수단이라고 주장하였다. 참고로, Seligman은 뉴욕의 거대 은행 재벌의 2세로서 대(代)를 이어 평생 충성스런 공화당원으로 살다가 생을 마감한 인물이었다.

새로운 소득세의 존립 근거가 된 연방헌법의 수정 조항이나 이에 따른 연방세법의 규정은 모두 소득의 개념을 대단히 넓게 정의하고 있었다. 그러나 여전히 소득의 개념을 제한하고자 하는 시도가 있었고 이러한 시도는 특히 '실현'의 개념을 소득세의 한 내용으로 편입시킨 결정적인 판결로 이해되는 1920년의 유명한 매콤버(Macomber) 판결[3]에서 그 정점을 이루었다. 이후 몇 십 년간 연방대법원을 비롯한 미국의 각급 법원은 개개의 특이한 유형의 사안을 놓고 과연 소득이 존재하는지 또는 실현되었는지를 정하는 문제와 씨름했다. 그러다가 결국 1955년경에 이르게 되면 미국의 연방소득세가 적어도 원칙으로는 순자산증가설 또는 포괄적 소득 개념에 입각하고 있음에 관하여 이론이 없게 되었다.[4] 한편 이론적으로는 20세기 전반에 헤이그와 사이먼즈가 제시한 포괄적 소득 개념(이른바 헤이그-사이먼즈의 소득 개념), 곧 모든 경제적 부의 증가는 소득을 구성한다는

---

3) Eisner v. Macomber, 252 U.S. 189 (1920). 뒤에서 다시 다룬다.

4) Commissioner vs Glennshaw Glass Co., 348 U.S. 426 (1955).

생각이 미국 소득세제의 대종을 이루게 되었다.

4. 일본과 우리나라

일본은 메이지(明治)시대인 1887년에 서구 각국의 소득세제를 본떠 소득세법을 제정한 이후 오늘에 이르고 있다. 우리나라는 위와 같은 각국의 역사적 경험을 겪지 않은 채 해방에 따른 정부수립 후인 1949년에 일본의 소득세법을 본떠 소득세법을 제정한 이후 숱한 개정을 거쳐 오늘에 이르고 있다.

II. 소득세제의 기본 이념: 누진세

이런 역사를 밟아 소득세제는 누진세율을 채택하고 있다. 소득이 많은 납세자라면 그만큼 더 많은 세부담을 지운다는 것이다. 반대로 대개 '면세점'이라고 부르는 일정 수준 이하의 소득만 있는 사람에게는 세금을 물리지 않는다. 누진세의 이념이 "더 낼 만한 처지에 있는 사람이 더 내라는 것"이라면 소득이 "일정한 수준에 못 미치는 사람에게서 세금을 걷는 것은 불공평"하기 때문이다.

[심화학습] 음(陰)의 소득세 – '근로장려금'이란?

앞서 살펴본 바와 같이, 소득세는 더 낼 형편이 되는 사람은 세금을 더 내고 그럴 형편이 안 되는 사람은 덜 내어야 한다는 누진세를 기초로 하고 있다. 이러한 생각을 좀 더 연장하여, 그렇다면 아예 일정한 수준에도 못 미치는 가난한 사람에게는 국가가 소득을 보조해 주어야 하는 것은 아닐까 하는 생각이 들게 된다. 이는 통상 사회보장제도의 영역으로 여겨져 오던 것이지만, 소득세를 통해서도 이러한 목적을 달성할 수 있다. 이를 흔히 '음(-)의 소득세'라고 부르기도 한다. 과세표준이 일정 수준 밑으로 낮아지는 사람에게는 국가가 소득세를 걷을 것이 아니라 아예 '음의 소득세'라는 명목으로 돈을 내어주자는 것이다.

우리나라에서도 2008년부터 이른바 근로장려세제가 도입되어 실시되고 있다.[5] 실

---

5) 조세특례제한법 제100조의5.

제 미리 낸 선납세액이 없는데도 마치 있는 것처럼 돌려받는(refundable tax credit) 방식으로 국가가 빈곤층에 돈을 내어주는 제도이다. 일종의 '음의 소득세'라 볼 수 있다. 다만 이 제도의 특징은 국가가 내어주는 돈의 크기가 근로소득의 크기와 관련되어 있어서, 빈곤층 중에서도 근로소득이 있는 사람이라야 그에 비례하여 돈을 받는다는 것이다. 이러한 특성은 '열심히 일했지만 가난에서 벗어나지 못하는' 사람들을 도와주자, 뒤집으면 아예 놀고먹는 사람은 국가가 도와주지 말아야 한다는 생각이다. 따라서 아예 근로능력이 없는 사람에 대한 사회부조 제도는 여전히 따로 필요하게 된다.

Ⅲ. 회사제도 및 기업회계의 발달과 소득세제

소득 개념의 형성사는 회사제도 및 기업회계 제도와도 밀접한 관련이 있다. 산업혁명은 새로운 기술에 터잡은 공장제 대기업이 경제적 부를 창출해 낸 역사이다. 공장제 대기업은 불특정 다수인의 자금을 모아서 하나의 거대한 자본을 형성해야 비로소 가능하다. 이것을 가능하게 한 것이, 지금은 누구나 당연한 것으로 생각하는 '회사'라는 제도의 발명이다. 사실 회사라는 제도 자체가 처음 생긴 것은 산업혁명보다도 몇 세기 전인 동인도회사였지만, 18세기 초엽 영국에서 터진 이른바 '남해회사(South Sea Company)' 사건의 여파로 주식회사 제도는 상당 기간 동안 불법화되었다가 결국 19세기 중반 산업혁명기에 다시 도입된다.

주식회사를 대표로 하는 회사제도는 그 주요 특징 중 하나로 기업의 생산활동에 조달되는 자금을 제공한 투자자들을 주주와 채권자로 구분하여 서로 다르게 취급한다. 특히 회사제도에서 가장 중요한 기본적 원리는, 회사가 일정 기간 동안에 실제로 번 돈이 있다면, 이 돈으로 먼저 채권자들에게 고정된 수익(즉 이자)을 보장하고 그 다음에 남는 돈이 있어야 비로소 주주들이 이를 배당의 형태로 나누어 가질 수 있다는 것이다. 따라서 회사제도가 원활히 활용될 수 있기 위해서는 일정 기간 동안 실제로 회사가 벌어들인 돈이 있는지, 그리고 이 돈이 채권자들에 대한 지급이자를 모두 주고도 남는 것이 있을 만큼 넉넉한지 여부에 관하여 투자자들이 쉽사리 합의에 이를 수 있어야 하는 것이다.

 이와 관련하여 회사의 재무정보를 투자자들에게 공시하는 것과 함께, 과연 회사가 돈을 벌어들인 것인지를 논란의 여지없이 확정할 수 있게 하는 회계기법이 비약적으로 발전하게 된다. 그리고 이러한 회사제도 및 회계기법을 사용하여 회사의 '소득'을 측정할 수 있게 됨에 따라 소득세제의 일부인 법인세의 부과가 가능하게 되고, 보다 넓게는 '소득'이라는 개념이 한결 일반적으로 통용될 수 있는 기반이 마련되었다.[6] 이와 같이 자연인의 집합으로서 회사 또는 법인을 단위로 그 소득을 계산하여 세금을 부과함에 따라, 소득세제는 개인에 대한 소득세와 더불어 회사 또는 법인에 대한 법인세라는 두 가지 과세형태가 병존하는 모습을 띠게 되었다. 따라서 법인세란 결국 소득세와 마찬가지로 소득을 과세물건으로 삼되, 그 구성원인 개인에 대한 소득세를 그 원천인 법인을 통해 보다 효율적으로 걷기 위한 선제적이면서도 보완적인 세금이라는 성격을 띠게 된다.

제2절 소득세의 내재적 한계와 과세물건

Ⅰ. 헤이그−사이먼즈 소득개념과 미실현이득

 과세물건으로서 '소득'이라는 말은 누구나 흔히 사용하는 말이지만, 정작 이를 명확하게 정의하기는 매우 어렵다. 우리 소득세법의 해석에서도 마찬가지이지만, 근대 소득세제의 역사로 돌아가 보면 소득 개념은 공평이라는 이념을 추구하기 위한 수단으로 생겨났다. 그런 맥락에서 소득이라는 개념을 정의한 것으로 이른바 헤이그−사이먼즈(Haig−Simons)의 소득 개념이 있다. 이는 흔히 '소득= 소비＋순자산증가'라는 공식으로 표현된다. 즉 일정 기간 동안 납세자의 부가 증가한 금액을 그것을 소비하여 없어졌든 소비하지 않고 순자산으로 남은 것이든 다 소득이라고 보는 것이다. 독일식 표현인 순자산증가설이라는 말도 같은 뜻이

---

 6) 이와 같은 회계기법과 회계제도의 기본적인 내용은 뒤의 법인세편에서 배운다.

▲ Henry Simons의 Personal
Income Taxation(1938년) 표지

다. 이론상 순수한 소득세, 즉 이념형(理念型)의 소득세는 이러한 의미의 '소득'에 대하여, 그리고 이러한 의미의 '소득'에 대하여만 세금을 물리는 것으로서 일반적으로 이해되고 있다. 헤이그—사이먼즈식의 소득 개념에 근거를 둔 이념형의 소득세는 개인의 경제적 부, 즉 '순자산'이 증가하면 그 원천을 따지지 않고 과세 대상으로 삼는다.

그러나 이러한 입장을 현실 세계에서 관철하기란 쉽지 않다. 당장 미실현이득(회계학에서는 '미실현이익'이라고 부르지만, 우리 판례는 주로 '미실현이득'이라는 말을 쓴다)의 경우를 떠올려 보자. 아직 재산을 팔기 전의 미실현이득도 개념상 소득의 일종이라는 점을 이해하는 것은 어렵지 않다. 부동산과 같이 덩치가 크고 상대적으로 가치가 높은 재산의 경우에는 미실현이득을 실제로 과세하는 것도 생각할 수 있고 그렇게 하는 나라도 있다. 그러나 예컨대 보석류라든지 미술품과 같은 재산들의 가치증가분을 국가가 일일이 파악하여 과세의 대상으로 삼는다는 것은 어려운 일이다.

Ⅱ. '실현(realization)'은 소득의 요소인가?: 미국의 매콤버(Macomber) 판결
    [심화학습]

소득세 과세대상인 '소득'의 의미를 어떻게 볼 것인가의 문제가 다루어진 대표적인 사례가 미국 연방대법원의 1920년 매콤버(Macomber) 판결인데, 이 사건의 쟁점은 주식배당을 받은 주주에게 '소득'이 발생하는지 여부였다. 주식배당이란 회사가 벌어들인 이익을 재원으로 그 주주들에게 현금 대신 주식을 분배하는 것을 말한다. 다수의견은 주식배당은 주주의 입장에서 분배 전후에 그저 주식 수가 바뀔 뿐 회사와 주주의 경제적 이해관계에 아무런 차이를 낳지 않고 주주의 부를 증가시키는 것이 아니므로 소득이 아니라고 보았다. 그에 따르면 '소득'이란 원본인 자본(또는 노동)으로부터 떨어져 나와야만 — 즉 실현되어야만 — 과세할 수 있다는 것이다. 예를

들면, 사과나무 묘목을 심어서 정성껏 길러 가을에 사과열매가 주렁주렁 열려도 아직 부의 증가가 있다고 할 수 없고, 사과를 나무에서 딸 때에야 비로소 소득이 생긴다는 것이다. 한편 브랜다이스(Brandeis) 대법관의 반대의견은 제16차 헌법개정의 역사를 볼 때 헌법이 말하는 '소득'은 부의 증가 그 자체라고 보았다. 반드시 '실현'되어야 과세할 수 있는 것은 아니며, 주식배당이란 현금배당을 받은 후 다시 회사의 주식을 매입한 것과 같으므로, 회사에 이익이 생겨서 주주의 부가 이미 증가한 이상 주식배당을 소득이 있다고 보아 과세하는 계기로 삼을 수 있다는 것이다. 즉 사과를 나무에서 따지 않더라도 부의 증가가 있었다면 소득이 있다고 보아 과세할 수 있다는 것이다.

오늘날 이 판결의 다수의견을 그대로 지지하는 주장은 찾기 어렵다. 주주의 부가 늘지 않는다는 점에서는 현금배당도 마찬가지이지만(현금배당을 받으면 주가가 그만큼 떨어지는 '배당락'이 생긴다), 현금으로 배당받은 금액을 과세할 수 있다는 점에 이의가 없는 이상, 주식배당도 과세할 수 있어야 논리가 맞기 때문이다. 그러나 역사적으로 보자면 이 판결은 실현주의의 효시로서 미국뿐만 아니라 세계 각국의 소득세제에 큰 영향을 미쳤다.

우리 소득세법 제39조는 '총수입금액의 귀속연도는 총수입금액이 확정된 날이 속하는 과세기간'으로 한다고 정하고 있다.[7] 판례는 이때 '확정'이란 '권리의 확정'이라고 하면서 재산의 '처분 등 거래가 이루어지는 시점에서 그 실현손익'을 익금과 손금에 반영하는 것이라 풀이하고 있다.[8] 매콤버 판결에서 기원한 실현주의의 사고는 우리 소득세제에도 깊숙이 자리잡고 있음을 짐작할 수 있다. 실현주의나 권리확정주의에 관하여는 뒤의 법인세편에서 자세히 살펴본다.

Ⅲ. 내재적 소득

헤이그–사이먼즈의 소득 개념을 실제 적용하기 어려운 다른 보기로 내재적 소득(imputed income, 귀속소득)을 생각해 보자. 어떤 자산을 보유하면서 스스로 쓰고 있는 사람은 당연히 그 자산의 사용가치 상당의 이익을 직접 누리고 있다.

---

7) 법인세법 제40조도 이와 유사한 규정을 두고 있다.
8) 헌법재판소 2007. 3. 29. 2005헌바53 결정 등.

즉 '소득=소비＋순자산증가'라는 공식을 받아들였을 때, 이러한 사용가치 역시 '소비'되는 것이기 때문이다. 그렇다면 이런 사용가치 상당액은 과세해야 옳다는 생각에 이르게 된다. 예를 들어, 똑같이 집을 소유하더라도 세를 주면 임대료 수입이라는 과세대상 소득이 발생하는데, 그 집에서 주인이 직접 살게 되면 아무런 소득이 발생하지 않는 것은 모순이라고 생각할 수 있는 것이다. 똑같은 집을 가진 두 사람이 서로 세를 주는 경우와 각자 자기 집에 사는 경우를 견주어 보면 알 수 있다. 그러나 납세자가 소유하고 있는 재산으로부터 발생하는 사용가치 등을 일일이 파악하여 과세의 대상으로 삼는 것은 기술적으로도 어렵거니와, 국가가 개인의 사생활 중 지나치게 깊숙한 곳까지 들여다보게 된다는 문제점을 낳게 마련이다.

다시 역사로 돌아가 영국에서 최초로 소득세가 도입되었을 당시, 영국인들이 이 제도에 격렬하게 반대한 이유가 무엇이었는지 떠올려 보자. 이유는 바로 소득세가 개인의 사생활을 지나치게 침해한다는 것이었다. 물론 오늘날에 와서는 세금을 걷기 위해 필요하다면 국가가 개인의 생활 중 일정한 부분을 들여다보아서 소득을 파악하는 것이 사생활의 침해라고 생각하는 사람은 많지 않을 것이다. 그러나 오늘날에도 가령 미실현이득이나 내재적 소득에 대한 과세가 가능할 정도로 국가가 개인의 생활 내용을 상세하게 파악하려 한다면, 이는 개인의 사생활 영역에 대한 국가의 지나친 침범이라고 여길 사람이 적지 않을 것이다.

결국 공평의 개념에 바탕을 둔 이념형의 소득세제는 여전히 개인의 자유, 그리고 조세행정의 효율이라는 또 다른 가치들에 의하여 어느 정도 제약을 받을 수밖에 없고, 소득에 대한 공평한 과세를 위한 국가의 권력 역시 같은 이유에서 제한을 받는다. 그리고 이에 관한 국가의 과세권의 범위는 결국 자유와 공평에 관하여 그 사회구성원들이 적정한 것으로 받아들일 수 있는 조화점 위에서 형성된다고 말할 수 있다.

Ⅳ. 위법소득 [심화학습]

'위법소득'이 과세대상 소득에 해당하는지가 자주 논란이 된다. 이와 같은 위법소득은 사기·절도·공갈·횡령·배임·수뢰·도박·매춘·밀수·마약판매 등 형사상 범죄행위에 의한 소득은 물론 민사상 무효 또는 취소할 수 있는 행위로 인한 소득과 법률상 요구되는 허가 또는 인가를 받지 아니하고 얻은 소득(무허가·미등록 영업의 소득 포함) 등을 포함하는 다양한 경우에 발생한다. 이러한 위법소득의 과세문제가 어려운 이유는 경제적 측면에서는 소득이 발생하였다고 볼 수 있으나, 법적으로는 그 소득의 발생원인 행위가 적법·유효한 것이 아니어서 반환의무가 존재하기 때문에 아직 권리가 확정되었다고 볼 수 없기 때문이다. 이에 대하여 판례는 일반적으로 위법소득의 과세를 긍정하고 있는데, 그 논거로서 "어떤 소득이 과세소득이 되는지 여부는 이를 경제적 측면에서 보아 현실로 이득을 지배·관리하면서 이를 향수하고 있어 담세력이 있는 것으로 판단되면 족하고 그 소득을 얻게 된 원인관계에 대한 법률적 평가가 반드시 적법하고 유효한 것이어야 하는 것은 아니다"[9]라고 설시하고 있다. 이리하여 사법상 무효인 부동산 매매계약에 기한 수입도 세법상 과세수입(사업소득)에 포함된다거나,[10] 재단법인과 이사 사이에 이익이 상반되는 금전소비대차행위로서 그 법인에 대하여 효력이 없게 된다고 하더라도 위 소비대차에서 발생한 이사의 이자소득은 과세소득에 해당한거나[11] 이자제한법 소정의 제한이율을 초과하는 이자, 손해금이라도 현실로 지급된 때에는 과세의 대상이 되는 이자소득을 구성한다고 한다.[12] 소득세법은 이러한 판례의 법리를 반영하여 뇌물·알선수재 및 배임수재에 의하여 받는 금품은 기타소득으로 과세한다고 명문의 규정을 두고 있기도 하다(소득세법 제21조 제1항 제23호, 제24호). 하지만 순자산증가설을 취하고 있는 법인세와 달리 소득원천설을 취하고 있는 소득세법에서 위와 같은 법령의 규정이 없는 위법소득이 어느 범위까지 과세소득이 되는지는 늘 논란거리가 되기도 한다.

---

9) 대법원 2002. 5. 10. 선고 2002두431 판결 외 다수.
10) 대법원 1979. 8. 28. 선고 79누188 판결.
11) 대법원 1985. 5. 28. 선고 83누123 판결.
12) 대법원 1985. 7. 23. 선고 85누323 판결.

📟 연습문제

[2016년 제5회 변호사시험 제1문 1.]

공공건설사업의 인허가를 담당하는 공무원인 甲이 직무와 관련하여 乙로부터 뇌물을 수령하여 개인적 용도로 사용하였다면 이 뇌물금액이 甲의 과세소득에 포함되는지 여부를 논하시오.

정답과 해설 위법소득에 대하여는 과세긍정설과 과세부정설의 대립이 있지만 판례는 위법소득이라도 과세대상에 포함된다고 본다. 다만 소득세법은 소득원천설을 취하고 있어 법령상 과세근거가 필요한데 뇌물의 경우 소득세법 제21조 제1항 제23호는 뇌물을 기타소득에 포함하고 있다. 따라서 이 사안의 뇌물은 과세대상 소득이다.

[2012년 방송통신대 기말시험]

다음 명제 중 옳은 것은?

① 어떠한 이익이 '실현'되었는지 여부는 소득과세의 본질에 속하는 문제로서, 실현되지 않은 이익을 소득으로 보아 과세대상으로 삼는다면 이는 원래 의미의 소득세라 할 수 없다.
② 부가가치세는 소비세로서 직접세에 속한다.
③ 우리 소득세법에서 소득을 구분하는 실익은 주로 소득금액의 계산방법과 원천징수 여부와 관련된다.
④ 소득원천설 하에서는 헤이그-사이먼즈의 소득 개념이 일관되게 통용된다.

정답 ③

해설 ① (원래 의미의 소득은 미실현이득도 포함), ② (부가세는 간접세), ④ (헤이그-사이먼즈 소득은 순자산증가설과 관련)

제3절 소득의 구분과 소득원천설

> 소득세법 제4조[소득의 구분] ① 거주자의 소득은 다음 각 호와 같이 구분한다.
> 1. 종합소득. (이하 생략)
> 2. 퇴직소득
> 3. 양도소득

현행 소득세법은 과세소득을 크게 종합소득, 퇴직소득, 양도소득의 세 가지로 구분한다. 다만, 2020년 말 개정 시 현재 양도소득에 포함된 일부 주식의 양도차익을 포함하여 주식, 채권, 펀드, 파생상품 등의 양도차익을 묶어 '금융투자소득'이 새로 신설되었으며 2023년부터 시행될 예정이다. 이 중 종합소득은 다시 이자소득, 배당소득, 사업소득, 근로소득, 연금소득, 기타소득의 여섯 가지로 구분한다. 소득세법 제4조는 두 가지 의미를 가지고 있다. 우선 과세의 대상이 되는 소득의 범위를 한정하는 의미를 가진다. 이렇게 구분되어 있는 소득 중 어디에도 해당하지 않는 소득은 그것이 설사 헤이그−사이먼즈의 소득 개념에 들어맞는 것이더라도 소득세법상 과세대상이 아니다. 다음으로 이러한 소득 구분은 각 종류의 소득을 소득세법상 서로 달리 과세하는 결과로 이어지기도 한다. 다음 장에서 살펴보겠지만 종합소득, 퇴직소득, 양도소득에 대한 소득세는 각각 따로따로 계산하고, 따로 따로 신고납부한다. 또한 종합소득에 속하더라도 다시 각 소득 구분별로 필요경비의 공제 여부, 원천징수 방법과 세율, 종합소득 합산방법 등에서 상당한 차이가 있다.

한편 소득세법은 다시 종합소득, 퇴직소득, 양도소득의 범주 내에서도 소득세의 과세대상이 되는 경제적 이익의 종류를 일일이 열거하는 입장을 취하고 있으며, 여기에 해당하지 않는 한 소득세를 매기지 않는다. 즉 우리 소득세법은 소득원천설의 입장에서 제한적 소득 개념을 채택하고 있다고 볼 수 있는데, 이는 공평이 소득세의 이념적 지향점이라 하더라도 공평 하나로 현실의 세제를 끝까

관리번호	-	(년 귀속) 종합소득세·농어촌특별세· 지방소득세 과세표준확정신고 및 납부계산서		

거주구분	거주자1 /비거주자2
내·외국인	내국인1 /외국인9
외국인단일세율적용	여 1 / 부 2
거주지국	거주지국코드

❶ 기본사항

① 성 명		② 주민등록번호							-					
③ 주 소														

❹ 세액의 계산

구 분		종합소득세	지방소득세	농어촌특별세
종 합 소 득 금 액	⑲			
소 득 공 제	⑳			
과 세 표 준 (⑲ - ⑳)	㉑			
세 율	㉒			
산 출 세 액	㉓			
세 액 감 면	㉔			
세 액 공 제	㉕			
결 정 세 액(㉓ - ㉔ - ㉕)	㉖			

신고인은 「소득세법」 제70조, 「농어촌특별세법」 제7조, 「지방세법」 제95조 및 「국세기본법」 제45조의3에 따라 위의 내용을 신고하며, 위 내용을 충분히 검토하였고 신고인이 알고 있는 사실 그대로를 정확하게 적었음을 확인합니다. 위 내용 중 과세표준 또는 납부세액을 신고하여야 할 금액보다 적게 신고하거나 환급세액을 신고하여야 할 금액보다 많이 신고한 경우에는 국세기본법 제47조의3에 따른 가산세 부과 등의 대상이 됨을 알고 있습니다.

년 월 일   신고인   (서명 또는 인)

지 밀어붙이고 있는 것은 아니라는 점을 보여 주고 있다.

　　다만 다른 나라와 견주어보면 소득세법이 과세대상으로 열거하고 있는 경제적 이익의 범위는 상당히 넓은 편이며, 그런 점에서는 순자산증가설에 사실상 접근하고 있다고 평가할 수 있다.

　　일단 과세소득으로 명시되어 있는 것이더라도 다시 법에서 비과세대상이라고 정한 것들도 있다. 예를 들어, 소득세법 제12조는 '비과세소득'이란 제목하에

Tax In News

🎤 단일세율 대신 누진세율 도입해야 … "개인 투자자에도 과세를" 주장도

　　고소득 급여생활자 중심으로 세부담을 늘린 2013년 세법 개정으로 불붙은 최근 연말정산 파동 이후 고소득자의 핵심 수입원 중 하나로 꼽히는 자본소득에 대한 과세 강화도 시급하다는 목소리가 커지고 있다. 특히 과세 대상이 제한적이고 누진세율마저 적용되지 않는 '주식 양도소득'이 도마에 오르고 있다. 3일 국세청 자료를 보면, 2008~2010년 3년간 5억원 초과 주식 양도소득을 신고한 경우는 전체 신고 건수의 8.7%에 그쳤으나 양도소득 금액은 84.9%에 이르렀다. 주식 양도소득이 일부 계층에 심하게 쏠려 있다는 뜻이다. … 하지만 현재 주식 양도소득 과세는 상장 여부, 대주주 여부 등에 따라서만 달라질 뿐 소득 규모를 따지지 않고 단일한 세율을 적용한다. 현재 주식 양도소득 과세는 시가총액 50억원 이상 기업의 발행 주식에 한해, 해당 기업의 지분 합계가 2% 이상인 '대주주나 특수관계인'의 주식 양도소득에 대해 10%(중소기업 주식)나 20%(대기업 주식) 세율이 적용되고 있다. 주식 보유 기간이 1년 미만일 땐 30% 세율을 적용한다. …의원은 〈○○○〉와 한 통화에서 "주식 양도소득 과세도 일반 근로소득이나 종합소득처럼 누진세율(6~38%)을 적용해야 한다. 소득 규모를 따지지 않는 현행 세율 체계는 주식 부자에게 특혜를 주는 것과 마찬가지"라고 주장했다. … 장내 거래의 경우 비과세 혜택을 받고 있는 일반 투자자(소액주주)도 과세 대상에 포함해야 한다는 주장도 꾸준히 이어지고 있다. 노무현 정부 이후 정부는 이러한 방안을 종종 언급해왔으나 주식 투자자의 반발과 자금 유출 우려 등에 부딪혀 현실화하는 데는 실패했다.

　　　　　　　　　　　　　　　　　　　　　　　　　　　(2015년 2월 3일 언론보도)

여러 가지 과세하지 않는 소득을 열거하고 있다. 조세특례제한법에도 이러한 비과세 규정들이 다수 들어 있다. 이러한 규정들은 중소기업 육성, 근로소득자의 재산형성, 고용촉진, 과세표준의 양성화 등의 정책목표를 달성하기 위하여 조세제도가 폭넓게 활용되고 있는 사례로 볼 수 있는데, 이는 현실의 소득세를 순자산증가설만으로 설계할 수 없는 한계를 보여 주는 또 다른 이유라 할 수 있다.

결국 실정법의 소득 개념은 공평이라는 가치와 사생활의 자유라는 가치, 이두 가지가 어느 정도 타협하는 곳에 자리잡게 마련이다. 원론적인 차원에서 이야기하자면, 지금까지 언급한 순자산증가설(또는 포괄적 소득 개념)은 헤이그−사이먼즈의 소득 개념을 바탕으로 하는 것으로서 공평의 이념에 더 충실한 것이고, 소득원천설(또는 제한적 소득 개념)은 그보다는 자유의 이념에 더 충실한 것이라고 할 수 있다. 입법례로는 미국과 같이 순자산증가설을 기본으로 하고 있는 나라가 있는가 하면 영국, 독일이나 우리나라와 같이 소득원천설을 기본으로 하고있는 나라도 있다. 그러나 가령 우리나라처럼 소득원천설이나 제한적 소득 개념을 따르면서도 실정법상 과세소득의 범위를 넓혀서 결과적으로는 순자산증가설에 가깝게 만들 수도 있다. 또 순자산증가설을 따르는 나라라 하더라도 실제로는 과세하기 어려운 부분은 빼게 마련이다. 결국 소득세법의 체계를 순자산증가설과 소득원천설 중 어느 쪽에 입각하여 구성하든 간에 실제의 결과는 그리 다르지 않은 것이 보통이다.

한편 법인세의 경우에는 우리나라도 순자산증가설을 채택하고 있다. 순자산증가설과 견줄 때 소득원천설은 국가가 관여할 수 없는 개인의 사생활 영역을 인정하고 이에 대하여 국가가 관여하지 않도록 한다는 특징을 가진다. 그 점을 생각해 보면 법인세가 순자산증가설을 택하고 있는 이유를 짐작할 수 있다. 국가가 관여할 수 없는 법인의 사생활 영역이라는 것을 구태여 인정할 필요가 없다면, 법인에 대하여 굳이 소득원천설을 적용할 필요도 없다고 보아야 할 것이기 때문이다.

📟 **연습문제**

[2014년 방송통신대 기말시험]

다음 중 가장 틀린 발언을 한 사람은?

① 甲: 이념형의 소득세제에서는 미실현이익도 소득으로 보아 과세해야 한다.
② 乙: 현실의 소득세제에서는 자산을 매도한 경우처럼 소득이 실현되었다고 볼 수 있을 때 과세하는 것이 일반적이다.
③ 丙: 실현주의 과세를 정당화하는 것은 보유자산의 가치상승을 담세력의 기초인 부의 증가로 볼 수 없기 때문이다.
④ 丁: 소득의 실현시점에 과세하는 것이 타당하다고 보는 이유 중 하나는 단순히 가치가 오른 시점에서는 세금을 어느 정도 부담해야 하는지 정확히 파악하기 어렵기 때문이다.

정답 ③

해설 실현주의 과세를 정당화하는 주된 논리는 미실현이득의 과세시 발생하는 유동성과 평가의 문제라 할 수 있음.

[2013년 방송통신대 기말시험]

다음 문장에서 (   )에 들어갈 적당한 말을 차례로 나열한 것은?

( )을 취한 ( )는 자유와 공평의 대립 구도하에서 ( )을 취한 ( )와 비교하여 볼 때 ( )의 편에 좀 더 기울어진 입법이라 할 수 있다.

① 순자산증가설 – 소득세 – 소득원천설 – 법인세 – 자유
② 순자산증가설 – 소득세 – 소득원천설 – 법인세 – 공평
③ 소득원천설 – 소득세 – 순자산증가설 – 법인세 – 자유
④ 소득원천설 – 법인세 – 순자산증가설 – 소득세 – 공평

정답 ③

해설 소득세는 소득원천설, 법인세는 순자산증가설. 소득세가 순자산증가설을 취하지 못한 이유는 자유권(특히 프라이버시권)을 침해할 수 있기 때문임.

제4절 소득세의 납세의무자와 신고납부의무

Ⅰ. 납세의무자

1. 거주자 → 전세계소득, 비거주자 → 국내원천소득

> 소득세법 제1조의2[정의] ① 이 법에서 사용하는 용어의 뜻은 다음과 같다.
> 1. "거주자"란 국내에 주소를 두거나 183일 이상의 거소(居所)를 둔 개인을 말한다.
> 2. "비거주자"란 거주자가 아닌 개인을 말한다.
>
> 제2조[납세의무] ① 다음 각 호의 어느 하나에 해당하는 개인은 이 법에 따라 각자의 소득
> 에 대한 소득세를 납부할 의무를 진다.
> 1. 거주자
> 2. 비거주자로서 국내원천소득이 있는 개인

소득세법에 따르면 소득세의 납세의무는 거주자와 비거주자인 개인이 진다. 거주자라면 전 세계에서 버는 모든 소득을, 비거주자라면 원천이 국내인 소득을 과세한다. 이때 거주자란 국내에 주소를 두거나 183일 이상의 거소를 둔 개인을 말하며, 비거주자란 거주자가 아닌 개인을 말한다. 이를 표로 나타내면 다음과 같다.

구 분	의 미	납세의무의 범위
거주자	국내에 주소를 두거나 183일 이상 거소를 둔 개인	국내원천소득과 국외원천소득 모두에 대해서 소득세 납세의무를 부담 (무제한 납세의무)
비거주자	거주자가 아닌 개인	국내원천소득에 대해서만 소득세 납세의무를 부담(제한 납세의무)

Tax In News

🎙 대법 "외국 거주 조영철 선수, 소득세 납세의무 없다"

　일본 프로축구에서 활동 중인 한국 선수에 대해 종합소득세를 부과할 수 없다는 판결이 나왔다. ⋯ 대법원은 14일 프로축구선수 조○○씨가 한국 거주자임을 전제로 종합소득세 부과처분을 받은 사건에서 조씨의 최종 거주지국이 한국이라고 판단한 원심판결을 파기환송했다. ⋯ 조씨는 2007년부터 2014년까지 일본 프로축구리그에서 활동했다. ○○세무서장은 지난 2014년 조씨가 한국 거주자임을 전제로 일본구단에서 받은 소득에 대하여 종합소득세 부과처분을 했다.

　판결의 쟁점은 최종 거주지국을 어디로 보느냐였다. 한국과 일본은 조세 이중과세회피와 탈세방지를 위한 협약(한·일 조세조약)을 체결한 바 있다. ⋯ 1심은 국내의 가족 관계 및 재산 상황에 비추어 보았을 때 "피고가 한국에서 밀접한 생활관계를 형성하였다고 보기 어렵다"며 조씨의 손을 들어줬다. 반면 2심은 조씨가 한국에만 소유 아파트를 보유하고 있음에 주목했다. 2심은 일본에서는 프로축구구단이 제공한 아파트에서 체류했기에 "한국에만 항구적 주거를 두었다"고 판단했고 조씨의 패소를 결정했다. 대법원 재판부는 2심과 다르게 조씨를 "소득세법상 한국 거주자인 동시에 일본에서도 직업을 보유한 일본 세법상 거주자"인 이중거주자로 봤다. 때문에 재판부는 인적 및 경제적 관련 정도로 조씨의 최종거주지국을 판단했다. 재판부는 조씨가 국내 체류일수가 평균 28일에 불과한 점 등을 고려해 최종거주국을 한국으로 판단한 2심을 파기환송했다.

(2019년 3월 14일 언론보도)

　따라서 어떤 한 개인이 거주자에 해당하는지 여부는 납세의무의 범위에 큰 영향을 미치게 되는데, 그 판단기준이 되는 '주소'란 국내에서 생계를 같이하는 가족 및 국내에 소재하는 자산의 유무 등 생활관계의 객관적 사실에 따라 판정한다(소득세법 시행령 제2조 제1항). 또 다른 판단기준인 '거소'란 주소지 외의 장소 중 상당기간에 걸쳐 거주하는 장소로서 주소와 같이 밀접한 일반적 생활관계가 형성되지 않는 장소를 말한다(소득세법 시행령 제2조 제2항). 한편, 외항선박이나 항공기의 승무원의 경우 생계를 같이하는 가족이 거주하는 장소 또는 근무기간

외의 기간 중 통상 체재하는 장소가 국내인지 국외인지를 기준으로 주소를 판단하며(소득세법 시행령 제2조 제5항), 내국법인의 국외사업장이나 해외현지법인에 파견된 임직원 또는 국외 근무 공무원은 거주자로 보는 특별규정을 두고 있다(소득세법 시행령 제3조). 이와 같이 소득세법상 거주자를 판정하는 기준은 민법상 주소와 거소의 개념을 거의 그대로 끌어다 쓰고 있다. 하지만 그 구분이 항상 분명한 것은 아니며 또한 나라마다 거주자를 정하는 기준이 서로 다르기 때문에 국제적인 이중과세 또는 이중비과세의 복잡한 문제를 일으키기도 한다.

거주자와 비거주자에 대한 위와 같은 과세상 차이를 고려할 때 이민 등을 통하여 거주자에서 비거주자로 지위가 바뀌면 우리나라에서 과세대상인 소득의 범위가 줄어드는 문제가 생긴다. 이런 상황에 대비하여 양도소득세 과세대상인 주식을 보유하고 있는 상태에서 해외로 전출하는 경우 일정한 요건 하에 출국 시점에 보유주식을 양도한 것으로 보아 그때까지 발생한 평가차익을 과세하는 일명 출국세(exit tax)에 관한 규정이 2016년 말에 신설되었다(소득세법 제118조의9 이하).

2. 한 사람이 두 나라에서 동시에 거주자가 된다면? [심화학습]

보통 우리나라 사람이라고 하면 우리나라 국적자를 일컫는 경우가 많고 국적이 어디인지는 비교적 명확히 구별이 가능하다. 거주지라는 개념이 그렇게 분명하지 않으리라는 것은 쉽게 짐작할 수 있다. 왜 소득세의 납세의무자를 정하는 기준으로 국적 대신 '거주지'를 사용할까? 우리나라를 포함한 세계 대부분의 국가가 무제한 납세의무자(전세계소득 납세의무자)인지 여부를 국적 대신 거주지로 판정하는 것은 논리적 필연이기보다는 역사적 우연의 측면이 크다. 일반적인 설명으로는, 국가가 어떤 사람의 전세계소득을 과세할 수 있으려면 다른 나라에서 번 소득이더라도 세금을 강제로 걷을 수 있는 힘이나 지배력을 필요로 하는데, 자기 나라에 실제로 살고 있는 사람, 곧 거주자라야 이 정도의 지배가 가능하다는 것이다.

하지만 각국의 세법이 정한 거주자의 요건은 나라마다 다르며, 심지어 미국의 경우 국적 기준과 거주지 기준을 모두 사용하기도 한다. 이로 인하여, 가령 '갑'이라는 사람이 A국과 B국 모두 전세계소득에 대한 납세의무를 부담해야 하는 경우가 생긴다. 본인으로서도 심각한 문제이고, 이런 문제가 많아지면 결국 국제적인 교류나 경제활동이 위축될 것이다.

이리하여 우리나라를 포함한 세계 각국은 조세조약을 체결하여 위에서 예로 든 '갑'이 A국과 B국의 거주자에 모두 해당되는 경우, 이 중 어느 한쪽의 거주자로 판단하기 위한 기준을 마련하고 있다. 대부분 국가들은 경제협력개발기구(OECD)에서 제시한 모델조세조약과 비슷한 내용으로 조세조약을 체결하는데, 우리나라도 2021년 2월 현재 세계 95개국과 조세조약을 체결하고 있다. OECD 모델조세조약에서 제시한 이중거주자의 거주지 판정기준(이를 흔히 'tie-breaker rule'이라고 한다)은 '늘 사는 집(permanent home) → 핵심적 이해의 중심지(center of vital interest) → 일상적인 거소(habitual abode) → 국적 → 상호합의'의 순서로 정하도록 하고 있다. 하지만 이러한 기준도 분명하지 않아 숱한 분쟁의 대상이 되고 있으며, 늘 국제조세 분야의 큰 쟁점이기도 하다.

3. 거주자로 보는 단체 v. 공동사업장

위와 같이 소득세법상 납세의무자는 원칙적으로 개인이 해당하지만, 예외적으로 일정한 단체의 경우에도 해당 단체를 1거주자 또는 1비거주자로 보아 소득세 납세의무를 지우는 경우가 있다. 법인이 아닌 비영리단체 가운데 교회, 절, 종중 같은 것이 대체로 그렇다.

[심화학습] 법인격 없는 단체에 대한 소득세 과세

종중(宗中)이나 교회, 절, 이런 단체는 아주 드물게는 비영리법인으로 등기된 곳도 있지만 대부분은 그렇지 않다. 법인이 아닌 이상 이런 단체('권리능력 없는 사단'이라고도 부른다)에 속하는 재산을 단체의 소유라고 말할 수는 없지만, 단체구성원인 개인들이 각자 지분을 가지고 있는 개인재산이나 공유(共有)재산이 아닌 것은 분명하다. 이리하여 민법은 법인격 없는 사단에 속하는 재산은 단체구성원이 공동소유하는 것이기는 하나, 각자의 지분이 없다는 의미에서 '총유(總有)'한다고 한다.

국세기본법은 법인등기를 하지 않은 단체라 하더라도 주무관청의 허가나 인가를 받아 설립하였거나 주무관청에 등록한 것(드물지만 있다)은 법인으로 보고 세법을 적용하도록 하고 있다. 인허가나 등록을 법인등기와 비슷하게 생각하는 것이다. 그 밖에 ① 조직과 운영에 관한 규정에 따른 대표자가 있고, ② 단체 자신의 계산과 명의로 재산을 소유·관리하며, ③ 수익을 구성원에게 분배하지 않는 단체라면, 단체 자신의 신청을 받아 세무서장이 승인한다면 법인으로 보고 세법을 적용한다. 위 두 가지 경우가 아니라면, 법인등기를 하지 않은 비영리단체는 단체 그 자체를 개인으로 보고 세법을 적용한다.

　　결국 종중, 교회, 절 같은 법인격 없는 비영리단체가 주무관청의 인허가를 받거나 등록하는 법은 거의 없다. 따라서 이런 단체는 개인이나 마찬가지로 내국단체라면 1거주자로서, 외국단체라면 1비거주자로서 소득세를 내는 것이 원칙이지만, 예외적으로 단체 자신이 신청한다면 세무서장이 법인처럼 과세할 수 있다.

　　소득세법은 민법상 조합이나 상법상 익명조합과 같은 영리를 목적으로 만들어진 단체를 특별히 공동사업장으로 구분하여 별도의 규정을 두고 있다. 즉 사업소득이 발생하는 사업을 공동으로 경영하고 그 손익을 분배하는 공동사업(흔히 이를 '동업'이라고 한다)의 경우에는 해당 사업을 경영하는 장소인 공동사업장을 1거주자로 보아 공동사업장별로 그 소득금액을 계산한 다음, 각 공동사업자에게 배분되는 몫만큼 납세의무를 지우고 있다. 이때 공동사업장의 소득금액이 공동사업자들에게 실제 분배되었는지 여부는 묻지 않는다(소득세법 제43조). 이러한 과세방식을 흔히 공동사업장과세 또는 조합과세라 하는데, 다음 장에서 자세히 살펴본다.

기초학습

민법상 '조합'과 상법상 '익명조합'

　　일반적으로 '동업'이라고도 하는 '조합'이란 2인 이상이 상호 출자하여 공동사업을 경영할 것을 약정함으로써 그 효력이 생기는데(민법 제703조), 민법은 이렇게 결성된 조합의 법률관계를 자세히 규정하고 있다(민법 제703조~제724조). 출자는 금전 및 그 밖의 재산·노무·신용 등 재산적 가치가 있으면 되고, 종류·성질에는 제한이 없다. 이렇게 출자된 조합재산은 조합원의 합유로 된다. 사업은 영리를 목적으로 하지 않는 것이나 일시적인 것도 상관없지만, 이익은 전원이 나눠가져야 한다. 따라서 1명만이 이익을 보는 조합이나 익명조합 등은 민법상의 조합이 아니다.

한편 '익명조합'은 당사자의 일방(익명조합원)이 상대방(영업자)의 영업을 위하여 출자하고, 상대방은 그 영업으로 인한 이익을 분배할 것을 약정함으로써 그 효력이 생기는데(상법 제78조), 상법은 이렇게 결성된 익명조합의 법률관계를 자세히 규정하고 있다(상법 제78조~제86조). 실질상 익명조합원과 영업자의 동업 형태이나, 익명조합원은 영업자의 행위에 관하여서는 제3자에 대하여 권리·의무가 없으므로(상법 제80조) 이런 이름이 생겼다.

4. 단체에 대한 과세상 취급 — 정리

이상의 논의를 종합하여 개인이 아닌 단체에 대한 소득과세상 취급방법을 정리하면 다음과 같다.

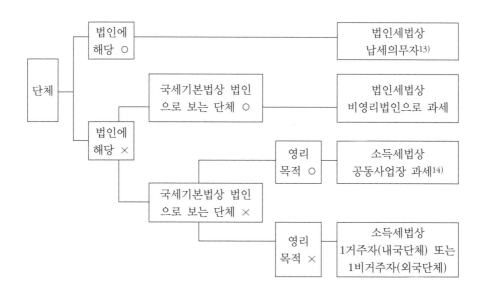

---

13) 단, 상법상 인적회사(합명회사, 합자회사)와 일부 유한회사는 조세특례제한법상 동업기업 과세제도의 적용을 받을 수 있다. 이에 관하여는 법인세편에서 배운다.

14) 제5장에서 다시 배운다. 공동사업장도 조세특례제한법상 동업기업과세제도의 적용을 받을 수 있다.

5. 부부간 합산과세 vs 분리과세? [심화학습]

소득세 납세의무자의 단위에 관한 문제로 인적 합산과세 문제가 있다. 예를 들어, 부부 각자가 5,000만원의 소득을 올리는 가정('맞벌이 가정')과 부부 중 어느 한 사람만이 1억원의 소득을 올리고 다른 한 사람은 일자리를 열심히 알아보고 있지만 취업을 못 하고 있는 가정('외벌이 가정')이 있다고 하자. 두 가정이 낼 세금은 같아야 하는가, 달라야 하는가? 부부 사이에 문제가 없는 이상 두 가정의 경제적 처지는 같으니까 같은 세금을 내야 공평하다는 생각이 있을 수 있다. 이처럼 일단 두 가정이 같은 세금을 내게 하려면, 부부의 소득을 모아서 합산과세하면 된다. 문제는 그렇게 하면 맞벌이 가정이 이혼하는 경우 세금이 줄어든다는 점이다. 왜 그런가? 누진율 때문이다. 1억원에 대한 세금은 5,000만원에 대한 세금의 두 배보다 한결 높다. 뒤집어 말하면 합산과세 제도를 택한다면, 각자 5,000만원을 버는 남녀는 결혼하지 않고 따로 사는 편이 세금이 줄어든다. 누진세를 쓰는 이상 합산과세는 결혼을 저해하고 이혼을 조장한다. 즉 혼인에 대해서 비중립적이라는 말이다. 합산과세를 통해 맞벌이 가정과 외벌이 가정 사이의 공평은 달성될 수 있지만 혼인이나 이혼의 자유를 침해할 수 있다. 어느 쪽이 옳다고 생각하는가?[15] 한편, 부부의 소득을 합산한 뒤 다시 2로 나누어, 가령 외벌이 가정의 소득 1억원은 남편과 아내가 각 5,000만원 번 것처럼 과세한다면 어떤 결과가 생길까? 이렇게 하는 것은 좋은 일이라고 생각하는가? 만일 이런 식의 제도로 간다면 아이가 셋 있는 부부와 아이가 없는 부부는 어떻게 하면 좋을까?

 연습문제

[2013년 제2회 변호사시험 제1문 1.]

[문] 甲 종중은 그 대표인 乙 명의의 토지를 제3자에게 월 500만 원에 임대하여 수익을 올렸다면 甲은 이에 대해 법인세 신고납부가 가능한지를 논하시오.

정답과 해설 甲 종중은 국세기본법 제13조 제1항의 당연의제법인 또는 같은 조 제2항의 승인의제법인의 요건을 갖추지 못한 법인 아닌 단체로서 소득세법 제2조 제3항에 따라

---

15) 우리 현행법에 대해서는 헌법재판소 2008. 11. 13. 2006헌바112 등 결정 참조.

그 단체를 1거주자로 보아 소득세법을 적용한다. 따라서 이 사안에서 甲 종중은 법인세가 아닌 소득세를 신고납부하여야 한다.

Ⅱ. 과세기간과 납세지

소득세법 제5조[과세기간] ① 소득세의 과세기간은 1월 1일부터 12월 31일까지 1년으로 한다.

제6조[납세지] ① 거주자의 소득세 납세지는 그 주소지로 한다. 다만, 주소지가 없는 경우에는 그 거소지로 한다.

소득세의 과세기간은 매년 1월 1일부터 12월 31일까지의 1년으로서 이는 누구에게나 동일하다(단, 사망한 경우에는 1월 1일부터 사망일까지이다. 혹시라도 첫돌도 안 된 아기에게 금융소득 같은 소득이 있다면 나서부터 12월 31일까지이다). 법인세에서는 납세자가 과세기간을 달리하는 경우가 있지만 소득세에서는 일률적으로 역년이다. 이처럼 과세표준과 세액을 일정한 기간 단위로 계산하는 세금을 '기간과세' 세목이라고 부르기도 한다.

구 분		과세기간
원칙		1월 1일 ~ 12월 31일
예외	거주자가 사망한 경우	1월 1일 ~ 사망한 날
	거주자가 출국하여 비거주자가 되는 경우	1월 1일 ~ 출국한 날

한편 소득세법에 따른 '납세지'란 소득세의 관할 세무서를 정하는 기준이 되는 장소를 말한다. 거주자의 경우 원칙적으로 주소지(주소지가 없는 경우에는 거소지)가 납세지가 되며, 원천징수하는 경우에는 원천징수하는 자의 주된 사업장 소재지(법인인 경우에는 그 법인의 본점 또는 주사무소 소재지)가 납세지가 된다(소득세법 제7조).

Ⅲ. 신고 및 납부의 의무

소득세법은 납세자가 매년 일정한 기간 내에 신고와 동시에 세금을 납부하도록 정하고 있는데, 같은 '소득세'라고 해도 이와 같은 신고납부의 의무는 세 군데에 나누어 규정되어 있다. 우선 소득세법 제76조를 보면 납세자가 납부하여야 하는 세금과 관련하여 '종합소득'과 '퇴직소득'이라고 하는 두 가지 별도의 단위가 언급되어 있다. 신고의무도 제70조와 제71조에서 종합소득과 퇴직소득에 관하여 각각 별도로 정하고 있고, 과세표준의 계산 역시 제14조 제1항에서 명시하고 있는 바와 같이 별도로 하도록 하고 있다.

이와 같이 소득세법이 구분하여 따로 다루고 있는 또 하나의 범주에 '양도소득'이 있다. 소득세법은 아예 제2장에서 규정하는 종합소득 및 퇴직소득과는 별도로 제3장을 따로 두어 양도소득에 관한 규정을 두고 있고, 그 신고납부의무 및 과세표준과 세액의 계산을 종합소득 및 퇴직소득과는 완전히 구별하여 하도록 하고 있다. 즉 종합소득과 퇴직소득은 이론상으로는 동일한 '소득세'의 범주에 속한다고 하더라도, 양도소득세는 우리나라의 현행 소득세법상으로는 마치 별도의 세금인 것처럼 취급된다는 것이다.

우리 세법상 양도소득을 따로 과세하는 것은 양도소득세제 자체가 애초 1960년대 말에 부동산 투기 억제를 위한 '특별조치'로 들어왔다는 역사적 이유에서 비롯한다. 그 뒤에도 지금까지 부동산 시장의 움직임에 맞추어 수시로 과세를 강화하거나 약화시킬 필요성 때문에 양도소득세를 별개의 체계로 정하고 있다. 다른 나라에서도 장기보유재산에서 생기는 양도차익(흔히 capital gain이라 부른다)은 다른 소득과 다르게 과세하는 경우가 많다. 차이점은 우리나라의 양도소득세와 달리 대체로 저율과세한다는 것이다. 애초 소득세제의 역사가 사생활 재산에 대한 과세를 피하자는 생각에서 소득원천설이나 제한적 소득 개념에서 시작했기 때문이다.

퇴직소득을 종합소득과 구별하여 다루는 것과 관련해서는, 퇴직금 기타 명목으로 상당한 액수의 금전을 퇴직의 시점에서 일거에 지급하는 우리나라의 오랜 관행을 감안할 때, 퇴직금을 다른 종류의 소득과 마찬가지로 과세할 경우 누진세제하에서 퇴직자의 세부담이 합리적 이유 없이 늘어날 가능성이 높기 때문이다. 나아가 연금제도가 아직 완전히 정착되었다고 보기 힘든 우리나라의 실정상 퇴직자의 노후 생계를 보장하는 의미에서 퇴직소득은 다른 종류의 소득보다 가볍게 과세하고 있기도 하다.

종합소득과 양도소득의 주요 내용에 대해서는 장을 바꾸어 살펴보기로 하며, 퇴직소득의 경우 종합소득 부분에서 함께 다루기로 한다.

Ⅳ. 신고기한

소득세법은 과세기간을 단위로 계산된 소득세의 과세표준과 세액을 그 다음 해 5월 1일부터 5월 31일까지의 사이에 신고 및 납부하여야 한다고 정하고 있다.[16] 흔히 실무상으로는 '신고납부'라는 표현에서 보듯이 두 단어를 붙여서 사용하고, 현실적으로도 세액이 신고와 동시에 납부되는 경우가 많지만, 개념상으로나 법규정상으로나 분명히 신고의무와 납부의무는 별개의 것이다. 실제로 당장 세금 낼 현금을 확보하지 못한 납세자가 신고의무만 이행한 채 납부의무를 이행하지 않는 경우도 현실 세계에서 가끔 나타난다. 납부의무 불이행 가산세는 내더라도 무신고가산세는 피할 수 있기 때문이다.

한편 소득세법상 종합소득의 신고납부의무의 중요한 예외가 되는 것이 이른바 '연말정산'제도이다. 근로자라면 누구나 다 아는 제도로, 근로소득만 있거나 소득의 주된 부분이 근로소득에 해당하는 납세자라면 종합소득세 신고로 계산할 추가납부세액이나 환급세액을 원천징수의무자(회사 내지 고용주)가 대신 계산해 준다는 것이다. 원천징수의무자가 해당 근로자의 해당 과세기간에 부담해야 할 소득세를 계산한 다음, 이 금액과 그동안 급여 지급 시에 원천징수한 금액의 합계액을 비교하여 정산하도록 한 것이다(소득세법 제137조). 기부금이나 의료비같이 납세자 본인만 알 수 있는 것은 고용주에게 제출해야 세금을 줄일 수 있음은

---

16) 소득세법 제70조 제1항(종합소득), 제71조 제1항(퇴직소득), 제110조 제1항(양도소득).

물론이다. 이에 따라 대부분의 봉급생활자들은 매년 5월에 일일이 관할 세무서장에게 확정신고하는 대신 매년 1월에 자신의 직장에 소득세 계산과 관련된 정보를 제공하면 되고, 또 이로써 소득세 부과 및 징수와 관련하여 국가에 대한 협력의무를 다하는 것이 된다.

위에서 살펴본 종합소득에 관한 신고납부의무에 관한 사항은 퇴직소득과 양도소득의 경우에도 기본적으로 동일하게 적용된다. 따라서 과세기간 동안에 퇴직소득이 있는 납세자는 종합소득과 마찬가지로 과세기간 다음 연도의 5월 중에 신고납부하여야 하는데, 다만 근로소득과 마찬가지로 해당 과세기간 동안 퇴직소득만 있다면 별도로 확정신고를 할 필요가 없다. 뒤에 보듯 퇴직소득을 지급할 당시 지급하는 자가 이미 원천징수한 세액이 퇴직자가 신고납부할 세액과 같기 때문이다. 근로소득과 퇴직소득만 있는 경우에도 각 연말정산과 원천징수로 세금을 다 내었고, 두 가지는 서로 합산하지 않으므로 따로 확정신고를 할 필요가 없다.

또한 소득세법은 위와 같이 매년 5월에 확정신고와 납부를 규정하는 것과 별도로 과세기간이 진행되고 있는 동안에도 소득세를 미리 납부 징수하도록 규정하고 있는데, 이러한 경우로는 중간예납(종합소득의 경우), 예정신고납부(양도소득의 경우), 원천징수, 수시부과제도 등이 있다. 제5장과 제6장에서 따로 살펴본다.

 연습문제

[1994년, 2007년 회계사 시험 수정]

다음 각 거주자 중 반드시 과세표준 확정신고를 해야 하는 자는?

① 근로소득과 200만원의 기타소득이 있는 자
② 퇴직소득과 분리과세 배당소득만 있는 자
③ 근로소득과 사업소득이 있는 자
④ 근로소득과 퇴직소득이 있는 자
⑤ 일용근로자

정답 ③

> **해설** 합산해서 세액을 계산할 필요가 있는가를 생각해보면 된다. ③만 반드시 해야 한다. 근로소득과 사업소득은 둘 다 종합소득에 들어가서 종합소득과세표준과 세액을 정해야 한다.

V. 신고납부 의무의 대상: 과세표준과 세액

신고란 과세표준의 금액과 세액을 계산해서 신고하는 것이다. 과세표준은 통상 세액 계산의 바로 전 단계로서, 세율을 적용하는 대상이 되는 금액을 말한다. 종합소득의 과세표준은 여섯 가지로 구분한 각 소득금액의 합계액(=종합소득금액)에서 종합소득공제를 뺀 금액이며, 퇴직소득의 과세표준은 퇴직소득금액에서 퇴직소득공제를 뺀 금액이다. 또한 양도소득의 과세표준은 양도소득금액에서 양도소득기본공제를 뺀 금액이다.

기│본│사│례

'조합소'의 근로소득금액은 1,500만원이고 사업소득금액은 525만원이다. 종합소득공제는 150만원이고, 세율은 과세표준 1,200만원까지는 6%이고 1,200만원 초과분에 대해서는 초과분의 15%라고 한다면, 조합소의 종합소득과세표준과 종합소득세 산출세액은 얼마인가?

풀이 1. 종합소득금액＝근로소득금액 1,500만원＋사업소득금액 525만원＝2,025만원
2. 종합소득과세표준＝종합소득금액 2,025만원－종합소득공제 150만원＝1,875만원
3. 종합소득세 산출세액＝1,200만×6%＋(1,875만－1,200만)×15%＝720,000＋1,012,500원＝1,732,500원(세율은 제5장 제7절 Ⅱ 참조).

종합소득금액이 있는 사람이라면 과세표준이 0이거나 사업소득에서 결손금이 생겨서 실제로 낼 세액이 없더라도 신고의무가 있다. 종합소득(퇴직소득 포함)과 양도소득의 과세표준과 세액의 계산방법에 대한 상세는 제5장과 제6장에서 살펴본다.

제5절 소득세의 원천징수와 납부

> 소득세법 제127조[원천징수의무] ① 국내에서 거주자나 비거주자에게 다음 각 호의 어느 하나에 해당하는 소득을 지급하는 자(제3호의 소득을 지급하는 자의 경우에는 사업자 등 대통령령으로 정하는 자로 한정한다)는 이 절의 규정에 따라 그 거주자나 비거주자에 대한 소득세를 원천징수하여야 한다.
> 1.~8. (생략)
>
> 제128조[원천징수세액의 납부] ① 원천징수의무자는 원천징수한 소득세를 그 징수일이 속하는 달의 다음 달 10일까지 대통령령으로 정하는 바에 따라 원천징수 관할 세무서…에 납부하여야 한다.

원천징수(tax withholding)란 소득을 지급하는 자가 그 지급받는 자의 조세를 징수하여 정부에 납부하는 제도를 말한다. 소득세법 제127조와 제128조에 따르면, 거주자나 비거주자에게 일정한 소득을 지급하는 자는 소득세를 원천징수하여 다음 달 10일까지 정부에 납부하여야 한다. 원천징수 시 적용되는 세율은 제129조에서 각 소득 구분별로 자세히 규정하고 있다. 원천징수하여야 하는 소득의 범위는 제127조 제1항에 규정하고 있는데, 퇴직소득 전부와 종합소득 중에서 이자, 배당, 근로, 연금소득이 주된 원천징수 대상이다. 사업소득이나 기타소득도 원천징수의 대상이 되는 경우가 있다.

소득세를 징수해야 하는 국가 입장에서 원천징수의 중요성은 매우 크다. 국세통계에 따르면, 2019년도 소득세 총세수 89.1조 원 중에서 원천징수분은 약 53.3조원에 이르러 59.8%를 차지하고 있다. 이는 법인세의 경우 총세수 72.1조원에서 원천징수분이 14.3조원으로 19.8%인 것(외국법인에 대한 원천징수세액을 빼면 다시 확 줄어들 것이다)에 비해 월등히 높은 수준이다. 법인세보다 소득세의 원천징수 범위가 훨씬 넓기 때문이다. 소득세의 경우 납세의무자의 수가 매우 많고 사업자가 아닌 자도 상당히 포함되어 있어 원천징수를 통하여 세원의 탈루를 최소화하고 납세편의를 도모하기 위한 조세정책적 고려가 반영된 결과로 이해할 수 있다.

원천징수대상 소득을 지급하는 자는 원칙적으로 개인·법인을 불문하고, 사업자 여부와 관계없이, 그리고 별도의 절차 없이 당연히 원천징수의무를 진다. 또한 소득세의 원천징수는 가령 일용근로자의 근로소득이나 2,000만원 미만의 금융소득처럼 원천징수만으로 납세의무가 종결되는 경우도 있고(일명 '완납적 원천징수'), 원천징수와는 별도로 과세기간 동안의 종합소득에 합산하여 다시 종합과세되는 경우도 있다(일명 '예납적 원천징수'). 각 소득 구분별로 거주자의 소득에 대한 과세방법을 요약하면 다음 표와 같다.

구 분		원천징수 여부(원천징수세율)		종합과세 여부
종합소득	이자소득	○ (30%, 25%, 14%, 기본세율 등)	종합과세	일부 분리과세
	배당소득	○ (25%, 14%)		일부 분리과세
	사업소득	△ (대통령령이 정하는 경우에만, 3%)		–
	근로소득	○ (기본세율, 일용근로자는 6%)		일용근로자 분리과세
	연금소득	○ (기본세율, 사적연금은 3~5%)		연 일정액 이하 분리과세
	기타소득	△ (30%, 20%, 15%, 일부 기타소득은 원천징수 제외)		연 일정액 이하 분리과세
퇴직소득		○ (기본세율)	분류과세	
양도소득		×		

기 본 사 례

거주자인 甲은 ㈜대한은행에 정기적금을 불입하였는데, ㈜대한은행은 약정에 따라 2016년 9월 30일 이자 ₩1,000,000을 지급하였다. 원천징수세율이 25%라고 가정할 때 해당 이자소득이 甲의 종합과세대상인 경우와 분리과세대상인 경우를 나누어 ㈜대한은행과 甲의 세무처리를 설명하시오. (이자소득이 언제 종합과세대상이고 언제 분리과세대상인지는 다음 장에서 배운다. 여기에서는 서로 어떤 차이가 있는지만 알면 된다.)

풀이 1. ㈜대한은행의 세무처리

원천징수액 ₩250,000(=₩1,000,000×25%)을 차감한 ₩750,000을 甲에게 지급하고 원천징수세액 ₩250,000은 2016년 10월 10일까지 ㈜대한은행의 관할 세무서에 납부하여야 한다.

2. 甲의 세무처리

① 해당 이자소득이 종합과세대상인 경우: 실제 수령한 금액은 ₩750,000이지만 ₩1,000,000을 다른 종합소득금액에 합산하여 종합소득세를 계산한다. 여기에서 원천징수당한 세액 ₩250,000을 기납부세액으로 공제한 후의 잔액을 2017년 5월에 甲의 주소지 관할세무서에 신고납부하여야 한다(예납적 원천징수).

② 해당 이자소득이 분리과세대상인 경우: 원천징수 당한 것으로 납세의무가 종결되므로 그 이자소득을 종합소득금액에 합산하지 않으며, 원천징수당한 세액을 기납부세액으로 공제하지도 않는다. 그리고 해당 소득에 대해서는 2017년 5월에 정부에 신고할 필요도 없다(완납적 원천징수).

종합소득과 퇴직소득

이 장에서는 종합소득에 들어 있는 사업소득, 근로소득 등 각 유형의 소득과, 종합소득과 따로 구별하고 있는 퇴직소득의 과세요건과 과세방법 등을 살펴본다. 양도소득은 다음 장에서 따로 본다. 이 장의 논의 순서는 종합소득과 퇴직소득의 순이 아니고, 퇴직소득은 근로소득에 관한 부분에서 간략히 살펴본다. 법적 및 경제적 성질이 근로소득의 연장선상에 있고, 실제 중요성으로도 그 정도에서 보는 것이 맞기 때문이다. 각 종류의 소득을 따지기에 앞서 우선 법인세법에는 이런 소득 구분이 없는데, 소득세법은 왜 소득을 구분해서 과세방법을 각각 달리 정하고 있는지부터 생각해 보자.

제1절   소득 구분의 개관

> 소득세법 제4조[소득의 구분][1) ① 거주자의 소득은 다음 각 호와 같이 구분한다.
> 1. 종합소득. 이 법에 따라 과세되는 모든 소득에서 제2호 및 제3호에 따른 소득을 제외한 소득으로서 다음 각 목의 소득을 합산한 것
>   가. 이자소득   나. 배당소득   다. 사업소득
>   라. 근로소득   마. 연금소득   바. 기타소득
> 2. 퇴직소득
> 3. 양도소득

　　영국이나 독일의 초기 소득세제가 그러하였듯이, 우리 소득세법은 소득원천설을 근간으로 삼아 사람들이 돈을 벌어들이는 원천 내지 소득의 경제적 성질별로 소득의 종류를 구분하고, 그런 구분별로 소득 및 세액의 계산방법을 정하고 있다. 현행법상 종합소득에는 여섯 가지 종류의 소득이 있다.

　　사람이 먹고살자면 누구나 돈을 벌어야 한다. '번다'고 했지만 머리나 몸을 써서 적극적으로 일을 해서 돈을 버는 사람도 있고, 이미 축적한 재산을 통하여 '가만히 앉아서' 돈을 버는 사람도 있다. 적극적으로 일을 하여 돈을 버는 사람들 중에는 다른 사람을 위하여 일을 하고 그 대가를 받는 사람이 있는가 하면, 자신의 계산과 위험으로 일을 하여 돈을 버는 사람도 있다. 대체로 앞의 부류의 사람들이 벌어들이는 돈이 근로소득이고, 뒤의 부류의 사람들이 벌어들이는 것은 사업소득이라 분류하면 크게 틀리지 않는다. 이들이 본격적인 경제활동으로부터 은퇴한 뒤에는 연금과 관련된 수입으로 살아가게 되는데, 이에 대한 과세문제는 연금소득이라는 범주를 통하여 해결된다. 근로자로 일하다가 은퇴 당시에 퇴직금을 받는 사람에 대해서는 이런 퇴직소득을 어떻게 과세할까라는 문제가 생긴다.

　　한편 기존의 재산으로 '가만히 앉아서' 돈을 버는 경우로 눈을 돌려 보자(어

---

1) 2020년 말 개정 시 제2호의2에 "금융투자소득"이 신설되었다. 단 그 시행시기는 2023년부터이다. 제6장에서 살펴본다.

찌 보면 연금소득은 이 부류에 포함시킬 수도 있을 것이다). 우선 한 가지 주의할 점은 이처럼 재산에서 버는 소득이란 글자 그대로 재산에서 뭔가 소득이 생기는 것을 말한다. 가만히 앉아서 재산 그 자체를 까먹고 있다면 소득은 없는 것이고, 재산 그 자체에 대해 종합부동산세 등 일정한 세금을 내거나 가지고 있는 돈으로 온갖 소비재를 사거나 노무를 제공받을 때 부가가치세 등 소비세를 물게 될 뿐이다. 소득세법은 가지고 있는 재산 자체를 과세하지는 않고 재산에서 생기는 소득(현행법에서 쓰는 말은 아니지만 '자산소득', 부정적인 표현으로는 '불로소득'이라는 표현을 쓰기도 한다)을 과세할 뿐이다. 재산에서 생기는 소득의 종류는 어떤 식으로 구별하면 좋을까? 현재 우리 사회에서 가장 인기 있는 재산의 형태는 두말할 나위 없이 부동산과 금융자산이다. 이 중 금융자산은 전통적인 시각에서는 크게 보면 주식 기타 출자지분과 채권으로 나뉠 수 있는데, 대체로 전자의 보유로부터 발생하는 배당소득, 후자의 보유로부터 발생하는 이자소득 및 이러한 금융자산의 양도차익으로 구분할 수 있다. 부동산에서 생기는 소득은 대개 임대수입과 양도차익인데, 후자는 양도소득이라는 별도의 구분을 통하여 과세되고, 임대수입은 종래에는 부동산소득이라는 구분을 따로 두다가 2010년 이후로는 사업소득이기는 하지만 좀 특별한 내용을 법으로 정해 두고 있다.

마지막으로 근로소득, 사업소득, 이자소득, 배당소득 같은 계속적·반복적 소득이 아닌 어쩌다 생기는 소득으로, 이런 구분 중 어디에도 속하지 않으나 소득세를 물릴 필요가 있다고 인정되는 경제적 이익이 있다. 소득세법은 이런 항목들을 기타소득이라는 분류에 넣어서 과세대상으로 삼고 있다.

이하에서는 종합소득을 구성하는 것들 중에서 적극적으로 일을 하여 돈을 버는 것과 관련된 사업소득

❾ 종합소득금액 및 결손금 · 이월결손금공제명세서	
구 분	① 소 득 별 소 득 금 액
이자소득금액	
배당소득금액	
출자공동사업자의 배당소득금액	
부동산임대업(주택임대업 제외)의 사업소득금액	
부동산임대업(주택임대업 제외) 외의 사업소득금액	
근로소득금액	
연금소득금액	
기타소득금액	
합 계 (종합소득금액)	

▲ 종합소득세 신고서(시행규칙 별지 제40호 서식(1)) 중 종합소득금액을 구하는 부분이다

과 근로소득, 그리고 재산을 통하여 '가만히 앉아서' 돈을 버는 것과 관련된 이자소득과 배당소득 및 이와 유사한 성격의 연금소득을 살펴본다. 한편 종합소득과 별도로 소득을 구분하고 있는 퇴직소득은 근로소득 부분에서 함께 살펴본다. 마지막으로 기타소득에 관하여 살펴보기로 한다.

제2절   사업소득

Ⅰ. 사업소득의 범위

> 소득세법 제19조[사업소득] ① 사업소득은 해당 과세기간에 발생한 다음 각 호의 소득으로 한다.
> 1.~19. (생략)
> 20. 제1호부터 제20호까지의 규정에 따른 소득과 유사한 소득으로서 영리를 목적으로 자기의 계산과 책임 하에 계속적·반복적으로 행하는 활동을 통하여 얻는 소득
> ③ 제1항 각 호에 따른 사업의 범위에 관하여는 이 법에 특별한 규정이 있는 경우 외에는 「통계법」제22조에 따라 통계청장이 고시하는 한국표준산업분류에 따르고, 그 밖의 사업소득의 범위에 관하여 필요한 사항은 대통령령으로 정한다.

'사업소득'이란 일정한 사업에서 발생하는 소득을 말한다. 소득세법 제19조 제1항은 제1호 내지 제20호에서 사업소득이 발생하는 사업의 범위를 하나하나 열거한 다음, 마지막인 제21호에 포괄규정을 두고 있다. 이러한 사업소득이 있는 거주자를 '사업자'라고 한다(소득세법 제1조의2 제1항 제5호). 제21호의 '자기의 계산과 책임'이라는 말은 사업자와 근로소득자를 구별하는 결정적인 표지가 된다. 따라서 타인의 지시와 감독을 받으면서 일하고 그 타인으로부터 받는 봉급은 사업소득이 아니다. 또한 소득세법은 '사업'에 해당하기 위해서는 해당 활동이 어느 정도 '반복적·계속적'으로 이루어져야 한다고 하여, 단발성이거나 우발적으로 일

어나는 일은 '사업'의 범주에서 제외한다. 그렇다고 해서 반드시 과세하지 않는다는 말은 아니다. 기타소득이나 양도소득으로 과세하는 경우가 흔하기 때문이다. 예를 들어, 연예인이 받는 '전속계약금'은 그것이 일시적·우발적인 경우 기타소득이 되는 반면, 전체적 연예 활동의 일환으로 얻어진 것은 사업소득이다. 또한 부동산 양도거래의 경우에도 그것이 계속적·반복적으로 행하여지는 경우에는 양도소득이 아니라 사업소득이다.

한편 '사업'이라는 범주를 벗어나면 과세하지 않는 경제적 이익도 있다. 예를 들어, 근로자가 집마당 한 평짜리 텃밭에서 생산한 농작물을 스스로 소비하는 것은 경제적 이익은 있지만 사업이 아니므로 과세하지 않는다. 직접 소비하다가 조금 남은 것을 어쩌다 이웃집에 팔고 몇 만원을 받는다면 과세하는가? '사업'의 정도에 이르지 않는 한 이런 돈 역시 현행법상 과세소득이 아니다. 다른 한편 텃밭이 제법 커서 농작물을 지속적으로 시장에 내어다 판다면, 외관상으로는 그 한계선이 반드시 뚜렷하지 않을 수는 있지만 아무튼 '사업'의 정도에 이르렀다고 판단된다면 소득세 부과의 대상이 될 수 있다.[2] 그리고 이러한 경우의 '사업' 개념은 개인의 사생활 영역과 국가가 세금 부과를 위하여 개입할 수 있는 공적(公的) 영역을 가르는 기준으로 작용한다는 의미를 가지게 된다. 즉 '사업'의 정도에 이르게 되면 이는 더 이상 개인의 사생활 영역이 아니며, 따라서 국가가 그 내면을 들여다보고 세금을 부과할지 여부를 확인할 수 있는 가능성이 있다는 것이다. 다른 예로 현재 상장주식의 양도차익은 여러 정책적인 이유로 양도소득세 부과 대상이 아니다. 그런데 어떤 사람이 계속적·반복적으로 상장주식의 매매거래를 하면서 여기서 얻는 소득으로 생계를 유지한다면, 이러한 활동이 '사업'에 해당되어 사업소득으로 과세될 가능성도 생각해 볼 수 있다. 다만 아직은 국세청이 이런 직업적 투자자의 소득을 실제 과세하고 있지는 않다.

이와 같이 어떠한 경제적 활동이 '사업'의 정도에 이르게 되면 대개는 사업소득으로 구분되어 과세되기 마련인데, 이는 소득세법 제19조 제1항 각 호가 열

---

2) 다만 현실적으로는 식량 작물의 재배로 인하여 발생하는 소득은 현행법상 사업소득의 범주에 속하지 않는 것으로 규정되어 있다. 다만 2015년부터 곡물과 같은 식량 작물만 과세 제외되고, 채소나 화훼 같은 작물의 경우 년 10억원 초과분은 과세로 전환되었다. 소득세법 제19조 제1항 제1호 및 제9조의4.

거하고 있는 사업의 종류가 상당히 폭넓고 다양한 데다가 2010년부터 포괄규정
인 제21호까지 신설되었기 때문이다. 그럼에도 소득세법은 여러 가지 정책적인
이유로 논·밭의 임대소득이나 일정한 주택의 임대소득과 같은 법령에서 정하는
일정한 사업에서 생기는 소득에 대하여 소득세를 과세하지 않고 있다(소득세법
제12조 제2호).

[심화학습] 소득세법상 '사업'에 해당하는지 여부

개인이 단기금융업법에 의한 정부의 단기금융업인가를 받지 아니하고 사업자등록
도 필하지 아니하였지만 1년 반 동안의 장기간에 걸쳐 자기계산과 책임하에 업무용
차량 5대와 상시 7명의 직원을 고용하여 900여억원의 자금을 동원하여 70여명의 고
객을 상대로 수십 회에 걸쳐 금전을 대여하고 그에 대한 이자수익을 벌었다면 그가
번 이자수익은 사업소득일까?

판례는 다음과 같이 사업소득에 해당한다고 보았다. 즉, "비록 단기금융업법에 의
한 재무부장관의 단기금융업인가를 받지 아니하였고 사업자등록을 필하지 아니하였
다 하더라도 위의 금전거래행위는 그 규모와 횟수, 인적, 물적설비의 정도, 거래의
태양 등 제반사정에 비추어 이자수익의 취득을 목적으로 하는 대금업을 영위한 것
이라고 보아야 할 것이므로 위의 금전거래로 인하여 취득한 이자상당의 수입은 …
사업소득에 해당된다."[3)

Ⅱ. 사업소득에 대한 과세방법 = 기본세율로 종합과세

사업소득금액은 앞의 제4장에서 살펴본 바와 같이 종합소득과세표준에 합
산하여 기본세율로 과세하며(종합과세), 분리과세하는 예외는 존재하지 않는다.
그리고 대부분의 사업소득에 대해서는 원천징수도 하지 않는다. 일부 아주 예외
적으로 사업소득을 원천징수 대상으로 삼는 경우가 있다. 보험모집인처럼, 사업

---

3) 대법원 1986. 11. 11. 선고 85누904 판결.

자라고는 하지만 종합소득세 확정신고의무를 부과하는 것이 부적절하거나 그 성격이 근로소득과 비슷해서 근로소득처럼 원천징수하고 연말정산하는 경우이다.

[심화학습] 둘 이상의 사업자가 공동사업을 하는 경우

주변을 돌아보면 사업목적으로 여러 사람이 함께 돈이나 부동산 같은 재산을 출자하지만 법인을 만들지는 않고 단순히 동업관계를 형성하면서 사업하는 경우를 자주 볼 수 있다. 이런 사업형태는 대체로 민법상 조합에 해당한다. '조합'이라는 이름은 농업협동조합이나 요사이 새로 유행하는 사회적 기업인 협동조합에도 나오지만, 그런 특별한 조직은 제외하고 여기에서 말하는 조합은 그냥 동업관계로 두 사람 이상이 서로 출자해서 공동사업을 하는 것을 말한다. 민법에서는 동업을 위한 이런 계약 그 자체를 조합계약이라고 부르고, 공동사업이라는 기업조직도 조합이라고 부르지만, 두 가지를 나누어 생각하는 것이 편한 경우에는 후자를 조합체라고 부르는 것이 보통이다.

아무튼 이런 공동사업에서 생기는 소득은 어떻게 과세할까? 조합이란 회사와 달리 출자자와 구별되는 법인격이 없으므로, 조합체의 재산이나 소득이란 법적으로는 각 조합원 지분만큼 각 조합원의 재산이나 소득이다. 둘이 모여 회사를 세워서 회사가 부동산을 산다면 그 부동산의 소유주는 회사이지만, 둘이 모인 조합이 부동산을 산다면 그 부동산은 두 조합원의 공동소유(더 좁히면 '합유'라고 부른다)이고 각 조합원의 지분만큼 각 조합원이 소유자이다. 따라서 조합의 소득도 각 조합체의 소득이 아니라 각자의 지분만큼 각 조합원의 소득이다. 공동사업 소득의 과세는 기본적으로는 이런 생각을 구체화한 것으로서, 미국에서는 '파트너십 과세'라고 하여 개인소득세 및 법인세와 구별되는 별개의 과세 영역으로 그 중요성이 매우 크다. 한편 우리나라는 종래 소득세법상 공동사업장 과세제도라는 비교적 단순한 제도로 다루어 왔다.

현행 소득세법 제43조의 공동사업장 과세제도는 사업을 공동으로 경영하고 그 손익을 분배하는 공동사업의 경우 해당 사업을 경영하는 장소를 '공동사업장'이라고 부른다. 공동사업장은 1거주자로 보아 그를 단위로 삼아서 소득금액을 계산한 다음(제1항), 이를 해당 공동사업을 경영하는 각 거주자(이를 '공동사업자'라 한다) 간에 안분 내지 분배해서 각 공동사업자의 개인별 소득을 계산한다. 분배비율은 공동사업자 간에 약정된 손익분배비율을 따른다(제2항). 즉 공동사업의 경우, 소득금액의 계산은 공동사업장 단계에서 하지만, 납세의무는 각 공동사업자별로 자신에게 배분된 금액만큼씩 지게 된다. 공동사업장의 소득을 안분 내지 분배해서 각자의 과세소득을 정한다는 말은, 각 공동사업자가 실제로 지급받은 금액이 아니라 공동사업장을 단위로 계산한 소득을 투시(透視)해서 그런 공동소득 가운데 자기 몫을 과세소득으로 삼는다는 말이다. 그냥 줄여서 투시과세(pass-through taxation, '투과과세'라는 말도 쓴다)라고 한다.

이러한 공동사업에 돈이나 재산을 출자만 하고 실제 경영에는 참여하지 않는 공동사업자, 가령 상법상의 익명조합원을 소득세법은 '출자공동사업자'라고 하여 이들에게 분배되는 소득은 사업소득이 아니라 배당소득으로 과세한다. 공동사업장 단위에서 결손금이 생기는 경우 일반적인 공동사업자는 제 몫의 결손금을 다른 사업소득이나 다른 종류의 소득과 상계할 수 있다. 그러나 출자공동사업자는 제 몫의 결손금을 그런 식으로 이용할 수 없다. 배당소득이란 성질상 (−)가 될 수 없기 때문이다. 이런 차이를 두는 것은 공동사업장이라는 제도를 악용해서 금융소득을 벌면서 가공의 결손금을 공제받을 가능성을 염려했기 때문이다.

Ⅲ. 사업소득금액

> 소득세법 제19조[사업소득] ② 사업소득금액은 해당 과세기간의 총수입금액에서 이에 사용된 필요경비를 공제한 금액으로 하며, 필요경비가 총수입금액을 초과하는 경우 그 초과하는 금액을 "결손금"이라 한다.

이미 언급한 바와 같이 종합소득을 다시 여섯 가지의 소득으로 구별하는 중요한 실익 중 하나는 각 소득별로 소득금액의 계산방법이 다를 수 있다는 것이다. 소득의 크기를 정하자면, '들어온 돈' 전부를 과세소득으로 삼는 것이 아니라 이 돈을 벌기 '위하여' 지출한 돈은 어떤 형태로든 빼 주고 순소득을 계산해서 과세해야 옳다고 일단 생각할 수 있다. 다만 구체적인 소득별로 하나하나 생각해 보면 어떤 식으로 얼마를 빼 줄 것인가가 다 같지는 않다. 위 법규정에서와 같이 사업소득금액은 '총수입금액'에서 '필요경비'를 차감한 금액이다.

사업소득금액＝총수입금액－필요경비

'사업자'가 영위하는 사업의 총수입금액이 3,000만원이고 필요경비가 2,475만원이라면 사업소득금액은 얼마인가? 다른 소득금액이 없다면 종합소득과세표준은 얼마인가? 종합소득공제는 150만원으로 계산한다.

풀이 1. 사업소득금액＝총수입금액－필요경비＝3,000만원－2,475만원＝525만원
2. 종합소득과세표준＝525만원－150만원＝375만원

실제로 사업소득금액을 계산하는 방식은 나중에 배울 법인세법에 따른 각 사업연도소득금액의 계산과 매우 비슷하다. 즉 다음의 그림과 같이 회계기준에 따라 작성된 결산서[4](그중 포괄손익계산서)상 당기순이익을 바탕으로 회계기준과 세법 사이의 차이를 조정(이것을 '세무조정'이라고 부른다)하는 방법으로 계산한다. 현행 소득세법령은 사업소득금액의 계산에 필요한 총수입금액 산입 항목과 총수입금액 불산입 항목 및 필요경비 산입 항목과 필요경비 불산입 항목을 구체적으로 규정하고 있다(소득세법 제26조, 제33조, 같은 법 시행령 제51조, 제55조 등). 따라서 소득세법상 사업소득금액 계산에 사용되는 총수입금액과 필요경비라는 용어는 법인세법상 각 사업연도소득금액 계산에 사용되는 익금과 손금에 대응되는 것이라고 볼 수 있다. 논의의 중복을 피하기 위해서 총수입금액, 필요경비, 세무조정 따위의 개념은 법인세법상 익금과 손금의 의미와 세무조정을 공부할 때 같이 따져 보기로 한다. 이하에서는 법인세법과 다르고 소득세법에 특유한 부분만을 간단히 보자.

---

4) 대차대조표, 손익계산서와 같은 재무제표를 말한다. 한국채택국제회계기준에서는 대차대조표를 재무상태표로, 손익계산서를 포괄손익계산서로 부른다. 자세한 내용은 법인세편에서 다룬다.

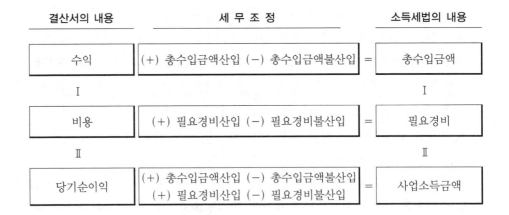

결산서의 내용	세 무 조 정	소득세법의 내용
수익	(+) 총수입금액산입 (−) 총수입금액불산입 =	총수입금액
I		I
비용	(+) 필요경비산입 (−) 필요경비불산입 =	필요경비
II		II
당기순이익	(+) 총수입금액산입 (−) 총수입금액불산입 (+) 필요경비산입 (−) 필요경비불산입 =	사업소득금액

Ⅳ. 총수입금액

> 소득세법 제24조[총수입금액의 계산] ① 거주자의 각 소득에 대한 총수입금액(…)은 해당 과세기간에 수입하였거나 수입할 금액의 합계액으로 한다.

위 규정에 따른 소득세법 시행령은 총수입금액에 해당하는 항목들을 구체적으로 열거하고 있기는 하지만, 그 외에도 총수입금액에 관한 포괄규정을 두어 한결 넓게 '사업과 관련된 수입금액으로서 해당 사업자에게 귀속되었거나 귀속될 금액'이라는 내용의 정의를 제시하고 있다(소득세법 시행령 제51조 제3항 제5호). 사업과 '관련'이 있다는 말은 사실 애매한 말이다. 예를 들면, 사업으로부터 발생한 여유 자금을 금융기관에 예치하고 받는 이자는 실무상 이자소득으로 취급된다든지, 외상대금에 포함된 이자 상당액은 원래의 물건대금과 마찬가지로 사업소득으로 취급된다는 것이 판례[5]라든지 하는 식으로, 결국 구체적 · 개별적 사안에서 과세관청과 법원의 판단을 기다려 볼 수밖에 없다. 한편, 빵가게 주인이 원재료 1,000원을 들여 만든 판매가 2,000원짜리 빵을 자신이 먹었다면 이 2,000원은 총수입금액에 들어가는가? 그렇다. 총수입금액 2,000원에서 원가 1,000원을 뺀 1,000원이 과세

---

5) 대법원 1991. 7. 26. 선고 91누117 판결.

소득이 된다. 한편 근로자가 집에서 원재료 1,000원을 들여서 비슷한 빵을 만들 어먹는다면, 애초 사업이 아니므로 과세대상이 아니라는 점은 이미 보았다.

Ⅴ. 필요경비

> 소득세법 제27조[사업소득의 필요경비의 계산] ① 사업소득금액을 계산할 때 필요경비에 산입할 금액은 해당 과세기간의 총수입금액에 대응하는 비용으로서 일반적으로 용인되는 통상적인 것의 합계액으로 한다.

1. 일반적·통상적인 경비라야 공제

총수입금액에서 공제하는 필요경비의 개념 역시 언제나 분명하지는 않다. 소득세법 시행령 제55조 제1항은 총수입금액과 마찬가지로 필요경비에 해당하는 구체적인 항목들을 열거하고 있지만, 법률의 위 글귀 그 자체가 보여 주듯 '대응' 이라든지 '일반적으로 용인', '통상적'이라는 애매한 개념을 피할 수가 없다. 한계 선상의 문제가 발생할 경우 과세관청이나 법원에 폭넓은 판단 여지가 주어져 있다는 점 역시 총수입금액과 마찬가지이다.

2. 필요경비 불산입

소득세법은 제33조 이하에서 그 성질상 필요경비로 공제될 여지가 있음에도 불구하고 필요경비로 공제를 안 해주는(법조문에서 쓰는 말로 '필요경비 불산입') 각종 항목들을 열거해 두고 있다. 예를 들어, 제33조 제1항 제2호는 벌금이나 과료 등을 필요경비로 공제할 수 없다고 정하고 있다. 사업을 영위하는 도중에 일정한 법령 위반의 행위를 하게 된 경우, 납세의무자의 부(富)가 얼마나 늘었는가라는 소득의 정확한 측정이라는 측면만 보면 벌금이나 과료도 공제해 주어야 한다는 생각을 할 수 있다. 다른 한편 벌금이나 과료를 공제해 준다는 것은 세금 부담을 그만큼 줄여 준다는 말이므로 국가가 벌금이나 과료의 일부를 (세금을 줄여 주는 형태로) 부담해 주는 꼴인데, 이것은 부당하다고 생각할 수도 있다. 이러한 점을 고려하여 소득세법은 벌금이나 과료 등을 필요경비로 공제해 주지 않는 입장을 취하고 있다.

벌금이나 과료는 그저 한 예일 뿐이다. 필요경비 불공제에 관한 규정들은 각각의 불공제 항목마다 나름대로의 이유를 담고 있으며, 각 규정들을 이해하기 위해서는 그 입법취지를 명확히 이해하는 것이 중요하다. 다만 소득세법상의 이러한 불공제 규정들은 그 내용이 상당 부분 법인세법의 각종 손금불산입 규정과 겹치거나 동일하므로, 상세한 설명은 법인세법 관련 부분으로 미루도록 한다.

[심화학습] 위법비용의 필요경비 해당 여부

위와 같은 설명에도 불구하고 위법행위에 관련된 비용이 어디까지 필요경비로 인정될 것인지에 대하여는 논란이 끊이지 않는다. 벌금이나 과료와 같이 소득세법에 명시적 규정을 두고 있는 경우는 문제가 없겠지만, 예를 들어 유흥주점에서 접대부나 영업상무에게 지급한 성매매 손님 유치 수당은 필요경비로 인정될까? 이러한 문제에 대하여 판례는 '그 비용의 지출이 사회질서에 심히 반하는지 여부'라고 일응의 기준을 제시하고 있다.[6] 따라서 이 문제는 '사회질서'가 무엇인지만큼이나 어렵다고 할 수 있는데, 판례는 위 사례의 성매매 수당은 물론 제약 업계 등에서 관행적으로 수수해 오던 일명 리베이트 같은 비용도 이러한 기준에 따라 세법상 필요경비(또는 손금)로 인정할 수 없다고 보았다.[7]

3. 필요경비의 추계

사업소득금액은 이와 같이 총수입금액에서 실제로 발생한 필요경비를 공제하여 구하게 된다. 그러나 이와 같이 총수입금액에 대응되는 필요경비가 실제로 얼마나 발생하였는지를 일일이 따져 공제의 대상으로 삼는 것이 곤란한 경우도 생각할 수 있다. 회계장부를 제대로 작성하지 않고 있거나 작성할 능력이 없는 영세한 사업자도 그렇고, 인적(人的)인 성격이 강한 용역을 제공하는 개인사업자

---

6) 대법원 1998. 5. 8. 선고 96누6158 판결.
7) 대법원 1983. 10. 25. 선고 81누136 판결. 대법원 2015. 1. 15. 선고 2012두7608 판결.

와 같이 사업의 성격상 필요경비를 가려내는 것이 현실적으로 쉽지 않은 경우도 그렇다(프리랜서 작가나 직업운동선수, 예술가의 필요경비에 관하여 생각해 보자). 이와 관련하여 소득세법은 '과세표준을 계산함에 있어서 필요한 장부와 증빙서류가 없거나 중요한 부분이 미비 ⋯ 인 경우'에는 어림잡아 계산한다는 뜻으로 추계(推計)과세를 허용하고 있다(소득세법 시행령 제143조 제1항 제1호). 추계방법 가운데 하나로 실제 발생한 필요경비가 아니라 '기준경비율' 또는 '단순경비율'에 따라 필요경비를 산정해서 공제하도록 하는 경우가 있다(소득세법 시행령 제143조 제3항 제1호 및 제1호의2). 즉 사업소득금액은 총수입금액에서 (실제 발생한) 필요경비공제를 한 금액으로 한다는 원칙과 무관하게, 머릿수로 따지면 매우 많은 사업소득자가 실제로 세금을 내는 기준은 이처럼 법령으로 정한 비율로 계산한 소득이다.

[심화학습] 기준경비율과 단순경비율

원래 모든 사업자는 그 사업실적을 기록한 장부나 증빙서류에 근거하여 소득금액을 계산하여야 하지만, 소득세법은 장부나 증빙서류가 없거나 있더라도 중요한 부분이 미비 또는 허위인 경우 등 일정한 요건에 해당하면 기준경비율 또는 단순경비율을 적용하여 소득금액을 추계하여 결정할 수 있도록 정하고 있다.

단순경비율이란 신규사업자로서 수입금액이 일정액 미만의 영세사업자 등('단순경비율 적용대상자')에 대하여 수입금액의 일정 비율(단순경비율)을 곱한 금액을 필요경비로 일괄적으로 공제한 금액을 소득금액으로 결정하는 방법을 말한다.

기준경비율이란 단순경비율 적용대상자에 해당하지 않는 사업자(따라서 일정 규모 이상 사업자)에 대해 매입비용, 임차료, 인건비와 같은 주요 비용 항목은 실제 지출증빙이 갖추어진 금액만 인정하고, 나머지 부수적 비용들은 수입금액에 일정 비율(기준경비율)을 곱한 금액만큼을 필요경비로 일괄적으로 공제한 금액을 소득금액으로 계산하는 제도이다.

이때 기준경비율이나 단순경비율은 국세청장이 규모와 업황에 있어서 평균적인 기업에 대하여 업종과 기업의 특성에 따라 조사한 평균적인 경비비율을 참작하여 매년 정하도록 되어 있다. 참고로 국세통계에 따르면, 2019년 종합소득세 확정신고자는 총 746만 명 정도였는데 이 중 약 36.6%인 273만 명 정도가 기준경비율 또는 단순경비율을 적용한 추계신고자였다.

제3절   근로소득

I. 근로소득의 범위

> 소득세법 제20조[근로소득] ① 근로소득은 해당 과세기간에 발생한 다음 각 호의 소득으로 한다.
> 1. 근로를 제공함으로써 받는 봉급·급료·보수·세비·임금·상여·수당과 이와 유사한 성질의 급여
> 2. 법인의 주주총회·사원총회 또는 이에 준하는 의결기관의 결의에 따라 상여로 받는 소득
> 3. 「법인세법」에 따라 상여로 처분된 금액
> 4. 퇴직함으로써 받는 소득으로서 퇴직소득에 속하지 아니하는 소득
> 5. 종업원등 또는 대학의 교직원이 지급받는 직무발명보상금(…)

근로소득은 사업소득과는 달리 일반적으로 타인에 대하여 종속적 지위에 서서 근로를 제공하고 그 대가를 받는 사람에게 발생한다. 근로의 대가를 부르는 명칭은 상당히 많은데, 가장 흔한 유형의 근로소득에 관하여 소득세법 제20조 제1항 제1호는 이러한 명칭이야 무엇이든 '유사한 성질'을 가진 것을 모두 근로소득으로 과세한다.

한편 제2호는 주로 회사의 등기임원이 받는 보수에 관한 규정이다. 상법은 이사(또한 사외이사 제도가 없는 회사라면 감사도 같다)의 보수를 회사의 정관이나 주주총회에서 정하도록 하고 있다. 법률적으로 엄밀히 따지자면 이사는 종속적 지위에 있지 않으며, 이사와 회사 간의 법률관계는 근로계약이 아니고 위임이다. 그렇지만 이사를 구태여 근로자와 구별해서 따로 과세할 정책적 이유를 찾기 어려우므로 근로소득으로 과세하는 것이다.

제3호는 법인세법상 상여로 소득처분이 있는 경우, 그러한 소득의 귀속자에게 근로소득으로 과세한다. 이 부분은 뒤에 법인세법상 소득처분 제도를 배우면 무슨 말인지 알게 될 것이다. 예를 들어 간단히 설명하면, 회사의 임직원이 회사

돈을 반환할 의사 없이 배임·횡령 등으로 유용하면서 회사의 장부에는 가공매입이나 가공경비로 처리해 두었다면 회사는 이와 같은 경비처리가 부인되고(이를 '손금불산입'이라 한다) 이 돈의 귀속자인 해당 임직원에게 상여를 지급한 것으로 보아 근로소득에 포함하면서 회사에게는 원천징수의무를 지우는 것이다. 제4호는 퇴직소득이 다른 종류의 소득에 비하여 세제상 우대를 받는다는 점과 관련이 있다. 퇴직 시 근로자가 받는 돈이라 하더라도 그 전액을 퇴직소득으로 보아 낮게 과세하는 것이 아니고 퇴직소득은 일정 범위에 국한한다. 나머지는 일반적인 근로소득과 마찬가지로 과세한다. 제5호는 그동안 판례가 근로소득으로 인정해 오던 항목을 2016년 말 개정으로 법령에 새로 규정한 것이다. 단, 대학의 교직원 등이 퇴직 후에 받는 직무발명보상금은 기타소득으로 구분하고 있다(소득세법 제21조 제1항 제22호의2).

    제1호로 돌아가 '근로를 제공함으로써 받는 소득'이란 일반적으로 납세자가 제공하는 근로와 대가관계에 서는 경제적 이익을 가리킨다고 일단은 생각할 수 있다. 그러나 판례는 꼭 대가관계에 서는 것이 아니더라도 근로와 일정 관련성 하에서 생기는 소득은 근로소득에 해당할 수도 있다는 입장이다.[8] 또한 소득세법 시행령 제38조는 근로소득에 포함되는 것과 포함되지 않는 것의 유형을 자세히 규정해 두고 있으며, 근로소득에는 해당하지만 여러 정책적인 이유로 비과세하는 경우도 있다(소득세법 제12조 제3호). 하지만 이와 같은 법령의 구분기준이나 비과세 해당 여부가 항상 분명하지는 않다.

[심화학습] 주식매수선택권에 대한 과세방법

흔히 '스톡옵션'으로 불리는 주식매수선택권이 근로의 대가로 부여되는 경우가 있다.[9] 근로의 결과에 관계없이 항상 일정한 금액을 지급하는 것보다는 그 결과에 따라 급여의 액수가 변동되도록 하는 것이, 근로자가 보다 열심히 일할 경제적 유인을 제공하는 것이라는 생각에서 나온 주식매수선택권 제도는 그 금액의 가변성(可變性)

---

8) 대법원 2001. 9. 14. 선고 99두3324 판결. 대법원 2005. 4. 15. 선고 2003두4089 판결.
9) 상법상의 근거 조문은 제340조의2.

등으로 인하여 소득세 부과에 있어서도 특수한 문제를 낳게 된다.

주식매수선택권을 부여받은 사람이 실제로 이를 행사한 경우, 늘 시가(時價)보다 낮은 가격에 주식을 취득하게 되며,[10] 따라서 이러한 거래를 통하여 일정한 경제적 이익, 즉 소득을 얻게 된다. 예를 들면, 근로자 갑은 01. 1. 1.에 회사로부터 신주교부형의 주식매수선택권을 부여받는데, 선택권의 행사가격은 부여 시 회사 발행 주식의 시가인 10,000원이고, 행사할 수 있는 기간은 2년 후부터 1년간이라고 가정하자. 또한 2년 후인 03. 1. 1.에 회사 발행 주식의 시가가 15,000원에 이르자 갑은 선택권을 행사하여 신주를 교부받은 후 보유하다가 04. 1. 1.에 시가인 18,000원에 매각하였다고 가정하자. 어느 시점에서 어떤 이익에 대하여 어떤 소득으로 과세할 것인가?

우선 헤이그-사이먼즈의 소득개념을 충실히 따르자면 01. 1. 1. 부여받은 선택권의 가치만큼 소득이 있었다고 보아 과세한 후 행사 시 및 처분 시 다시 경제적 이익을 따져 과세하는 방법을 고려할 수 있다. 예를 들어, 부여 시 주식매수선택권의 가치를 2,000원으로 평가할 수 있다면 이 금액을 소득(근로소득)으로 보아 과세하고, 행사 시 3,000원(=15,000원−12,000원)을 소득(근로소득)으로 보아 또 과세한 다음, 처분 시 3,000원(=18,000원−15,000원)을 다시 과세하는 것이다. 이론적으로는 이와 같이 보는 것이 타당하다고 할 수 있으나, 이 경우에 현실적으로 부딪치게 되는 문제는, 주식매수선택권의 가치(위 예에서 2,000원)를 객관적으로 측정하는 것이 반드시 쉬운 일은 아니라는 것이다. 이러한 이유로 우리 소득세법은 주식매수선택권의 부여 시에는 아예 과세하지 않고 행사 시에 발생한 '행사차익'을 근로소득으로 보아 소득세를 물린다(소득세법 시행령 제38조 제1항 제17호). 위 예에서는 갑은 행사 시인 03년도에 행사차익인 5,000원(=15,000원−10,000원)의 근로소득이 생긴 것으로 보는 것이다. 아직 주식을 처분하기 전이지만 주식을 싸게 샀다는 이유로 과세한다는 점에서 실현주의의 특례라고도 할 수 있다. 한편 이와 같이 주식매수선택권의 행사로 취득한 주식을 제3자에게 처분하여 추가로 이익을 얻는 경우, 소득세법은 이러한 이익은 주식의 양도차익으로서 양도소득세 부과의 대상으로 삼는다.[11] 위 예에서 갑은 04년에 3,000원(18,000원−15,000원)의 양도소득이 생긴 것으로 보는 것이다.

---

10) 반대로 행사가격이 시가보다 높으면 선택권을 행사하지 않으면 되기 때문이다.

11) 이와 관련하여 주목할 조항은 소득세법 시행령 제163조 제13항으로서, 주식매수선택권 행사로 인하여 취득한 주식을 양도하여 얻는 소득에 대한 양도소득세 부과 가능성을 긍정하는 전제 하에, 행사차익으로 이미 과세된 금액이 다시 양도소득으로 과세되는 일이 없도록 주식매수선택권의 행사가격이 아니라 행사 당시의 주식 시가를 해당 주식의 취득가액으로 규정하고 있다.

Ⅱ. 근로소득금액

> 소득세법 제20조[근로소득] ② 근로소득금액은 제1항 각 호의 소득의 금액의 합계액(비과세소득의 금액은 제외하며, 이하 "총급여액"이라 한다)에서 제47조에 따른 근로소득공제를 적용한 금액으로 한다.
>
> 제47조[근로소득공제] ① 근로소득이 있는 거주자에 대해서는 해당 과세기간에 받는 총급여액에서 다음의 금액을 공제한다. (이하 표 생략)
> ② 일용근로자에 대한 공제액은 제1항에도 불구하고 1일 15만원으로 한다.

　사업소득에 견주어 보면 근로소득금액 역시 총수입금액에서 필요경비를 공제하여 구해야 할 것처럼 보인다. 그러나 소득세법은 근로소득금액을 '총급여액＝총수입금액'에서 '근로소득공제'를 함으로써 구한다고 규정하고 있으며(소득세법 제20조 제2항, 제24조 제1항), 근로소득공제는 (필요경비공제와는 달리) 근로소득을 버는 데 실제 얼마가 들었는가를 묻지 않고 모든 납세자들에게 일률적으로 일정 부분을 공제한다.

근로소득금액＝총급여액－근로소득공제

기 본 사 례

근로소득만 있는 '금로자'의 연간 총급여액이 3천만원이라면 근로소득금액은 얼마이고, 다른 소득이 없다면 종합소득 과세표준과 종합소득세 산출세액은 얼마인가? 종합소득공제는 150만원으로 계산한다(세율은 제5장 제7절 Ⅱ. 참조).

 1. 근로소득금액＝총급여액－근로소득공제＝3,000만원－[750만원＋(3,000만원－1,500만원)×15%]＝2,025만원
　2. 종합소득세 과세표준＝2,025만원－150만원＝1,875만원
　3. 종합소득세산출세액＝72만원＋(1,875만원－1200만원)×15%＝1,732,500원

사실 근로소득의 경우에도 사업소득과 마찬가지로 실제로 발생한 필요경비
가 얼마인지를 따져서 공제해 주는 방법을 생각해 볼 수 있다. 그러나 근로소득
을 올리기 위한 필요경비의 범위를 정하고 근로자들로 하여금 그 지출의 증빙을
갖추도록 하는 데에는 현실적으로 곤란한 점이 있음을 부인하기 어렵다. 소득세
법은 이를 감안하여 근로소득의 경우에는 필요경비의 범위를 개산(槪算)해서 정
한 후 그 결과를 납세자를 가리지 않고 모두에게 일률적으로 적용하고 있는 것
이라고도 할 수 있다(이른바 '개산공제'). 한편 일용근로자의 경우 근로소득공제 대
신 총급여액에서 1일 15만원을 일률적으로 공제한다.

Ⅲ. 근로소득 과세방법 = 원천징수와 연말정산

근로소득은 종합소득의 한 종류이지만 대부분의 근로자들은 매월분 급여에
대한 원천징수와 연말정산의 방법으로 납부한다. 즉 국내에서 근로소득을 지급
하는 고용주는 기본세율을 적용하여 계산한 소득세를 원천징수하여[12] 그 징수일
이 속하는 달의 다음 달 10일까지 세무서에 납부하여야 한다. 또한 한 해의 소득
을 다 모은 연간소득과 연간 결정세액을 계산해 다달이 원천징수한 세액과 차액
을 정산해서 고용주가 그 다음 해 2월분의 근로소득을 지급할 때 더 낼 금액은
더 내고 너무 많이 낸 금액은 돌려받는다. 이것을 연말정산이라 부른다. 이렇게
연말정산을 한 납세자가 근로소득 외의 다른 종합소득이 없는 경우에는 과세표
준확정신고를 하지 않아도 되는데(소득세법 제73조 제1항), 이는 연말정산에 따라
사실상 과세가 종결된 것이나 마찬가지이기 때문이다. 물론 다른 종합소득이 있
거나 두 군데 이상에서 근로소득을 번다거나 하는 경우에는 종합소득세 신고를
해야 한다.

한편 일용근로자의 근로소득은 종합소득과세표준에 합산하지 않고 원천징
수로써 과세를 종결한다(소득세법 제14조 제3항 제2호). 그 원천징수세액은 1일 급

---

12) 구체적으로 매월분 급여의 연환산액을 기준으로 작성된 '근로소득 간이세액표'에 따라 원
천징수한다. 소득세법 제129조 제3항.

여액을 바탕으로 근로소득공제(1일 15만원)를 뺀 과세표준에 6%의 세율을 적용한 산출세액에서 다시 근로소득세액공제(산출세액의 55%)를 뺀 금액이 된다(소득세법 제47조 제2항, 제129조 제1항 제4호, 제59조 제3항).

기|본|사|례

일용근로자인 홍길동이 일당 20만원을 받는 경우 원천징수세액(결정세액)은 얼마인가?

풀이 20만원에서 근로소득공제 15만원을 뺀 나머지 5만원에서 6%의 세율을 적용한 3,000 원(=산출세액)에다가 다시 55%인 1,650원(=근로소득세액공제)을 뺀 1,350원이 최종 결정세액이자 원천징수세액이 된다.

　　사업소득과 달리 근로소득의 경우에는 납세자 개개인으로부터 세금을 걷는 것보다 소득이 나오는 길목인 고용주로부터 세금을 걷는 것이 국가의 입장에서는 여러모로 효과적이다. 그리하여 소득세법은 근로소득은 원칙적으로 원천징수의 대상이 되는 것으로 규정하는데, 실제로 지급하는 급여를 필요경비로 공제받는 고용주의 입장에서는 지급하는 급여의 액수를 숨길 이유가 없으므로 결국 실제 지급액에 따른 세금을 꼬박꼬박 국가에 납부하기 마련이다. 게다가 순소득액(純所得額)에 도달하기 위한 과정인, 총급여액으로부터의 공제 역시 개산공제의 방식을 취하므로, 납세자가 필요경비를 부풀려서 소득을 줄이는 것 역시 생각하기 어렵다. 사업소득에서는 총수입금액은 숨기거나 줄이고 필요경비는 늘리고자 하는 경제적 유인이 항상 작용하고 있으며, 실제로 국가가 이러한 문제를 완벽하게 통제하기 어렵다는 것과는 분명히 대비된다. 이 때문에 '유리지갑'이라는 푸념조의 표현이 나오는 것이다.

Tax In News

🎙 근로소득은 유리지갑?

　　연말정산 파동으로 월급쟁이의 반발이 들끓고 있는 가운데 고소득 전문직과 자영업자의 탈세부터 바로잡아야 한다는 여론이 높아지고 있습니다. 세무당국이 이른바 '유리지갑'인 근로소득자의 소득은 100% 파악하고 있는 반면, 자영업자의 소득은 63%밖에 파악하지 못하고 있는 것으로 드러났습니다. 번만큼 내야 하는 세금 원칙이 제대로 적용되지 않는 업종은 의사와 변호사, 세무사 등 고소득 전문직, 여기에 음식점과 골프연습장 등 자영업자들의 경우도 마찬가지입니다. 이들이 벌어들인 영업이익은 지난 2012년 114조여 원에 이르는 것으로 나타났습니다. 하지만 세무당국에 신고된 사업·임대소득은 72조여 원에 불과했습니다. 소득파악률이 63%에 그친 겁니다.

(2015년 1월 25일 언론보도)

Ⅳ. 퇴직소득

소득세법 제22조[퇴직소득] ① 퇴직소득은 해당 과세기간에 발생한 다음 각 호의 소득으로 한다.
1. 공적연금 관련법에 따라 받는 일시금
2. 사용자 부담금을 기초로 하여 현실적인 퇴직을 원인으로 지급받는 소득
3. 그 밖에 제1호 및 제2호와 유사한 소득으로서 대통령령으로 정하는 소득

1. 근로소득과 별도로 과세

일반적으로 퇴직금이라고 하는 퇴직소득은 근로의 대가라는 측면에서 근로소득과 그 성격이 동일하지만, 상당한 기간 동안 서서히 발생하여 집적된 소득이 퇴직을 계기로 일시에 실현되는 특징을 갖는다. 따라서 이를 근로소득으로 보아 종합소득에 합산하여 누진세인 기본세율을 적용하게 되면, 퇴직일이 포함된 특정 연도에 소득이 집적되어 지나치게 높은 세율을 부담하게 되는 문제가 있다. 이 때문에 퇴직소득을 따로 구분해서 특례를 정하여 근로소득보다 세부담을 줄여주고 있다.

2. 근로소득과 퇴직소득의 구별 [심화학습]

퇴직 때 받는 돈이 근로소득이 아니라 퇴직소득이 된다면 세부담이 한결 낮은데, 두 소득 간의 구별이 항상 용이한 것은 아니다. 회사의 구조조정에 따라 실시하는 명예퇴직에 응하여 퇴직하면서 받은 명예퇴직금 또는 퇴직위로금은 퇴직소득일까 아니면 근로소득일까? 반드시 명확하지는 않지만 불특정 다수의 퇴직자에게 적용되는 퇴직급여지급 규정이나 취업규칙 또는 노사합의에 의하여 일률적으로 지급받는 퇴직수당이나 퇴직위로금은 비록 그 명목이 명예퇴직금이라 하더라도 퇴직소득에 해당한다고 볼 수 있다. 하지만 위와 같은 분명한 지급 근거 없이 회사의 내부 의사결정에 따라 임의로 지급되는 경우에는 근로소득으로 보는 것이 일반적인 해석이다. 따라서 양자의 구별은 늘 구체적 사실관계를 종합적으로 살펴 판단하여야 한다.

■ 소득세법 시행규칙[별지 제40호의2서식] 〈개정 2020. 3. 13.〉

(3쪽 중 제1쪽)

관리번호	–

(　　년귀속) 퇴직소득세·지방소득세 과세표준확정신고 및 정산계산서

❶ 기본사항			
① 성명		② 주민등록번호	–
③ 주소			
④ 신고구분	⑩ 정기신고 ⑳ 수정신고 ㉚ 경정청구 ㊵ 기한후신고	⑤ 전화번호	

❹ 퇴직소득명세	⑬ 지급처명 / ⑭ 사업자등록번호	⑮ 입사일 / ⑯ 퇴사일	⑰ 지급일 / ⑱ 근속월수	⑲ 퇴직급여	⑳ 비과세 퇴직급여	㉑ 과세대상 퇴직급여
	합계					

❺ 근속연수계산	㉒ 제외월수	㉓ 가산월수	㉔ 중복월수	㉕ 정산근속연수	㉖ 2012.12.31.이전 근속연수	㉗ 2013.1.1. 이후 근속연수 (㉕－㉖)

❻ 2016~2019년간 퇴직소득세액 계산방법(※ 개정규정 및 종전 규정에 따른 산출세액에 퇴직연도별 비율을 적용하여 계산합니다)

		계 산 내 용	금액
개정 규정에 따른 계산방법	과세표준계산	㉘ 퇴직소득(㉑)	
		㉙ 근속연수공제	
		㉚ 환산급여 [(㉘－㉙)×12배/정산근속연수]	
		㉛ 환산급여별공제	
		㉜ 퇴직소득과세표준(㉚－㉛)	
	세액계산	계 산 내 용	금액
		㉝ 환산산출세액(㉜× 세율)	
		㉞ 산출세액(㉝× 정산근속연수/12배)	

210mm× 297mm[백상지 80g/㎡(재활용품)]

3. 세율적용 방법

이러한 점을 고려하여 현행 소득세법은 퇴직소득을 종합소득에서 제외하여 별도로 분류과세하면서 세부담을 조정하는 복잡한 규정을 두고 있다. 요는 소득금액이나 과세표준 단계에서는 (12/근속연수)를 곱해서 거기에 종합소득세율(기본세율)을 적용하여 세액을 구한 뒤, 다시 거기에 (근속연수/12)를 곱해서 산출세액을 구한다는 것이다. 이는 종합소득세율이란 연간소득을 기준으로 정해 놓은 세율인 데 비해, 퇴직급여는 근본적으로는 최종 급여 1달치에 근속연수를 곱한 금액이어서[13] 서로 개념이 맞지 않으므로, 연간소득 상당액을 구해서 세율을 적용하자는 것이다. 워낙 복잡한 계산 구조이므로 사례를 가지고 이해해 보자.

사 례

'금로자'는 2019. 1. 1.~2021. 12. 31.까지[14] ㈜한국에서 근로한 후 퇴직하면서 3천만원의 퇴직금을 수령하였다. 금로자의 2021년 퇴직소득산출세액을 계산하면?

풀이
1. 금로자의 퇴직금은 3년 동안의 임금 후불액이 모인 것이므로, 이것을 그냥 근로소득처럼 과세하면 세부담이 너무 커진다고 생각할 수 있다. 종합소득세율은 1년의 소득을 기준으로 정해 놓은 것이므로, 이 세율을 적용하자면 금로자의 퇴직금도 근속연수(3년)로 나누어 1년분(3,000만원/3=1,000만원)을 구해서 거기에 세율을 적용해야 할 것이다.
2. 한편 퇴직금이란 기본적으로 근속연수 1년마다 1달치 임금을 주는 것이다. 금로자의 각 근속연도분 퇴직금이 1,000만원이라는 말은 각 연도별 1달 임금이 1,000만원이라는 말이다. 그런데 종합소득세율은 연간소득(12달의 소득)을 기준으로 정해 놓은 것이므로, 1,000만원을 연간소득으로 환산하자면 12를 곱한 1억 2,000만원에 맞는 세율을 적용해야 한다.
3. 근로소득과 마찬가지로 퇴직소득도 총급여액 전체를 과세하는 것이 아니고 개산공제로 퇴직소득공제를 해 준다. 퇴직소득공제는 근로소득공제보다 좀 더 유리한데, 다시 그 금액은 근속연수가 길수록 세금이 줄어들도록 근속연수를 반영하는 근속연수공제와, 급여액이 높을수록 누진세 효과가 생기게 하는 차등공제, 이 두 단계로 계산한다(소득세법 제48조 제1항, 제14조 제6항).
4. 근속연수공제는 앞의 1단계에서 근속연수를 따질 때 반영한다. 금로자의 근속연

13) 근로자퇴직급여보장법 제8조.
14) 2015. 12. 31. 이전에 근무한 경우에는 복잡한 경과규정을 적용한다.

수는 3년이라는 단기이므로 30만원×3년=90만원을 공제한다.[15] (가령 근속기간이 20년이 넘는 장기라면 20년 초과연수에는 해마다 120만원을 공제한다.) 그에 따라 1을 다시 계산하면, 근속연도별 1개월분이 (3,000만원−90만원)/3=970만원이다.

5. 위 4에서 구한 금액에 12를 곱한 것이 근속연수별 1년치인 '환산급여액'이다. 금로자의 환산급여액은 970만원×12=116,400,000원이다. 법의 글귀로는 4단계와 5단계를 묶어 다음과 같이 구한다.

환산급여액=(퇴직소득금액−근속연수 공제액)×12/근속연수
= (₩30,000,000−90만원)×12/3
= ₩116,400,000

6. 환산급여액이란 종합소득세율에 어울리는 1년간 소득의 개념이다. 그렇지만 다시 근로소득과의 균형을 생각하면, 세율적용 대상이 되는 과세표준은 일정한 개산공제를 뺀 금액이어야 한다. 법은 이것을 차등공제라고 부르고 있다. 116,400,000원에 해당하는 차등공제액은 69,080,000원이다.[16] (차등공제액은 근로소득공제처럼 소득금액이 높을수록 체감한다.)

퇴직소득과세표준=환산급여액−환산급여에 따른 차등공제액
= ₩116,400,000−₩69,080,000 = ₩47,320,000

7. 그 다음에 세율적용 단계로 들어가면, 앞에서 실제 받은 소득금액을 근속연수 3년으로 나누어 준 이상 세액계산 시에는 다시 근속연수 3년을 곱해야 하고, 앞에서 실제 받은 소득금액에 12를 곱한 이상 세액계산 시에는 다시 12로 나누어 주어야 한다(소득세법 제55조 제2항).

퇴직소득산출세액=퇴직소득과세표준×기본세율×근속연수/12
= ₩47,320,000×기본세율×3/12
= [₩5,820,000 + (₩47,320,000 − ₩46,000,000)×24%]×3/12
= ₩1,534,200

엄청나게 복잡한 계산이지만 논리를 보여주기 위한 사례이고, 실제로는 신고서 서식에서 시키는대로 계산하면 답이 나온다. 다만 근속연수공제와 차등공제는 양식에서는 구할 수 없고 앞의 주석에 적힌 법조문을 보고 따로 구해서 양식에 적어 넣어야 한다. 앞의 계산례를 실제로 신고서 서식에 넣어보면 알 수 있다. 서식을 쓰지 않고 세액을 계산할 수 있는 사람은 아마 없을 터이니 계산은 염려하지 않아도 된다. 알아야 할 점은 그저, 퇴직소득이란 세율 자체는 근로소

---

15) 소득세법 제48조 제1항 제1호를 보면 금방 구할 수 있다.
16) 소득세법 제48조 제1항 제2호를 보면 금방 구할 수 있다.

득과 같지만 세율적용방법, 근속연수공제, 차등공제 세 가지의 상호작용으로 근로소득보다 세부담이 훨씬 적다는 것이다. 앞에서 근로소득 3,000만원을 받은 경우 세액이 1,734,250원이었던 경우와 비교해 보면 된다. 근속연수가 가령 12년이라면 환산급여액이

$$[3,000만원 - \{400만원 + 80만원 \times (12년 - 10년)\}] \times 12/12 = 2,440만원$$

이다. 퇴직소득과세표준은

$$2,440만원 - \{800만원 + (2,440만원 - 800만원) \times 60\%\} = 1,456만원$$

이다. 세액을 구해 보면

$$\{72만원 + (1,456만원 - 1,200만원) \times 15\%\} \times 12/12 = 101만\ 4,000원$$

이다.

 연습문제

[2016년 사법시험]

소득세법상 근로소득에 관한 설명 중 옳지 않은 것은?

① 보험회사의 종업원이 받는 집금수당은 근로소득에 해당한다.

② 법인의 임원이 해당 법인으로부터 부여받은 주식매수선택권을 그 근무기간 중 행사함으로써 얻은 이익은 근로소득에 해당한다.

③ 법인의 임원이 주주총회 결의에 따라 상여로 받는 소득은 근로소득에 해당하지 아니한다.

④ 임원의 퇴직금으로서 법인세법상 손금산입 한도를 초과하여 지급받은 금액은 근로소득이 된다.

⑤ 퇴직함으로써 받는 소득으로서 퇴직소득에 속하지 아니하는 소득은 근로소득이 된다.

정답 ③

해설 근로소득에 해당함.

제4절   연금소득

> 소득세법 제20조의3[연금소득] ① 연금소득은 해당 과세기간에 발생한 다음 각 호의 소득
> 으로 한다.
> 1. 공적연금 관련법에 따라 받는 각종 연금(이하 "공적연금소득"이라 한다)
> 2. 다음 각 목에 해당하는 금액을 그 소득의 성격에도 불구하고 연금계좌[…연금저축계
>   좌 … 또는 … 퇴직연금계좌 …]에서 … 연금형태 등으로 인출(…)하는 경우의 그 연금
>   가.~라. (생략)
> 3. 제2호에 따른 소득과 유사하고 연금 형태로 받는 것으로서 대통령령으로 정하는 소득
> ③ 연금소득금액은 제1항 각 호에 따른 소득의 금액의 합계액(…)에서 제47조의2에 따
> 른 연금소득공제를 적용한 금액으로 한다.

Ⅰ. 연금소득이란?

연금은 대부분의 사람들이 일정 연령 이후 소득이 줄어든 뒤에도 생활에 문제가 없도록 국가 또는 사금융기관이 장기적으로 일정한 금액을 지급하는 것이다. 공적연금이더라도 일시금으로 받으면 연금소득이 아니고 앞서 보았듯 퇴직소득이다. 즉 연금소득의 과세대상은 국민연금이나 공무원연금과 같은 공적연금기관에서 받는 연금(소득세법 제20조의3 제1항 제1호)과, 금융기관의 금융상품 가운데 연금저축계좌나 퇴직연금계좌 등에서 연금이라는 형식으로 받는 돈(같은 법 제20조의3 제1항 제2호)이다. 우리나라는 공적연금을 위주로 하며, 사적연금은 공적연금을 보완하는 정도의 역할을 하고 있다. 이러한 연금 혜택은 공짜로 받을 수 있는 것은 아니고, 연금의 대종을 이루는 공적연금의 경우 위 연령대에 이르기 전에는 강제로 소득의 일부를 연금보험료로서 납부하도록 하고 있으므로 결국 '강제적인 저축'의 성격을 갖는다. 즉 국가나 금융기관은 이와 같이 걷어들인 연금보험료를 운용하고 그 수익을 재원으로 하여 국민들에게 연금을 지급하는 것이다. 다만 공적연금은 이와 같이 강제저축의 성격 외에 사회보장제도의 성격도 아울러

갖기 때문에 불입한 돈과 수령하는 돈의 크기가 꼭 상응하는 것은 아니다.

근로자퇴직급여보장법에 따른 퇴직연금 제도에서는 해마다 퇴직연금사업자(금융기관)에 붓는 돈은 모두 사용자가 부담하고, 근로자는 퇴직 이후에 미리 정해진 연금을 받거나 해마다 자기 몫의 연금계좌에 들어간 돈의 원리금을 받을 수 있다. 전자를 확정급여형이라 부르고 후자를 확정기여형이라 부른다. 확정급여형은 종래의 퇴직금인 셈이지만 근로자의 입장에서 본다면 돈을 연금형태로 나누어받는 것이 원칙이라는 차이가 있고 사용자의 입장에서 본다면 해마다 부담금을 금융기관에 예치해야 한다는 차이가 있다. 확정기여형은 해마다 각 근로자별로 한 달치 급여를 사용자가 금융기관에 납부하고, 근로자는 자기 계산으로 이 돈을 운용하지만 퇴직하기 전에는 원리금의 인출에 제약을 받는다. 어느 정도는 강제저축이라는 성격이 있지만 재분배 성격이 없다는 점에서 공적연금과 다르다.

공적연금 대상자도 아니고 근로자도 아닌 사람, 가령 개인사업자 등은 이른바 개인연금 제도를 이용하여 스스로 노후를 준비할 수 있다. 이런 사람들에게 노후준비를 법으로 강제할 수 있는 길은 없으므로, 개인연금 제도는 세법에 따른 요건을 만족한다면 조세특례를 주는 방식으로 가입유인을 제공하고 있다.

Ⅱ. 연금제도와 과세방법: EET

공적연금이나 근로자퇴직급여제도에 따른 연금은 크게 본다면 미리미리 저축한 돈 원리금을 나중에 연금형태로 찾아쓰는 것이다. 그러나 그에 대한 과세는 저축과 아주 다르다.

예컨대 근로의 대가로 1억원의 돈을 받아 그중 1,000만원을 은행에 정기예금(자발적 저축)으로 넣고 1년 만에 이자를 받는다고 생각해 보자. (또는 사용자가 근로자에게 현금으로 9,000만원을 지급하면서 그에 더하여 근로자 명의의 계좌에 따로 1,000만원을 은행에 넣고 1년 만에 이자를 받는다고 해도 똑같다.) 1억원의 근로소득(원본)은 그중 1,000만원을 저축했다고 공제해 주지 않으면서 그 저축에 대한 이자는 이를 받을 때 다시 과세된다. 이자를 이미 과세한 이상 원리금을 찾는 단계에서 소득이 생기지는 않는다. 근로소득, 이자, 원리금의 3단계로 보면 과세(Taxed), 과세(Taxed), 비과세(Exempt) 줄여서 TTE라고 말할 수 있다.

반면 연금제도에 대한 과세는 이른바 EET 방식으로 아주 다르다. 요는 이자소득의 경우와 달리 그 과세시기를 미루어 주는 ─ 이를 달리 표현하면 '과세를 이연'하는 ─ 효과가 있다.

1) 연금보험료를 납입하는 부분은 납입 단계에서 이를 근로소득에서 공제한다. 근로소득과는 별도로 국가나 사용자가 금융기관에 납부하는 부담금은 애초 근로소득에 들어가지 않는다. 근로자를 거치든 국가나 사용자가 바로 납입하든 어느 쪽이든 연금을 불입하는 단계에서는 과세하지 않는다(Exempt). 개인연금저축이라면 강제저축 성격은 없지만 공적연금이나 근로자처럼 연금계좌에 납입하는 단계에서 세금을 깎아준다. 다만 소득공제가 아니라 세액공제 방식으로 소득이 낮으면 납입액의 15%를, 높으면 납입액의 12%를 세액공제 해준다.

2) 연금의 운용 단계에서 생기는 수익 또한 과세하지 않는다(Exempt).

3) 뒤에 인출 단계인 연금을 수령할 때에는 연금소득으로 과세(Taxed)한다.

우리 현행법이 취하고 있는 이른바 EET 방식은 지급 단계에 가서 과세한다고 하나, 이자소득을 TTE로 과세하는 데 견주어 본다면 이미 연금소득에 조세특혜를 베풀고 있는 것이다. 한편으로는 강제저축이라는 성격, 또 공적연금이라면 소득재분배의 성격을 반영한 것이고, 개인연금저축의 경우에는 다른 연금제도와의 공평도 고려하고 조세특혜로 노후보장을 장려하는 것이기도 하다. 아무튼 오늘날 대부분의 나라가 EET 방식을 쓰지만, 나라에 따라서는 이른바 TEE 방식에 따라 연금불입액을 근로소득에서 빼 주지 않은 채 그대로 과세하고 그 뒤에 받는 원리금을 비과세하는 방식을 쓰기도 한다. 결과적으로 연금납입에 따른 이자 부분을 비과세한다는 점은 마찬가지이지만, 여러 나라가 서로 다른 방식을 쓴다면 퇴직 후 이민이 있는 경우 복잡한 이중과세 문제나 이중비과세 문제가 생길 수 있다.

Ⅲ. 연금수령 시의 과세

이와 같은 연금소득은 총연금액에서 연금소득공제를 뺀 금액을 종합소득에 합산하여 과세하는 방식을 취한다. 이때 연금소득공제는 실제 불입액을 기초로 계산하는 것이 아니라, 앞서 살펴본 근로소득공제와 마찬가지로 개산공제 방식으로 연금액의 일정 비율을 일괄적으로 공제하는 방식이다(소득세법 제47조의2 제1항).

$$연금소득금액 = 총연금액 - 연금소득공제$$

한편 연금소득은 종합소득과세표준에 합산하여 과세하는 것이 원칙이다. 따라서 연금지급자의 원천징수는 예납적 성격을 가지며 종합소득 확정신고를 할 때 정산한다. 다만 공적연금소득만 있고 다른 종합소득이 없는 경우에는 확정신고를 할 필요 없이 연금지급기관의 연말정산으로 사실상 과세가 종결되며, 사적연금의 경우에도 원천징수만으로 과세가 종결되는 경우가 있다.

제5절 금융소득: 이자소득과 배당소득

Ⅰ. 이자소득

1. 이자소득의 범위

소득세법 제16조[이자소득] ① 이자소득은 해당 과세기간에 발생한 다음 각 호의 소득으로 한다.
  1. 국가나 지방자치단체가 발행한 채권 또는 증권의 이자와 할인액
  2. 내국법인이 발행한 채권 또는 증권의 이자와 할인액

> 3. 국내에서 받는 예금(적금·부금·예탁금 및 우편대체를 포함한다. 이하 같다)의 이자
> 4.~10. (생략)
> 11. 비영업대금(非營業貸金)의 이익
> 12. 제1호부터 제11호까지의 소득과 유사한 소득으로서 금전 사용에 따른 대가로서의 성격이 있는 것
> 13. 제1호부터 제12호까지의 규정 중 어느 하나에 해당하는 소득을 발생시키는 거래 또는 행위와 「자본시장과 금융투자업에 관한 법률」 제5조에 따른 파생상품(이하 "파생상품"이라 한다)이 대통령령으로 정하는 바에 따라 결합된 경우 해당 파생상품의 거래 또는 행위로부터의 이익

현대사회에서 대부분의 경제적 부(富)는 기업을 통하여 창출된다. 기업, 특히 회사에 투자하는 방법은 크게 채권자의 지위에 서는 방법과 주주의 지위에 서는 방법으로 나눌 수 있다. 그리고 전자를 통하여 얻는 수익은 대개 이자소득으로 분류된다고 보면 크게 틀리지 않을 것이다. 다만 현대사회에서 개인이 직접 기업에 대하여 채권자의 지위에 서는 경우는 흔하지 않고, 개인이 투자한 자금은 대부분 금융기관을 매개로 하여 기업으로 흘러들어간다. 이자소득의 유형을 열거하고 있는 소득세법 제16조 제1항 각 호의 대부분이 각종 금융상품으로부터 발생하는 수익에 관하여 규정하고 있는 것 역시 그에 따른 것이다.

한편 '이자'라고 할 때 흔히 떠올릴 수 있는 또 하나의 경우로 개인들 간에서 돈을 꾸고 빌리면서 이자를 주고받는 것을 생각해 보자. 법은 이런 계약을 '금전소비대차'라고 부른다. 이런 이자부(利子附) 금전소비대차에서 발생하는 이자에 관하여는 소득세법 제16조 제1항 제11호의 '비영업대금(非營業貸金)의 이익'에 관한 규정이 적용된다. '비영업대금'이란 영업 내지 사업이 아닌 정도로 돈을 빌려주는 경우를 가리키는 것이며, 개인들 간의 소비대차라 하더라도 돈을 빌려주는 사람이 이를 사업으로 할 정도에 이르게 되면, 이러한 거래에서 받는 이자는 이자소득이 아니라 사업소득으로 분류된다.[17] 한편 소득세법은 이자소득의 각 유형에 대한 원천징수세율이 대부분 14%인 것에 비해 비영업대금의 이익은 25%로 정하여 높은 원천징수세율을 적용하고 있다(소득세법 제129조 제1항 제1호). 현실에서 개인들 간에 사사로이 이자부 금전대차를 하면서 원천징수를 하여 납부하

---

17) 이것이 문제가 된 사례로서, 이미 사업소득 관련 부분에서도 살펴본 대법원 1986. 11. 11. 선고 85누904 판결

는 경우는 거의 없다고 볼 때 어떤 이유로든 과세관청이 이러한 비영업대금의
이익이 발생한 사실을 알게 된다면 상당한 곤란을 겪을 수 있다는 점을 유의할
필요가 있다.

기|초|학|습

'대차(貸借)'란?

  '대차'라는 말은 빌리고 빌려주는 관계를 말한다. '소비대차'란 돈처럼 빌린 목적물을 그대로
반환할 필요가 없고 같은 수량을 갚으면 되는 계약을 말한다. 전형적인 것은 금전소비대차이고
그 밖에 주식이나 쌀 같은 것도 소비대차가 가능하다. 한편 특정한 물건을 빌렸다가 그 자체를
돌려주어야 하는 유상계약은 '임대차'라고 부른다. 주택임대차가 대표적인 예이다. 실제 중요성
은 없지만 무상으로 물건(가령 옆집 망치)을 빌렸다가 그 물건을 돌려주는 계약을 '사용대차'라
부른다.

  끝으로 같은 항 제12호는 제1호에서 제11호까지 열거된 규정에 속하지 않더
라도 '금전 사용에 따른 대가로서의 성격'을 가진 수익은 이자소득으로 과세한다
고 적고 있다. 이 말은 이자소득이라는 유형의 범주 내에서는 과세대상으로 명시
하고 있지 않다고 하더라도 그 명목에 관계없이 일정한 표지를 갖추기만 하면
모두 이자소득으로 취급한다는 의미에서 이른바 '유형별 포괄주의'를 취한 것이
라고 해설하기도 한다.[18]
  어쨌든 이와 같이 소득세법이 전제하고 있는 각종 이자소득의 공통적 징표
는 '돈의 사용에 따른 대가'라는 것이다. 무슨 말인가 생각해 보자. 현재 100원을
가진 채권자가 그 100원을 스스로 이용하지 않고 이를 1년 만기로 채무자에게 빌
려준 경우 이 채권자는 단순히 1년 후에 100원을 돌려받는 것에 만족하지 않고
예컨대 105원이나 110원을 받아 간다. 이처럼 '금전 사용에 따른 대가'를 추가로
받아 가는 것은 기본적으로 현재의 100원과 1년 후의 100원은 가치가 다르기 때

---

18) 원래 유형별 포괄주의는 2001년 말 소득세법 개정으로 이자소득과 배당소득에 처음으로
도입되었고, 2009년 말 소득세법 개정으로 사업소득에도 적용된다(소득세법 제19조 제1항
제21호).

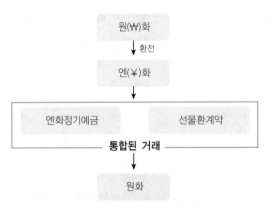

▲ 소득세법 제16조 제1항 제3호가 신설된 배경이 되었던 유명한 엔화스왑예금 사건의 거래구조. 대법원은 이 거래에서 고객이 얻는 이익은 소득세법 제16조에 열거되어 있지 않으므로 과세할 수 없다고 하였다.[19]

문이다. 이를 가리켜 '돈의 시간가치'라고 표현하기도 한다. 그리고 이러한 의미에서 보면 소득세법 제16조 제1항 각 호에 열거되어 있는 이자소득의 공통적인 징표는 '돈의 시간가치'를 반영하는 수익이라는 점에 있고, 반대로 '돈의 시간가치'를 반영하는 수익이라면 그 명목 여하에 불구하고 이자소득으로 취급할 수 있는 가능성을 열어 두고 있는 것이 현행 소득세법의 입장이라고 볼 수 있다.

다만 이에 대한 중요한 예외는 금전채권의 이행지체가 있을 때 발생하는 손해배상금이다.[20] 이는 흔히 '지연이자'로 불리는 것으로 알 수 있듯이 거래관념상으로는 이행기 전에 발생하는 이자와 그 경제적 성격에서 다를 것이 없다. 다시 말하여 '돈의 시간가치'를 반영하는 것이라고 볼 수도 있으나, 이는 현행법상 손해배상금이라는 법률적 성격을 반영하여 기타소득[21]으로 과세하는 것이 확고한 실무이다. 또한 최근에는 파생금융상품의 발전에 따라 제13호를 신설하여 위와 같은 이자소득을 발생시키는 금융상품과 선물이나 옵션 등과 같은 일정한 파생상품이 결합된 거래에서 얻은 소득도 이자소득에 포함하여 그 대상을 확대한 바 있다. 이런 법 개정의 배경은 파생상품을 이용해서, 경제적 의미에서는 이자라고 볼 수밖에 없는 이익의 전부나 일부를 법적으로 엄밀히 따지면 이자가 아닌 소득으로 변형시켜 세금을 덜 내려는 금융상품이 개발되었기 때문이다.

한편 소득세법은 이자소득에 해당하더라도 신탁업법에 따른 공익신탁의 이익에 대해서는 조세정책적 이유로 비과세하고 있으며(소득세법 제12조 제1항), 조

---

19) 대법원 2011. 4. 28. 선고 2010두3961 판결 등.

20) 민법 제397조 제1항.

21) 소득세법 제21조 제1항 제10호. 이 규정의 내용에 관하여는 아래 기타소득에 관한 부분에서 다시 살펴본다.

세특례제한법에서도 조세정책적 이유로 비과세하는 규정을 두고 있다.

2. 이자소득금액

> 소득세법 제16조[이자소득] ② 이자소득금액은 해당 과세기간의 총수입금액으로 한다.

이자소득금액은 이자소득의 총수입금액과 동일하다. 실제 경비든 개산이든 필요경비공제는 인정하지 않는다. 즉 이자소득에 관한 한 소득세법은 '순'소득이 아니라 '총'소득(gross income)에 대하여 과세하고 있는 셈이 된다. 그 결과, 예를 들어 남들에 비하여 저율의 이자로 돈을 빌릴 수 있는 가능성을 찾아낸 어떤 개인이 이와 같이 돈을 빌려 타인에게 더 높은 이자를 받고 돈을 빌려준 경우라면, 수입이자와 지급이자의 차액이 아니라 수입이자 전액에 대하여 세금을 부담하여야 한다(다만 대금업을 한다고 인정되는 경우는 사업소득에 해당하여 예외가 될 것이다).

이자소득금액＝총수입금액(필요경비 불공제)

이러한 결과는 옳을까? 보통 하는 설명은, 돈에는 꼬리표가 없으므로 빌린 돈과 빌려준 돈의 관련 여부를 확정하기가 쉽지 않고, 어차피 타인으로부터 빌린 돈을 남에게 빌려주어 소득을 얻는 경우란 그리 흔하지 않다는 정도의 현실론 차원이다. 이런 생각에서 실제로 헌법재판소 역시 위헌이 아니라고 판단한 바 있다.[22]

기 본 사 례

'금리자'는 현금 20억원을 연리 10%로 빌려서 10억원은 다른 사람에게 연리 10%로 빌려주어 이자 1억원을 받았고 10억원은 상장주식에 소액주주로 투자해서 투자수익 1억원을 벌었다. 금리자에게 실제 남는 현금은 얼마이고 과세소득은 얼마인가?

---

22) 헌재 2001. 12. 20. 2000헌바54 결정.

> **풀이** 실제 남는 현금은 수입이자 1억＋주식투자수익 1억－지급이자 2억＝0이다. 과세소득
> 의 금액은 주식투자수익이 얼마이든 관계없이 이자소득 1억원이다.

Ⅱ. 배당소득

1. 배당소득의 범위

> 소득세법 제17조[배당소득] ① 배당소득은 해당 과세기간에 발생한 다음 각 호의 소득으로
> 한다.
> 1. 내국법인으로부터 받는 이익이나 잉여금의 배당 또는 분배금
> 2. 법인으로 보는 단체로부터 받는 배당금 또는 분배금
> 2의2. 「법인세법」 제5조 제2항에 따라 내국법인으로 보는 신탁재산(이하 "법인과세 신
>   탁재산"이라 한다)으로부터 받는 배당금 또는 분배금
> 3. 의제배당(擬制配當)
> 4. 「법인세법」에 따라 배당으로 처분된 금액
> 5. 국내 또는 국외에서 받는 대통령령으로 정하는 집합투자기구로부터의 이익
> 5의2. 국내 또는 국외에서 받는 대통령령으로 정하는 파생결합증권 또는 파생결합사채
>   로부터의 이익
> 6. 외국법인으로부터 받는 이익이나 잉여금의 배당 또는 분배금
> 7. 「국제조세조정에 관한 법률」 제17조에 따라 배당받은 것으로 간주된 금액
> 8. 제43조에 따른 공동사업에서 발생한 소득금액 중 같은 조 제1항에 따른 출자공동사
>   업자의 손익분배비율에 해당하는 금액
> 9. 제1호부터 제5호까지, 제5호의2, 제6호 및 제7호에 따른 소득과 유사한 소득으로서
>   수익분배의 성격이 있는 것
> 10. 제1호부터 제5호까지, 제5호의2 및 제6호부터 제9호까지의 규정 중 어느 하나에 해
>   당하는 소득을 발생시키는 거래 또는 행위와 파생상품이 대통령령으로 정하는 바에
>   따라 결합된 경우 해당 파생상품의 거래 또는 행위로부터의 이익

앞의 이자소득에서 언급한 바와 같이 투자자 입장에서 기업에 돈을 투자할
때 채권자의 지위에 설 수도 있고 주주 기타 출자자의 지위에 설 수도 있다. 출
자자의 지위에 서서 수익분배의 성격으로 얻는 소득은 배당소득으로 과세되는
것이 보통이다. 현행법에서는 소득세법 제17조 제1항 제9호가 '유형별 포괄주의'

입법형식으로 이 내용을 담고 있다.

소득세법 제17조 제1항 각 호의 규정들을 보면, 제1호 내지 제4호의 규정들은 내국법인에 출자한 자가 벌어들이는 것을 배당소득으로 규정하고 있고, 제6호와 제7호는 외국법인을 통하여 거둬들이는 유사한 성질의 것들을 배당소득의 범주에 넣고 있다. 이 중 제3호의 의제배당은 상법상 잉여금 처분을 통한 배당 절차를 거치지 않더라도 감자, 잉여금의 자본전입, 합병, 분할 등의 자본거래를 통하여 배당과 유사한 투자금의 회수가 있는 경우 이를 배당소득으로 과세하고자 하는 규정으로, 법인세 관련 부분에 가서 보기로 한다. 제2호의2는 2021년부터 시행되는 선택형 신탁재산 법인과세 제도[23])에 따라 법인세가 과세되는 신탁으로부터 받는 분배금을 배당소득에 포함하는 규정이다.

한편 제5호, 제5호의2, 제8호 및 제10호는 성격이 좀 다르다. 먼저 제8호는 출자의 대상이 법인이 아니라 단순한 동업관계[24])인 경우에도, 사업에 적극적으로 참여하지 않고 출자만 한다는 의미에서 '수동적' 지위에 머물러 있는 자(출자공동사업자)가 얻는 소득은 법인에 투자한 출자자가 얻는 수익과 마찬가지로 배당소득으로 취급하는 내용을 담고 있다.[25]) 제5호는 증권시장에서 주식이나 사채 같은 유가증권에 직접투자하는 것이 아니라 흔히 '펀드'라고 불리는 '집합투자기구'[26])를 통하여 간접투자하는 경우 생기는 소득을 배당소득으로 다루는 내용이다. '집합투자'란 2인 이상에게 투자권유를 하여 모은 금전 등을 투자자로부터 일상적인 운용지시를 받지 않으면서 재산적 가치가 있는 투자대상자산을 취득·처분, 그 밖의 방법으로 운용하고 그 결과를 투자자에게 배분하여 귀속시키는 것을 말한다. 이러한 집합투자기구의 법적 형식을 살펴보면 신탁·회사·조합 등으로 다양하고,[27]) 투자자가 투자수익을 받는 형식도 민사법적 입장에서 보면 신탁의

---

23) 법인세법 제5조 제2항. 아래 제7장에서 자세히 다룬다.

24) 소득세법 제43조의 '공동사업'. 민법상으로는 대개 조합 계약에 해당하며, 최근 많이 쓰이고 있는 용어를 사용하자면 '파트너십'(partnership) 역시 대개 이런 관계를 지칭하게 된다.

25) 좀 더 자세한 내용은 앞의 사업소득 중 공동사업에 관한 심화학습 참조.

26) 「자본시장과 금융투자업에 관한 법률」상의 용어로서 그 정의는 같은 법 제9조 제18항 참조.

27) 「자본시장과 금융투자업에 관한 법률」 제6조 제5항. 신탁에 대해서는 제7장 제1절 I.5. 참조.

수익자로서 받는 이익, 회사의 출자자로서 받는 배당, 조합의 소득 가운데 각 조합원의 지분 등 여러 가지 형태로 다양하지만, 일단 자본시장 및 금융투자업에 관한 법률상 집합투자기구에 해당한다면 어떤 투자대상자산에 투자·운용하여 발생한 이익인지를 묻지 않고 모두 배당소득으로 구분한다. 즉 이 규정은 이러한 법적 형식과 무관하게 이들의 경제적 기능이 유사한 이상 모두 세법상으로도 동일한 취급을 한다는 의미를 담고 있다. 또한 이자소득과 마찬가지로, 파생금융상품의 발전에 따라 제10호를 신설하여 위와 같은 배당소득을 발생시키는 금융상품과 일정한 파생상품이 결합된 거래에서 얻은 소득도 배당소득에 포함하고 있다. 제5호의2는 제10호에도 불구하고 배당소득 과세여부가 불분명했던 신종 금융상품인 파생결합증권(ELS라 불리는 주식연계증권, 골드뱅킹 등)과 상법에 따른 파생결합사채로부터 발생한 이익을 배당소득에 포함하여 과세근거를 명확히 하였다.

한편 이자소득과 마찬가지로, 소득세법은 배당소득에 해당하더라도 신탁업법에 따른 공익신탁의 이익에 대해서는 조세정책적 이유로 비과세하고 있으며(소득세법 제12조 제1호), 조세특례제한법에서도 조세정책적 이유로 비과세하는 규정을 두고 있다.

2. 배당소득금액 = 총수입금액 또는 그로스업

소득세법 제17조[배당소득] ③ 배당소득금액은 해당 과세기간의 총수입금액으로 한다. 다만, 제1항 제1호, 제2호, 제3호 및 제4호에 따른 배당소득 … 과 제1항 제5호에 따른 배당소득 중 대통령령으로 정하는 배당소득에 대해서는 해당 과세기간의 총수입금액에 그 배당소득의 100분의 11(…)에 해당하는 금액을 더한 금액으로 한다.
1.~4. (생략)

소득세법 제56조[배당세액공제] ① 거주자의 종합소득금액에 제17조 제3항 각 호 외의 부분 단서가 적용되는 배당소득금액이 합산되어 있는 경우에는 같은 항 각 호 외의 부분 단서에 따라 해당 과세기간의 총수입금액에 더한 금액에 해당하는 금액을 종합소득 산출세액에서 공제한다.
② 제1항에 따른 공제를 "배당세액공제"라 한다.

배당소득 역시 총수입금액이 곧 배당소득금액이 된다. 즉 필요경비 공제나 개산공제가 인정되지 않으며, 이는 이자소득에서 살펴본 바와 같다.

한편 다음 항에서 볼 종합과세대상자라면, 종합과세소득에 들어갈 배당소득의 총수입금액에 특칙이 있다. 실제로 배당금으로 받는 수입금액을 바로 배당소득금액으로 하는 것이 아니라, 이 금액에 일정한 금액(배당소득의 11%)을 더하여 늘어난 액수를 총수입금액(＝배당소득금액)으로 본다. 총수입금액(gross income)을 이처럼 늘려 (up) 잡는다는 뜻에서 영어로 '그로스업(gross－up)'이라는 말을 쓰는데, 우리나라 실무에서도 그냥 그렇게 부른다.[28] 총수입금액을 이렇게 그로스업한 뒤에는 세액계산 단계에 가서 앞서 그로스업한 금액만큼을 세액에서 공제한다. 이것을 '배당세액공제'라고 부른다. 소득 단계에서 늘려 잡는 금액과 세액 단계에서 빼 주는 금액의 절대액이 같으므로, 실제로는 세금을 줄여 주는 효과가 있다.

배당소득금액＝총수입금액＋11%의 그로스업(단, 종합과세대상인 경우)

그로스업과 배당세액공제를 통해 세금을 줄여 주는 이유는, 회사를 통하여 벌어들인 소득은 사실 회사 단계에서 법인세가 한 번 부과된 후 출자자들에게 배당되는 시점에서 다시 소득세가 부과되어 이른바 '이중과세(二重課稅)'가 생기는 결과를 막기 위한 것이다. 상세한 것은 법인세에 관한 부분에서 살펴보도록 한다.

[심화학습] 배당세액공제(imputation)의 원리

배당이란 법인 단계에서 번 소득에 대해서 법인세를 내고 남은 잉여금을 투자자인 주주에게 돌려주는 것이므로, 주주 단계에서 다시 과세하는 경우 이중과세 문제가 발생한다. 그렇다고 법인세를 아예 없앨 수도 없으므로, 이중과세의 문제점을 제거하기 위한 가장 일반적인 방법으로 배당세액공제(imputation)가 널리 활용되고 있다. 이를 표로 나타내면 다음과 같다. 이때 회사의 소득은 100, 법인세율과 소득세율은 현행법과 유사하게 각각 20%와 40%이며, 회사는 법인세를 내고 남은 잉여금을 전부 배당한다고 가정한다.

---

28) 이렇게 그로스업된 금액을 '귀속법인세'라고도 한다.

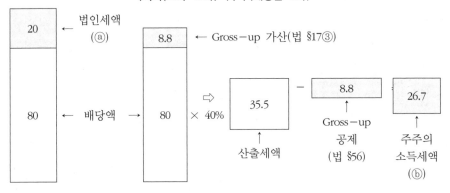

〈회사(소득=100)〉 〈주주(배당금=80)〉

결국 현행 배당세액공제 제도하에서 주주가 회사를 통해 번 소득에 대한 세부담은 법인 단계의 20(ⓐ)과 주주 단계의 26.7(ⓑ)의 합계인 46.7이 된다. 이는 이 제도가 없는 경우(이중과세를 전혀 제거하지 않는 경우) 주주가 부담하는 52[=20(ⓐ)+32(ⓑ)]보다는 작고, 이중과세를 완전히 제거(법인 단계 세금을 완전 제거)한 경우 주주가 부담하는 세금인 40[=0(ⓐ)+40(ⓑ)]보다는 크다. 즉 현행 배당세액공제 제도는 법인세와 소득세의 이중과세를 부분적으로만 제거하고 있는 것으로 평가할 수 있다. 왜 그런가에 대해서는 뒤에 법인세편에서 공부한다.

📟 연습문제

[2015년 사법시험]

배당세액공제 제도에 관한 설명 중 옳은 것은?

① 법인 단계의 법인세 과세와 그 구성원 단계의 소득세 과세에 따른 경제적 이중과세를 완화하기 위한 제도이다.

② 법인의 소득 중 배당으로 지급한 금액을 손금에 산입하여 법인세의 대상으로부터 제외하는 방식이다.

③ 법인 단계에서 부담한 법인세액을 그 구성원 단계의 소득세 산정에서 모두 공제하는 방식이다.

④ 구성원이 지급받은 배당금액을 그 구성원 단계에서 소득공제하는 방식이다.
⑤ 「소득세법」상 배당소득금액에 가산한 귀속법인세의 110분의 100에 해당하는 금액을 종합소득 산출세액에서 공제하는 방식이다.

> 【정답】 ①
> 【해설】 ②는 배당손금산입제도(법인세법 제51조의2). 법인 단계 세금을 일부만 제거(③관련). 소득공제가 아니라 그로스업＋세액공제방식(④관련). 귀속법인세 전부를 공제(⑤관련).

Ⅲ. 금융소득에 대한 과세방법: 종합과세와 분리과세

> 제14조[과세표준의 계산] ③ 다음 각 호에 따른 소득의 금액은 종합소득과세표준을 계산할 때 합산하지 아니한다.
> 6. 제3호부터 제5호까지의 규정 외의 이자소득과 배당소득(제17조 제1항 제8호에 따른 배당소득은 제외한다)으로서 그 소득의 합계액이 2천만원(이하 "이자소득등의 종합과세기준금액"이라 한다) 이하이면서 제127조에 따라 원천징수된 소득

배당소득과 이자소득은 흔히 '금융소득'이라는 별도의 범주에 속하는 것으로 설명된다. 그 이유는 이자소득과 배당소득이 모두 종합소득에 들어가기는 하지만, 소득세법 제14조 제3항 제6호에서 보듯이 이들 소득금액의 연간 합계액이 2,000만원에 이르지 아니하면 원천징수로 과세를 종료하여 분리과세하기 때문이다. 종합소득에 들어간다고는 하지만 금융소득은 실제로 종합소득금액에 합산해서 누진세율로 과세하는 경우는 현실적으로는 오히려 예외이다. 배당소득은 없고 예금이자만 있다고 친다면, 이자를 2,000만원 받으려면 이자율을 4%로 높게 잡아 주더라도 예금 원금이 5억원은 되어야 하기 때문이다. 그만한 금융자산이 없는 납세자들이 대부분 예금 이자나 배당 등에 대한 종합소득세 신고에 관하여 신경 쓰지 않고 살고 있는 것은 바로 이 제도 때문이다. 이와 같이 금융소득을 '종합과세'하지 않고 '분리과세'하는 이유는 상당 부분 금융실명제 실시를 둘러싼 역사적 전개와 관련이 있다. 아무튼 그 결과는 연간 2,000만원이라는 기준금액

이하의 금융소득만 있는 사람, 가령 근로소득 3억원과 금융소득 1,800만원이 있는 사람은 이자나 배당을 수령할 때 부담하는 원천징수로 과세가 종결되며 이를 다른 종합소득과 합산하여 소득세를 계산해서 신고납부할 필요가 없다는 것이다. 한편 근로소득 1,000만원과 금융소득 2,200만원이 있는 사람은 종합소득세를 신고납부해야 한다.

친애하는 국민 여러분, 드디어 우리는 금융실명제를 실시합니다. 이 시간 이후 모든 금융거래는 실명으로만 이루어집니다

▲ 1993년 긴급명령으로 금융실명제가 전격 시행됨. 그 후속조치로 1996년 금융소득 종합과세가 시행되었으나 1997년 금융위기로 유보되었다가 2001년부터 다시 시행되었음

2,000만원을 기준으로 종합과세 여부를 판정한다고 했지만 실제는 조금 더 복잡하다. 1) 몇 가지 정책적 금융상품은 분리과세를 허용한다. 장기채권이자가 대표적 예이고, 2016년에 새로 들어온 개인종합자산관리계좌(ISA: Individual Savings Account)도 있다. 2) 원천징수 대상이 아니거나(가령 외국에서 지급받는 이자는 성질상 원천징수 대상이 아니다) 원천징수가 누락된 이자나 배당소득, 또는 앞서 설명한 출자공동사업자에게 귀속되는 배당소득(손익조작을 염려해서 배당소득으로 구분하기는 하지만 원래 사업소득의 성격이다) 등은 2,000만원 기준과 무관하게 무조건 종합과세한다. 이 두 가지는 2,000만원이 넘는지 판단에도 영향을 준다. 복잡한 이야기를 다 줄이고 어림잡자면, 가령 근로소득 5,000만원과 국내 금융기관에서 정기예금 이자 1,800만원을 받은 자에게 1) 다시 분리과세 장기채권 이자가 2,000만원 있어도 이자를 합하지 않으므로 정기예금 이자와 장기채권 이자는 각 분리과세한다. 한편 이 근로자에게 2) 원천징수가 누락된 사채이자가 300만원 있으면 합친 이자소득이 2,000만원이 넘으므로 종합과세 대상이다.

금융소득을 분리과세받는 사람이 내는 세부담은 얼마인가? 이자소득과 배당소득은 소득세법상 일반적으로 세율 14%의 원천징수 대상으로 열거되어 있기 때문에, 소득을 귀속받는 납세자로서는 이를 종합소득으로 신고하지 않더라도 이 시점에서 이미 일정한 소득세를 부담하게 된다. 그리고 연간 금융소득의 합계가 2,000만원을 넘지 않으면, 해당 납세자에게 다른 종류의 소득이 있어서 종합소득세의 신고의무가 있는 경우에도 종합소득의 신고 내용에 금융소득을 합산, 포함하지 않아도 된다.[29) 그 결과 근로소득 같은 다른 종합소득이 많아서, 가령 누진세율 중 45% 구간에 속하는 사람이더라도 이 금융소득에 대한 세부담은 45%가 아니라 원천징수세율인 14%로 줄어든다. 한편 종합과세 대상이 된다면 실제 세부담은 복잡하게 따져야 한다. 2,000만원이라는 문턱을 넘는 순간 갑자기 세부담이 확 느는 것을 피하기 위해 종합소득세율은 금융소득이 2,000만원을 넘는 부분에만 적용하기 때문이다. 가령 근로소득 1억원이 있는 사람에게 정기예금이자 2,100만원이 있다면 2,000만원까지는 따로 분리과세 세율(대체로 14%)을 적용하고 100만원만 근로소득에 합해서 높은 세율을 적용한다. 앞에서 본 그로스업과 배당세액공제도 이 100만원 부분에만 계산하여, 종합소득에 들어갈 배당소득의 금액은 '100만원+11만원'=111만원이 되고, 세액계산 단계에 가서 11만원을 빼준다. 또 다른 특칙으로 종합과세 대상이 되어서 세부담이 오히려 줄어드는 결과(다른 소득이 얼마 없다면 14%보다도 더 낮은 세율구간에 들어갈 수도 있다)를 막는 규정도 있다. 가령 다른 종합소득이 전혀 없는 사람에게 정기예금이자 2,100만원이 있다면 100만원 부분에서 종합소득공제를 빼서 이미 원천징수당한 100만원 부분의 세금 14만원을 돌려받는 것이 아니고 종합소득세 신고시 세금을 더 낼 것도 환급받을 것도 없다.

사 례

심화학습

거주자인 '조합소'의 종합소득세 신고납부에 관한 정보는 다음과 같다. 조합소가 납부할 세액은 얼마인가?

1. 조합소가 번 소득에 관한 정보는 다음과 같다.
   1) 다른 나라 은행에서 받은 이자 300만원. 우리나라 세금이나 다른 나라 세금을 원천징수당한 것은 없다.
   2) 우리나라 회사에서 받은 배당금 2,700만원. 소득세 378만원(14%)을 원천징수당하고 실제 받은 현금은 2,322만원이다. 종합소득에 들어가는 배당소득에 대한 그로스업 및 배당세액공제율은 11%이다.

---

29) 앞에서 살펴본 소득세법 제14조 제3항 제6호 외에도 신고의무의 예외에 관하여는 소득세법 제73조 제1항 제8호.

　　3) 다른 종합소득금액은 6,890만원(사업소득의 필요경비와 근로소득공제를 뺀 금액)이다.
2. 조합소에게 적용할 각종 소득공제는 모두 합해 1,390만원이다.
3. 종합소득세율은 과세표준이 1,200만원에서 4,600만원 사이라면 '72만원+(1,200만원을 초과하는 금액의 15%')이고, 과세표준이 4,600만원에서 8,800만원의 구간에 속한다면 '582만원+(4,600만원을 초과하는 금액의 24%)'이다.

풀이 1. 금융소득은 세부담의 급격한 변화를 막기 위해 종합소득과세표준에 넣어서 기본세율을 적용하는 것은 2,000만원을 넘는 부분만 넣는다. 이자소득 300만원과 배당소득 가운데 1,700만원을 합하면 2,000만원이 된다(소득세법시행령 제116조의2를 보면 2,000만원을 따질 때 이자소득 먼저 쌓으라고 정하고 있다). 나머지 배당소득 1,000만원은 종합소득에 들어가고 11%만큼 그로스업한 후의 금액은 1,110만원이 된다. 따라서 종합소득 과세표준에 들어갈 소득금액은 금융소득 1,110만원+다른 소득 6,890만원=8,000만원이다.[30] 여기에 들어가지 않은 2,000만원은 원천징수세율인 14%를 따로 적용해서 세액단계에서 더한다.

2. 기본세율 적용대상 종합소득과세표준은 8,000만원에서 각종 소득공제 1,390만원을 뺀 6,610만원이다.

3. 종합소득산출세액은 582만원+(6,610−4,600)만원×24%=10,644,000원에다가 분리과세 금융소득 2천만원×원천징수세율 14%=2,800,000원을 더한 13,444,000원이다.

4. 한편 종합과세로 인하여 금융소득에 대한 세율이 분리과세 때보다 더 떨어지는 것을 막기 위해서 종합소득산출세액은, 금융소득 부분을 14%로 고정하고 나머지에만 기본세율을 적용해서 구한 최저한보다 낮을 수 없다. 이 최저한은 금융소득 전체를 14%로 과세하는 것이므로 앞 3의 기본세율 적용대상 종합소득과세표준 6,610만원+분리과세 금융소득 2,000만원을 합한 8,610만원에서 그로스업 110만원을 뺀 8,500만원을 금융소득분 3,000만원과 다른 소득분 5,500만원으로 나누어서 구하면, 3,000만원×14%+[582만원+(5,500−4,600)만원×15%]=11,370,000원이다. 전자가 더 크므로 산출세액은 13,444,000원이다. 기실 이 사례에서는 최저한을 계산해 볼 필요도 없이 이 결과는 당연히 알 수 있다. 금융소득이 없더라도 이미 24%짜리 세율구간에 속하므로, 거기에 금융소득을 더하면 (24%−14%)만큼 세금이 늘기 때문이다.

　　위 사례에서 다른 종합소득의 금액이 1,390만원 이하라면 조합소가 낼 산출세액은 3,000만원×14%=420만원이 되고, 달리 세액공제나 감면을 받을 것이 없다면 원천징수당한 세액 378만원을 빼고 42만원을 추가납부해야 한다. 추가납부

---

30) 앞서 보았듯 금융소득에 대한 세부담이 최소 14%는 되게 하기 위한 특칙이 있지만 이 문제를 푸는데 결과적으로 영향이 없으므로 무시했다.

세액이 생기는 것은 국외이자소득에 대해서 원천징수한 세금이 없었기 때문이다.

 연습문제

[2015년 사법시험]

소득세법상 이자소득 및 배당소득에 관한 설명 중 옳지 않은 것은?

① 금융회사가 환매기간에 따른 사전약정이율을 적용하여 환매수하는 조건으로 매매하는 채권의 매매차익은 이자소득으로 한다.

② 법령의 요건을 모두 갖춘 적격 집합투자기구로부터의 이익은, 집합투자의 대상이 주로 채권으로 이루어진 경우 이를 이자소득으로 한다.

③ 주식의 소각으로 인하여 주주가 취득하는 금전이 주주가 그 주식을 취득하기 위하여 사용한 금액을 초과하는 경우, 초과분은 배당소득으로 한다.

④ 공동사업에서 발생한 소득금액 중 법령이 정하는 출자공동사업자가 손익분배 비율에 따라 분배받는 금액은 배당소득으로 한다.

⑤ 이자소득의 경우 관련되는 지급이자가 있더라도 필요경비에 산입할 수 없다.

정답 ②

해설 집합투자기구의 이익은 모두 배당소득으로 구분함.

Tax In News

🎤 "금융소득 종합과세 15만9000명 신고…전년比 23.6% 증가"

지난해 금융소득이 2,000만원을 초과해 이에 대한 종합소득세를 신고한 인원은 총 15만9000명으로 전년보다 3만명(23.6%) 증가한 것으로 나타났다. 국세청에 따르면 2019년 귀속 종합소득세 신고 인원은 759만명이며 결정세액은 34조 8933억원이다. 종합소득세 신고 인원은 전년보다 9.9%, 결정세액은 8.9% 각각 늘었다. 연도별 신고 인원은 2016년 587만명, 2017년 639만명, 2018년 691만명으로 꾸준히 증가했다. 이에 따라 결정세액 역시 2016년 25.9조원, 2017년 29.9조원, 2018년 32.3조원으로 매년 증가했다. 2019년 귀속 종합소득세 신고 과세표준은 195.9조원으로 전년보다 9.6% 증가했다. 아울러 2019년 귀속 금융소득 종합과세대상에 해당해 종합소득세를 신고한 자는 총 15만9000명으로 전년보다 3만명(23.6%) 증가했다. 이들의 1인당 평균 소득은 2억6700만원으로, 전년도 대비 약 2000만원 가량 감소(7.1%↓)한 것으로 나타났다. 또한, 금융소득 5억원 초과자는 4810명으로 전년도에 비해 5.6% 증가했으며, 1인당 평균 소득도 약 29억원으로 전년대비 4.4% 증가한 것으로 집계됐다.

(2020년 12월 29일 언론보도)

제6절 기타소득

소득세법 제21조[기타소득] ① 기타소득은 이자소득·배당소득·사업소득·근로소득·연금소득·퇴직소득 및 양도소득 외의 소득으로서 다음 각 호에서 규정하는 것으로 한다.
1. 상금, 현상금, 포상금, 보로금 또는 이에 준하는 금품
2. 복권, 경품권, 그 밖의 추첨권에 당첨되어 받는 금품
3.~9. (생략)
10. 계약의 위약 또는 해약으로 인하여 받는 소득으로서 다음 각 목의 어느 하나에 해당하는 것
    가. 위약금
    나. 배상금
    다. 부당이득 반환 시 지급받는 이자
11.~22의2. (생략)
23. 뇌물
24. 알선수재 및 배임수재에 의하여 받는 금품
25. (생략)
26. 종교관련종사자가 종교의식을 집행하는 등 종교관련종사자로서의 활동과 관련하여 대통령령으로 정하는 종교단체로부터 받은 소득(이하 "종교인소득"이라 한다)
27. 「특정 금융거래정보의 보고 및 이용 등에 관한 법률」 제2조 제3호에 따른 가상자산(이하 "가상자산"이라 한다)을 양도하거나 대여함으로써 발생하는 소득(이하 "가상

자산소득"이라 한다)
③ 기타소득금액은 해당 과세기간의 총수입금액에서 이에 사용된 필요경비를 공제한 금액으로 한다.

1. 기타소득≠기타의 소득

기타소득은 소득세법 제21조 제1항에서 규정하고 있듯이, 지금까지 살펴본 다섯 종류의 소득 외의 소득을 가리키는 것이지만, 그 '외의 소득' 전부가 이에 해당하는 것이 아니라 어디까지나 위 제1항 각 호에서 명시하고 있는 항목들만 기타소득으로 과세대상이 된다. 사업, 이자, 배당소득 등과는 달리 이른바 (유형별) 포괄규정도 없다. 이는 곧 우리 소득세법이 소득원천설 또는 제한적 소득 개념을 채택하고 있음을 의미한다. 따라서 이러저러한 이유로 그동안 과세하지 않던 소득이더라도 사회경제적 여건의 변화에 따라 과세의 필요성이 생기면 그때마다 기타소득의 항목을 추가하는 방법으로 법률이 개정되는 과정을 겪어 왔다. 제26호의 일명 '종교인과세'라든지 2020년 말 법 개정으로 신설된 제27호의 가상화폐 소득과세[31]도 이런 취지에서 이해할 수 있다.

소득세법 제21조 제3항은 기타소득금액의 계산방법을 사업소득과 마찬가지로 총수입금액에서 필요경비공제를 한 금액이라고 정하고 있다. 그러나 기타소득에 해당하는 것들 중에는 현실적으로 필요경비 개념을 적용하기가 곤란한 것들이 많기 때문에, 소득세법 시행령은 일부 기타소득 유형에 대하여 개산공제를 인정하는 경우가 있음에 유의할 필요가 있다(소득세법 시행령 제87조).

2. 손해배상금의 과세 [심화학습]

기타소득에 해당하는 소득 항목들은 그 종류가 극히 다양하기 때문에 기타소득 전부에 관한 어떤 일반적인 이론을 세우기는 어렵다. 결국 개별 소득 항목별로 그 성격과 특징을 따져 해석론을 도출할 수밖에 없다. 수많은 기타소득 항목 중 실무에서 자주 문제되는 '계약의 위약 또는 해약으로 인하여 받는 위약금과 배상금'에 관하여 잠시 생각해 보도록 한다(소득세법 제21조 제1항 제10호).

---

31) 단, 시행시기는 2022년 1월부터이다.

먼저 배상금이란 문자 그대로 손해배상으로서 지급하는 돈을 의미한다고 볼 수 있다. 한편 위약금이란 '위약', 즉 계약상의 의무를 다하지 않을 때 계약 상대방에게 지급하기로 약정한 돈을 가리킨다고 볼 수 있다. 이 말은 위약이 있는 경우 실제 손해가 얼마인지 금액을 산정하기 어려울 때 손해금액이 얼마라고 미리 합의해 놓은 것(이런 것을 '손해배상액의 예정'이라 부른다)일 수도 있고, 실제의 손해금액이 얼마든 물어내야 할 '위약벌'일 수도 있을 것이다.

우리나라 민법의 손해배상은 모두 실제 발생한 손해를 금전으로 환산하여 그 상당액을 지급하는 것을 가리킨다. 정신적 손해도 돈으로 따져서 그만큼을 배상한다고 보는 것이다. 발생한 손해와 이에 대한 손해배상을 모두 고려해 보면, 결국 해당 납세자에게는 아무런 순자산의 증감이 일어나지 않은 셈이 되고, 납세자에게 어떤 소득이 있었다고 보아 세금을 물린다는 것은 부당하다는 결론에 이를 수 있다. 실제로 이에 관한 소득세법의 규정내용을 구체화한 소득세법 시행령 제41조 제7항은 '본래의 계약의 내용이 되는 지급 자체에 대한 손해를 넘'어서 지급하는 금액만이 기타소득에 해당한다는 내용을 담고 있는데, 이 역시 이러한 결론을 뒷받침하는 것이기도 하다.

결국 모든 손해배상이 기타소득으로 과세되는 것은 아니다. 소득세의 규정에 따른다면, 우선 불법행위에 기한 실손해의 배상은 과세대상에서 벗어나며, 계약불이행에 기한 손해배상책임만이 문제된다. 그리고 만약 계약이 적법하게 이행되었더라도 그 이행으로 인하여 납세자의 부가 새로이 늘어나는 것이 아니라면, 이는 '본래의 계약의 내용이 되는 지급 자체'에 해당하는 것으로서 과세대상이 되지 않는다.

그러나 그 이상의 손해에 대하여는 기타소득에 대한 소득세 과세의 문제가 생긴다. 가장 흔한 경우는 금전채무의 이행지체로 인하여 발생하는 지연손해배상금인데, 이미 언급한 바와 같이 경제적 실질에 있어서는 이자와 다름없는 이 유형의 손해배상금은 그 법률적 성격으로 인하여 기타소득에 해당한다고 보는 것이 확립된 실무이다. 한편 손해배상 아닌 위약벌의 경우에는 손해배상과는 별개로 인정되는 것이므로, 일반적으로 기타소득에 해당한다고 볼 수 있다.

연습문제

[2013년 방송통신대 기말시험]

소득세법상 필요경비 등의 공제가 허용되는 소득유형으로 묶인 것은?

① 이자소득, 배당소득
② 사업소득, 기타소득
③ 근로소득, 배당소득
④ 사업소득, 이자소득

[정답] ②

[해설] 이자소득과 배당소득은 필요경비 공제가 인정되지 않음.

제7절 종합소득세 과세표준과 세액의 계산 구조

Ⅰ. 과세표준 = 종합소득금액 − 종합소득공제

소득세법 제14조[과세표준의 계산] ① 거주자의 종합소득 및 퇴직소득에 대한 과세표준은 각각 구분하여 계산한다.

② 종합소득에 대한 과세표준(이하 "종합소득과세표준"이라 한다)은 제16조, 제17조, 제19조, 제20조, 제20조의3, 제21조, 제24조부터 제26조까지, 제27조부터 제29조까지, 제31조부터 제35조까지, 제37조, 제39조, 제41조부터 제46조까지, 제46조의2, 제47조 및 제47조의2에 따라 계산한 이자소득금액, 배당소득금액, 사업소득금액, 근로소득금액, 연금소득금액 및 기타소득금액의 합계액(이하 "종합소득금액"이라 한다)에서 제50조, 제51조, 제51조의3, 제51조의4 및 제52조에 따른 공제(이하 "종합소득공제"라 한다)를 적용한 금액으로 한다.

③~⑤ (생략)

⑥ 퇴직소득에 대한 과세표준(이하 "퇴직소득과세표준"이라 한다)은 제22조에 따른 퇴직소득금액에 제48조에 따른 퇴직소득공제를 적용한 금액으로 한다.

즉 종합소득과세표준은 이자소득금액·배당소득금액·사업소득금액·근로소득금액·연금소득금액 및 기타소득금액을 합산하여 종합소득금액을 계산한 후,

여기에서 종합소득공제를 빼서 계산한다.

$$\text{종합소득과세표준} = \text{종합소득금액} - \text{종합소득공제}$$

이때 소득세법상의 종합소득공제는 다음 표와 같다.

구 분	종류(적용대상자)	근거법률
인적공제	• 기본공제(종합소득자) • 추가공제(종합소득자)	소득세법 제50조 제1항 소득세법 제51조 제1항
물적공제	• 특별소득공제(근로소득자) 　– 건강보험료 등 소득공제 　– 주택자금 소득공제 • 연금보험료공제(종합소득자) • 주택담보노후연금 이자비용공제(연금소득자)	소득세법 제52조 제1항 소득세법 제52조 제4, 5항 소득세법 제51조의3 제1항 소득세법 제51조의4 제1항

위 표에서 볼 수 있듯이, 종합소득공제란 소득세법에 따르면 '제50조, 제51조, 제51조의3, 제51조의4 및 제52조에 따른 공제'를 말하는데, 소득세법의 이 규정들은 종합소득금액에서 차감되어 결과적으로 납세자의 세부담을 줄이게 하는 각종 항목들을 정하고 있다. 같은 '종합소득공제' 속에 묶여 있지만, 공제해당자의 머릿수를 세어서 '1인당 얼마'를 정액으로 빼주는 것이 있고, 납세의무자가 지출한 돈이 실제 얼마인가를 따져서 공제금액을 정하는 것도 있다. 정확한 법률용어는 아니지만 실무에서는 전자를 인적공제, 후자를 물적공제라고 부르기도 한다.

1. '기본공제'는 해당 소득을 올린 납세자가 부양하는 가족의 수에 따라 세금을 깎아준다는 의미를 담고 있다. 현행법상으로는 기본공제의 대상이 되는 자 1인당 150만원을 소득에서 공제해 준다. (한편 연간 100만원이 넘는 소득을 가진 가족구성원은 부양받는 가족에 해당하지 않는 것으로 보아 기본공제의 대상에서 제외하고 있다.) 예를 들어 가장만이 돈을 버는 4인 가족에서 가장의 연간 종합소득금액이 600만원(근로소득이라면 급여액이 1,250만원이라는 말이다[32])을 넘지 않으면, 이미

---

32) 급여액이 1,250이면 근로소득공제가 350 + (1,250 − 500)(0.4) = 650만원이고, 근로소득 금액

이 단계에서 종합소득 과세표준이 0 이하로 되어 종합소득에 대한 소득세를 내지 않아도 된다. 이러한 의미에서 종합소득공제 중에서도 기본공제는 특히 '면세점'으로서의 중요한 의미를 갖게 된다. '추가공제'는 납세자 본인을 포함하여 기본공제의 대상이 되는 자가 일정 연령 이상 또는 이하라든지, 신체적 장애가 있다든지 하는 이유로 특별히 사회적 약자로 분류될 수 있는 범주에 해당하는 경우 1인당 일정액을 추가로 공제해주는 것이다. 그 결과 똑같이 연 3,000만원을 버는 두 근로자가 있다 하더라도, 딸린 식구가 많거나 장애인을 부양하는 사람은 더 적은 세금을 낸다. 세금을 더 많이 내는 근로자의 입장에서는 달리 생각할 수 있겠지만, 그래야 오히려 더 '공평'하다는 것이 우리 소득세법의 생각이리라.

2. 근로소득자가 건강보험료나 주택자금을 지출한 경우, 연금소득자가 주택을 담보로 든 노후연금에 관련하여 이자를 낸 경우 등에는 실제 지출한 금액의 일정비율을 소득공제해준다. 조세특례제한법의 특례에서도 그런 소득공제, 대표적인 것으로 신용카드 등 사용금액에 대한 소득공제[33]가 있다. 대부분 과세표준 양성화나 중소기업 세제지원과 같은 조세정책적 취지에서 도입된 특례 규정들로서 한시법으로 운영되고 있다.

3. 종래 소득세법은 다자녀추가공제와 같은 자녀 관련 소득공제, 의료비·교육비·보장성 보험료·기부금 등에 대한 특별(소득)공제 등의 소득공제를 허용하는 규정을 두고 있었으나, 2014년부터 이와 같은 항목들에 대한 소득공제 방식을 세액공제 방식으로 변경하여 세제의 큰 틀을 바꾸었다. 뒤에서 살펴본다.

은 1,250−650=600만원이 된다.

33) 조세특례제한법 제126조의2 제1항 및 제2항.

Ⅱ. 세액의 계산

소득세법 제55조[세율] ① 거주자의 종합소득에 대한 소득세는 해당 연도의 종합소득과세
표준에 다음의 세율을 적용하여 계산한 금액(이하 "종합소득산출세액"이라 한다)을 그
세액으로 한다.

종합소득과세표준	세율
1천200만원 이하	과세표준의 6%
1천200만원 초과 4천600만원 이하	72만원 + (1천2백만원을 초과하는 금액의 15%)
4천600만원 초과 8천800만원 이하	582만원 + (4천600만원을 초과하는 금액의 24%)
8천800만원 초과 1억5천만원 이하	1천590만원 + (8천800만원을 초과하는 금액의 35%)
1억5천만원 초과 3억원 이하	3천760만원 + (1억5천만원을 초과하는 금액의 38%)
3억원 초과 5억원 이하	9,460만원 + (3억원을 초과하는 금액의 42%)
5억원 초과 10억원 이하	1억7천60만원 + (5억원을 초과하는 금액의 40%)
10억원 초과	3억8,460만원 + (10억원을 초과하는 금액의 45%)

위 규정에 따르면 종합소득산출세액이란 종합소득과세표준에 제1항에서 정한 세율을 적용한 금액을 말한다. 소득세법을 읽다가 '기본세율'이라는 말이 나오면 바로 이 세율을 말하는 것이다. 일정금액을 초과하는 부분에는 한결 높은 세율을 적용하는 이유가 '일정금액'이라는 문턱을 넘을 때마다 세부담이 불연속적으로 급증하는 것을 막자는 것이다.

납세자가 소득세법 제76조에 따라 확정신고납부 시 납부해야 할 세액은 위 산출세액 자체가 아니라, 여기서 다시 각종 세액감면과 세액공제를 빼고 가산세와 기납부세액을 더하거나 뺀 후의 최종금액이다. 여기서 '감면세액'이란 소득세법이나 조세특례제한법 등에서 특별히 따로 세금을 감면하는 규정을 두고 있는 경우 그에 따라 감면되는 세금의 액수를 말하는 것이고, '세액공제액' 역시 마찬가지로 소득세법 등에서 세액으로부터 공제하도록 정해져 있는 경우의 금액을 말한다. 일반적인 원칙에 따라 계산된 산출세액을 줄여 준다는 점에서는 같지만 줄여주는 금액을 계산하는 방식이 좀 다르다. 구체적인 내용은 각각 해당조문을 찾아보아야 한다. 이를 표로 나타내면 다음과 같다.

	종합소득과세표준	
×	기 본 세 율	• 6%~45%의 8단계 초과누진세율
=	종합소득산출세액	
−	세 액 감 면	• 소득세법 및 조세특례제한법에 따른 세액감면
−	세 액 공 제	• 소득세법 및 조세특례제한법에 따른 세액공제
=	종합소득결정세액	
−	가 산 세	
=	총 결 정 세 액	
−	기 납 부 세 액	• 중간예납세액, 원천징수세액, 예정신고납부세액, 수시부과세액
=	차 감 납 부 세 액	

세액공제는 크게 두 가지로 나누어 생각할 수 있다. 첫째 배당세액공제와 근로소득세액공제는 종합과세대상인 배당소득과 근로소득이 있으면 당연히 받는다. 둘째로 개별납세자의 주관적 사정을 고려하여 세부담에 반영하기 위한 세액공제가 있다. 소득공제 단계에서 개별 납세자의 주관적 사정을 고려하기 위하여 기본공제와 추가공제를 허용하는 것과 같은 취지로 예전에는 소득공제를 허용하던 것을 2014년부터 세액공제로 바꾸면서 제59조의2 내지 제59조의5의 규정을 새로 둔 것이다. 구체적으로는 자녀의 수에 맞추어 1인당 일정액을 공제하며 (자녀세액공제), 보장성 보험료·의료비·교육비·기부금 등의 지출에 대해서는 납입 또는 지출 금액의 일정 비율에 해당하는 금액의 세액공제(특별세액공제)[34]를 부여하고 있다. 개인연금계좌에 납입한 금액의 12% 또는 15%에 해당하는 금액을 공제해주는 것은 이미 연금소득에서 본 바와 같다. 이런 세액공제 역시 각각 나름대로의 정책적 이유 내지는 보다 공평한 과세에 관한 이해를 담고 있다. 자녀세액공제는 자녀를 많이 낳도록 장려하기 위한 것으로 특히 요사이 강화되고 있다. 한편 의료비는 다른 소비지출과는 다르다고 보는 것이다.

---

34) 종합소득 중 근로소득만 있는 자는 특별세액공제를 모두 적용받을 수 있지만 근로소득이 없는 자로서 종합소득이 있는 자는 기부금 이외의 항목에 대한 세액공제는 허용되지 않는다. 사업소득만 있는 자의 경우 기부금은 세액공제 방식이 아닌 사업소득금액 계산 시 필요경비 산입방식이 적용된다.

이들 항목들을 소득공제에서 세액공제로 바꾼 것은 소득공제가 세부담의 불공평을 낳는다는 생각 때문이다. 소득공제의 혜택은 납세자에게 적용되는 세율에 따라 달라져서 부자일수록 더 많은 혜택을 보기 때문이다. 예를 들어, 연 5억 원의 급여를 받는 '부자녀'와 연 1,500만원의 급여를 받는 '가난남'이 똑같이

▲ 기획재정부 세제실 전경. 우리나라 세법령 제·개정의 핵심적 역할을 수행하고 있다

교육비 100만원을 지출했다고 하자. 예전의 소득공제 방식에서는 부자녀의 세금은 40만원이 줄고 가난남의 세금은 6만원이 준다. 부자녀는 세율 40% 구간에 들어가지만 가난남은 세율 6% 구간에 들어가기 때문이다. 다른 한편 현행법처럼 교육비의 15%를 세액공제한다면 부자녀나 가난남이나 둘 다 세금이 15만원 줄게 된다.

Tax In News

🎙 7천만원 이상 고소득 과세 강화 … '서민 세금폭탄'과 거리 멀었다!

　2013년 말 개정 소득세법에 따라 지난해 부과한 세금을 분석해보니, 소득 상위 9%인 연소득 7,000만원 이상 계층에서 세금이 크게 늘고, 소득 5,500만원 이하 계층은 세금이 줄어든 '고소득자 증세'로 나타났다. 큰 틀에서 보면, '13월의 세금폭탄'이라거나 '서민증세'라는 비판은 현실과 거리가 멀었다. 하지만 3,500~4,000만원 소득자 가운데 절반 이상이 소액이라도 세금이 늘어나, 불만을 키웠던 것으로 보인다. 2013년 8월 정부가 제출하고 여야가 통과시켜 지난해부터 적용된 개정 세법의 가장 큰 특징은 특별공제에 속했던 의료비, 교육비, 기부금, 보장성보험료 등의 소득공제 항목을 대거 세액공제로 전환한 점이다.

　기획재정부는 지난해 근로소득 지급명세서를 낸 직장인 1,619만명을 전수 조사한 결과, 임금 인상 등의 변수를 제외한 채 소득세법 개정으로 늘어난 세금부담은 1조1,461억원인 것으로 분석됐다고 7일 밝혔다. 연소득 7,000만원 이상 계층에서는 1조5,710만원이 늘었다. 1인당 평균 109만원에 달한다. 5,500~7,000만

원 구간에서는 29억원(1인당 3,000원)이 늘었다. 반면 5,500만원 이하에서는 4,279억원(1인당 3만1,000원)의 세금이 줄었다. 소득공제 방식의 세금 감면은 정부뿐 아니라 전문가들도 개선해야 한다고 꼽았던 핵심 과제다. 우리나라는 세금을 너무 많이 깎아주다 보니, 근로소득세의 실효세율(2013년 기준 4.48%)이 낮고, 소득재분배 기능을 제대로 못하고 있다.

2013년 기준으로 전체 근로자들의 소득은 498조원인데, 이 가운데 300조원(60%) 가량이 각종 감면으로 과세대상에서 빠진다. 문제는 그동안 고소득층에게 유리한 방식으로 감면이 돼 왔다는 점이다. 같은 소득공제 100만원이라도 소득세 최저세율(6%)을 적용받는 사람은 세금이 6만원 줄지만, 최고세율(38%)을 적용받는 고액연봉자들은 38만원이 줄기 때문에 소득공제는 고소득자에게 유리하다. 고소득자가 많은 혜택을 받는 공제를 빼고, 근로소득 가운데 40%에 대해서만 6~38%의 세율을 적용하다 보니 소득세는 소득재분배 기능을 제대로 못하고 있었다. 2013년 말 소득세법 개정은 이를 바로잡으려는 과정이었는데, 왜 이렇게 반발이 컸을까?

(2015년 4월 7일 언론보도)

사례

심화학습

거주자인 '조합소'의 종합소득세 신고납부에 관한 정보는 다음과 같다. 조합소가 납부할 세액은 얼마인가?

1. 조합소가 번 소득에 관한 정보는 다음과 같다.
   1) 다른 나라 은행에서 받은 이자 300만원. 우리나라 세금이나 다른 나라 세금을 원천징수당한 것은 없다.
   2) 우리나라 회사에서 받은 배당금 2,700만원. 소득세 378만원(14%)을 원천징수당하고 실제 받은 현금은 2,322만원이다. 종합소득에 들어가는 배당소득에 대한 그로스업 및 배당세액공제율은 11%이다.
   3) 사업소득금액 6,440만원(필요경비 공제 후의 금액).
   4) 편의점 아르바이트로 받은 연간 급여 1천만원. 원천징수세 60만원을 공제하고 실제 받은 현금은 940만원이다. 소득세법상 근로소득공제는 '350만원+(500만원을 초과하

는 급여액의 40%)'이다. 근로소득세액공제는 근로소득에 대한 종합소득세산출세액의 56%이다. 조합소의 편의점 아르바이트는 월 60시간 미만으로 국민연금이나 건강보험의 직장가입 대상이 아니다.

2. 조합소의 개인사정에 관한 정보는 다음과 같다.

1) 조합소에게는 전업주부인 아내와 미성년자인 아들 1명과 딸 1명이 있고 이들에게는 아무런 소득이 없다. 종합소득 기본공제는 4식구 모두에 대해서 1인당 150만원씩이다. 딸은 장애인으로 추가공제 200만원 대상이다. 자녀세액공제는 둘을 합해서 연 30만원이다.

2) 조합소는 국민건강보험 지역가입자로서 보험료 240만원을 납부하였고, 국민건강보험료는 전액 소득공제 대상이다. 조합소는 국민연금 지역가입자로서 국민연금에 가입하여 연금보험료 350만원을 납부하였고 연금보험료는 전액 소득공제 대상이다.

3) 조합소는 본인을 피보험자로 하고 아내를 수익자로 하는 보장성 생명보험료 100만원을 납부했고 그에 대한 특별세액공제는 납부액의 12%이다. 한편 소득세법에는 실제로 계산한 특별세액공제(보험료, 의료비, 교육비, 기부금) 대신에 일정금액을 그냥 세액공제 받겠다고 신청할 수 있는 제도가 있고, 조합소의 경우 이 신청을 한다면 13만원을 세액공제 받을 수 있다.

3. 종합소득세율은 과세표준이 1,200만원에서 4,600만원 사이라면 '72만원+4,600만원을 초과하는 금액의 15%'이고 과세표준이 4,600만원에서 8,800만원의 구간에 속한다면 '582만원+(4,600만원을 초과하는 금액의 24%)'이다.

[풀이] 1. 종합소득과세표준에 들어갈 소득금액의 계산시 (1) 사업소득과 근로소득은 당연히 종합소득과세표준에 들어가지만 금융소득 종합과세의 경우 세율의 급격한 변화를 막기 위해 2,000만원을 넘는 부분만 기본세율 적용대상인 과세표준에 넣는다(2,000만원까지는 원천징수세율인 14%를 따로 적용해서 세액단계에서 더한다). 이자소득 300만원과 배당소득 가운데 1,700만원을 합하면 2,000만원이 되고(소득세법시행령 제116조의2를 보면 2,000만원을 따질 때 이자소득 먼저 쌓으라고 정하고 있다) 나머지 배당소득 1,000만원은 종합소득에 들어가고 11%만큼 그로스업한 후의 금액은 1,110만원이 된다. (2) 근로소득의 금액은 1,000−[350+ (1,000−500)×40%]=450만원이다. (3) 따라서 종합소득 과세표준에 들어갈 소득금액은 금융소득 1,100+사업소득 6,440+근로소득 450=8,000만원이다.[35]

2. 종합소득과세표준 계산시 공제할 금액은 기본공제가 150×4=600만원, 추가공제가 200만원, 건강보험료공제가 240만원, 연금보험료공제가 350만원, 합계 1,390만원이다. 따라서 기본세율을 적용할 종합소득과세표준은 8,000−1,390=6,610만원

---

35) 앞서 보았듯 금융소득에 대한 세부담이 최소 14%는 되게 하기 위한 특칙이 있지만 이 문

이고, 나머지 2,000만원은 14%로 과세한다.

3. 종합소득산출세액은 582만원＋(6,610－4,600)만원×24%＝10,644,000원에다가 분리과세 금융소득 2천만원×원천징수세율 14%＝2,800,000원을 더한 13,444,000원이다. 금융소득이 없더라도 이미 14% 세율구간에 속하므로 최저한은 구해볼 것도 없지만 그래도 다시 해보자. 앞의 8,610만원에서 그로스업 110만원을 뺀 8,500만원을 금융소득분 3,000만원과 다른 소득분 5,500만원으로 나누어서 구해야 한다. 금액은 3,000만원×14%＋'582만원＋(5,500－4,600)만원×15%'＝11,370,000원이다. 전자가 더 크므로 산출세액은 13,444,000원이다.

4. 세액공제는 배당세액공제, 자녀세액공제, 근로소득세액공제, 특별세액공제(보장성 보험료), 이 4가지가 해당한다. 1) 배당세액공제는 1,100,000원이다. 2) 자녀세액공제는 300,000원이다. 3) 근로소득세액공제액은 '근로소득에 대한 종합소득세 산출세액'의 일부를 공제하는 것이다. 그런데 근로소득에 대한 종합소득산출세액이란 따로 없으므로 앞에서 본 산출세액 13,444,000원을 안분해서 구할 수밖에 없다. 13,444,000원이라는 세액의 기초가 된 소득금액은 8,610만원(금융소득 2,000만원도 14%라는 세율로 계산한 금액이기 때문이다)이고 그 가운데 근로소득의 금액은 450만원이므로, 근로소득에 대한 종합소득산출세액이란 13,444,000×450/8,610＝702,648원이다. 거기에 56%률 곱하면 393,482원이다. 4) 보험료 100만원에 대한 세액공제는 120,000원이지만 조합소는 신청에 의해 130,000을 공제받을 수 있다. 세액공제액 합계는 배당세액공제 1,100,000＋자녀세액공제 300,000＋근로소득세액공제 393,482＋특별세액공제 130,000＝1,923,482원이다. 따라서 결정세액은 10,644,000－1,923,482＝8,720,518원이다.

5. 기납부세액(원천징수세액)은 배당소득분 378만원＋근로소득분 60만원＝4,380,000원이다. 따라서 종합소득세 신고시 추가납부할 세액은 8,720,518－4,380,000＝4,340,518원이다.

엄청나게 복잡하지만 실제 계산은 서식을 놓고 거기에서 시키는대로 해나가면 그렇게 어렵지도 않다. 공제액 등 온갖 숫자를 외울 필요도 없다. 법령에 나오는 숫자들은 어차피 자꾸 바뀐다. 소득공제, 세율적용방법, 세액공제, 이런 개념만 이해하면 된다.

제를 푸는 데 결과적으로 영향이 없으므로 무시했다.

종합소득세의 납세절차

> 소득세법 제70조[종합소득과세표준 확정신고] ① 해당 과세기간의 종합소득금액이 있는 거주자(종합소득과세표준이 없거나 결손금이 있는 거주자를 포함한다)는 그 종합소득 과세표준을 그 과세기간의 다음 연도 5월 1일부터 5월 31일까지 대통령령으로 정하는 바에 따라 납세지 관할 세무서장에게 신고하여야 한다.
> ③ 제1항에 따른 신고를 "종합소득 과세표준확정신고"라 한다.
>
> 제76조[확정신고납부] ① 거주자는 해당 과세기간의 과세표준에 대한 종합소득 산출세액 또는 퇴직소득 산출세액에서 감면세액과 세액공제액을 공제한 금액을 제70조, 제70조의 2, 제71조 및 제74조에 따른 과세표준확정신고기한까지 대통령령으로 정하는 바에 따라 납세지 관할 세무서, 한국은행 또는 체신관서에 납부하여야 한다.
> ② 제1항에 따른 납부를 이 장에서 "확정신고납부"라 한다.

위의 규정에서 알 수 있듯이, 종합소득세는 종합소득금액이 있는 거주자가 그 과세표준과 세액을 계산하여 관할 세무서에 신고 및 납부하여야 하는 세금이다('신고납세 세목'). 또한 1년을 단위로 하는 기간과세 세목이기도 하다. 따라서 1년 동안의 종합소득을 합산하여 그 과세표준과 세액을 계산한 후 다음 해 5월 말까지 이를 과세관청에 신고함으로써 납세의무가 확정되는 것이 원칙이다.

이와 같은 종합소득세의 확정신고는 모두 납세의무를 확정시키는 효력을 갖는다.[36] 따라서 과세관청은 확정신고를 하여야 할 자가 그 신고를 하지 않은 경우에는 과세표준과 세액을 결정하며, 납세자의 신고 내용에 탈루 또는 오류가 있는 경우에는 종합소득과세표준과 세액을 경정한다(소득세법 제80조).

한편 소득세법은 위와 같은 과세기간 종료 후의 종합소득 확정신고와 납부에 대한 예외로서 과세기간 중이더라도 일정한 요건에 해당하면 신고 또는 납부의무를 지우고 있는데, 주로 사업소득이 있는 자를 대상으로 하는 중간예납(소득세법 제65조 제1항), 주로 부동산매매업자를 대상으로 하는 토지 등 매매차익예정

---

36) 국세기본법 시행령 제10조의2 제1호.

신고와 납부(소득세법 제69조), 조세포탈의 우려가 있는 경우에 과세관청이 행할
수 있는 수시부과(소득세법 제82조 제1항), 신고납부의 이행을 기대하기 어려운 극
히 예외적인 경우에 인정되는 납세조합의 징수(소득세법 제149조 이하), 앞서 자세
히 살펴본 원천징수 등이 이에 해당한다. 종합소득에 대한 각종 신고 절차를 정
리하면 다음과 같다.

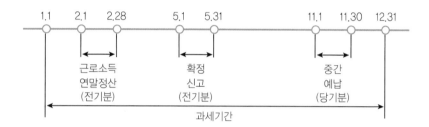

📟 연습문제

[2015년 사법시험]

소득세에 관한 설명 중 옳지 않은 것은?

① 소득세는 「소득세법」에서 열거하는 소득에 대해서만 과세하는 것이 원칙이다.
② 종합소득은 이자소득, 배당소득, 사업소득, 근로소득, 연금소득, 기타소득으로
구성된다.
③ 거주자의 각 과세기간 총수입금액 및 필요경비의 귀속연도는 총수입금액과 필
요경비가 확정된 날이 속하는 과세기간으로 한다.
④ 소득세는 개인 단위로 과세하는 것이 원칙이나 배당소득은 부부 단위로 합산하
여 과세한다.
⑤ 거주자가 사망한 경우의 소득세 과세기간은 1월 1일부터 사망한 날까지로 한다.

정답 ④

해설 배당소득은 합산과세하지 않음.

[2013년 방송통신대 기말시험]

소득세법상 소득세의 신고와 납부에 관한 설명 중 옳은 것은?

① 소득세법은 납세의무자가 신고 및 납부의무를 지는 소득을 종합소득, 퇴직소득 및 양도소득의 3가지로 구분하여 각각 신고 및 납부의무를 지우고 있다.

② 소득세의 과세기간은 원칙적으로 매년 1월 1일부터 12월 31일까지의 1년이며, 이와 같이 1년 단위로 계산된 소득세의 과세표준과 세액은 그 다음 해 3월 1일부터 3월 31일까지의 사이에 신고 및 납부되어야 한다.

③ 납부기한 내에 납부하지 않더라도 신고기산 내에 과세표준과 세액을 신고한 경우에는 가산세를 부과하지 아니한다.

④ 근로소득만 있는 납세의무자가 연말정산을 한 경우에도 종합소득의 신고납부 의무를 이행하여야 한다.

정답 ①

해설 소득세 신고납부 기간은 5월임(②관련). 신고만 하고 납부를 하지 않는 경우 납부불성실가산세가 부과됨(③관련). 종합소득 신고납부의무 없음(④관련)

제9절 부당행위계산부인

소득세법 제41조[부당행위계산] ① 납세지 관할 세무서장 또는 지방국세청장은 배당소득 (제17조 제1항 제8호에 따른 배당소득만 해당한다), 사업소득 또는 기타소득이 있는 거주자의 행위 또는 계산이 그 거주자와 특수관계인과의 거래로 인하여 그 소득에 대한 조세 부담을 부당하게 감소시킨 것으로 인정되는 경우에는 그 거주자의 행위 또는 계산과 관계없이 해당 과세기간의 소득금액을 계산할 수 있다.

1. 특수관계인과 거래해서 세금을 줄이려 한다면?

납세자의 입장에서는 자기가 벌어들인 소득이라 하더라도 세금을 내고 남은 가처분소득만이 진정한 의미에서 '자기 것'이 된다고 생각하기 마련이다. 따라서 납세자로서는 언제라도 세금을 더 적게 내고자 행동하는 것이 보통이며, 세법은 대개 이러한 납세자의 '조세회피'행위에도 불구하고 적정한 세수(稅收) 확보라는 고유의 목적을 달성하기 위한 다수의 법적 장치를 마련하고 있다.

이러한 조세회피행위는 여러 가지 유형으로 행해지지만, 특히 일정한 '특수관계'에 있는 사람들 간의 거래를 통하여 이루어지는 경우가 있다. 예컨대 가치가 오른 물건을 다른 사람에게 처분하는 경우, 통상의 경우 물건을 파는 사람은 최대한 비싸게 팔려고 하고 물건을 사는 사람은 최대한 싸게 사려고 하기 마련이다. 따라서 두 사람의 거래상 지위에 특히 차이가 나지 않는 이상 협상의 결과 형성되는 거래가격은 해당 재산의 가치를 적정하게 반영하는 선에 위치할 것이고, 물건을 파는 사람이 이에 따라 계산되는 세금을 국가에 납부하면 별다른 문제가 발생하지 않는다. 그러나 거래 당사자가 서로 일정한 '특수관계'에 있는 경우에는 이러한 가장 기본적인 시장경제의 메커니즘이 작동하지 않는다. 물건을 파는 사람과 물건을 사는 사람의 이해관계가 반드시 서로 대립되지는 않기 때문에, 두 사람은 각자의 이익을 최대한 추구하기보다는 전체적인 세금을 줄이는 방향으로 거래할 가능성이 생기기 때문이다. 예를 들어, 부모와 자녀 간의 거래라면, 부모로서는 물건을 싸게 팔아서라도 자녀에게 이익을 주고자 하는 유인이 있을 수 있고, 또 그 결과 자본이익에 관한 세금도 줄일 수 있어서 일석이조의 결과가 된다.

물론 민사법상으로는 사적자치(私的自治)의 원칙이 인정되어 있어서 스스로 손해를 보거나 더 작은 이익만을 얻기 위하여 거래하는 것도 개인의 자유에 맡겨져 있으며, 따라서 이를 민사법적으로 금지할 수는 없다. 그러나 국가의 입장에서 볼 때에는 당사자들이 이러한 거래를 통하여 세금 부담을 줄이는 것을 그대로 용인할 수 있을 것인가 하는 문제가 생기게 된다. 이와 같이 '특수관계'가 있는 자들 간의 거래를 통하여 세금 부담을 줄이는 유형의 조세회피행위에 국가가 대응할 수 있도록 하기 위하여 마련된 것이 이른바 '부당행위계산부인(不當行爲計算否認)'이라고 불리는 제도이며, 위 규정뿐만 아니라 양도소득세와 법인세법에도 유사한 규정을 두고 있다.[37]

이에 관하여 상세한 것은 이 제도가 현실적으로 가장 큰 위력을 발휘하는

---

37) 소득세법 제101조(양도소득세), 법인세법 제52조(법인세).

법인세법과 관련된 부분에서 살펴보겠지만, 여기서는 부당행위계산부인 규정의 가장 기본적인 얼개만을 살펴보도록 한다.

2. 부당행위계산부인: 시가로 다시 계산

부당행위계산부인 규정에서 문제 삼는 유형의 거래는 납세자가 특수관계가 있는 자와 거래하면서 일부러 손해를 보고 상대방에게는 이익을 '분여'하는 행위이다. 이 경우 납세자가 손해를 보게 되면 소득이 줄어들고, 따라서 세금 부담도 줄어들게 되기 때문이다. 반면 상대방은 이로 인하여 이익을 보게 되지만, 이러한 이익에 대하여 세금을 부과하는 규정이 따로 마련되어 있지 않은 경우에는 세금 부담을 지지 않게 될 수도 있다.

이에 대하여 국가가 부당행위계산부인 관련 규정을 적용할 경우, 우선 국가는 특수관계가 없는 자들 간의 거래였다면 적용되었을 가격 기타 거래조건을 상정하여, 이러한 가격 등에 따라 거래가 실제로 이루어진 것으로 가정하여 이익을 분여한 납세자에게 세금을 물린다. 그리고 만약 과세의 근거 규정이 마련되어 있다면, 그 상대방인 특수관계인에게도 이익을 분여 받은 데 대하여 세금을 물리게 된다. 예를 들어, 시가가 100원인 재산을 50원에 양도하였다면, 양도인에게는 100원에 양도한 것에 따른 세금을 물리고, 양수인에게는 다시 50원의 이익을 분여받은 데 대한 세금을 물린다는 것이다. 이는 마치 양도인이 100원에 양도한 후 받은 100원 중 50원을 다시 상대방에게 아무 대가 없이 준 것과 마찬가지로 보아 세금을 물리는 것과도 같은 결과인데, 부당행위계산부인에서는 이와 같이 이익을 분여한 자와 이익을 분여받은 자에 대한 과세 문제가 동시에 발생한다는 점에 유의할 필요가 있다.

📟 **연습문제**

[2013년 사법시험]

소득세법상 부당행위계산 부인의 대상이 되는 소득으로 묶인 것은?

① 근로소득, 이자소득   ② 이자소득, 배당소득   ③ 사업소득, 기타소득

④ 사업소득, 근로소득   ⑤ 연금소득, 기타소득

정답 ③

해설 사업소득, 배당소득(출자공동사업자의 배당만), 기타소득이 대상임.

06 CHAPTER

양도소득

사업의 영역에 속하지 않는 사생활 재산이더라도 쓰다가 판 값이 애초 취득 가액보다 높다면 그 차액만큼 경제적 이득이 있는 것은 분명하다. 그러나 이런 경제적 이득(영어로 gain 또는 capital gain이라 부르고, 이 말을 직역하여 '자본이득'이라는 말을 쓰기도 한다)을 다 과세하기는 어렵다. 국가가 개인의 사생활을 어디까지 들여다보게 할 것인가라는 어려운 문제 때문이다. 우리나라에서 이런 자본이득 과세를 처음 시작한 것은 이른바 '부동산 투기'에 대한 대책으로 양도소득세를 들여온 것이다. 그 뒤에도 부동산 투기에 대처하는 가장 손쉬운 정책수단이 양도소득세였던 만큼 양도소득세제의 내용은 자주 변화해 왔다. 다른 나라, 특히 구미 여러 나라가 오랫동안 자본이득을 아예 비과세하거나 가볍게 과세해온 데 비해서, 유달리 우리나라의 경우 특히 부동산과 관련된 양도소득세 부담이 종합소득세에 비하여 오히려 더 무거운 것은 이 역사 때문이다. 특히 다수의 주택을 보유한 경우라든지 단기차익을 노리고 거래한 것으로 볼 수 있는 경우에 양도소득세 부담을 가중하는 규정을 둔 것은 우리나라의 이런 특수 사정의 탓으로 이해할 수 있다.

이 장에서는 양도소득세의 과세대상, 과세표준과 세액의 계산방법 및 납세절차 등을 위주로 그 주요 내용을 살펴보기로 한다.

제1절 양도소득의 과세대상자산

소득세법 제94조[양도소득의 범위] ① 양도소득은 해당 과세기간에 발생한 다음 각 호의 소득으로 한다.
1. 토지[…] 또는 건물(…)의 양도로 발생하는 소득
2. 다음 각 목의 어느 하나에 해당하는 부동산에 관한 권리의 양도로 발생하는 소득
   가. 부동산을 취득할 수 있는 권리(건물이 완성되는 때에 그 건물과 이에 딸린 토지를 취득할 수 있는 권리를 포함한다)
   나. 지상권
   다. 전세권과 등기된 부동산임차권
3. 다음 각 목의 어느 하나에 해당하는 주식등의 양도로 발생하는 소득[1]
   가. 주권상장법인의 주식등[2]으로서 다음의 어느 하나에 해당하는 주식등
   1) 소유주식의 비율·시가총액 등을 고려하여 대통령령으로 정하는 주권상장법인의 대주주가 양도하는 주식등
   2) 1)에 따른 대주주에 해당하지 아니하는 자가 「자본시장과 금융투자업에 관한 법률」에 따른 증권시장 (…)에서의 거래에 의하지 아니하고 양도하는 주식등. …
   나. 주권비상장법인의 주식등. …
   다. 외국법인이 발행하였거나 외국에 있는 시장에 상장된 주식등으로서 대통령령으로 정하는 것
4. 다음 각 목의 어느 하나에 해당하는 자산(이하 이 장에서 "기타자산"이라 한다)의 양도로 발생하는 소득
   가. 사업용 고정자산(제1호 및 제2호의 자산을 말한다)과 함께 양도하는 영업권(…)
   나. 이용권·회원권, 그 밖에 그 명칭과 관계없이 시설물을 배타적으로 이용하거나 일반이용자보다 유리한 조건으로 이용할 수 있도록 약정한 단체의 구성원이 된 자에게 부여되는 시설물 이용권(…)
   다. 법인의 자산총액 중 다음의 합계액이 차지하는 비율이 100분의 50 이상인 법인의 과점주주(…)가 그 법인의 주식등의 100분의 50 이상을 해당 과점주주 외의 자에게 양도하는 경우에 해당 주식등
   1) 제1호 및 제2호에 따른 자산(이하 이 조에서 "부동산등"이라 한다)의 가액

---

1) 앞서 설명하였듯이, 2020년 말 개정 시 주식, 채권, 펀드, 파생상품 등의 양도차익을 묶어서 "금융투자소득"으로 별도로 구분하여 2023년부터 과세키로 하였다. 그에 따라 현행 제94조 제1항 제3호는 삭제되고 제87조의2 이하의 금융투자소득에 관한 규정으로 옮길 예정이다.
2) "주식등"이란 주식 또는 출자지분을 말하며, 신주인수권과 대통령령으로 정하는 증권예탁증권을 포함한다(소득세법 제88조 제2호).

> 2) 해당 법인이 보유한 다른 법인의 주식가액에 그 다른 법인의 부동산등 보유비율
>   을 곱하여 산출한 가액. …
> 라. 대통령령으로 정하는 사업을 하는 법인으로서 자산총액 중 다목 1)과 2)의 합계
>   액이 차지하는 비율이 100분의 80 이상인 법인의 주식등
> 5. 대통령령으로 정하는 파생상품등의 거래 또는 행위로 발생하는 소득(제16조 제1항
>   제13호 및 제17조 제1항 제10호에 따른 파생상품의 거래 또는 행위로부터의 이
>   익은 제외한다)
> 6. 신탁의 이익을 받을 권리(…, 이하 "신탁 수익권"이라 한다)의 양도로 발생하는 소득.
>   다만, 신탁 수익권의 양도를 통하여 신탁재산에 대한 지배·통제권이 사실상 이전되
>   는 경우는 신탁재산 자체의 양도로 본다.
> ② 제1항 제3호 및 제4호에 모두 해당되는 경우에는 제4호를 적용한다.

양도소득세는 모든 종류의 자본이득에 대하여 부과하는 것이 아니라, 소득
세법 제94조 제1항 각 호에 열거된 재산의 양도에서 발생하는 소득에만 부과한
다. 뒤집어 말하면, 제1항 각 호에 열거되지 않은 재산의 양도로부터 생기는 소
득은 사업의 정도에 이르지 않는 한 양도소득세를 부과하지 않는다.

양도소득세가 부과되는 재산은 크게 나누자면 부동산과 주식이다. 소득세법
제94조 제1항 제1호는 부동산 자체, 즉 부동산의 소유권을 양도하는 것과 관련된
규정이고, 제2호는 그 외 부동산에 관련된 권리들 중 일정한 범위의 것을 양도하
는 것에 관한 규정이다. 특히 '부동산을 취득할 수 있는 권리'라는 말은 그 자체
로 의미가 분명하지는 않은데, '분양권'이라 불리는 추첨에 의하여 취득한 아파트
수분양자(受分讓者)의 지위라든지, 아파트 재건축조합원의 지위 등을 뜻하는 것
으로 풀이하고 있다.

기 초 학 습

지상권, 전세권, 등기된 부동산임차권

다른 사람 소유인 부동산을 빌려쓰는 법률적 형태로 가장 손쉽게 생각할 수 있는 것은 임대
차계약이다. 그런데 임대차 계약에서 임차인의 권리는 오로지 임대인과 임차인이라는 계약당사
자 사이에서만 존재하고 다른 사람은 그 계약에 구속받지 않는다. 이것은 채권관계이기 때문이
다. 남의 부동산을 쓰려고 하는 사람이 제3자에 대해서도 자기 권리를 보호받으려면 자신이 특

정한 부동산을 사용할 권리가 있다는 것을 미리 등기해서 다른 모든 제3자에게 이 사실을 미리 공시해 두어야 한다.

이런 등기가 가능한 대표적인 제도가 민법에서 말하는 전세권이라는 제도로, 소득세법 제94조 제1항 제2호가 말하는 '전세권'이 바로 이것이다. 한편 전세권이라는 말은 집을 빌릴 때 월세가 아닌 전세로 빌린다고 할 때의 '전세'와는 전혀 다른 말이다. 전세로 빌린다는 것은 차임을 지급하는 형태가 좀 특수하다는 것일 뿐이지 법적으로는 임대차일 뿐이다. 소유권자가 그런 것처럼 세상 누구에게나 특정한 물건에 대한 자신의 권리를 주장할 수 있다는 점에서 전세권은 '물권'이다(물권이라는 말의 대표는 물론 소유권이다). 물권 가운데 이처럼 남의 물건을 사용할 수 있는 물권을 '용익물권'이라 부른다(한편 전에 국세우선권에서 공부한 저당권이나 질권처럼 남의 물건을 담보로 잡는 것을 '담보물권'이라 부른다. 물건을 수리해준 사람이 품삯을 받을 때까지 그 물건을 붙잡고 있을 수 있는 유치권이라는 담보물권도 있지만 세법과는 거의 무관하다).

전세권과 나란히 위 소득세법 조항호에 나오는 '지상권'도 용익물권이다. 이 말은 남의 토지에 건물 등 공작물을 짓거나 나무를 심을 수 있는 권리로 전세권과 비슷하다고 생각하면 된다(그 밖에 자기 토지에 출입하기 위해 남의 토지를 통로로 쓸 수 있는 지역권이라는 용익물권도 있지만 세법과는 거의 무관하다). 전세권이나 지상권은 존속기간도 몇십년이라는 장기이고 전세권자나 지상권자는 소유자의 동의가 없더라도 자신의 권리(물권임을 다시 기억하라)를 제3자에게 팔 수도 있다. 이리하여 소득세법은 전세권과 지상권을 소유권이나 마찬가지로 양도소득세의 과세대상으로 삼고 있다. 한편 민법은 소유자의 동의가 있으면 부동산 임차권자도 자신의 임차권을 등기할 수 있도록 정하고 있다. 이처럼 등기된 부동산 임차권은 아직 채권이라는 성격을 가지고 있기는 하나, 등기되어 있다는 특성 때문에 전세권과 비슷한 법적 보호를 받는 경우가 많아서 경제적 기능이 용익물권에 가깝다. 등기된 부동산 임차권을 양도소득세의 과세대상으로 삼고 있는 것은 그 때문이다.

소득세법 제94조 제1항 제3호는 주식회사가 발행한 주식이나 다른 유형의 회사가 발행한 출자지분의 양도에 대한 과세 근거 규정이다. 다만 이에 대한 중요한 예외로 상장주식의 양도에서 발생하는 소득에 대하여는 양도소득세를 원칙적으로 물리지 않는다. 주식시장의 부양을 위한 정책이라 이해할 수 있다. 다만 상장주식의 양도라 하더라도 일정한 범위의 '대주주'[3]가 하는 것이거나 이른바

---

3) 대체로 친족 기타 특수관계에 있는 자의 보유주식을 합하여 지분비율이 1%를 넘거나, 그렇지 않더라도 보유한 주식의 시가 총액이 년도별로 25억~3억원을 넘는 경우를 가리킨다.

장외거래(場外去來)에 의한 것인 경우에는 양도소득세를 매긴다. 다만, 이와 같은 예외적인 상장주식 양도차익의 과세제외는 2022년까지만 적용되고 2023년부터는 모든 주식, 채권, 펀드, 파생상품 등의 양도차익을 묶어서 '금융투자소득'으로 과세될 예정이다. 신주인수권을 양도하는 것은 주식을 양도하는 것과 마찬가지로 보아 과세하는 내용의 규정도 마련되어 있다. 주식·출자지분에 대한 양도소득세 과세여부를 그림으로 나타내면 아래와 같다.

주권상장주식		비상장주식
〈장내거래〉	〈장외거래〉	
대주주 (과세)	대주주 (과세)	대주주 (과세)
소액주주 (과세 제외)	소액주주 (과세)	소액주주* (과세)

위와 같이 소득세법상 양도소득의 과세대상은 기본적으로 부동산과 주식(소액주주가 보유하는 상장회사 주식은 제외)이라 할 수 있다. 그런데 소득세법 제94조 제1항 제4호는 이에 더하여 '기타자산'이라는 이름으로 부동산과 함께 양도하는 영업권(가목)과 콘도나 골프장과 같은 시설물 이용권(나목), 일명 '특정주식'이라고 하는 부동산과다보유법인의 주식(다목 및 라목)을 과세대상에 포함하고 있다. 회사가 보유한 재산의 대부분이 부동산이라면 그 회사의 주식은 부동산으로 보아서 과세하자는 생각을 반영한 것이다. 세율도 제3호의 주식이 아니라 제1호의 부동산처럼 과세한다.

한편 같은 조항 제5호는 파생상품을 양도소득 과세대상자산에 포함하였는데, 코스피200 선물과 옵션 등의 장내파생상품, ELW로 불리는 주식워런트증권, 해외 파생상품 및 장외파생상품 등을 과세대상으로 한다. 다만 제3호의 주식 양도차익과 마찬가지로 2023년부터는 '금융투자소득'으로 구분되어 과세할 예정이

상세한 것은 소득세법 시행령 제157조 제4항 제1호 및 제2호 참조.

다. 또한 2020년 말 신탁에 대한 소득과세 체계를 정비하는 개정을 하면서 같은 조항 제6호에 신탁 수익권을 양도소득세 과세대상으로 포함하였다.

[심화학습] 금융투자소득 과세 – 2023년부터 시행!

우리나라는 오랫동안 상장법인의 소액주주가 보유한 주식을 제외한 주식(출자지분을 포함)의 양도차익을 '양도소득'으로 구분하여 과세하였으나 2020년 말 세법 개정 시 상장법인의 소액주주가 보유한 주식을 포함한 모든 주식과 채권, 펀드, 파생상품 등의 양도차익을 묶어서 "금융투자소득"으로 별도로 구분하여 2023년부터 과세키로 하였다[제2장의2(거주자의 금융투자소득에 대한 납세의무)]. 이에 따라 주식의 양도차익은 '양도소득'에서 제외되고 소액주주와 대주주의 구분 없이 '금융투자소득'에 포함하여 과세하게 된다.

이러한 금융투자소득에는 주식, 채권, 투자계약증권 등의 양도차익과 '펀드투자'로 알려진 일정한 집합투자기구의 분배금 및 집합투자증권의 양도차익과 파생결합증권과 파생상품 등으로 발생한 이득 등 대부분 금융상품 투자에서 생기는 이득을 모두 포함한다. 이러한 금융투자소득은 원천징수 대상이며, 원천징수세액 및 예정신고 납부세액을 초과하여 납부세액이 있는 자는 종합소득이나 양도소득과 마찬가지로 다음 해 5월 말까지 확정신고를 하여야 한다. 또한 사업소득과 마찬가지로 필요경비 공제를 허용하며, 그 결과 각 과세기간에 발생한 결손금은 5년간 이월공제가 가능하다. 다만 다수의 소액 주식투자자의 세부담을 완화하기 위해 상장주식 및 공모 주식형펀드에서 발생한 금융투자소득은 년간 5,000만원까지 공제가 가능하다(그 밖의 금융투자소득은 250만원 공제). 한편, 제도 시행일인 2023. 1. 1. 이후 양도되는 주식의 실제 취득가액이 2022년 말 주식의 시세보다 낮다면 실제 취득가액 대신 2022년 말 시세를 취득가액으로 의제함으로써 새로운 제도 시행에 따른 시장혼란을 방지하는 규정도 두고 있다.

이와 같은 금융투자소득 과세는 특히 근로소득과의 과세형평성 및 자본시장 발달에 따른 금융과세의 선진화 등의 측면에서 대체로 바람직하다고 볼 수 있고 만시지탄의 느낌도 있지만 실제 시행 전까지 숱한 정치적 고려가 작용할 수 있다는 점에서 예정대로 2023년부터 실시될지는 관심을 가지고 두고 볼 일이다.

Tax In News

🎙 "주식 양도세 대주주 기준, 현행 '10억원' 확정"

　정부가 '동학 개미' 개인 투자자들의 반발에 결국 주식 양도소득세 대주주 기준을 현행 10억원으로 유지하기로 했다. 홍남기 부총리 겸 기획재정부 장관은 3일 국회 기획재정위원회 전체회의에서 주식 양도소득세 대주주 기준에 대해 "현행처럼 10억원으로 유지하겠다"고 밝혔다. ⋯ 그러나 홍 부총리는 고위 당정청 회의에서 반대 의견을 명확히 했음을 강조했다. 홍 부총리는 "2018년 2월에 이미 시행령이 개정돼 있고, (기준이) 한 종목 3억원이기 때문에 정부로서는 이런 자산소득에 대한 과세 공평 차원에서 기존 방침대로 가야 한다고 봤다"며 "(10억 유지가) 바람직하지 않다고 해서 저는 반대 의견을 제시했다"고 말했다. 기재부는 대주주 기준을 10억원으로 유지함과 동시에 가족 합산 원칙도 그대로 적용하기로 했다.

　당정은 그간 대주주 요건을 놓고 팽팽한 줄다리기를 해왔다. 소득세법 시행령에 따르면 주식 양도세 과세 대상인 '대주주' 여부를 판단하는 주식 보유액 기준은 내년부터 현행 10억원에서 3억원으로 낮아진다. ⋯ 기재부는 정책의 일관성, 과세 형평성 차원에서 정해진 스케줄대로 기준을 3억원으로 낮춰야 한다는 입장을 유지했다. 반면 민주당은 2023년부터 주식 양도차익에 전면 과세가 이뤄지는데 그 전에 기준 변경으로 시장에 불필요한 충격을 줄 이유가 전혀 없다며 기준 완화를 줄기차게 요구했다. 연말에 매도 물량이 쏟아질 경우 주가 하락을 우려하는 개인투자자 '동학 개미'들의 반발도 고려됐다. 결국 막바지 조율을 위해 모인 지난 1일 고위당정청 회의에서 민주당의 요구대로 현행 10억원을 유지하는 것으로 결론 났다.

(2020년 11월 3일 언론보도)

제2절 '양도'의 의미

> 소득세법 제88조(정의) 이 장에서 사용하는 용어의 뜻은 다음과 같다.
> 1. "양도"란 자산에 대한 등기 또는 등록과 관계없이 매도, 교환, 법인에 대한 현물출자 등을 통하여 그 자산을 유상으로 사실상 이전하는 것을 말한다. 이 경우 대통령령으로 정하는 부담부증여시 수증자가 부담하는 채무액에 해당하는 부분은 양도로 보며, 다음 각 목의 어느 하나에 해당하는 경우에는 양도로 보지 아니한다. (이하 생략)

양도소득은 앞서 살펴본 것과 같은 종류의 재산을 '양도'하는 경우에 발생하는 소득을 가리킨다. 그리고 소득세법 제88조는 '양도'란 '자산에 대한 등기 또는 등록과 관계없이 매도, 교환, 법인에 대한 현물출자 등으로 인하여 그 자산을 유상으로 사실상 이전하는 것'이라고 정의한다. 민사법상 '양도'란 흔히 소유권의 이전을 가리키며, '무상양도'라는 말이 쓰이고 있는 데에서도 보듯이 대가의 존재 여부와는 무관한 개념이다. 그러나 양도소득세에서 말하는 양도란 '유상(有償)'의 양도, 곧 대가를 받고 양도하는 것만을 말한다.

[심화학습] '부담부증여'는 양도인가?

김아빠가 3년 전에 4억원에 취득한 서울 강남 소재 중형 아파트를 아들인 김아들에게 증여하였다. 증여 당시 이 아파트의 시가는 10억원이었으며, 김아빠가 이 아파트를 살 때 이 아파트를 담보로 설정하고 빌린 은행 채무 4억원은 김아들이 인수하였다. 이러한 사실관계에서 김아빠와 김아들은 어떤 세금문제가 발생할까?

위와 같이 수증자가 증여를 받음과 동시에 증여자에게 어떠한 급부를 부담하는 경우를 '부담부증여'라고 한다(민법 제561조). 위의 사례에서 세금 문제는 어떻게 될까? 김아들에게 10억원의 증여가 있었다고 보아 증여세를 과세할까? 10억원에서 인수한 채무 4억원을 뺀 6억원의 증여가 있었다고 보아 증여세를 과세할까? 아니면, 김아빠에게는 10억원짜리 재산의 양도가 있었다고 보아 양도소득세를 과세하고, 김아들에게는 6억원의 증여가 있었다고 보아 증여세를 과세할까? 소득세법 제88조 제1호 후문은 "부담부증여의 채무액에 해당하는 부분은 양도로 보며"로 규정하고 있다. 따라서 위 사례의 경우 증여가액 10억원 중 인수한 채무액인 4억원이 차지하는 비율을 따져서 40%만큼은 자산을 유상양도한 것으로 보고 자산의 60%는 증여한 것으로 본다. 아파트의 40% 부분은 4억원이라는 양도가액에 판 것이고 그 부분의 취득가액은 1.6억원(=취득가액 4억×4/10)이 되어 양도차익은 2.4억원이 된다. 물론 위와 같은 양도소득세와는 별도로 「상속세 및 증여세법」에 따라 김아들에게는 증여가액 6억원에 대한 증여세가 부과된다.

위와 같이 부담부증여의 방식을 이용하면 부자간 또는 부부간에 고율의 증여세 대신 비교적 저율의 양도세만 부담하는 조세회피거래가 생길 수 있으므로(위 사례에서 과세관청이 실제로 아들의 채무인수가 있었는지를 확인하기는 매우 어렵다) 「상속세 및 증여세법」은 부부간 또는 직계존비속 간의 부담부증여는 원칙적으로 인정하지 않으며(같은 법 제47조 제3항), 이 경우 채무인수 부분을 양도로 보는 규정의 적용도 없다. 따라서 위 사안의 경우 김아들이 인수한 채무를 입증하지 못한다면 10억원 전부를 증여받은 것으로 과세한다.

유상계약인가 무상계약인가가 문제되는 경우는 별로 없지만, 그 다음 글귀의 '자산이 … 사실상 이전'된다는 말은 무슨 뜻인지가 모호하다. 판례는 '양도'의 개념과 관련하여, 문제가 되는 개별 거래 유형별로 그때그때 나름대로의 판단을 내리면서, 그 거래 유형이 갖는 민사법적 성질에 주목하는 경우가 많다. 이하에서는 대법원의 이러한 판단들을 중심으로 하여 살펴보기로 한다.

Ⅰ. 양도에 해당하는 거래 유형

우선 소득세법의 규정상으로는 '매도', '교환', '현물출자'가 양도에 해당하는 거래로 예시되어 있다. '매도'라는 말은 매매를 파는 사람의 입장에서 표현하는 말이다. 매매가 양도에 해당한다는 점에는 의문의 여지가 없고 그렇다면 교환 역시 마찬가지이겠지만, 그래도 교환을 '양도'의 한 경우로 예시한 것은 재산이 반드시 현금으로 바뀌어야만 양도소득세가 부과되는 것은 아니라는 점을 보여 주는 의미는 있다.

현물출자란 회사에 재산을 양도하고 그 대가로 회사가 새로 발행하는 주식을 받는 것이다. 입법론으로는 출자자와 회사 간의 관계를 일반적인 제3자들 간의 관계와 반드시 동일시할 것인지에 관하여는 의문이 생길 수 있다. 특히 출자자가 현물출자를 하는 경우, 그 출자자의 지분 비율이 매우 높은 경우에는 출자자와 회사가 실질적으로 서로 구별되는 존재인지 여부에 관하여 의문을 가질 여지가 생긴다. 따라서 비교법적으로는 현물출자를 과세의 계기로 삼지 않는 경우도 흔하다. 그러나 우리 소득세법은 출자되는 재산의 소유자가 바뀐다는 법적 형식에 주목하여 현물출자 역시 일반적으로 '양도'에 해당하는 것으로 보고 있다.

그 외에 양도에 해당함이 실무상 명확한 것으로, 법원에 의한 경매나 기타 절차에 따른 공매(公賣)를 들 수 있다. 재산을 경매당하는 소유자의 입장에서 본다면 원해서 넘긴 것이 아니지만 결국은 매매의 일종일 뿐이다. 이는 곧 거래의 임의성 여부는 '양도'에 해당하는지에 관한 판단에 아무런 영향을 미칠 수 없음을 의미한다. 수용, 국가나 일정한 공공사업자가 토지를 강제로 사들이는 것도 마찬가지이다.

[심화학습] 조합재산의 출연은 양도인가?

이론상 양도에 해당하는 또 하나의 중요한 거래 유형은 조합재산의 출연이다. 어떤 사람이 단독소유하던 재산을 조합재산으로 출연한다고 하자(정확한 법률적 표현은 아니지만, 그냥 이해하기 쉽게 재산을 '조합에 현물출자'한다고 생각하면 된다). 조합(체) 그 자체는 법인이 아니므로 재산의 소유자일 수가 없고, 조합재산은 조합원 전원이 공동소유(좀 더 좁히면 '합유')하고 있는 것이다. 곧 합유재산은 각자의 지분만큼 각 조합원이 소유한다. 그렇다면 조합재산의 출연은 양도인가? 양도라면 얼마만큼이 양도되는 것인가? 몇 가지 생각이 있을 수 있고, 실제로 판례에서도 혼재하고 있다.

첫째, 출연자의 자기지분은 출연자 자신의 것인 만큼 다른 조합원들에게 새로 귀속된 합유지분 상당 부분에 대하여만 양도가 있었던 것으로 보아야 한다는 입장(흔히 '일부양도설')이 있다. 그러나 현재의 실무는 조합재산의 출연을 마치 회사에 대한 현물출자와 마찬가지로, 재산 전부를 조합체라는 제3자에게 양도했다고 보는 쪽에 가깝다(이른바 '전부양도설').4) 따라서 가령 토지의 주인은 토지를 사업에 제공하고 건설업자는 이 토지상에 건물을 신축한 후 이를 제3자에게 분양하여 이익을 나누어 가지는 공동사업을 영위한 경우, 토지의 주인은 공동사업이 개시되는 시점에 이미 토지에 대한 양도소득세를 부담하여야 하는 경우가 있다. 다른 한편, 조합재산을 제3자에게 매각하는 경우 이것은 각 조합원이 그 재산에 대한 자기지분을 매각한 것으로 보아서 양도소득이나 사업소득을 과세한다는 판례도 있고, 이것은 전부양도설과는 논리적으로 잘 맞지 않는다.

Ⅱ. 양도에 해당하지 않는 거래 유형

소득세법 제88조 제1호 가목은 따로 규정을 두어, 이른바 환지처분5)은 양도에 해당하지 않는다고 명시한다. 환지처분의 근거 법령은 대개 환지 전후의 토지 간 동일성을 인정하여 종전 토지에 대한 법률관계가 환지 후 토지에 대하여도 그대로 존속하는 것으로 규정하고 있는데,6) 위 제2항은 표면적으로는 환지처분의 이러한 법률적 성격을 소득세법에서도 그대로 받아들인다는 의미를 담고 있다.

한편 소득세법 시행령(제151조 제1항)에는 이른바 양도담보(이 말의 뜻은 국세기본법의 국세우선권 부분에서 보았다) 거래로서 관련된 대차(貸借)계약이 서면으로 작성되어 있는 등 일정한 요건을 갖춘 것은 '양도'로 보지 않는 규정이 있다. 소득세법 그 자체에는 그런 규정이 없으므로, 이런 시행령 규정은 소유권의 이전에도 불구하고 양도담보에서는 '자산이 유상으로 사실상 이전'되는 것이 아니라고 법을 해석하고 있는 것이다. 이 시행령이 법률이 정한 범위 안에 있는 것이라면,

---

4) 대법원 1990. 2. 23. 선고 89누7238 판결.
5) '보류지'로 충당한 경우도 마찬가지다. '환지처분'이란 도시개발사업 등의 사업시행자가 사업완료 후 사업구역 내 토지소유자에게 종전 토지 대신에 그 구역 내의 다른 토지로 바꾸어주는 것을 말하며, 새로 조성한 토지 중에서 환지로 정하지 않고 공공용지 등으로 사용하기 위해 보류한 토지를 '보류지'라고 한다. 소득세법 시행령 제152조.
6) 예컨대 도시개발법 제42조 제1항 전단(前段).

시행령이 정한 절차적이거나 형식적인 요건을 갖추지 않았더라도 실체법상 '자산이 유상으로 사실상 이전'되지 않았다는 점에서 시행령이 정한 양도담보와 차이가 없는 거래라면 '양도'가 있었던 것으로 볼 수 없다고 보아야 할 것이다.

　　공유물분할은 판례에 따르면 확고하게 '양도'에 해당하지 않는 경우로 분류되어 있다. 판례에 따르면 이는 '소유형태를 변경'하는 경우에 불과하기 때문이라는 것인데,[7] 공유물분할의 민사적 성격이 공유물 전체에 대한 지분권을 공유물 중 일부에 대한 단독소유권으로 변경시키는 것이라는 점을 감안하면, 이러한 판례의 입장이 단독소유권을 합유지분으로 변경시키는 조합재산의 출연 행위가 소유권의 전부 양도에 해당한다는 입장과 논리적으로 일관되는 것인지 여부가 반드시 분명하지는 않다.

　　아무튼 판례의 이러한 논리는 이혼 시의 재산분할에도 그대로 연장되어, 현행 판례상 이혼하는 배우자가 재산분할의 결과로서 단독소유인 부동산을 상대방 배우자에게 소유권 이전하는 경우, 이는 '양도'에 해당하지 않는다고 한다. 하지만 이혼 시의 재산분할이 아니라 위자료로 양도소득 과세대상자산의 소유권을 이전하는 경우에는 '양도'에 해당하는 것으로 본다.[8] 재산분할과 위자료에 대한 이와 같은 세부담의 차이는 상식적으로나 법률적으로 이혼 시 고려해야 할 중요한 요소 중 하나일 것이다.

> ### 기 초 학 습
>
> #### 공유물분할과 재산분할
>
> 　　공유란 공동소유의 기본형으로서 공동소유자 상호간의 관계가 가장 느슨한 것이다. 어쩌다가 특정 물건을 공동소유하게 되었다는 점을 제외한다면 공동소유자를 서로 묶고 있는 다른 권리의무가 별로 없는 경우를 말한다. 각 공유자는 공유물을 분할해서 각자의 물건으로 삼을 수 있다. 가령 토지 같으면 두 개의 필지로 나누어 각각 소유하는 것이다. 성질상 물리적으로 분할할 수 없는 물건이라면 결국은 팔아서 처분대금을 나누는 수밖에 없다.
>
> 　　부부가 이혼하는 경우 재산분할이 일어난다. 판례의 표현을 빌면 "이혼시의 재산분할 제도는

---

7) 예컨대 대법원 1991. 12. 24. 선고 91누9787 판결
8) 대법원 1995. 11. 24. 선고 95누4599 판결

본질적으로 혼인 중 쌍방의 협력으로 형성된 공동재산의 청산"이며, "소유명의가 어느 일방에 귀속되어 있는 경우" 재산분할은 "자신의 실질적 공유재산을 청산"받는 것이라 한다.[9]

🖩 연습문제

[2017년 제7회 변호사시험 제2문 1.]

甲과 乙은 무일푼으로 혼인 후 공동으로 영위한 사업에 성공하여 서울 소재 중형아파트 및 국내 비상장회사 주식을 甲 명의로 각 보유하던 중 甲의 외도와 폭력으로 이혼에 합의하면서 재산분할조로 아파트는 乙 명의로 이전하고, 위자료조로 비상장주식 일부를 乙에게 이전키로 하였다. 아파트와 비상장주식의 이전이 양도소득세 과세대상에 해당하는지 판단하시오.

정답과 해설 이혼시 재산분할은 공유물 분할에 해당하여 유상양도에 해당하지 않으며, 이혼시 위자료는 위자료채무의 이행에 갈음한 것으로서 유상양도에 해당한다.

Ⅲ. 양도계약의 유·무효와 양도소득세 [심화학습]

사유재산에 대해서도 계약자유를 제한하는 법률들이 있다. 대표적인 예로 「국토의 계획 및 이용에 관한 법률」은 일정한 구역 내의 토지에 관한 소유권을 이전하고자 하는 경우에는 관할 관청의 허가를 받아야 하고, 위 허가를 받지 아니하고 체결한 토지거래계약은 효력이 없다고 정하고 있다.[10] 이와 관련하여 판례는 토지거래허가구역 내에서 허가 없이 행한 매매계약의 효력에 관하여 "일단 허가를 받으면 그 계약은 소급하여 유효한 계약이 되고 이와 달리 불허가가 된 때에는 무효로 확정되므로 허가를 받기까지는 유동적 무효의 상태에 있다"[11]는 태도를 취하였다(일명 '유

---

9) 헌법재판소 1997. 10. 30. 96헌바14 결정
10) 『국토의 계획 및 이용에 관한 법률』 제118조 제1항 및 제6항.
11) 대법원 1991. 12. 24. 선고 90다12243 전원합의체 판결, 대법원 1993. 1. 12. 선고 92다36830 판결.

동적 무효설').

그렇다면 이러한 토지거래허가를 받지 아니하고 매매계약을 체결하여 매매대금의 지급이 모두 이루어졌다면 양도소득세 과세가 가능한가? 이에 관하여 판례는 오랫동안 토지거래허가를 받지 아니하여 매매계약이 (유동적) 무효인 경우뿐만 아니라, 심지어 계약당사자가 토지거래허가를 받지 아니하여 무효인 사정을 알면서도 무효인 계약에 따른 원상회복청구를 하지 않기로 하는 합의가 있는 경우에도 자산의 '양도'로 볼 수 없어 양도소득세를 과세할 수 없다는 태도를 취하였다.12) 양도계약이 무효인 이상 법적으로는 양도가 존재하지 않는다는 것이다. 이에 대해서는 양도인이 매매대금을 현실적으로 지배·관리하면서 이의 반환가능성마저 없는 경우에까지 과세할 수 없게 되어 과세공평에 반한다는 비판이 이어졌다. 결국 대법원은 판례를 변경하여 매매대금을 수수하였는데도 토지거래허가를 배제하거나 잠탈할 목적으로 매매가 아닌 증여를 원인으로 이전등기하거나 미등기전매를 통하여 제3자에게 직접 매도한 것처럼 토지거래허가를 받아 이전등기하는 경우에는 예외적으로 양도가 있었던 것으로 보아 양도소득세 과세대상이 된다고 그 입장을 바꾸었다.13)

 연습문제

[2010년 사법시험]

소득세법상 양도소득 과세대상인 '자산의 유상이전'에 해당하지 않는 것은?

① 자산의 교환
② 협의이혼 시 위자료로 부동산 양도
③ 이혼 시 재산분할에 의한 부동산 양도
④ 채무이행을 위한 자산양도
⑤ 부담부증여에 있어서 수증자가 증여자의 채무를 인수하는 경우의 그 채무액에 상당하는 부분

정답 ③

---

12) 대법원 1993. 1. 15. 선고 92누8361 판결, 대법원 1997. 3. 20. 선고 95누18383 전원합의체 판결.
13) 대법원 2011. 7. 21. 선고 2010두23644 전원합의체 판결.

해설 대법원 1998. 2. 13. 선고 96누14401 판결 참조. 이혼 시 재산분할은 공유물 분할에 해당하여 양도가 아니라고 본다.

Ⅳ. 양도에 해당하지만 비과세하는 거래 유형

소득세법 제89조[비과세 양도소득] ① 다음 각 호의 소득에 대해서는 양도소득에 대한 소득세(이하 "양도소득세"라 한다)를 과세하지 아니한다.
3. 다음 각 목의 어느 하나에 해당하는 주택(가액이 대통령령으로 정하는 기준을 초과하는 고가주택은 제외한다)과 이에 딸린 토지로서 건물이 정착된 면적에 지역별로 대통령령으로 정하는 배율을 곱하여 산정한 면적 이내의 토지(이하 이 조에서 "주택부수토지"라 한다)의 양도로 발생하는 소득
  가. 1세대가 1주택을 보유하는 경우로서 대통령령으로 정하는 요건을 충족하는 주택
  나. 1세대가 1주택을 양도하기 전에 다른 주택을 대체취득하거나 상속, 동거봉양, 혼인 등으로 인하여 2주택 이상을 보유하는 경우로서 대통령령으로 정하는 주택

　　과세대상 자산이더라도 일정한 정책적 취지에서 양도소득을 비과세하거나 세액을 감면하는 경우가 있다. 이 중 실무적으로나 현실생활에서 가장 큰 중요성을 갖는 것이 1세대 1주택 비과세 제도이다. 판례는 이 제도의 취지를 "국민의 주거생활의 안정과 거주이전의 자유를 보장"하기 위한 것이라고 하였다.[14] 한편 "1세대 1주택"이란 거주자 및 그 배우자가 그들과 동일한 주소 또는 거소에서 생계를 같이하는 가족과 함께 구성하는 1세대(이하 "1세대"라 한다)가 양도일 현재 국내에 1주택을 보유하고 있는 경우로서 해당 주택의 보유기간이 2년(제8항 제2호에 해당하는 거주자의 주택인 경우는 3년) 이상인 것을 말한다(소득세법 시행령 제154조 제1항).

　　이 제도 자체가 원래 정책적 취지에서 들여온 제도라서 사회경제적 상황에 따라 그 기준이 자주 바뀌었는데, 현행법은 1세대 1주택이더라도 투기적 성격의 매매에 대한 비과세를 배제할 목적으로 보유기간 2년의 요건을 정하고 있으며,

---

14) 대법원 1993. 1. 19. 선고 92누12988 판결

일정 금액[15] 이상의 고가주택도 비과세에서 제외한다. 과거에는 2년 또는 3년의 거주요건까지 있었으나 부동산 시장 안정화 추세에 따라 이 요건은 2011년에 폐지된 바 있다. 한편 법령은 1세대 2주택의 경우이더라도 ① 이사가는 과정에서 일시적으로 2주택이 된 경우, ② 연세드신 부모님을 봉양하기 위해 살림을 합치다보니 1세대 2주택이 된 경우, ③ 각각 1주택씩 가지고 있던 남녀가 결혼한 경우와 같이 일정한 일시적 2주택의 경우에는 예외적으로 1세대 1주택에 대한 비과세특례를 적용하고 있다. '1세대', '주택', '1주택', '2년 이상 보유' 등의 정확한 의미가 불분명한 경우가 많고 법령의 규정 또한 이들 요건에 대한 예외 규정과 특례 규정을 두고 있어서[16] 그 의미와 관련하여 과세실무상 숱한 분쟁 사례가 발생하고 있다. 따라서 구체적인 사안이 발생한 경우 반드시 해당 법령의 내용을 잘 살펴 비과세 해당 여부를 판단하여야 한다.

제3절 양도와 취득의 시기

> 소득세법 제98조[양도 또는 취득의 시기] 자산의 양도차익을 계산할 때 그 취득시기 및 양도시기는 대금을 청산한 날이 분명하지 아니한 경우 등 대통령령으로 정하는 경우를 제외하고는 해당 자산의 대금을 청산한 날로 한다. (후문 생략)

부동산이나 비상장주식의 양도는 계약의 체결, 계약금·중도금·잔금의 지급 및 소유권이전등기·등록 등의 과정을 거친다. 이러한 일련의 과정에서 어느 시점을 그 재산의 취득시기 또는 양도시기로 볼 것인가의 문제가 자주 발생한다.

---

15) 현재는 9억원이다. 소득세법 시행령 제156조 제1항. 또한 고가주택의 경우 9억원을 넘는 부분에 대해서만 양도소득세를 부과한다. 소득세법 제95조 제3항, 같은 법 시행령 제160조 제1항.

16) 관련 규정이라 할 수 있는 소득세법 시행령 제154조 내지 제156조의 내용을 보라. 우리나라 세법 중 아마도 가장 복잡한 규정들 가운데 하나일 것이다.

양도나 취득의 시기를 따지는 실익은 이와 같이 양도소득의 귀속시기를 따지는 것 외에도 다음의 두 가지가 있다. 우선 양도소득세에는 장기보유특별공제라는 것이 있어서 보유기간이 길어질수록 세부담이 줄어든다. 따라서 해당 납세자가 해당 재산을 얼마나 오랜 기간 보유하였는가를 확정하여야 한다. 또한 특히 취득시기와 관련하여, 나중에 살펴보겠지만 실지거래가액을 확인할 수 없어 매매사례가액이나 감정가액·환산가액·기준시가 등이 적용되는 경우에도 취득시기가 언제인지에 따라 양도차익에 상당한 차이가 생긴다. 그 밖에도 양도소득세는 특히 자주 개정되는데, 이때 개정 전후의 법 중 어느 것을 적용할 것인가와 관련해서도 양도시기를 정해야 하는 경우가 있다. 대법원은 일반적으로 '양도시기'의 법령을 기준으로 삼기[17] 때문이다.

양도시기에 관해 소득세법 제98조는 '대금을 청산한 날', 다시 말하여 대금을 전부 지급한 날을 원칙적인 양도시기로 보고 있다. 다만 같은 법조에 따른 위임명령은 대금청산일이 불분명한 경우에는 등기부 등에 기재된 등기접수일(주식의 경우 명의개서일)에 취득 또는 양도한 것으로 보고, 대금청산 전에 소유권이전등기가 이루어진 경우에는 이 시점에 양도가 있는 것으로 본다(소득세법 시행령 제162조 제1항 제2호). 또한 장기할부조건의 매매거래의 경우 소유권이전등기(명의개서일 포함) 접수일·인도일 또는 사용수익일 중 빠른 날 양도 또는 취득이 있는 것으로 본다. 한편 이 규정은 그 외에 여러 가지 거래 유형별로 상세한 규정을 두고 있다. 그 주요 내용은 아래와 같다.

구 분	취득시기 또는 양도시기
① 원칙	• 대금청산일
② 대금청산일이 불분명한 경우	• 등기부·등록부·명부 등에 기재된 등기접수일 또는 명의개서일
③ 대금청산 전에 소유권이전 등기·등록 명의개서를 한 경우	• 등기부·등록부·명부 등에 기재된 등기접수일
④ 장기할부조건의 경우	• 소유권이전 등기(등록·명의개서 포함) 접수일·인도일 또는 사용수익일 중 빠른 날

17) 대법원 1994. 8. 26. 선고 94누2480 판결.

　　따로 대금청산이라는 일이 없는 유상거래, 곧 대물변제,[18] 양도담보나 가등기담보에 뒤따르는 소유권 이전 등에서도 양도시기를 정해야 하는 것은 마찬가지이다. 판례는 회사 설립 시의 현물출자의 경우에는 회사의 설립등기일에 양도가 있었던 것으로 보고,[19] 대물변제로 부동산의 소유권을 이전하는 경우에는 소유권이전등기일에 양도가 있었던 것으로 본다.[20]

 연습문제

[2014년 방송통신대 기말고사]

甲은 자신의 아파트를 팔기 위해 매수자를 물색하다가 작년 10월 경 乙에게 매도하기로 결정하고 세부적인 내용을 협의하기 시작하였다. 둘은 작년 12월 15일 대금 1억원으로 정하여 매매계약을 체결하였고 甲은 계약금 1천만원을 받았다. 올해 3월 15일 乙은 중도금 5천만원을 지급하였고, 이어 5월 15일 잔금 4천만원도 모두 지급하였다. 다음 날인 5월 16일 甲은 乙에게 등기를 이전해 주었다. 우리 소득세법상 甲과 乙 사이에 양도가 일어난 시점은 언제로 보아야 하는가?

① 작년 12월 15일　　　　　② 올해 3월 15일
③ 올해 5월 15일　　　　　　④ 올해 5월 16일

정답 ③

해설 양도일은 대금청산일임(소득세법 제98조).

---

18) 대물변제의 뜻은 조세채무의 소멸부분에서 보았다.
19) 대법원 2000. 6. 23. 선고 98두7558 판결.
20) 대법원 1991. 11. 12. 선고 91누8432 판결.

제4절 **양도소득세 과세표준과 세액의 계산 구조**

Ⅰ. 과세표준의 계산

소득세법 제92조[양도소득과세표준의 계산] ② 양도소득과세표준은 … 양도소득금액에서 … 양도소득 기본공제를 한 금액으로 한다.

위 규정을 정리하여 표로 나타내면 다음과 같다.

총 수 입 금 액	· 양도가액
− 필 요 경 비	· 취득가액＋기타 필요경비
= 양 도 차 익	· 자산별로 계산
− 장기보유특별공제	· 양도차익×(일반자산: 6%~30%, 1세대1주택: 24%~80%)
= 양 도 소 득 금 액	
− 양도소득기본공제	· 제1호, 제2호, 제3호로 구분하여 각 연 250만원
= 양도소득과세표준	· 세율구분별로 계산(원칙)

먼저 총수입금액과 필요경비를 정하기 위해서는 양도가액과 취득가액을 정해야 하는데, 현행 소득세법은 그 자산의 양도 또는 취득 당시의 실지거래가액에 따른다고 정하고 있다.

[심화학습] 양도인의 대리인이 양도대금을 횡령하였다면 양도가액은 얼마인가?

'양도언'은 소유 토지(취득가액 5억원)의 양도를 대리인인 '황령인'에게 위임하였다. 황령인은 매수인에게 해당 토지를 10억원에 양도한 후 그 대금을 전부 수령하였

으나, 양도언에게는 허위로 8억원에 양도한 것으로 속여 2억원을 횡령하였다. 양도
언의 양도차익은 5억원일까 3억원일까? 횡령인이 수령한 대금 10억원의 법률적 효과
는 본인인 양도언에게 그대로 귀속되므로 양도차익은 5억원이라고 해야 할까? 본인
이 실제로 받은 대금은 8억원뿐이므로 양도차익은 3억원이라고 해야 할까? 논리적으
로 생각한다면, 양도언이 횡령인에게 실제로 받은 돈은 8억원이지만 횡령인이 횡령
한 돈 2억원에 대한 손해배상채권을 가지고 있으므로 이를 합하여 10억원의 양도대
가가 양도언에게 귀속된다고 보아야 할 것이다. 문제는, 횡령인이 무자력이라 2억원
을 갚을 수 없다면 어떻게 해야 할까? 이 사안에서 판례는 "대리인이 위임의 취지에
반하여 자산을 저가에 양도한 것처럼 본인을 속여 양도대금의 일부를 횡령하고, 나
아가 본인의 대리인에 대한 횡령금액 상당의 손해배상채권이 대리인의 자산상황, 지
급능력 등에 비추어 회수불능이 되어 장래 그 소득이 실현될 가능성이 전혀 없게 된
것이 객관적으로 명백한 때에는 그 소득을 과세소득으로 하여 본인에게 양도소득세
를 부과할 수 없다"고 판시하였다.21)

　　납세자가 실제로 얻은 소득이 얼마인지 따져서 양도소득세를 과세해야 한다
는 것은 너무나 당연한 듯하지만, 역사적으로 살펴보면 오랫동안 부동산의 실지
거래가액이 아닌 '기준시가'가 사용되었다. 이 기준시가란 정부에서 정하는 개별
공시지가나 개별주택가격 및 공동주택가격 등을 고려하여 국세청장이 산정·고
시하는 금액을 말하는데(소득세법 제99조), 대체로 실제 시가보다는 다소 낮게 형
성된다. 그럼에도 오랫동안 기준시가를 적용하였던 이유는 무엇이었을까? 국가
가 개별 매매거래의 실지거래가액을 확인할 방법이 없는 상황에서 납세자가 제
대로 실지거래가액을 신고하리라 기대하기 어렵기 때문이었다. 그러다가 2007년
부터 부동산에 대한 양도소득세 과세를 강화하는 차원에서 기준시가를 버리고
실지거래가액으로 바꾸어 오늘에 이르고 있다. 기준시가는 실제의 담세력을 측
정하기 어려울 뿐만 아니라 부동산 시세가 빠른 속도로 상승하는 경우에는 투기
억제의 기능을 제대로 수행할 수가 없기 때문이었다. 이리하여 현행법에서 기준
시가는 추계과세의 한 방법 가운데 하나일 뿐이다. 즉 현행법은 실지거래가액을
원칙으로 하되 실지거래가액을 인정 또는 확인할 수 없는 경우에는 추계의 방법

21) 대법원 2015. 9. 10. 선고 2010두1385 판결.

으로서 매매사례가액 → 감정가액 → 환산가액 → 기준시가의 순서로 양도가액 또는 취득가액을 산정하도록 정하고 있다(소득세법 제114조 제7항). 그 주요 내용은 아래와 같다.

적용순서	세부내용
① 매매사례가액	양도일 또는 취득일 전후 각 3개월 이내에 해당 자산(주권상장법인의 주식 등은 제외)과 동일성 또는 유사성 있는 자산의 매매사례가 있는 경우 그 가액
② 감정가액	양도일 또는 취득일 전후 각 3개월 이내에 해당 자산(주식 또는 출자지분은 제외)에 대하여 둘 이상의 감정평가업자가 평가한 것으로서 신빙성이 있는 것으로 인정되는 감정가액(감정평가기준일이 양도일 또는 취득일 전후 3월 이내인 것만 해당)이 있는 경우에는 그 감정가액의 평균액
③ 환산가액	양도 당시의 실지거래가액, 매매사례가액 또는 감정가액을 기준시가에 따라 환산한 취득가액
④ 기준시가	소득세법의 규정에 따라 산정한 가액으로서 양도 당시 또는 취득 당시의 기준이 되는 가액

기 본 사 례

거주자 '양도언'은 2007. 4. 20.에 A토지를 취득하여 2016. 8. 15.에 ₩230,000,000에 양도하였다. 취득 당시의 실제 거래가격을 알 수 없으며, 매매사례가액이나 감정가액도 확인할 수 없다. 단, A토지의 양도 당시 기준시가는 ₩80,000,000이며, 취득 당시 기준시가는 ₩50,000,000이다. 양도언의 자본적 지출과 양도비는 ₩6,000,000이다. 양도언의 A토지에 대한 양도차익을 구하라.

풀이 ① 양도가액은 실지거래가액인 ₩230,000,000임.
② 취득가액은 실지거래가액이 없으므로 매매사례가액, 감정가액, 환산가액의 순으로 계산. 따라서 매매사례가액과 감정가액이 확인되지 않으므로 환산가액으로 계산
③ 환산가액은 실지거래가액의 상승률이 기준시가의 상승률과 같다고 보고 양도가액에서 취득가액을 역산해 내는 방식임. 따라서 환산가액 = 양도 당시 실지거래가액 × (취득 당시 기준시가/양도 당시 기준시가) = ₩230,000,000 × (₩50,000,000/₩80,000,000) = ₩143,750,000

④ 따라서 양도차익 = 양도가액(₩230,000,000) − 취득가액(₩143,750,000) − 기타필요경
비(₩6,000,000) = ₩80,250,000

 연습문제

[2003년 세무사1차 수정]

다음 자료에 따라 토지 양도차익을 구하라.

가) 2016. 4. 4.에 현금 5억원을 받고 토지를 양도하였다. 양도일 현재 토지의 기준
시가는 3억원이다. 양도에 관련하여 중개수수료 4백만원이 들었다.

나) 이 토지는 2010. 2. 5 취득한 것인데 실지거래가액을 알 수 없다. 취득당시 감
정가액은 2억5천만원, 매매사례가액은 2억원, 기준시가는 1억원이다. 취득당시
취득세, 등기비용 및 중개수수료로 합계 6백만원이 들었다.

정답 2억9천700만원

해설 양도가액 = 실제거래가액 5억원. 취득가액 = 매매사례가액 2억원. 기타 필요경비 = 기준
시가 1억원×3% = 3백만원. 양도차익 = 5억원 − 2억원 − 3백만원 = 2억9천700만원

장기보유특별공제는 누진세율하에서 장기간 축적된 자본이득이 양도시점에
한꺼번에 실현됨에 따라 과도하게 높은 세율을 적용받는 결과를 완화하기 위한
제도이다. 장기보유특별공제는 부동산(미등기양도자산·비사업용 토지는 제외)으로
서 보유기간이 3년 이상인 것과 부동산을 취득할 수 있는 권리 중 조합원입주권
등에 적용하는데, 자산의 양도차익에서 법률에 정한 보유기간별 공제율을 곱한
금액이 된다(소득세법 제95조 제2항).

양도소득기본공제란 소득세법 제94조 제1항 제1호, 제2호 및 제3호의 과세
대상자산을 각각의 유형으로 구분하여, 각 유형별 자산의 양도에 따른 양도소득
이 있는 거주자에 대해서 각 유형별로 해당 과세기간의 양도소득금액에서 각각
연간 일정 금액[22]을 공제하는 것을 말한다(소득세법 제103조 제1항).

---

22) 현행법에 따르면 250만원이다. 소득세법 제103조 제1항.

연습문제

[1997년 회계사 1차 수정]

다음 자료에 의해 양도차익과 양도소득 과세표준을 구하라.

(1) 양도당시 실지거래가액은 6,000만원, 기준시가는 5,000만원

(2) 취득당시 실지거래가액은 3,800만원, 기준시가는 3,000만원

(3) 취득세 및 양도비용은 300만원

(4) 토지의 보유기간은 1년 2개월

[정답] 1,650만원

[해설] 양도차익＝양도가액 6,000만원－취득가액 3,800만원－기타필요경비 300만원＝1,900만원. 양도소득과세표준＝1,900만원－양도소득기본공제 250만원＝1,650만원

Ⅱ. 세액의 계산

소득세법 제104조[양도소득세의 세율] ① 거주자의 양도소득세는 해당 과세기간의 양도소득과세표준에 다음 각 호의 세율을 적용하여 계산한 금액(이하 "양도소득 산출세액"이라 한다)을 그 세액으로 한다. (후문 및 각호 생략)

앞에서 살펴본 과세표준에 세율을 곱하면 양도소득세 산출세액이 된다. 이렇게 계산된 산출세액에서 다시 법령이 정한 각종 세액감면과 세액공제를 뺀 금액이 양도소득세 결정세액이 되며, 여기서 다시 각종 가산세나 기납부세액을 더하거나 빼서 최종 납부할 세액을 계산한다. 양도소득세의 세율은 다른 어떤 세목보다 복잡한 체계를 가지고 있는데, 대강 다음 표와 같다.

구 분			양도소득세율
제94조 제1항 제1호·제2호 자산	보유기간 2년 이상		기본세율(6~45%)
	보유기간 1년 이상	주택·조합원입주권	기본세율(6~45%)

	2년 미만	일반	40%
	보유기간 1년 미만	주택·조합원입주권	40%
		일반	50%
	조정대상지역 내 입주권(일부 제외)		50%
	비사업용토지		기본세율+10%(16~55%)
	미등기양도자산		70%
제3호 자산	국내 주식	중소기업 주식	대주주	10~25%
			대주주 아닌 자	10%
		비중소기업 주식	대주주	1년 미만 보유	30%
				1년 이상 보유	20~25%
			대주주 아닌 자	20%
	국외 주식	중소기업주식	10%
		비중소기업주식	20%
제4호 자산	영업권·특정시설물이용권·특정주식		기본세율(6~45%)
	비사업용토지 과다 소유법인 주식		기본세율+10%(16~55%)
제5호 자산			20%
제6호 자산			20~25%

위의 표에 나오는 세율을 기억할 필요는 없다. 몇 가지만 알면 된다. 첫째, 기본원칙으로는 양도소득에도 기본세율을 적용한다. 둘째, 투기성격이 있는 것으로, 단기보유자산, 미등기자산, 비사업용 토지는 세율이 더 높다. 셋째, 주식·출자지분은 제1호·제2호의 부동산 및 부동산상의 권리보다 세율이 낮다. 이와 같은 태도는 외국의 입법례에서는 보기 어려운 것인데, 오랫동안 양도소득세가 부동산 투기의 억제수단으로 활용되어 왔던 우리 현대사의 산물이라 이해할 수 있다. 한편 제4호 자산의 경우 그 형식은 주식이지만 세율은 부동산과 맞추어 놓은 것이다.

Tax In News

🎙 양도소득세는 양날의 검?

  1. 공무원들의 아파트 분양권 불법전매 등으로 논란이 됐던 세종시 부동산 시장이 또 한 번 된서리를 맞았다. 국세청이 수면 아래에 감춰졌던 아파트 다운계약서 의심 사례를 포착, 강도 높은 조사를 위해 칼을 빼들었기 때문이다. 4일 시와 국세청 등에 따르면 지역 내 부동산 시장이 검찰과 국세청에 불법전매와 다운계약서 의혹 등이 연이어 적발되면서 세종시가 불법투기 온상으로 전락하고 있다. 이러한 현상은 지난달 8일 국세청이 분양권 아파트거래 대상자 400여명에게 양도소득세 재신고 요청서를 발송하면서 불거졌다. 국세청이 집중 들여다본 아파트는 지역 중심상권으로 열기가 뜨겁게 달아올랐던 2-2생활권으로 지난해 9~10월 대부분 전매금지가 해제된 곳이다. 당시 분양권 프리미엄은 8,000만원에서 1억 가까이 형성됐다는 게 지역 부동산중개업소들의 중론이지만, 일부 매도자들은 양도차액을 1,000~2,000만원대로 신고한 것으로 알려졌다. 국세청은 이들 중 불법전매한 사례가 있다고 보고 있다. (2016년 9월 4일 언론보도)

  2. 정부가 특정 토지를 대상으로 늘린 양도소득세 탓에 토지거래가 20% 가까이 떨어지는 거래절벽 현상이 이어지고 있다. 정부는 뒤늦게 양도세 부담을 줄이기 위한 대책 마련에 고심하고 있다. 비사업용 토지란 나대지·부재지주 소유 임야 등을 실수요에 따라 사용하지 않고 재산증식수단의 투기적 성격으로 보유하고 있는 토지를 말한다. 2009년 글로벌 금융위기로 부동산 시장이 얼어붙자 정부는 이 제도를 유예하고 지난해까지 사업용 토지와 마찬가지로 양도세율 6~38%를 적용해왔다. 그러다 올해 다시 부활한 중과세 제도는 비사업용 토지에 대한 양도소득세율을 16~48%대로 높여놨다. 하지만 비사업용 토지의 중과세가 재도입되면서 올해 1분기 전체 토지거래량은 지난해 같은 기간에 비해 7.1%나 줄었다. 과거 5년간 1분기 토지거래량 평균이 14.4%였다는 점을 감안하면 큰 폭의 감소세다. 지난해 4분기에 비해선 18.8%나 급감했다. 이에 따라 정부는 토지거래 활성화를 위한 방안 마련을 모색 중이다. 한 관계자는 "토지거래가 활성화될 수 있는 방안으로 세법 등의 재개정이 이뤄질 공산이 크다"고 말했다.

(2016년 7월 22일 언론보도)

한편 세법은 여러 정책적 취지에서 양도소득세 산출세액에서 다시 그 세액을 감면하는 규정을 두고 있는데, 대표적인 것으로 8년 재촌자경(在村自耕) 농지의 양도에 따른 감면(100%),[23] 농지대토에 대한 감면(100%),[24] 공익사업용 토지 등에 대한 감면(15~20%)[25] 등이 있다. 이들 감면규정은 매우 자세한 요건을 정하고는 있지만 그 의미가 불분명한 경우가 많아 실무에서 자주 분쟁이 생긴다. 따라서 그때그때 법령과 판례 및 행정해석을 잘 살펴보는 수밖에 없다.

[심화학습] '미등기양도자산'의 과세

부동산을 산 사람(매수인)이 자기 앞으로 등기를 하지 않은 채 제3자(최종매수인)에게 다시 팔고, 등기는 원매도인에게서 최종매수인 앞으로 바로 넘기는 경우가 있다. 원래 등기는 원매도인 → 매수인 → 최종매수인의 차례로 넘겨야 하지만, 원매도인의 협조를 얻어서 중간을 생략한 채 매도인 → 최종매수인으로 등기하는 것이다. 이런 것을 중간생략등기라고 한다. 중간생략등기가 있는 경우 국가로서는 이런 전매(轉賣)가 있었다는 것을 알기 어려워서 중간에 낀 매수인의 탈세를 막기가 어렵다(실제로 이런 중간생략등기에서 원매도인의 협조가 생기는 것은 대체로 매수인이 전매차익과 탈세액의 일부를 원매도인에게 떼어 주기 때문이다).

이런 중간생략등기와 관련하여 소득세법 제104조 제3항은 '미등기양도자산'이란 개념을 두어서, 부동산 및 부동산상의 권리를 취득한 자가 그 자산 취득에 관한 등기를 하지 아니하고 양도하는 것이라고 규정한다. 미등기양도자산에 해당하면 세법은 이에 대해 매우 불리한 취급을 하고 있다. 먼저 소득세법이나 조세특례제한법 등의 법률 중 양도소득세 비과세 규정의 적용이 배제된다. 또한 양도소득세의 과세표준과 세액의 계산 시 장기보유특별공제와 양도소득기본공제의 적용 또한 배제되며(소득세법 제95조 제2항, 같은 법 제103조 제1항), 필요경비의 개산공제율이 기준시가의 3% 대신 0.3%가 적용된다(소득세법 시행령 제163조 제6항). 무엇보다도 양도소득세 세율이 70%나 된다.

이러한 소득세법에 따른 규정과 별도로 부동산등기특별조치법과 조세범처벌법에

---

23) 조세특례제한법 제69조.
24) 조세특례제한법 제70조.
25) 조세특례제한법 제77조.

따른 형사처벌을 받을 수 있다. 「부동산실권리자명의등기에 관한 법률」에 따른 명의신탁에 해당하는 경우, 같은 법에 따른 과징금이나 형사처벌의 대상이 될 수도 있다.

제5절 양도소득세의 납세절차

> 소득세법 제105조[양도소득과세표준 예정신고] ① 제94조 제1항 각 호(같은 조 같은 항 제5호는 제외한다)에서 규정하는 자산을 양도한 거주자는 … 양도소득과세표준을 다음 각 호의 구분에 따른 기간에 … 납세지 관할 세무서장에게 신고하여야 한다.
> 1. 제94조 제1항 제1호·제2호 및 제4호에 따른 자산을 양도한 경우에는 그 양도일이 속하는 달의 말일부터 2개월. (단서 생략)
> 2. 제94조 제1항 제3호 각 목에 따른 자산을 양도한 경우에는 그 양도일이 속하는 반기의 말일부터 2개월
> ② 제1항에 따른 양도소득 과세표준의 신고를 예정신고라 한다.
> 3. … 부담부증여의 … 경우에는 그 양도일이 속하는 달의 말일부터 3개월
>
> 제110조[양도소득과세표준 확정신고] ① 해당 과세기간의 양도소득금액이 있는 거주자는 그 양도소득 과세표준을 그 과세기간의 다음 연도 5월 1일부터 5월 31일까지(…) … 납세지 관할 세무서장에게 신고하여야 한다.
> ③ 제1항에 따른 양도소득 과세표준의 신고를 확정신고라 한다.

위 규정에서 알 수 있듯이, 양도소득세는 종합소득세와 마찬가지로 신고납세 세목이다. 과세대상자산의 양도자는 스스로 양도소득세의 과세표준과 세액을 계산하여 관할 세무서에 신고 및 납부하여야 한다. 또한 1년을 단위로 하는 기간과세 세목이기도 하다. 따라서 종합소득세와 마찬가지로 1년 동안의 양도소득을 합산하여 양도소득세 과세표준과 세액을 계산한 후, 다음 해 5월 말까지 이를 과세관청에 신고함으로써 납세의무가 확정되는 것이 원칙이다.

> **연습문제**
>
> **[2014년 방송통신대 기말고사]**
>
> 다음 중 우리나라의 양도소득세에 관한 설명 중 가장 옳은 것은?
>
> ① 양도소득세는 부과과세방식의 조세이다.
> ② 양도소득세는 모든 종류의 자본이득에 대하여 부과한다.
> ③ 양도소득세는 양도를 계기로 과세하는 세금이다.
> ④ 양도소득세는 양도소득이 있는 때마다 과세하므로 기간과세가 아니다.
>
> **정답** ③
>
> **해설** 신고납부방식이며, 과세대상은 열거된 자산에 한정되고, 기간과세임.

다만 종합소득세와 달리 양도소득세의 경우 매년 5월에 행하는 확정신고와 별개로 과세대상자산의 양도가 있는 경우, 그 유형별로 일정한 기간 내에 예정신고를 하도록 정하고 있다. 이와 같은 예정신고를 할 때에는 앞에서 살펴본 최종 납부할 세액(산출세액 − 감면세액 − 수시부과세액)의 납부도 함께 하여야 한다(소득세법 제106조). 과거 오랫동안 이와 같이 양도소득세 예정신고는 임의적인 것이었고 다만 이를 이행할 경우 납세자는 일정한 세액공제의 혜택을 받을 수 있는 것이었지만, 2009년 말 국세기본법 개정을 계기로 현행법에서는 의무로 바뀌었다. 곧 해당 납세자가 예정신고를 하지 않으면 국세기본법상의 무신고가산세를 물어야 하고, 예정신고를 한 자는 원칙적으로 확정신고 의무가 없다. 다만 한 해 사이에 2회 이상 예정신고를 한 경우라면, 누진율 때문에 1년을 합한 양도소득세 부담이 달라지므로 확정신고를 해야 하는 경우가 있다. 또 한 가지 유의할 점은 양도차익이 없거나 양도차손이 발생한 경우에도 예정신고를 하여야 하며, 해당 과세기간에 결손금이 있더라도 확정신고를 하여야 한다. 다만 이러한 경우에는 산출세액이 없으므로 신고불성실가산세의 부과는 어렵다고 보아야 할 것이다.

양도소득세의 예정신고와 확정신고는 모두 납세의무를 확정시키는 효력을 갖는다.[26] 따라서 과세관청은 예정신고 또는 확정신고를 하여야 할 자가 그 신

---

26) 국세기본법 시행령 제10조의2 제1호.

고를 하지 않은 경우에는 과세표준과 세액을 결정하며, 납세자의 신고내용에 탈루 또는 오류가 있는 경우에는 양도소득과세표준과 세액을 경정한다(소득세법 제114조).

[심화학습] 예정신고만 하고 세금을 안내면?

'양도녀'는 01. 4. 15.에 소유 토지를 양도하고 같은 해 5월에 양도소득세 10억원으로 예정신고하였으나 납부기한인 같은 해 6. 30.까지 이를 미납하자 같은 해 7월 과세관청이 10억원의 납세고지를 하였다("이 사건 납세고지"). 하지만 양도녀는 02. 5. 31. 당초 예정신고에 오류가 있었다면서 (10억원의 양도차익 대신) 2억원의 양도차손이 발생하였다는 내용으로 확정신고를 하였으나 과세관청은 양도차손을 증명할 증빙이 없다는 이유로 이 사건 납세고지에 기한 징수처분을 하였다면 이러한 징수처분은 적법한 것일까?

앞서 제3장에서 살펴본 바와 같이 소득세와 같은 신고납부 세목은 그 과세표준과 세액을 정부에 신고하는 때에 납세의무가 확정된다(국세기본법 시행령 제10조의2). 그런데 양도소득세는 매년 5월에 확정신고를 하는 것과 별도로 종합소득세와 달리 매 양도 후 일정기간 내에 예정신고를 하여야 한다. 그렇다면 이와 같은 예정신고를 한 경우에도 납세의무를 확정하는 효과가 있을까?

이에 대해 판례는 양도소득세는 예정신고에 의하여 과세표준과 세액이 '잠정적으로 확정'된다고 보면서 추후 확정신고에 의하여 확정된 과세표준과 세액에 흡수·소멸되고, 이와 함께 예정신고에 기초한 징수처분 또한 효력을 잃는다고 판시하였다. 따라서 위 사례의 경우 양도녀의 02. 5. 31. 확정신고로 인해 그 효력을 잃은 01. 5.의 예정신고에 기초한 이 사건 납세고지에 따른 징수처분은 위법하다고 판단하였다(대법원 2008. 5. 29. 선고 2006두1609 판결). 위 판례는 양도소득세의 예정신고와 확정신고의 내용이 서로 다른 사례인데, 만일 양자의 신고내용이 동일한 경우에는 어떻게 될까? 판례는 이러한 경우 예정신고에 따라 잠정적으로 확정된 납세의무는 확정신고에 따라 종국적 확정된 것으로 바뀐다고 본다(대법원 2011. 9. 29. 선고 2009두22850 판결).[27] 과거 예정신고 위반에 대하여 가산세를 부과하지 않던 시절에 나온

---

27) 나중에 배울 부가가치세도 확정신고 전에 예정신고 제도를 두고 있는데, 부가가치세 예정신고는 납세의무를 확정하는 효력이 있다고 한다(대법원 2011. 12. 8. 선고 2010두3428 판결).

판례의 '잠정적 확정설'은 예정신고 위반 시 가산세가 부과되는 오늘날에도 여전히 유효하다고 보아야 할 것인가?

제6절   부당행위계산부인

> 소득세법 제101조[양도소득의 부당행위계산] ① 납세지 관할 세무서장 또는 지방국세청장은 양도소득이 있는 거주자의 행위 또는 계산이 그 거주자의 특수관계인과의 거래로 인하여 그 소득에 대한 조세 부담을 부당하게 감소시킨 것으로 인정되는 경우에는 그 거주자의 행위 또는 계산과 관계없이 해당 과세기간의 소득금액을 계산할 수 있다.
> ② 거주자가 제1항에서 규정하는 특수관계인(제97조의2 제1항을 적용받는 배우자 및 직계존속의 경우는 제외한다)에게 자산을 증여한 후 그 자산을 증여받은 자가 그 증여일부터 5년 이내에 다시 타인에게 양도한 경우로서 제1호에 따른 세액이 제2호에 따른 세액보다 적은 경우에는 증여자가 그 자산을 직접 양도한 것으로 본다. 다만, 양도소득이 해당 수증자에게 실질적으로 귀속된 경우에는 그러하지 아니하다.
> 1. 증여받은 자의 증여세(⋯)와 양도소득세(⋯)를 합한 세액
> 2. 증여자가 직접 양도하는 경우로 보아 계산한 양도소득세

소득세법은 앞서 살펴본 종합소득세뿐만 아니라 양도소득세에 대해서도 위와 같이 제101조에서 부당행위계산부인 규정을 두고 있다. 문제되는 사례의 전형은 특수관계자에게 시가보다 낮게 파는 저가(低價)양도이다. 다만 시가가 얼마인가는 언제나 다툼의 소지가 크므로, 소득세법 시행령은 시가와 거래가액의 차액이 시가의 5%에 상당하는 금액 미만이거나 3억원 미만인 경우에는 부당행위로 보지 않는다(소득세법 시행령 제167조 제3항, 제4항).

한편 위 제2항의 규정은, 예를 들어 양도인이 자신과 양수인 사이에 특수관계자를 끼워 넣는 경우를 다룬다. 특수관계자가 양도인의 배우자나 직계존비속이라면 제97조의2가 적용되고, 다른 특수관계자라면 제102조 제2항이 적용된다. 이런 복잡한 규정들이 생긴 것은 특수관계자에게 증여를 하고, 그 다음에 특수관계자를 매도인으로 내세우면 세금을 줄일 수 있는 가능성이 있기 때문이다. 가령

김남편이 취득가액이 2억원이고 시가 6억원인 아파트를 제3자에게 양도하려 한다고 하자. 김남편이 박아내에게 먼저 증여한 다음 곧바로 박아내가 제3자에게 시가인 6억원에 양도하는 거래를 하는 경우, 세금을 줄일 수 있는 가능성이 있다. 그렇게 한다면 증여세도 내고 양도소득세도 낼 텐데? 증여세에는 증여재산공제(부부간에는 6억원)가[28] 있다. 위 사례에서도 제3자에게 곧바로 양도하면 김남편은 4억원의 양도차익에 대한 양도소득세를 부담한다. 반면 박아내에게 증여 후 제3자에게 양도하면, 우선 김남편이 낼 양도소득세는 없다. 무상양도이기 때문이다. 박아내가 낼 증여세도 없다. 증여가액 6억원에서 공제액 6억원을 빼면 과세할 금액이 없기 때문이다. 박아내가 낼 양도소득세도 없다. 증여받은 재산의 취득가액은 증여받을 당시의 시가이기 때문이다. 이런 조세회피를 막기 위해 법에 특별규정을 둔 것이다. 실제로 소득세법 제97조의2와 제101조 제2항을 적용하는 결과는 상당히 복잡하다. 요는 양도차익을 4억원으로 계산한다는 말이지만, 매도금액이 누구에게 귀속했는가, 증여받은 후 얼마나 있다가 양도했는가, 이미 납부한 증여세는 어떻게 하는가 하는 이런 문제들이 얽혀 있기 때문에 경우의 수별로 내용이 복잡하므로 자세한 내용은 피하기로 한다.

[심화학습] 저가양도에 따른 부당행위계산부인과 무상양도

위에서 살펴본 바와 같이 소득세법 제101조 제1항에 따라 저가양도에 부당행위계산부인 규정을 적용하면, 양도인은 시가로 재산을 양도한 것과 마찬가지의 양도소득세 부담을 지게 된다. 그런데 문제는 이러한 경우 양수인도 증여세를 물게 되어 한 거래에서 두 사람이 다 세금을 물게 된다는 점이다. 저가양수가 있는 만큼 양수인은 시세보다 덜 준 금액을 양도인으로부터 증여받은 결과가 되어 「상속세 및 증여세법」에 따라 증여세를 물게 된다.[29] 간단한 예를 들면, 김아빠가 자(子)인 김아들에게 시가 100인 아파트를 10에 양도하면 김아빠는 부당행위계산부인 규정에 따라 양도가액으로 10이 아닌 시가 100을 적용하여 양도소득세를, 김아들은 시가(100)에서 대가 (10)를 뺀 90에 대한 증여세를 각각 부담하게 된다.

---

28) 『상속세 및 증여세법』 제53조 제1호.
29) 『상속세 및 증여세법』 제35조 제1항 제1호.

판례는 이와 같이 동일한 거래를 대상으로 하여 두 개의 과세처분을 하더라도 각각 소득세법과 「상속세 및 증여세법」의 관련 규정에 따른 적법한 과세처분이고 이중과세는 아니라고 한다. 증여세와 양도소득세는 납세의무의 성립요건과 시기 및 납세의무자를 서로 달리하는 것이어서 각각의 과세요건에 따라 실질에 맞추어 독립적으로 판단할 사안이라는 것이다.[30] 앞의 사례는 김아빠가 아파트를 시세대로 팔아서 그 돈을 김아들에게 증여하는 것과 같다(다만 김아들은 그 돈으로 아파트를 샀을 뿐이다)고 보는 것이다.

판례 그 자체는 맞지만 가혹하다는 느낌이 남는 것은 현행법에 근본적인 모순이 남아 있기 때문이다. 특수관계자에게 아예 무상으로 재산을 양도하는 경우, 증여세는 부과되지만 양도소득세 문제는 전혀 생기지 않는다. 앞의 사례에서 김아빠가 김아들에게 아파트를 무상으로 증여를 하면 이는 '양도'에 해당하지 않으므로 김아빠의 양도소득세는 없고 김아들만 100에 대한 증여세를 부담하면 된다. 10원이라도 받는 것(유상양도)보다 공짜로 넘기는 것(무상양도)이 세부담이 덜하다고?

이 모순을 해결하는 길은 무엇일까? 양도소득세란 본디 가격상승이익을 양도라는 사건을 계기로 삼아 몰아서 과세하는 것이라고 본다면 이론상 무상양도에도 양도소득세를 물려야 옳고 실제 물리는 나라가 많다. 우리 현행법에서는 ① 부동산을 증여한다면 증여세만 내지만, ② 부동산을 팔아서 돈을 증여한다면(그 돈으로 같은 부동산을 산다고 생각하자) 양도소득세와 증여세를 내어야 하고, ③ 돈을 증여한 뒤 부동산을 시가로 수증자에게 양도한다면 증여세와 양도소득세가 나온다. 어느 쪽이든 결과는 같지만 세금이 달라진다.

눈썰미 있는 독자는 이미 느꼈겠지만 이와 같은 모순은 앞에서 배운 부담부증여의 경우에도 발생한다. 김아빠가 김아들에게 시가 10억원의 아파트를 4억원에 파는 저가양도와 김아빠가 아파트를 담보로 채무 4억원을 꾼 뒤 이것을 김아들에게 인수시키는 부담부증여를 비교해 보라. 마찬가지로 사실상 같은 거래인데도 세금은 달라진다.

---

30) 대법원 1999. 9. 21. 선고 98두11830 판결.

PART

03

법인세

제2편에서는 개인의 소득을 과세하는 소득세를 보았고, 이 편에서는 법인을 납세의무자로 삼아 그 법인의 소득을 과세하는 법인세에 대하여 살펴본다. 이 장에서 보듯 같은 '소득'이라는 말을 쓰지만 법인세법의 소득 개념과 소득세법의 소득 개념은 전혀 다르다. 소득 개념을 더 공부하기 위한 선결문제로 제7장에서는 법인세란 세제가 왜 필요하고 어떤 틀로 짜야 하는지, 법인과 주주 사이의 거래에 대하여는 어떻게 과세할지를 따진다. 제8장부터 제10장까지는 법인의 소득을 어떻게 계산하는지를 구체적으로 살펴본다.

07
CHAPTER

법인세와 주주과세

제1절 **법인세 납세의무자의 종류별 과세소득의 범위**

[도표] 법인의 종류별 과세소득의 범위

구 분		과세소득의 범위		
		각 사업연도의 소득	토지 등 양도소득	청산소득
내국법인	영리법인	국내원천소득＋국외원천소득	○	○
	비영리법인	수익사업에서 발생한 소득	○	×
외국법인	영리법인	국내원천소득	○	×
	비영리법인	국내원천소득 중 수익사업에서 발생한 소득	○	×
국가·지방자치단체		비과세		

법인세법은 납세의무자의 종류를 몇 가지로 나누고 각 종류별로 과세소득의 범위를 달리 정하고 있다. 법인세 납세의무자의 종류는 내국법인인가 외국법인인가 또 영리법인인가 비영리법인인가를 따져서 네 가지로 구분한다. 법인세 과세대상 소득에는 각 사업연도 소득, 토지 등 양도소득, 청산소득의 세 가지가 있지

만,[1] 납세의무자의 종류별로 과세 여부가 다르다. 국가나 지방자치단체도 법인이지만 법인세를 물릴 이유가 없는 것은 당연하다. 이하 법인의 종류별로 과세소득을 어떻게 정하는지 하나하나 따져 보자. 그 전에 우선 한 가지 선결문제로 공통적 요소인 '법인'이라는 말의 뜻부터 살펴보자.

Ⅰ. 법인이란?

> 법인세법 제2조(정의) 이 법에서 사용하는 용어의 뜻은 다음과 같다.
> 1. "내국법인"이란 본점, 주사무소 또는 사업의 실질적 관리장소가 국내에 있는 법인을 말한다.
> 2. (생략)
> 3. "외국법인"이란 본점 또는 주사무소가 외국에 있는 단체(사업의 실질적 관리장소가 국내에 있지 아니하는 경우만 해당한다)로서 대통령령으로 정하는 기준에 해당하는 법인을 말한다.

법조문에는 내국법인과 외국법인을 위와 같이 '정의'한다고 하지만 그 내용은 두 가지의 구별기준(뒤에 본다)일 뿐이고 막상 '법인'이라는 말의 뜻은 나오지 않는다.

1. 상법상 회사와 다른 법률에 의한 법인

법인이란 무슨 말인가? '법인(法人)'이란 법률에 의하여 법인격이 부여된 단체를 말한다. 단체가 법인격을 부여받는다는 말은 권리의무의 주체나 귀속점이 된다는 말이다. 법인격을 부여하는 법률로는 민법이나 상법이 가장 중요하지만, 그 밖에 특별법도 있다.

---

1) 표에는 안 나와 있지만 영리내국법인 중 자기자본이 500억 원을 초과하는 법인(중소기업 및 비영리법인 등 제외)과 상호출자제한 기업집단에 소속하는 법인이라면, 당기 소득 중 투자나 임금증가, 배당 등에 사용하지 아니한 소득(미환류소득)도 과세한다(조세특례제한법 제100조의32). 이는 유보이익 과세의 일종으로 2015년부터 시행되었는데, 처음에는 기업소득 환류 세제라고 불렀으나, 지금의 이름은 투자·상생협력 촉진을 위한 조세특례이다.

법인 가운데 가장 중요한 것은 당연히 회사이다. 상법은 상법에 따라 조직된 영리사단법인을 회사라고 부르면서 모든 회사에 법인격을 부여하고 있다. 따라서 물적회사(주식회사·유한회사·유한책임회사)뿐만 아니라 인적회사(합명회사·합자회사)도 모두 법인이고, 법인세 납세의무를 진다.

> 법인세법 제2조(정의)
>   2. "비영리내국법인"이란 내국법인 중 다음 각 목의 어느 하나에 해당하는 법인을 말한다.
>   가. 「민법」제32조에 따라 설립된 법인
>   나. 「사립학교법」이나 그 밖의 특별법에 따라 설립된 법인으로서 「민법」제32조에 규정된 목적과 유사한 목적을 가진 법인(괄호 생략)
>   다. 「국세기본법」제13조 제4항에 따른 법인으로 보는 단체(이하 "법인으로 보는 단체"라 한다)

민법에 따라 법인을 세울 수도 있다. 영리를 목적으로 하지 않는 법인 바꾸어 말하면 구성원(사원)이 배당을 받지 않는 법인은 대체로 민법에 따라 설립한다. 이런 법인을 비영리법인이라고 부른다. 비영리법인에는 사단법인도 있고 재단법인도 있다. 재단법인이란 일정한 목적에 출연한 재산에 법인격을 부여한 것이므로, 애초 이익을 배당받을 수 있는 구성원이 존재하지 않아 성질상 당연히 비영리법인이다. 특별법에 따라 설립된 비영리법인도 있다.

2. 법인으로 보는 단체

국세기본법 제13조에 따르면, 위에서 말한 법인이 아니더라도 법인으로 보는 단체가 있다. 앞서 소득세법 부분(제4장 제4절 Ⅰ)에서도 보았지만 수익을 구성원에게 분배하지 아니하는 단체로서 주무관청의 인가나 허가를 받아 설립되거나 법령에 따라 주무관청에 등록한 것은 법인으로 본다(제1항). 인허가 단체나 등록단체가 아닌 비영리단체도 조직과 운영에 관한 규정에 따른 대표자가 있고 단체 자신의 계산과 명의로 수익과 재산을 독립적으로 소유·관리하는 단체는 관할 세무서장의 승인을 받으면 법인으로 본다(제2항). 이와 같이 국세기본법에 따라 법인으로 보는 단체는 수익의 분배가 금지된 단체이므로 법인세법에서도 이러한 징표를 반영하여 비영리법인으로 구분한다. 소득세법 부분에서 본 도표를 다시 보면 도움이 될 것이다.

3. 조합≠법인

법인이 아닌 영리단체, 가령 조합은 법인세 납세의무를 지지 않고, 조합원이 조합소득 가운데 자기 몫에 대해 바로 소득세(개인인 조합원)나 법인세(법인인 조합원) 납세의무를 진다. 법인이 아닌 비영리단체로서 법인세 납세의무자가 되는 경우가 아니라면 단체 자체를 개인이나 마찬가지로 보아 소득세법을 적용한다.

4. 외국단체의 법인여부 판단

외국단체는 우리나라 법에 따라 설립된 것이 아니므로 우리나라 법에서 법인격을 준다는 것이 성질상 불가능하고, 따라서 우리나라 법상 당연히 법인인 외국단체는 없다. 그렇다면 외국단체가 법인인지, 개인으로 보는 단체인지, 아니면 구성원을 바로 과세하는 단체인지는 어떻게 정해야 할까? 이 문제를 다룬 판결 가운데 효시가 저 유명한 론스타 사건이다. 2012년 1월의 대법원 판결은 해당 외국단체가 그 설립된 국가의 법령에 비추어 구성원과 독립된 별개 권리의무의 주체인가를 따져서 법인 여부를 판단하라고 판시하였다.[2] 그 뒤에 생긴 법인세법 시행령에서는 다음과 같이 세 가지로 외국법인 판정기준을 두었다.

법인세법 시행령 제2조(정의) ② 법 제2조 제3호에서 "대통령령으로 정하는 기준에 해당하는 법인"이란 다음 각 호의 어느 하나에 해당하는 단체를 말한다.
1. 설립된 국가의 법에 따라 법인격이 부여된 단체
2. 구성원이 유한책임사원으로만 구성된 단체
3. 삭제[3]
4. 그 밖에 해당 외국단체와 동종 또는 유사한 국내의 단체가 「상법」 등 국내의 법률에 따른 법인인 경우의 그 외국단체

---

2) 대법원 2012. 1. 27. 선고 2010두5950 판결.
3) 3호의 기준(구성원과 독립하여 자산을 소유하거나 소송의 당사자가 되는 등 직접 권리·의무의 주체가 되는 단체)은 2019년 2월 시행령 개정 시 삭제되었다.

5. 신탁과 법인세 [심화학습]

신탁(信託)이란 어떤 사람(위탁자)이 다른 사람(수탁자)에게 일정한 재산(신탁재산)의 소유권을 넘기고, 수탁자는 그 재산을 위탁자가 위탁한 내용대로 관리하는 것을 말한다. 따라서 신탁재산 자체는 독립된 법인격이 없고 따라서 법인세 납세의무가 없다. 그러면, 신탁재산에서 생긴 소득에 대한 납세의무자는 누구인가? 신탁재산의 법률적 소유권자가 수탁자라는 이유로 수탁자가 납세의무를 져야 한다는 생각이 있을 수 있다. 수탁자가 위탁한 내용대로 관리한 대가로 위탁자로부터 받는 보수에 대해 법인세(법인 수탁자 가정)를 내는 것은 당연하다. 하지만, 수탁자는 신탁재산에서 생긴 소득을 수익자(없으면 위탁자 또는 그 상속인)에게 이전해 줄 의무를 부담하므로, 그 소득에 대해 법인세를 내는 것은 담세력에 따른 과세가 아니다. 이리하여 법인세법은 다음과 같은 조문을 두어 수탁자가 아닌 수익자를 납세의무자로 삼고 있다.

> 법인세법 제5조(신탁소득) ① 신탁재산에 귀속되는 소득에 대해서는 그 신탁의 이익을 받을 수익자가 그 신탁재산을 가진 것으로 보고 이 법을 적용한다.

하지만, 수익자가 특정되지 않거나 존재하지 않는 경우라든가, 위탁자가 신탁계약 해지권, 수익자 지정·변경권, 신탁 해지 시 신탁재산 귀속권 등을 보유함으로써 신탁재산을 실질적으로 통제하는 경우에는 위탁자를 실질적인 수익자로 볼 수 있으므로, 위탁자를 납세의무자로 삼는다(3항).

한편, 사회경제적 역할에서 볼 때 신탁은 회사와 매우 비슷한 기능을 맡을 수 있다. 가령, 어떤 수탁자가 불특정다수인으로부터 돈을 위탁받아 이를 운용하여 수익을 분배한다면, 이런 신탁의 경제적 기능은 회사나 별 차이가 없다. 따라서 회사와 동일한 기능을 하는 신탁재산을 별개의 과세단위로 삼을 것인가라는 문제를 낳는다. 2020년 말 개정 법인세법은 신탁재산의 소득에 대하여 수탁자가 법인세 과세방식을 선택하는 것을 허용하였다. 즉, 신탁법상 (i) 목적신탁, (ii) 수익증권발행신탁, (iii) 유한책임신탁, (iv) 수탁자가 신탁재산 처분권 및 수익의 유보배분액 결정권을 갖는 신탁, 이러한 4가지 유형의 신탁을 법인과세 신탁재산으로 분류하여 수탁자가 해당 신탁재산의 소득에 대해 법인세를 납부할 수 있게 되었다(2항). 이 경우 수탁자가 수익자에게 배당을 한 금액에 대해서는 법인과세 신탁재산에 소득공제를 적용하는 방식으로 이중과세를 조정한다(법인세법 제75조의14). 법인세 이중과세의 배제방법에 관하여는 다음 절에서 다룬다.

II. 각 사업연도의 소득에 대한 법인세

1. 기본내용

법인세법 제4조(과세소득의 범위) ① 내국법인에 법인세가 과세되는 소득은 다음 각 호의 소득으로 한다. 다만, 비영리내국법인의 경우에는 제1호 및 제3호의 소득으로 한정한다.
1. 각 사업연도의 소득
  (중략)
④ 외국법인에 법인세가 과세되는 소득은 다음 각 호의 소득으로 한다.
1. 각 사업연도의 국내원천소득
  (이하 생략)

위 법조 제1호의 '각 사업연도의 소득'에 대한 법인세는 영리내국법인뿐만 아니라 비영리내국법인과 외국법인도 다 낸다. 그렇지만 앞서 도표에서 보았듯이 '각 사업연도의 소득'이라는 말은 영리내국법인, 비영리내국법인, 영리외국법인, 비영리외국법인 사이에 서로 다르다. 아무튼 '각 사업연도의 소득에 대한 법인세'라는 말은 모든 법인에게 '사업연도'라는 과세기간을 단위로 그 기간의 소득을 계산해서 세금을 물린다는 말이다. 소득세의 과세기간은 누구나 똑같이 역년 (曆年: 1월 1일부터 12월 31일)이지만 법인세의 과세기간은 '각 사업연도'이다. 이 사업연도는 법령이나 정관 등에서 정한 회계연도(다만, 1년을 넘지 못한다)에 따른다. 따라서 법인마다 사업연도가 다를 수 있다.

그리고 법인세 세율은 과세표준[4]을 네 구간으로 나누어 2억 원 이하인 경우 10%, 2억 원 초과 200억 원 이하인 경우 20%, 200억 원 초과 3,000억 원 이하인 경우 22%, 3,000억 원을 초과하는 경우 25%이다.

---

4) 각 사업연도 소득에서 과세표준을 구하려면, 이월결손금, 비과세소득, 소득공제를 순차적으로 빼주어야 한다. 이런 세 가지의 차감항목에 대한 구체적 설명은 제8장에서 보기로 한다.

[심화학습] 최저한세

법인세액은 과세표준에 세율을 곱한 금액을 말한다. 여기서 세율에는 과세표준을 네 구간으로 나누어 각기 다른 세율로 이루어진 법인세법상 세율 말고도 조세특례제한법 제132조 제1항에서 정하고 있는 최저한세율이라는 것이 있다.

조세특례제한법은 비과세, 소득공제, 준비금, 특별상각, 세액공제, 세액감면 등의 형식으로 각종의 조세특례를 두고 있다. 최저한세제도란 이러한 조세특례를 적용하기 전의 과세표준에 최저한세율을 곱한 금액(최저한세액)을 세금으로 내어야 한다는 것이다. 즉, 조세특례를 적용한 후의 세액이 최저한세액에 미달하면 그 미달한 부분에 대한 조세특례를 배제한다.

최저한세율의 구조도 다소 복잡하다. 과세표준이 100억 원 이하면 10%, 과세표준이 100억 원을 넘고 1천억 원 이하이면 12%, 과세표준이 1천억 원을 넘으면 17%가 각각 적용된다. 그리고 중소기업과 사회적 기업에 대해서는 과세표준의 크기에 관계없이 7%가 적용된다.

한편, 기간과세라는 성질상 각 사업연도의 소득에 대한 법인세 납세의무의 성립시기는 사업연도 종료시점이다. 납세의무가 있는 법인은 각 사업연도 소득에 대한 법인세를 신고납부해야 하고, 그 기한은 사업연도 종료일부터 3개월 내이다. 즉 12월 말 법인이면, 그다음 해 3월 말까지 신고납부의무를 이행해야 한다.

Tax In News

🎙 법인세 인상했는데도 세수가 줄었네.. '세율의 역설'

문재인 정부 들어 각종 세율이 잇따라 인상됐음에도 오히려 세수가 감소하는 '역설'이 발생하고 있다. 무엇보다 민간 일자리를 창출하는 기업의 법인세 납부액이 크게 줄었다. 신종 코로나바이러스 감염증(코로나19) 위기 속 기업 활력을 높이기 위해서는 글로벌 트렌드에 발맞춰 법인세율을 낮춰야 한다는 지적이 제기된다.

(중략)

다만 기업인들은 코로나19보다 2년 전 오른 법인세율에 주목한다. 코로나19는 언젠가는 종식될 '변수'인 반면 법인세율은 기업 발목을 두고두고 잡을 '상수'이기 때문이다. 실제 정부는 지난 2018년 과세표준 최고구간에 있는 기업을 대상으로 법인세율을 3%포인트를 높였다. 이에 따라 과세표준 3,000억원 초과 법인의 최고 세율은 기존 22%에서 25%로 높아졌다. 법인세에 추가로 붙는 지방소득세(10%)를 감안하면 법인세 최고세율은 무려 27.5%에 달한다. 과표구간도 4단계로 늘어 각 기업들의 세제 관련 각 기업의 '부대비용'도 높아졌다.

(중략)

한국의 법인세 의존도가 유달리 높다는 비판도 나온다. 한경연에 따르면 2017년 기준 우리나라의 GDP대비 법인세수 비율은 OECD 27개국 중 6위다. 전체세수 중 법인세수 비중만 놓고보면 일본에 이어 2위인 것으로 나타났다. 반면 근로소득자의 38.9%는 소득세를 한 푼도 내지 않는 등 세금 불평등이 심하다. 무엇보다 이 같은 법인세 인상은 국제 기조에도 맞지 않다. 한경연 보고서에 따르면 우리나라 법인세율은 경제협력개발기구(OECD) 회원국 37개국 중 10번째로 높다. 2010년 관련 순위가 23위였지만 10년 사이에 13계단 껑충 뛴 셈이다. 특히 OECD 회원국 중 미국, 일본, 영국 등 21개국이 지난 10년간 법인세율을 인하한 반면, 한국을 비롯한 8개국만 법인세율을 높였다.

(2020년 11월 27일 언론보도)

정부는 2018년에 법인세의 최고 명목세율을 22%에서 25%로 인상하였다. 증세가 필요하다면, 어차피 세율 인상이 불가피한데, 유독 법인세 인상안에 대해서는 찬반 논쟁이 심하게 이는 경향이 있다.

찬성하는 쪽은 2008년 이후 25%에서 22%로 3% 법인세율을 인하하였지만 투자확대효과로 이어지지 않아 대기업에게만 도움이 됐고, 법인세 인상은 투자에 영향을 미치는 요소들 중 하나일 뿐 결정적인 요소에 해당하지는 않는다고 주장한다. 이에 반대하는 쪽은 "OECD 통계를 보면 한국은 2014년 GDP 대비 법인소득세 비율이 3.2%로 34개 회원국 중 여덟번 째로 높아, 총세수 대비(12.8%)로 보면 노르웨이(18.2%)와 뉴질랜드(13.7%)에 이은 3위다"라는 점을 들어 GDP 내지 총세수 대비 법인세 비중이 상당히 높은 편이고, 경기침체기에 법인세 인상을 하면 고용·투자를 위축시켜 기업경쟁력을 약화시킬 뿐만 아니라 경기회복에도 부담으로 작용한다는 반론을 펴고 있다.

어느 길로 가야 우리나라 국익에 도움이 될까? 소규모 개방경제인 우리나라의 경우 법인세 세율을 인상하면 외투기업의 유치에 어려움을 겪을 수 있다. 따라서 주요 선진국과의 단순 비교는 올바른 접근이 아닐 수 있다. 증세방안으로 법인세율 인상안이 우리나라 국익에 어떤 영향을 미치는지에 관한 재정학적 실증 분석을 기초로 과학적, 논리적으로 접근해야 하지 않을까 생각해 본다.

2. 영리내국법인의 각 사업연도 소득 = 포괄적 전세계소득

법인세법 제14조(각 사업연도의 소득) ① 내국법인의 각 사업연도의 소득은 그 사업연도에 속하는 익금(益金)의 총액에서 그 사업연도에 속하는 손금(損金)의 총액을 뺀 금액으로 한다.

제15조(익금의 범위) ① 익금은 자본 또는 출자의 납입 및 이 법에서 규정하는 것은 제외하고 해당 법인의 순자산(純資産)을 증가시키는 거래로 인하여 발생하는 이익 또는 수입[이하 "수익"(收益)이라 한다]의 금액으로 한다.

제19조(손금의 범위) ① 손금은 자본 또는 출자의 환급, 잉여금의 처분 및 이 법에서 규정하는 것은 제외하고 해당 법인의 순자산을 감소시키는 거래로 인하여 발생하는 손실 또는 비용[이하 "손비"(損費)라 한다]의 금액으로 한다.

영리내국법인의 각 사업연도 소득은 영리법인이라는 특성과 내국법인이라는 특성 두 가지를 모두 반영하고 있다.

첫째, 영리법인이므로 과세범위는 포괄적 소득 개념에 따른 순자산증가액이다. 이 점에서 제한적 소득 개념이나 소득원천설을 따르고 있는 소득세법과 다르다. 소득세법은 법에 나온 소득이라야 과세하지만 법인세법은 순자산증가가 있는 이상 모두 과세하는 것이 원칙이다.

둘째, 내국법인이라는 점에서 과세범위가 전세계소득이다. 내국법인은 우리나라에 속하는 자이므로 국내에서 번 소득인가 국외에서 번 소득인가(소득의 원천)를 가리지 않고 전세계소득을 모두 과세한다.

3. 비영리내국법인의 각 사업연도 소득 = 수익사업의 소득

> 법인세법 제4조(과세소득의 범위) ③ 제1항 제1호를 적용할 때 비영리내국법인의 각 사업
> 연도의 소득은 다음 각 호의 사업 또는 수입(이하 "수익사업"이라 한다)에서 생기는 소
> 득으로 한정한다.

비영리내국법인의 각 사업연도 소득은 포괄적 소득 개념이 아니고 수익사업에서 생긴 소득에 한정된다. 수익사업 소득은 법인세법에 열거되어 있다. 고유목적사업에서 생긴 소득은 과세하지 않는다. 고유목적사업이란 대개 공익과 관련이 있고 출자자가 따로 없어 이익배당을 할 수 없기 때문이다. 나아가 수익사업에서 생긴 소득이더라도 5년 내에 고유목적사업에 쓸 것이라면 이자나 배당 소득에 대해서는 법인세를 전액 면제해 주고, 나머지 소득에 대하여도 대략 절반 정도 세금을 깎아 준다.5) 나중에 보듯이 개인이나 영리법인이 공익을 위해 기부금을 내는 경우 세금을 깎아 주는 것처럼 비영리법인이 수익사업에서 번 돈도 목적사업용으로 쓰도록 미리 정해진 이상 세금을 매기지 않아야 균형이 맞다.

비영리법인의 각 사업연도 소득에 대한 법인세의 신고납부기한이라든가 세율은 영리내국법인과 다를 바 없다.

4. 외국법인의 각 사업연도 소득 = 국내원천소득

(1) 외국법인이란?

> 법인세법 제2조(정의) 이 법에서 사용하는 용어의 뜻은 다음과 같다.
> 1. "내국법인"(內國法人)이란 본점, 주사무소 또는 사업의 실질적 관리장소가 국내에 있는 법인을 말한다.
> 3. "외국법인"이란 본점 또는 주사무소가 외국에 있는 단체(사업의 실질적 관리장소가 국내에 있지 아니하는 경우만 해당한다)로서 대통령령으로 정하는 기준에 해당하는 법인을 말한다.
> 4. "비영리외국법인"이란 외국법인 중 외국의 정부·지방자치단체 및 영리를 목적으로 하지 아니하는 법인(법인으로 보는 단체를 포함한다)을 말한다.

---

5) 법인세법 제29조.

외국법인이란 ① 본점이나 주사무소, 또는 ② 사업의 실질적 관리장소가 국외인 법인을 말한다. 내국법인이 아니면 외국법인이고 외국법인이 아니면 내국법인이다. 여기에서 본점은 영리법인에게 쓰이는 용어로, 영업활동 전체의 지휘·명령하는 중심지가 되는 영업소를 뜻하고, 상법은 그 소재지를 정관의 절대적 기재사항으로 정하고 있다. 주사무소도 대체로 같은 뜻인데, '비영리법인'에게 쓰이는 용어이다.

(2) 실질적 관리장소란? [심화학습]

국내에 본점(영리법인)이나 주사무소(비영리법인)를 둔 법인은 내국법인이다. 그런데, 가령 일본법에 따라 설립되어 일본에 본점을 등기해 둔 법인이더라도 우리나라에 실질적 관리장소가 있다면 내국법인이 된다. 실질적 관리장소란 도대체 무슨 말일까?

이 개념은 근본적으로는 20세기 초에 영국 판례가 만든 개념이다. 이사회가 열리는 장소처럼 최고 의사결정이 이루어지는 장소가 국내에 있다면 다른 나라 법에 따라 조직한 단체라도 내국법인이 된다는 말이다.6) 일응 수긍할 수 있는 기준이지만 통신기술 및 교통수단이 비약적으로 발달한 오늘날에는 안정된 기준은 아니다. 가령, 이사들이 여러 나라에 흩어져 있어 화상회의로 의결을 하는 경우, 이사회결의를 개최할 때마다 개최국을 달리하는 경우, 최고의사결정을 하는 주주가 한 달씩 체류국가를 변경하는 경우 등과 같은 사안에서 실질적 관리장소는 어디에 있다고 볼 것인가?

(3) 국내원천소득에 대한 과세방법

> 법인세법 제4조(과세소득의 범위) ④ 외국법인에 법인세가 과세되는 소득은 다음 각 호의 소득으로 한다.
> 1. 각 사업연도의 국내원천소득
> ⑤ 제4항 제1호를 적용할 때 비영리외국법인의 각 사업연도의 국내원천소득은 수익사업에서 생기는 소득으로 한정한다.

---

6) 최근 대법원은 "실질적 관리장소란 법인의 사업수행에 필요한 중요한 관리 및 상업적 결정이 실제로 이루어지는 장소"를 뜻하고, "법인의 사업수행에 필요한 중요한 관리 및 상업적 결정이란 법인의 장기적인 경영전략, 기본 정책, 기업재무와 투자, 주요 재산의 관리·처분, 핵심적인 소득창출 활동 등을 결정하고 관리하는 것"을 말한다고 판시하였다(대법원 2016. 1. 4. 선고 2014두8896 판결)

내국법인은 속인주의로 전세계소득을 과세하지만, 외국법인은 속지주의에 따라 원천이 국내인 소득(국내원천소득)만 과세한다. 외국법인의 각 사업연도 소득에 대한 과세방법은 크게 둘로 나뉜다.

첫째, 외국법인이 국내에 사업장을 두거나 부동산이 있는 경우에는 내국법인이나 마찬가지로 신고납부해야 한다. 가령, 외국법인이 서울에 지점을 두고 물품판매업을 영위하여 소득을 얻은 경우가 이에 해당한다. 이 경우 외국법인의 각 사업연도 소득에 대한 법인세의 적용세율이나 신고납부기한은 영리내국법인과 동일하다.

둘째, 외국법인이 국내에 사업장이나 부동산이 없는 경우에는 소득의 흐름을 하나하나 따로 파악하여 원천징수방법으로 세금을 걷는다. 가령 국내에 사업장을 가지고 있지 않은 외국법인이 내국법인에 돈을 빌려 주고 이자를 받는다고 하자. 이 경우 원천이 국내인 이자소득을 외국법인에 지급하는 자가 그 소득에 대한 법인세를 원천징수하여 납부한다. 이런 원천징수세는 외국법인이 받아 가는 소득의 금액에 원천징수세율을 곱해서 계산한다. 세금을 이렇게 걷다 보니 '각 사업연도의 소득'이라고는 하지만 과세기간의 개념은 별 의미가 없고 신고납부도 원칙적으로 할 필요가 없다.

원천징수 대상이 되는 소득의 금액이란 대체로는 외국법인이 받아 가는 수입금액(원천징수의무자의 입장에서 본다면 지급금액) 전액이지만, 소득의 종류에 따라서는 일정한 필요경비를 공제하기도 한다. 원천징수세율은 국내원천소득의 종류별로 다소 다르나 대체로 20%가 적용된다. 실제로는 우리나라가 다른 나라와 맺은 조세조약이 적용되어 세율이 0이 되거나 법인세법에 나오는 원천징수세율보다 낮은 경우가 많다.

위에서 설명한 내용은 비거주자에게도 거의 똑같이 적용된다.

5. 법인세와 원천징수 [심화학습]

위에서 보는 바와 같이 소득을 받는 자가 외국법인인 경우 원천징수는 신고납부와 함께 과세방법의 한 축을 담당하고 있다. 이러한 원천징수는 국가와의 관계에서 외국법인의 납세의무를 종결시킨다는 의미에서 완납적 원천징수에 속한다. 그러면 소득을 받는 자가 내국법인이면 어떨까?

먼저 소득세의 경우와 비교해 보자. 소득세편에서 이미 배운 내용이지만, 소득세에서는 원천징수가 광범위하게 쓰여 사업소득(일부 제외)이나 양도소득 빼고는 거의 대부분의 소득이 원천징수대상이다. 이는 소득세가 원천징수에 기반을 두고 생겨났다는 연혁적 배경과 관련이 깊다. 하지만, 현행 소득세법상 완납적 원천징수대상은 오히려 드물다. 종합과세기준금액에 미달하는 금융소득에 대한 원천징수나 분리과세를 선택한 기타소득에 대한 원천징수 정도가 고작이고, 나머지는 종합소득세 신고납부시 미리 낸 세금(선납세금)으로 공제받는 예납적 원천징수대상이다. 누진세제도란 소득을 모두 합해서 과세해야 의미가 있기 때문이다. 원천징수를 하지 않으면 국가가 각 개인에게서 세금을 받기 어렵기 때문에 일단 소득을 지급하는 주요한 길목에서 원천징수부터 하고 나중에 각 개인에게 정산하라는 것이다.

법인이 버는 소득을 원천징수의 대상으로 삼는 경우는 아주 예외적이다. 소득을 지급받는 법인에 비해서 지급하는 자가 더 길목의 위치라고 볼만한 경우가 별로 없기 때문이다. 현행법에서는 법인세법 제73조 제1항이 내국법인의 이자소득을 원천징수대상으로 정하고 있다(제1호). 이는 이자를 지급하는 은행에게서 세금을 미리 걷는 예납적 원천징수이다. 그 밖에 배당소득 중 투자신탁수익의 분배금도 원천징수대상으로 정하고 있어(제2호), 자산운용회사도 원천징수의무를 부담한다.

Ⅲ. 토지 등 양도소득에 대한 법인세

> 법인세법 제4조(과세소득의 범위) ① 내국법인에 법인세가 과세되는 소득은 다음 각 호의 소득으로 한다. 다만, 비영리내국법인의 경우에는 제1호와 제3호의 소득으로 한정한다.
> 1.~2. (생략)
> 3. 제55조의2에 따른 토지등 양도소득
> ④ 외국법인에 법인세가 과세되는 소득은 다음 각 호의 소득으로 한다.
> 1. (생략)
> 2. 제95조의2에 따른 토지등 양도소득

토지 등 양도소득이란 주택이나 비사업용 토지의 양도소득을 말한다. 애초에 법인이 이런 소득을 버는 것 자체가 좀 이상하다는 생각이 들 것이다. 법인세법은 법인이 이런 투기활동을 벌이는 것은 억제하겠다는 생각으로 그런 소득이 각 사업연도의 소득에 들어간다는 것과 별도로 '토지 등 양도소득에 대한 법인세'를 따로 부과하고 있다.

이런 소득이 있으면 내국법인·외국법인, 또 영리법인·비영리법인을 따지지 않고 네 가지 유형의 납세의무자 모두 그런 소득에 대한 법인세를 납부할 의무가 있다. 토지 등 양도소득의 범위나 과세방법은 납세의무자가 어느 유형인가를 따지지 않고 모두 똑같다. 토지 등 양도소득의 과세표준은 양도금액에서 양도 당시의 장부가액을 차감한 금액이며, 세율은 10%(별장이나 조합원입주권 및 분양권의 경우 20%, 미등기토지 등의 경우 40%)이다.

Ⅳ. 영리내국법인의 청산소득에 대한 법인세

> 법인세법 제4조(과세소득의 범위) ① 내국법인에 법인세가 과세되는 소득은 다음 각 호의 소득으로 한다. 다만, 비영리내국법인의 경우에는 제1호 및 제3호의 소득에 대하여만 법인세를 부과한다.
> 1. (생략)
> 2. 청산소득(淸算所得)
> (이하 생략)
>
> 제79조(해산에 의한 청산소득 금액의 계산) ① 내국법인이 해산(합병이나 분할에 의한 해산은 제외한다)한 경우 그 청산소득(이하 "해산에 의한 청산소득"이라 한다)의 금액은 그 법인의 해산에 의한 잔여재산의 가액에서 해산등기일 현재의 자본금 또는 출자금과 잉여금의 합계액(이하 "자기자본의 총액"이라 한다)을 공제한 금액으로 한다.

청산소득에 대한 법인세는 영리내국법인만 납세의무를 진다. 외국법인은 성질상 우리나라 법에 따른 청산이 있을 수가 없고, 비영리법인이 청산하는 경우에는 유사목적의 비영리법인이나 국가에 잔여재산이 넘어가므로 굳이 과세할 이유가 없다.

청산소득이란 법인이 해산(합병 또는 분할에 의한 해산은 제외)한 경우에 그 법인의 해산에 따른 잔여재산가액이 해산등기일 현재의 자기자본총액을 초과하는 경우 그 초과하는 금액을 말한다(청산소득금액＝잔여재산가액－해산등기일 현재의 자기자본총액). 청산소득을 과세하는 취지는 순자산증가라는 기본 이념과 각 사업연도의 소득에 대한 법인세의 기초를 이루는 실현주의 사이의 괴리를 보완하기 위한 것이다. 즉 미실현이득에 대해서 법인세를 최종 정산하기 위한 제도적 장치라 할 수 있다. 청산소득에 대한 법인세의 세율은 각 사업연도 소득에 대한 법인세와 같고, 신고납부기한은 잔여재산가액 확정일이 속하는 달의 말일부터 3개월 이내이다.

 연습문제

[2013년 방송통신대 기말시험]

소득세와 법인세에 대한 비교 설명으로 옳지 않은 것은?

① 과세소득을 정의함에 있어서 원칙적으로 법인세는 순자산증가설을, 소득세는 소득원천설을 근간으로 하되 순자산증가설을 일부 채택하고 있다.

② 소득세가 각 과세기간의 소득을 과세소득으로 하는 것과 달리, 법인세의 경우에는 각 사업연도의 소득뿐만 아니라 청산소득도 과세범위에 들어 있다.

③ 법인세는 인적 공제제도를 두고 있으나, 소득세는 그러한 제도가 없다.

④ 법인세는 법령이나 법인의 정관 등에서 정하는 1회계기간을 사업연도로 하나, 소득세는 1월 1일부터 12월 31일까지의 1년을 과세기간으로 하는 것을 원칙으로 한다.

정답 ③ 반대로 설명한 틀린 문장이다. 즉, 소득세는 인적, 물적 공제제도를 두고 있지만, 법인세는 그러한 제도가 없다.

해설 ① 법인세가 과세되는 소득개념이 원칙적으로 순자산증가설을 따르고 있다는 설명은 영리내국법인의 각 사업연도 소득개념을 전제로 한 것이다.

② 소득세와 법인세의 납세의무 성립시기에도 약간의 차이가 있다. 소득세의 납세의무 성립시기는 과세기간이 종료하는 때이고, 법인세의 경우에도 소득세와 마찬가지로 과세기간이 종료하는 때인 것이 원칙이나, 청산소득에 대한 법인세의 납세의무 성립시기는 그 법인이 해산하는 때이다(국세기본법 제21조 제2항 제1호).

④ 다만, 법인세의 경우 1회계기간이 1년을 넘지 못한다(법인세법 제6조 제1항 단서).

[2014년 방송통신대 기말시험 수정]

법인세의 적용범위에 관한 설명으로 가장 틀린 것은?

① 영리내국법인의 각 사업연도 소득의 소득개념은 순자산증가설을 따르고 있다.
② 각 사업연도 소득에 대한 법인세는 소득세나 부가가치세와 마찬가지로 기간과
세이다.
③ 비영리 내국법인은 영리를 목적으로 한 것이 아니기 때문에 법인세 납세의무가
없다.
④ 법인이 아닌 단체라고 하더라도 일정한 요건을 갖춘 경우 법인으로 보아 법인
세 납세의무가 있다.

정답 ③ 수익사업소득에 한정되기는 하나 각 사업연도 소득에 대한 법인세 납세의무가 있
고, 토지 등 양도소득에 대한 법인세 납세의무도 있다.

해설 ① 영리내국법인의 소득은 종국적으로 배당의 형태로 구성원들에게 지급되므로, 단체
단계의 소득개념은 이러한 영리성으로 인해 포괄적 소득개념을 따르게 되고, 이 점에
서 소득원천설을 따르는 소득세법상 소득개념과 대비된다.
② 소득세, 법인세, 부가가치세는 모두 기간과세이다.
④ 국세기본법상 법인으로 보는 단체는 비영리법인으로서 법인세 납세의무가 있다.

[2013년 방송통신대 기말시험]

법인세법상 과세소득의 범위에 관한 설명으로 옳은 것은?

① 법인세법상 과세소득의 유형에는 각 사업연도 소득, 청산소득 및 토지 등 양도
소득, 미환류소득의 4가지가 있다.
② 영리내국법인은 국외원천소득에 대한 납세의무를 지지 않는다.
③ 비영리외국법인은 법이 정한 국내원천소득 전부에 대해서 납세의무를 진다.
④ 외국법인은 청산소득과 토지 등 양도소득에 대한 법인세 납세의무가 없다.

정답 ① 맞는 지문이다. 투자나 임금, 배당 등의 증가를 유도하기 위해 한시적으로 들여온
정책 세제의 성격을 갖고 있어 본문에서는 구체적 설명을 생략하였으나, 미환류소득
도 법인세법상 과세소득에 해당하며, 앞의 3가지 소득과 달리, 법인세법이 아닌 조세
특례제한법에 근거규정이 마련되어 있다(본 장 각주 1) 참조).

해설 ② 내국법인에 대해서는 속인주의가 적용된다. 따라서 국외원천소득에 대해서도 납세
의무를 진다.
③ 비영리외국법인이 납세의무를 지는 각 사업연도 소득의 범위는 국내원천소득 중에

서도 수익사업에서 발생한 소득에 한정된다.
④ 외국법인은 청산소득에 대한 납세의무가 없지만, 토지 등 양도소득에 대한 법인세 납세의무는 있다.

제2절 법인세 이중과세와 그 대책

Ⅰ. 법인에 세금을 물리는 이유는?

법인에 세금을 물리는 이유는 무엇일까? 법인에 대한 소득과세란 도대체 무슨 뜻일까? 쉽게 생각하면 개인이 사업을 벌이면 사업소득세를 내듯이 법인도 사업활동으로 벌어들인 소득에 대해 법인세를 낸다고 생각할 수 있다. 그렇지만 이런 설명이 썩 만족스럽지는 않다. 개인이 소득을 번다는 말은 그만큼 자신의 재산을 늘려 간다는 말이다. 법인이 소득을 번다, 곧 법인의 재산이 늘어난다는 말은 누구의 부가 늘어난다는 말인가? 법인에 남아 있는 부나 소득이란 출자자(주주나 사원)들이 아직 배당으로 가져가지 않고 법인에 그냥 남겨 둔 것일 뿐이고, 법인이라는 말을 출자자와 구별되는 별개의 인간이라고 억지로 본다면, 법인 그 자체의 소득은 언제나 0일 수밖에 없다. 결국 법인의 소득이란 출자자 전체의 집합적 소득을 법인이라는 단위에서 계산하는 것일 뿐이고, 법인세를 낸 이상 나중에 출자자들에게 다시 세금을 매기는 것은 이중과세일 수밖에 없다.

그렇다면 법인세란 출자자들의 소득에 대한 세금을 법인이 미리 낸 것이라 말할 수 있다. 그리고 법인의 소득이란 출자자들의 소득이 생겨난 원천이라는 경제적 관점에서 보자면, 법인세란 출자자들의 소득에 대한 원천징수세나 마찬가지라고 볼 수 있다. 물론 실정법에서 법인세와 출자자의 소득에 대한 원천징수세는 법적으로 서로 다른 개념이다. 그렇지만 경제적 본질에서 같다고 생각해 보면, 원천징수세가 출자자들의 기납부세액이 되듯이 법인세도 출자자 단계의 이중과세를 막을 필요가 있다는 점을 알 수 있다.

Ⅱ. 법인세 이중과세의 배제방법

법인세 이중과세를 피하는 길로는 어떤 대안이 있을 수 있을까? 나라마다 또 시대마다 여러 가지 다른 방법을 모색해 왔다. 현재 우리나라에서는 몇 가지 방법을 병행해서 쓰고 있다. 앞의 제1절 Ⅰ.과 견주어 본다면 크게 ① 법인이 낸 세금을 출자자가 이미 낸 기납부세액으로 처리하는 방법, ② 법인에만 세금을 매기고 출자자 단계에 가서는 세금을 아예 매기지 않는 방법, ③ 법인 단계에서 아예 세금을 걷지 않고 출자자에게만 세금을 매기는 방법, 이 세 가지 정도가 있겠구나라고 생각할 수 있을 것이다. 실제 그렇다.

1. 개인출자자가 받는 배당소득: 법인세 상당액을 세액공제

개인 출자자들이 회사에서 배당소득을 받는 경우에는, 법인이 낸 법인세를 개인출자자들의 기납부세액으로 보아 개인 단계의 세금에서 그만큼을 빼 준다. 앞의 소득세편에서 공부한 바와 같이,[7] 법인 단계에서 낸 법인세를 배당소득에 가산(gross-up)하여 법인세 내기 전의 소득을 구한 다음, 이 금액을 출자자에게 귀속시켜 누진율에 따른 주주의 세액을 계산하고, 그렇게 가산한 법인세 상당액을 배당세액공제로 세액 단계에서 빼 준다.

한편 우리 현행법에서는 이 배당소득세액공제 제도는 금융소득 종합과세대상자에게만 적용한다. 금융소득의 금액이 법정기준 이하인 분리과세의 경우에는 배당받을 때에 원천징수세를 추가로 낼 뿐이고, 출자자 단계에 가서 다른 소득과 합산해서 누진율로 세금을 더 내지는 않는다. 결과적으로 출자자의 실제 세부담은 법인세 상당액과 원천징수세액 두 가지의 합이 된다. 종합과세대상자의 경우에도 소득세법에 따른 그로스업 금액이나 배당세액공제금액은 실제의 법인세 부

---

7) 만일, 공부한 내용이 잘 떠오르지 않거나, 숫자를 통한 적용례를 확인하려면 제2편 제5장 제4절 2. 배당소득금액을 보라.

담보다 낮다. 실제 세부담이 금융소득분리과세의 경우보다 더 낮아져서는 안 된다는 생각 때문이다.

[심화학습] 금융소득분리과세와 법인세

(예제) ㈜서울의 주주는 금융소득종합과세 대상이며 소득세 최고세율적용 대상인 A가 50%를 소유하고, 나머지 50%는 B1, B2, B3, … B500(이들은 모두 금융소득종합과세 대상이 아니며, 이들을 총합적으로 B라 함)이 각각 0.1%씩 보유하고 있다. 법인세율은 20%이고 배당소득에 대한 원천징수세율은 14%라 하자. 또 귀속법인세액(=배당세액공제액)은 배당소득금액의 11%라 하고, 당기순이익에서 법인세를 차감한 금액이 배당가능이익이라고 가정하자. 먼저, ㈜서울의 199X년도 당기순이익이 100원이고, 배당가능이익 72원을 전액 배당한다고 할 때, A가 받는 배당소득은 세율 38% 구간에 걸린다고 생각하고 A 및 B1~B500이 ㈜서울을 통해 번 소득의 세부담률을 계산하라.

〈A의 배당소득 세부담률〉

ⓐ A가 ㈜서울을 통해 번 소득=50원

ⓑ A의 법인단계 부담 세액=10원

ⓒ A의 배당금=40원

ⓓ A의 배당금에 대한 원천징수액(ⓒ×14%)=5.6원

ⓔ A의 원천징수 후 수령액(ⓒ-ⓓ)=34.4원

ⓕ A의 귀속법인세 및 배당세액공제(ⓒ×11%)=4.4원

ⓖ A의 종합소득에 포함시킬 배당금(ⓒ+ⓕ)=44.4원

ⓗ A의 배당금에 대한 산출세액(ⓖ×38%)=16.87원

ⓘ A의 결정세액(ⓗ-ⓕ)=12.47원

ⓙ A의 납부세액(ⓘ-ⓓ)=6.87원

A의 총부담세액(ⓑ+ⓘ=ⓑ+ⓓ+ⓙ)=22.47원

ⓚ A의 세부담률(ⓙ÷ⓐ)=44.94%

〈B의 배당소득 세부담률〉

ⓐ B가 ㈜서울을 통해 번 소득＝50원

ⓑ B의 법인단계 부담 세액＝10원

ⓒ B의 배당금＝40원

ⓓ B의 배당금에 대한 원천징수액(ⓒ×14%)＝5.6원

ⓔ B의 원천징수 후 수령액(ⓒ－ⓓ)＝34.4원

ⓕ B의 총부담세액(ⓑ＋ⓓ)＝15.6원

ⓖ B의 세부담률(ⓕ÷ⓐ)＝31.2%

2. 모회사가 받는 배당소득: 출자자 단계의 비과세

> 법인세법 제18조의2(내국법인 수입배당금액의 익금불산입) ① 내국법인 … 이 해당 법인이 출자한 다른 내국법인 … 으로부터 받은 이익의 배당금 또는 잉여금의 분배금 … (이하 … "수입배당금액"이라 한다)은 … 각 사업연도 소득금액을 계산할 때 익금에 산입하지 아니한다.

모회사가 100% 자회사에서 받는 배당소득은 전액을 익금불산입한다. 법인이 출자자인 경우에는 출자자 단계에서 다시 세금을 걷지 않는다는 말이다. 위 인용한 글귀에는 복잡한 내용을 다 생략했지만, 100% 자회사가 아니라면 주식소유비율에 따라 익금불산입 비율이 달라져서 주주 단계의 이중과세를 부분적으로만 배제한다(자세한 내용은 뒤에 다시 본다). 법인세율은 누진세라고는 하나 세율구간을 생각하면 실질적으로 비례세율이나 마찬가지이므로, 배당을 지급하는 법인이나 이를 받는 출자자 모두 같은 세율로 세금을 부담한다고 볼 수 있다. 그렇다면 구태여 배당세액공제 방법을 택해서 세제를 복잡하게 할 이유가 없다고 생각한 것이다.

모회사와 100% 자회사는 아예 두 회사를 하나처럼 생각해서 그렇게 합한 단위로 소득을 계산할 수 있다. 이것을 연결납세라고 한다. 모회사와 자회사를 애초 한 회사처럼 계산하는 이상 자회사 단계에서 법인세를 따로 내는 법이 없고, 이중과세라는 문제 자체가 생기지 않는다.

[심화학습] 연결납세를 하면 뭐가 좋을까?

연결납세는 100% 모자회사 사이에서만 가능하다. 그런데 100% 모회사는 구태여 연결을 하지 않아도 배당소득을 익금불산입하므로 이중과세를 받지 않는다. 그렇다면 연결납세를 할 이유가 있을까? 한 회사는 소득이 있지만, 다른 회사는 결손이 난 경우에 연결납세로 세금을 줄일 수 있다. 회사에 결손이 난다고 해서 국가가 (−)의 세금을 계산해서 돈을 내주지는 않는다. 그저 회사는 그 결손을 장래로 이월해서 장래에 낼 세금이 있으면 덜 낼 수 있을 뿐이다. 그런데 연결납세를 해서 두 회사를 하나로 보고 소득을 계산한다면, 한쪽에서 난 결손을 다른 쪽에서 난 이익에서 공제받을 수 있다.

3. 인적회사 및 특수목적법인: 원한다면 출자자만 과세

조세특례제한법 제100조의15(적용범위) ① 이 절에서 규정하는 과세특례(이 절에서 "동업기업과세특례"라 한다)는 동업기업으로서 다음 각 호의 어느 하나에 해당하는 단체가 … 적용신청을 한 경우 해당 동업기업 및 그 동업자에 대하여 적용한다. (단서 생략)
1.−2. (중략)
3. 「상법」에 따른 합명회사 및 합자회사(괄호 생략)
　(이하 생략)

제100조의16(동업기업 및 동업자의 납세의무) ① 동업기업에 대해서는 … 법인세를 부과하지 아니한다.
② 동업자는 … 배분받은 동업기업의 소득에 대하여 소득세 또는 법인세를 납부할 의무를 진다.

제100조의17(동업기업과세특례의 적용 및 포기신청) ① 동업기업과세특례를 적용받으려는 기업은 대통령령으로 정하는 바에 따라 관할 세무서장에게 신청을 하여야 한다.
② 동업기업과세특례를 적용받고 있는 동업기업은 대통령령으로 정하는 바에 따라 동업기업과세특례의 적용을 포기할 수 있다. (이하 생략)

상법상 인적회사(합명회사와 합자회사)는 회사 단계의 법인세를 부과하는 대신 그 사원(동업자)들이 회사의 소득에 대하여 개인이라면 소득세 납세의무를, 법인이라면 법인세 납세의무를 지겠다고 선택할 수 있다. 위 제100조의16 제2항에서 '배분받은' 소득이라는 말은 실제로 배당받은 소득이라는 말이 아니라 회사의 소득 가운데 각 사원의 몫이라는 말이다. 앞의 소득세편에서 공부한 바와 같이,[8] 민법상의 조합이 법인세 납세의무를 지지 않고 각 조합원이 바로 소득세나 법인세 납세의무를 지는 것과 기본적으로 같은 결과가 된다. 다만 조합과 조합원에 대한 과세는 소득세법이나 법인세법을 따르는데 이는 동업기업에 적용하는 조세특례제한법의 구체적 내용과 차이가 있다.

법인세법 제51조의2(유동화전문회사 등에 대한 소득공제) ① 다음 각 호의 어느 하나에 해당하는 내국법인이 대통령령으로 정하는 배당가능이익의 100분의 90 이상을 배당한 경우 그 금액은 해당 배당을 결의한 잉여금 처분의 대상이 되는 사업연도의 소득금액에서 공제한다.
1. 「자산유동화에 관한 법률」에 따른 유동화전문회사
2. (생략)
3. 「기업구조조정투자회사법」에 따른 기업구조조정투자회사
4.~8. (생략)
9. 삭제[9]

특별법에 의하여 설립된 특수목적회사(Special Purpose Company: SPC)는 배당가능이익의 90% 이상을 배당하면 그 금액을 소득금액에서 빼 준다. 위 조문에서 말하는 특수목적회사는 출자자의 돈을 모아 특정한 재산에 투자해서 투자손익의 계산단위 역할을 한다는 점에서 일상적인 회사와는 다르다. 이런 회사는 배당가능한 이익은 원칙적으로 다 배당하도록 되어 있다. 그렇다면 구태여 법인 단계에서 세금을 걷을 것 없이 출자자만 과세하면 된다는 생각에서 회사가 지급하는 배당금을 법인세 계산 시 비용처럼 공제해 주라고 정한 것이다. 특수목적회사의

---

8) 만일, 공부한 내용이 잘 떠오르지 않으면, 제2편 제5장 제2절 Ⅱ. 사업소득에 대한 과세방법을 보라.
9) 종래에는 특별법에 의하여 설립되지 않더라도 제9호에서 정한 아래의 3가지 요건을 모두 갖춘 특수목적회사도 지급배당금에 대한 소득공제를 적용받을 수 있었으나, 2020년 말 법인세법 개정 시 이를 폐지하였다.
   (i) 회사의 자산을 설비투자, 사회간접자본 시설투자, 자원개발, 그 밖에 상당한 기간과 자금이 소요되는 특정사업에 운용하고 그 수익을 주주에게 배분하는 회사일 것
   (ii) 본점 외의 영업소를 설치하지 아니하고 직원과 상근하는 임원을 두지 아니할 것
   (iii) 한시적으로 설립된 회사로서 존립기간이 2년 이상일 것

출자자가 배당을 과세당하지 않으면 이중과세가 없는 것이므로, 회사가 지급배당금을 공제할 수 없다.

한편, 앞 절에서 살펴보았듯이, 법인과세 신탁재산의 경우 신탁재산의 소득에 대한 법인세 납세의무를 수탁자에게 지우되, 수탁자가 신탁재산의 이익을 수익자에게 배당하면, 그 배당만큼 법인과세 신탁재산에게 소득공제를 적용해 주므로, 이러한 이중과세 조정방식 역시 위 특수목적법인에 대한 이중과세 조정방식(원한다면 출자자만 과세)과 유사하다고 말할 수 있다.

[심화학습] 법인격 있는 지갑(incorporated pocket book)?

앞에서 배운 바와 같이 물적회사나 동업기업과세제도를 적용받지 않는 인적회사는 법인세를 내야 한다. 그리고 법인세를 낸 후의 유보소득을 배당으로 지급하는 시점에 출자자(개인 가정) 단계에서 소득세가 과세된다. 즉, 출자자에 대한 소득세 과세시기가 배당시점으로 미뤄지는 것이다. 그런데 소득세 세율이 법인세율과 같다면, 출자자에게 과세이연의 효과가 생기지 않는다. 법인 단계에서 소득세 전부를 법인세로 미리 걷을 수 있기 때문이다. 하지만, 우리나라와 같이 소득세 세율(최고세율 45%)이 법인세 세율(최고세율 25%)보다 높으면, 출자자들이 소규모 폐쇄회사를 만들어 소득을 유보해 두는 수법으로 과세이연의 혜택을 볼 수 있다. 즉, 폐쇄회사가 출자자들의 절세 투자수단이 되는 것이다. 미국에서는 이러한 회사를 '법인격 있는 지갑'이라고 부르고, 이에 대한 대책의 하나로, 소규모 폐쇄회사(S Corporation)를 통해 얻은 소득을 주주에게 바로 과세한다.

우리 법인세법도 1967년부터 1985년까지 지상배당이라 하여 폐쇄회사의 유보이익을 주주에게 과세하는 제도를 가지고 있다가 그 뒤 적정유보초과소득에 대한 법인세 제도를 두고 있었으나, 기업 재무구조의 악화를 이유로 2002년에 폐지한 바 있다.

Tax In News

🎙 유사법인 초과유보 배당소득세 입법 불발

"최대주주 지분율이 높은 개인 유사 법인의 초과 유보소득에 세금을 매기는 내용의 '조세특례제한법 개정안'이 소관 상임위 문턱을 넘지 못했다.

정부가 앞서 개인 유사 법인의 초과 유보소득을 배당으로 간주해 내년부터 소득세를 부과하는 세법 개정안을 발표했는데, 재계와 학계, 심지어 여권 내부에서도 반대여론이 만만찮았다. 최대주주와 친인척 등 특수관계자가 보유한 지분이 80% 이상인 기업에서 유보금을 당기순이익의 50% 이상 또는 자기자본의 10% 이상으로 쌓아둘 경우 이를 배당으로 간주해 소득세를 물리겠다는 것이 당초 개정안의 뼈대였다. 가족 기업 비중이 큰 중소기업의 반발이 커지자 정부는 시행령 등에서 대상 범위를 줄이는 등 절충안을 냈지만 결국 국회 문턱을 넘지 못하고 보류 처리됐다.

이 법안은 여권 내에서도 신중론이 있었다. 과거 높은 세율을 적용받던 개인 사업자가 절세 목적으로 법인으로 전환하는 사례가 많았고, 법인 유보소득이 시기가 특정되지 않은 장래 투자자금일 수 있는데 배당으로 봐 과세하는 것은 무리한 과세라는 게 '신중론'의 주된 근거였다."

(2020년 12월 1일 언론보도)

'유사법인 초과유보 배당소득세'가 조세저항에 부딪혀 입법에 실패하고 말았다. 정부가 당초 입법을 제안한 취지는, 특수관계에 있는 몇몇 개인들이 회사를 만들어 소득을 유보해 두는 방식으로 과세이연 혜택을 누리는 것을 막자는데 있을 것이다. 그렇다면, 미국의 소규모 폐쇄회사(S Corporation)에 대한 대책과 그 궤를 같이하므로 입법의 정당성을 갖는다고 할 것이다. 그럼에도 불구하고 같은 목적의 제도가 우리나라에서는 왜 현실의 제도로 자리 잡지 못하는 것일까?

출자자들의 절세 투자수단 방지는 표면적인 입법 이유이었을 뿐이고, 정작 실제의 도입 목적은, 정부 지출 규모의 확대에 따른 세수 기반 확보에 있었던 것으로 보인다. 즉, 현실에서 절세 목적으로 폐쇄회사를 이용하는 사례가 출현하여 그에 대한 대책을 강구하였던 것이 아니라, 가령, 얼마의 세수를 확보한다는 목표를 세우고, 그 세부 계획의 하나로, 유사법인 초과유보 배당소득세를 입안하였던 것은 아닌지 의심스럽다. 미국 제도를 포함한 다른 선진국 세제의 연혁이나 내용에 관한 비교법 연구를 수행하여 좀 더 정교한 제도를 만들어 입법을 추진하였더라면 어떠했을까 라는 아쉬움이 남는다. 한편, 유사법인 초과유보배당소득세의 도입으로 인해 장래 투자 재원을 과세하게 되어 투자를 위축시키는 결과를 초래한다는 반대론 내지 신중론의 핵심논거는 타당할까? 결국, 절세수단 목적으로 인정되는 유보이익의 범주를 어떠한 합리적인 방식으로 설정할것인가의 문제로 귀착될 것이다. 가령, 초과유보이익을 3년 이상 쌓아둔 유보금에 한정하면 어떠한가? 우리나라는 과거 두 차례나 유사 제도를 도입하여 시행하다가 조세저항에 부딪혀 폐지의 수순을 밟은 아픈(?) 역사가 있다. 유보소득에 대한 과세가 유독 우리나라에 뿌리내리지 못하는 이유는 무엇일까?

 연습문제

[2014년 방송통신대 기말시험]

갑, 을 병 및 정은 공동으로 사업을 하기로 하고 사업형태를 어떻게 할 것인지에 관하여 논의하였다. 다음 중 가장 옳은 것은?

① 갑: 물적회사인 주식회사를 설립하면 법인세를 내야 하지만, 인적회사인 합명회사를 설립하면 법인세를 내지 않는 것을 선택할 수 있다.
② 을: 민법상의 조합을 설립하면 영리목적이 인정되므로 법인세 납세의무가 있다.
③ 병: 주식회사라도 동업기업과세 제도를 선택하여 법인세를 내지 않을 수 있다.
④ 정: 주식회사를 설립하면 법인 단계에서 법인세를 내지만 주주가 배당받을 때에는 세부담이 없다.

정답 ① 인적회사의 경우 동업기업과세제도의 적용을 선택하지 않으면 법인세 납세의무가있다.

해설 ② 민법상 조합은 법인격이 없어 법인세 납세의무가 없다.
③ 물적 회사는 동업기업과세제도를 적용받을 수 없다.
④ 주주가 100% 지분을 보유한 법인이면 옳지만, 설문의 갑, 을 병, 정은 개인이므로,옳지 않다. 개인주주는 배당에 대해서도 소득세 납세의무를 지고, 다만, 법인 단계의법인세 일부를 배당소득에 가산한 다음 같은 금액을 세액에서 공제받는다.

[2012년 방송통신대 기말시험 수정]

우리 법인세법이 채택하고 있지 않은 것은?

① 배당금을 소득에서 공제하여 주는 방안

② 법인이 수입한 배당금을 익금 산입하지 않는 방안

③ 일정한 요건을 충족할 경우 여러 법인을 하나의 납세의무자로 보아 법인세를 신고 납부할 수 있는 방안

④ 소규모 폐쇄회사에 대해서 법인세를 물리지 않고 각 주주에게 바로 과세하는 방안

정답 ④ 미국세법은 이른바 S Corporation에 대해서는 회사를 통해 얻은 주주의 소득을 각 주주에게 바로 과세하는 방안을 채택하고 있으나, 우리 법인세법은 그런 제도가 없어 물적회사의 경우 소규모 폐쇄회사에 해당해도 항상 법인세 납세의무를 진다.

해설 ① 특수목적회사의 경우 지급배당금소득공제제도를 적용받을 수 있다.

② 법인주주는 수입배당금 익금불산입제도를 적용받는다.

③ 우리 법인세법은 100% 모자회사에 한정하여 연결납세제도를 허용하고 있다.

제3절 법인과 주주 사이의 거래

이제까지 보았듯이 법인과 출자자 사이의 거래는 다른 사람 사이의 거래와는 성격이 다를 수밖에 없다. 법인의 소득이란 출자자의 집합적 소득이고, 좀 더 넓혀 생각하면 법인이란 출자자의 사단일 뿐이다. 그렇게 본다면 법인과 출자자 사이의 거래는 출자자 집단의 내부거래일 뿐이다. 법인과 출자자 사이의 거래로 그 성질상 손익이 생길 수 없는 것을 '자본거래'라고 부르기도 한다.

이하에서는 법인과 출자자 간에 행해지는 거래를 시간적 순서에 따라 법인의 설립, 이익의 처분, 투자원리금의 회수, 세 단계로 나누어 법인과 출자자에게 생기는 과세효과를 살펴본다. 이 논의에서 법인은 당연히 인적회사를 포함하지

만, 인적회사의 경우 동업기업과세특례제도의 적용을 선택하지 않은 것을 전제한다. 동업기업과세특례제도를 적용받는 인적회사에 대해서는 본격적인 교과서를 보기 바란다.

Ⅰ. 법인의 설립과 자본납입

법인세법 제15조(익금의 범위) ① 익금은 자본 또는 출자의 납입 및 이 법에서 규정하는 것은 제외하고 해당 법인의 순자산(純資産)을 증가시키는 거래로 인하여 발생하는 이익 또는 수입[이하 "수익"(收益)이라 한다]의 금액으로 한다.

제17조(자본거래로 인한 수익의 익금불산입) ① 다음 각 호의 금액은 내국법인의 각 사업연도의 소득금액을 계산할 때 익금에 산입(算入)하지 아니한다.
  1. 주식발행액면초과액: 액면금액 이상으로 주식을 발행한 경우 그 액면금액을 초과한 금액(무액면주식의 경우에는 발행가액 중 자본금으로 계상한 금액을 초과하는 금액을 말한다). (단서 생략)

제20조(자본거래 등으로 인한 손비의 손금불산입) 다음 각 호의 금액은 내국법인의 각 사업연도의 소득금액을 계산할 때 손금에 산입하지 아니한다.
  1. (생략)
  2. 주식할인발행차금: 「상법」 제417조에 따라 액면미달의 가액으로 신주를 발행하는 경우 그 미달하는 금액과 신주발행비의 합계액

주주가 현금을 출자하여 법인을 설립할 때, 출자가액을 주식의 액면가액으로 맞추는 것을 액면발행이라 부른다. 액면발행을 한다면 출자한 돈은 전액이 법인의 자본금으로 잡힌다. 출자가액이 액면가액보다 더 높은 것을 할증발행이라 한다. 할증발행을 한다면 액면금액을 자본금으로 잡고 그보다 더 들어온 돈은 자본준비금(주식발행액면초과액; 주식할증발행차금)이 된다. 무액면주식을 발행하는 경우에는 이사회(정관에 따로 정한 경우에는 주주총회)가 정한 금액이 자본금이 되고, 발행가액이 자본금보다 더 큰 경우에는 그 차액이 자본준비금이다.

기|초|학|습

준비금

상법은 자본거래에서 발생한 잉여금을 자본준비금으로 적립하라고 정하고 있다.[10] 가령 액면 1,000원인 주식을 주당 1,300원에 발행한다면, 회사에 들어오는 현금 1,300원 가운데 1,000원은 자본금이 되고 남는 차액(잉여금) 300원은 자본준비금이 된다. 여기에서 자본준비금으로 '적립'하라는 말은 은행에 예금하거나 회사에 현금을 쌓아두라는 말은 아니다. 이 1,300원으로 예금을 하든 땅을 사든 이는 모두 회사에서 알아서 정할 일이다. 그렇다면 '적립'한다는 말은 무슨 뜻일까? 1,300원 가운데 900원은 땅을 사는데 썼고 400원은 현금으로 가지고 있다고 하자. 이 상태에서 회사의 결산기가 되었다고 하자. 아직 달리 소득을 번 것이 없는 이상 회사에 배당가능이익이 안 생기는 것은 논리상 당연하다. 그런데 이 회사의 순자산(자산에서 부채를 뺀 금액)은 1,300원이 있고 자본금은 1,000원이니까 차액 300원은 배당할 수 있는 것 아닐까? '자본거래(여기에서는 주식발행)에서 발생한 잉여금(1,300-1,000=300원)을 자본준비금으로 적립'한다는 말은 바로 이 잉여금 300원을 배당할 수 없다는 말이다. 상법은 배당가능이익을 계산할 때 회사의 순자산액(1,300원)에서 자본금(1,000원)과 그 결산기까지 '적립된 자본준비금'(300원)을 빼라고 정하고 있고,[11] 따라서 자본준비금을 '적립'하는 효과는 적립액만큼 배당가능이익이 줄어든다는 말이다. 달리 번 소득이 없는 이상 회사의 순자산 1,300원에서 자본금 1,000원과 자본준비금 300원을 빼면 배당가능이익은 없다.

상법이 정하고 있는 준비금('법정준비금'이라 부른다)에는 자본준비금 말고 '이익준비금'도 있다. 이익준비금이란, 현금배당을 할 때마다 현금배당액의 10% 이상을 자본금의 50%에 달할 때까지 적립해야 하는 것을 말한다.[12] 가령 앞의 회사가 이듬해 한 해 동안 사업을 해서 770원을 벌어서(가령 좀 극단적인 예로 복권당첨금으로 현금 770원을 받아서) 순자산이 2,070원(= 땅 900원+현금 1170원)이 되었다고 하자. 이제 결산기가 되었다면 이제는 배당가능이익이 있다. 얼마까지 배당할 수 있을까? 얼핏 생각하면 2,070-(1,000+300)=770원일 듯싶지만 아니다. 현금배당을 할 때마다 현금배당액의 10% 이상을 적립해야 하기 때문이다. 가령 현금 700원을 배당한다면 이익준비금으로 700원×10%=70원 이상을 적립해야 한다. 따라서 실제 배당할 수 있는 금액은 770원에서 이익준비금 적립액 70원을 뺀 700원이 된다.[13] 이 700원을 현금으로 다 배당한 뒤에는 회사의 순자산은 1,370원(=2,070원-700원=땅 900원+현금 470원)이 되고, 이 1,370원은 자본금 1,000원, 자본준비금 300원, 이익준비금 70원으로 이루어진다.

---

10) 상법 제459조 제1항.
11) 상법 제462조 제1항 제2호.
12) 상법 제458조.
13) 상법 제462조 제1항 제2호.

상법에는 안 나오는 말이지만 실무에서는 '임의준비금'이라는 말도 쓴다. 이 말을 포함하는 넓은 뜻으로 준비금이라는 말은 법정준비금과 임의준비금을 다 포함하게 된다. 임의준비금이란 자본준비금이나 이익준비금으로 적립할 의무가 없지만 배당가능이익을 다 배당하지 않고 뭔가 이름을 붙여서 남겨둔 금액을 말한다. 가령 앞 문단의 회사가 실제로 현금 배당한 금액이 500원이라면 회사의 순자산은 1,570원(=땅 900원+현금 670원)이 되고, 이 1,570원은 자본금 1,000원, 자본준비금 300원, 이익준비금 70원, 임의준비금 200원과 같아진다. 이런 임의준비금은 임의로 남겨둔 배당가능이익일 뿐이므로 언제라도 다시 배당할 수 있다. 마지막으로, 법정준비금도 예외적으로 배당하는 경우가 있을 수 있지만[14] 이 책의 범위 밖이다.

주식을 발행하면서 받은 현금(순자산증가액)이 자본금이라면 법인의 익금이 아닌 것은 당연하다. 회사의 설립이나 증자과정에서 늘어난 주식발행액면초과액도 자본금과 똑같이 주주가 출자한 원본일 뿐이므로 법인의 소득이 아니다. 한편, 상법상 일정한 규제[15] 하에 출자가액을 액면가액보다 낮게 하는 할인발행도 가능하다. 법인세법은 액면미달에 따른 주식할인발행차금(=액면미달액)을 손금에서 제외하고 있다. 할증발행에서 액면초과액이 법인소득이 아닌 것과 같은 이치이다.

한편 법인에 재산을 현물출자하는 경우에는 시가와 취득가액의 차액(재산의 가격이 올라서 생긴 미실현이득)을 출자하는 자의 양도소득으로 과세한다. 다른 주주에게는 아무 상관이 없는 일이기 때문이다. 다만 일정한 요건을 갖춘 현물출자의 경우 현물출자에 의한 미실현이득에 대하여 과세이연의 혜택을 준다(조세특례제한법 제32조 및 제38조의2 등 참조).

---

14) 회사는 적립된 자본준비금 및 이익준비금의 총액이 자본금의 1.5배를 초과하는 경우에 주주총회의 결의에 따라 그 초과한 금액 범위에서 자본준비금과 이익준비금을 감액할 수 있다(상법 제461조의2).

15) 회사가 창립한 날부터 2년을 경과한 후에 주주총회의 특별결의를 거치고 법원의 인가를 받아야 한다(상법 제417조).

[심화학습] 채무의 출자전환으로 인한 과세문제

(사례) 회생절차가 진행 중인 법인이 법원의 회생계획에 따라 다음과 같은 조건으로 채무를 출자전환하는 경우, 주식의 액면가액을 초과하는 금액은 주식발행초과금인가? 아니면, 채무면제익인가?

      – 주식의 액면가액: 5,000원
      – 주당 출자전환 채무액: 15,000원(즉 채무액 15,000원당 1주 교부)
      – 주식의 시가: 7,000원(출자전환일 현재 시가)

현행 법인세법 제17조 제1항 제1호는 주식발행액면초과액을 익금불산입하면서, 그 단서에서 채무의 출자전환으로 주식 등을 발행하는 경우에는 시가를 초과하여 발행된 금액을 익금불산입에서 제외한다. 위 사례의 경우 액면가액과 출자전환 시 주식의 시가와의 차액(1주당 2,000원)은 주식발행액면초과액으로 익금불산입하지만, 주식의 시가와 1주당 출자전환 채무액과의 차액(1주당 8,000원)은 채무면제익으로 익금에 해당한다. 다만 차기 이후 사업연도의 결손금 보전에 충당하기로 하였다면 해당 금액을 익금불산입할 수 있다(2항).

II. 이익처분과 배당

1. 배당금지급액의 손금산입 여부

배당금은 이미 법인세를 내고 남은 소득이 쌓인 것을 각 주주에게 배분하는 것이므로 법인소득 계산상 손금일 수가 없다. 손금이란 "자본 또는 출자의 환급, 잉여금의 처분 및 이 법에서 규정하는 것은 제외하고 해당 법인의 순자산을 감소시키는 거래로 인하여 발생하는 손실 또는 비용의 금액"을 말하는데(법인세법 제19조 제1항), 배당은 잉여금의 처분에 해당하여 손금에서 제외되기 때문이다.

한편 법인세법 제51조의2에서 정한 유동화전문회사 등 특수목적회사에 대하여 지급배당금의 소득공제를 허용하고 있다는 점은 위에서 살펴본 바와 같다.

2. 주식배당과 준비금의 자본전입

(1) 주식배당

법인이 주식배당을 하는 경우 법인의 순자산에는 아무 변화가 없다. 단지 배당가능이익(이익잉여금)이 자본금으로 바뀔 뿐이고, 자본금의 증가는 법인세 과세대상인 익금에 해당하지 않는다. 주주가 이미 보유하던 주식에 대하여 주식배당을 받은 경우 액면금액이 주주의 과세소득에 들어간다.

주식배당은 왜 과세하는가? 미국에서 소득세제가 도입된 직후인 1920년 유명한 Eisner v. Macomber 판결[16]에서 미대법원은 주식배당이란 단순한 종이의 지급에 불과하며 이를 통한 신주의 무상취득은 회사의 자산이나 이익의 분배와는 아무런 상관이 없으므로 주주의 입장에서 부(富)의 증식이나 소득의 실현이 없었다고 보았다. 예를 들어 순자산이 3,000만원(애초 주주가 출자한 2,000만원 더하기 회사가 번 돈 1,000만원)이고 발행주식수가 20주이던 회사가 신주 10주를 주식배당한다면, 이것은 그저 주권의 수가 늘었을 뿐이지 가치로 본다면 주당 순자산이 150만원(=3,000만원/20주)에서 100만원(=3,000만원/30주)으로 낮아진 것이므로 주주의 부는 그대로이다. 이런 관점에서 미국의 현행법은 주식배당을 주주의 소득에 포함하지 않고 있다. 한편 위 회사의 주식배당은 ① 이익잉여금 1,000만원을 현금으로 지급하고, ② 회사가 신주 10주를 주당 100만원으로 발행하면서 그와 동시에 주주는 지급받은 배당금 1,000만원으로 회사의 신주 10주를 사는, 이 2단계 거래를 압축한 것과 결과적으로 같다. 이 경우 현금배당 1,000만원을 주주의 소득으로 과세함은 물론이다. 따라서 주식배당을 과세한다고 해서 논리적 모순이 생길 것은 없다. 회사가 번 소득은 이미 있는 것이기 때문이다.

---

16) 252 U.S. 189. 이 판결의 내용과 의미에 관하여는 소득세편 제4장 제2절 심화학습에서 자세히 살펴본 바 있다.

(2) 준비금의 자본전입

소득세법 제17조(배당소득) ① 배당소득은 해당 과세기간에 발생한 다음 각 호의 소득으로
한다.
1.~2. (생략)
3. 의제배당(擬制配當)
4.~10. (생략)
② 제1항 제3호에 따른 의제배당이란 다음 각 호의 금액을 말하며, 이를 해당 주주, 사
원, 그 밖의 출자자에게 배당한 것으로 본다.
1. (생략)
2. 법인의 잉여금의 전부 또는 일부를 자본 또는 출자의 금액에 전입함으로써 취득하는
   주식 또는 출자의 가액. 다만, 다음 각 목의 어느 하나에 해당하는 금액을 자본에 전
   입하는 경우는 제외한다.
   가. 「상법」 제459조 제1항에 따른 자본준비금으로서 대통령령으로 정하는 것
(이하 생략)

기 초 학 습

준비금의 자본전입과 무상주

준비금은 그대로 남겨두면 자본금과 마찬가지로 배당가능이익에서 공제하므로 그와 같은 기
능을 한다. 그럴 바에는 차라리 준비금의 금액을 줄이면서 자본금의 금액을 올리자는 생각을
할 수 있고, 실제로 상법은 "회사는 이사회의 결의에 의하여 준비금의 전부 또는 일부를 자본에
전입할 수 있다"고 정하고 있다(제461조 제1항). 이 경우 자본금이 늘어나는만큼 신주를 발행
해서 주주에게 그냥 주게 되는데, 이것을 '무상주'라고 한다. 여기에서 '준비금'이라는 말은 상
법이 말하는 준비금이므로 당연히 법정준비금, 곧 자본준비금과 이익준비금을 말한다. 한편 주
식배당 시 받는 주식 역시 그냥 받는 것이므로 무상주이다. 이에 대비되는 말로 유상주란, 신주
발행 시 돈을 내고 주식을 받는 것을 말한다.

주주가 주식배당으로 받는 무상주는 앞서 보았듯 배당소득으로 과세한다.
준비금의 자본전입으로 받는 무상주는 어떨까? 위 제2호 단서 가목에서 정
하고 있는 바와 같이 자본준비금의 자본전입으로 받는 무상주는 주주의 배당으
로 보지 않는 것이 원칙이다. 반면에 상법상 이익준비금의 경우에는 위 제2호 단

서 각 목에서 열거하고 있지 않다. 결국 이익준비금을 자본 전입하여 받는 무상주는 언제나 주주의 의제배당으로 과세한다.

[심화학습] 자본전입 시 자본준비금과 이익준비금의 차이

왜 이런 차이를 둘까? 이익준비금은 상법의 제약 때문에 배당할 수는 없었지만 회사가 번 돈(법인세를 낸 소득)이라는 경제적 성질에서는 다른 배당가능이익과 아무 차이가 없고, 주식배당을 과세하는 이상 이익준비금의 자본전입도 과세해야 앞뒤가 맞는다. (주식배당이나 이익준비금의 자본전입을 과세한다는 말은 줄어드는 배당가능이익만큼이 주주의 과세소득으로 넘어가고, 그와 동시에 회사가 낸 법인세 가운데 그런 과세소득분 만큼을 배당세액공제 해 준다는 말이다. 이것은 현금배당도 마찬가지이다.) 한편 자본준비금은 애초 회사가 번 돈(법인세를 낸 소득)이 아니고 주주가 납입한 투자원본이라는 점에서 자본금과 아무 차이가 없다. 주주의 입장에서 보든 회사의 입장에서 보든 자본준비금의 자본전입은 동일한 그룹 안에서 일어나는 형식적인 변화일 뿐이고, 주주에게서 더 걷을 세금도 있을 수 없고 배당세액공제해줄 법인세도 있을 수가 없다.

다만, 상법상 자본준비금의 자본전입 중에는 예외적으로 법인세가 과세되는 것들이 있다. 그 예가 바로 잠시 뒤에 살펴볼 자기주식처분이익이다. 즉, 자기주식처분이익은 상법상 자본준비금에 해당함에도 법인세 과세대상인 익금이다. 따라서 이처럼 예외적으로 법인세가 과세되는 상법상 자본준비금을 자본금에 전입함에 따라 주주가 받는 무상주는 의제배당으로 과세해야 한다. 이런 이유에서 위 제2호 단서 가목이 ' … 자본준비금으로서 대통령령으로 정하는 것'이라고 규정하면서, 시행령에서 예외적으로 법인세가 과세되는 것들을 제외하고 있다.[17]

---

17) 소득세법 시행령 제27조 제4항 단서.

3. 법인주주

[도표] 수입배당금의 익금불산입 비율

〈지주회사〉

자회사가 비상장법인인 경우		자회사가 상장법인인 경우	
출자비율	익금불산입률	출자비율	익금불산입률
50% 미만	80%	30% 미만	80%
50% 이상 80% 미만	90%	30% 이상 40% 미만	90%
80% 이상	100%	40% 이상	100%

〈일반 내국법인〉

출자한 회사가 비상장법인인 경우		출자한 회사가 상장법인인 경우	
출자비율	익금불산입률	출자비율	익금불산입률
50% 미만	30%	30% 미만	30%
50% 이상 100% 미만	50%	30% 이상 100% 미만	50%
100%	100%	100%	100%

법인주주가 받는 배당금에 대해서는, 2000년부터 「독점규제 및 공정거래에 관한 법률」 등에 따른 각종 지주회사가 받는 수입배당금의 일정비율을 익금불산입하기 시작했고, 2001년부터는 지주회사뿐만 아니라 일반 법인에도 배당소득의 일정비율을 익금불산입하는 제도를 시행하고 있다.

Ⅲ. 투자원리금의 회수: 감자와 자기주식 취득

1. 감 자

법인세법 제17조(자본거래로 인한 수익의 익금불산입) ① 다음 각 호의 금액은 내국법인의 각 사업연도의 소득금액을 계산할 때 익금에 산입(算入)하지 아니한다.

> 1.~3. (생략)
> 4. 감자차익(減資差益): 자본감소의 경우로서 그 감소액이 주식의 소각, 주금(株金)의 반환에 든 금액과 결손의 보전(補塡)에 충당한 금액을 초과한 경우의 그 초과금액
>
> 소득세법 제17조(배당소득) ① 배당소득은 해당 과세기간에 발생한 다음 각 호의 소득으로 한다.
> 1.~2. (생략)
> 3. 의제배당(擬制配當)
> 4.~10. (생략)
> ② 제1항 제3호에 따른 의제배당이란 다음 각 호의 금액을 말하며, 이를 해당 주주, 사원, 그 밖의 출자자에게 배당한 것으로 본다.
> 1. 주식의 소각이나 자본의 감소로 인하여 주주가 취득하는 금전, 그 밖의 재산의 가액(價額) 또는 퇴사·탈퇴나 출자의 감소로 인하여 사원이나 출자자가 취득하는 금전, 그 밖의 재산의 가액이 주주·사원이나 출자자가 그 주식 또는 출자를 취득하기 위하여 사용한 금액을 초과하는 금액

감자(자본금의 감소)에는 주주에게 실제로 돈을 내어주는 유상감자와 내어주지 않는 무상감자가 있다.

유상감자로 회사가 내어주는 돈은 '자본의 환급'으로 손금이 아니다. 증자시 회사가 받는 돈이 익금이 아닌 것과 마찬가지이다. 감자를 하면 자본금이 감소하므로, 무상감자라면 그만큼 감자차익이 생긴다. 유상감자 시 자본금을 감소시킨 금액보다 내어주는 돈이 더 적은 차액도 감자차익이 된다. 감자'차익'이라는 이름에 불구하고 이는 익금이 아니다(주식발행액면초과액이 익금이 아닌 것과 마찬가지이다). 역으로 순자산감소액이 자본감소액보다 더 큰 경우 생기는 차액(명문규정은 없지만 '감자차손'이라고 부른다)도 손금이 아니다.

무상감자의 경우에는 주주는 아무 것도 받지 않으므로 소득이 없다. 유상감자의 경우에는 감자당하는 주식의 취득가액보다 더 많은 돈을 받으면 차액을 배당으로 의제하여('의제배당'의 한 갈래이다) 배당소득으로 과세한다.

2. 자기주식 취득

주식회사는 배당가능이익으로 자기주식을 취득할 수 있고, 그 밖에는 법정사유가 있는 때에만 인정한다. 자기주식을 취득하는 단계에서는 회사에 손익이 생기지 않는다. 취득한 자기주식을 소각할 때 생기는 자기주식소각손익(감자차손

익)도 역시 손금이나 익금이 아니다. 회사가 자기주식을 사들여 가지고 있다가 나중에 팔아서 처분손익이 생길 수 있는데, 자기주식처분이익은 익금이고, 자기주식처분손실은 손금이다.

Ⅳ. 해산·청산

소득세법 제17조(배당소득) ① 배당소득은 해당 과세기간에 발생한 다음 각 호의 소득으로 한다.
1.~2. (생략)
3. 의제배당(擬制配當)
4.~10. (생략)
② 제1항 제3호에 따른 의제배당이란 다음 각 호의 금액을 말하며, 이를 해당 주주, 사원, 그 밖의 출자자에게 배당한 것으로 본다.
1.~2. (생략)
3. 해산한 법인(법인으로 보는 단체를 포함한다)의 주주·사원·출자자 또는 구성원이 그 법인의 해산으로 인한 잔여재산의 분배로 취득하는 금전이나 그 밖의 재산의 가액이 해당 주식·출자 또는 자본을 취득하기 위하여 사용된 금액을 초과하는 금액. (단서 생략)

법인이 해산하는 경우 청산소득(잔여재산에 붙어 있는 미실현이익)에 대해 법인세를 내야 한다는 점은 앞에서 살펴보았다. 그러면 주주 입장에서는 어떤 과세문제가 생길까? 법인이 해산하면 청산인을 선임하여 그에게 청산업무를 맡기게 된다. 청산업무는 대개 재산의 매각, 매각대금에 의한 채무의 변제, 잔여재산의 분배로 이루어진다. 위 제3호는, 주주가 청산인으로부터 잔여재산을 분배받으면, 그 가액이 주식의 취득가액보다 큰 경우 그 차액을 배당으로 본다는 내용이다. 청산으로 받는 잔여재산의 분배금이나 해산 전에 사업을 계속하던 중에 받는 이익배당이나 차이를 둘 이유가 없는 까닭이다. 그리고 법인이 청산소득에 대한 법인세를 낸 바 있으므로, 주주 단계에서 이중과세를 조정해 주려면, 위 청산에 따른 의제배당에 대해서도 배당소득 그로스업 및 배당세액공제를 해주는 것은 당연하다.

V. 합병, 분할, 기타 기업구조조정 세제 [심화학습]

1. 개 요

기업 간 결합이라는 목적을 달성하기 위해서는 상법을 비롯한 사법상 인정되는 다양한 거래형태를 이용할 수 있다. i) 인수하고자 하는 회사(취득회사)가 인수대상 회사(대상회사)의 주주로부터 주식을 사들여 대상회사를 자회사로 삼아 지배권을 확보하거나, 취득회사가 대상회사의 영업재산을 사들여 직접 소유하거나, 아예 대상 회사를 합병하거나, 그 밖에 여러 가지 형태가 있을 수 있다.

위와 같은 여러 가지 형태의 기업결합이 일어나는 경우, 이러한 결합을 계기로 취득회사, 대상회사 및 대상회사의 주주에게 그동안 발생한 미실현이익을 과세할 것인지가 문제된다. 우리나라는 1997년 IMF 이후 과세이연 제도를 들여와 상법에 따른 합병과 분할의 경우 일정한 요건하에서 과세이연의 특례를 인정했다. 그 뒤 2010년 세법 개정을 통해 합병분할세제를 다듬으면서 동시에 자산의 포괄적 양도, 주식의 포괄적 교환·이전에 대해서까지 과세이연특례를 확대하였다. 매우 복잡하고 어려운 내용이니 읽다가 잘 모르겠으면, 아, 세법에는 아주 어려운 내용도 있구나 정도만 깨닫고 그만 읽어도 된다. 이 교재 나머지 부분을 공부하기에 아무 지장이 없다.

2. 합 병

합병은 피합병법인, 합병법인, 피합병법인의 주주 3단계에서 세금 문제를 일으킬 수 있다.

(1) 피합병법인의 양도손익

피합병법인에 대해서는 합병으로 인해 해산하는 과정에서 회사 재산에 딸린 미실현이득을 어떻게 과세할 것인가라는 문제가 생긴다. 법인세법 제44조에 따르면, 피합병법인이 합병으로 해산하는 경우 그 법인의 자산을 합병법인에 시가에 양도한 것으로 보아 양도손익을 피합병법인의 합병등기일이 속하는 사업연도의 소득금액을 계산할 때 익금 또는 손금에 산입한다. 그러나 적격합병의 요건을 충족한다면 피합병법인이 순자산을 장부가액에 양도했다고 보아 양도소득에 대한 과세를 이연한다. 이 요건은 사업의 계속성, 지분의 연속성(합병대가 가운데 주식이 80%를 넘을 것) 등이다.

(2) 피합병법인 주주에 대한 의제배당

피합병법인의 주주는 기존의 주식을 내어놓고 합병법인의 주식을 받게 되므로, 주식의 시가와 취득가액의 차액을 과세할 것인가의 문제가 생긴다. 소멸법인 주주에게는 (교부받은 합병신주의 가액-내어놓은 구주의 취득원가)라는 의제배당 소득이 생기지만, 적격합병이라면 합병신주의 가액을 시가가 아니고 구주의 취득원가로 평가하는 방식으로 세금을 이연한다.

(3) 합병법인에 대한 과세

합병법인에 대해서는 피합병법인에서 인계받은 재산의 장부가액과 시가의 차액을 과세할 것인가의 문제가 생긴다. 소멸법인에서 인계받은 순자산이 존속법인의 증자액(+합병교부금)보다 크면 그 차액이 합병차익이다. 합병차익은 익금이 아니고 자본준비금이 된다.

합병차익을 자본전입하는 경우에는 이 합병차익이 당초 소멸법인의 재무상태표상 어느 부분에 대응하는 것으로 볼 것인가라는 쌓기 문제가 생긴다. 가령 존속법인이 인계받은 자산부채를 소멸법인의 장부가액 그대로 인계받고 합병신주의 액면도 소멸법인의 기존자본금과 같다면 합병차익의 금액은 소멸법인의 잉여금(=순자산-자본금=자본준비금+이익준비금+배당가능이익)과 같다. 따라서 존속법인이 합병차익 중 일부를 자본전입하는 경우 그 일부가 소멸법인의 자본준비금, 이익준비금, 배당가능이익(미처분이익잉여금)의 어디에 해당하는가를 따질 필요가 생긴다. 현행법은 기본적으로는 비과세되는 부분(자본준비금의 자본전입은 비과세한다)부터 자본전입하는 것으로 본다.

적격합병이라면 소멸법인은 순자산을 장부가액으로 넘기는 것으로 본다. 따라서 존속법인의 취득가액도, 기업회계상 취득가액을 어떻게 적었는가에 관계없이 세법상으로는 소멸법인의 장부가액이 그대로 넘어온다. 비적격합병이라면 소멸법인은 시가에 넘기는 것으로 보므로 존속법인의 취득가액 역시 시가가 된다. 적격합병 후 2년 이내에 존속법인이 승계받은 사업을 폐지하거나 소멸법인의 주주가 합병신주를 처분하는 경우에는 과세이연한 소득을 존속법인의 익금에 가산한다. 적격합병이라면 소멸법인의 이월결손금도 존속법인이 승계받지만 소멸법인에서 승계받은 사업의 소득에서만 공제받을 수 있다.

3. 자산의 포괄적 양도와 주식의 포괄적 교환·이전

소멸법인이 자산부채를 포괄적으로 존속법인에 현물출자하면서 주식을 받고, 그 뒤 소멸법인이 해산청산하면서 존속법인의 주식(잔여재산)을 청산배당으로 분배한다면 최종 결과는 합병과 같다. 이 경우 과세 문제는 합병과 거의 같지만 세부적으로 차이가 있을 수 있다. 주식의 포괄적 교환으로 대상회사를 자회사로 거느리게 되는 경우에도, 적격교환에 해당한다면 과세이연을 받을 수 있다. 주식의 포괄적 이전으로 회사와 주주 사이에 모회사를 만들어 넣는 경우에도 적격이전이라면 과세이연을 받을 수 있다.

4. 회사의 분할

물적분할에서는 회사의 자산부채가 자회사로 넘어간다. 이것은 재산을 현물출자하여 자회사를 세우는 것과 다를 바 없다. 따라서 양도차익이 생기지만, 주주의 연속성과 사업의 계속성 등 적격요건을 갖춘 경우에는 양도차익에 대한 세금을 이연받을 수 있다. 물적분할이라는 절차 대신 현물출자의 형식을 밟는 경우도 같다.

인적분할에서도 주주의 연속성과 사업의 계속성 등 적격분할에 해당하면 분할되는 회사에 대한 양도차익 과세와 분할신설법인의 주주에 대한 의제배당과세를 이연해 주고 분할신설법인은 분할 전의 장부가액을 그대로 물려받는다. 다른 문제는 합병에 준해서 생각하면 된다.

 연습문제

[2015년 방송통신대 기말시험 수정]

법인세에 관한 다음의 설명으로 옳지 않은 것은?

① 액면초과발행으로 인하여 액면금액을 초과하여 납입한 신주인수의 대금은 익금이 아니다.
② 자기주식을 취득하였다가 그보다 더 비싼 가격에 제3자에게 양도한 경우의 차익은 익금이다.
③ 감자차손은 손금이 아니다.
④ 주식배당은 이익배당과 달리 과세대상이 아니다.

정답 ④ 과세대상이다. 이는 현금배당을 받아서 이로써 신주를 인수한 것과 동일하게 보는 것이다.

해설 ① 법인세법 제17조 제1항 제1호.
② 정확히는 자기주식의 양도가액이 익금이고, 양도당시 해당 자기주식의 장부가액이 손금이지만 결과적으로는 맞다.
③ 명문의 규정은 없지만, 논리상 손금이 아니라고 본다.

소득의 기간개념과 세무회계

앞 장에서 본 것처럼 법인의 과세소득에는 각 사업연도 소득, 토지 등 양도소득 및 청산소득이 있다. 이 가운데 가장 중요한 것은 '각 사업연도 소득'인데, 그 과세표준과 세액을 어떻게 계산하는지는 대략 살펴본 바 있다. 그렇다면 그에 앞서 법인의 '각 사업연도 소득'은 구체적으로 어떻게 계산할 것인가? 이것이 바로 제8장, 제9장, 제10장에 걸쳐서 다룰 과제이다.

이 내용을 '세무회계'라고 하는데, 보통 법인소득을 중심으로 설명한다. 그러나 대부분의 내용은 개인의 사업소득에도 거의 그대로 적용되는 것이기 때문에 사실은 법인·개인에게 공통되는 주제이다. 이 책에서도 법인소득을 중심에 놓고 논의를 전개하겠지만, 특별한 말이 없는 한 개인의 사업소득에도 마찬가지 내용이 적용된다.

제1절 기간소득의 개념

Ⅰ. 법인세법의 기간소득

1. 원칙: 순자산증가설

법인의 '각 사업연도의 소득'은 그 사업연도에 속하는 익금의 총액에서 그 사업연도에 속하는 손금의 총액을 공제한 금액이다(법인세법 제14조 제1항).

$$각\ 사업연도\ 소득금액 = 익금의\ 총액 - 손금의\ 총액$$

그렇다면 여기서 익금과 손금이라는 말은 무슨 뜻인가?

> 법인세법 제15조(익금의 범위) ① 익금은 자본 또는 출자의 납입 및 이 법에서 규정하는 것은 제외하고 해당 법인의 순자산을 증가시키는 거래로 인하여 발생하는 이익 또는 수입(이하 "수익"이라 한다)의 금액으로 한다.
>
> 법인세법 제19조(손금의 범위) ① 손금은 자본 또는 출자의 환급, 잉여금의 처분 및 이 법에서 규정하는 것은 제외하고 해당 법인의 순자산을 감소시키는 거래로 인하여 발생하는 손실 또는 비용(이하 "손비"라 한다)의 금액으로 한다.

정리하면, 법에서 달리 정하지 않은 이상, 순자산증가액은 익금이고 순자산 감소액은 손금이라는 것이다. 여기서 '순자산'이란 자산에서 부채를 뺀 것을 말하므로, 자산의 증가액(또는 부채의 감소액)은 익금이 되고 자산의 감소액(또는 부채의 증가액)은 손금이 된다. 결국 법인세법은 납세의무자의 부(富), 곧 순자산이 늘었다면 그 종류와 원천을 따지지 않고 원칙적으로 모두 과세대상으로 삼겠다는 입장임을 알 수 있다. 소득세법이 소득원천설 또는 제한적 소득 개념을 따르고 있는 것과 달리 법인세법이 순자산증가설 또는 포괄적 소득 개념을 따르고 있는 것은, 법인의 소득을 파악하는 데에는 사생활의 보호라는 문제가 없기 때문이다.

앞의 제4장에서 이미 살펴본 바 있다.

이런 포괄적 소득 개념에서는 순자산증가액(또는 감소액)은 특별한 규정이 없어도 당연히 익금(또는 손금)에 해당하는 것이므로, 따로 규정을 두더라도 그것은 어디까지나 예를 든 것일 뿐이다. 다음의 법인세법시행령 규정이 바로 그렇다.

법인세법시행령 제11조(수익의 범위) 법 제15조 제1항에 따른 이익 또는 수입(이하 "수익"이라 한다)은 법 및 이 영에서 달리 정하는 것을 제외하고는 다음 각 호의 것을 포함한다.
1. … 각 사업에서 생기는 사업수입금액 …   2. 자산의 양도금액 …
3. 자산의 임대료   4. 자산의 평가차익   5. 무상으로 받은 자산의 가액
6. 채무의 면제 또는 소멸로 인하여 생기는 부채의 감소액(…)
7. 손금에 산입한 금액중 환입된 금액
8.~9. (생략)
10. 그 밖의 수익으로서 그 법인에 귀속되었거나 귀속될 금액

법인세법시행령 제19조(손비의 범위) 법 제19조 제1항에 따른 손실 또는 비용(이하 "손비"라 한다)은 법 및 이 영에서 달리 정하는 것을 제외하고는 다음 각 호의 것을 포함한다.
1. 판매한 상품 또는 제품에 대한 원료의 매입가액(…)과 그 부대비용 …
2. 양도한 자산의 양도 당시의 장부가액   3. 인건비 …   4. 유형자산의 수선비
5. 유형자산 및 무형자산에 대한 감가상각비 …   6. 자산의 임차료
7. 차입금이자   8. (생략)   9. 자산의 평가차손
10. 제세공과금   11.~21. (생략)
22. 그 밖의 손비로서 그 법인에 귀속되었거나 귀속될 금액

예를 들어, 100원에 사들인 상품을 150원에 팔았다면 150원(수익 중 제1호의 '각 사업에서 생기는 사업수입금액')은 순자산증가액이므로 익금이 되고, 100원(손비 중 제1호의 '판매한 상품의 매입가액')은 순자산감소액이므로 손금이 된다. 또한 만일 100원에 사들인 토지를 150원에 팔았다면, 150원(수익 중 제2호의 '자산의 양도금액')은 익금이 되고 100원(손비 중 제2호의 '양도한 자산의 양도 당시의 장부가액')은 손금이 된다. 이 두 가지는 물건을 팔아서 얻는 소득이라는 점에서 어차피 마찬가지인데도 구태여 나누어 규정한 이유는 '상품·제품 등의 판매'(제1호)는 기업의 주된 영업활동에 속하는 반면 '그 밖의 자산의 양도'(제2호)는 그 밖의 활동으로서로 구별된다는 생각 때문이다. 한편 수익 중 제5호의 '무상으로 받은 자산의 가액'(흔히 "자산수증익"이라 한다), 제6호의 '채무의 면제 또는 소멸로 인하여 생기

는 부채의 감소액'(흔히 "채무면제익"이라고 한다) 역시 순자산 증가액이므로 익금이 된다.

그러나 이런 조항들은, 앞에서 이야기한 것처럼, 모두 예를 든 것일 뿐이다. 이 점은 위 시행령 제11조와 제19조 각 본문의 끝부분("다음 각 호의 것을 포함한다")과 마지막 호("그 밖의 수익(또는 손비)으로서 그 법인에 귀속되었거나 귀속될 금액")에 분명히 나타나 있을 뿐 아니라, 설혹 그렇게 명시되어 있지 않더라도 앞에서 본 익금과 손금에 관한 법인세법의 정의 자체에 이미 그런 뜻이 들어 있다. 순자산증가액은 원인을 묻지 않고 익금이고 순자산감소액 역시 원인을 묻지 않고 손금이라는 것이기 때문이다. 가령 손해배상이나 손실보상으로 받은 돈, 무효인 매매계약에 의한 수입, 밀수로 얻은 소득 따위는 위의 시행령 조문에 규정되어 있지 않지만 모두 소득에 포함된다는 것이 우리 대법원의 입장이다. 위 조문의 뜻을 생각하면 당연한 판례이다.

2. 순자산증가설에 대한 예외

순자산증가액은 익금이고 순자산감소액은 손금이라는 대원칙에는, 앞의 익금과 손금의 정의에 나타나 있듯이, 몇 가지 예외가 있다.

첫째, 자본(또는 출자)의 납입은 순자산 증가를 가져오지만 익금에서 제외하고, 자본(또는 출자)의 환급과 잉여금의 처분은 순자산 감소를 가져오더라도 손금에서 제외한다. 그 이유는 앞 장에서 본 것처럼 기업과 출자자 사이의 거래, 곧 자본거래이기 때문이다.

둘째, "이 법에서 규정하는 것"도 익금과 손금에서 제외한다. 다시 말해서, 순자산이 증가했더라도 법에서 특별히 익금에서 제외하는 것('익금불산입' 항목), 순자산이 감소했더라도 법에서 특별히 손금에서 제외하는 것('손금불산입' 항목)도 있다는 것이다. 예를 들어, 자산의 평가차익은 순자산 증가액임이 분명하고 실제로 앞의 법인세법시행령 조문에도 수익으로 예시되어 있지만(제4호) 법인세법에 특별히 익금불산입 항목으로 명시되어 있어 실제로는 익금이 되지 않는 것이 대부분이다. 또한 제세공과금은 순자산 감소액임이 분명하고 실제로 손비로 예시되어 있지만(제10호) 그 가운데 몇 가지 항목들은 법인세법에 특별히 손금불산입

항목으로 규정되어 있다. 이렇게 순자산증가액인데도 익금에서 제외하는 항목, 그리고 순자산감소액인데도 손금에서 제외하는 항목들이 꽤 있고 그 이유도 다양한데, 이런 내용들은 이후의 장(특히 제10장)에서 차차 살펴본다.

3. 결손금의 처리

만일 익금총액에서 손금총액을 뺀 금액이 음수(−)가 된다면 어떻게 처리하는가? 기업이 돈을 번 것이 아니라 오히려 밑진 경우인데, 이 경우 그 음수의 값을 '결손금'이라 하고 그것이 다음연도로 넘어가면 이를 '이월결손금'이라 한다(법인세법 제14조 제2항, 제3항).

이러한 결손금은 어느 사업연도의 순자산이 증가한 금액이 아니라 오히려 순자산이 감소한 금액을 나타내는 것이므로 다른 사업연도의 소득에서 공제해주어야 옳지 않은가 하는 생각이 들게 된다. 이렇게 한다면 과거의 사업연도 소득에서 소급하여 공제해주는 방식(따라서 과거에 이미 납부한 세금의 전부 또는 일부를 돌려주는 방식)과 나중의 사업연도의 소득에서 공제해주는 방식을 생각해 볼 수 있는데, 우리나라는 원칙적으로 뒤의 방식을 택하고 있다.

법인세법 제13조(과세표준) ① 내국법인의 각 사업연도의 소득에 대한 법인세의 과세표준은 각 사업연도의 소득의 범위에서 다음 각 호에 따른 금액과 소득을 차례로 공제한 금액으로 한다. 다만, 제1호의 금액에 대한 공제는 각 사업연도 소득의 100분의 60[…중소기업…과 회생계획을 이행 중인 기업 등…의 경우는 100분의 100]을 한도로 한다.
1. 제14조 제3항의 이월결손금 중 다음 각 목의 요건을 모두 갖춘 금액
　가. 각 사업연도의 개시일 전 15년 이내에 개시한 사업연도에서 발생한 결손금일 것
　나. 제60조에 따라 신고하거나 제66조에 따라 결정·경정되거나 국세기본법 제45조에 따라 수정신고한 과세표준에 포함된 결손금일 것
2. 이 법 및 다른 법률에 따른 비과세소득
3. 이 법 및 다른 법률에 따른 소득공제액
② (생략)

각 사업연도 소득금액에서 이월결손금(제1호), 비과세소득(제2호), 소득공제(제3호)의 금액을 차례로 공제하여 과세표준을 계산한다는 것이다. 여기서 특히 눈여겨 볼 부분이 제1호의 이월결손금의 공제로, 과거에 생긴 결손금을 올해의

소득에서 공제해준다는 뜻이다. 그런데 잘 읽어보면 여러 가지 제한이 붙어 있음을 알 수 있다. 첫째, 과거 15년 이내에 생긴 결손금만을 공제할 수 있을 뿐이고 그 전에 생긴 것은 공제할 수 없다.[1] 둘째, 법인세의 신고, 결정·경정 또는 수정신고 등을 통해 확정된 결손금만이 공제대상이 된다. 다시 말해서, 실제로 결손이 났더라도 이런 확정절차를 밟지 않은 상태라면 그 결손금은 이후 사업연도의 과세표준을 계산할 때 공제대상이 될 수 없다는 것이다. 셋째, 결손금은 원칙적으로 각 사업연도 소득의 60%(또는 100%) 범위 안에서만 공제할 수 있다(각 호 외의 부분 중 단서).

기 | 본 | 사 | 례   이월결손금의 공제

(주)고구려(사업연도: 1. 1. ~ 12. 31.)의 각 사업연도 소득은 다음과 같다. 12년과 13년의 법인세 과세표준은 각각 얼마인가? 단, (주)고구려는 중소기업도 아니고 회생계획을 이행 중인 기업도 아니며, 비과세소득이나 소득공제는 없다고 가정한다. 그리고 이월결손금의 공제에 관해서는 경과규정을 무시하고 그냥 현행 조문을 적용하기로 한다.

    01년   △30억원
    02-09   해마다 각 50억원
    10년   △30억원
    11년   △30억원
    12년   40억원
    13년   70억원

풀이 12년 40억원 − 24억원* = 16억원 (남은 이월결손금: 36억원)
      13년 70억원 − 36억원** = 34억원

* 01년에 생긴 결손금은 이미 그 후의 소득에서 공제되었으므로 더 이상 공제될 수 없다. 따라서 공제대상 이월결손금은 10년과 11년의 결손금, 총 60억원이지만, 각 사업연도 소득(40억원)의 60% = 24억원까지만 공제된다. 10년분 24억원을 공제하

---

1) 과거에는 공제시한이 10년(그 전에는 5년)이었는데, 이렇게 공제시한이 15년으로 바뀐 것은 2020년 말이었다. 이 개정내용은 2020년 이후에 개시한 사업연도분부터 적용되기 때문에 이 점이 지금도 영향을 미치고 있다. 즉 2019년 이전에 개시한 사업연도에서 생긴 결손금은 향후 10년(또는 5년)간만 공제되고, 2020년 이후에 개시하는 사업연도에서 생긴 결손금부터 비로소 향후 15년간 공제대상이 된다.

> 면 앞으로 쓸 수 있는 결손금은 10년분 6억원과 11년분 30억원, 합계 36억원이
> 된다.
> **공제대상 이월결손금 36억원은 각 사업연도 소득(70억원)의 60%=42억원 범위
> 안의 금액이므로 전액 공제된다.

Ⅱ. 소득세법의 기간소득

소득세법에서도 '사업소득'은 과세연도 동안 법령에 정한 사업이나 활동에
서 발생한 총수입금액에서 필요경비를 공제하여 계산한다(소득세법 제19조 제2항).

$$사업소득금액 = 총수입금액 - 필요경비$$

그렇다면 개인의 경우에도 법인의 경우와 마찬가지로 '사업' 자체를 하나의
단위로 보아 여기에 순자산증가설을 적용하여 사업소득금액을 계산할 것인가?
그러나 사업소득은 기업 자체의 소득과는 다르다. 사업상의 운전자금에서 생기
는 금융소득은 이자소득이나 배당소득이 되고 사업에 쓰던 부동산의 양도에서
생기는 소득은 양도소득이 되기 때문이다. 더 나아가 행정해석에 따르면 사업용
유형자산, 가령 기계장치 등의 처분이익은 과세되지 않는 것이 보통이다(과세하
는 경우도 있는데, 자세한 것은 소득세법 제19조 제1항 제20호 참조).

그러나 개인의 경우에도 사업을 하나의 기업 실체로 보고 순자산의 증감을
따져서 소득을 계산하는 과정 자체는 필요하다. 이것이 이루어져야 사업소득과
다른 소득을 구분하거나 사업소득금액을 계산하는 것이 비로소 가능해지기 때문
이다. 이 계산은 법인세법과 다를 바 없으므로, 이하에서는 법인세법을 기준으로
논의를 진행한다. 예를 들어, 아래에서 "익금," "손금"이라는 말은 달리 표시하지
않은 한 소득세법상의 "총수입금액"이나 "필요경비"를 포함하는 것이다.

연습문제

법인세법상 내국법인의 각 사업연도 소득의 계산에 대한 다음 설명 중 옳은 것은?

① 내국법인의 각 사업연도 소득은 그 사업연도에 속하는 익금의 총액에서 그 사업연도에 속하는 손금의 총액을 공제한 금액으로 한다.
② 익금은 당해 법인의 순자산을 증가시키는 거래로 인하여 발생하는 수익의 금액으로서 자본의 납입을 포함한다.
③ 손금은 당해 법인의 순자산을 감소시키는 거래로 인하여 발생하는 손비의 금액으로서 잉여금의 처분을 포함한다.
④ 법인세법상 내국법인의 각 사업연도 소득금액은 이에 해당하는 회계기간 동안의 결산서상의 당기순이익과 항상 일치한다.

정답 ①

해설 ② 자본의 납입은 제외한다. ③ 잉여금처분은 제외한다. ④ 각 사업연도소득금액은 결산서상 당기순이익과 일치하지 않는 것이 보통이다.

다음 중 법인세의 익금에 해당하지 않는 것은?

① 액면초과발행으로 인하여 액면금액을 초과하여 납입한 신주인수의 대금
② 자기주식을 취득하였다가 그보다 더 비싼 가격에 제3자에게 양도한 경우의 차익
③ 법인이 물건을 취득원가보다 더 높은 가격에 팔고 얻은 차익
④ 법인이 부동산을 보유하였다가 팔면서 얻은 양도차익

정답 ①

해설 ③, ④ 순자산증가액은 익금에 해당하는 것이 원칙이다. ② 자기주식 양도차익이 익금에 해당하는지에 관해서는 이론상 다툼이 있으나 법인세법시행령은 익금에 해당한다는 입장이다(법인세법시행령 제11조 제2호의2). ① 이에 반해 주식발행액면초과액은 순자산증가액임에도 불구하고 익금에 산입하지 않는다(법인세법 제17조 제1항 제1호). 회사가 번 돈이 아니라 주주가 낸 돈이라는 점에서 자본금과 다를 바 없기 때문이다.

[2010년 사법시험 수정]

법인세법상 손금산입항목에 해당하지 않는 것은? (단, 비용은 세법상 정상적인 것이라고 가정한다.)

① 판매부대비용
② 자산의 임차료
③ 유형자산의 수선비
④ 양도한 자산의 양도당시 장부가액
⑤ 잉여금처분에 의한 배당금의 지급

정답 ⑤

해설 ①~④ 순자산감소액은 손금에 산입함이 원칙이다(개개의 항목들은 법인세법시행령 제19조 참조). ⑤ 그러나 잉여금처분은 순자산감소액임에도 불구하고 손금에 산입하지 않는다(법인세법 제19조 제1항 참조).

기 초 학 습

복식부기란 무엇인가?

▲ 루카 파촐리의 책 「Summa de arithmetica, geometria, proportioni et proportionalita」 제2판(1523년) 목차 페이지

어떤 기업이 돈을 얼마나 벌었는가를 계산하려면 그 기업에서 일어나는 일들을 체계적으로 기록하고 정리해야 하는데, 이는 오늘날 복식부기라는 틀 안에서 이루어지고 있다. 회계상의 순이익 계산은 물론이고 앞에서 이야기한 법인세법상 각 사업연도의 소득이나 소득세법상 사업소득의 계산 역시 그 바탕에는 복식부기의 원리가 자리 잡고 있으므로, 세법 가운데 특히 세무회계 부분을 공부하기 위해서는 복식부기에 대한 이해가 필요하다.

복식부기는 약 1250년에서 1350년 사이에 이탈리아에서 쓰이기 시작했다고 하니, 말하자면 인류의 오랜 지혜 가운데 하나라고 할 수 있다. 흔히 복식부기의 창시자는 15세기 이탈리아의 수학자 루카 파촐리(Luca Pacioli, 1447-1517)라고 알려져 있지만, 사실은 그의 책 「Summa de Arithematica, Geometrica, Proportioni et Proportionalita」는 종래의 기장방법을 정리한 것이라고 한다.

1. 자산 = 부채 + 자본

복식부기란 무엇인가? 한마디로 말해서, 기업에서 생기는 사건을 다음 등식에 맞추어 계속 적어나가는 장부기록 방식이다.

$$자산 = 부채 + 자본$$

왼쪽의 '자산'은 현금, 상품, 비품, 토지, 건물 등 기업이 보유하고 있는 경제적 자원을 나타내고, 오른쪽의 부채와 자본은 그러한 자원이 어디서 조달되었는가 하는 원천, 달리 말하면 그러한 자원에 대한 청구권(claim)을 누가 가지고 있는가 하는 상황을 나타낸다. 이렇게 자원과 그에 대한 청구권을 대립시켜서 양쪽에 적는 것이 복식부기의 특징이다. 원래 '복식' 부기(double-entry)라는 말 자체가 하나의 거래를 두 군데 적는다는 뜻에서 붙여진 이름이다.

보통 개인이 자기 돈을 관리하기 위해 현금출납장 같은 것을 만들어 쓴다면 단지 현금의 수입과 지출, 그리고 잔액만을 기록할 것이다. 이것을 '단식' 부기라고 하는데, 이런 이름을 붙이는 이유는 자산, 그 중에서도 현금의 변동만 기록하기 때문이다. 이렇게 자기가 자기 돈을 관리하는 경우라면 복잡하게 계산할 것이 없지만, 사업을 한다면 현금 관리만으로는 안 되고 매출채권, 재고자산, 비품이나 기계장치 같은 다른 자산도 관리해야 한다. 나아가 사업에 필요한 돈의 일부를 남에게서 꿔온다면 빚이 어떤 상태에 있는가도 관리해야 한다. 이처럼 외부에서 돈을 조달해서 사업을 하게 되면 자신이 보유하는 자원 못지않게 그 자원 가운데 얼마만큼이 채권자의 몫이고 나머지 얼마만큼이 내 몫 내지 주주의 몫인가를 파악하는 것이 중요해지게 마련이다. 복식부기가 발달하게 된 것은 바로 이렇게 외부에서 돈을 끌어다 쓰는 기업들이 발흥한 것과 깊은 관련이 있다.

복식부기에서는 왼쪽을 '차변(借邊),' 오른쪽을 '대변(貸邊)'이라고 부른다. 이 용어는 원래 이유가 있어서 붙여진 것이지만 오늘날에 와서는 그 이유라는 것이 사실 사라져버렸다. 그럼에도 불구하고 여전히 관습적으로 차변, 대변이라는 말이 그대로 사용되고 있는데, 그저 왼쪽은 차변, 오른쪽은 대변이라고 생각해두면 된다.

이제 구체적으로 무엇을 어떻게 하자는 것인지를 다음 사례를 통해 살펴보자. 홍길동 씨가 01년 12월 1일 현금 500만원을 출자하여 (주)홍길동이라는 회사를 설립하였고, 그 이후 다음과 같은 사건이 일어났다고 해보자.

(12. 1.)   500만원 출자, (주)홍길동 설립
(12. 1.)   은행에서 500만원 차입
(12. 2.)   비품 400만원 외상매입

(12. 3.) 은행차입금 300만원 상환

(12.30.) 자문보수 300만원 수령

(12.31.) 직원급여 200만원 지급

우선 12월 1일에 일어난 두 개의 거래를 "자산=부채+자본"이라는 등식에 맞추어 적으면 다음과 같이 된다.

(12.1.) (차) 현금 500만원 (대) 자본금 500만원

(12.1.) (차) 현금 500만원 (대) 차입금 500만원

(왼쪽 = 차변에서) 회사가 보유하는 자산이 각 500만원씩 늘어났으니 현금이라는 자산을 각 500만원씩 늘려주고, (오른쪽 = 대변에서) 회사에 대한 청구권이 각 500만원씩 늘어났으니 (주주의 청구권인) 자본금을 500만원, (채권자의 청구권인) 부채를 500만원 늘려준다는 것이다. 이렇게 하나의 거래를 차변과 대변으로 나누어 적는 것을 '쪼개서 적는다'는 뜻에서 '분개(分介)'라고 한다. 하나의 거래가 생겼을 때 양쪽에 같은 금액만큼씩을 적어주기 때문에('복식' 부기!), 이런 일을 계속하게 되면 아무리 거래가 많이 쌓여도 왼쪽과 오른쪽의 합계는 항상 일치할 수밖에 없다.

2. 재무상태표

이제 12월 1일 현재 이 회사의 상황을 "자산 = 부채 + 자본"이라는 틀에 맞추어 표로 나타내보자.

재무상태표

(주)홍길동	01. 12. 1. 현재		(단위: 만원)
현 금	1,000	차 입 금	500
		자 본 금	500
	1,000		1,000

이 표는 01년 12월 1일 현재 (주)홍길동이라는 회사가 (왼쪽 = 차변에서) 현금 1,000원이라는 자원을 가지고 있고, (오른쪽 = 대변에서) 그에 대해 채권자가 500원, 주주가 500원의 권리를 가지고 있음을 나타내고 있다. 이렇게 회사의 재무상태를 한 눈에 알 수 있게 표시해준다는 뜻에서 이 표를 '재무상태표'라고 한다(과거에는 '대차대조표'라고 불렸으나 지금은 '재무상태표'로 이름이 바뀌었다).

계속해서 12월 2일과 3일에 일어난 두 거래를 "자산=부채+자본"이라는 등식에 맞추어 적어보자.

(12.2.) (차) 비품   400만원   (대) 미지급금   400만원
(12.3.) (차) 차입금   300만원   (대) 현금   300만원

12월 2일의 거래에서는 비품 400만원 어치를 외상으로 구입하였다. 비품이라는 자산 400만원 어치가 생겼으므로 왼쪽(차변)에 400만원을 적어주고, 미지급금이라는 부채 400만원이 생겼으므로 오른쪽(대변)에 역시 400만원을 적어준다. 양쪽에 같은 금액을 적어주기 때문에 "자산 = 부채 + 자본"이라는 등식은 여전히 성립하게 될 것이다.

12월 3일의 거래에서는 300만원의 돈을 들여 빚을 갚았으므로 현금이 300만원 줄어들고 차입금도 300만원 줄어든다. **이렇게 어떤 자산, 부채, 자본이 줄어들었을 때 복식부기에서는 그곳에 (−) 표시를 해서 줄이는 것이 아니라 그 반대편에 적는 방식으로 줄인다.** 현금이 300만원 줄어들었을 때 (현금이라는 자산은 원래 왼쪽=차변 항목인데) 왼쪽(차변)에 "−300만원"으로 적는 것이 아니라 그 반대편인 오른쪽(대변)에 300만원을 적는다는 것이다. 나중에 양쪽을 상쇄하면 현금 잔액은 왼쪽(차변)에 남게 된다. 마찬가지로 차입금이 300만원 줄어든 것도 (차입금이라는 부채는 원래 오른쪽=대변 항목인데) 오른쪽(대변)에 "−300만원"으로 적는 것이 아니라 그 반대편인 왼쪽(차변)에 300만원을 적는다. 나중에 양쪽을 상쇄하면 차입금 잔액은 오른쪽(대변)에 남게 된다. 줄어든 것을 직접 줄이지 않고 반대쪽에 적는다는 것이 좀 특이하기는 하지만, 역시 양쪽에 같은 금액을 적어주기 때문에 "자산=부채+자본"이라는 등식은 여전히 성립할 것이다.

이제 12월 30일과 31일의 거래를 같은 방식으로 적으면 다음과 같이 된다.

(12.30.) (차) 현금   300만원   (대) 이익잉여금   300만원
(12.31.) (차) 이익잉여금 200만원   (대) 현금   200만원

우선 12월 30일의 거래는 회사가 자문보수로 300만원을 벌었다는 사건인데, 왼쪽(차변)에서 현금이라는 자산이 300만원 늘어나는 것은 틀림없지만 오른쪽(대변)에 무엇을 얼마로 적어야 하는가? 회사가 돈을 벌면 그것은 일단 주주의 몫이 늘어난 것이다. 왜 그런가? 채권자의 몫은 미리 약속된 원리금으로 고정되어 있는 것이고 회사가 돈을 많이 번다고 해서 채권자에게 더 많은 몫이 돌아가는 것은 아니기 때문이다. 따라서 주주의 몫, 곧 자본을 늘려야 하는데, 자본 가운데에서도 이렇게 회사가 번 돈을 배당하지 않고 쌓아둔 것을 '이익잉여금'이라고 한다. 회사의 입장에서 자본이 늘어난 것이 있다면 이것이 주주가 돈을 투자해서 늘어난 것인가(자본금과 자본잉여

금) 아니면 회사가 돈을 번 것인가(이익잉여금) 나누어서 생각해야 하는 것은 당연하다. 따라서 오른쪽(대변)의 이익잉여금 항목에 300만원을 적어야 하는 것이다.

12월 31일의 거래는 정반대이다. 회사가 직원들의 급여로 현금 200만원을 지출했으므로 (왼쪽=차변 항목인) 현금을 줄이기 위해 오른쪽(대변)에 200만원을 적어야 함은 물론이지만, 왼쪽(차변)에는 무엇을 얼마로 적어야 하는가? 직원 급여를 지출한 것은 회사가 돈을 벌기 위해 경비를 쓴 것이다. 앞의 거래에서 자문보수로 300만원을 벌었지만 직원급여로 쓴 경비를 생각하면 사실은 300만원-200만원=100만원밖에 벌지 못한 셈인데, 앞에서 300만원만큼 주주의 몫을 늘려두었으니 이제 여기서는 200만원만큼 주주의 몫을 줄여두어야 한다. 따라서 (오른쪽=대변 항목인) 이익잉여금을 줄이기 위해 그 반대편인 왼쪽(차변)에 200만원을 적어야 하는 것이다.

이제 여태까지의 기록을 모두 합쳐서 12월 31일 현재의 재무상태표를 만들면 다음과 같다.

재무상태표

(주)홍길동		01. 12. 31. 현재		(단위: 만원)
현 금	800	차 입 금		200
비 품	400	미지급금		400
		자 본 금		500
		이익잉여금		100
	1,200			1,200

이 표는 회사가 01년 12월 31일 현재 (왼쪽=차변에서) 현금과 비품, 합계 1,200원이라는 자원을 가지고 있고, (오른쪽=대변에서) 그에 대해 채권자가 600원(차입금 200원, 미지급금 400원), 주주가 600원(자본금 500원, 이익잉여금 100원) 어치의 권리를 가지고 있음을 나타내고 있다. 앞의 12월 1일 현재의 재무상태표와 비교해보면 자산의 규모가 1,000원에서 1,200원으로 늘어났는데, 그렇다고 해서 회사가 200원의 돈을 벌었다고 볼 수는 없다. 예를 들어 단순히 돈을 꾸기만 해도 자산은 늘어나게 마련인데, 꾼 돈을 빼고 나면 돈을 번 것이 전혀 없을 수도 있는 것이다. 이런 생각에 따르면 회사가 돈을 벌었다고 하려면 주주의 몫이 늘어나야 한다. 12월 1일 현재의 재무상태표와 비교해보면 주주의 몫이 100원 늘어났음을 알 수 있는데, 이것이 바로 회사가 번 돈, 곧 (당기)순이익이다.

3. 손익계산서

이렇게 어떤 기간의 첫날(기초)과 마지막 날(기말)의 재무상태표를 비교해보면 회사가 번 돈이 얼마인지를 알 수 있지만, 이런 방식에서는 그 구체적인 내역이 나타나지 않는다. 그래서 따로 표를 만들어 기업이 벌어들이는 돈('수익')과 그것을 위해 사용한 경비('비용')를 일목요연하게 정리하여 얼마의 이익을 냈는가('순이익')를 표시해줄 필요가 있다. 이런 표를 '손익계산서'라고 한다. 이것을 편리하게 만들려면 애초에 그에 적합한 방식으로 기록을 해나갈 필요가 있다. 다시 말해서, 회사가 돈을 벌거나 경비를 지출했을 때 직접 이익잉여금을 늘리거나 줄이지 않고 수익과 비용 항목에 적어두었다가 그것들만 따로 모아서 손익계산서를 만들자는 것이다.

사례의 경우에 12월 30일과 31일의 거래를 이런 방식으로 다시 적으면 다음과 같이 된다.

(12.30.) (차) 현금   300만원   (대) 용역수익   300만원

(12.31.) (차) 급여   200만원   (대) 현금   200만원

우선 12월 30일의 거래는 회사가 일을 해주고 자문보수로 300만원을 받은 것인데, 이익잉여금을 늘려야 하지만 그 대신에 수익의 일종인 용역수익 항목에 300만원을 적는다. 수익을 오른쪽에 적는 이유는 그 본질이 (오른쪽=대변 항목인) 이익잉여금의 '증가'에 해당하기 때문이다. 반대로 12월 31일의 거래는 회사가 직원급여로 200만원을 지출한 것인데, 이익잉여금을 줄여야 하지만 그 대신에 비용의 일종인 급여 항목에 200만원을 적는다. 비용을 왼쪽에 적는 이유는 그 본질이 (오른쪽=대변 항목인) 이익잉여금의 '감소'에 해당하기 때문이다.

이제 이렇게 적힌 수익과 비용 항목들만을 따로 모아서 표를 만들면 다음과 같이 된다.

손익계산서

(주)홍길동	01. 12. 1. ~ 01. 12. 31.	(단위: 만원)
용역수익	300	
급 여	(200)	
당기순이익	100	

이 표는 회사에 12월 한 달 동안 300원의 수입이 생겼지만 경비 200원을 지출하여 결국 100원의 순이익이 생겼음을 보여준다. 앞에서 우리는 기초에 비해 기말 재무상태표에서 주주의 몫(그중에서도 이익잉여금)이 100원 늘어났음을 본 바 있는데, 손익계산서는 어떤 활동을 통해 그런 결과가 나왔는지, 그 내역을 좀 더 구체적으로 보여주고 있다.

결국 복식부기라는 것은 기업의 거래를 '자산=부채+자본'이라는 등식에 맞추어 계속 적어나가는 장부기록 방식으로, 그 결과를 집계하여 재무상태표를 통해 자본의 변동(=자산·부채의 변동)을 알 수 있게 함과 동시에 손익계산서를 통해 자본이 변동한 원인(수익과 비용)을 알 수 있게 하는 것이다.

4. 수정분개와 결산

여태까지는 거래가 있을 때마다 곧바로 그것을 장부에 적는다고 설명했지만, 실제로는 그렇게 하기가 어려운 항목도 있다. 위 사례에서 12월 2일에 400만원에 사들인 비품을 생각해보자. 이 비품의 수명이 3년이라고 가정하면, 이 비품은 말하자면 매일 매일 조금씩 닳아 없어지는 셈이고 (주)홍길동은 매일 매일 그 금액만큼씩을 경비로 써 없애는 셈이다. 이것을 '감가상각'이라고 하는데, 이런 사건을 매일 매일 기록할 수 있을까? 굳이 하자고 들면 못할 것도 없겠지만 사실 그럴 필요가 없다. 회계기간 중에는 내버려두었다가 회계기간 말에 가서 그동안 닳아 없어진 금액을 '하나의 분개'로 나타내더라도 재무상태표와 손익계산서를 만드는 데는 아무런 지장이 없기 때문이다.

이 비품이 12월 한 달 동안 닳아 없어진 금액이 20만원 어치라고 가정하면(실제로 감가상각비를 어떻게 계산할 것인지는 뒤에서 공부한다), 이것을 회계연도 말일자로 다음과 같이 적는다.[2]

(12.31.) (차) 감가상각비 20만원　　　　(대) 비품 20만원

이렇게 회계연도 중에 일어난 사건임에도 회계연도 말일자로 한꺼번에 (수정하여) 기록하는 것을 '수정분개'라고 한다. 이런 일이 필요해지는 이유는 회계기간 중에는 주로 외부의 제3자와의 거래(비품의 매입, 임차료나 보험료의 지급, 재고자산의 매입 등)만을 적어두는 것이 보통이기 때문이다. 그런데 실제로는 기업 내부에서 일어나는 일(비품의 감가상각, 임차료나 보험료 가운데 소모된 부분과 남은 부분의 구별, 재고자산 가운데 팔린 것과 남은 것의 구별 등)도 중요한 사건인데, 이런 것을 회계기간 말일자로 한꺼번에 정리하여 기록하는 것이다.

이렇게 회계기간 말일자로 수정분개를 하고 그것을 반영하여 재무제표를 작성하는 작업을 가리켜 '결산'이라고 부른다. 앞의 비품 감가상각을 반영하여 결산절차를 수행하면 손익계산서와 재무상태표는 다음과 같은 모습이 된다.

손익계산서

(주)홍길동	01. 12. 1. ~ 01. 12. 31.	(단위: 만원)
용역수익		300
급 여		(200)
감가상각비		(20)
당기순이익		80

---

2) 실제로는 비품을 직접 깎는 대신 '비품 감가상각누계액'이라고 적고, 재무상태표를 작성할 때에는 이 금액을 비품의 취득원가에서 차감하는 형식으로 표시한다. 그러나 비품을 직접 깎는 것과 결과적으로는 아무런 차이가 없다.

재무상태표

(주)홍길동		01. 12. 31. 현재		(단위: 만원)
현 금	800	차 입 금		200
비 품	400	미지급금		400
비품감가상각	(20)	자 본 금		500
		이익잉여금		80
	1,180			1,180

5. 예 제

복식부기란 단순한 항등식일 뿐이지만, 처음 배우는 사람은 반드시 분개에서 재무제표까지 문제를 손으로 풀어보아야 한다. 눈으로 보기만 해서는 절대 익힐 수가 없다. 연필을 잡고 다음 예제를 풀어보자.

〈사례 1〉 서울컴퓨터(주)의 첫 사업연도 사업 내역은 다음과 같다. 재무상태표와 손익계산서를 작성하여 소득금액을 구하라.

1. 1. 김부친 씨 및 김아들 씨 두 사람이 각 1억원씩을 출자하여 자본금 2억원으로 서울 컴퓨터(주)를 설립하다.

2. 1. 은행에서 금 5,000만원을 차입하다.

3. 1. 개인용 컴퓨터 10대를 각 금 500만원 합계 금 5,000만원에 현금 매입하다.

4. 1. 동국전자(주)에서 개인용 컴퓨터 2대를 매입하고 대금으로 만기 1년인 약속어음 액면 1,000만원짜리를 발행해 주다.

5. 1. 종업원에게 올해 분 급료 금 1,000만원을 현금 지급하다.

9. 1. 개인용 컴퓨터 10대를 각 금 700만원 합계 금 7,000만원에 팔고 현금을 받다.

12. 31. 점포용 토지 및 건물을 각 금 5,000만원 합계 금 1억원에 매입하다.

풀이 (단위: 1백만원)

1. 1.	현금	200	자본금	200
2. 1.	현금	50	차입금	50
3. 1.	재고자산	50	현금	50
4. 1.	재고자산	10	매입채무	10
5. 1.	인건비	10	현금	10
9. 1.	현금	70	매출	70

매출원가		50	재고자산		50
12. 31. 토지 및 건물		100	현금		100

재무상태표(단위: 1백만원)			
12. 31. 현재			
현금	160	차입금	50
토지 및 건물	100	매입채무	10
재고자산	10	자본금	200
		당기순이익	10
합계	270	합계	270

손익계산서(단위: 1백만원)	
1. 1. ― 12. 31.	
매출액	70
매출원가	(50)
인건비	(10)
당기순이익	10

〈사례 2〉 서울(주)는 01. 1. 1. 수제품 스포츠카 제조를 목적으로 자본금 2억원을 현금으로 출자하여 설립되었다. 이 회사의 01. 12. 31. 현재의 재무상태표와 손익계산서를 작성하여 제1차연도의 당기순이익을 구하라.

1. 1. 현금 2억원을 출자하여 회사를 설립하다.

1. 1. 공장 토지와 건물을 합쳐서 5천만원 주고 사다.

1. 1. 기계장치 4천만원 어치를 사다.

2. 1. 원재료 4천만원 어치를 사다.

7. 1. 사장 집무실을 1년 반 계약으로 임차하고, 차임 3천만원은 제2차년 12. 31에 지급하기로 하다.

12. 31. 작업반 연봉 4천만원을 지급하다.

12. 31. 사장 연봉 2천만원을 지급하다

12. 31. 완성된 자동차 1대를 팔고 2억원을 받다. 이 자동차를 만드는 데에는 원재료 3천만원어치가 들었다.

12. 31. 공장건물의 제1차년분 감가상각은 2천만원이다. 공장 토지건물의 시가는 1억 2천만원이다.

12. 31. 기계장치의 제1차년분 감가상각은 8백만원이다.

풀이
1. 1. 현금	2억원	자본금	2억원
1. 1. 토지건물	5천만원	현금	5천만원
1. 1. 기계장치	4천만원	현금	4천만원
2. 1. 원재료	4천만원	현금	4천만원

7. 1. (편의상 12. 31.에 결산분개로 회계처리하기로 함)

12. 31.	임차료	1천만원	미지급임차료	1천만원
12. 31.	노무비	4천만원	현금	4천만원
12. 31.	사장급여	2천만원	현금	2천만원
12. 31.	현금	2억원	매출	2억원
	원재료비	3천만원	원재료	3천만원
12. 31.	감가상각	2천만원	토지건물	2천만원
12. 31.	감가상각	8백만원	기계장치	8백만원

손익계산서(단위: 천원) 01. 1. 1. − 12. 31.			재무상태표(단위: 천원) 01. 12. 31. 현재			
비용		수익		현금 210,000	부채 10,000	
건물감가상각	20,000	매출액	200,000	토지, 건물 50,000	자본금 200,000	
기계감가상각	8,000			건물감가상각 (20,000)	당기순이익 72,000	
사장급여	20,000			기계 40,000		
노무비	40,000			기계감가상각 (8,000)		
임차료	10,000			원재료 10,000		
원재료비	30,000					
합계	<u>128,000</u>		(128,000)			
		당기순이익	72,000	합계 282,000	합계 282,000	

6. 기업회계기준

여태까지 살펴본 복식부기의 원리는 거래를 기록하는 방식, 말하자면 일종의 '틀'일 뿐이고, 그 '틀' 안에 어떤 '내용'을 담아야 할 것인지에 관해서는 더 많은 이야기가 필요하다. 예를 들어, 재고자산을 팔았을 때 그 손익은 어느 회계기간에 보고하는가, 재고자산 중에 팔린 것과 남은 것은 어떻게 구별하는가, 감가상각비는 어떻게 계산하는가 등 많은 문제들이 남아 있다는 것이다. 이에 관해서는 뭔가 공통된 규칙이 필요할 텐데, 그런 규칙을 통틀어 '기업회계기준'이라고 한다.

우리나라 상법은 상인에게 일반적으로 공정·타당한 회계관행에 따른 회계장부의 작성을 요구하고, 특히 회사의 이사는 결산기마다 대차대조표·손익계산서 등을 작성하여 이사회의 승인을 받도록 하고 있다. 더 나아가 '주식회사의 외부감사에 관한 법률'은 주권상장법인이나 그밖에 규모가 큰 회사는 반드시 외부의 독립적인 감사인으로부터 회계감사를 받도록 요구하고 있는데, 그 회계감사의 기준은 금융위원회가 제정하게 되어 있지만 실제로는 그 위탁을 받아 한국회계기준원에서 제정하고 있다. 우리나라에서 '기업회계기준'이라고 하면 바로 이렇게 제정된 회계기준을 가리킨다. 이것은 현재 주권상장법인과 금융기관에 적용되는 '한국채택국제회계기준'(국제회계기준

을 번역한 것으로, 'K-IFRS'라고 한다)과 그 밖의 기업에 적용되는 '일반기업회계기준'으로 이원
화되어 있다. 한국채택국제회계기준에 따르면 기업은 재무상태표, 포괄손익계산서, 자본변동표,
현금흐름표, 이 네 가지 서류를 필수적으로 작성하여 공표하여야 한다. 이렇게 회계기준에 따라
작성되어 일반에게 널리 공시되는 서류들을 통틀어 '재무제표'라고 부른다.

제2절 손익의 귀속시기와 자산·부채의 평가기준

법인세와 소득세는 일정 기간을 단위로 나누어 소득을 계산하여 거기에 과
세하는 세금이다. 따라서 손익이 어느 기간에 속하는가 하는 문제가 생겨난다.
이러한 손익의 귀속시기를 따지는 이유는 무엇일까? 우선 세금을 올해에 내는가,
나중에 내는가가 달라지기 때문이다. 그러나 이런 일시적 차이를 넘어서, 경우에
따라서는 귀속시기에 따라 적용세율이 달라지거나 세금을 낼 것인가 말 것인가
하는 절대적 차이가 생기기도 한다. 앞의 제2장에서 공부한 국세부과의 제척기
간을 생각해보라. 오래전에 생긴 소득을 국세청이 지금에서야 비로소 파악하게
되었다면 반드시 세금을 물릴 수 있다고 단정할 수 없다. 국세부과의 제척기간이
만료된 경우에는 더 이상 세금을 물리지 못하게 되는데, 이런 경우에는 그 소득
이 어느 사업연도에 속하는가 하는 문제가 첨예한 쟁점이 된다.

I. 법령의 뼈대

본격적인 논의에 앞서 반드시 짚고 넘어가야 할 점은, 손익의 귀속시기를
언제로 할 것인가 하는 문제와 자산 부채의 평가를 어떻게 할 것인가는 완전히
동일한 문제라는 점이다. 다음 사례를 가지고 생각해보자.

기|본|사|례   손익의 귀속시기와 자산·부채의 평가

(주)고구려는 올해 말에 취득원가 100원, 시가 150원인 자산을 가지고 있다가 다음 해에 그 자산을 150원에 처분하였다. 이로써 50원의 소득이 생겼는데, 다음 각 경우에 그 소득 50원의 귀속시기는 올해인가, 다음 해인가?
1. 올해 말에 자산을 원가 100원으로 평가한 경우
2. 올해 말에 자산을 시가 150원으로 평가한 경우

'1.'처럼 올해 말에 자산을 원가 100원으로 평가한다면, 올해는 아무런 소득도 없고 다음 해에 100원짜리 자산을 150원에 팔았다는 결과가 되어 50원이 다음 해의 소득으로 잡힌다. 그러나 '2.'처럼 올해 말에 자산을 시가 150원으로 평가한다면, 올해 50원의 소득이 생기고 다음 해에는 150원짜리 자산을 그대로 150원에 팔았다는 결과가 되어 아무런 소득도 잡히지 않는다. 어느 쪽이든 이 회사가 50원의 소득을 벌었다는 점에는 차이가 없지만 그 50원이 어느 해의 소득인가가 달라지고, 이는 올해 말에 이 자산을 얼마로 평가할 것인가에 달려 있음을 알 수 있다. 결국 올해 말에 이 자산을 얼마로 평가할 것인가 하는 문제와 이 자산에서 생기는 손익을 어느 기간에 귀속시킬 것인가 하는 문제는 동전의 앞뒷면에 해당하는, 완전히 똑같은 문제인 것이다.

그렇기 때문에 법은 특정한 손익의 귀속시기를 언제로 한다고 정할 수도 있지만, 자산 부채의 평가를 어떻게 한다는 식으로, 말하자면 간접적인 방식으로 정할 수도 있다. 실제로 우리 법도 이런 방식으로 규정하고 있다.

법인세법 제40조(손익의 귀속사업연도) ① 내국법인의 각 사업연도의 익금과 손금의 귀속 사업연도는 그 익금과 손금이 확정된 날이 속하는 사업연도로 한다.

법인세법 제41조(자산의 취득가액) ① 내국법인이 매입·제작·교환 및 증여 등에 의하여 취득한 자산의 취득가액은 다음 각 호의 구분에 따른 금액으로 한다.
 1. 타인으로부터 매입한 자산(대통령령으로 정하는 금융자산은 제외한다): 매입가액에 부대비용을 더한 금액
 2. 자기가 제조·생산 또는 건설하거나 그 밖에 이에 준하는 방법으로 취득한 자산: 제작원가에 부대비용을 더한 금액

> 3. 그 밖의 자산: 취득 당시의 대통령령으로 정하는 금액
>
> 법인세법 제42조(자산·부채의 평가) ① 내국법인이 보유하는 자산과 부채의 장부가액을 증액 또는 감액(감가상각은 제외하며, 이하 이 조에서 "평가"라 한다)한 경우에는 그 평가일이 속하는 사업연도와 그 후의 각 사업연도의 소득금액을 계산할 때 그 자산과 부채의 장부가액은 평가 전의 가액으로 한다. 다만, 다음 각 호의 어느 하나에 해당하는 경우에는 그러하지 아니하다.
> 1. (생략)
> 2. 재고자산 등 대통령령으로 정하는 자산과 부채의 평가
> ② 제1항 제2호에 따른 자산과 부채는 그 자산 및 부채별로 대통령령으로 정하는 방법에 따라 평가하여야 한다. (이하 생략)
>
> 법인세법 제43조(기업회계기준과 관행의 적용) 내국법인의 각 사업연도의 소득금액을 계산할 때 그 법인이 익금과 손금의 귀속사업연도와 자산·부채의 취득 및 평가에 관하여 일반적으로 공정·타당하다고 인정되는 기업회계기준을 적용하거나 관행을 계속 적용하여 온 경우에는 이 법 및 조세특례제한법에서 달리 규정하고 있는 경우를 제외하고는 그 기업회계기준 또는 관행에 따른다.

이러한 조문들은 크게 세 가지 내용으로 정리해볼 수 있다. 첫째, 익금과 손금은 그것이 확정된 날이 속하는 사업연도에 귀속된다(제40조). 이 원칙을 흔히 '권리의무확정주의'라고 부르지만, 뒤에서 설명하듯이 사실은 '실현주의(realization principle)'와 다른 내용이 아니다. 법인세법시행령은 이를 좀 더 구체화하여 자산의 판매손익(제68조), 용역제공의 손익(제69조), 이자소득(제70조), 임대료(제71조) 등의 귀속시기를 명시하고 있는데, 그 가운데 중요한 내용은 다음 장에서 자세히 살펴본다.

둘째, 자산·부채는 당초의 취득원가로 평가함을 원칙으로 한다(제41조, 제42조). 지나간 과거에 들어간 원가로 평가한다는 뜻에서 이것을 '역사적 원가주의'라고 한다. 그동안 값이 올라서 생긴 이득(미실현이득)이나 값이 떨어져서 생긴 손실(미실현손실)은 소득에 반영되지 않고 그런 손익은 그것이 실현되는 시점(보통은 그 자산·부채가 처분되는 시점)에 가서야 비로소 소득에 반영한다(실현주의)는 것이므로, 결국 역사적 원가주의는 실현주의와 동전의 앞뒷면이다. 앞의 사례를 가지고 이야기한다면, 현행법은 ㈜고구려가 올해 말에 자산을 시가 150원이 아니라 원가 100원으로 평가하여야 하고(역사적 원가주의), 따라서 다음 해에 그 자산

을 150원에 팔았을 때 비로소 그 차액 50원을 소득으로 잡아야 한다(실현주의)는 입장이라는 것이다.

더 나아가 법은 재고자산, 화폐성 외화자산 및 부채 따위에 관한 평가방법을 대통령령에 위임하고 있는데(제42조 제2항), 이것도 손익의 귀속시기를 자산·부채의 평가라는 형식으로 정해 두고 있는 것이다(이 가운데 재고자산의 평가는 다음 장에서 다루겠지만 저가법도 가능하다). 그러나 이에 그치지 않는다. 자산수증익, 채무면제익, 특수관계인으로부터 유가증권을 싸게 매입한 차액(법인세법 제15조 제2항 제1호) 따위를 익금의 범위 속에 넣고 있는 조문, 그리고 앞 장에서 살펴본 의제배당 규정도 사실은 손익의 귀속시기에 관한 규정이다.

셋째, 손익의 귀속시기나 자산·부채의 평가에 관해서는 기업회계기준이나 납세자가 계속 적용해온 관행을 존중한다(제43조). 우리 법은 과거 한때 기업회계를 세법의 귀속시기 규정보다 우선하여 적용하도록 한 적도 있었으나, 지금은 기업회계의 기준이나 관행이 법령에 우선하는 것이 아니라 그것을 보충하는 데 그치고 있다.

II. 익금의 귀속시기: 실현주의와 권리확정주의

앞에서 보았듯이, 우리 법에 따르면 "각 사업연도의 익금과 손금의 귀속사업연도는 그 익금과 손금이 확정된 날이 속하는 사업연도로 한다." 이에 관해 우리 대법원은 '권리의무확정주의'라는 용어를 쓰면서 "소득이 발생하였다고 하기 위하여는 소득이 현실적으로 실현된 것까지는 필요 없다고 하더라도 적어도 소득이 발생할 권리가 그 실현의 가능성에 있어 상당히 높은 정도로 성숙·확정되어야 한다"고 판시하고 있다(대법원 1977. 12. 27. 선고 76누25 판결 등 다수).

그런데 판례가 말하는 "소득의 실현"은 권리목적의 실현, 곧 보통은 대금채권을 현금으로 받는 것을 가리키므로, 결국 판례가 뜻하는 바는 익금의 과세시기("실현주의"라고 할 때의 "실현" 시기)는 권리의 성립에서 실현(소멸)에 이르는 과정 중 적절한 시기라는 뜻이다. 이렇게 본다면 '권리확정주의'라는 말은 실현주의에 대립되는 어떤 원칙이 아니라 단지 실현주의에서 말하는 실현의 시기를 법률적 기준으로 정한다는 말일 뿐이다. 소득의 실현시기를 이같이 법률적 기준으로 판단하는 이유는 판례의 설명대로 "납세자의 과세소득을 획일적으로 파악하여 과세의 공평을 기함과 동시에 납세자의 자의를 배제"하기 위함이다(대법원 1991. 11. 22. 선고 91누1691 판결).

그렇다면 '실현'이 이루어지는 시점은 구체적으로 언제인가? 미국의 판례법에서 축적된 이론에 따르면 '실현'은 두 가지 요소를 필요로 한다. 첫째, 돈을 받을 권리의 확정이다. 아직 돈을 받지 않았어도 받을 권리가 확정되었다면 익금이 된다는 것이다. 둘째는 익금금액의 예측가능성이다. 이미 급부를 하였더라도 받을 대가를 나중에 합의하기로 한 경우에는 아직 소득이 생겼다고 할 수 없다. 미국 재무부 규칙은 이러한 판례법을 정리하여 다음과 같이 규정하고 있다. 즉 "발생주의 회계하에서 소득의 익금산입 시기는 소득을 받을 권리를 확정하고 소득의 금액을 합리적으로 정확하게 예측할 수 있게 하는 모든 요건이 만족된 때로 한다."

기 본 사 례
위법소득

(주)고구려의 대표이사 홍길동은 회사의 토지를 양도하고 받은 돈 1억 원을 횡령하였다. 이에 세무서장은 홍길동에게 그 1억원에 대한 소득세를 과세하였고,[3] 홍길동은 이런 위법소득은 애초에 과세대상이 될 수 없다고 주장하며 불복을 제기하였다. 홍길동의 주장은 타당한가?

권리가 확정되어야 소득이 생긴다는 원칙을 그대로 관철하면 위법소득에는 세금을 물릴 수 없다는 결과가 된다. 애초에 권리라는 것 자체가 생길 수 없기 때문이다. 그러나 여기에 과세하지 않으면 적법소득과 형평이 깨어질 수 있으므로, 우리 대법원은 권리확정주의에 대한 예외로서 다음과 같이 위법소득에 대한 과세를 긍정하고 있다(대법원 1983. 10. 25. 선고 81누136 판결 등 다수).

---

[3] 이런 과세는 (주)고구려의 익금에 1억 원을 산입하고 같은 금액을 홍길동의 상여로 소득처분한다는 꼴로 이루어진다. 제10장에서 다시 본다.

소득세법은 개인의 소득이라는 경제적 현상에 착안하여 담세력이 있다고 보여지는 것에 과세하려는 데 그 근본취지가 있다 할 것이므로 과세소득은 이를 경제적 측면에서 보아 현실로 이득을 지배 관리하면서 이를 향수하고 있어 담세력이 있는 것으로 판단되면 족하고 그 소득을 얻게 된 원인관계에 대한 법률적 평가가 반드시 적법하고 유효한 것이어야 하는 것은 아니라 할 것이다.

이렇게 위법소득에 대해 과세하면 나중에 그 소득을 박탈당했을 때 억울한 결과가 되지 않겠는가? 그러나 이런 경우에는 앞의 국세기본법에서 공부한 '후발적 경정청구'를 통해 구제받을 수 있으므로 크게 문제되지는 않는다. 한편 위법소득에 과세하는 것과 균형을 맞추어 위법비용은 손금에 산입해야 하지 않을까? 이 점에 관해서는 논란이 있는데, 앞의 소득세법 부분(제5장)을 참조하기 바란다.

Ⅲ. 손금의 귀속시기: 수익·비용 대응의 원칙과 채무확정주의

기 | 본 | 사 | 례
손금의 귀속시기

(주)고구려는 올해 50원을 주고 산 원재료에 인건비 50원을 들여 제품을 만들었다. 다음 해에 이 제품을 150원에 팔았다면, 원재료비 50원과 인건비 50원은 올해의 손금인가, 아니면 다음 해의 손금인가?

이제 손금의 귀속시기를 생각해보자. 익금의 경우에는 권리확정주의를 따르므로 이에 대응하여 손금의 경우에는 채무확정주의를 따라야 하는 것이 아닐까? 실제로 법인세법 규정은 "익금과 손금의 귀속사업연도는 그 익금과 손금이 확정된 날이 속하는 사업연도로 한다"고 정하고 있지 않은가? 만일 이런 생각이 옳다면 위 사례에서 원재료비 50원과 인건비 50원은 올해의 손금이 될 것이다. 채무확정주의에 따르면 손금은 법률적으로 채무가 발생하고 금액이 특정된 시점에 귀속되어야 할 텐데, 사례의 경우에 원재료비와 인건비는 올해 채무가 확정된 것은 물론이고 그 이행까지 완료되어 아예 채무가 소멸되기에 이르렀기 때문이다.

그러나 뭔가 이상하다. 이 제품의 판매금액 150원은 권리확정주의에 따라 올해가 아니라 내년의 익금인데도 그에 대응하는 100원은 채무확정주의에 따라 올해의 손금이라는 것인데, 이렇게 되면 이 회사는 올해 100원의 손실을 보고 내년에 150원의 이익을 본다는 결과가 된다. 이것이 이치에 닿지 않는 것임은 두말할 나위가 없다. 회사는 전체 과정을 통해 50원의 소득을 얻은 것이지, 올해 100원 손해를 보고 내년에 150원 이익을 보는 활동을 한 것이 아니다(후자가 옳다면 회사는 시차의 이익을 얻을 것이다).

왜 이런 문제가 생기는가? 위 사례에서 회사는 원가 100원인 상품을 150원에 팔아서 50원의 소득을 얻고 있다. 그런데 여기서 우리 법은, 앞에서 인용한 조문에 나타나 있듯이, 차액 50원을 익금으로 삼는 '순액법'이 아니라 자산의 판매금액(또는 양도가액) 150원을 익금으로 삼고 그 자산의 원가 100원을 손금으로 삼는 '총액법'을 택하고 있다. 물론 이 두 가지는 표시방법이 다를 뿐이지 결과적인 소득의 크기에는 아무런 차이가 없어야 한다.

여기서 실현주의 내지는 권리의무확정주의라는 사고방식은 그 50원의 소득이 권리가 확정되는 시점(보통은 판매시점)이 속하는 내년에 귀속된다는 것이다. 총액법의 틀 안에서 이런 생각을 구현하려면, 권리확정주의에 따라 판매금액 150원을 내년에 귀속시켰다면 그에 대응하는 손금, 곧 그 자산의 원가 100원 또한 같은 기간, 곧 내년에 귀속시켜야 한다. 다시 말하면, 실현주의는 소득을 실현시기에 가서 인식하자는 입장인데, 이것은 수익을 실현시기에 가서 익금산입하면서 그에 대응하는 비용을 동시에 손금산입하자는 말과 같다. 이것을 수익·비용 대응의 원칙이라고 한다.

사례의 경우에 원재료비 50원, 인건비 50원은 올해의 손금에 산입할 수 없고, 일단 자산(제품)의 원가로 쌓아두었다가 내년에 제품이 팔려 그 판매금액 150원(매출액)을 익금에 산입할 때 그 원가 100원(매출원가)도 함께 손금에 산입해야 한다. 그래야 올해에는 소득이 없고 내년에 50원의 소득이 생겨서 실현주의 내지 권리의무확정주의에 들어맞는 결과가 되는 것이다.

결국 손금의 귀속시기에 채무확정주의가 적용되는 경우는 매우 제한적인 것이고, 실현주의 세제에서 손금의 귀속시기는 원칙적으로 수익·비용 대응의 원칙을 따라야 함을 알 수 있다. 우리 법은 물건의 판매대금이나 매출액을 익금으로, (그에 대응하는) 판매한 물건의 원가를 손금으로 삼고 있으므로, 여기서는 수익·비용의 대응이 문제가 될 뿐이지 손금의 귀속시기가 따로 문제가 될 여지가 없다.

다만, 특정 수익에 직접 대응되지 않는 비용('기간비용')에는 예외적으로 채무확정기준을 적용할 수밖에 없다. 앞의 사례처럼 제품의 생산에 직접 들어간 인건비(가령 공장근로자의 임금)는 제품의 원가에 들어가 나중에 제품이 팔리는 때에 비로소 비용이 되므로, 수익·비용 대응의 원칙을 따를 뿐이지 채무확정주의(임금채무가 생긴 시점)와는 상관이 없다(이렇게 수익이 실현될 때 대응되는 비용을 손금에 산입하는 것을 '직접대응'이라고 한다). 그러나 제품의 생산에 직접 들어갔다고 보기 어려운 사무직 근로자의 인건비는 제품의 원가에 넣지 않고 그 임금채무가 생긴 사업연도의 손금에 산입한다. 이런 비용을 '기간비용'이라 하는데, 우리나라의 실무는 여기에 수익·비용 대응의 원칙을 적용하지 않고 채무확정주의에 따라 손금으로 인식한다(기업회계의 용어이기는 하지만 이렇게 특정 수익과 대응시키지 않고 손금에 산입하는 것을 '간접대응'이라고 한다).

Ⅳ. 실현주의의 모순 [심화학습]

실현주의는 경제적으로 이득이 생겼을 때 곧바로 세금을 물리지 않고 그 이득이 나중에 실현되었을 때 비로소 세금을 물리는 방식이다. 예를 들어, 100원에 사 둔 땅이 값이 올라 지금 시가가 150원이라면, 나는 이미 50원의 이득('미실현이득')을 얻고 있지만 여기에는 아직 세금을 매기지 않는다. 내가 그 땅을 150원에 팔았을 때 비로소 차액 50원의 이득('실현된 이득')에 세금을 매기는 것이다.

이런 방식은 많은 문제점을 안고 있다. 우선 세금을 언제 낼 것인지를 내 마음대로 결정할 수 있다. 내가 땅을 그대로 가지고 있으면 세금을 내지 않고 그것을 팔면 세금을 내기 때문이다. 예를 들어, 내년에 세율이 오르게 되어 있다면 나는 올해 땅을 팔아서 세금을 내는 것이 좋을 수도 있다. 그런데 땅은 그대로 가지고 있고 싶다. 어떻게 하면 될까? 땅을 일단 팔고 다시 그 땅을 판 값에 되사면 된다(이런 거래를 미국에서는 "wash sale"이라고 한다). 땅을 그대로 가지고 있는 것과 땅을 팔고 그 판 값에 되사는 것은 경제적으로 똑같은 효과를 가진 것이지만, 실현주의 세제에서는 전자의 경우에는 세금을 내지 않고 후자의 경우에는 세금을 낸다. 다른 예로, 땅 값이 떨어진 경우를 생각해보자. 100원에 산 땅이 시가 70원으로 값이 떨어진 상황에서 나는 손실을 내고 싶으면 땅을 팔면 되고(그리고 나서 그 땅을 다시 되사들이면 땅을 그대로 가지고 있는 것과 다를 바 없게 된다) 손실을 내기 싫으면 땅을 그대로 가지고 있으면 된다.

결국 실현주의는 담세력에 어긋나는 과세방식임을 알 수 있다. 그렇다면 실현주의를 버리고 미실현이득(또는 손실)도 곧바로 소득에 반영하면 되지 않는가? 물론 그렇다. 문제는 그것이 현실적으로 매우 어렵다는 데 있다. 미실현이득에 과세하려면 매기말에 모든 납세의무자의 자산·부채를 시가로 평가해야 하는데, 이렇게 하자면 많은 비용이 들 뿐 아니라 그 시가가 과연 맞는 것인지를 두고 다툼이 생기기 쉬울 것이다. 또한 미실현이득에 과세하면 세금을 내기 위해 자산을 팔아야 하는 상황이 생길 수도 있다. 이런 어려움 때문에 오늘날의 세제는 실현주의라는 틀을 버리지 못하고 있으며, 시가평가 제도는 시가가 분명히 확인되고 유동성이 확보되는 몇몇 금융자산에 국한되고 있다.

제3절 세무조정과 소득처분

법인세법의 조문에는 익금과 손금을 각각 구해서 그 차액을 계산하는 것처럼 되어 있지만, 실무에서는 회계자료를 토대로 하여 기업회계와 세무회계의 차이를 조정하는 방식으로 과세소득을 계산하고 있다. 이를 위해 세법에서는 기업회계기준을 준용하여 작성한 재무상태표, 포괄손익계산서 및 이익잉여금처분계산서(또는 결손금처리계산서)를 법인세 신고서에 반드시 첨부하도록 요구하고 있다(법인세법 제60조 제2항).

아래에서는 이러한 재무제표와 세법의 차이를 조정하는 과정, 곧 세무조정과 소득처분이 무엇이고 구체적으로 어떤 기능을 수행하는지를 살펴본다.

I. 세무조정

'세무조정'이란 포괄손익계산서의 당기순이익에서 출발하여 회계장부와 세법 간의 차이를 조정함으로써 과세소득을 계산해내는 과정을 가리킨다. 이것은 법인세법에 나오는 말이 아니고 단지 실무에서 사용되고 있는 용어일 뿐이지만, 각종 신고서식은 이를 당연한 전제로 삼고 있다. 예를 들면, 앞 장에서 본 바 있는 '법인세 과세표준 및 세액조정계산서'도 이런 세무조정을 거쳐서 소득을 계산하는 구조로 짜여 있다.

그러나 모든 항목에 세무조정이 필요한 것은 아니다. 손익계산서의 수익(또는 비용)과 법인세법상의 익금(또는 손금)이 서로 일치하는 항목(이것이 대부분이다)이라면 조정이 필요 없고 둘 사이에 차이가 있는 항목만 조정하면 된다(손익계산서가 기업회계기준대로 작성되어 있다면 세무조정이란 세법과 기업회계 사이의 조정이 된다). 구체적인 방법은 다음과 같다.

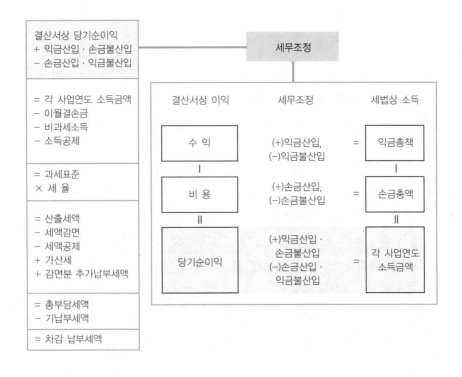

재무제표	소득금액	세무조정	법인세법
수익으로 계상되어 있지 않음	+	익금산입	익금 ○
수익으로 계상되어 있음	−	익금불산입	익금 ×
비용으로 계상되어 있지 않음	−	손금산입	손금 ○
비용으로 계상되어 있음	+	손금불산입	손금 ×

여기서 익금산입과 손금불산입은 소득금액을 늘린다는 점은 같으므로 둘의 구별은 중요하지 않다(그리하여 둘을 묶어서 '가산조정'이라고 부르기도 한다). 또한 손금산입과 익금불산입 역시 모두 소득금액을 줄인다는 점은 같으므로 양자의 구별도 별다른 의미가 없다(그리하여 이들을 묶어서 '차감조정'이라고 부르기도 한다).

세무조정 과정에서 익금불산입한다거나 손금불산입한다는 말은, 엄밀히 말하면, 법인세법의 조문에 적혀 있는 익금불산입, 손금불산입과는 다른 개념이다. 전자는 회계장부와 법인세법의 차이를 가감하는 일종의 '과정'인 데 반하여, 후자는 순자산증가액(감소액)이지만 익금(손금)이 아니라고 법에 정한 항목을 가리키는 것이다. 다만, 순자산증가액(또는 감소액)이 재무제표상 수익(비용)으로 계상되어 있다면, 법인세법의 조문에 적혀있는 익금불산입(또는 손금불산입) 사항은 어차피 세무조정 과정에서 익금불산입(또는 손금불산입)을 하여야 하므로 구별의 실익은 크지 않다.

기 | 본 | 사 | 례

세무조정

㈜서울의 제1기 사업연도 손익계산서는 다음과 같다.

매출액		1,000,000
매출원가		800,000
매출총이익		200,000
일반관리비 및 판매비		
인건비	45,000	
감가상각비	75,000	(120,000)
영업외수익(이자수익)		10,000
당기순이익(법인세차감전)		90,000

순자산증가액이나 감소액이 당기순이익에 잡히지 않은 채 재무상태표에 바로 반영된 것은 없다. 세법에 따라 재무제표를 검토한 결과, 재무제표상의 소득계산과 세법 사이에 다음과 같은 차이를 발견하였다. 법인세법상 각 사업연도의 소득을 구하되, 1) 법인세법상의 익금과 손금을 직접 계산하는 방식으로, 2) 손익계산서상의 당기순이익과 법인세법의 차이를 세무조정하는 간접법으로 각각 구하라.

1. 재무제표상 매출액 외에 이미 세법상 익금산입 시기에 이른 매출액 100,000원이 더 있다. 대응하는 매출원가는 70,000원이다.
2. 재무제표상 이자수익 10,000원은 아직 세법상 익금산입 시기에 이르지 않았다.
3. 재무제표상 감가상각비는 75,000원이지만 세법상 손금산입 한도액은 60,000원이다.

풀이 1) 만일 법인세법이 정한 익금과 손금의 개념에 따른 직접법으로 제1기분 각 사업연도 소득을 구한다면, 익금은 매출액 1,100,000(=1,000,000+100,000)이고 손금은 매출원가 870,000(=800,000+70,000), 인건비 45,000원 감가상각비 60,000원이 되고, 각 사업연도 소득은 1,100,000−(870,000+45,000+60,000)=125,000원이 될 것이다. 이 계산을 손익계산서 형식으로 적을 수도 있음은 물론이다.

2) 법인세신고서 서식은 직접법을 따르지 않고 손익계산서와 법인세법의 차이를 조정하는 방식으로 각 사업연도의 소득을 구한다.
   1. ① 매출액 100,000원은 재무제표에 수익으로 계상되어 있지 않으나 세법상 익금에 해당하므로 '익금산입'하여 소득을 늘려야 하고 ② 매출원가 70,000원은 재무제표에 비용으로 계상되어 있지 않으나 세법상 손금에 해당하므로 '손금산입'하여 소득을 줄여야 한다.
   2. 이자수익 10,000원은 재무제표상 수익으로 계상되어 있으나 세법상 아직 익금에 해당하지 않으므로 '익금불산입'하여 소득을 줄여야 한다.
   3. 감가상각비 75,000원 가운데 세법상 한도액 60,000원을 초과하는 부분, 곧 15,000원은 재무제표상 비용으로 계상되어 있으나 세법상 손금에 해당하지 않으므로 '손금불산입'하여 소득을 늘려야 한다.

	재무제표	소득금액	세무조정	법인세법
1. ①	−	+ 100,000	익금산입	익금(매출액) 100,000
2.	이자수익 10,000	− 10,000	익금불산입	−
1. ②	−	− 70,000	손금산입	손금(매출원가) 70,000
3.	감가상각비 75,000	+ 15,000	손금불산입	손금(감가상각비) 60,000
	합계	+ 35,000		

법인세 차감 전 당기순이익 90,000원+세무조정 35,000원=각 사업연도 소득금액 125,000원

이 예에서는 직접법으로 구하는 것이 훨씬 쉬워 보이지만, 워낙 간단한 예라서 그럴 뿐이고 실제는 세무조정 방식 쪽이 일을 더는 것이 보통이다. 손익계산서를 작성하는 회계규범이나 법인세법상 손익의 귀속시기를 정하는 기준이나 둘 다 수익이나 익금은 실현주의에 따라 인식하고 비용이나 손금은 수익비용 대응원칙에 따라 인식한다는 큰 틀은 같으므로, 익금과 손금을 법대로 하나하나 구하기보다는 회계규범과 다른 부분만을 조정하는 편이 품이 덜 든다.

구체적인 세무조정사항은 각각 별도의 양식이 정해져 있는 것이 보통이고, 그것을 모두 '소득금액조정합계표'에서 집계하여 그 최종적인 가산조정금액과 차감조정금액을 '법인세 과세표준 및 세액조정계산서'에 그대로 옮겨 적는다. 앞의 사례를 서식에 적어보면 다음과 같은 모습이 된다.

■ 법인세법 시행규칙 [별지 제15호서식]　　　　　　　　　(앞쪽)

| 사 업 연 도 | · · · ~ · · · | 소득금액조정합계표 | 법인명 | |
| | | | 사업자등록번호 | |

익금산입 및 손금불산입				손금산입 및 익금불산입			
①과목	②금액	③소득처분 처분	코드	④과목	⑤금액	⑥소득처분 처분	코드
매출액	100,000	유보		매출원가	70,000	유보	
감가상각비	15,000	유보		이자수익	10,000	유보	
합계	115,000			합계	80,000		

■ 법인세법 시행규칙[별지 제3호서식]　　　　　　　　　　　　　(앞쪽)

사 업 연 도	· · · ~ · · ·	법인세 과세표준 및 세액조정계산서		법인명	
				사업자등록번호	

① 각 사 업 연 도 소 득 계 산					⑤ 토 지 등 양 도 소 득 에 대 한 법 인 세 계 산				
	⑩ 결 산 서 상 당 기 순 손 익	01	90,000			⑬ 감 면 분 추 가 납 부 세 액	29	
	소 득 조 정 금 액	⑫ 익 금 산 입	02	115,000			⑭ 차 감 납 부 할 세 액 (⑮ − ⑫ + ⑬)	30	
		⑬ 손 금 산 입	03	80,000					
	⑭ 차 가 감 소 득 금 액 (⑩ + ⑫ − ⑬)	04	125,000		양 도 차 익	⑬ 등 기 자 산	31	
	⑮ 기 부 금 한 도 초 과 액	05				⑯ 미 등 기 자 산	32	
	⑯ 기 부 금 한 도 초 과 이 월 액 손 금 산 입	54				⑰ 비 과 세 소 득	33	
	⑰ 각 사 업 연 도 소 득 금 액 (⑭ + ⑮ − ⑯)	06	125,000			⑱ 과 세 표 준 (⑬ + ⑯ − ⑰)	34	

② 과세 표준 계산	⑱ 각사업연도소득금액 (⑱ = ⑰)		125,000	⑲ 세　　　　　　　　율	35	
	⑲ 이 월 결 손 금	07		⑭ 산 출 세 액	36	
	⑩ 비 과 세 소 득	08		⑪ 감 면 세 액	37	
	⑪ 소 득 공 제	09		⑫ 차 감 세 액 (⑭ − ⑪)	38	
	⑫ 과 세 표 준 (⑱ − ⑲ − ⑩ − ⑪)	10	125,000	⑬ 공 제 세 액	39	
				⑭ 동업기업 법인세 배분액 (가산세 제외)	58	

유의할 점은, 반드시 재무제표에 비용으로 계상되어 있어야 손금으로 인정하는 항목도 몇 가지 있다는 것이다. 예를 들면, "내국법인이 각 사업연도의 결산을 확정할 때…감가상각자산…에 대한 감가상각비를 손비로 계상한 경우에는 …상각범위액…의 범위에서 그 계상한 감가상각비를 해당 사업연도의 소득금액을 계산할 때 손금에 산입"한다(법인세법 제23조 제1항). 여기서 "손비로 계상"하는 것, 곧 결산에 반영하는 것을 결산조정이라 하고, 세무조정계산서에만 반영하는 것을 신고조정이라고 한다. 감가상각비는 결산조정으로만 손금에 산입할 수 있고 신고조정으로는 손금에 산입할 수 없다는 것인데, 이런 항목을 '결산조정사항'

이라고 한다.

기|본|사|례
결산조정사항

서울(주)의 제1기 손익계산서상 감가상각비는 75,000원이다. 다음 경우에 각각 어떻게 세무조정을 하여야 하는가?

1. 세법상 감가상각비 한도액이 120,000원인 경우
2. 세법상 감가상각비 한도액이 60,000원인 경우

풀이 1. 세무조정 없음. (한도미달액을 세무조정으로 손금산입할 수 없다.)
      2. 감가상각비 15,000원 손금불산입. (소득금액을 15,000원 늘린다.)

Tax In News

🎙 세무조정을 둘러싼 업계의 다툼

　세무사 자격을 보유한 변호사가 세무 업무를 볼 수 없게 막은 세무사법·법인세법·소득세법은 헌법에 어긋난다는 헌법재판소의 결정이 나왔다. 최근 로스쿨 제도 도입으로 포화 상태를 맞은 변호사업계가 세무사들과 밥그릇 싸움을 치열하게 펼치는 점을 감안하면 기존 변호사들에게 일단 유리한 판단이 나온 셈이다.

　헌재는 26일 복수의 변호사가 세무대리업무 진출을 사실상 막고 있는 세무사법, 법인세법 소득세법이 직업 자유를 침해했다며 지난 2015년과 2016년 낸 위헌법률심판 사건에서 재판관 6대3 의견으로 헌법불합치 결정을 내렸다. 헌법불합치는 해당 법률이 위헌이긴 하지만 즉각 무효화할 경우 나타날 사회 혼란을 위해 법 개정 때까지 한시적으로 존속시키는 결정 방식이다. 현 법률 조항은 오는 2019년 12월31일까지 잠정 인정되며, 국회는 이때까지 이를 개정해야 한다.

　이 사건은 지난 2004년 사법시험에 합격해 2008년 10월부터 세무대리업무를 하던 A변호사가 서울지방국세청장에게 업무등록 갱신신청을 했다가 반려 처분을 받으면서 시작됐다. A변호사는 서울행정법원에 처분 취소소송을 제기했으나 패소했고, 서울고등법원에서 항소를 진행하던 중 위헌법률심판제청을 냈다. 또

2007년 사시에 합격한 B변호사도 세무조정계산서 작성 주체를 세무사등록부에 등록한 변호사로 한정한 법률 조항이 기본권을 침해했다며 헌법소원심판을 청구했다.

헌재는 "2004년부터 지난해까지 변호사 자격을 취득한 사람에게는 세무사 자격이 인정됨에도 불구하고 세무조정업무를 일체 할 수 없도록 규정한 것은 직업선택의 자유를 침해한다"고 판단했다. 다만 이진성·안창호·강일원 재판관은 "변호사 업무 수행에는 아무런 제약을 받지 않으면서 세무대리업무만 수행하지 못하는 변호사의 불이익이 부실한 세무대리를 방지하고 납세자에게 적정한 서비스를 제공하는 공익보다 크다고 볼 수 없다"며 반대의견을 냈다.

헌재의 이번 판단으로 로스쿨 도입 이후 포화상태로 위기에 처했던 변호사들은 잠시 한숨을 돌리게 됐다. 변호사 집단과 세무사 등 다른 전문직간 갈등이 고조되는 상황에서 판정승을 한 차례 거머쥐었기 때문이다.

그동안 2003년까지 세무사 자격을 받은 변호사와 사법연수생은 세무대리를 할 수 있었으나, 같은 해 세무사법이 개정되면서 이후 자격을 취득한 변호사는 해당 업무를 일체 할 수 없었다. 나아가 올해부터는 변호사에게 세무사 자격을 자동으로 부여하는 법 조항이 아예 폐지됐다. 다만 이번 헌재 결정으로 2004년부터 지난해까지 변호사 자격을 취득한 사람은 앞으로 세무업무 진출이 가능해질 것으로 보인다.

(2018년 4월 26일 언론보도)

변호사 세무업무에 대한 두 전문집단간 입장 차이는 첨예하다. 한 변호사는 "변호사가 세무대리 활동을 하면 세법 해석, 적용 전문성을 바탕으로 납세자 재산권과 권익을 보호할 수 있다"고 강조했다. 반면 고은경 한국세무사회 부회장은 "시대 흐름에 따라 세무, 노무, 변리 등 전문 자격제도가 전문화하고 있는데 변호사가 모든 것을 다 할 수 있다고 주장하는 것은 시대착오적인 발상"이라고 반박했다.

두 집단간 갈등은 17년 전부터 시작됐다. 2003년 이전에는 변호사 자격을 따면 자동으로 세무사 자격을 부여받았고 세무사로 등록도 가능했다. 하지만 지난 2003년 12월 세무사법 개정으로 세무사 자격시험에 합격한 사람만 세무사로 등록할 수 있게 됐고, 자동으로 자격을 부여받은 변호사들은 등록을 할 수 없어 세무대리업무를 하지 못하게 됐다. 2017년 12월에는 변호사 자격을 따도 세무사 자격을 자동으로 부여받지 못하는 내용의 법안이 국회를 통과했다.

잇따른 입지 축소에 변호사들은 변호사에게 세무대리 활동을 하지 못하도록 한 세무사법이 위헌이라며 헌법소원을 청구했고, 헌법재판소는 2018년 4월 '세무사법이 직업 선택의 자유를 침해했다'는 취지로 헌법불합치 결정을 내렸다. 헌재는 2019년 12월까지 관련 법을 고치라고 결정했지만 지난 해 법 개정을 놓고 변호사·세무사간 치열한 갈등이 불거졌고, 결국 세무사법 개정안은 자동 폐기됐다.

세무사로 등록할 수 있는 근거법이 사라지며 현재 세무사 시험에 합격한 변호사와 신규 세무사들은 기획재정부 예규로 관리번호를 받아 임시로 세무활동을 하고 있는 상태다.

(2020년 12월 7일 언론보도)

Ⅱ. 소득처분

앞에서 본 것처럼 재무제표상의 순이익과 세법상의 과세소득이 다르다면 세무조정을 통해 그 차이를 조정하지만, 이것으로 끝이 아니고 소득처분이라는 추가적인 작업이 필요하다. 예를 들어, 앞의 서울(주)의 재무제표상 순이익이 90,000원으로 보고되어 있지만 세법에서는 125,000원의 소득을 번 것이므로, 세무조정을 통해 차액 35,000원만큼 소득을 늘려 잡게 된다. 여기서 그 35,000원의 소득이 누구에게 귀속되었는가 하는 문제가 생긴다.

(1) 만일 그 35,000원의 소득이 기업 내부에 남아 있다면 어떤 자산 부채인가에 남아 있을 것이므로 그 장부가액을 고쳐 두어야 할 것이다. 그래야 나중에 그 자산 부채가 손익계산서로 흘러들어갈 때 왜곡을 바로잡을 수 있기 때문이다. 서울(주)의 예에서는 차액 35,000원이 모두 회사의 순자산에 남아있다. 매출액 100,000원을 익금산입하자면 같은 금액만큼 매출채권도 늘려 잡아야 하고, 매출원가를 75,000원 손금산입하자면 같은 금액만큼 재고자산이 팔려나간 것으로 보

고 잔액을 줄여주어야 한다. 이자소득 10,000원 익금불산입의 경우에는 받을 채권의 잔액을 10,000원 줄여주어야 한다. 감가상각비 15,000원을 손금불산입하게 되면 관련자산의 미상각잔액을 15,000원 올려주어야 한다. 결국 차액 35,000원은 모두 세법과 기업회계 사이의 시차일 뿐이고, 세법을 기준으로 본다면 회사의 순자산이 재무제표(재무상태표)상의 금액보다 35,000원만큼 더 크다. 곧 35,000원이 회사 안에 유보되어 있다는 말이 된다.

　(2) 다른 한편 세무조정한 소득이 외부의 누군가에게 유출되었다면 그 귀속자에게 세금을 물려야 할 것이다. 바로 이렇게 세무조정금액의 귀속을 확인하는 과정을 '소득처분'이라고 한다.

> 법인세법 제67조(소득처분) 다음 각 호의 법인세 과세표준의 신고·결정 또는 경정이 있는 때 익금에 산입하거나 손금에 산입하지 아니한 금액은 그 귀속자 등에게 상여·배당·기타사외유출·사내유보 등 대통령령으로 정하는 바에 따라 처분한다.
> 1. 제60조에 따른 신고
> 2. 제66조 또는 제69조에 따른 결정 또는 경정
> 3. 국세기본법 제45조에 따른 수정신고

　여기서 "익금에 산입하거나 손금에 산입하지 아니한 금액"이란 소득을 늘리는 세무조정 금액, 곧 '가산조정' 금액을 가리킨다. 법에는 이렇게 가산조정을 하는 경우에만 소득처분을 하는 것처럼 되어 있지만, 사실은 차감조정을 하는 경우에도 실무상 필요 때문에 소득처분을 행하고 있다(차감조정에 대한 소득처분은 사실은 △유보처분뿐이다). 이러한 소득처분을 크게 나눈다면 다음과 같이 정리해볼 수 있다.

구 분	해당 법인 외의 자에게 귀속된 경우	기업 내부에 남아 있는 경우
익금산입·손금불산입	배당, 상여, 기타사외유출, 기타소득	유 보
손금산입·익금불산입	–	△유 보

아래에서는 이러한 소득처분의 유형별로 이것이 무슨 말인지, 어떤 법률효과가 따르는지를 살펴본다.

1. 일시적 차이와 사내유보처분

기 본 사 례
유보처분

(주)고구려에는 지난해 12월 31일 단기보유목적으로 6억3천만원에 취득한 상장주식이 있었는데, 올해 12월 31일 현재 시가가 6억 원이어서 평가손실 3천만원을 손익계산서상 비용으로 처리하였다. 이 회사가 다음 해에 이 주식을 7억 원에 팔고 처분익으로 1억 원을 손익계산서에 이익으로 반영하였다면 어떻게 세무조정과 소득처분을 하여야 하는가?

앞에서 보았듯이 자산 부채는 취득원가로 평가함이 원칙이고, 시장성 있는 단기보유목적의 주식이라 하더라도 이를 보유하고 있는 동안은 취득원가로 평가한다.[4) 따라서 평가손실 3천만원은 세법상 손금산입할 수 없다. 그런데 회사는 올해 이에 어긋나게도 평가손 3천만원을 비용으로 계상하고 있다. 따라서 세법의 입장에서 보면 재무제표에서 ① 손익계산서에서 평가손(비용) 3천만원을 없애고(따라서 당기순이익을 3천만원 늘리고) ② 재무상태표에서 유가증권(자산) 3천만원을 늘려야 한다(따라서 순자산＝자본금＋잉여금을 3천만원 늘린다).[5)

이 경우에 구태여 세법상 재무제표를 다시 만드는 대신 같은 결과를 얻을 수 있도록 ① 세무조정으로 소득을 3천만원 늘림('손금불산입')과 아울러 ② 유가증권이 장부상 금액보다 3천만원 더 있다는 사실을 기록한다('유보'). 요약하면, 올해에는 3천만원을 손금불산입하고 이를 유보(유가증권) 처리한다는 것이다.

자산	부채
	자본
(유가증권) 3천만원	(당기순이익) 3천만원

4) 투자회사 등이 보유한 집합투자재산이라면 시가로 평가하지만, 이 책의 범위 밖이다.
5) 분개로 표현한다면, '(차) 유가증권 3천만원 (대) 평가손실 3천만원'이라는 분개가 추가되어야 한다.

다음 해에 회사가 유가증권을 처분하면 반대 효과가 생긴다. 세법이 보기에 이 유가증권의 장부가액은 6억원이 아니라 6억 3천만원이므로, 이를 7억원에 팔았을 때 양도차익은 1억 원이 아니라 7천만원에 불과하다. 따라서 ① 처분익을 3천만원 줄임과 아울러 ② '유보'로 기록해두었던 금액 3천만원을 비로소 없애야 한다. 즉 ① 세무조정으로 소득을 3천만원 줄임('익금불산입')과 아울러 ② 종전에 장부가액이 더 있다고 보아 기록해두었던 금액 3천만원을 없애야 한다는 것이다 ('△유보'. 실무상 '추인'이라고도 한다).

이렇게 유보처분은 세법과 재무제표 사이의 귀속시기의 차이를 표시해 주는 비망기록일 뿐이므로, 납세의무자 외의 다른 사람에게 대해서는 아무런 법률효과도 미치지 않는다. 미국법에서는 이런 식의 조정을 반영한 세법상 재무제표를 아예 따로 만들어서 제출하도록 정하고 있다. 아무튼 이런 유보처분은 그저 납세의무자의 손익과 재산에 대한 내부적 조정일 뿐이다. 세무상 순자산의 금액이 얼마인가가 문제되는 법조항이 있다면 유보처분된 금액이 얼마인가가 법적 의의를 가질 수 있지만, 그것도 납세의무자의 내부문제일 뿐이다. 유보처분이란 손익귀속시기가 서로 달라 재무제표와 법인세 신고 사이에 소득금액이 달라졌고 나중에 이를 다시 맞추어 주어야 한다는 비망기록의 뜻을 가질 뿐이다.

2. 영구적 차이와 사외유출처분

기업회계와 세법 사이에 영구적 차이가 나는 경우도 있다. 세법이 기업회계상 비용인 항목을 아예 손금불산입하는 경우, 예를 들면 법정 한도를 넘는 접대비, 정관·주주총회(사원총회)·이사회의 결의로 정해진 급여지급기준을 초과하는 임원상여금, 법정 한도를 넘는 임원퇴직금 등이 그것이다. 이런 경우에는 올해뿐만 아니라 앞으로도 영원히 손금에 산입할 수 없다. 이 말은 그 차액이 더 이상 기업 내부에 남아 있지 않고 외부의 누군가에게 귀속되었다는 뜻이므로, 그 차액을 누가 가져갔는지, 과세대상인지, 과세대상이라면 소득의 성격은 무엇인지를 밝혀야 한다. 이를 밝혀서 그 내용을 적은 '소득금액변동통지서'라는 문서를 회사 및 상대방에게 보내게 되는데, 이것을 사외유출처분이라고 한다.

구체적으로는 익금산입(또는 손금불산입)되는 차이 중 영구적 차이에 해당하는 금액이 사외로 유출된 경우 귀속자에 따라 다음과 같이 처분한다(법인세법시행령 제106조 제1항 제1호).

귀속자	소득처분	귀속자에 대한 과세	해당 법인의 원천징수의무
주주나 출자자	배당	소득세법상 배당소득 → 소득세 과세	○
임원 또는 직원	상여	소득세법상 근로소득 → 소득세 과세	○
법인 또는 사업자	기타사외유출	(별도 설명)	×
그 외의 자	기타소득	소득세법상 기타소득 → 소득세 과세	○

여기서 법인 또는 사업자에게 귀속된 경우에 '기타사외유출'로 처분하는 것은 그 분여된 이익이 그 법인의 각 사업연도의 소득이나 사업자의 사업소득을 구성하는 경우에 한한다. 따라서 소득처분으로 인해 따로 상대방의 납세의무가 유발되지는 않지만, 대통령령은 이런 기타사외유출도 소득처분이라 부르고 있다.

기 본 사 례 사외유출처분

(주)고구려는 올해 건물에 대한 수선비 100원을 지출하고 손익계산서에 비용으로 계상하였다. 그러나 그 건물은 사실상 (주)고구려가 아닌 제3자가 이 회사의 업무와 전혀 관련 없이 사용하는 것임이 밝혀졌다. 이러한 '업무와 관련 없는 비용'은 세법에서 손금으로 인정하지 않는다. 이 경우 그 제3자가 다음과 같다면, 세무조정과 소득처분은 각각 어떻게 되는가?
1. 개인주주인 경우
2. 임원 또는 직원인 경우
3. 법인인 경우
4. 그 외의 자인 경우

풀이

귀 속 자	세무조정과 소득처분
1. 개인주주	100원 손금불산입 · 배당
2. 임원 또는 직원	100원 손금불산입 · 상여

| 3. 법인 | 100원 손금불산입 · 기타사외유출 |
| 4. 그 외의 자 | 100원 손금불산입 · 기타소득 |

한편 앞에서 인용한 법인세법시행령 조문을 더 읽어보면, 사외유출된 것은 분명하나 그 귀속자가 불분명한 경우에는 대표자에 대한 상여로 처분하게 되어 있다. 그리고 추계결정 및 경정규정에 의하여 결정된 과세표준과 법인의 재무상 태표상의 당기순이익(법인세 상당액을 공제하지 않은 금액)과의 차액도 대표자에 대한 상여로 처분한다. 다만, 천재·지변 등으로 장부 기타 증빙서류가 멸실되어 추계결정하는 경우에는 기타사외유출로 한다.

Tax In News

🎙 소득금액변동통지와 원천징수세의 부과제척기간

이호진 前태광그룹 회장과 이선애 前태광그룹 상무가 매출액을 누락시키는 수법으로 회사 돈을 횡령한 것과 관련, 법원이 소득세를 부과할 수 있는 기간이 끝나 세금을 부과할 수 없다는 판결을 내렸다. 서울행정법원 제6부(재판장 함상 훈 부장판사)는 태광산업이 중부세무서장을 상대로 낸 소득금액변동통지처분 취소청구소송에서 "국세청의 소득금액변동통지가 납세의무가 소멸한 이후에 이뤄진 것"이라며 원고승소 판결했다고 18일 밝혔다.

법원에 따르면 국세청은 태광산업에 대한 약 40일의 세무조사를 통해 태광이 제품을 실제 생산량보다 적게 생산된 것처럼 조작하거나, 판매가능한 제품을 불 량품으로 폐기한 것처럼 가장하는 방법으로 매출액을 누락해 사장 등이 개인 용도로 사용했음을 확인했다. 이에 따라 2000년부터 5년 동안 누락한 소득금액 약 94억원에 대해선 회사에 법인세를 추징하고, 2011년 3월과 4월 사외유출된 소득금액을 이호진에게 약 87억원 그리고 이선애에게 약 7억원을 귀속시켜 각 각 상여로 소득처분하고 소득금액변동통지를 했다.

이에 대해 태광은 2011년 5월경 이호진의 종합소득세 약 35억원과 이선애의 종합소득세 약 3억원에 대해 원천징수를 통해 국세청에 세금을 납부하고, 이호진 등에 대한 소득금액변동통지에 불복해 이의신청을 거쳐 조세심판원에 심판청구를 했으나 기각됐다. 태광은 회사의 원천징수의무는 "이호진과 이선애의 소득세 납세의무를 전제로 한 것인데, 소득세 납세의무가 부과제척기간의 도과로 소멸하면 원천징수의무도 당연히 존재하지 않는다"며 국세청 소득금액변동통지가 무효라고 주장했다. 이씨 등에 대한 종합소득세 부과제척기간의 기산일이 2001년~2005년까지 각각 6월 1일로 봐야 하는데, 2011년 3월과 4월에 이뤄진 국세청의 소득금액변동통지는 5년의 소득세 부과제척기간이 지나 납세의무가 소멸한 이후에 이뤄진 것이라는 것이 태광의 주장.

재판부는 이에 대해 "원천납세의무자의 소득세 납세의무가 그 부과제척기간의 도과 등으로 이미 소멸했다면 회사의 원천징수의무도 성립할 수 없다"며 "그 이후 이뤄진 소득금액변동통지는 위법하다"고 밝혀 태광의 손을 들어줬다. 법원은 "회사의 대표자가 소득을 은닉한 경우에도 은닉된 소득의 소득처분까지 예상해 그로 인해 부과될 소득세를 포탈할 목적으로 보기 어렵다"며 "이 경우에도 '사기 기타 부정한 행위로써 국세를 포탈한 경우'에 해당하지 않아 5년의 제척기간이 적용된다"는 입장이다.

(2013년 6월 18일 언론보도)

 연습문제

[2015년 사법시험]

법인세법상 소득처분에 관한 설명 중 옳은 것은? (다툼이 있는 경우 판례에 의함)

① 소득처분에 따른 소득금액변동통지는 원천징수의무자인 법인에게는 행정처분에 해당하지 아니하여 항고쟁송의 대상이 되지 아니한다.

② 사외유출된 금액의 귀속자가 내국법인인 경우에는 배당으로 처분한다.

③ 익금에 산입한 금액의 귀속이 불분명한 경우에는 기타 사외유출로 처분한다.

④ 납세의무자가 각 사업연도 소득에 대한 법인세의 과세표준을 신고하거나 과세관청이 법인세의 과세표준을 결정 또는 경정할 때 익금에 산입한 금액은 그 귀

속자 등에게 상여·배당·기타사외유출·사내유보 등으로 처분한다.
⑤ 익금에 산입한 금액이 사외에 유출되지 아니한 경우에는 대표자에 대한 상여로
처분한다.

정답 ④

해설 ① 소득처분에 따른 소득금액변동통지는 원천징수의무자인 법인에게 행정처분에 해
당하므로 항고쟁송의 대상이 된다(대법원 2006. 4. 20. 선고 2002두1878 전원합의체 판
결). ② 사외유출된 금액의 귀속자가 내국법인인 경우에는 기타사외유출으로 처분한
다. ③ 익금에 산입한 금액의 사외유출 여부가 불분명한 경우에는 유보로 처분한다.
⑤ 익금에 산입한 금액이 사외에 유출되지 아니한 경우에는 유보로 처분한다.

[2014년 방송통신대 기말시험 수정]

다음은 법인세의 과세표준 계산에 관한 설명이다. 옳은 보기를 모두 고른 것은?

(a) 감가상각비 중 세법에서 정한 일정 한도를 초과하는 금액은 손금불산입
된다.
(b) 위와 같이 기업회계와 세법상의 차이를 조정하는 것을 세무조정이라고 한다
(c) 익금산입이란 회사의 결산서상 수익으로 계상되어 있지만 세법상은 익금이
아닌 것을 조정하는 것을 말한다.
(d) 기업회계와 세법에서 손익의 귀속시기에 차이가 있는 경우 유보로 처분을
한다.

① (a), (b), (c), (d)
② (a), (c), (d)
③ (a), (b), (c)
④ (a), (b), (d)

정답 ④

해설 (c) 익금산입이란 회사의 결산서상 수익으로 계상되어 있지 않지만 세법상은 익금인
것을 조정하는 것이다.

09 CHAPTER

주요 손익 항목

앞 장에서는 소득계산의 큰 틀, 특히 손익의 귀속시기에 관한 내용을 주로 살펴보았다. 그렇다면 이러한 틀은 구체적으로 주요한 손익 항목에서 어떻게 작동되고 있는가? 이것이 이 장에서 다룰 내용이다. 여러 항목들이 있지만 이 장에서는 실무상 가장 중요하고 기본적인 항목들만을 뽑아서 검토하는데, 크게 두 가지로 나눌 수 있다. 하나는 기업의 영업손익과 관련하여 생겨나는 문제들, 곧 매출액, 매출원가, 재고자산이나 매출채권의 평가 등에 관한 내용이고(제1절), 다른 하나는 기업이 보유하고 있는 유형자산과 무형자산에서 생겨나는 문제들, 곧 감가상각, 처분손익 등에 관한 내용이다(제2절).

제1절 영업손익

어떤 법인의 회계상 순이익 또는 세법상 소득의 대부분을 차지하는 것은 무엇일까? 두말할 나위 없이 그 법인이 행하는 사업 내지 영업에서 생기는 이익 내지 소득이다. 이것이 이 절에서 다루고자 하는 영업손익이다. 도·소매업이나 제조업을 전제로 한다면, 이는 사업의 수입금액(회계용어로는 '매출액')에서 판매한 상품·제품의 원가(회계용어로는 '매출원가')와 판매관리비(또는 영업비용)를 뺀 금액이다. 이러한 순자산증가액이 소득이 됨은 당연한 일이고, 문제가 되는 것은 주로 그 귀속시기이다. 그러므로 이 절에서는 사업의 수입금액과 매출원가 및 판매관리비의 귀속시기를 중점적으로 살펴보고, 그와 동전의 앞뒷면에 해당하는 문제, 곧 관련 자산·부채(특히 재고자산)의 평가라는 문제도 아울러 다룬다.

크게 보면 사업에는 두 가지 종류가 있다. 하나는 물건을 사서 팔거나 만들어 파는 사업이고, 다른 하나는 일을 해주고 돈을 버는 사업이다. 전자는 물건의 매매나 제조판매의 손익(Ⅰ), 후자는 도급공사와 용역제공의 손익(Ⅲ)이라는 소제목 하에서 살펴볼 것이다. 그 가운데에 끼어있는 할부 기타 장기외상매매(Ⅱ)에서는 대금이 장기간에 걸쳐 회수되는 경우에 생기는 특별한 문제를 다루는데, 이는 Ⅰ, Ⅲ 모두에 해당하는 내용이다. 마지막으로 영업과 관련된 비용을 미리 추산하여 손금에 산입하는, 이른바 충당금 제도도 간단히 살펴볼 것이다(Ⅳ).

Ⅰ. 물건의 매매나 제조판매

1. 현행법의 틀: 권리확정기준

기 본 사 례

상품의 판매손익

(주)고구려의 다음 거래에서 상품의 판매손익은 어느 사업연도에 귀속되는가?

1. 01년 12월 10일: 원가 10만원인 상품을 15만원에 (주)신라에 팔기로 하는 매매계약을 맺었다. 인도기일은 6개월 뒤이고 대금은 (주)신라가 발행하는 만기 6개월짜리 약속어음으로 받기로 하였다.
2. 02년 6월 10일: 위 계약에 따라 상품을 인도하고 계약조건에 따른 약속어음 액면 15만원짜리를 받았다.
3. 03월 1일 10일: 앞서 받은 약속어음을 지급제시하고 현금 15만원을 받았다.

위 사례에서 (주)고구려는 원가 10만원인 상품을 15만원에 팔고 대금을 회수하여 결국 5만원의 소득을 얻고 있다. 여기서 우리 법은 차액 5만원을 익금으로 삼는 순액법이 아니라 수입금액(또는 상품 등 자산의 양도가액) 15만원을 익금으로 삼고 판매된 자산의 원가 10만원을 손금으로 삼는 총액법을 택하고 있다는 점은 앞 장에서 이미 본 바와 같다. 어느 쪽이든 결과적인 소득의 크기에는 아무런 차이가 없다.

문제는 그 소득의 귀속시기이다. 위 거래에서 생기는 소득 5만원(순액법)은 어느 사업연도의 소득인가? 달리 표현하면, 판매대금 15만원과 그 원가 10만원(총액법)은 각각 어느 사업연도의 익금 및 손금인가? 앞 장에서 본 것처럼, 법인세법의 기본 입장은 익금과 손금은 그것이 확정된 날이 속하는 사업연도에 귀속된다는 것이다. 그렇다면 여기서 익금의 경우에 그 '권리가 확정된 날'은 구체적으로 어느 시점인가?

> 법인세법시행령 제68조(자산의 판매손익 등의 귀속사업연도) ① 법 제40조 제1항 및 제2항을 적용할 때 자산의 양도 등으로 인한 익금 및 손금의 귀속사업연도는 다음 각 호의 날이 속하는 사업연도로 한다.
> 1. 상품(부동산을 제외한다)·제품 또는 기타의 생산품(이하 이 조에서 "상품 등"이라 한다)의 판매: 그 상품 등을 인도한 날

여기서 "상품·제품"이라는 말은 기업회계에서 쓰는 용어를 받아들인 것으로, 처음부터 남에게 팔기 위해 사들인 것을 "상품", 팔기 위해 자기가 만든 것을 "제품"이라고 한다. 위 조문은 이러한 상품매매손익에 이른바 '인도기준'을 택하고 있다(기업회계도 마찬가지이다). 앞의 사례에 이를 적용하면 판매대금 15만원과 그 원가 10만원은 모두 인도일이 속하는 사업연도, 곧 02년의 익금과 손금이 되고, 결국 그 차액 5만원은 02년의 소득을 구성하게 된다.

이렇게 하는 이유는 무엇일까? 어째서 매매계약 체결시점이나 현금회수시점이 아니라 상품 등의 인도시점을 익금의 확정시기로 보고 있는 것일까? 일단 매매계약만 맺은 단계에서는 대금채권의 금액은 특정되었더라도 아직 그 이행을 청구할 수 없고(물건을 인도할 나의 의무가 아직 이행되지 않고 있기 때문이다), 따라

서 아직은 권리가 확정되었다고 볼 수 없다. 그러나 물건이 인도되면 일단 나의 의무가 이행된 이상 대금채권의 이행을 청구할 수 있는 상태가 되므로 이 시점에 나의 권리가 확정되었다고 보는 것이 적절할 것이다. 이렇게 권리가 확정된 상태라면 나중에 현금이 회수된 시점까지 그 귀속시기를 늦출 수는 없다.

기초학습

인도 = 현실의 인도 + 관념적 인도

내가 어떤 물건을 사실상 지배하고 있다면 민법에서는 내가 그 물건을 '점유(占有)'하고 있다고 말한다. 가령 내가 컵을 손에 들고 있다든가, 혹은 그렇지 않더라도 내가 통제하는 집안에 그 컵이 놓여 있다든가 하는 식으로 그 컵이 나의 지배권 안에 들어있다고 볼 수 있다면 나는 그 컵을 점유하고 있는 것이다. 그러한 점유, 곧 사실상의 지배를 남에게 넘기는 것을 가리켜 '인도(引渡)'라 한다. 내가 손에 들고 있던 컵을 옆 사람에게 준다든가, 내 집에 있던 컵을 옆집 사람에게 넘겨준다면 나는 컵을 '인도'한 것이다. 동산의 소유권이 넘어가려면 이렇게 인도가 있어야 한다는 것이 우리 민법의 입장이다.

그런데 동산의 소유권이 넘어가기 위해 위와 같은 '현실의 인도'가 꼭 필요한 것은 아니고 단지 '관념적인 인도'만으로 소유권이 넘어갈 수도 있다. 예를 들어 ① 홍길동의 컵을 장길산이 빌려 쓰고 있었는데 이번에 홍길동이 아예 컵을 장길산에게 팔기로 하였다면 어떻게 해야 할까? 그 컵을 반환받고 나서 곧바로 다시 인도해준다는 것은 번거로운 일이므로 이런 경우에는 그냥 소유권을 넘긴다는 합의만으로 인도된 것으로 인정하는데, 이것을 '간이인도(簡易引渡)'라고 한다. ② 이번에는 홍길동이 가지고 있는 컵을 장길산에게 팔면서 그와 동시에 그 컵을 그대로 홍길동이 빌려 쓰기로 했다고 하자. 이 경우에도 컵을 인도하고 곧바로 다시 넘겨받는 것은 번거로운 일이 아닐 수 없다. 따라서 홍길동과 장길산의 합의만으로 소유권 이전 및 물건 대차의 효력을 인정하는데, 이것을 '점유개정(占有改定)'이라 한다. ③ 더 나아가 홍길동이 임꺽정에게 맡겨둔 컵을 그 상태 그대로 장길산에게 판다면 어떻게 해야 할까? 그 컵을 반환받은 다음에 다시 장길산에게 인도하고 다시 임꺽정에게 맡겨두는 번거로운 일을 피하기 위해 이런 경우에는 홍길동이 임꺽정에게 물건을 되돌려달라고 할 수 있는 권리('반환청구권')를 장길산에게 넘기면 그 물건이 인도된 것으로 인정한다. 이것을 '목적물반환청구권의 양도'라고 한다.

이런 간이인도, 점유개정, 목적물반환청구권의 양도는 '현실의 인도'가 아니지만 민법상 '인도'가 이루어진 것으로 취급되어 동산의 소유권이 넘어가게 된다. 그렇다면 세법의 인도기준에서 말하는 '인도'에도 이런 '관념적인 인도'가 포함되는가? 그렇다. 원래 세법이 인도기준을 취한 이유는 매도인이 동산의 소유권을 넘겨줌으로써 자기 의무를 다 했다는 점 때문인데, '관념적인 인도'의 경우에도 이 점은 다를 바 없으므로 권리확정시기를 달리 잡을 이유가 없다.

한편 익금만이 아니라 손금의 귀속시기도 상품 등의 인도시점으로 정하고 있는 이유는 무엇일까? 앞 장에서 설명한 것처럼, 우리 법이 소득 5만원을 익금으로 삼는 순액법이 아니라 15만원을 익금으로 삼고 10만원을 손금으로 삼는 총액법을 택하고 있기 때문이다. 이런 구조에서는 10만원의 손금(양도한 자산의 원가)은 15만원의 익금(자산의 양도가액)의 귀속시기를 자동적으로 좇을 수밖에 없고(수익·비용 대응의 원칙), 따라서 별도의 손금 귀속시기라는 것은 있을 수 없으며 단지 그 금액이 얼마인가 하는 문제가 생길 따름이다(다만, 이 경우에도 익금에 직접 대응되지 않는 손금의 경우에는 따로 귀속시기가 문제될 수 있다).

우리 법이 인도기준을 택한 이유가 바로 그 시점에 권리가 확정된다고 보기 때문이라면, 인도시점에 권리가 확정된다고 보기 어려운 경우에는 귀속시기를 달리해야 한다는 말이 된다. 그래서 앞의 시행령 조문은 계속 이어서 다음과 같은 규정들을 마련하고 있다.

법인세법시행령 제68조(자산의 판매손익 등의 귀속사업연도) ① …
2. 상품 등의 시용판매: 상대방이 그 상품 등에 대한 구입의 의사를 표시한 날. 다만, 일정기간내에 반송하거나 거절의 의사를 표시하지 아니하면 특약 등에 의하여 그 판매가 확정되는 경우에는 그 기간의 만료일로 한다.
3. 상품 등 외의 자산의 양도: (생략)
4. 자산의 위탁매매: 수탁자가 그 위탁자산을 매매한 날 (이하 생략)

제2호의 '시용판매'란 물건을 써 본 뒤에 살지 말지를 결정하는 방식이고, 제4호의 '위탁매매'란 물건을 남(수탁자, 위탁매매인)에게 보내 대신 팔아 달라고 하는 방식이다. 이런 거래에서는 인도에도 불구하고 아직 권리가 확정되지 않으므로 특칙을 둔 것이다. 한편 제3호의 "상품 등"이 아닌 자산의 양도손익은 주로 '유형자산이나 무형자산의 처분손익'에 해당한다. 그런데 여기서 주의할 것은, 부동산은 제1호의 "상품 등"에서 무조건 제외되고 있어(앞의 제1호에서 괄호 안의 글귀를 보라) 제3호의 적용을 받는다는 점이다. 부동산도 경우에 따라 상품이 될 수 있지만(예를 들어, 부동산매매업자가 판매용으로 사들이는 부동산은 상품이다), 이 경우에도 그 처분손익의 귀속시기를 따질 때에는 '상품'으로서 인도기준을 적용하는 것이 아니라 '상품 등이 아닌 자산'으로서 별도의 기준을 적용한다는 뜻이다. 그 이유는 부동산의 경우에는 인도가 아니라 등기를 권리의 공시방법으로 채택하고 있기 때문인데, 자세한 내용은 다음 절의 '유형자산과 무형자산의 처분손익' 부분에서 설명한다.

2. 매출원가와 매출총이익

앞에서 본 것처럼 우리 법은 상품 등의 판매대금을 익금으로, 그 판매한 상품 등의 원가를 손금으로 삼아 그 차액을 소득으로 계산하는 방식을 취하고 있다. 그런데 예를 들어, 이번 사업연도에 10만개의 물건을 서로 다른 가격에 샀다가 서로 다른 가격에 팔았다고 해보자. 이 경우에 물건 하나하나에서 판매소득이 각각 얼마가 생기는지를 계산한다면(이런 방식을 회계에서는 '계속기록법'이라고 한다) 많은 노력이 들게 될 것이다.

그러나 물건 하나하나의 판매소득을 꼭 알아낼 필요는 없다. 소득세나 법인세는 개개의 판매소득에 과세하는 세금이 아니라 일정한 기간의 판매소득을 합쳐서 과세하는 세금이므로, 같은 기간에 속하는 한, 판매대금 전체에서 판매한 물건의 원가 전체를 빼면 충분하다. 개수를 3개로 줄여서 올해 100원, 120원, 130원에 산 물건을 모두 150원씩에 팔았다고 해보자. 물건별로 소득금액을 계산하든(50원+30원+20원=100원), 세 가지를 뭉뚱그려서 판매대금 전체(매출액)에서 판매한 물건의 원가 전체(매출원가)를 빼서 소득금액(매출총이익)을 계산하든(450원-350원=100원) 아무런 차이가 없다.

다만, 이렇게 사업연도 개시일(기초)과 종료일(기말)에 재고자산이 없는 경우는 드문 일이고 보통은 기초와 기말에 재고자산이 있게 마련이므로 그 점을 계산에 넣어야 한다. 예를 들어, 올해 기초재고액(원가)이 50만원, 당기매입액이 300만원, 기말재고액(원가)이 100만원이라면, 올해 원가기준으로 얼마 어치를 판 것인가? 기초재고액과 당기매입액을 합치면 350만원어치의 물건이 있어야 하지만 기말에 남아 있는 물건은 100만원어치뿐이므로 그 차액 250만원어치는 올해에 판 양일 수밖에 없다. 결국 기초재고액, 당기매입액, 기말재고액을 모두 안다면, 올해 판 물건의 원가(매출원가)가 얼마인지를 알 수 있다.

매출액－매출원가＝매출총이익

재고자산			
기초재고액	50만원	매출원가	?
당기매입액	300만원	기말재고액	100만원
판매가능액	350만원		350만원

기초재고액＋당기매입액－기말재고액＝매출원가

3. 재고자산의 평가

앞에서 본 것처럼, 판매한 상품이나 제품의 원가(매출원가)가 얼마인가를 알려면 당기매입액을 아는 것만으로는 충분하지 않고 기초재고와 기말재고의 원가도 알아야 한다. 그런데 전기의 기말재고는 곧 당기의 기초재고이므로, 결국 이 문제는 기말재고의 원가를 어떻게 산출할 것인가 하는 문제가 된다.

만일 모든 상품의 단가가 일정하다면 이것은 간단한 문제가 된다. 기말재고의 수량만 알면 되기 때문이다. 예를 들어, 기초에 단가 10원짜리 물건 100개가 있었고 기중에 단가 10원짜리 물건 400개를 사들였는데, 기말에 세어보니 200개가 남아 있다고 해보자. 단가가 10원으로 일정하므로 기말재고의 원가는 10원×200개＝2,000원이다.

그러나 상품의 단가는 일정하지 않은 것이 보통이다. 예를 들어, 상품을 각각 100원, 110원, 120원에 1개씩 매입하였고 그 중 2개를 150원에 팔았다고 해보자. 매출액은 150원×2개＝300원임이 분명한데, 매출원가는 얼마인가? 2개가 팔렸고 1개가 남아 있는 것은 틀림이 없지만, 원가로 얼마짜리가 팔렸고 얼마짜리가 남아 있는 것인가? 실제로 하나하나 추적하여 얼마짜리가 팔렸는가를 따지는 방법('개별법')도 생각해볼 수 있지만, 거래수량이 많을 경우에는 매우 어려운 문제가 된다. 위 예에서 10만개를 사고팔았는데 매입가격이 계속 변동한다고 생각해보라. 더 나아가 같은 종류의 물건이라면 서로 다른 가격에 매입되었어도 아예 구별을 할 수 없는 경우도 많다. 따라서 어느 것이 먼저 팔렸는가에 관한 '가정'이 필요해진다. 이런 이유 때문에 법인세법시행령은 재고자산의 평가방법으로 다음 6가지를 인정하고 있다(이 가운데 후입선출법은 회계기준에서 폐지된 방법이지만 과세소득 계산에서는 여전히 인정되고 있다).

구 분	내 용
개별법	개개의 상품의 원가를 직접 추적한다.
선입선출법	먼저 사들인 것부터 먼저 팔린 것으로 본다(사례의 경우에 100원, 110원 짜리가 팔리고, 120원 짜리가 남은 것으로 본다).
후입선출법	나중에 사들인 것부터 먼저 팔린 것으로 본다(사례의 경우에 120원, 110원 짜리가 팔리고, 100원 짜리가 남은 것으로 본다).
총평균법	기말에 기초재고와 당기매입액을 합하여 평균단가를 계산한다(사례의 경우에 평균단가 110원 짜리 물건 2개가 팔리고 1개가 남은 것으로 본다).
이동평균법	자산을 취득할 때마다 남아 있는 재고의 평균단가를 계산한다.
매출가격환원법	판매가격으로부터 원가와 이익을 역산한다.

이런 방법들은 물량 흐름에 대한 가정은 다르지만 기말재고를 시가가 아니라 원가로 평가하는 방법('원가법')이라는 점만큼은 공통적이다.

기 본 사 례

서울(주)의 상품 거래는 다음과 같다. 아래 거래를 분개하고, 기말재고액을 선입선출법과 후입선출법으로 각각 계산하고, 각 방법에 따라 손익계산서의 해당 부분을 작성하는 형식으로 매출, 매출원가, 매출총이익을 구해 보라.

1. 1. 기초재고는 20개이고 매입단가는 각 400원씩이다.
2. 1. 판매 10개   판매단가 430원
4. 1. 매입 40개   매입단가 420원
6. 1. 매입 50개   매입단가 425원
8. 1. 판매 50개   판매단가 450원
10. 1. 매입 40개   매입단가 435원
11. 1. 판매 80개   판매단가 480원
12. 1. 매입 20개   매입단가 440원
12. 31. 기말재고는 실제로 조사해 보니 30개 있다.

풀이

1. 1. 분개 없음 (상품 차변에 잔고가 8,000원 있다는 의미)				
2. 1. 현금	4,300	매출	4,300	
4. 1. 매입	16,800	현금	16,800	
6. 1. 매입	21,250	현금	21,250	
8. 1. 현금	22,500	매출	22,500	
10. 1. 매입	17,400	현금	17,400	
11. 1. 현금	38,400	매출	38,400	
12. 1. 매입	8,800	현금	8,800	

(기말재고의 계산)
선입선출법: $20 \times 440 + 10 \times 435 = 13,150$
후입선출법: $20 \times 400 + 10 \times 420 = 12,200$

(손익계산서의 매출총이익 부분)

	선입선출법		후입선출법	
매출액		65,200		65,200
매출원가				
기초재고	8,000		8,000	
당기매입액	64,250		64,250	
기말재고	(13,150)	59,100	(12,200)	60,050
매출총이익		6,100		5,150

관련 시행령을 더 읽어보면, 위에 적은 방법들뿐 아니라 원가와 시가 중에서 낮은 쪽으로 평가하는 방법('저가법')도 인정하고 있음을 알 수 있다.

기│본│사│례

저가법

(주)고구려는 기말재고를 저가법으로 평가하고 있는데, 기말재고의 현황이 다음과 같다면 기말재고는 세법상 각각 얼마로 평가되는가? 그리고 세법상 평가손익은 얼마인가?

구 분	원 가	시 가
A 상 품	100원	120원
B 상 품	100원	90원

A상품은 원가와 시가 중 낮은 쪽이 원가 100원이므로 재고자산은 원가 100원으로 평가되며, 평가이익 20원은 세법상 무시된다. B상품은 원가와 시가 중 낮은 쪽이 시가 90원이므로 시가 90원으로 평가되며 평가손실 10원이 세법상 인정된다. 이렇게 저가법은 평가이익은 무시하고 평가손실만 인식하는 방법이기 때문에 담세력을 제대로 재는 방법이라고 하기 어렵다.

4. 저가법을 인정하는 이유 [심화학습]

담세력에 걸맞게 소득을 계산하고자 한다면 원래 저가법과 같은 것은 인정하지 않아야 옳을 것이다. 담세력을 올바로 재기 위해서는 자산의 평가이익과 평가손실을 모두 인정하는 방법(시가법)을 택해야 옳지만, 이것이 현실적으로 곤란하다면 차라리 평가이익은 물론이고 평가손실도 모두 부정하는 쪽을 택해야 적어도 비대칭적인 왜곡을 피할 수 있을 것이다.

그럼에도 불구하고 현행법이 저가법을 인정하는 이유는 무엇일까? 재무제표를 가능한 한 비관적인 관점에서 작성하자는, 이른바 '보수주의'라는 오랜 회계관행을 받아들인 점도 있지만, 사실 더 근본적인 이유는 저가법을 거부해보아야 별 실효성이 없다는 점 때문이다. 앞 장에서 살펴본 실현주의의 모순을 다시 떠올려보자. 세법이

B상품의 평가손실 10원을 인정하지 않더라도 납세자는 B상품을 시가 90원에 팔고 같은 가격으로 되사들이면 B상품의 원가를 90원으로 낮추고 처분손실 10원을 인정받을 수 있다. 어차피 이렇게 10원의 손실을 인정할 수밖에 없다면, 차라리 저가법을 인정하는 쪽이 나을 수도 있다. 적어도 납세자로 하여금 불필요한 거래를 하도록 유인하는 효과는 피할 수 있기 때문이다.

결국 저가법은 좋은 방법이 아니지만 실현주의 세제에서는 그나마 원가법보다는 나은 방법일 수도 있는 것이다. 이런 것들은 실현주의 세제가 안고 있는 근본적인 결함들로, 실현주의에 뿌리박고 있는 현행 세제의 틀 안에서는 애초 해결할 수 없는 문제들이다.

Tax In News

🎙 재고자산 평가방법은 순이익에 얼마나 큰 영향을 미칠까?

에쓰오일이 1분기에 1조원 넘는 적자를 냈다. 예상을 뛰어넘는 재고자산 평가손실이 발생하면서 창사 이래 최악의 실적을 기록했다. 재고자산 평가에 보수적 회계기법인 저가법과 유가 변동에 민감한 선입선출법(FIFO)을 적용해 재고손실 규모가 더 커졌을 것으로 분석된다.

정유사들의 재고측정방법은 크게 총평균법과 선입선출법으로 나뉜다. 에쓰오일을 제외한 나머지 정유사들은 모두 전자를 택하고 있지만 에쓰오일은 대주주 아람코를 따라 후자를 적용한다. 총평균법은 분기 초에 있는 재고와 그 분기 매입의 평균을 내서 매출원가로 반영하기 때문에 유가 변동에 영향을 덜 받는다면 선입선출법은 판매하고 남은 재고에 최근 가격을 적용해 유가가 떨어지면 손실을 더 입는다.

에쓰오일은 1분기 영업손실이 1조73억원으로 전분기는 물론 전년 동기 대비 모두 적자전환했다고 27일 밝혔다. 2018년 4분기 국제 유가 급락으로 3335억원의 손실을 냈던 것보다 3배가량 큰 규모다. 큰 폭의 적자전환으로 영업이익률도 마이너스 19.4%를 기록했다. 매출액은 5조1984억원으로 작년 1분기보다 4.2% 감소했다.

대규모 적자는 매출의 75%를 차지하는 정유부문에서 발생했다. 정유부문 영업적자만 1조 1,900억원에 달했다. 코로나19 여파에 따라 정유제품 수요가 감소하면서 정유사의 대표 수익지표인 정제마진이 마이너스에 근접했다. 정제마진은 석유제품 가격에서 원가를 뺀 가격으로 1분기 평균 싱가포르 정제마진은 배럴당 0.3달러로 집계됐다. 통상 손익분기점은 배럴당 4~5달러다. 만들수록 손해를 본 셈이다.

정제마진 하락보다 손실에 지대한 영향을 준 건 유가하락에 의한 재고자산 평가손실이다. 연초 배럴당 60달러를 넘던 두바이유는 3월말 20달러대로 떨어졌고 미리 사둔 원유와 제품가가 하락하면서 에쓰오일은 7210억원에 이르는 재고관련손실을 기록했다. 에쓰오일은 1분기 말 재고가 작년 말보다 150만 배럴 증가했고 주로 항공유와 휘발유, 벙커씨유 등의 재고가 예년에 비해 크게 늘었다고 설명했다.

대규모 재고관련손실에는 재고자산을 평가하는 회계처리 영향도 배제할 수 없다. 에쓰오일은 정유사 중 유일하게 '선입선출법'을 쓰고 있다. 이는 먼저 구입한 원료를 제품으로 먼저 만들어 판매한다는 개념이다. 판매하고 남은 재고는 최근에 산 원료로 만들었다고 보고 단가도 가장 최근의 값을 적용한다. 때문에 유가가 급등하면 관련이익이 커질 수 있고, 유가가 하락할 때는 반대로 평가손실이 더 늘어난다.

SK이노베이션이나 GS칼텍스, 현대오일뱅크는 총평균법을 재고자산 평가에 적용한다. 매출원가를 평균치로 잡기 때문에 유가가 급락해도 선입선출법에 비해선 재고관련손실을 보다 줄일 수 있다. 남은 기말재고 물량은 다음 달에 반영한다.

'저가법'을 적용했다는 점도 에쓰오일의 재고관련손실을 늘리는데 일조했다. 저가법은 재고자산을 원가법이나 시가법에 의해 평가한 가액 중 낮은 쪽의 가액을 장부가액으로 하는 평가방법이다. 따라서 저가법은 이익이 가장 적게 표시되고 재산이 가장 낮게 표시되는 보수주의적 방식으로 평가된다. 정유사들은 주로 유가가 지나치게 급락해 재고원가가 시가보다 낮아질 경우 재고평가 회계처리에 저가법을 적용한다.

에쓰오일 관계자는 "저가법을 적용하면 실적 발표 때 쯤 유가가 더 떨어지면 그 시가까지 반영해서 추가적으로 재고평가손익을 계산한다"고 설명했다. 3월 말쯤 배럴당 30달러 초반이던 두바이유가 지난 21일 장중 20달러 밑으로 떨어지면서 에쓰오일은 재고원가를 배럴당 10달러가량 낮게 잡았을 것으로 추정된다.

(2020년 4월 29일 언론보도)

Ⅱ. 할부 기타 장기외상매매

기 본 사 례 장기할부판매

(주)고구려는 01. 1. 1. 원가 2,100원, 판매가격 2,600원인 상품을 (주)백제에 3년간 할부로 판매하였다. 상품은 즉시 인도하되 판매대금 총 3,000원은 01. 12. 31., 02. 12. 31., 03. 12. 31. 세 차례로 나누어 각 1,000원씩 받는 조건이다. 이 거래에서 생기는 손익은 어느 사업연도에 얼마씩 귀속되는가?

1. 회수기준

위의 사례와 같은 거래를 '장기할부판매'라고 하는데, 그 소득을 계산하는 방법으로는 여러 가지를 생각해볼 수 있다. 우선, 판매대금이 회수되는 정도에 맞추어 서서히 손익을 인식해나가는 방법은 어떨까? 3년간 매년 1,000원씩을 회수하므로 매년 그 1,000원씩을 익금에 산입하자는 것이다. 그렇다면 그에 대응되는 비용, 곧 판매된 상품의 원가 2,100원도 같은 방법으로 나누어서 손금에 산입해야 할 것이다. 즉 매년 익금을 1/3(=1,000원/3,000원)씩 산입하므로 그에 대응되는 비용 역시 2,100원×(1/3)=700원씩 손금에 산입한다. 결국 매년의 소득은 1,000원-700원=300원이 되므로, 3년간의 소득은 (300원, 300원, 300원)으로 합계 900원이 된다. 이런 방법을 '회수기준'이라고 하는데, 현행법도 이를 인정하고 있다.

> 법인세법시행령 제68조(자산의 판매손익 등의 귀속사업연도) ② 법인이 장기할부조건으로 자산을 판매하거나 양도한 경우로서 판매 또는 양도한 자산의 인도일…이 속하는 사업연도의 결산을 확정함에 있어서 해당 사업연도에 회수하였거나 회수할 금액과 이에 대응하는 비용을 각각 수익과 비용으로 계상한 경우에는 제1항 제1호 및 제3호에도 불구하고 그 장기할부조건에 따라 각 사업연도에 회수하였거나 회수할 금액과 이에 대응하는 비용을 각각 해당사업연도의 익금과 손금에 산입한다. (단서 생략)

이 조문에 따르면 각 사업연도에 회수하였거나 회수할 금액(1,000원, 1,000원, 1,000원)과 이에 대응하는 비용(700원, 700원, 700원)을 각 사업연도의 익금과 손금에 산입한다는 것이다. 다만, 이러한 회수기준은 판매 또는 양도한 자산의 인도일이 속하는 사업연도(01년)의 재무제표에 해당 사업연도에 회수하였거나 회수할 금액(1,000원)과 대응비용(700원)을 각각 수익과 비용으로 계상한 경우에 한한다 (즉 '결산조정사항'이다. 다만 중소기업에게는 특칙이 있다). 결국 회수기준은 강제적인 것이 아니고 납세의무자가 원한다면 선택할 수 있는 방법일 뿐이다.

이렇게 장기할부판매에 대해 회수기준이라는 특칙을 허용하는 이상, 그 적용대상을 분명하게 정해둘 필요가 있다. 그리하여 시행령은 '장기할부조건'을 "자산의 판매 또는 양도로서 판매금액 또는 수입금액을 월부·연부 기타의 지불방법에 따라 2회 이상으로 분할하여 수입하는 것 중 당해 목적물의 인도일의 다음 날부터 최종의 할부금의 지급기일까지의 기간이 1년 이상인 것"으로 규정하고 있다.

2. 인도기준과 현재가치 계산

이렇게 하지 않고 그냥 총 3,000원의 판매대금 전체를 인도한 날이 속하는 01년에 즉시 익금에 산입하는 방법은 어떨까? 만일 이렇게 한다면, 그에 대응되는 원가 2,100원도 즉시 손금에 산입하여야 할 것이다. 결국 01년의 소득은 3,000원－2,100원＝900원이 되고, 3년간의 소득은 (900원, 0원, 0원)으로 합계 900원이 된다.

그러나 이런 방법에는 문제가 있다. 판매대금 3,000원을 지금 당장 모두 받는 것이 아니기 때문이다. 만일 대금 전부를 지금 당장 받는다면 3,000원이 아니라 판매가격 2,600원을 받아야 한다. 그런데 실제로는 대금을 3년간 나누어 받기 때문에 이 점을 고려하여 대금 총액이 3,000원으로 책정된 것이다. 말하자면, 총 3,000원을 3년간 나누어받는 것은 지금의 가치(이를 "현재가치"라고 한다)로 치면 2,600원에 해당한다는 말이다.

결국 인도기준을 적용한다면 당장 익금에 산입할 금액은 판매대금 총액인 3,000원이 아니라 그 현재가치인 2,600원이 옳다. 그렇다면 나머지 400원은 무엇인가? 그것은 이자이다. 다음 두 거래를 비교해보라.

① 2,600원짜리 물건을 팔면서 3년간 총 3,000원을 받는 거래
② 2,600원짜리 물건을 팔면서 당장 현금 2,600원을 받음과 아울러 그 돈을 도로 꿔주고 그 원금과 이자를 합쳐서 총 3,000원을 3년간 나누어 받는 거래

이 두 거래의 경제적 효과가 같다는 점은 쉽게 알 수 있다. 그렇다면 ①의 거래에 관해서도 ②의 거래와 똑같은 효과를 주어야 균형이 맞을 것이다. 이렇게 생각하면, 첫해의 익금은 3,000원이 아니라 2,600원이고 그 대응하는 비용은 상품의 원가 2,100원 전액이며(따라서 첫해의 상품판매소득은 2,600원−2,100원=500원이다), 자금 대여로 인한 이자 400원은 3년간 나누어서 이자소득으로 익금에 산입하여야 한다.

여기서 400원의 이자소득을 3년간 어떻게 나누어 익금에 산입할 것인가? 우선 2,600원의 돈을 꿔주고 매년 1,000원씩 총 3,000원의 원리금을 받는 거래에 얼마의 이자율이 적용되어 있는지를 알아내야 한다. 계산을 해보면 연 7.5%의 이자율이 적용된 결과임을 알 수 있고, 매년 1,000원씩 받는 돈에 들어있는 실질이자는 (200원, 130원, 70원)으로 합계 400원이다. 왜 이렇게 되는지는 뒤의 〈기초학습〉에 자세히 적어두었으므로 꼼꼼히 살펴보기 바란다. 첫해의 상품 판매이익(2,600원−2,100원=500원)까지 포함해서 따져보면, 이 거래에서 생기는 소득은 (700원, 130원, 70원)으로 합계 900원이 된다. 법인세법시행령도 이런 방법을 인정하고 있다.

법인세법시행령 제68조(자산의 판매손익 등의 귀속사업연도) ⑥ 법인이 제4항에 따른 장기할부조건 등에 의하여 자산을 판매하거나 양도함으로써 발생한 채권에 대하여 기업회

> 계기준이 정하는 바에 따라 현재가치로 평가하여 현재가치할인차금을 계상한 경우 해당 현재가치할인차금상당액은 해당 채권의 회수기간동안 기업회계기준이 정하는 바에 따라 환입하였거나 환입할 금액을 각 사업연도의 익금에 산입한다.

이 조문에 따르면, 법인이 장기할부조건 등에 의하여 자산을 판매하거나 양도함으로써 발생한 채권(3,000원)에 대하여 기업회계기준이 정하는 바에 따라 현재가치(2,600원)로 평가하여 현재가치할인차금(400원)을 계상한 경우(역시 '결산조정사항'이다), 해당 현재가치할인차금상당액은 해당 채권의 회수기간 동안 기업회계기준이 정하는 바에 따라 환입하였거나 환입할 금액(200원, 130원, 70원)을 각 사업연도의 익금에 산입한다.

기초학습

돈의 시간가치

앞에서 우리는 2,600원의 돈을 꿔주고 매년 1,000원씩 총 3,000원의 원리금을 받는 거래에 연 7.5%의 이자율이 적용되어 있고 그 이자는 3년간 (200원, 130원, 70원)으로 총 400원이라고 하였다. 왜 이렇게 되는가? 이것을 이해하기 위해서는 쉬운 내용부터 시작하여 차근차근 따져 보아야 한다. 처음에는 조금 어렵게 느껴질 수도 있지만 이 내용은 세법은 물론이고 경제학, 재무학, 회계학 등의 토대에 해당하는 것이기 때문에 꼼꼼히 공부해둘 만한 가치가 있다.

지금은 우리나라의 은행금리가 아주 낮은 편이지만 과거에는 매우 높았었다. 여기서는 쉽게 은행금리가 연 10%라고 가정하고 이야기를 해보기로 한다(그리고 이자율은 투자의 위험도에 따라 달라지지만 여기서는 그 점을 무시하고 세상의 모든 투자의 수익률이 연 10%로 균일하다고 가정하고 논의를 진행한다). 내가 100원을 은행에 맡기면 3년 뒤에는 얼마가 되겠는가? 원금 100원+이자 30원=130원이라고 생각하면 잘못이다. 매년 이자를 붙인다면 1년 뒤에는 그동안의 이자도 원금에 들어가서 거기에도 이자가 붙기 때문이다. 이렇게 따지면 다음과 같은 공식이 성립한다.

1년 뒤: 100원×(1+10%)=100원×1.1=110원

2년 뒤: 110원×(1+10%)=100원×(1+10%)^2=100원×1.1^2=121원

3년 뒤: 121원×(1+10%)=100원×(1+10%)^3=100원×1.1^3=133.1원

그렇다면 나로서는 지금 100원을 받는 것이나 3년 뒤에 133.1원을 받는 것이나 마찬가지가 된다. 왜냐하면 지금 100원을 받아도 그것이 어차피 3년 뒤에는 133.1원이 되기 때문이다. 결국 지금의 100원('현재가치')은 3년 뒤의 133.1원('미래가치')과 동등한 가치가 있다는 말이 되는데, 여기서 그 차액 33.1원을 '돈의 시간가치'라고 한다.

위에서는 현재가치를 미래가치로 바꾸었지만 그 반대도 당연히 가능하다. 3년 뒤의 133.1원은 현재가치로 얼마인가? 위의 공식을 반대로 뒤집으면 된다.

$$\frac{133.1원}{(1+10\%)^3} = \frac{133.1원}{1.1^3} = 100원$$

이제 조금 복잡한 형태를 생각해보자. 3년간 매년 말에 1,000원씩을 받는데, 연 이자율이 7.5%라면 그 현재가치는 얼마가 되겠는가? 다음과 같이 계산하면 된다.

$$\frac{1,000}{1.075} + \frac{1,000}{1.075^2} + \frac{1,000}{1.075^3} = 약 2,600$$

무슨 말인가? 이자율이 연 7.5%라면 3년간 매년 말에 1,000원씩 받는 총 3,000원의 돈은 지금으로 치면 2,600원의 가치를 갖는다는 것이다. 뒤집어서 말하면, 내가 지금 2,600원의 돈을 꿔주고 매년 1,000원씩 총 3,000원의 원리금을 받기로 하였다면 이 거래에는 연 7.5%의 이자율이 적용되어 있다는 뜻이다. 이 사례는 뒤에서도 계속 사용할 것이기 때문에 꼼꼼히 공부해두기 바란다.

그런데 여기서 매년 받는 1,000원씩의 금액에는 원금과 이자가 들어 있는데, 그 금액은 구체적으로 어떻게 구성되어 있는가? 다음의 표를 보자.[1]

구 분	이자수익(7.5%)	총상환액	원금상환액	꾸어준 돈
				2,600
2001년	200	1,000	800	1,800
2002년	130	1,000	870	930
2003년	70	1,000	930	-
합계	400	3,000	2,600	-

무슨 뜻인지를 설명하면, 우선 2,600원을 꾸어주고 받는 연 7.5% 이자는 약 200원이므로 처음 받는 1,000원은 (이자 200원, 원금 800원)으로 구성되어 있다는 것이다. 이제 원금은

---

1) 본문의 숫자는 알아보기 쉽게 하려고 10원 미만의 숫자는 임의로 올리거나 버린 것이다. 1원 단위까지 정확하게 계산해보면 앞뒤가 틀림없이 맞아 들어간다는 것을 알 수 있다.

> 2,600원-800원=1,800원이 되고, 다시 이것을 1년간 꾸어주고 받는 연 7.5% 이자는 약 130원
> 이므로 두 번째로 받는 1,000원은 (이자 130원, 원금 870원)으로 구성되어 있다. 이제 원금은
> 1,800원-870원=930원이 되고 그에 대한 연 7.5% 이자는 약 70원이므로 마지막으로 받는
> 1,000원은 (이자 70원, 원금 930원)으로 구성되어 있다는 것이다.
> 　　그러므로 2,600원의 돈을 꿔주고 매년 1,000원씩 총 3,000원의 원리금을 받는 거래에는 연
> 7.5%의 이자율이 적용되어 있고, 그 이자는 3년간 (200원, 130원, 70원)으로 총 400원이 된다
> 는 결론을 얻게 되는 것이다.

3. 두 방법에 대한 평가

　　회수기준에 따르면 3년간의 소득은 (300원, 300원, 300원), 단순한 인도기준
을 적용하면 (900원, 0원, 0원), 현재가치 평가를 적용하면 (700원, 130원, 70원)이
된다. 합계 900원인 점은 공통적인데, 이는 판매대금 총액 3,000원-원가 2,100원=
판매이익 900원이라는 계산에서 나온다. 문제는 귀속시기가 다르다는 것이다.

　　어느 쪽이 납세자에게 유리한가? 두말할 나위 없이 회수기준이 가장 유리하
다. 세금 총액은 같지만, 회수기준의 경우에 소득이 가장 나중에 잡히고 세금을
가장 나중에 물게 되기 때문이다.

　　그렇다면 질문을 바꾸어, 경제적 실질에 맞는 방법은 무엇인가? 판매대금
3,000원을 3년간 나누어 받는 거래는 그 경제적 실질을 놓고 보면 당장 2,600원에
현금판매를 함과 아울러 그 돈을 도로 꾸어주고 3년간 400원의 이자를 얹어서 받
는 거래와 같다. 이렇게 본다면 매출채권을 현재가치로 평가하는 방식이 경제적
실질에 잘 들어맞는 방법이다. 다른 방법은 어떤가? 판매대금 총액 3,000원 전액
을 당장 익금에 산입하는 것은 지금의 1원과 나중의 1원의 가치가 다르다는 경
제적 진실(앞에서 이야기한 '돈의 시간가치')을 무시하고 있다. 이 점은 회수기준도
마찬가지이다. 매년 회수될 1,000원씩의 금액에는 원금과 이자가 포함되어 있고
그 이자는 7.5%의 연 이자율을 반영한 것임에도 회수기준은 이를 무시하고 단순
하게 매년 1,000원씩을 익금에 산입하고 있다.

　　정리해보면, 매출채권을 현재가치로 평가하는 것만이 경제적 실질을 올바르

게 반영하는 방법이다. 이에 비해 매출채권 총액을 당장 익금에 산입하는 것은 귀속시기를 과도하게 앞당기는 방식이고, 회수기준은 귀속시기를 과도하게 늦추는 방식이다. 그럼에도 불구하고 현행법이 이런 방식을 인정하는 것은 그것이 원리적으로 옳기 때문이라기보다는 오랜 회계관행의 수용, 현재가치 평가의 실무상 어려움 등 다른 요인들을 고려했기 때문이다.

Ⅲ. 도급공사와 용역제공의 손익

1. 도급공사와 예약매출

기 본 사 례

도급공사

(주)고구려건설은 01년 6월 1일 빌딩 공사를 수주하여 같은 해 10월 1일부터 공사에 착수하였다. 공사대금은 120억 원이고 공사비는 총 100억 원이 들 것으로 예상된다. 01년, 02년, 03년에 실제로 받은 공사대금과 실제로 지출한 공사비는 다음과 같다.

구 분	01년	02년	03년	합계
공사대금	50억 원	30억 원	40억 원	120억 원
공 사 비	20억 원	50억 원	30억 원	100억 원

공사는 03년 9월 30일에 완공되어 발주자에 인도되었다. (주)고구려건설이 각 사업연도에 익금에 산입할 공사수익과 손금에 산입할 공사원가는 각각 얼마인가?

이렇게 공사를 수주하여 건물 등을 지어주고 대가를 받는 경우에 그 손익은 어느 사업연도에 귀속시켜야 할까? 일반적인 상품매매의 경우처럼 인도시점(또는 완성시점)인 03년도에 전액 귀속시켜야 할까? 아니면 할부판매의 경우처럼 공사대금을 회수한 부분만큼씩, 곧 50억 원, 30억 원, 40억 원씩을 익금에 산입하고 대응되는 비용을 손금에 산입하여야 할까? 아니면 공사비가 소요된 정도에 맞추어 20%, 50%, 30%씩을 각각 손익에 산입해야 할까? 세법은 원칙적으로 세 번째

방법을 택하고 있는데, 이를 '진행기준'이라 한다.

법인세법시행령 제69조(용역제공 등에 의한 손익의 귀속사업연도) ① 법 제40조 제1항 및 제2항을 적용함에 있어서 건설·제조 기타 용역(도급공사 및 예약매출을 포함하며, 이하 이 조에서 "건설 등"이라 한다)의 제공으로 인한 익금과 손금은 그 목적물의 건설 등의 착수일이 속하는 사업연도부터 그 목적물의 인도일(용역제공의 경우에는 그 제공을 완료한 날을 말한다. 이하 이 조에서 같다)이 속하는 사업연도까지 기획재정부령으로 정하는 바에 따라 그 목적물의 건설 등을 완료한 정도(이하 이 조에서 "작업진행률"이라 한다)를 기준으로 하여 계산한 수익과 비용을 각각 해당 사업연도의 익금과 손금에 산입한다. (단서 생략)

여기서 '작업진행률'은 총공사비 예정액에 비해 여태까지 공사비가 얼마나 들었는가를 '누계기준'으로 따진 비율이다. 좀 더 단순하게 매기에 (매기의 공사비/총공사비 예정액)만큼씩을 수익으로 계산하는 것이 아니라 누계기준이라는 다소 복잡한 방법을 쓰는 이유는 매기말의 '총공사비 예정액'이 달라질 수 있기 때문이다. 구체적으로는 위 사례의 경우에 다음과 같이 처리한다.

구 분	01년	02년	03년	합계
① 공사비용(손금)	20억 원	50억 원	30억 원	100억 원
작업진행률	20%	70%	100%	
누적수익	120억 원×20% =24억 원	120억 원×70% =84억 원	120억 원×100% =120억 원	
② 공사수익(익금)	24억 원	84억 원－24억 원 =60억 원	120억 원－84억 원 =36억 원	120억 원
③ 공사이익 (②－①)	4억 원	10억 원	6억 원	20억 원

Tax In News

🎙 공사진행률과 손익조작

  감사원이 최소 1조5천억원대 분식회계를 했다고 밝힌 대우조선해양은 공사 진행률을 임의로 손대는 수법으로 현금 유입 없는 서류상의 가공 이익을 창출해온 것으로 드러났다. 16일 감사원과 금융당국에 따르면 대우조선해양은 공사 진행률을 조작하는 수법으로 분식회계를 한 혐의를 받고 있다. 조선, 건설 등 수주 산업의 회계 처리에서는 실제 발생 원가와 총 예정 원가의 비율로 공사 진행률을 따지는 계산 방식을 쓴다. 대우조선은 여기서 분모가 되는 총 예정원가를 임의로 줄여 공사 진행률을 높게 산출하는 방식을 동원했다는 것이 감사원의 결론이다. 이는 수주 업계에서 분식회계가 적발될 때마다 나타나는 고질적인 수법이다.

  예를 들어 수주 계약액(매출액)이 1조원이고, 총 예정원가를 8천억원으로 잡은 해양 플랜트 사업장이 있고 공사에 투입된 돈인 실제 발생 원가가 2천억원이라고 가정할 경우 총 예정원가가 원래대로 8천억원이면 공사 진행률은 25%로 나온다. 그러나 총 예정원가를 6천억원으로 줄이면 공사 진행률은 33.3%로 높아지고 그만큼 회계 장부에는 매출 이익을 더 많이 반영할 수 있게 된다. 감사원은 총공사 예정 원가를 다루는 대우조선해양의 내규와 업무 기술서를 바탕으로 2013~2014년 진행된 40개 해양플랜트의 공사 진행률을 다시 계산했다. 그 결과 2013년에 영업이익과 당기순이익이 각각 4천407억원, 3천341억원 과다계상된 것으로 나타났다. 2014년 역시 영업이익과 당기순이익이 1조935억원, 8천289억원씩 부풀려졌다. 감사원이 대우조선의 분식회계 실체를 선제적으로 규명함에 따라 작년 12월부터 진행 중인 금감원의 대우조선에 대한 회계감리 작업이 탄력을 받을 전망이다. 검찰도 분식회계 혐의를 비롯한 대우조선 경영 부실 전반에 걸쳐 수사를 진행 중이다.

(2016년 6월 16일 언론보도)

  이러한 진행기준은 "건설·제조 기타 용역"의 제공에 적용되는데, 조문에 나타나 있듯이 여기에는 "도급공사 및 예약매출"도 포함된다. 여기서 "도급공사"란 앞의 사례와 같이 공사를 수주하여 이를 완성·인도하고 그 대가를 받는 형태를 말하고, "예약매출"이란 미리 아파트 분양계약을 맺고 그에 따라 아파트를 공급하는 식으로, 아직 없거나 완성되지 않은 물건을 미리 팔기로 약정하고 그것을 완성하여 인도하는 형태의 거래이다. 어느 쪽이든 인도기준(또는 완성기준)이 아니라 진행기준을 원칙으로 삼는다는 것이 법인세법의 입장이다.

다만, 관련 시행령에 따르면, 이런 진행기준은 강제적인 것이 아니고 납세자가 기업회계기준에 따라 그 목적물의 인도일이 속하는 사업연도의 수익과 비용으로 계상한 경우에는 그대로 인정한다. 그리고 장부가 없거나 불충분해서 작업진행률을 계산할 수 없는 경우에는 진행기준을 적용할 수 없으므로 인도기준을 적용한다. 구체적 사정에 따라서는, "익금과 손금의 귀속사업연도는 그 익금과 손금이 확정된 날이 속하는 사업연도"로 한다는 법인세법 제40조에 직접 의지하여, 마치 할부판매처럼 각 사업연도별 공사대금 회수액을 그 해의 익금으로 삼으면서 그에 대응하는 원가를 손금에 산입한 판례도 있다.[2]

2. 용역계약

앞에서 살펴본 법인세법시행령의 글귀로는 용역제공에서 생기는 손익에도 진행기준이 적용되지만, 변호사, 회계사, 의사, 경영상담 같은 인적 노무에 진행기준을 적용하는 경우라는 것은 생각하기 어렵다. 진행기준은 작업에 들어간 돈이 얼마인가를 따지는 방식인데, 이것은 인적 노무의 제공에 적합한 방식이 아니다. 시행령의 글귀(어차피 집행명령일 뿐이다)에도 불구하고 인적 노무의 경우에는 "익금과 손금이 확정된 날"이라는 대원칙으로 돌아가 돈을 받을 권리가 확정되었는가 또 금액이 특정되었는가 하는 기준에 따라 손익귀속시기를 정해야 옳다. 보통은 용역제공이 완료된 날을 기준으로 삼게 될 것이다.

용역제공을 완료하였는가는 용역의 단위를 어떻게 정하는가에 달려 있다. 건별로 보수를 받는다면 그 일이 마무리되는 시점이 과세시기가 되겠지만, 시간당 보수를 받는다면 용역제공이 완료되었는가는 보수계산의 단위시간별로 따져야 한다. 착수금과 성공보수를 받는다면, 착수금은 그 받는 시점이 바로 과세시

---

2) 대법원 1995. 7. 14. 선고 94누3469 판결.

기가 될 것이다.3) 착수함으로써 용역제공을 완료한 것이 되기 때문이다. 성공보수는 일의 성패에 달려 있는 것이므로 해당 보수를 받을 권리가 확정된 시점에 비로소 과세대상이 된다.4)

제2절 유형자산과 무형자산

Ⅰ. 감가상각의 기본개념

1. 감가상각이란?

기 본 사 례   감가상각의 개념

홍길동 씨는 트럭 한 대를 300만원에 구입하여 청과물 소매업을 시작하였는데, 트럭의 수명은 5년이고 그 후에는 아무런 값어치도 없게 된다고 한다. 첫해에 청과물 판매수입은 총 500만원이고 그 원가가 총 400만원이라면, 첫해의 소득은 얼마인가? 그리고 이런 일이 똑같이 반복된다면 올해를 포함하여 5년간의 총소득은 얼마인가?

첫해의 소득을 500만원(판매수익) − 400만원(원가) = 100만원으로 계산할 수는 없다. 트럭을 구입하는 데 들어간 돈 300만원이 5년간 소모되고 있으므로, 균등하게 나눈다면 매년 300만원/5년 = 60만원의 비용('감가상각비')이 들어간 셈이기 때문이다. 따라서 첫 해의 소득은 500만원(판매수익) − 400만원(원가) − 60만원(감가상각비) = 40만원이 된다. 매년 똑같은 일이 반복된다면 5년간의 총 소득은

---

3) 같은 취지로 대법원 1987. 8. 18. 선고 87누46 판결.

4) 다만, 현실적으로는 변호사의 성공보수 약정이 이행되지 않는 경우가 많기 때문에 실제로 성공보수를 받는 시점(현금주의)을 과세시기로 삼아야 옳지 않을까 하는 의문도 있다. 이런 생각을 보여주는 판결로는 대법원 1977. 12. 27. 선고 76누25 판결.

2,500만원(판매수익) − 2,000만원(원가) − 300만원(감가상각비) = 200만원이 될 것이다.

이 사례에서 판매수익(매출액)과 그 원가(매출원가) 부분은 앞 절의 영업손익에서 이미 다룬 내용이다. 이 절에서는 주로 유형자산을 공부하는데 그 핵심은 감가상각이다. 감가상각이란 '취득가액'(300만원)을 그 자산의 수명, 곧 '내용연수'(5년) 동안 서서히 깎아내어 비용에 넣는 작업이다. 엄밀히 말하면, 감가상각의 대상은 '취득가액'에서 '잔존가액'(수명이 끝났을 때 그 자산을 팔면 받을 수 있는 금액)을 뺀 금액이다. 사례에서는 잔존가액이 '0'원이었지만, 만일 5년 뒤에 그 트럭을 팔아 100만원을 받을 수 있다면 5년간 들인 돈은 300만원이 아니라 300만원 − 100만원 = 200만원뿐이므로 매년 200만원/5년 = 40만원씩 감가상각을 해야 할 것이다. 이런 식으로 매년 같은 금액을 깎아나가는 방식을 '정액법'이라고 하는데, 다른 감가상각 방법도 있지만 그 점은 뒤에서 살펴보기로 한다.

2. 감가상각대상자산

이러한 감가상각의 대상은 '유형자산과 무형자산' 가운데 사용이나 시간의 경과에 따라 가치가 감소되는 자산이다(따라서 토지는 감가상각의 대상이 되지 않는다). 세법에서는 종전에 '고정자산'이라는 용어를 사용했지만 지금은 '유형자산'과 '무형자산'으로 용어를 바꾸었다. 이는 회계기준에서 쓰는 용어를 그대로 가져온 것으로, 여기서 '유형자산'과 '무형자산'이라는 말은 물리적 형체를 가지고 있거나 가지고 있지 않은 '모든' 자산을 널리 가리키는 것이 아니라는 데 주의하여야 한다. 이 용어는 그보다 훨씬 좁은 범위의 자산, 곧 판매 목적이 아니라 사업에 사용할 목적으로 보유하고 있는 자산만을 가리키는 것이다. 이와 관련해서는 다음 세 가지 점에 특히 주목할 필요가 있다.

첫째, 토지, 건물, 구축물, 기계장치, 차량운반구, 비품 등과 같이 물리적 형체를 가진 것을 '유형자산'이라 하고, 특허권, 산업재산권 등과 같이 물리적 형체가 없는 것을 '무형자산'이라 한다. 그러나 어느 쪽이든 사용이나 시간의 경과에 따라 가치가 감소된다면 감가상각이라는 절차를 밟아 비용화되는 점은 다를 바 없다. 제품을 만드는 데 쓰는 유형자산이라면 바로 비용화되는 것은 아니다. 감가상각액은 제품을 만드는데 들어간 재료비나 노무비와 마찬가지로 일단은 제품

의 원가에 쌓였다가 나중에 제품을 파는 시점에 가서 매출원가의 일부로 손금이
된다.

둘째, 토지나 건물이라도 판매용이라면 재고자산이고(예를 들면 아파트 건설
회사), 앞 사례의 트럭도 판매용이라면 역시 재고자산이다(예를 들면 자동차 제조
회사). 이런 재고자산은 감가상각하지 않고 앞 절의 영업손익에서 본 것처럼 주
로 판매시점에 '매출원가'라는 모습으로 비용으로 흘러들어간다.

셋째, 내용연수가 1년 미만인 것은 보통 '유형자산' 또는 '무형자산'이라고
하지 않는다. 감가상각이라는 것은 자산의 취득에 들인 돈을 여러 해에 걸쳐 비
용화하는 작업인데, 내용연수가 1년 미만이라면 이런 작업이 필요하지 않기 때
문이다.

3. 이 절의 구성

유형자산과 무형자산은 물리적 형체가 있는가, 없는가 하는 점이 다를 뿐이
고 이들 자산에서 생기는 문제와 대책에는 사실 별다른 차이가 없다. 따라서 아
래에서는 일단 유형자산을 중심으로 논의를 진행하고 무형자산은 특별히 필요한
경우에만 언급하기로 한다.

아래에서는 우선 감가상각을 위한 전제로서 유형자산의 취득가액 산정문제
를 다루고(Ⅱ), 이어서 감가상각의 구체적인 방법을 살펴본다(Ⅲ). 유형자산은 '사
업'에 사용되는 자산이므로 유형자산의 소모(감가상각)에 대응되는 수익은 앞 절
의 영업손익에서 다룬 '매출액'이지만, 유형자산을 직접 임대하는 경우에 생기는
임대수익은 이 절에서 특별히 따로 검토한다(Ⅳ). 한편 유형자산은 감가상각을
통해 비용화되지만 나중에 처분될 때 그 당시까지 남아있는 미상각잔액(여태까지
감가상각으로 인해 깎여나가고 남은 잔액)은 그 시점에 비용화되는데, 마지막 부분
에서는 이런 내용과 함께 유형자산의 처분손익의 어느 사업연도에 귀속되는가
하는 문제를 검토할 것이다(Ⅴ).

Ⅱ. 취득가액

1. 취득가액, 자본적 지출 및 수익적 지출

> **기│본│사│례**   취득가액, 자본적 지출 및 수익적 지출
>
> 1. (주)고구려는 소유하던 토지 위에 본사 사옥을 신축하면서 공사 완공과 동시에 공사비 총 10억 원을 지급하고, 아울러 등기수수료 3백만원, 취득세 5천만원을 지급하였다. 건물의 취득가액은 얼마인가?
> 2. 같은 해에 이 건물에 엘리베이터 설치비용 1억원, 일상적인 수선비 1천만원, 재산세 2천 만원을 지출하였다. 이제 건물의 취득가액은 얼마가 되는가?
> 3. 위의 엘리베이터 설치비용 1억원을 손익계산서에 수선비로 계상하였다면 세법상 어떻게 처리하여야 하는가?

　　유형자산의 취득원가도 다른 자산의 경우(앞 장에서 이미 설명한 바 있다)와 다를 바 없다. 즉 매입가액 또는 제작원가에 부대비용을 가산한, 이른바 '역사 적 원가'이다. 사례의 경우 건물의 당초 취득가액은 10억원＋3백만원＋5천만원＝ 1,053,000,000원인데, 이러한 지출액을 당기에 즉시 손금에 산입하지 않고 취득가 액에 넣는 이유는 무엇일까? 여러 해에 걸쳐 사용되는 자산이므로 장차 수익을 낳는 기간, 곧 내용연수에 걸쳐 비용화해야 마땅하기 때문이고, 달리 표현하면 감가상각을 해야 마땅하기 때문이다. 이 점은 매입대금 10억 원뿐 아니라 등기수 수료, 취득세 등도 다를 바 없다. 다만, 관련 시행령은 취득가액이 거래단위별로 100만원 이하인 자산은 바로 손금에 산입하는 것도 인정하고 있다. 이런 자산들 은 여러 해에 걸쳐 감가상각을 할 만한 중요성이 없다고 보기 때문이다.

　　한편 유형자산을 취득한 후에도 이를 계속 사용하려면 수선비나 조세·공과 금 등과 같은 추가적인 지출이 필요한 경우가 많다. 이런 지출을 취득가액에 얹 어야 할까, 아니면 즉시 손금에 산입해야 할까? 전자를 "자본적 지출," 후자를 "수익적 지출"이라고 하는데, 두 가지를 어떤 기준으로 구별해야 할까? 애초에

유형자산 취득가액을 즉시 손금에 산입하지 않고 감가상각 절차를 밟아 비용화하는 이유가 무엇인지를 생각해보자. 당기의 수익에만 공헌하는 것이 아니라 차기 이후의 수익에도 공헌하는 지출이기 때문이다. 그렇다면 자본적 지출과 수익적 지출 또한 그렇게 구별할 수밖에 없다. 즉 지출한 연도의 수익에만 공헌하는 것(달리 표현하면 내년 이후에도 계속 그런 지출이 필요한 것)은 즉시 손금에 산입하고, 지출한 연도는 물론이고 차기 이후의 수익에도 공헌하는 것은 취득원가에 얹어서 감가상각 절차를 밟아야 한다는 것이다. 조세공과금을 가지고 이야기한다면, 취득세 같은 것은 매년 내는 것이 아니므로 취득가액에 얹어야 하지만, 재산세나 종합부동산세 등의 보유세는 매년 내는 것이므로 취득가액에 얹지 않고 바로 손금에 산입해야 한다.

법인세법시행령 제31조(즉시상각의 의제) ① (삭제)

② 법 제23조 제4항 제2호에서 "대통령령으로 정하는 자본적 지출"이란 법인이 소유하는 감가상각자산의 내용연수를 연장시키거나 당해 자산의 가치를 현실적으로 증가시키기 위하여 지출한 수선비를 말하며, 다음 각 호의 어느 하나에 해당하는 것에 대한 지출을 포함한다.
1. 본래의 용도를 변경하기 위한 개조
2. 엘리베이터 또는 냉난방장치의 설치
3. 빌딩 등에 있어서 피난시설 등의 설치
4. 재해 등으로 인하여 멸실 또는 훼손되어 본래의 용도에 이용할 가치가 없는 건축물·기계·설비 등의 복구
5. 기타 개량·확장·증설 등 제1호 내지 제4호와 유사한 성질의 것 (이하 생략)

위 제2항은 "자본적 지출"이 무엇인지를 정의하면서 몇 가지 사례를 들고 있다. 이를 앞의 사례에 적용하면, 엘리베이터 설치비용 1억원은 취득가액에 가산해야 하지만 일상적인 수선비 1천만원과 재산세 2천만원은 즉시 손금에 산입해야 한다. 따라서 건물의 취득가액은 이제 1,053,000,000원＋1억 원＝1,153,000,000원이 된다.

하지만 여전히 현실적으로 자본적 지출인지 수익적 지출인지를 구별하기가 어려운 경우가 많다. 이 경우에 납세자는 어느 쪽을 선호할까? 당연히 수익적 지출을 선호한다. 자본적 지출은 일단 취득가액에 더해진 후에 감가상각을 통해 서

서히 손금에 산입되는 데 반하여 수익적 지출은 즉시 손금에 산입되기 때문이다. 물론 국세청의 입장은 정반대이다. 이런 연유로 실무에서는 납세자가 수익적 지출이라 하여 손금에 산입한 금액을 국세청에서 자본적 지출이라 하여 이를 부인하는 경우가 많은데, 이런 경우에 그 금액을 반드시 전액 부인하는 것은 아니고 납세자가 그 금액을 감가상각비로 계상한 것으로 인정하여 감가상각 한도를 초과하는 금액만 부인한다(법인세법 제23조 제4항). 앞의 사례에서 엘리베이터 설치비용 1억 원을 수선비로 계상하였을 때 그 1억 원을 반드시 손금불산입하는 것이 아니고 그것을 감가상각비로 계상한 것으로 보아 감가상각한도액을 초과하는지를 따진다는 것이다.

이렇게 자본적 지출인가 수익적 지출인가를 놓고 납세자와 국세청 사이에 다툼이 생기는 경우가 많기 때문에 관련 시행령은 개별자산별로 수선비로 지출한 금액이 몇백만원 정도로 사소하거나 그 밖에 일정한 기준에 해당하는 경우에는 납세자가 이를 재무제표에 손금으로 계상했다면 그것을 그대로 인정해주는 조문을 두고 있다.

2. 건설자금이자

(1) 현행법의 태도

기 | 본 | 사 | 례

건설자금이자

(주)고구려는 올해 1월 1일부터 본사 사옥을 짓기 시작하여 1년 만인 올해 12월 31일 완공하였다. 건설에 들인 돈은 10억 원인데, 이는 올해 1월 1일 은행으로부터 연 10%의 이자율로 꾼 돈으로 같은 날 전부 건설자금으로 사용되었고 완공일 현재 아직 갚지 못한 상태이다. (주)고구려의 본사 사옥의 취득가액은 얼마인가?

사례와 같이 건물 등을 짓는 데 드는 돈을 꾸어서 충당하는 경우에 그에 대한 이자비용을 "건설자금이자"라고 한다. 사례에서 건설에 들어간 차입금은 10억 원이고 그 돈이 건설기간 1년 내내 쓰였으므로 건설자금이자는 그 1년치 이자, 곧 10억 원×10%=1억 원이다.

이러한 건설자금이자를 취득원가에 얹어야 하는가, 아니면 즉시 손금에 산입해야 하는가? 다시 말해서, 건물의 취득가액을 11억 원으로 보아 그것을 감가상각 절차를 통해 손금에 산입해야 하는가, 아니면 건물의 취득가액은 10억 원으로 잡고 건설자금이자 1억 원은 따로 이자비용으로 즉시 손금에 산입해야 하는가?

현행법은 전자의 입장을 따르고 있다. 즉 건설자금이자는 즉시 손금에 산입하는 것이 아니라 취득원가에 얹어야 한다는 것이다(법인세법 제28조 제1항 제3호 및 다음 문단에 인용된 시행령 조문을 보라). 기업회계도 기본적으로는 같은 입장을 취하고 있는데, 이것을 일컬어 "금융비용의 자본화"라고 한다. 이렇게 건설자금이자를 즉시 비용화하지 않고 취득원가에 얹는 이유는 무엇일까? 건설자금이자는 일단 제쳐두고 건설자금 10억 원 자체를 먼저 생각해보자. 이것을 왜 즉시 손금에 산입하지 않고 자산으로 계상하여 서서히 손금에 산입하는가? 수익·비용 대응의 원칙 때문이다. 장기간 사업에 사용되는 자산은 거기에 들인 돈을 장차 수익을 낳는 기간, 곧 내용연수에 걸쳐 손금에 산입해야 대응의 원칙에 맞는다. 건설자금이 그렇다면 건설자금이자라고 해서 다를 것이 없다. 사례의 10억 원은 물론이고 그 이자 1억 원 역시 현재로서는 수익을 낳지 않고 있으므로 즉시 손금에 산입할 수 없다. 본사 사옥이 완공되어 사업에 사용되고 그럼으로써 수익을 낳기 시작할 때부터 감가상각 절차를 통해 손금에 산입되어야 마땅하다.[5]

법인세법시행령 제52조(건설자금에 충당한 차입금의 이자의 범위) ① 법 제28조 제1항 제3호에서 "대통령령으로 정하는 건설자금에 충당한 차입금의 이자"란 그 명목 여하에 불구하고 사업용 유형자산 및 무형자산의 매입·제작 또는 건설(이하 이 조에서 "건설등"이라 한다)에 소요되는 차입금(자산의 건설등에 소요된지의 여부가 분명하지 아니한 차입금은 제외한다. 이하 이 조에서 "특정차입금"이라 한다)에 대한 지급이자 또는 이와 유사한 성질의 지출금(이하 이 조에서 "지급이자등"이라 한다)을 말한다.
② 특정차입금에 대한 지급이자등은 건설등이 준공된 날까지 이를 자본적 지출로 하여 그 원본에 가산한다. (단서 생략)

이 조문에 따르면 '건설자금이자'란 사업용 유형자산 및 무형자산의 건설 등

---

[5] 판례도 같은 입장이다. 건설자금이자를 "원가에 산입하지 아니하고 기간비용에 계산하게 된다면 그 비용에 대응하는 수익이 없음에도 비용계산을 허용하는 셈이 되어 수익·비용 대응의 원칙에 위배"된다는 것이다. 대법원 1995. 8. 11. 선고 95누3121 판결.

에 쓰인 차입금 이자나 이와 유사한 성질의 지출금이다. 이론상으로는 '유형자산 및 무형자산'뿐 아니라 '재고자산'이라 하더라도 건설자금이자는 취득원가에 얹어야 옳다. 예를 들어, 아파트 분양업체가 아파트를 지으면서 그 돈을 꾸어서 조달하는 경우를 생각해보라. 실제로 기업회계에서는 이런 경우에 금융비용을 자본화하고 있다. 이에 반해 세법은 '유형자산 및 무형자산'의 경우에만 금융비용의 자본화를 요구하고 있다.

위 조문은 건설 등에 소요된 것이 분명한 차입금('특정차입금')을 전제로 하고 있으나, 건설 등에 소요되었는지를 추적할 수 없는 나머지 '일반차입금'도 건설자금으로 쓰인 부분이 있을 수 있다. 따라서 관련 시행령은 이를 일정한 공식으로 쪼개서 일부는 건설자금으로 간주하는데, 그에 대한 이자 상당액은 취득원가에 얹거나 즉시 손금에 산입하는 방법 중 한 가지를 선택할 수 있다(법인세법 제28조 제2항).

(2) 꾼 돈으로 지은 건물과 내 돈으로 지은 건물의 취득가액이 다르다? [심화학습]

앞의 사례에서 (주)고구려가 지은 본사 사옥의 취득가액은 건설자금 10억 원＋건설자금이자 1억 원＝11억 원이었다. 그런데 (주)백제 역시 본사 사옥을 신축하였는데, 건설자금 10억 원을 자기 돈으로 조달한 점을 제외하고는 (주)고구려의 경우와 상황이 똑같았다고 해보자. (주)백제가 지은 본사 사옥의 취득가액은 얼마인가? (주)백제는 돈을 꾸지 않았으니 이자를 물지 않았을 테고, 따라서 취득가액은 그냥 10억 원이 될 것이다.

어떻게 된 일인가? 똑같이 10억 원을 들여서 지은 건물이 한쪽에서는 그 차입금이자를 포함하여 11억 원이 되고 다른 쪽에서는 차입금이자가 없어 10억 원이 되는데, 이것은 잘못된 결과가 아닐까? 똑같은 가치를 가진 자산의 취득원가가 각 회사의 자금사정에 따라 달라지는 것은 불합리하지 않은가? 사실은 바로 이 점이 문제의 핵심이고, 일각에서 금융비용의 자본화를 반대하는 주된 논거도 바로 여기에 있다. 건설자금이자를 취득원가에 얹게 되면 똑같은 가치를 가진 자산이 그 취득자금을 꾸어서 조달한 경우와 내 돈으로 조달한 경우에 취득가액이 달라지는 불합리한 결과에 이른다는 것이다.

그렇다면 건설자금이자를 취득원가에 얹지 말고 즉시 손금에 산입해야 하는가? 그러나 그렇게 한다면 본문에서 말한 대로 수익·비용 대응의 원칙에 어긋나게 된다.

그럼 어떻게 해야 하는가? 수익·비용 대응의 원칙에 부합되면서도 꾼 돈으로 지은 건물과 자기 돈으로 지은 건물의 취득가액도 같게 만드는 방법은 없겠는가?

그런 방법이 있다. 자기 돈으로 건물을 지은 경우에도 그 이자 상당액을 취득가액에 얹으면 된다. 다시 말해서, (주)백제의 경우에도 본사 사옥의 취득가액을 10억 원＋이자 상당액 1억 원＝11억 원으로 잡는다는 것이다. 이렇게 하면 꾼 돈으로 건물을 지은 경우와 균형이 맞게 된다.

그러나 이 방법이 뜻하는 바가 무엇인가? 자기 돈 10억 원에 대한 이자 상당액 1억 원을 취득가액에 얹는다는 것은 결국 그 1억 원을 나중에 감가상각비로 손금에 산입한다는 뜻이 된다. 이런 방식을 일반화하면, 사업에 들인 자기 돈에 대해 그 이자비용을 모두 손금에 산입해야 한다는 말이 되는데, 이렇게 한다면 돈을 꾸어서 사업을 하거나 내 돈으로 사업을 하거나 소득의 크기가 같아진다. 예를 들어, (주)고구려와 (주)백제가 각각 100억 원의 사업자금을 들여서 연간 15억 원의 소득을 얻는다고 해보자. 그런데 (주)고구려는 100억 원의 자금을 꾸어서 조달했기 때문에 이자비용 10억 원이 지출되어 결국 소득이 5억 원이 되는 반면, (주)백제는 100억 원의 자금을 자기 돈으로 조달했기 때문에 이자비용이 지출되지 않아 결국 소득이 15억이 된다면, 뭔가 불공평하지 않은가? 여기서 자기 돈에 대한 이자 상당액도 비용으로 공제해서 소득을 계산해야 옳지 않은가 하는 생각이 들게 된다.

그러나 오늘날의 세제는 이런 생각을 받아들이고 있지 않다. 즉 자기 돈에 대한 이자 상당액은 손금에 산입하지 않는다는 것이다. 그 결과 꾼 돈으로 사업을 한 (주)고구려에게는 이자비용을 공제한 후의 5억 원의 소득에 대해 세금을 물리고, 내 돈으로 사업을 한 (주)백제에게는 자기 돈에 대한 이자 상당액을 공제하지 않은 15억 원의 소득에 대해 세금을 물린다. 이것이 과연 옳은 방식인지는 좀 더 본격적인 분석을 필요로 하는 문제이다. 다만 분명하게 말할 수 있는 것은, 일단 이러한 오늘날 세제의 틀을 받아들이는 한, 꾼 돈으로 지은 건물과 내 돈으로 지은 건물의 취득가액이 달라지는 결과 또한 받아들일 수밖에 없다는 것이다. 자기 돈에 대한 이자 상당액을 손금에 산입하지 않는 세제에서는 자기 돈으로 건물을 지었을 때 그 이자 상당액을 취득가액에 얹을 수 없고, 따라서 꾼 돈으로 지은 건물과 그 취득가액이 달라질 수밖에 없다.

Ⅲ. 감가상각

1. 감가상각의 방법

> 법인세법 제23조 (감가상각비의 손금불산입) ① 내국법인이 각 사업연도의 결산을 확정할 때 토지를 제외한 건물, 기계 및 장치, 특허권 등 대통령령으로 정하는 유형자산 및 무형자산(이하 이 조에서 "감가상각자산"이라 한다)에 대한 감가상각비를 손비로 계상한 경우에는 대통령령으로 정하는 바에 따라 계산한 금액(이하 이 조에서 "상각범위액"이라 한다)의 범위에서 그 계상한 감가상각비를 해당 사업연도의 소득금액을 계산할 때 손금에 산입하고, 그 계상한 금액 중 상각범위액을 초과하는 금액은 손금에 산입하지 아니한다.

앞에서 간단히 살펴본 것처럼, 유형자산의 취득가액은 내용연수 동안 일정한 방법으로 쪼개어 손금에 산입한다. 이렇게 손금에 산입하는 금액을 '감가상각비'라고 하는데, 현행 세법에서는 기업이 재무제표에 계상하는 감가상각비를 일정한 한도액의 범위 안에서 손금으로 인정한다. 다시 말해서, 한도액보다 적게 상각하면 내버려두지만(세무조정으로 손금에 산입할 수 없다는 것이다. 결국 감가상각비는 앞 장에서 이야기한 '결산조정사항' 중 하나이다), 한도액보다 많이 상각하면 그 초과액을 손금에 산입하지 않는다는 것이다.

그렇다면 감가상각비의 한도액(위 조문에서 말하는 '상각범위액')은 어떻게 계산할 것인가? 상각범위액의 계산은 결국 취득가액을 내용연수에 걸쳐 어떤 방법으로 쪼갤 것인가 하는 문제이다. 이론상 여러 가지 방법이 있지만, 관련 시행령은 자산의 종류별로 다음과 같은 상각방법을 인정하고 있다(광업에서는 특별히 생산량비례법도 쓸 수 있지만, 여기서는 설명을 생략한다).

구 분	선택 가능한 상각방법	상각방법의 신고가 없는 경우
유형자산(건축물 제외)	정액법 또는 정률법	정률법
건축물과 무형자산	정액법	정액법

여기서 정액법과 정률법이라는 것은 무슨 뜻일까? 다음 사례를 가지고 생각해보자.

기 본 사 례

감가상각방법

(주)고구려는 첫해 1월 1일 기계장치를 100원에 취득하였는데, 그 내용연수는 5년이다. 정액법, 정률법 아래에서 첫해의 감가상각비는 각각 얼마인가?

정액법이란 매년 똑같은 금액을 상각하는 방법이다. 사례의 경우에 취득가액 100원을 5년간 균등하게 쪼개서 매년 똑같은 20원씩을 손금에 산입한다는 것이다. 원래는 '(취득가액 − 잔존가액)/내용연수 = 감가상각비'와 같이 계산해야 하지만, 세법에서는 정액법의 경우에 잔존가액을 '0'원으로 간주하므로 간단히 100원/5년 = 20원이 된다.

정률법은 매년 미상각잔액(여태까지 감가상각으로 인해 깎여나가고 남은 잔액)의 일정 비율만큼씩을 상각하는 방법이다. 매년 똑같은 (내용연수별) 상각률을 적용한다고 해서 '정률법'이라는 이름을 붙인 것이다. 그 상각률은 법령으로 정해져 있으며,[6] 사례와 같이 내용연수가 5년이라면 0.451, 곧 대략 45%이다. 따라서 매년의 감가상각비를 계산해보면 다음 표와 같이 된다.[7]

구 분	감가상각비	미상각잔액
감가상각 전		100
1차년도	100×45% = 45	55
2차년도	55×45% = 25	30
3차년도	30×45% = 14	16
4차년도	16×45% = 7	9
5차년도	9×45% = 4	5

정액법에서는 감가상각비가 매년 20원으로 일정한 데 반해, 정률법에서는

---

6) 법인세법시행규칙 별표 4(감가상각자산의 상각률표).

7) 1원 미만은 반올림한 것이다.

감가상각비가 45원, 25원, 14원, 7원, 4원으로 매년 줄어든다는 것을 알 수 있다. 미상각잔액이라는 것 자체가 원래 매년 줄어들게 마련이므로 그 일정 비율만큼씩을 감가상각하게 되면 매년의 감가상각비는 점차 줄어들 수밖에 없는 것이다. 결국 처음에 많이 상각하고 나중에 적게 상각하게 되는데, 이것은 감가상각비를 빨리 손금에 산입한다는 뜻이므로 '가속상각법'이라고도 한다.

　　또 한 가지 눈여겨볼 점은, 사례에서 정액법의 경우에는 감가상각이 끝나면 잔존가액이 전혀 남지 않는 데 반하여, 정률법의 경우에는 5원의 잔존가액이 남는다는 것이다. 사실은 세법에서 정해 둔 정률법 상각률은 이렇게 취득가액의 5%에 해당하는 잔존가액이 남도록 미리 계산된 것이다.[8]

　　여태까지 본 것처럼, 정액법이나 정률법의 감가상각비는 취득가액, 잔존가액, 내용연수라는 세 가지 요소에 의해 결정된다. 이 가운데 취득가액과 잔존가액은 이미 살펴보았고, 이제 내용연수를 살펴보자. 내용연수란 그 자산을 본래의 용도에 사용할 수 있는 기간을 말하는데, 그 기간이 정확히 얼마나 되는지는 알기 어렵다. 따라서 세법에서 상각범위액을 계산할 때에는 기업의 추정에 맡기지 않고 법령에 정해진 내용연수를 적용한다. 가령 건축물(건물과 구축물)의 경우에는 그 종류별로, 그리고 차량 및 운반구, 선박 및 항공기, 기계 및 장치 같은 다른 자산은 업종별로 '기준내용연수'가 정해져 있고, 그 25%의 범위 내에서 납세의무자가 선택한 내용연수를 적용한다.

2. 선급비용의 상각? [심화학습]

　앞으로 여러 해에 걸쳐 수익을 낳을 지출액이라면 이를 당장 손금에 산입하지 않고 자산의 취득가액에 얹어서 감가상각을 해야 한다. 그런데 이것이 감가상각대상 자산으로 열거된 종류 가운데 어디에도 해당하지 않는 경우도 있을 수 있다. 예를 들어, 5년간 임대차 계약을 맺고 5년치 임차료를 전액 미리 지급하였다면 이런 것을

---

8) 잔존가액을 '0'원으로 가정하면 정률법 상각률을 도출하는 것이 수학적으로 불가능해진다. 내용연수를 n이라 하면 이론상 정률법 상각률은 1−[(잔존가액/취득가액)의 n거듭제곱근] 이다. 왜 그렇게 되는지가 궁금하다면 회계이론 서적을 찾아보기 바란다. 여기서 잔존가액을 '0'원으로 가정하면 상각률이 '1'이 되어 버리고, 이는 감가상각 절차를 밟지 않고 취득한 연도에 취득가액을 전액 손금에 산입한다는 말이 되어 버린다. 이런 이유 때문에 현행법은 취득가액의 5%를 잔존가액으로 보고 상각률을 도출하여 법령으로 정해놓은 것이다.

'선급비용'(좀 더 구체적으로는 '선급임차료')이라고 하는데, 그 금액은 5년간 손금에 산입해야 옳을 것이다. 그렇다면 일단은 그 지출액을 자산으로 잡아두고 상각을 해 나가야 할 텐데, 이런 것은 '유형자산'이나 '무형자산'에 해당하지 않고(물리적 형체가 없으니 '유형자산'이 아님은 분명하고 현행 법령상 '무형자산'에도 해당하지 않는다), 또 그 상각액을 '감가상각비'라고 부르지도 않는다. 상각방법도 따로 정해져 있지 않다. 결국 무형자산과 균형을 맞추어 정액법으로 상각할 수밖에 없을 것이다. 비슷한 사례로 계약기간이 여러 해인 기술도입계약에 따른 일시불 기술료를 계약기간으로 쪼개어 손금에 산입한다는 하급심 판결도 있다.[9]

조금 더 생각해보면, 가령 올해 7월 1일에 1년치 보험료를 낸 경우 올해에는 절반만 손금산입하고 내년에 절반을 손금산입하는 것(회계실무에서는 이런 계산을 연말결산 분개로 한다)도 본질적으로는 감가상각과 똑같은 시간별 안분이다.

IV. 임대차

1. 임대료 등의 귀속시기

> 법인세법시행령 제71조(임대료 등 기타 손익의 귀속사업연도) ① 법 제40조 제1항 및 제2항의 규정을 적용함에 있어서 자산의 임대로 인한 익금과 손금의 귀속사업연도는 다음 각 호의 날이 속하는 사업연도로 한다. 다만, 결산을 확정함에 있어서 이미 경과한 기간에 대응하는 임대료 상당액과 이에 대응하는 비용을 당해 사업연도의 수익과 손비로 계상한 경우 및 임대료 지급기간이 1년을 초과하는 경우 이미 경과한 기간에 대응하는 임대료 상당액과 비용은 이를 각각 당해 사업연도의 익금과 손금으로 한다.
> 1. 계약 등에 의하여 임대료의 지급일이 정하여진 경우에는 그 지급일
> 2. 계약 등에 의하여 임대료의 지급일이 정하여지지 아니한 경우에는 그 지급을 받은 날

위 조문은 임대료를 어느 사업연도에 귀속시킬 것인지를 다루고 있는데, 어떤 뜻인지를 생각해보자. 예를 들어, 올해 12월 초부터 내년 1월 말까지의 임대료를 내년 1월 말에 받기로 하였다면 이 임대료는 올해의 것인가, 아니면 내년의 것인가? 약정된 지급일이 내년이므로 내년 분 임대료라는 것이다(제1호). 다만,

---

9) 서울고등법원 1986. 10. 17. 선고 86구24 판결.

임대인이 12월분('이미 경과한 기간에 대응하는 임대료 상당액')을 올해의 임대료로 재무제표에 올렸다면 그대로 인정한다(제1항 단서). 또 하나의 예외로, 만일 3년 치 임대료(임대료 지급기간이 1년을 초과하는 경우)를 임대 종료시점에 받기로 약정했다면, 약정된 임대료 지급시기(제1호)나 실제 수령일(제2호)이 아니라 매년분 임대료(이미 경과한 기간에 대응하는 임대료 상당액)를 소득에 반영한다(제1항 단서).

임대료를 받는 대신(또는 그에 더하여) 임대보증금을 받는다면 어떻게 해야 할까? 예를 들어, 수익률이 10%라고 가정하면 임대보증금 10억 원을 받는 것(이 것은 나중에 임차인에게 돌려주어야 한다)은 1년치 임대료 1억 원(=10억 원×10%)을 받는 것과 다를 바 없는 것이므로, 그 이자상당액(1억 원)을 임대료로 간주해서 익금에 산입해야 하지 않을까? 법인세법은 그렇게 하지 않고 있다. 그 이유는 임대보증금으로 받은 돈은 어차피 다른 소득을 낳을 것이고, 그것은 그것대로 따로 과세될 것이라고 보기 때문이다. 예를 들어, 은행에 예치해두었다면 이자가 생길 것이고 거기에 대해 세금을 물게 될 것이다. 그러나 법인의 소득을 추계하는 경우에는 실소득을 알 수 없으므로 보증금에 대한 정기예금이자 상당액을 임대료라고 간주하여 익금에 산입한다.[10)]

2. 감가상각과 손익조작 [심화학습]

여태까지 공부한 유형자산의 감가상각은 취득원가를 내용연수 동안 그럴싸한 방법으로 떨어내는 것이므로 아무래도 경제적 손익과는 차이가 있을 수밖에 없고, 여기서 손익조작의 가능성이 생겨난다.

예를 들어, 어떤 기계장치의 내용연수가 3년이고 이 기계장치를 임대하면 향후 매년 임대수익으로 1,000원씩을 가져온 후에 가치가 '0'원이 된다고 해보자. 연 수익률이 7.5%로 균일하다고 가정하면, 지금 이 기계장치의 시가는 (향후 3년간 생기는 1,000원의 현재가치의 합계액이므로) 약 2,600원이 된다.[11)] 반대로, 만일 홍길동 씨가 지금 2,600원을 연 7.5%에 꾸어서 매년 1,000원씩을 상환하면 3년 후에 정확하게

---

10) 여기에 적용할 이자율은 금융기관의 정기예금이자율을 참작하여 기획재정부령으로 정한다 (법인세법시행령 제11조 제1호 단서). 한편 개인의 경우에는 추계의 경우가 아니라 하더라도 간주임대료를 계산한다.

11) $1{,}000/1.075 + 1{,}000/1.075^2 + 1{,}000/1.075^3 = 2{,}600$원. 임대수익 1,000원씩이 매년 말에 생긴다고 가정한 것이다.

원리금 상환이 종결된다. 이 점은 다음의 표에 증명되어 있다(이 숫자들은 뭔가 낯익다는 느낌이 들 것이다. 앞의 할부판매에서 본 것과 사실상 똑같은 사례이다).

구 분	실질이자(7.5%)	실제 상환액	원금상환액	꾼 돈 잔액
				2,600
첫 해	195	1,000	805	1,795
둘째 해	135	1,000	865	930
셋째 해	70	1,000	930	–

그렇다면 납세자가 2,600원을 꾸어서 기계장치를 사들인 다음에 매년 1,000원씩을 상환한다면 어떻게 될까? 세금이 없는 세상이라면 납세자에게는 아무런 손익도 생기지 않을 것이다. 우선 2,600원의 돈을 꾸어서 기계장치를 사고, 매년 거기서 생기는 수익 1,000원이 모두 원리금 상환에 들어가기 때문이다. 이렇게 기계장치의 현금흐름과 원리금채무의 현금흐름이 정확하게 씻겨 나가는 상황에서는 손익이 생길 리 없다.

그런데 이제 세금을 들여와서, 3년간 과세소득이 어떻게 될지를 생각해보자. 매년의 과세소득은 임대수익에서 감가상각비와 이자비용을 뺀 것인데, 경제적 실질과 달리 그 금액이 '0'원이 아니다. 가령 이 기계장치를 3년간 정액법으로 상각한다면 과세소득은 다음과 같다.

구 분	① 임대수익	② 감가상각비 (정액법)	③ 이자비용	과세소득 (=①-②-③)
첫 해	1,000	867	195	△62
둘째 해	1,000	867	135	△2
셋째 해	1,000	866	70	64
합계	3,000	2,600	400	–

경제적으로 볼 때 매년 아무런 손익이 없는데도 (3년간 과세소득의 총액이 결국 '0'원이 되는 점은 경제적 손익과 일치하지만) 첫 해와 둘째 해에는 총 64원의 손실이 생기고 셋째 해에는 64원의 소득이 생긴다. 왜 그럴까? 감가상각비가 실제 자산의 가치 감소와 아무런 상관없이, 너무 빠르게 진행되고 있기 때문이다.

그렇다면 경제적으로 볼 때 기계장치의 감가상각은 어떻게 이루어져야 하는가? 애초에 기계장치의 시가 2,600원이 장차 얻게 될 수익의 현재가치라면, 첫 해 말의 시가 역시 똑같은 논리로 장차 얻게 될 수익(앞으로 2회에 걸쳐 생기는 1,000원씩의 임대수익)의 현재가치가 될 수밖에 없다. 계산해보면 1,795원이 된다. 같은 방식으로 계산하면, 둘째 해 말에는 930원, 셋째 해 말에는 0원이 된다. 그렇다면 감가상각비는 첫 해에는 805원(=2,600원-1,795원), 둘째 해에는 865원(=1,795원-930원), 셋째 해에는 930원(=930원-0원)이 되어야 옳다. 만일 이렇게 감가상각을 한다면 과세소득이 경제적 손익을 정확히 반영하는가? 그렇다. 아래의 표가 이를 증명한다.

구 분	① 임대수익	② 감가상각비 (새로운 방법)	③ 이자비용	과세소득 (=①-②-③)
첫 해	1,000	805	195	-
둘째 해	1,000	865	135	-
셋째 해	1,000	930	70	-
합계	3,000	2,600	400	-

여기서 알 수 있는 점은, 어떤 자산이 매년 일정한 수익을 창출한다면 처음에 적게 상각하고 나중에 많이 상각해야 경제적 실질에 맞는다는 것이다. 이렇게 보면 심지어 정액법조차도 사실은 감가상각을 너무 빨리 하는 셈이고 '가속상각'의 일종임을 알 수 있다. 바로 이 점 때문에 첫 해와 둘째 해에 '가공손실'이 생기는 것이다. 경제적 실질에 어긋나는 현행법의 감가상각제도는 이렇게 가공손실을 창출하여 손익을 왜곡한다. 납세자는 그러한 가공손실을 보통은 다른 소득에서 공제하여 세금을 덜 내게 될 것이므로, 결국 국가로부터 무이자로 돈을 꾸어서 쓸 수 있게 되는 셈이다.

미국에서는 한 때 이런 감가상각을 이용한 절세수단이 성행하였다. 예를 들어 위 기계장치가 2,600원이 아니라 2,600억 원이고 모든 상황이 앞의 사례와 같은데 규모만 1억 배라고 해보자. 여러 사람을 모아 조합을 설립하고 조합의 이름으로 돈을 꾸어서 이 기계장치를 사서 임대한다면 그 1억 배의 가공손실이 각 조합원들에게 직접 나뉘어 귀속되므로 조합원들은 각자 다른 소득에서 그 손실을 공제하여 세금을 줄일 수 있게 된다. 이런 식의 세금회피 도구를 'tax shelter'라고 하는데, 미국에서는 이것이 심각한 문제로 대두되어 그에 대처하기 위한 여러 가지 법령이나 판례가 생겨났다. 그러나 우리나라에서는 적어도 아직까지는 이런 문제가 본격적으로 나타나고 있는 것 같지는 않다.

Ⅴ. 유형자산과 무형자산의 처분손익

1. 유형자산과 무형자산의 처분손익과 그 귀속시기

기|본|사|례 유형자산과 무형자산의 처분손익

(주)고구려는 그동안 사업에 사용해오던 건물을 올해 10월 1일 (주)백제에게 매도하였다(건물 부지도 함께 매도하였으나 여기서는 토지 부분은 제외하고 건물 부분만을 검토하기로 한다). 이 건물의 취득가액은 20억 원이고, 그동안 세법상 인정된 감가상각비는 총 13억 원이다. 이 건물의 매매대금은 총 10억 원으로 책정되었는데, 계약금 1억 원은 매매계약이 체결된 올해 10월 1일에, 중도금 4억 원은 같은 해 12월 1일에 받았고, 잔금 5억 원은 다음 해 2월 1일에 받았다. 소유권이전등기에 필요한 서류는 잔금 수령과 동시에 넘겨주었고, (주)백제는 같은 날 등기를 신청하여 같은 해 2월 10일 등기가 이루어졌다. 이 건물의 처분손익은 얼마이며, 어느 사업연도에 귀속되는가?

유형자산이나 무형자산을 양도한 경우에 그 양도금액은 익금이 되고 이에 대응하여 양도 당시의 장부가액은 손금이 된다. 앞 장에서 이미 살펴본 내용이다. 사례의 경우에는 건물의 양도금액 10억 원이 익금이 되고, 그 양도 당시의 장부가액 20억 원(취득가액) − 13억 원(감가상각누계액) = 7억 원이 손금이 된다.[12] 정리하면, 10억 원(양도금액) − 7억 원(양도 당시 장부가액) = 3억 원(유형자산 처분이익)만큼 소득이 늘어나는 것이다.

문제는 이러한 유형자산이나 무형자산의 처분손익이 어느 해에 귀속되는가 하는 점이다. 매매계약을 체결하고 계약금과 중도금을 받은 올해인가, 아니면 잔금을 받고 소유권이전등기가 이루어진 내년인가? 앞 장에서 보았듯이 세법의 기본 입장은 익금과 손금은 그것이 확정된 날이 속하는 사업연도에 귀속된다는 것이다. 그렇다면 여기서 익금의 경우에 그 '권리가 확정된 날'은 구체적으로 어느

---

12) 결국 취득가액 20억 원 전액이 손금에 산입된다. 즉 13억 원은 감가상각을 통해, 나머지 7억 원은 처분을 통해 손금에 산입되는 것이다.

시점인가?

> 법인세법시행령 제68조(자산의 판매손익 등의 귀속사업연도) ① 법 제40조 제1항 및 제2항
> 을 적용할 때 자산의 양도 등으로 인한 익금 및 손금의 귀속사업연도는 다음 각 호의
> 날이 속하는 사업연도로 한다.
> 1.~2. (생략)
> 3. 상품 등 외의 자산의 양도: 그 대금을 청산한 날[…]. 다만, 대금을 청산하기 전에 소
>   유권 등의 이전등기(등록을 포함한다)를 하거나 당해 자산을 인도하거나 상대방이
>   당해 자산을 사용수익하는 경우에는 그 이전등기일(등록일을 포함한다)·인도일 또는
>   사용수익일 중 빠른 날로 한다.

'상품 등'의 경우에 인도기준이 적용된다는 점은 앞 장에서 살펴본 바 있는데, 여기서의 문제는 '상품 등' 외의 자산의 경우에는 어떻게 되는가 하는 것이다. 제3호를 보면 대금청산일, 소유권이전등기일(등록일), 인도일(또는 사용수익일) 중 빠른 날에 귀속되는 것처럼 읽힌다. 그러나 이 조문은 권리의 확정이라는 기준을 구체화한 것이므로 그 뜻을 살린다면 두 가지로 나누어서 읽어야 한다.

첫째, 부동산이나 선박 등과 같이 등기(또는 등록)를 소유권이전의 공시방법으로 삼는 자산은 대금청산일과 소유권이전등기일(또는 등록일) 중 빠른 날을 귀속시기로 한다(사례의 경우에는 다음 해가 그 귀속시기가 된다). 이런 자산들의 경우에는 소유권이전에 인도가 아니라 등기(또는 등록)라는 행위가 필요하므로 인도기준이 적합하지 않다. 그렇다면 소유권이전등기일(또는 등록일)을 취하면 되는데, 그 전에 대금을 모두 받은 경우에는 그 시점을 귀속시기로 삼는 이유는 무엇인가? 현실적인 부의 증가가 있는 이상 나중에 그 계약이 해제되더라도 일단 거기에 담세력을 인정하여 소득에 포함하자는 생각 때문이다.

둘째, 그 밖의 자산이라면 대금청산일과 인도일(또는 사용수익일) 중 빠른 날을 귀속시기로 삼는다. 소유권이전에 인도를 필요로 하는 자산이라면 인도일을 귀속시기로 삼되, 그 전에 대금청산이 이루어졌다면 역시 현실적인 담세력을 인정하여 일단 소득에 포함하자는 생각이다.

한편 손금(양도 당시의 장부가액)의 귀속시기는 따로 문제가 되지 않고 익금(양도가액)의 귀속시기를 그대로 좇게 된다. 그 이유는 이미 앞 장에서 설명한 바

와 같다. 원래 양도가액(10억 원)−양도 당시 장부가액(7억 원)＝유형자산 처분이익(3억 원)을 소득으로 잡아야 할 것(순액법)을 현행법이 익금과 손금을 따로 규정하고 있는 것(총액법)일 뿐이므로, 수익·비용의 대응을 위해 익금이 귀속되는 사업연도에 손금도 함께 귀속시켜야 한다는 것이다.

2. 토지 등 양도소득에 대한 과세특례

법인의 일정한 부동산 양도차익에 대해서는 이를 각 사업연도 소득에 포함하여 법인세를 물릴 뿐 아니라, 앞의 제7장에서 살펴본 것처럼 추가로 10% 또는 20%(미등기양도라면 40%)의 세금을 더 물린다. 부동산 투기를 막기 위한 것으로, 과세대상은 주택(부수토지 포함)과 비사업용 토지 등 일정한 자산으로 국한되어 있다.

 연습문제

[2005년 사법시험 수정]

갑 법인은 을 법인에게 01. 9. 10. 그 소유토지를 10억 원에 매각하기로 하는 계약을 체결하고, 같은 날 계약금 1억 원을, 같은 해 10. 10. 1차 중도금 3억 원을, 같은 해 11. 10. 2차 중도금 3억 원을 각 수령하였으며, 02. 1. 10. 잔금 3억 원을 수령하고 동시에 이전등기에 필요한 서류 일체를 을 법인에게 교부하였다. 다만, 을 법인은 갑 법인의 양해 하에 당해 토지를 01. 12. 1.부터 인도받아 사용하고 있다. 이 경우 소유토지의 매각에 따른 갑 법인의 손익의 귀속시기는?

① 02. 1. 10.　　　　② 01. 12. 1.　　　　③ 01. 11. 10.
④ 01. 10. 10.　　　　⑤ 01. 9. 10.

정답 ②

해설 부동산 양도손익의 귀속시기는 원칙적으로 그 대금을 청산한 날이다. 다만, 대금을 청산하기 전에 소유권 등의 이전등기를 하거나 상대방이 당해 자산을 사용수익하는 경우에는 그 이전등기일 또는 사용수익일 중 빠른 날로 한다(법인세법시행령 제68조 제1항 제3호).

Ⅵ. 충당금의 손금산입

당장 채무나 손실이 생긴 것은 아니지만 앞으로 언젠가 채무나 손실이 생기리라 예상할 수 있는 경우가 있다. 예를 들면, 기말의 외상매출금 가운데 일부를 회수할 수 없을 것으로 예상되거나 장차 퇴직금을 지급해야 할 것으로 예상되는 경우가 그것이다. 권리의무의 확정이라는 기준에 따르면 이런 예상액들은 아직 확정되지 않은 것이므로 미리 손금에 산입할 수 없지만, 현행법은 이에 대한 예외로 그 예상액을 미리 손금에 산입하여 '충당금'으로 계상하는 것을 인정하고 있다. 이 절에서는 그 가운데 대손금과 퇴직금에 관련된 내용만을 살펴보기로 한다.

1. 대 손

> 법인세법 제19조의2(대손금의 손금불산입) ① 내국법인이 보유하고 있는 채권 중 채무자의 파산 등 대통령령으로 정하는 사유로 회수할 수 없는 채권의 금액(이하 "대손금"이라 한다)은 대통령령이 정하는 사업연도의 소득금액을 계산할 때 손금에 산입한다.
> ② 제1항은 다음 각 호의 어느 하나에 해당하는 채권에는 적용하지 아니한다.
> 1. 채무보증(…)으로 인하여 발생한 구상채권 (이하 생략)

회수할 수 없게 된 채권금액('대손금')은 순자산 감소액이므로 손금에 산입하는 것이 당연하다(제1항). 문제는 그 손금산입 시기, 곧 '회수할 수 없게 된 때'(위 조문에서 말하는 "대통령령이 정하는 사업연도")가 언제인가 하는 점이다. 관련 시행령은 그 시점을 구체적으로 정해두고 있는데, 크게 네 가지로 나누어볼 수 있다. 첫째, 채권의 소멸시효가 완성된 시점이다. 둘째, 채무자가 빚을 갚을 수 없게 되었다는 점('무자력')에 대한 입증이 있는 때이다. 채무자의 파산, 강제집행, 형의 집행, 사업의 폐지, 사망, 실종, 행방불명, 채무자의 재산에 대한 경매취소 및 외국환거래에 관한 법령에 의한 미회수대금 처리 승인 등이 그것이다. 부도발생일로부터 6월이 경과한 수표 또는 어음상의 채권도 우리나라에서는 부도발생이 당좌거래의 정지로 이어지므로 무자력에 대한 증거로 볼 수 있다. 셋째, 회수기일이 6개월 이상 지난 채권 중 채무자별 채권가액 합계가 소액인 것도 대손금으로 손금에 산입할 수 있다. 넷째, 금융기관의 경우에는 감독관청의 대손처리 허가를 받으면 세법 목적으로도 대손금의 손금산입이 가능하다.

이렇게 회수할 수 없게 된 채권금액은 손금에 산입하는 것이 원칙이지만, 특별히 손금불산입을 하는 예외도 있다(제2항). 그 대표적인 것이 채무보증이다. 예를 들어 갑의 채무를 을이 보증하였다가 갑이 채무를 갚지 못해 을이 갚았다면 을은 갑에게서 그 금액을 받아낼 권리를 갖게 되는데, 이것을 '구상채권'이라 한다. 현행법은 을이 이런 구상채권을 회수할 수 없게 되는 경우에도 이를 손금에 산입할 수 없도록 제한하고 있다.[13] 우리나라에서는 그동안 채무보증이 많은 사회적 폐단을 낳아왔기 때문에 이를 억제할 필요가 있다는 생각이 세법에 반영된 결과이다.

> 법인세법 제34조(대손충당금의 손금산입) ① 내국법인이 각 사업연도의 결산을 확정할 때 외상매출금, 대여금 및 그 밖에 이에 준하는 채권의 대손에 충당하기 위하여 대손충당금을 손비로 계상한 경우에는 대통령령으로 정하는 바에 따라 계산한 금액의 범위에서 그 계상한 대손충당금을 해당 사업연도의 소득금액을 계산할 때 손금에 산입한다.
> ② (생략)
> ③ 제1항에 따라 대손충당금을 손금에 산입한 내국법인은 대손금이 발생한 경우 그 대손금을 대손충당금과 먼저 상계하여야 하고, 상계하고 남은 대손충당금의 금액은 다음 사업연도의 소득금액을 계산할 때 익금에 산입한다.
> ④~⑥ (생략)

이 조문은 회수불능이 입증되기 전이라도 채권 중 일정한 금액을 미리 손금에 산입할 수 있다는 것이다. 다만, 아직 대손이 확정된 것은 아니므로 채권을 직접 줄이는 것이 아니라 '대손충당금'이라는 별도의 계정을 쌓아두고 그 금액만큼 채권이 줄어들었다고 인정하는 것이다(회계에서는 이런 계정을 '자산의 차감계정'이라고 한다). 관련 시행령을 보면 대손충당금을 설정할 수 있는 채권은 외상매출금·대여금 기타 이에 준하는 일정한 채권으로 제한되어 있고, 대손충당금은 그 채권

---

13) 다만, 금융기관이나 대규모기업집단에 속하는 회사에 대해서는 특칙이 있다.

잔액에 1/100과 대손실적률(해당 사업연도의 대손 실적을 전년도말 현재 채권잔액으로 나눈 비율) 중 높은 비율을 곱하여 계산한 금액을 한도로 한다.

기 본 사 례

대손충당금

01년말 채권잔액은 100원이고 이에 대해 한도액 20원만큼 대손충당금을 설정하였다. 02년 중 실제 대손액은 13원이다. 02년말 채권잔액은 120원이고 그 한도액은 24원이다. 가능한 한 많은 대손충당금을 설정한다고 가정한다면, 02년에 익금 및 손금에 산입되는 금액은 얼마인가?

02년의 실제 대손액 13원은 손금에 산입할 수 없고 대손충당금과 상계하여야 하며, 남는 금액 7원은 익금에 산입한다(앞 조문의 제3항). 이로써 대손충당금은 모두 고갈되므로, 기말에 최대 24원의 대손충당금을 손금에 산입할 수 있게 된다. 정리하면, 7원을 익금에 산입함과 아울러 24원을 손금에 산입하게 되는데, 상쇄하면 17원을 손금에 산입하는 것이나 마찬가지가 된다.

Tax In News

🎙 대손충당금 설정률을 낮추면?

정부가 8일 발표한 세법 개정으로 인해 금융회사들의 법인세 부담이 다소 늘어날 전망이다. 기존에는 손금으로 인정되던 금융회사의 대손충당금 한도가 내려가기 때문이다. 이번 세법개정안을 보면 금융회사의 대손충당금 설정한도는 '채권잔액의 2%, 대손실적률, 금융감독 규정상 적립률 중 큰 금액'에서 '채권잔액의 1%대 손실적률, 금융감독 규정상 적립률 중 큰 금액'으로 내려갔다. 정부는 감독규정상 대손충당금 적립률까지 손금으로 인정받을 수 있어 금융회사의 대손충당금 설정률(채권잔액의 2%)이 일반기업(채권잔액의 1%)보다 높은 것은 과세형평상 맞지 않다고 판단했기 때문이라는 입장이다. 금융권에서는 이번 대손충당금 설정률 인하 조치로 법인세 부담이 다소 증가할 것으로 보고 있다. '채권잔액의 2%' 항목이 통상적으로 제일 컸기에 이 조항이 채권잔액의 1%로 변경되면 손금으로 인정되는 대손충당금도 줄어들 수밖에 없기 때문이다.

(2012년 8월 8일 언론보도)

2. 퇴직연금

> 법인세법시행령 제44조의2(퇴직보험료 등의 손금불산입) ① 내국법인이 임원 또는 직원의 퇴직급여를 지급하기 위하여 납입하거나 부담하는 보험료·부금 또는 부담금(이하 이 조에서 "보험료 등"이라 한다) 중 제2항부터 제4항까지의 규정에 따라 손금에 산입하는 것 외의 보험료 등은 이를 손금에 산입하지 아니한다.
> ② 내국법인이 임원 또는 직원의 퇴직을 퇴직급여의 지급사유로 하고 임원 또는 직원을 수급자로 하는 연금으로서 기획재정부령으로 정하는 것(이하 이 조에서 "퇴직연금 등"이라 한다)의 부담금으로서 지출하는 금액은 해당 사업연도의 소득금액계산에 있어서 이를 손금에 산입한다.
> ③ 제2항에 따라 지출하는 금액 중 확정기여형 퇴직연금 등 … 의 부담금은 전액 손금에 산입한다. (단서 생략)
> ④ 제2항에 따라 지출하는 금액 중 확정기여형 퇴직연금 등의 부담금을 제외한 금액은 … 금액을 한도로 손금에 산입하며, 둘 이상의 부담금이 있는 경우에는 먼저 계약이 체결된 퇴직연금 등의 부담금부터 손금에 산입한다.

종래 법령은 장차 지급할 근로자의 퇴직급여 예상액(퇴직급여충당금)을 일정 한도 안에서 미리 손금에 산입할 수 있는 제도를 두고 있었다. 그러나 이 제도는 2015년 말로 종료되었다.

현행법에서는 장차 퇴직연금을 지급할 자금을 근로자퇴직급여보장법에 따라 퇴직연금사업자(금융기관)에 정기적으로 미리 예치하는 경우에만 그런 예치금 부담금을 손금에 산입할 수 있다. 그렇게 예치한 돈(기업회계에서는 'plan asset,' 곧 '사외적립자산'이라고 부른다)은 기업의 통제를 벗어난다.

이러한 퇴직연금에는 확정기여형과 확정급여형의 두 가지가 있다. 우선, 확정기여형(Defined Contribution, "DC") 퇴직연금은 기업이 해마다 일정한 부담금을 내고 근로자는 나중에 퇴직할 때 그렇게 조성된 자금과 운용수익을 받는 것이다. 기업은 그런 부담금을 내는 것으로 퇴직금 지급에 관한 의무로부터 벗어나므로,

기업으로서는 해마다 납부하는 부담금 전액을 손금에 산입하게 된다(제3항).

이에 반해 확정급여형 퇴직연금(Defined Benefit, "DB")에서는 기업이 해마다 일정한 부담금을 내지만 여전히 근로자의 퇴직 시점에 일정한 금액을 지급할 의무를 지므로 적립금 운용결과에 따라 추가적인 지급의무를 부담할 수 있다. 이 경우 기업은 그 부담금을 일정한 한도액의 범위 안에서 손금에 산입한다(제4항). 한도액 계산구조는 조금 복잡한데, 핵심은 예치금 원리금이 퇴직급여추계액(전원이 퇴직할 경우에 퇴직급여로 지급되어야 할 금액의 추계액)에 달할 때까지 부담금을 손금에 산입할 수 있다는 것이다.

Tax In News

🎙 금리하락과 DB, DC의 명암

지난해 8월 이후 10개월 동안 네 차례에 걸쳐 기준금리가 내려가면서 DB형 퇴직연금 가입 기업에 비상이 걸렸다. 퇴직급여 충당금 운용수익률이 임금 상승률을 크게 밑돌면서다. 현행법에 따르면 임직원에게 지급해야 할 퇴직연금이 부족해지면 회사가 메워야 한다. 삼성전자, 현대자동차 등 직원이 많은 대기업들은 추가로 쌓아야 하는 충당금이 각각 1000억원을 넘는 것으로 전해졌다.

미래에셋은퇴연구소에 따르면 대기업들이 주로 가입한 DB형 원금보장 상품 금리는 2012년 연 4.39%, 2013년 연 3.48%, 지난해 연 3.07%로 매년 낮아지고 있다. 올해는 연 2%대 초반까지 떨어질 가능성이 높다. 저금리 기조가 지속될 가능성이 큰 만큼 기업들은 DC형 전환을 서두를 필요가 있다는 게 전문가들의 진단이다.

(2015년 6월 22일 언론보도)

익금불산입과 손금불산입

앞의 제8장에서 본 것처럼, 법인세법은 순자산증가설 내지 포괄적 소득 개념에 따라 순자산증가액을 그 종류와 원천을 가리지 않고 모두 소득에 넣는 것을 원칙으로 하고 있다. 그러나 이런 대원칙에 대한 예외로, 순자산증가액인데도 익금에서 제외하거나(익금불산입) 순자산감소액인데도 손금에서 제외하는(손금불산입) 경우도 있다. 이것이 바로 이 장에서 다룰 내용이다. 제1절에서는 손금불산입, 제2절에서는 익금불산입을 다루고, 제3절에서는 순자산증가설에 대한 특별한 예외항목이라고 볼 수 있는 '부당행위계산의 부인'이라는 제도를 다룬다.

본격적인 논의에 앞서, 법령에서 익금불산입이나 손금불산입이라고 부르는 내용에는 사실 성질이 전혀 다른 두 가지가 함께 섞여 있다는 점을 먼저 짚고 넘어갈 필요가 있다. 제8장의 세무조정 부분에서도 생각해보았지만 다음 사례로 다시 한 번 살펴보자.

기|본|사|례
일시적 차이와 영구적 차이

(주)고구려의 포괄손익계산서상 (법인세 차감 전) 당기순이익은 1,000원인데, 이는 다음의 비용이 공제된 후의 결과이다. 세법상 올해의 소득금액은 얼마인가? 그리고 다음의 비용들은 내년 이후에 세법상 어떻게 처리되는가?

> 1. 단기투자목적으로 보유하고 있던 상장주식의 값이 떨어져 원래 500원이던 장부가액을 그 시가 300원으로 낮춤과 아울러 평가손실 200원을 비용으로 계상하였다.
> 2. 올해 지출한 접대비 100원을 비용으로 계상하였으나 세법상 한도액은 70원이다.

　　자산은 취득원가로 평가하므로 평가손실은 특별한 경우가 아니면 세법에서 손금으로 인정하지 않고, 접대비는 일정한 한도액 범위 안에서만 손금으로 인정한다. 따라서 유가증권 평가손실 200원과 접대비 한도초과액 30원을 손금불산입하여야 하므로 세법상 올해의 소득금액은 1,000원(당기순이익)+230원(손금불산입)=1,230원이 된다.

　　그런데 이 두 가지의 손금불산입은 그 성격이 매우 다르다. 우선 유가증권 평가손실 200원은 올해에는 일단 손금불산입되지만(그리하여 장부가액을 세법상 500원으로 도로 늘리는 200원 유보처분을 해 두지만), 나중에 유가증권이 처분될 때 결국 손금으로 인정된다(세법상 늘려둔 장부가액 200원이 (−)유보처분으로 결국 손금에 산입되는 것이다). 이렇게 볼 때 자산의 평가손실을 손금불산입하는 것은 영원히 손금으로 인정하지 않겠다는 뜻이 아니라 단지 나중 언젠가의 손금에 해당하므로 올해의 손금은 될 수 없다는 뜻일 뿐이다. 결국 이런 손금불산입 규정은 순자산증가설로부터 영구적으로 이탈하는 것이 아니라 단지 손익의 귀속시기에 관한 규정일 따름이다. 일시적 차이의 다른 예로는 감가상각 등을 생각할 수 있다.

　　이에 반하여 접대비 지출액 중 30원을 손금불산입하는 것은 순자산증가설로부터 영구적으로 이탈하는 것이다. 회사의 순자산이 감소했는데도 올해는 물론이고 내년 이후에도 영원히 손금으로 인정되지 않기 때문이다. 결국 순자산감소액과 세법상의 손금 사이에 생긴 차이는 영원히 남게 된다.

제1절 손금불산입

Ⅰ. 개 관

> 법인세법 제19조(손금의 범위) ① 손금은 자본 또는 출자의 환급, 잉여금의 처분 및 이 법
> 에서 규정하는 것은 제외하고 해당 법인의 순자산을 감소시키는 거래로 인하여 발생하
> 는 손실 또는 비용(이하 "손비"라 한다)으로 한다.
> ② 손비는 이 법 및 다른 법률에서 달리 정하고 있는 것을 제외하고는 그 법인의 사업
> 과 관련하여 발생하거나 지출된 손실 또는 비용으로서 일반적으로 인정되는 통상적인
> 것이거나 수익과 직접 관련된 것으로 한다.

제1항은 앞에서 이미 살펴본 '손금'에 관한 정의이다. 순자산감소액은 원칙
적으로 모두 손금이 되지만 그렇지 않은 항목도 있다는 것이다. 그런 예외 항목
중 자본 또는 출자의 환급, 그리고 잉여금의 처분을 손금불산입하는 이유는 자본
거래이기 때문이다. 앞의 제7장에서 본 바와 같다. "이 법에서 규정하는 것"은 주
로 제19조에 뒤따르는 조문들(조문 제목에 '손금불산입'이라는 말이 들어있다)을 가
리킨다. 대손금(제19조의2), 자본거래 등으로 인한 손비(제20조), 세금과 공과금(제
21조), 징벌적 목적의 손해배상금 등(제21조의2), 자산의 평가손실(제22조), 감가상
각비(제23조), 기부금(제24조), 접대비(제25조), 과다경비 등(제26조), 업무와 관련
없는 비용(제27조), 업무용승용차 관련비용(제27조의2), 지급이자(제28조)의 손금불
산입 등이 그것이다. 이 가운데 대손금과 감가상각비는 앞 장에서 이미 공부했으
므로 여기서는 나머지 내용들만을 살펴본다.

제2항은 어떤 지출액이 손금으로 인정받기 위한 일반적인 요건을 제시하고
있다. 크게 두 가지인데, 하나는 사업과 관련하여 발생하거나 지출되어야 한다는
요건('사업관련성')이고, 다른 하나는 일반적으로 인정되는 통상적인 것('통상성')이
거나 수익과 직접 관련된 것이어야 한다는 요건이다. 소득세법에서도 필요경비
에 관해 '통상성'을 요구하고 있는 점과 관련하여 앞의 제5장에서 이미 이야기한

바 있듯이, 이는 매우 주관적인 개념이고 다툼의 소지가 많은 조문이다. 앞부분의 '사업관련성'은 이보다는 덜 애매하다는 느낌이 들지만, 어디까지가 사업과 관련된 것인지가 늘 분명한 것만은 아니다. 뒤에서 보듯 '업무와 관련 없는 비용'을 손금불산입하는 조문을 따로 두고 있지만(제27조), 불확실성은 여전히 남아 있다.

🖩 연습문제

[2015년 방송통신대 기말고사]

법인세법에서 손금으로 인정받기 위한 요건을 설명한 다음 문장에서 각각의 괄호 안에 들어갈 말들로 정확하게 연결된 보기는 어느 것인가?

> 손비는 원칙적으로 그 법인의 [   ]와/과 관련하여 발생하거나 지출된 손실 또는 [   ]으로서 [   ] 것이거나 수익과 직접 관련된 것으로 한다.

① 존재 의의 – 수익 – 사회통념상 정당하다고 여겨지는
② 사업 – 비용 – 일반적으로 인정되는 통상적인
③ 고유 목적 – 비용 – 공익에 기여하는
④ 법인등기부상의 사업 목적 – 수익 – 사회적 기업의 가치에 부합하는

정답 ②

해설 법인세법 제19조 제2항 참조.

II. 손금불산입의 구체적 내용

1. 자본거래 등으로 인한 손비의 손금불산입

> 법인세법 제20조(자본거래 등으로 인한 손비의 손금불산입) 다음 각 호의 금액은 내국법인의 각 사업연도의 소득금액을 계산할 때 손금에 산입하지 아니한다.
> 1. 결산을 확정할 때 잉여금의 처분을 손비로 계상한 금액
> 2. 주식할인발행차금: 상법 제417조에 따라 액면미달의 가액으로 신주를 발행하는 경우 그 미달하는 금액과 신주발행비의 합계액

잉여금이란 순자산 가운데 자본금을 제외한 나머지 부분이라는 뜻으로 당연히 주주의 몫이다. 배당금의 지급은 앞의 제7장에서 보았듯이 애초 손금이 아니다(앞에 인용된 법인세법 제19조 제1항 손금의 정의를 보라). 위 제1호는 설사 회사가 이런 잉여금 처분을 손비로 계상하였더라도 손금이 될 수 없다는 당연한 이치를 확인한 것이다. 제2호의 주식할인발행차금이 손금이 될 수 없다는 점도 앞의 제7장에서 이미 본 바와 같다.

2. 세금과 공과금의 손금불산입

> 법인세법 제21조(세금과 공과금의 손금불산입) 다음 각 호의 세금과 공과금은 내국법인의 각 사업연도의 소득금액을 계산할 때 손금에 산입하지 아니한다.
> 1. 각 사업연도에 납부하였거나 납부할 법인세(⋯) 또는 법인지방소득세와 각 세법에 규정된 의무 불이행으로 인하여 납부하였거나 납부할 세액(가산세를 포함한다) 및 부가가치세의 매입세액(부가가치세가 면제되거나 그 밖에 대통령령으로 정하는 경우의 세액은 제외한다)
> 2. (생략)
> 3. 벌금, 과료(⋯), 과태료(과료와 과태금을 포함한다), ⋯ 강제징수비
> 4. 법령에 따라 의무적으로 납부하는 것이 아닌 공과금
> 5. 법령에 따른 의무의 불이행 또는 금지·제한 등의 위반에 대한 제재로서 부과되는 공과금
> 6. (생략)
>
> 법인세법 제21조의2(징벌적 목적의 손해배상금 등에 대한 손금불산입) 내국법인이 지급한 손해배상금 중 실제 발생한 손해를 초과하여 지급하는 금액으로서 대통령령으로 정하는 금액은 내국법인의 각 사업연도의 소득금액을 계산할 때 손금에 산입하지 아니한다.

제1호에서 법인세를 손금불산입하는 것은 세율표시방법의 문제이다. 가령 세전소득이 100원일 때 세전소득(법인세를 손금불산입한다)에 23%의 세율을 적용하면 세액은 23원이다. 만일 우리 현행법과는 달리 세후소득(법인세를 손금에 산입한다) 기준으로 세율을 표시한다면, 이것은 30%가 된다. (세전소득 100원 − 법인세 23원)×30%=(법인세 23원)이기 때문이다.[1] 앞의 방법이 생각하기 쉬우므로 세전소득을 기준으로 세율을 정해둔 것이고, 그러다보니 법인세를 손금불산입하는

---

1) 1원 미만은 반올림한 결과이다.

것이다. 한편 법인지방소득세는 법인세에 덧붙이는 부가세(附加稅)이므로 법인세와 마찬가지 이유에서 손금불산입한다.

같은 제1호에서 부가가치세의 매입세액을 손금불산입하는 이유는 순자산감소액이 아니기 때문이다. 뒤의 제11장 이하에서 보겠지만, 사업자가 물건을 사고 팔 때에는 거기에 10%의 부가가치세를 얹어서 거래한다. 예를 들어, 물건을 200원에 사서 300원에 판다면, 물건을 살 때에는 200원+20원(부가가치세 매입세액)을 지급하고 물건을 팔 때에는 300원+30원(부가가치세 매출세액)을 받는다는 것이다. 그 후에 30원(매출세액)−20원(매입세액)=10원을 정부에 납부한다. 따라서 물건을 팔 때 30원을 더 받았어도 사업자는 이 돈을 번 것이 아니고(그 금액만큼 정부에 납부해야 할 세금이 있기 때문이다) 물건을 살 때 20원을 더 지급했어도 이 돈을 부담한 것이 아니다(납부할 부가가치세가 그만큼 줄어들기 때문이다). 따라서 부가가치세 매출세액 30원은 순자산증가액이 아니므로 익금불산입하고, 부가가치세 매입세액 20원은 순자산감소액이 아니므로 손금불산입하여야 하는 것이다. 이해하기 어려울 수 있지만[2] 부가가치세를 공부할 때 다시 보면 된다. 부가가치세 면세사업자의 매입세액처럼 공제할 수 없는 세액은 순자산감소액이므로 손금에 산입함이 원칙이다.

제3호의 벌금, 과료, 과태료 등을 손금불산입하는 것은 얼핏 당연해 보이지만, 더 생각해볼 점이 있다. 세금은 국민 각자가 번 돈의 크기에 따라 분담해야 한다는 소득세의 이상에 비추어 본다면, 비록 위법행위에 따른 것이라고 하더라도 일단 경제적으로 보아 담세력이 줄어든 이상 손금에 산입하는 것이 옳다고 생각할 수도 있다. 그러나 세법이 추구하는 이른바 '공평'이라는 이상은 매우 넓은 개념이고, 여기에는 '담세력에 따른 과세' 말고도 다른 가치판단이 담길 수 있다. 범죄행위에 대해 한쪽에서는 벌금을 물려 제재를 가하고 있는데 다른 쪽에서는 세부담을 줄여주어 그 제재를 완화해준다면 이는 법질서의 통일성을 저해하는 것이므로, 벌금 등에 구현된 가치판단을 세법에서도 마땅히 존중하여야 한다

---

2) 회계처리를 생각해보면 다음과 같다. 살 때에는 (차) 매입 200원+선급세액(자산) 20원 (대) 현금 220원, 팔 때에는 (차) 현금 330원 (대) 매출 300원+미지급세액(부채) 30원. 납부할 때에는 선급세액을 공제하고 차액 10원을 납부하므로 (차) 미지급세액 30원 (대) 선급세액 20원+현금 10원.

는 생각도 있을 수 있는 것이다. 세법에서 벌금 등을 손금불산입하는 것은 아마 이런 생각 때문일 것이다.

이런 벌금, 과료, 과태료는 모두 형사법이나 행정법상의 제재이고, 사법(私法)상의 손해배상금은 이에 해당하지 않는다.[3] 다시 말해서 사법상의 손해배상금을 지급한 경우에는 특별한 사정이 없는 한 그 지급액은 손금에 산입된다는 것이다. 다만, 앞의 제21조의2에 적혀 있듯이 법인이 지급한 손해배상금 중 이른바 징벌적 목적의 손해배상금은 예외적으로 손금에 산입하지 않는다. 형식은 사법상의 손해배상금이라도 그 목적이 징벌에 있는 이상 손금산입 여부를 따질 때 벌금 등과 달리 취급할 필요가 없다고 생각되기 때문이다.

제4호의 "법령에 따라 의무적으로 납부하는 것이 아닌 공과금"은 앞뒤가 맞지 않는 모순개념이다. 법령상의 납부의무가 없다면 애초에 공과금이라고 할 수 없기 때문이다. 결국 제4호에 따라 손금불산입할 수 있는 경우는 없다. 법령상 납부의무가 없는 지출은 아마 기부금(사업과 관련이 없는 경우)이나 사업경비(사업과 관련된 경우)로서 그 구체적인 내용에 따라 다른 조문에 의해 손금 인정 여부를 따로 판단해야 할 것이다.

제5호의 "법령에 따른 의무의 불이행 또는 금지·제한 등의 위반에 대한 제재로서 부과되는 공과금"을 손금불산입하는 것은 제3호의 벌금 등과 같은 맥락에서 이해할 수 있다. 한편 제1호의 괄호 안을 보면 '가산세'도 손금불산입하는데, 이는 세법에서 정한 의무를 태만히 한 데 따른 제재이므로 역시 마찬가지 범주에 넣을 수 있다.

---

3) 소득세법 제33조 제1항 제15호는 고의나 중과실에 따른 손해배상금을 필요경비에 산입하지 않도록 하고 있으나, 그 타당성은 의심스럽다.

📟 **연습문제**

[2008년 사법시험 수정]

법인세법상 손금에 산입되지 않는 세금공과금 항목으로 묶인 것은?

ㄱ. 가산세	ㄴ. 과태료
ㄷ. 재산세	ㄹ. 자동차세
ㅁ. 법인지방소득세	

① ㄱ, ㄴ, ㄷ   ② ㄱ, ㄴ, ㅁ   ③ ㄱ, ㄷ, ㄹ
④ ㄴ, ㄷ, ㄹ   ⑤ ㄴ, ㄹ, ㅁ

정답 ②

해설 가산세, 과태료는 손금에 산입되지 않으며, 법인세와 함께 법인지방소득세도 손금에 산입되지 않는다. 그러나 이렇게 특별히 규정되지 않은 다른 세금공과금(재산세, 자동차세 등)은 손금에 산입된다.

3. 자산 평가손실의 손금불산입

법인세법 제22조(자산의 평가손실의 손금불산입) 내국법인이 보유하는 자산의 평가손실은 각 사업연도의 소득금액을 계산할 때 손금에 산입하지 아니한다. 다만, 제42조 제2항 및 제3항에 따른 평가로 인하여 발생하는 평가손실은 손금에 산입한다.

제8장에서 이미 본 것처럼, 현행 세제는 손익의 귀속시기에 관해서는 실현주의 내지 권리의무확정주의를, 자산·부채의 평가에 관해서는 역사적 원가주의를 채택하고 있고 이 둘은 동전의 앞뒷면에 해당한다. 미실현이득은 손익에 반영하지 않는다, 또는 자산을 취득원가로 평가한다는 말은, 자산의 평가이익이나 평가손실을 손익에 반영하지 않는다는 말이다. 이 가운데 (평가이익을 익금불산입한다는 조문은 뒤에서 다룰 법인세법 제18조이고) 평가손실을 손금불산입한다는 조문이 바로 위의 제22조이다.

다만, 현행법이 역사적 원가주의를 꼭 일관하고 있지는 않다. 위 조문 단서에 적혀 있듯이 예외적으로 자산의 평가손실을 손금에 산입하는 경우도 있는데, 그 내용은 크게 두 가지이다. 첫째, 재고자산, 유가증권, 화폐성 외화자산과 부채 등 일정한 자산은 세법에서 그 평가방법을 정해두고 있으며, 그런 평가방법의 적용에 따른 평가손실은 손금에 산입한다. 둘째, 일반적인 시세 변동이 아니라 재고자산의 파손·부패, 주식 발행법인의 파산 등 특별한 사정 때문에 가치가 하락한 경우에는 평가손실을 손금에 산입할 수 있다.

4. 기부금의 손금불산입

(1) 현행법의 뼈대

법인세법 제24조(기부금의 손금불산입) ① 이 조에서 "기부금"이란 내국법인이 사업과 직접적인 관계없이 무상으로 지출하는 금액…을 말한다.
② 내국법인이 각 사업연도에 지출한 기부금 및 제5항에 따라 이월된 기부금(제3항 제1호에 따른 기부금은 제외한다) 중 제1호에 따른 기부금은 제2호에 따라 산출한 손금산입한도액 내에서 해당 사업연도의 소득금액을 계산할 때 손금에 산입하되, 손금산입한도액을 초과하는 금액은 손금에 산입하지 아니한다.
1. 다음 각 목의 어느 하나에 해당하는 기부금
　가. 국가나 지방자치단체에 무상으로 기증하는 금품의 가액. (단서 생략)
　나. 국방헌금과 국군장병 위문금품의 가액
　다. 천재지변으로 생기는 이재민을 위한 구호금품의 가액
　라.~마. (생략)
2. 손금산입한도액: (생략)
③ 내국법인이 각 사업연도에 지출한 기부금 및 제5항에 따라 이월된 기부금(제2항 제1호에 따른 기부금은 제외한다) 중 제1호에 따른 기부금은 제2호에 따라 산출한 손금산입한도액 내에서 해당 사업연도의 소득금액을 계산할 때 손금에 산입하되, 손금산입한도액을 초과하는 금액은 손금에 산입하지 아니한다.
1. 사회복지·문화·예술·교육·종교·자선·학술 등 공익성을 고려하여 대통령령으로 정하는 기부금(제2항 제1호에 따른 기부금은 제외한다. 이하 이 조에서 같다)
2. 손금산입한도액: (생략)
④ 제2항 제1호 및 제3항 제1호 외의 기부금은 해당 사업연도의 소득금액을 계산할 때 손금에 산입하지 아니한다.
⑤ 내국법인이 각 사업연도에 지출하는 기부금 중 제2항 및 제3항에 따라 기부금의 손금산입한도액을 초과하여 손금에 산입하지 아니한 금액은 해당 사업연도의 다음 사업연도 개시일부터 10년 이내에 끝나는 각 사업연도로 이월하여 그 이월된 사업연도의 소

득금액을 계산할 때 제2항 제2호 및 제3항 제2호에 따른 기부금 각각의 손금산입한도액의 범위에서 손금에 산입한다.
⑥ (생략)

기부금이라고 하면 흔히 공익단체에 지출하는 행위를 연상하기 쉽지만, 세법에서 말하는 기부금은 사업과 관련 없이 행해지는 무상의 지출을 통틀어 일컫는 용어이므로(제1항) 반드시 공익성을 띤 것으로 한정되지 않는다. 물론 공익적이라고 여겨지는 일정한 기부금은 특별히 일정한 한도 안에서 손금으로 인정해주지만(제2항 및 제3항), 그 밖의 기부금은 손금으로 인정하지 않는다(제4항).

앞에서 어떤 지출이 손금이 되려면 '사업관련성'을 갖추어야 한다는 점을 본바 있다. 이 원칙을 그대로 관철하면 기부금은 사업관련성이 없으므로 원칙적으로 손금으로 인정할 수 없게 된다. 그럼에도 불구하고 위 법조 2항과 제3항은 특별히 정해진 기부금에 대해서만큼은 예외적으로 일정한 '손금산입한도액'까지의 금액은 손금으로 인정하고 있다. 그 한도액 계산방식은 다소 복잡하므로 여기서 자세히 설명하지는 않겠으나(자세한 계산방식이 궁금한 독자들은 조문을 직접 확인해보기 바란다), 기본적인 취지는 소득의 50%(제2항) 또는 10%(제3항)에 해당하는 금액까지 손금으로 인정해주겠다는 것이다. 이런 '50% 한도 기부금'(종전의 '법정기부금'), '10% 한도 기부금'(종전의 '지정기부금')에서 소득의 50% 또는 10%라고 할 때, 한 해의 소득만 가지고 따지는 것은 아니고 올해 한도초과액이 생겼더라도 10년간 이월하여 손금에 산입할 수 있으므로(제5항) 결국 10년간의 소득을 기준으로 삼는 셈이다.

(2) 기부금의 손금산입은 사실상 국가의 매칭그랜트(matching grant)!

기부금을 손금에 산입해준다는 것은 그 돈의 일부를 국가가 대준다는 말과 같다. 예를 들어, 세율이 30%인 상황에서 100원의 기부금을 지출하고 이를 손금으로 인정받게 되면 세금이 30원 줄어들게 되므로 실제 부담액은 70원뿐이다. 줄어드는 세금 30원만큼은 국가의 돈으로 지원한 셈이다. 세후금액을 기준으로 생각한다면 세율이 30%인 사람이 어느 단체에 70원을 기부하면 이른바 matching grant 방식으로 국가도 같은 단체에 30원을 기부해준다는 말이다. 한편 세율이

0%인 사람이 기부한다면 국가가 matching grant로 기부해주는 것은 없다.

그렇다면 이런 식으로 국가의 matching grant를 받는 단체란 어떤 단체를 말하는가? 법령을 찾아보면 특별법이나 민법에 따라 설립된 온갖 비영리법인이나 비영리단체가 열거되어 있다. 그런 단체의 목록을 보면(바르게살기운동중앙협의회와 그 산하조직, 한국자유총연맹, 민주화운동기념사업회 등 각종 단체들이 포함되어 있다), 물론 각자의 정치적 사회적 성향 문제이지만 '이런 단체를 국가가 지원해주어야 하나'라는 의문이 드는 사람도 있을 것이다. 아무튼 이런 단체에 직접 예산을 지원하는 것이 정치적으로 논란이 될 수 있다면 기부금의 손금산입을 통한 지원에도 마찬가지의 논의가 필요할 텐데, 후자는 세법의 구석에 숨겨져 있어서 사람들이 알기 어렵다는 것이다. 나아가, 고소득자가 주로 기부하는 단체라면 국가의 matching grant를 많이 받지만 저소득자가 주로 기부하는 단체라면 matching grant를 받지 못한다는 결과가 생긴다.

Tax In News

🎤 Matching Grant, 누가 받나?

김경재 전 대통령비서실 홍보특별보좌관이 한국자유총연맹 새 총재에 선출됐다. 김 신임 회장은 당선 소감에서 "무모하게 출마 됐지만 승리한 것은 (여러분의) 양식 때문"이라며 "각 지구 활동에 최선을 다하겠다"고 밝혔다. 그는 "노무현에게 숙청된 나를 박근혜 대통령이 3년 전 구원했다"면서 "그분이 임기를 마쳐도 통일의 아이콘이 되도록 하겠다"며 청와대와의 인연을 강조했다. 그러나 이른바 박심(朴心)이 김 후보를 지원했다는 의혹은 당분간 계속될 것으로 보인다. 김 신임 총재는 후보 연설을 통해 "행자부 압력설에 대해 확실히 해달라"며 "사실이 아닐 경우 이는 (허 총재의) 배임죄에 해당할 수 있다"고 반발했다.

(2016년 2월 25일 언론보도)

국가에서 정한 기부금 단체는 세금 지원을 받는다는 점에서 지정, 관리, 검증 등이 투명하게 이뤄져야 한다. 하지만 기부금 단체로 일단 지정되면 관리 사각지대에 놓이는 게 현실이다. 개인이나 법인이 기부금 단체에 기부를 하면 소득세(법인세)의 일부를 돌려주는데, 이는 세금으로 기부의 일부를 대신 해주는 것이어서 기부금 단체를 지정하는 문제는 중요하다. 박근혜 정부 국정농단의 한 축인 미르·K재단(지정기부금 단체)이 문제가 된 것도 이렇게 지원된 세금이 사적으로 유용됐다는 점에서다.

실제 기부에 지원되는 세금 규모는 막대하다. 2017년 기준 기업들이 법정기부금 단체나 지정기부금 단체에 기부를 해서 절감한 법인세만 6215억원으로 추산되며 개인이 기부로 환급 받은 소득세는 7347억원 가량이다. 국가가 세금으로 대신 낸 기부금이 연간 1조3500억원을 넘는다는 얘기다.

그렇다면 기부금 단체는 어떻게 결정될까. 세제 지원을 받는 기부금 단체는 크게 법정기부금 단체와 지정기부금 단체로 나뉘는데, 법정기부금 단체는 법에서 정하고 지정기부금 단체는 대통령령인 시행령이 정하거나 시행령을 근거로 주무부처인 기획재정부 장관이 지정한다.

법정기부금 단체는 말 그대로 각 법률에서 정해 놓은 기부단체다. 그래서 세제혜택을 규정한 법인세법에는 법정기부금 단체의 범위가 각 법률에 근거해 명시돼 있다. 법에서 정한 단체이기 때문에 추가지정이나 지정해제를 위해서는 국회에서 법을 바꿔야 한다. 이런 이유로 법정기부금 단체는 잘 바뀌지 않는다.

지정기부금 단체는 좀 복잡하다. 일부는 정부 등의 인허가와 동시에 지정되며 일부는 각 기관에서 추천을 받아 기획재정부가 지정한다. 민법상 허가대상인 비영리법인이나 사회적협동조합 등은 주무관청이 기획재정부에 추천을 하고 이후에 기재부의 지정을 받는데 주무관청의 추천을 통해 기재부의 지정을 받은 지정기부금 단체만 4000여개에 달한다. 그밖에 인허가 등에 따라 자동으로 지정되는 종교법인(1만9000개), 사회복지법인(3500개), 의료법인(1000개), 학술·장학법인(4500개), 교육법인(1800개) 등이 3만여개에 달한다.

세금을 지원 받는 지정기부금 단체로 지정 받기 위해서는 일정 수준의 요건을 갖춰야 하지만 별로 까다롭지 않다. 요건 확인도 형식적이다. 추천하는 기관에서는 별다른 실사 없이 서류중심으로 평가해 추천을 하면 기재부에서도 서류만 훑어보는 정도다. 기재부에서 지정기부금 단체 지정 및 해제를 전담하는 직원은 세제실 법인세과의 주무관급 1명뿐이며 기부금 단체 지정을 위한 별도의 위원회나 회의체는 없다.

기재부 세제실 출신의 한 세무사는 "기재부가 일부 지정기부금 단체 지정 권한을 갖고 있지만 각 부처에서 추천하고 기준만 맞으면 기계적으로 지정해 주는 방식"이라며 "외국에 비하면 지정·해제 등 관리시스템이 매우 허술하다"고 지적했다.

(2018. 1. 26. 언론보도)

현행법에서는 법인과 사업소득을 버는 개인의 일정한 기부금을 법정한도 안에서 손금(필요경비)에 산입하므로 위 문단에 적은 문제점이 그대로 생긴다. 한편 같은 기부금이라도 사업소득자가 아닌 개인 가령 근로소득자가 지출한 경우에는 그 근로소득자의 소득단계에서 공제하는 것이 아니라, 이미 제5장에서 보았듯 세액공제 단계에서 반영하여 기부한 금액에 일률적으로 일정비율을 곱한 금액을 세액공제한다. 결과적으로 기부자가 누구이든 기부받는 자가 누구이든 국가의 matching grant에 차별을 두지 않고 있다.

(3) 기부금 손금불산입은 이중과세인가? [심화학습]

1) 예를 들어, 내가 1억 원을 벌어서 그중 3천만원을 굶어죽을 지경인 친구(어느 드라마에서는 옛 애인)가 너무 불쌍해서 그냥 공짜로 준다고 해보자. 나는 이 3천만 원을 필요경비나 손금으로 공제받을 수 있는가? 받지 못한다. 나는 여전히 1억 원에 대해 세금을 낸다. 내가 준 기부금 3천만원은 일정한 한도액의 범위 안에서 손금에 산입하도록 세법이 특별히 정해두고 있는 기부금이 아니기 때문이다. 아무리 불쌍한 사람에게 주었더라도 이 결과는 변하지 않는다.

2) 그런데 이 친구는 받은 돈 3천만원에 대해 세금을 물게 된다(우리 법에서는 그 돈을 받는 사람이 개인이라면 증여세를 물고 법인이라면 법인세를 문다). 이 3천만 원에 대해서 나도 세금을 내고 친구도 세금을 내는 것은 이중과세 아닐까? ① 친구가 세금을 내는 이상 내 소득은 7천만원이 되어야 하고, ② 역으로 내가 1억 원에 세금을 내는 이상 친구는 세금을 안 내어야 하는 것 아닌가? 이 의문 자체가 보여주듯 기부금의 손금산입 여부는 소득세와 상속증여세의 관계라는 큰 문제의 일부이고, 다시 이 문제는 소득세와 소비세의 관계 문제로 돌아간다. 다시 말하면, ② 친구에게는 세금을 물리지 말아야 한다는 생각은 상속증여세를 폐지해야 한다는 말이다. 한편 ① 내게는 7천만원을, 친구에게는 3천만원을 과세하자는 생각은 누구에게든 소득이

아니라 소비를 기준으로 세금을 물리자는 생각이다. 다른 한편, ③ 소득세와 상속증여세를 이중과세하는 기존의 세제(내게는 1억원을 친구에게는 3천만원을 과세하는 세제)를 정당화하는 논거는, 3천만원을 기부하고 말고는 내가 스스로 원해서 정한 것인 만큼 내가 그 돈을 다른 데 소비한 것과 구별할 이유가 없다는 것이다. 세 가지 대안 중 어느 것이 좋다고 생각하는가?

 연습문제

[2009년 사법시험 수정]

법인세법상 기부금에 관한 설명 중 옳지 않은 것은?

① 국방헌금은 일정 한도 내의 금액은 손금산입이 허용된다.

② 법령이 특별히 규정한(또는 법령의 위임을 받아 기획재정부장관이 특별히 고시한) 기부금 외의 기부금은 손금에 산입되지 않는다.

③ 타인에게 무상으로 지출하는 재산적 증여의 가액이라도 법인의 사업과 직접 관계가 있다면 기부금에 해당하지 않는다.

④ 저가양도나 고가양수의 경우 거래가액과 시가의 차액을 기부금으로 본다.

⑤ 기부금 손금산입한도 초과액은 해당 사업연도의 다음 사업연도 개시일부터 10년 이내에 끝나는 사업연도에 이월하여 그 이월된 사업연도의 손금산입한도액의 범위 안에서 손금에 산입한다.

정답 ④

해설 저가양도나 고가양수의 경우 거래가액과 정상가액의 차액을 기부금으로 본다. 여기서 '정상가액'이란 시가에 시가의 30%를 가산하거나 30%를 차감한 범위 안의 가액으로 한다(법인세법시행령 제35조).

---

5. 접대비의 손금불산입

(1) 현행법의 뼈대

법인세법 제25조(접대비의 손금불산입) ① 이 조에서 "접대비"란 접대, 교제, 사례 또는 그 밖에 어떠한 명목이든 상관없이 이와 유사한 목적으로 지출한 비용으로서 내국법인이 직접 또는 간접적으로 업무와 관련이 있는 자와 업무를 원활하게 진행하기 위하여 지출한 금액을 말한다.
② 내국법인이 한 차례의 접대에 지출한 접대비 중 대통령령으로 정하는 금액을 초과하는 접대비로서 다음 각 호의 어느 하나에 해당하지 아니하는 것은 각 사업연도의 소득금액을 계산할 때 손금에 산입하지 아니한다. (단서 및 각 호 생략)
③ (생략)
④ 내국법인이 각 사업연도에 지출한 접대비(제2항에 따라 손금에 산입하지 아니하는 금액은 제외한다)로서 다음 각 호의 금액의 합계액을 초과하는 금액은 해당 사업연도의 소득금액을 계산할 때 손금에 산입하지 아니한다.
1. 기본한도: (생략)
2. 수입금액별 한도: 해당 사업연도의 수입금액(대통령령으로 정하는 수입금액만 해당한다)에 다음 표에 규정된 비율을 적용하여 산출한 금액. (단서 및 표 생략)
⑤~⑥ (생략)

접대비는 비록 업무와 관련한 지출이기는 하지만(제1항) 일정한 한도액까지만 손금으로 인정한다(제4항). 한도액 계산방식은 조금 복잡하다. 우선 연간 1,200만원(중소기업에는 특칙이 있다)의 기본금액이 있고, 추가로 수입금액의 일정 비율을 인정해준다. '일정 비율'은 금액에 따라 0.03~0.3%로 정해져 있으나 특수관계인과의 거래분에 대해서는 훨씬 더 낮은 비율을 적용한다.

그에 앞서 제2항은 한 차례의 접대에 일정한 액수를 넘는 접대비를 지출하였다면 반드시 신용카드, 현금영수증을 사용하거나 계산서, 세금계산서 또는 원천징수영수증 등을 발급받아야 하고(이런 접대비만 가지고 제4항의 한도초과 여부를 따진다), 그렇지 않은 경우에는 곧바로 손금불산입하도록 하고 있다. 이것 자체만 놓고 보면 접대비를 지출하는 쪽에 대한 제재이지만, 그것을 통해 노리는 바는 접대비의 지출상대방, 곧 접객업소 등의 매출액을 알아내려는 데 있다.

접대비와 관련하여 실무상 자주 다투어지는 문제는 이를 다른 비용과 어떻게 구별할 것인가 하는 점이다. 접대비는 한도의 제한을 받는 데 반하여 광고선전비, 복리후생비, 판매부대비용, 회의비 등은 한도의 제한 없이 손금으로 인정하는 것이 실무이기 때문이다. 이에 관해 우리 대법원은 ① 광고선전비는 불특정 다수인을 위한 지출인 데 반하여 접대비는 어느 정도 특정된 사람을 위한 지출이라는 점에서 구별되고, ② 복리후생비·회의비와의 구별은 지출의 상대방이 내부인인가 외부인인가에 따른다고 한다. 그러나 분명한 기준은 아니어서 혼란이

가시지 않고 있다. ③ 접대비와 판매부대비용과의 구별기준은 더욱 혼란스러운데, 사전약정 유무, 사회통념이나 상관행, 지출상대방의 특정 여부 등이 제시되고 있으나 여전히 그 기준이 모호한 편이다. 실제 문제가 생기면 판례와 행정해석을 꼼꼼히 찾아보는 수밖에 없다.

(2) 접대비는 왜 규제하는가? [심화학습]

예를 들어, ① A사는 임직원 갑에게 월급 800만원을 지급하고 추가로 갑이 '업무와 관련하여' 거래처 임직원과 먹고 노는 데 들인 돈 200만원을 회사 돈으로 지급한다고 해보자. 현행법상 갑의 근로소득은 800만원이고, 만일 접대비에 대한 규제가 없다면, 회사의 손금은 인건비 800만원＋접대비 200만원＝1,000만원이 된다. 여기서 회사의 손금과 임직원의 소득 사이에 200만원만큼 차이가 생기게 됨을 알 수 있다. 회사에게는 200만원의 손금을 인정하는 데 반하여, 그 돈 200만원을 누군가 소비하였음에도 불구하고 그자에게 소득세를 물릴 수 없다는 것이다.

이것이 왜 문제가 되는가? 사례를 바꾸어 ② A사가 갑에게 월급으로 1,000만 원을 지급하고 갑이 거래처 임직원과 먹고 노는 데 들인 돈 200만 원을 거기에서 지급하는 경우를 생각해보자. 갑에게 잡히는 근로소득은 800만 원이 아니라 1,000만 원이다. 이 경우와 비교해보면, 회사 돈으로 누군가 먹고 마신다면 그 자에게 그 이익에 대한 소득세를 물려야 형평에 맞는다는 점을 알 수 있다.

문제는 그 접대의 가치를 일일이 따져서 그 이익을 향유하는 자들에게 소득세를 물린다는 일이 도저히 불가능하다는 것이다. 기업의 입장에서 접대비를 손금불산입하는 이유가 바로 여기에 있다. 위 ②의 경우에는 갑이 소득이 1,000만원이므로 회사로서도 그 1,000만원을 (인건비로) 손금에 산입하는 데 문제가 없지만, 위 ①의 경우에는 갑의 소득이 800만원이므로 회사로서도 1,000만원이 아니라 800만원만을 손금에 산입해야 균형이 맞는다. 나머지 200만원은 회사의 지출임은 틀림없지만, 그 이익을 향유하는 자에게 소득세를 물리지 못하는 이상, 회사의 소득으로 간주하여 법인세를 물려야 그나마 균형이 맞는다는 것이다. 이렇게 본다면, 개인 단계의 과세를 피하면서 기업의 돈으로 '놀고 즐기는 비용(entertainment expense)'은 사업과 관련이 있든 없든, 내부자끼리 즐기든 외부자가 같이 즐기든, 모두 규제대상 접대비로 보아야 옳다.

연습문제

[2003년 사법시험]

법인세법상 접대비에 관한 설명으로 옳은 것은?

① 사업과 관련 없이 무상으로 지출한 금액은 접대비로 본다.
② 법인이 광고선전의 목적으로 견본품을 불특정다수인에게 직접 나누어주면 그 지출비용을 접대비로 본다.
③ 지출내용을 증빙할 필요가 없는 기밀비는 일정한도 내에서 접대비로 본다.
④ 접대비는 판매부대비용과 달리 손금산입한도의 제한을 받는다.
⑤ 교제비, 사례금 또는 알선수수료의 명목으로 지출하면 그 지출비용을 접대비로 보지 않는다.

정답 ④

해설 ① 사업과 관련 없이 무상으로 지출한 금액은 기부금에 해당한다. ② 광고선전 목적으로 불특정다수인에게 직접 나누어주는 견본품은 접대비에 해당하지 않는다. ③ 지출내용에 관한 증빙이 없는 지출은 접대비로서 한도의 제한을 받는 것이 아니라 전액 손금불산입된다. ⑤ 접대비에 해당하는지의 여부는 명목에 관계없이 그 실질 내용에 따라 판단한다.

6. 과다경비 등의 손금불산입

법인세법 제26조(과다경비 등의 손금불산입) 다음 각 호의 손비 중 대통령령으로 정하는 바에 따라 과다하거나 부당하다고 인정하는 금액은 내국법인의 각 사업연도의 소득금액을 계산할 때 손금에 산입하지 아니한다.
1. 인건비
2. 복리후생비
3. 여비 및 교육·훈련비
4. 법인이 그 법인 외의 자와 동일한 조직 또는 사업 등을 공동으로 운영하거나 경영함에 따라 발생되거나 지출된 손비
5. 제1호부터 제4호까지에 규정된 것 외에 법인의 업무와 직접 관련이 적다고 인정되는 경비로서 대통령령으로 정하는 것

제1호의 인건비는, 당사자 사이의 자유로운 합의에 따른 것인 이상, 그 금액은 당연히 '시가'에 해당하는 것이고, 따라서 손금으로 인정되어야 마땅하다. 이 조문에서 "인건비가 과다하다"는 말은 증여나 배당 등의 실질을 가진 거래라면 그 실질에 따라 처리해야 한다는, 사실은 당연한 말일 뿐이다. 인건비에 관련한 시행령 조문 가운데 법인이 지배주주 등인 임직원에게 정당한 사유 없이 동일직위에 있는 다른 임직원보다 더 많은 보수를 지급한 경우 그 차액은 손금불산입한다든가, 비상근임원에게 지급하는 보수라도 부당행위에 해당하지 않는 한 손금에 산입한다는 규정은 모두 이런 이치를 확인하는 조문에 불과하다. 한편 법인이 임원에게 지급하는 상여금 가운데 정관, 주주총회, 사원총회 또는 이사회의 결의에 의하여 결정된 급여지급기준을 넘는 금액을 손금불산입한다는 규정은 성격이 다른 조문이다. 임원의 보수는 주주총회의 의결 또는 위임에 따라 정하므로,[4] 지급기준을 넘는 금액은 법인에게 반환청구권이 있다고 보아야 할 것이고, 따라서 손금이 될 수 없다.

제2호의 복리후생비에 관하여 대통령령은 직장체육비, 직장연예비, 우리사주조합의 운영비, 국민건강보험료, 고용보험료 등 일정한 항목을 열거하면서 이를 제외한 복리후생비는 손금산입하지 않는다고 정하고 있다. 원래 복리후생비는 임직원의 근로소득(소득세법이 특별히 비과세 항목으로 규정한 것도 여기에 포함해야 한다)으로 과세되는 한 당연히 손금이 되는 것이고, 그렇게 과세되지 않는 것이라면 이른바 '내부접대비'(기업 돈으로 임직원들끼리 놀고 즐기는 비용)로서 손금 규제를 받아야 한다. 그렇다면 이 조문은 일정한 복리후생비는 규제대상 접대비에서 제외한다는, 말하자면 '내부접대비'에 대한 일종의 특칙으로 읽어야 옳다.

제3호의 여비 및 교육·훈련비에 관하여 대통령령은 임직원 아닌 지배주주에게 지급한 것은 손금불산입한다고 규정하고 있으나, 당연한 이치를 확인하는 조문일 뿐이다. 임직원이 아니므로 애초에 여비 등을 지급할 근거가 없는 것이고, 그 실질은 배당이다. 제4호의 공동경비는 자기 몫을 따져 손금에 산입한다는 당연한 이치를 규정한 것이다(시행령에 따르면 이러한 '자기 몫'은 출자금액이나 매출액 등의 비율에 따라 계산한다). 제5호의 "법인의 업무와 직접 관련이 적다고 인정되는

---

4) 상법 제388조 및 제415조.

경비로서 대통령령으로 정하는 것"에 관해서는 현재 대통령령에 규정이 없다.

7. 업무와 관련 없는 비용 및 업무용승용차 관련비용의 손금불산입

> 법인세법 제27조(업무와 관련 없는 비용의 손금불산입) 내국법인이 지출한 비용 중 다음
> 각 호의 금액은 각 사업연도의 소득금액을 계산할 때 손금에 산입하지 아니한다.
>   1. 해당 법인의 업무와 직접 관련이 없다고 인정되는 자산으로서 대통령령으로 정하는
>   자산을 취득·관리함으로써 생기는 비용 등 대통령령으로 정하는 금액
>   2. 제1호 외에 해당 법인의 업무와 직접 관련이 없다고 인정되는 지출금액으로서 대통
>   령령으로 정하는 금액

제1호의 "업무와 직접 관련이 없다고 인정되는 자산"으로 대통령령은 업무
에 직접 사용하지 않는 부동산(흔히 "비업무용 부동산"이라고 한다), 서화·골동품,
업무에 직접 사용하지 아니하는 자동차·선박 및 항공기 등을 규정하고 있다. 우
리나라에서는 과거에 오랫동안 부동산투기가 심각한 문제로 대두되어 그 대책으
로 비업무용 부동산의 유지관리비와 관련 이자비용을 손금불산입하는 제도를 두
었는데, 이 제도 자체는 여전히 유지되고 있지만 지금은 비업무용 부동산의 기준
이 대폭 완화되어 제도의 중요성은 매우 줄어든 상황이다.

제2호(비업무용 지출)의 구체적 내용으로 대통령령은 몇 가지를 열거하고 있
다. ① 대주주나 그 친족을 위한 일정한 지출은 손금불산입하도록 규정하고 있는
데, 여기에는 두 가지 경우가 있을 수 있다. 대주주 등이 법을 어기고 이득을 본
것이라면 법인에게는 반환청구권이 남아 있으므로 손금에 산입할 수 없다. 한편
주주평등에도 어긋남이 없고 지출절차에도 흠이 없더라도 손금산입은 여전히 불
가능하다. 배당의 실질을 가진 것이기 때문이다. ② 해당 법인이 공여한 형법상
뇌물에 해당하는 금전 등도 손금불산입하는데, 이는 앞에서 본 벌금 등의 손금불
산입과 같은 맥락이다.

> 법인세법 제27조의2(업무용승용차 관련비용의 손금불산입 등 특례) ① 개별소비세법 제1조
> 제2항 제3호에 해당하는 승용자동차(운수업, 자동차판매업 등에서 사업에 직접 사용하
> 는 승용자동차로서 대통령령으로 정하는 것과 연구개발을 목적으로 사용하는 승용자동
> 차로서 대통령령으로 정하는 것은 제외하며, 이하 이 조에서 "업무용승용차"라 한다)에

> 대한 감가상각비는 각 사업연도의 소득금액을 계산할 때 대통령령으로 정하는 바에 따라 손금에 산입하여야 한다.
> ② 내국법인이 업무용승용차를 취득하거나 임차함에 따라 해당 사업연도에 발생하는 감가상각비, 임차료, 유류비 등 대통령령으로 정하는 비용(이하 이 조에서 "업무용승용차 관련비용"이라 한다) 중 대통령령으로 정하는 업무용 사용금액(이하 이 조에서 "업무사용금액"이라 한다)에 해당하지 아니하는 금액은 해당 사업연도의 소득금액을 계산할 때 손금에 산입하지 아니한다.
> ③ 제2항을 적용할 때 업무사용금액 중 다음 각 호의 구분에 해당하는 비용이 해당 사업연도에 … 800만원(…)을 초과하는 경우 그 초과하는 금액(이하 이 조에서 "감가상각비 한도초과액"이라 한다)은 해당 사업연도의 손금에 산입하지 아니하고 … 이월하여 손금에 산입한다.
> 1.~2. (생략)
> ④ 업무용승용차를 처분하여 발생하는 손실로서 업무용승용차별로 800만원…을 초과하는 금액은 … 이월하여 손금에 산입한다.
> ⑤ 제3항과 제4항을 적용할 때 부동산임대업을 주된 사업으로 하는 등 대통령령으로 정하는 요건에 해당하는 내국법인의 경우에는 "800만원"을 각각 "400만원"으로 한다.
> ⑥, ⑦ (생략)

이 조문은 기업이 고가의 승용차를 구입하여 임직원에게 사적인 용도로 쓰게 하는 경우에 이를 규제하기 위해 2015년 말에 신설한 것으로, 법인세법 제27조의 '업무와 관련 없는 자산' 가운데 승용차에 관한 특칙을 따로 둔 것이다.

이 가운데 제1항은 감가상각에 관한 규제인데, 관련 시행령은 내용연수를 5년으로 하여 정액법으로 상각하도록 제한하고 있다. 그 범위를 넘는 감가상각비는 바로 손금불산입하지만, 그 범위 안의 감가상각비라고 해서 모두 손금으로 인정하겠다는 것은 아니고 단지 여기서의 규제는 일단 통과시켜 제2항·제3항의 규제대상으로 삼겠다는 뜻이다.

제2항은 업무용 승용차의 감가상각비, 임차료, 유류비 등 관련 비용은 일정한 '업무사용금액' 범위 안에서만 손금에 산입한다. 관련 시행령에 따르면, 업무전용자동차보험에 가입하였거나 일정한 절차를 밟아 확인되는 경우에는 그 업무사용비율까지만 손금에 산입하고, 그 외의 경우에는 전액 손금불산입한다. 이렇게 손금불산입되는 금액은 주로 해당 임직원의 상여로 처분되어 그의 근로소득을 구성하게 될 텐데, 이 조문이 노리는 바는 아마 법인세보다는 이렇게 해당 승용차를 사용하는 임직원에게 소득세를 물리려는 데 있을 것이다.

제3항은 '업무사용금액'에 해당하는 감가상각비라 하더라도 매년 800만원까지만 손금으로 인정하되, 800만원이 넘는 금액이라고 해서 영구적으로 손금불산입하는 것은 아니고 나중으로 이월시켜 손금에 산입한다. 제4항에 규정된 것처럼 업무용 승용차의 처분손실도 마찬가지로 800만원의 제한을 적용받는다.

Tax In News

🎙 나라를 뒤흔든 "업무용승용차"

　우병우 청와대 민정수석이 자신과 가족이 100% 지분을 보유한 회사 명의로 리스한 고급 외제차를 거주지에 입주민 사용 차량으로 등록한 것으로 확인됐다. 최근 우 수석 가족이 살고 있는 서울 강남구 압구정동 ㅎ아파트와 (주)정강 사무실이 위치한 서초구 ㅊ빌딩 주변을 탐문하며 취재한 내용을 종합하면, 우 수석의 부인 이아무개씨가 대표이사를 맡고 있는 정강은 마세라티에서 출시된 시가 2억 원대의 최고급 세단 모델인 콰트로포르테를 업무용 차량으로 등록해 관리하고 있다. 400억 원대의 재산을 신고해 고위공직자 가운데 가장 재산이 많은 우 수석은 청와대 민정비서관에 발탁된 2014년부터 올해까지 줄곧 차량을 한 대도 갖고 있지 않다고 신고했다. 이 때문에 우 수석 일가의 '가족회사'인 정강의 업무용 차량을 사적으로 유용하고 있는 게 아니냐는 의혹이 꾸준히 제기돼왔다. 정강은 임직원이 이씨 단 한 명뿐인 사실상 '페이퍼컴퍼니'인데, 이 회사의 감사보고서에는 매해 차량 관련 비용을 수천만원씩 지출한 것으로 나와 있다.

　정강의 감사보고서엔 차량 임대비용 등을 나타내는 '지급임차료'로 지난해 5,040만원, 2014년 2,948만원 등을 지출한 것으로 기재돼 있다. 이 회사는 또 '차량유지비'로 지난해 782만원, 2014년 702만원을 썼다. 사업자가 업무용으로 차량을 구입하거나 임대하면 구입(임대) 비용부터 유류비, 수리비 등 유지 비용까지 모두 경비 처리해 세제 혜택을 받을 수 있다. 해당 차량은 2013년 11월 정강의 업무용 차량으로 등록됐다.

(2016년 7월 29일 언론보도)

8. 지급이자의 손금불산입

> 법인세법 제28조(지급이자의 손금불산입) ① 다음 각 호의 차입금의 이자는 내국법인의 각 사업연도의 소득금액을 계산할 때 손금에 산입하지 아니한다.
> 1. 대통령령으로 정하는 채권자가 불분명한 사채의 이자
> 2. 소득세법 제16조 제1항 제1호·제2호·제5호 및 제8호에 따른 채권·증권의 이자·할 인액 또는 차익 중 그 지급받은 자가 불분명한 것으로서 대통령령으로 정하는 것
> 3. 대통령령으로 정하는 건설자금에 충당한 차입금의 이자
> 4. 다음 각 목의 어느 하나에 해당하는 자산을 취득하거나 보유하고 있는 내국법인이 각 사업연도에 지급한 차입금의 이자 중 대통령령으로 정하는 바에 따라 계산한 금 액(차입금 중 해당 자산가액에 상당하는 금액의 이자를 한도로 한다)
>   가. 제27조 제1호에 해당하는 자산
>   나. 특수관계인에게 해당 법인의 업무와 관련 없이 지급한 가지급금 등으로서 대통 령령으로 정하는 것
> ②~④ (생략)

제1호의 '채권자가 불분명한 사채(私債)의 이자'를 손금불산입하는 이유는 무엇일까? 이자를 받아가는 채권자가 누군지를 알 수 없다면 그 자에게 세금을 물릴 길이 없으므로[5] 그 대신 이자를 지급하는 쪽에 손금불산입하겠다는 것이다. 이 경우 그 손금불산입액은 귀속자가 불분명한 사외유출액이므로 '대표자에 대한 상여'로 처분하여야 한다.

제2호도 같은 취지의 조문이다. 채권·증권의 이자·할인액 또는 환매조건부 매매차익 등은 그 실질이 금전소비대차에 따른 이자와 다를 바 없는 것이므로 그 지급받은 자가 불분명한 경우에는 마찬가지로 제재하는 것이다.

제3호의 건설자금이자를 손금불산입하는 것은 앞 장에서 이미 공부한 내용이다. 아직 수익을 낳고 있지 않으므로 일단 손금불산입하여 자산의 취득원가에 얹어두었다가 나중에 자산이 감가상각되거나 처분될 때 그 취득원가의 일부로 손금에 산입하자는 것이다.

제4호는 앞에서 살펴본 '업무와 직접 관련이 없는 자산' 또는 뒤에서 보게

---

5) 소득세법상 '비영업대금의 이익'에 대한 원천징수세율은 25%인데(앞의 제5장 참조), 사채 업자가 부유한 사람이라고 보면 이 정도로는 충분한 세금이라고 할 수 없다.

될 '업무와 관련 없이 지급한 가지급금'과 관련된 내용이다. 이런 자산을 취득하거나 가지급금을 지급하는 데 쓰인 돈이 차입금이라면 그 이자를 손금불산입하겠다는 것이다. 실제로는 차입금이 어디에 쓰였는지를 일일이 추적하기가 어렵기 때문에 관련 시행령은 차입금이자를 일정한 공식으로 쪼개어 손금불산입할 이자를 계산하도록 하고 있다.

 연습문제

[2006년 사법시험 수정]

법인의 각 사업연도의 소득금액 계산상 한도의 제한 없이 손금에 산입될 수 있는 항목은?

① 광고선전비   ② 접대비   ③ 기부금
④ 임원상여금   ⑤ 대손충당금

정답 ①

해설 ① 광고선전비에 대해서는 따로 한도액을 두고 있지 않다. ② 접대비에 대해서는 한도액의 제한이 있다. ③ 기부금은 전액 손금불산입되거나 또는 일정한 한도액의 범위 안에서만 손금에 산입된다. ④ 법인이 임원에게 지급하는 상여금 가운데 정관, 주주총회, 사원총회 또는 이사회의 결의에 의하여 결정된 급여지급기준을 넘는 금액을 손금불산입한다. ⑤ 대손충당금에 관해서도 손금산입한도액이 마련되어 있다.

제2절　익금불산입

Ⅰ. 개 관

> 법인세법 제15조(익금의 범위) ① 익금은 자본 또는 출자의 납입 및 이 법에서 규정하는 것은 제외하고 해당 법인의 순자산을 증가시키는 거래로 인하여 발생하는 이익 또는 수입(이하 "수익"이라 한다)의 금액으로 한다. (이하 생략)

이 조항은 앞에서 이미 살펴본 '익금'에 관한 정의이다. 순자산증가액은 원칙적으로 모두 익금이지만 그렇지 않은 항목도 있다는 것이다. 그런 예외 항목 중 "자본 또는 출자의 납입"을 익금불산입하는 것은 주주가 불입한 돈일 뿐이고 애초 소득일 수가 없기 때문이다. 앞의 제7장에서 본 바와 같다. "이 법에서 규정하는 것"은 주로 제15조에 뒤따르는 조문들(조문 제목에 '익금불산입'이라는 말이 들어있다), 곧 자본거래로 인한 수익(제17조), 평가이익 등(제18조), 수입배당금액(제18조의2), 지주회사 수입배당금액(제18조의3)의 익금불산입을 가리킨다.

이 가운데 뒤의 두 가지는 법인이 받는 수입배당금 중 일부를 익금불산입한다는 것으로, 법인－법인간 이중과세에 대한 조정장치이다. 이 내용은 앞의 제7장에서 공부한 바 있으므로 여기서는 생략하고, 아래에서는 앞의 두 조문만 간단히 살펴보기로 한다.

Ⅱ. 익금불산입의 구체적 내용

1. 자본거래로 인한 수익의 익금불산입

> 제17조(자본거래로 인한 수익의 익금불산입) ① 다음 각 호의 금액은 내국법인의 각 사업연도의 소득금액을 계산할 때 익금에 산입하지 아니한다.

| 1. 주식발행액면초과액 … | 2. 주식의 포괄적 교환차익 … | 3. 주식의 포괄적 이전차익 … |
| 4. 감자차익 … | 5. 합병차익 … | 6. 분할차익 … |

제1호의 주식발행액면초과액을 익금불산입하는 이유는 이것도 주주들이 낸 돈이라는 점에서 '자본(또는 출자)의 납입'과 다를 바 없기 때문이다. 앞의 제7장에서 이미 본 바와 같다. 나머지 내용들 역시 자본거래에서 생기는 순자산증가액들로, 근본적으로 법인소득이 주주 전체의 집합적 소득을 가리킨다는 관점에서 보면 과세대상으로 삼을 수 없는 항목들이다. 다만, 매우 복잡한 내용이므로 그 설명은 본격적인 세법 교과서에 맡기고 여기서는 생략하기로 한다.

2. 평가이익 등의 익금불산입

법인세법 제18조(평가이익 등의 익금불산입) 다음 각 호의 금액은 내국법인의 각 사업연도의 소득금액을 계산할 때 익금에 산입하지 아니한다.
1. 자산의 평가이익. 다만, 제42조 제1항 각 호에 따른 평가로 인하여 발생하는 평가이익은 제외한다.
2. 각 사업연도의 소득으로 이미 과세된 소득(이 법과 다른 법률에 따라 비과세되거나 면제되는 소득을 포함한다)
3. 제21조 제1호에 따라 손금에 산입하지 아니한 법인세 또는 법인지방소득세를 환급받았거나 환급받을 금액을 다른 세액에 충당한 금액
4. 국세 또는 지방세의 과오납금의 환급금에 대한 이자
5. 부가가치세의 매출세액
6. 무상으로 받은 자산의 가액…과 채무의 면제 또는 소멸로 인한 부채의 감소액 중 대통령령으로 정하는 이월결손금을 보전하는 데에 충당한 금액
7.~8. (생략)

제1호에서 '자산의 평가이익'을 익금불산입하는 것은 앞에서 공부한 '자산의 평가손실'을 손금불산입한다는 조문에 대응되는 것으로, 실현주의와 역사적 원가주의를 명시한 조문이다. 다만, 단서에 적혀 있듯이 몇 가지 예외가 있다. 첫째, 보험업법이나 그 밖의 법률에 따른 유형자산 및 무형자산의 평가이익은 세법에서도 익금에 산입한다. 둘째, 재고자산, 유가증권, 화폐성 외화자산과 부채 등 일정한 자산은 세법에서 그 평가방법을 정해두고 있고, 그런 평가방법의 적용에 따

른 평가이익은 익금에 산입한다.

제2호는 과거에 이미 과세된 바 있는 소득이라면 이를 또 다시 과세소득으로 삼을 수 없다는 당연한 이치를 적어둔 것으로(종전에는 이런 항목을 '이월익금'이라고 불렀으나 이해하기 어려운 용어였고, 지금은 삭제되었다), 다른 익금불산입항목들도 사실은 이에 해당하는 것들이 있다. 예를 들면, 바로 뒤의 제3호 '손금불산입된 법인세 등의 환급액'과 같은 것이 그렇다. 당초에 손금불산입되어 그 금액이 과세소득을 구성한 이상, 그것을 다시 환급받았다고 하여 이를 익금에 포함하게 되면 중복하여 과세하는 결과가 되므로 익금불산입하는 것이다.

제4호의 국세나 지방세의 과오납금의 환급금에 대한 이자는 잘못 낸 세금을 돌려주면서 여기에 붙여주는 이자를 말한다. 그런데 이것을 익금불산입하는 이유는 무엇일까? 세금을 늦게 내면 여기에 지연이자 상당의 가산세를 붙이는데, 이것도 다른 가산세와 마찬가지로 손금불산입된다. 이렇게 납세자가 세금에 덧붙여서 내는 이자가 손금불산입된다면 납세자가 세금에 덧붙여서 받는 이자도 익금불산입을 해주어야 균형에 맞을 것이다. 과오납 세금의 환급금에 대한 이자를 익금불산입하는 이유는 바로 여기에 있다.

제5호의 부가가치세 매출세액을 익금불산입하는 이유는 순자산증가액이 아니기 때문이다. 매출액에 덧붙여 10%의 부가가치세를 더 받아내더라도(자산의 증가) 어차피 정부에 납부할 부가가치세가 늘어나기 때문에(부채의 증가) 순자산이 증가되지 않는 것이다. 앞의 부가가치세 매입세액을 손금불산입하는 조문에서 설명한 바와 같다.

제6호의 자산수증이익이나 채무면제이익은 순자산증가액이므로 원래 익금에 해당하지만(앞의 제8장에서 공부한 내용이다), 이월결손금을 보전하는 데 쓰인 금액은 특별히 익금불산입한다는 것이다. 본래 세무상의 결손금은 향후 15년간의 소득에서 공제하는데, 이것을 가리켜 '이월결손금'의 공제라고 한다. 그렇다면 15년이 지난 이월결손금의 보전에 쓰인 자산수증이익 등도 익금불산입의 혜택을 받는가? 조문상 별다른 제한이 없으므로 15년이 지난 것이라도 상관없다고 해석할 수밖에 없다.

📖 **연습문제**

[2010년 사법시험]

법인세법상 익금산입 항목에 해당하는 것은?

① 국세의 과오납금에 대한 환급금이자
② 부가가치세의 매출세액
③ 채무면제익 중 법령이 정하는 이월결손금 보전에 충당된 금액
④ 법인세의 환급액
⑤ 손금에 산입된 금액 중 환입액

정답 ⑤

해설 ① ~ ④ 특별히 익금불산입항목으로 규정된 것들이다. ⑤ 손금불산입액의 환입액은 익금에 산입하지 않으나, 손금산입된 금액이 환입되면 이는 익금산입 항목이다.

제3절 부당행위계산의 부인

Ⅰ. 부당행위계산의 부인이란?

부당행위계산의 부인이 무엇인지는 앞의 제5장, 제6장에서 소득세와 관련하여 살펴본 바 있지만, 여기서는 법인소득의 계산이라는 차원에서 그 내용을 좀더 구체적으로 분석해보기로 한다. 먼저 다음 사례를 생각해보자.

기 본 사 례

저가양도

(주)고구려는 시가 10억 원(취득가액은 '0'원이라고 가정한다)인 토지를 이 회사의 유일한 주주인 홍길동에게 양도하였다. 다음 두 경우에 (주)고구려와 홍길동에게 세법상 어떤 효과가 생기는가?

> 1. 토지의 매매대금을 6억 원으로 정해서 현금 6억 원을 받는 경우(저가양도)
> 2. 토지의 매매대금을 10억 원으로 정해서 현금 10억 원을 받지만 아울러 현금 4억 원을 홍길동에게 배당금으로 지급하는 경우(시가양도와 배당의 결합)

위 두 가지 거래는 적어도 그 경제적 효과만을 놓고 보면 당사자들에게 미치는 영향이 동일하다는 점을 쉽게 알 수 있다. 회사로서는 토지가 없어지고 현금 6억 원이 생기는 반면 주주로서는 현금 6억 원이 없어지고 그 대신 토지를 손에 넣고 있는데, 이런 최종 결과는 두 거래 사이에 아무런 차이가 없기 때문이다.

그러나 두 거래의 세금효과에는 커다란 차이가 있을 수 있다. '1.'의 저가양도를 그대로 인정하면 회사의 소득(토지 양도차익)은 6억 원이 되고 주주에게는 배당소득이 전혀 잡히지 않는다. 그러나 '2'의 '시가양도와 배당의 결합'에서는 회사의 소득은 10억 원이 되고(배당금 4억 원은 손금이 아니다) 주주에게는 배당소득이 4억 원 잡힌다. 결국 저가양도라는 형식을 택하게 되면 시가거래에 비해 회사와 주주 양쪽을 다 생각할 때 소득을 4억 원 줄일 수 있게 되는 것이다.

이런 결과를 받아들일 수 있는가? 사법(私法)상의 법률형식을 얼마나 존중해야 하는가에 대해서는 여러 가지 생각이 있을 수 있지만, 현행 세법은 이 결과가 불공평하다고 보고 다음과 같은 대책을 마련해두고 있다.

> 법인세법 제52조(부당행위계산의 부인) ① 납세지 관할세무서장 또는 관할지방국세청장은 내국법인의 행위 또는 소득금액의 계산이 특수관계인과의 거래로 인하여 그 법인의 소득에 대한 조세의 부담을 부당하게 감소시킨 것으로 인정되는 경우에는 그 법인의 행위 또는 소득금액의 계산(이하 "부당행위계산"이라 한다)과 관계없이 그 법인의 각 사업연도의 소득금액을 계산한다.
> ② 제1항을 적용할 때에는 건전한 사회 통념 및 상거래 관행과 … 시가 … 을 기준으로 한다. (이하 생략)

모호하고 포괄적인 표현으로 구성되어 있지만, 이 조문의 핵심은 당사자들의 행위나 계산('부당행위계산')을 세법상 부인하여 소득을 늘려 잡는다는 데 있다. 앞의 사례를 가지고 이야기하면, 실제로는 토지를 6억 원에 팔았어도 마치

10억 원에 판 것처럼 보아 양도차익을 4억 원 늘려 잡는다는 것이다. 그런데 실제로 회사에 들어온 돈은 6억 원뿐이므로 '동일한 경제적 효과'를 가진 거래가 되려면 차액 4억 원은 도로 유출되었다고 보지 않을 수 없다. 쉽게 말해서, 회사가 사실은 4억 원을 더 벌었는데 그 돈이 더 이상 회사에 남아 있지 않고 외부로 유출되었다(사례의 경우에는 귀속자가 주주이므로 배당금으로 지급되었다)고 본다는 것이다. 따라서 시가와의 차액 4억 원을 익금산입하여 회사의 소득을 늘려 잡고, 아울러 같은 금액을 배당으로 처분하여 이익귀속자인 주주에게 배당소득으로 과세하게 된다. 이는 곧 '1.'의 저가양도를 '2.'의 '시가양도와 배당의 결합'으로 바꾸어 그에 따른 세금효과를 부여하는 것이라고 이해할 수 있다.

결국 '부당행위계산의 부인'의 핵심은 '거래의 재구성'이다. '부당행위계산', 곧 시가와 괴리된 당사자들 간의 거래를 '시가거래와 차액유출의 결합'으로 재구성하자는 것이다. 물론 거래의 사법(私法)상 효력을 부인하자는 것은 아니고 단지 과세소득을 계산할 때 그렇게 취급하자는 것뿐이지만, 그렇더라도 세법상 거래가 부인되어 세금이 늘어날 위험성이 있다면 당사자들로서는 거래형식의 선택에 제약을 받지 않을 수 없다. 그러므로 거래의 재구성에는 어떤 한계가 있어야 한다는 생각이 들게 마련이다. 아무리 세부담의 공평을 추구한다 하더라도 사적 자치의 존중, 그리고 납세자의 법적 안정성이라는 가치를 전적으로 외면할 수는 없기 때문이다.

앞의 조문이 부당행위계산의 부인에 여러 가지 제한을 두고 있는 이유도 아마 이런 고려 때문일 것이다. 조문을 잘 읽어보면 두 가지 요건을 추려낼 수 있는데, ① 특수관계인과의 거래로 인해 ② 조세부담의 부당한 감소가 일어나야 한다는 요건이 바로 그것이다. 이 내용은 뒤에서 좀 더 살펴본다.

그 전에 한 가지 짚고 넘어갈 문제는 이러한 부당행위계산의 부인이 앞의 국세기본법에서 공부한 바 있는 실질과세의 원칙과 어떤 관계에 있는가 하는 점이다. 앞의 사례와 같은 거래의 재구성은 혹시 법인세법에 부당행위계산 부인이라는 조문이 따로 마련되어 있지 않더라도 실질과세의 원칙에 따라 당연히 가능한 것이 아닐까? 국세기본법에서 이미 공부한 것처럼, 이 문제에 관해서는 학설상 논란이 계속되고 있으며 우리 대법원도 일관성 있는 견해를 내놓고 있다고 보기 어렵다. 여기서 만일 앞의 사례와 같은 거래의 재구성이 실질과세원칙만으로도 가능한 것이라는 입장을 취한다면 법인세법의 부당행위계산 부인은 단지 실질과세의 원칙의 예시 내지 구체화일 뿐이라고 이해할 수 있겠지만, 그렇다고 해서 이 조문이 무가치해지는 것은 아니다. 부당행위계산에 해당하는 경우에는 단지 실질과세의 원칙만을 원용하는 경우보다 사법상의 거래형식을 부인하기가 훨씬 쉬워지기 때문이다.

Ⅱ. 부인의 요건과 효과

1. 부인의 요건

앞에서 이야기한 것처럼, 이 조문이 적용되기 위해서는 ① 특수관계인과의 거래로 인해 ② 조세부담의 부당한 감소가 일어나야 한다. 하나하나 살펴보면, 첫째 '특수관계인'에 관해서는 법령에 그 범위를 자세하게 정해두고 있다.

법인세법 제2조(정의) 이 법에서 사용하는 용어의 뜻은 다음과 같다.
　12. "특수관계인"이란 법인과 경제적 연관관계 또는 경영지배관계 등 대통령령으로 정하는 관계에 있는 자를 말한다. 이 경우 본인도 그 특수관계인의 특수관계인으로 본다.

법인세법시행령 제2조(정의) ⑤ 법 제2조 제12호에서 "경제적 연관관계 또는 경영지배관계 등 대통령령으로 정하는 관계에 있는 자"란 다음 각 호의 어느 하나에 해당하는 관계에 있는 자를 말한다.
　1. 임원…의 임면권의 행사, 사업방침의 결정 등 해당 법인의 경영에 대해 사실상 영향력을 행사하고 있다고 인정되는 자…와 그 친족 …
　2. … 소액주주등이 아닌 주주 또는 출자자(이하 "비소액주주등"이라 한다)와 그 친족
　3. 다음 각 목의 어느 하나에 해당하는 자 및 이들과 생계를 함께하는 친족
　　가. 법인의 임원·직원 또는 비소액주주등의 직원(비소액주주등이 영리법인인 경우에는 그 임원을, 비영리법인인 경우에는 그 이사 및 설립자를 말한다)
　　나. 법인 또는 비소액주주등의 금전이나 그 밖의 자산에 의해 생계를 유지하는 자
　4. 해당 법인이 직접 또는 그와 제1호부터 제3호까지의 관계에 있는 자를 통해 어느 법인의 경영에 대해 「국세기본법 시행령」 제1조의2 제4항에 따른 지배적인 영향력을 행사하고 있는 경우 그 법인
　5.~7. (생략)

특수관계인의 범위는 다소 복잡한 편인데, 여기서는 주의할 사항 한두 가지만 보자. 첫째, 어느 한쪽 입장에서 보아 특수관계에 해당하면 양 당사자 어느 쪽에 대해서도 특수관계가 성립하는가? 그렇지 않다는 것이 종전의 대법원 판결이었지만('일방관계설'), 그 뒤에 지금의 위 법 제2조 제12호 제2문과 같은 내용의 글귀가 법령에 추가되어, 지금의 답은 그렇다는 것이다('쌍방관계설'). 특수관계인의 거래란 꼭 직접 거래한 경우에만 부인대상이 되는 것은 아니고, 가운데에 제3자를 끼워 넣은 경우에도 마찬가지로 부인대상이 된다.6)

둘째, 조세부담의 '부당'한 감소가 일어나야 한다. 즉 "부당행위계산이라 함은 납세자가 정상적 경제인의 합리적 거래형식에 의하지 않고 합리적 이유도 없이 우회행위, 다단계행위 기타 이상한 거래형식을 취함으로써 통상의 합리적인 거래형식을 취할 때 생기는 조세의 부담을 경감 내지 배제시키는 행위계산"을 말하며(대법원 1989. 4. 11. 선고 88누8630 판결), 이렇게 경제적 합리성이 없는 거래라면 조세회피의 의도가 없어도 부당행위가 성립한다는 것이 판례의 입장이다.

그러나 부당성의 판단은 쉽지 않은 문제이다. 앞에서 부당행위는 시가에 따른 거래로 재구성한다고 했지만, 여기에서 '시가'의 정확한 정의는 다음과 같다.

법인세법 제52조(부당행위계산의 부인) ① (생략)
② 제1항을 적용할 때에는 건전한 사회 통념 및 상거래 관행과 특수관계인이 아닌 자 간의 정상적인 거래에서 적용되거나 적용될 것으로 판단되는 가격(요율·이자율·임대료 및 교환 비율과 그 밖에 이에 준하는 것을 포함하며, 이하 "시가"라 한다)을 기준으로 한다. (이하 생략)

시가를 기준으로 삼아 그로부터 이탈된 거래라고 해서 모두 부당행위라고 볼 수는 없다. 시가대로 거래할 수 없는 특별한 사정이 있을 수 있기 때문이다. 위 조문 역시 시가뿐 아니라 "건전한 사회통념 및 상관행"을 들고 있는데, 역시 그 의미를 한정하기가 쉽지 않은 개념이다.

---

6) 법인세법시행령 제88조 제2항. 이를 긍정한 판결로는 대법원 1990. 11. 27. 선고 90누5504 판결; 2009. 4. 23. 선고 2006두19037 판결.

2. 부인의 효과

(1) 거래의 재구성

앞에서 설명한 것처럼, 부당행위계산의 부인이란 시가로부터 이탈된 거래를 놓고 이를 '시가거래와 차액의 유출'이라는 두 거래의 묶음으로 사실관계를 재구성하는 것이다. 앞의 사례를 가지고 설명하면, 토지를 6억 원에 양도하였더라도 이를 '토지를 10억 원에 양도하면서 4억 원을 양수인에게 지급한 거래'로 취급한다. 따라서 차액 4억 원을 익금산입함과 아울러 같은 금액을 특수관계의 내용에 따라 배당, 상여, 기타사외유출, 기타소득 등으로 소득처분한다. 이런 재구성은 과세소득 계산상 재구성일 뿐이고 거래당사자 사이의 민사법상 효력에 직접 영향을 주는 것이 아님은 앞에서 설명한 바와 같다.

(2) 부당행위계산의 부인에 따른 대응조정? [심화학습]

부당행위라는 이유로 법인의 소득을 늘려 잡는 경우 그에 맞추어 거래상대방의 과세소득을 줄여주어야 하는가? 앞의 사례를 조금 변형하여 (주)고구려가 시가 10억 원인 토지(취득가액은 '0'원이라고 가정한다)를 특수관계인인 (주)백제에 6억 원에 양도하였다고 해보자. (주)고구려에게는 차액 4억 원을 익금산입하여 소득을 늘려 잡게 되는데, 이 경우 거래상대방인 (주)백제에게는 어떤 일이 생기게 되는가? 현행법상으로는 아무런 일도 생기지 않는다. 즉 토지를 실제 매입대가 6억 원에 취득한 것으로 그대로 인정한다는 것인데, 여기서 차액 4억 원이 양쪽에서 과세되는 결과가 생긴다. 가령 나중에 (주)백제가 이 토지를 타인에게 15억 원에 팔았다면 (주)백제의 토지 양도차익은 9억 원이 되므로 (주)고구려의 양도차익 10억 원과 합치면 총 19억 원의 양도차익이 과세되는 것이다.

이런 결과를 막으려면 (주)고구려의 양도가액을 10억 원으로 늘려 잡는 것에 대응하여 (주)백제의 취득가액도 10억 원으로 늘려 주어야 하는데, 이것을 '대응조정'이라고 한다. 이렇게 되면 (주)백제에게는 나중에 토지 양도차익이 5억 원밖에 잡히지 않으므로 (주)고구려의 양도차익 10억 원과 합치면 총 15억 원의 양도차익이 과세된다. 그러나 현행법에는 이런 대응조정에 관한 일반적인 명문규정이 없어(다만 국제거래에 관해서는 법인세법 제53조가 마련되어 있다) 대응조정 가부에 관해 논란이 있다.

Ⅲ. 부당행위의 주요한 유형들

법인세법시행령 제88조(부당행위계산의 유형 등) ① 법 제52조 제1항에서 "조세의 부담을 부당하게 감소시킨 것으로 인정되는 경우"란 다음 각 호의 어느 하나에 해당하는 경우를 말한다.
1. 자산을 시가보다 높은 가액으로 매입 또는 현물출자받았거나 그 자산을 과대상각한 경우
2. 무수익 자산을 매입 또는 현물출자받았거나 그 자산에 대한 비용을 부담한 경우
3. 자산을 무상 또는 시가보다 낮은 가액으로 양도 또는 현물출자한 경우 (단서 생략)
3의2.~5. (생략)
6. 금전, 그 밖의 자산 또는 용역을 무상 또는 시가보다 낮은 이율·요율이나 임대료로 대부하거나 제공한 경우 (단서 및 각 목 생략)
7. 금전, 그 밖의 자산 또는 용역을 시가보다 높은 이율·요율이나 임차료로 차용하거나 제공받은 경우
7의2.~8의2. (생략)
9. 그 밖에 제1호부터 제3호까지, 제3호의2, 제4호부터 제7호까지, 제7호의2, 제8호 및 제8호의2에 준하는 행위 또는 계산 및 그 외에 법인의 이익을 분여하였다고 인정되는 경우

위 조문은 부당행위계산의 유형을 나열하고 있는데, 이것이 어떤 뜻을 갖는지에 관해서는 다툼이 있다. 종래 대법원의 주류적인 판결은 부당행위계산의 부인이라는 조문을 창설적 규정으로 이해하여 특별히 위 시행령에 열거된 경우에만 한정적으로 적용해야 한다는 쪽이었고, 따라서 제9호를 적용하는 데 매우 소극적이었다. 그러나 최근에는 위 시행령 규정을 예시적인 것으로 보아 제9호를 적용한 판결이 점차 늘어나는 추세이다.

위의 유형 중 제3호의 "자산을 … 시가보다 낮은 가액으로 양도 … 한 경우"는 앞에서 이미 보았고, 여기서는 제1호와 제6호의 내용만을 추가로 살펴보기로 한다. 우선, 제1호 가운데 "자산을 시가보다 높은 가액으로 매입 … 한 경우"에는 어떻게 처리하여야 할까? 예를 들어, 회사가 주주에게서 시가 10억 원인 건물을 15억 원에 매입했다고 해보자. 시가 10억 원인 건물의 취득가액을 15억 원으로 잡게 되는데, 그렇다고 해서 당장 소득이 부당히 감소되는 것은 없다. 그러나 거

래상대방은 지금 당장 이익을 받아갔기 때문에 이를 반영하자면 당장 거래를 재구성해야 한다. 즉 건물을 시가 10억 원에 매입함과 아울러 추가로 주주에게 5억 원의 배당을 지급한 것으로 거래를 재구성하여야 한다는 것이다. 따라서 당장은 건물의 장부가액을 5억 원 깎아둠과 아울러 같은 금액을 배당으로 처분하여 주주에게 소득세를 물리고, 나중에 회사가 15억 원을 기준으로 건물을 감가상각하거나 처분이익을 산정하게 되면 그 때 총 5억 원만큼 과세소득을 늘려 잡게 된다.

제6호 가운데 "금전 … 을 무상 또는 시가보다 낮은 이율 … 로 대부 … 한 경우"에는 어떻게 될까? 예를 들어, 회사가 주주에게 업무와 관련 없이 1억 원을 대여했다고 해보자. 이렇게 업무와 관련 없는 자금의 대여액을 세법에서는 '가지급금'이라고 한다('가지급금'이라는 말은 원래 아직 계정과목이 정해지지 않은 임시의 지출액을 모아 두는 계정을 가리키는 회계용어인데, 세법에서는 이런 뜻과는 전혀 상관없이 '자금대여액'을 가리키는 말로 쓰고 있다). 이에 대해서는 가중평균차입이자율(또는 당좌대출이자율)로 쳐서 이자를 받아야 한다는 것이 시행령의 입장이다. 그 이자율이 연 10%라고 가정하면 1억 원을 꾸어준 경우에는 연 1천만원 이상의 이자를 받아야 정상적인 행위로 본다는 것이다. 그럼에도 불구하고 회사가 주주에게 1억 원을 무상으로 대여했다면, 1천만원의 이자(이것을 실무에서 흔히 '가지급금 인정이자'라고 한다)를 받음과 아울러 같은 금액을 배당으로 지급한 것으로 재구성한다. 따라서 1천만원을 익금산입하고 배당으로 처분하여 주주에게 배당에 대한 소득세를 물리게 되는 것이다.

[심화학습] 태평양 돌핀스, 현대 유니콘스를 기억하십니까? – 대법원 2003.
6. 13. 선고 2001두9394 판결

제9호의 적용이 문제된 대법원 판결 중 야구팬이라면 좀 더 흥미가 느껴질 만한 것이 하나 있다. 혹시 넥센 히어로즈의 팬인가? 물론 아니라도 상관없다. 이 팀의 역사는 영화로도 그 이야기가 나온 '전설의 꼴찌' 팀 삼미 슈퍼스타즈로부터 시작한다. '5공 비리'와 관련이 있지 않나 의혹도 있었던 기업인 청보가 이를 인수하여 청보 핀

토스로 이름을 바꾸고 야구 해설로 유명한 허구연을 감독으로 앉히는 에피소드도 있었지만, 그 이후 태평양그룹이 구단을 인수하여 태평양 돌핀스라는 이름으로 1994년 한국시리즈에 진출하는 등 구단을 비교적 안정적으로 운영하였다. 하지만 '프로야구 판'에 처음부터 뛰어들지 못한 것을 못내 후회하던 당시 현대그룹에 결국 구단이 넘어가게 되고 팀의 이름은 현대 유니콘스로 바뀌어 그 이후 수 차례 우승하는 등 전성기를 맞게 된다.

현대그룹이 태평양그룹으로부터 야구단을 인수하기 위해 물밑 작업을 벌인 것은 대체로 1995년경의 일이었다. 당시에 이 구단은 주식회사 형태를 취하고 있었고 야구단 인수에 적극적이었던 현대그룹은 결국 주당 37만 5천 원(총액 450억 원)이라는 상당한 가격에 이 주식들을 인수하게 되는데, 야구단 주식을 보유했던 태평양그룹의 모기업 주식회사 태평양은 그 전에 이 주식들 중 상당수를 계열회사들에게 액면가인 주당 5천 원에 양도하였다.

그 결과는 무엇인가? 이러한 주식양수도가 없었다면 주식회사 태평양이 얻었을 막대한 주식 양도차익이 태평양그룹의 다른 계열회사들에게 돌아갔다는 것이다. 곧 주식회사 태평양은 그만큼 작은 이익만을 얻었고 그에 따라 조세부담도 감소하였다. 이것이 과세관청이 주식회사 태평양에게 세금을 부과하면서 내세운 논리였다. 혹시 저가양도 아닐까? 하급심 판결은 그렇게 판단하였지만 대법원은 이를 부정하였다. 야구단 주식을 한꺼번에 넘길 때의 가격은, 주식을 쪼개어 각 계열회사들에게 넘기는 거래에서의 '시가'로 볼 수 없다는 것이었다.

그렇다면 제9호의 '기타 이익분여'에 해당하는 것일까? 대법원은 이를 긍정하여 과세처분이 적법하다고 보았다. 그리고 그 근거로서 계열회사들에 주식을 넘기는 시점에 이미 상당히 높은 가격에 주식이 현대그룹에 양도될 것을 예견할 수 있었다는 점을 들었다. 대법원 판결의 표현을 빌리자면, "저가양도에 해당하지 아니하는 경우에도 자산의 양도를 수반하는 일련의 행위로 보아 당해 자산을 특수관계자에게 이전할 당시에 그로 인한 장래의 기대이익이 어느 정도 확정되어 있었다고 인정될 수 있는 경우에는 그 일련의 행위를 제9호 소정의 이익분여행위에 해당한다고 할 수 있"다는 것이다.

혹시 부당행위계산부인에 관한 대법원 판례 경향에 관심이 있는 사람은 이 판결을 현대그룹이 관련된 또 다른 법인세 사건으로서 한때 세상을 떠들썩하게 했던 대법원 1996. 5. 10. 선고 95누5301 판결과 비교해보아도 좋다. 이 95누5301 판결에서는 반대로 저가양도에 해당하지 않는 주식거래가 기타 이익분여에 해당함을 부정하였는데, 그 근거로 "이 사건 주식 양도 당시는 위와 같은 거래행위로 인하여 받게 될 장래의 기대이익이 불확실하거나 미확정적이었다"는 점을 들었다. 지금까지 살펴본 두 판결은 거래 당시 장래의 기대이익이 얼마나 확실한지에 따라 제9호의 적용 여부를 달리했다는 점에서 일관되지만, 두 사건의 사실관계를 자세히 들여다보면 꼭 그렇지도 않다. 여기서 자세히 쓰지는 않지만 사실 어느 편인가 하면 위 95누5301 판결의 쪽이 거래 당시 장래의 기대이익이 훨씬 더 명확하게 확정되어 있었다고 볼 여지가 있기 때문이다.

그나저나 현대 유니콘스는 어떻게 되었는가? 야구팬이라면 잘 아는 것처럼 과감한 투자와 합리적인 운영으로 1990년대 후반과 2000년대 초반 전성기를 누리다가 현대그룹의 사세가 기울고 월드컵 열풍 등으로 프로야구의 인기가 점진적으로 하락하면서 순식간에 애물단지로 전락하고 말았다. 원래는 현대전자였다가 현대그룹으로부터 이탈한 회사인 하이닉스반도체가 보유하던 이 유서 깊은 야구단 주식은 결국 2007년에 가서 하이닉스반도체가 아무 대가 없이 이를 포기하는 데에 이른다. 하지만 세상은 돌고 도는 법. 우여곡절 끝에 덜 알려진 어느 투자회사가 만든 히어로즈라는 이름의 새로운 구단을 통하여 명맥을 이어가게 된 이 유서 깊은 팀은 2008년 베이징 올림픽 금메달 이후로 다시 야구 붐이 일어난 후로 성공적으로 운영되어 현재에 이르고 있다.

Tax In News

🎙 회사의 이름과 사용료

정기 세무조사를 받고 있는 A사는 과세당국으로부터 적지 않은 규모의 법인세를 추징당할 위기에 놓여 있다. 이유는 브랜드 상표권 소유자인 A사가 비상표권자인 계열사 B·C 등 다른 회사로부터 브랜드 사용료를 받지 않았기 때문이다. 한마디로 A사가 수익(브랜드 사용료)을 누락시킴으로써 매출을 줄여 세금을 덜 냈기 때문이다. 과세당국이 이에 대해 문제제기를 하고 있고 이에 따라 법인세 추징이 예상되는 상태다. 28일 재계 등 관련업계에 따르면 국세청·공정거래위원회 등이 최근 기업 조사를 강화하는 가운데 계열회사 간 브랜드 무상 사용시 이를 부당행위로 볼 수 있는지 여부를 집중적으로 살펴보고 있다. 현행법에 따르면 브랜드 상표권자가 비상표권자인 계열사에 무상으로 브랜드를 사용하게 할 경우 부당행위로 볼 수 있어 과세 및 경쟁당국의 조사강화 여부에 따라 과세폭탄으로 연결될 수 있다. 재계의 한 관계자는 "지주회사가 아닌 일반기업들의 경우 브랜드를 계열회사들 간에 무상으로 사용하는 경우가 태반"이라며 "최근 과세 및 경쟁당국에서 이를 눈여겨보면서 기업들이 전전긍긍하고 있다"고 말했다.

현행 공정거래법에서는 무형자산(브랜드)에 대해 무상사용 등 유리한 조건으로 계열사의 이익을 높이는 것을 '부당 지원행위'로 간주한다. 법인세법 역시 이같은 행위로 세 부담을 줄이는 경우 '부당행위'로 보고 법인세를 추징할 수 있도록 했다. 브랜드 무상사용에 따른 과세 및 경쟁당국의 제재 사례가 없는 것은 아니다. 실제로 국세청은 지난 2010년 금호석유화학이 '금호'의 공동 상표권자로 등록돼 있으면서도 계열사로부터 브랜드 사용료를 받지 않아 매출을 누락시켰다며 법인세 80억원을 추징한 바 있다. 한편 LG·SK·두산 등 국내 주요 지주회사들은 브랜드 사용권자인 지주회사가 계열회사로부터 브랜드 사용료를 받고 있다. 지주회사가 아닌 일반기업들 가운데서는 삼성·포스코 등이 브랜드 사용료를 걷어들이고 있다. 삼성그룹의 경우 현재 20개사 브랜드 공동 상표권자로 돼 있다. 그 외 기업들은 '삼성' 브랜드 사용에 따른 대가를 지불하고 있다.

(2013년 7월 28일 언론보도)

Ⅳ. 자본거래를 통한 주주 간 부당행위

기 본 사 례
신주의 저가발행

어떤 회사의 발행주식 10주(1주당 가치는 20원)를 구주주 1인이 모두 보유하고 있는 상황에서 제3자에게 신주 10주를 발행해주면서 발행가액을 10원으로 정하였다면, 구주주와 신주주에게는 각각 얼마의 이득과 손실이 생기는가?

우선 신주발행 후 1주당 가치는 얼마가 될지를 먼저 따져보아야 한다. 이 회사는 신주발행 전에 200원(20원×10주)짜리 회사였는데, 신주발행으로 100원(10원×10주)이 들어오므로 이제 300원짜리 회사가 될 것이다. 그런데 주식수도 늘어나서 이제 20주가 되므로 1주당 가치는 15원(300원÷20주)이 될 것이다.

그렇다면 구주주의 입장에서는 가만히 있었는데 1주당 20원이던 주식의 가치가 15원으로 하락하므로(이것을 '희석화'라고 한다), 총 50원(5원×10주)의 손해를 입게 된다. 신주주는 100원을 내고 150원(15원×10주)어치의 신주를 받게 되어 50원의 이득을 보게 되는데, 이는 구주주의 손해와 정확히 같은 금액이다. 결국 이 거래로 인해 구주주에게서 신주주에게로 50원의 부가 이전됨을 알 수 있다.

본래 증자·감자·합병 등의 자본거래에서 주식의 발행가액·감자대가·합병대가 등이 주식의 시가와 다르게 책정되면, 주주들의 지분율이 그대로 유지되지 않는 한, 주주들 사이에서 부의 이전이 일어난다. 위의 사례는 신주의 저가발행(그중에서도 가장 단순한 형태)이지만 신주의 고가발행에서도 주주 간 부의 무상이전이 생길 수 있고, 그 밖에 감자, 합병, 분할, 주식의 포괄적 교환·이전 등 거의 모든 자본거래가 주주 간 부의 무상이전의 수단으로 활용될 수 있다.

우리나라에서는 그동안 이런 형태의 부의 무상이전이 재벌들의 변칙상속에 이용되면서 특별한 문제로 대두되어왔다. 예를 들어, 위의 거래에서 구주주가 알고 보니 그룹의 창업주인 아버지이고 신주주가 그 아들이라면, 이 거래는 부자간에 이루어지는 사실상의 상속이나 증여와 다름없다. 그럼에도 불구하고 과거의 법령이나 실무에서는 여기에 상속세나 증여세를 물리기가 어려웠기 때문에 재벌들이 그 맹점을 이용하기 위해 복잡한 자본거래기법을 동원했던 것이다.

그리하여 이 문제에 대한 대책으로 여기에 증여세를 물린다는 '상속세 및 증여세법'의 조문을 만들었지만, 이것으로 충분한 것은 아니었다. 우리나라에서는 증여가 있을 경우에 수증자가 개인이면 증여세를 물지만, 수증자가 법인이면 앞에서 보았듯이 자산수증이익으로서 법인세를 물기 때문에 따로 증여세를 물리지 않는 방식을 택하고 있다. 그런데 위 사례에서 신주주가 아들이라면 증여세를 물리겠지만, 만일 신주주가 아들이 아니라 아들이 지배주주로 있는 회사라면 과연 그 이익을 자산수증이익으로 보아 회사에 법인세를 물릴 수 있는가? 구주주와 신주주 사이에 직접 증여가 이루어진 바 없으므로 이를 자산수증이익으로 인정하기는 어려웠고, 따라서 법인을 내세워 거래하는 경우에는 과세할 수 없다는 결과가 초래되었던 것이다. 아래의 조문은 바로 이런 과세의 공백을 막기 위해 마련된 것이다.

법인세법시행령 제11조(수익의 범위) 법 제15조 제1항에 따른 이익 또는 수입(이하 "수익"이라 한다)은 법 및 이 영에서 달리 정하는 것을 제외하고는 다음 각 호의 것을 포함한다.

1.~7. (생략)

8. 제88조 제1항 제8호 각 목의 어느 하나 및 같은 항 제8호의2에 따른 자본거래로 인하여 특수관계인으로부터 분여받은 이익

법인세법시행령 제88조(부당행위계산의 유형 등) ① 법 제52조 제1항에서 "조세의 부담을 부당하게 감소시킨 것으로 인정되는 경우"란 다음 각 호의 어느 하나에 해당하는 경우를 말한다.

1.~7의2. (생략)

8. 다음 각 목의 어느 하나에 해당하는 자본거래로 인하여 주주등(소액주주등은 제외한다. 이하 이 조에서 같다)인 법인이 특수관계인인 다른 주주등에게 이익을 분여한 경우
   가. 특수관계인인 법인간의 합병(분할합병을 포함한다)에 있어서 주식등을 시가보다 높거나 낮게 평가하여 불공정한 비율로 합병한 경우 (단서 생략)
   나. 법인의 자본(출자액을 포함한다)을 증가시키는 거래에 있어서 신주(…)를 배정·인수받을 수 있는 권리의 전부 또는 일부를 포기(…)하거나 신주를 시가보다 높은 가액으로 인수하는 경우
   다. 법인의 감자에 있어서 주주등의 소유주식등의 비율에 의하지 아니하고 일부 주주등의 주식등을 소각하는 경우

8의2. 제8호 외의 경우로서 증자·감자, 합병(분할합병을 포함한다)·분할, '상속세 및 증여세법' 제40조 제1항에 따른 전환사채등에 의한 주식의 전환·인수·교환 등 자본거래를 통하여 법인의 이익을 분여하였다고 인정되는 경우. (단서 생략)

9. (생략)

앞의 사례를 가지고 설명하면, 시행령 제88조 제1항 제8호와 제8호의2는 이익을 준 구주주(법인)에게 부당행위계산의 부인을 적용하여 50원을 익금에 산입한다는 것이고, 시행령 제11조 제8호는 신주주(법인)에게 같은 50원을 익금산입하여 법인세를 물린다는 것이다. 앞의 '상속세 및 증여세법' 조문도 마찬가지이지만, 여기서 인용한 법인세법시행령 조문들도 좀 더 들여다보면 모두 특수관계 여부나 이전되는 부의 크기 등 여러 가지를 따져서 과세에서 제외하거나 완화하는 규정들을 두고 있다. 따라서 앞의 사례에서처럼 이전되는 부가 전액, 그리고 항상 과세대상이 되는 것은 아니고, 과세에서 제외되거나 과세되는 액수가 줄어드

는 경우가 많다.

 연습문제

(문 1, 문 2) 다음 사례를 읽고 답하시오.

> A는 01 사업연도에 대한 법인세를 신고납부하였는데, 세무조사 결과 A는 신고
> 한 내용 중 매출액의 일부가 누락되었고 특수관계인인 B로부터 토지를 매입한
> 가액이 시가보다 높다는 사실이 밝혀졌다.

(문 1)   내국법인 A의 매출누락과 관련하여 다음 중 가장 틀린 것은?

① 누락된 매출액을 익금에 산입하여 법인세를 경정해야 한다.
② 익금에 산입한 금액이 개인주주에게 귀속된 것으로 밝혀진 경우 배당으로 소득
  처분한다.
③ 개인주주에게 배당으로 소득처분 되면 내국법인 A는 원천징수의무가 있다.
④ 익금에 산입한 금액이 사외로 유출된 것이 분명하나 누구에게 귀속되었는지 불
  분명한 경우에는 소득처분을 할 수 없다.

정답 ④

해설 익금에 산입한 금액이 사외로 유출된 것이 분명하나 누구에게 귀속되었는지 불분명한
  경우에는 대표자에 대한 상여로 소득처분한다.

(문 2)   내국법인 A와 특수관계인인 B와의 거래가 사법상 유효한 경우 과세관청이
       해당 거래를 과세목적상 부인할 수 있는 근거로 가장 적당한 것은?

① 부당행위계산 부인   ② 준비금의 손금계상
③ 기부금   ④ 결손금소급공제

정답 ①

[2009년 사법시험]

법인세법상 부당행위계산부인에 관한 설명 중 옳지 않은 것은? (학설상 다툼이 있는

경우 판례에 의함)

① 건전한 사회통념 및 상관행과 특수관계인이 아닌 자간의 정상적인 거래에서 적용되거나 적용될 것으로 판단되는 가격을 기준으로 한다.
② 공평과세를 구현함을 목적으로 한다.
③ 당해 법인과 특수관계에 해당하는지 여부는 원칙적으로 행위 당시를 기준으로 판단한다.
④ 자산을 시가보다 낮은 가액으로 양수한 경우 적용대상에 해당하지 아니한다.
⑤ 조세부담을 회피하거나 경감시킬 의도가 있는 경우에만 적용한다.

정답 ⑤

[2012년 사법시험]

내국법인 갑의 대주주인 국내거주자 을은 갑에게 자신이 소유하고 있는 건물을 시가보다 높게 양도하였다. 과세관청은 갑에게 이 거래에 대해 법인세법상 부당행위계산부인 규정을 적용하려고 한다. 갑의 주장 중 법인세법상 받아들여질 수 있는 것은?

① 시가와 거래가액의 차액이 시가의 100분의 10에 상당하는 금액에 불과하다.
② 을이 대주주라 하더라도 발행주식 총수의 100분의 50 미만의 주식을 보유하고 있으므로 법인세법상 갑과 특수관계가 없다.
③ 자산을 고가에 매입하는 행위는 법인세법상 부당행위계산부인 대상이 아니다.
④ 갑과 을이 실제로 그러한 가격에 거래할 진정한 의사를 가지고 거래한 이상 법인세법에 의하여 이를 부인할 수 없다.
⑤ 시가와 거래가액의 차액이 2억 원에 불과하고 시가의 100분의 2에 상당하는 금액에 불과하다.

정답 ⑤

해설 ①, ⑤ 저가양도, 고가매입 등 일정한 경우에는 시가와 거래가액의 차액이 3억원 이상이거나 시가의 100분의 5에 상당하는 금액 이상인 경우에 한하여 부당행위계산 부인규정을 적용한다(법인세법시행령 제88조 제3항). ② 법인의 주주는 소액주주가 아닌 한 당해 법인의 특수관계인에 해당하며, 반드시 50% 이상의 주식을 가지고 있을 필요는 없다. ③ 자산의 고가매입의 경우에도 특수관계인에게 이익이 분여되므로 부당행위계산에 해당한다. ④ 민사법상 유효한 행위라 하더라도 세법상 부인대상이 될 수 있다.

[2016년 사법시험 수정]

내국법인 A는 특수관계에 있는 내국법인 B에게 재고자산으로 보유하고 있는 컴퓨터 3대를 8억 원(법령상 시가는 10억 원임)에 판매하였고(이하 '이 사건 판매'), 이 거래에 대해 별도의 세무조정 없이 법인세를 신고하였다. 이에 관한 설명 중 옳은 것을 모두 고른 것은? (다툼이 있는 경우 판례에 의함)

> ㄱ. B법인이 A법인의 주주라면 특수관계인의 범위에 포함되며, 주식소유비율이 낮다고 하더라도 마찬가지이다.
> ㄴ. 이 사건 판매에서 이루어진 가격인 8억 원과 그 시가인 10억 원과의 차액이 3억 원 미만이지만 이 사건 판매는 부당행위계산 부인규정의 적용대상이다.
> ㄷ. 이 사건 판매에 부당행위계산 부인규정이 적용되는 경우 B사의 위 컴퓨터의 세무상 취득가액은 8억 원이 아니라 그 시가인 10억 원이 된다.
> ㄹ. 시가란 건전한 사회통념 및 상거래 관행과 특수관계인이 아닌 자간의 정상적인 거래에서 적용되거나 적용될 것으로 판단되는 가격을 의미한다.

① ㄱ, ㄴ   ② ㄱ, ㄷ   ③ ㄱ, ㄹ
④ ㄴ, ㄷ   ⑤ ㄴ, ㄹ

정답 ⑤

해설 소액주주(주식소유비율 1% 미만)는 특수관계인의 범위에서 제외된다. 그리고 시가와 거래가액의 차액이 3억원 미만이더라도 시가의 100분의 5 이상인 경우에는 부당행위계산의 부인을 면할 수 없다. 한편 현행 실무는 부당행위계산 부인에 따른 대응조정을 인정하지 않으므로 A법인의 양도가액을 10억 원으로 고쳐 잡더라도 B법인의 취득가액을 10억 원으로 올려주지 않는다.

[2014년 제3회 변호사시험 제2문 2.]

[사실관계]

내국법인인 A주식회사(이하 "A사"라 한다)는 2001. 4. 1. 산업용 전자기기의 판매업을 영위하기 위하여 설립되었고, 설립 이후 현재까지 甲이 발행주식 60%를 소유하는 대표이사로서 A사를 실질적으로 경영하여 왔다. 내국법인인 B주식회사(이하 "B사"라 한다)는 2003. 1. 2. 의료기기 제조와 판매업을 영위하기 위하여 설립되었고, 설립 이후 현재까지 甲의 배우자인 乙이 발행주식의 51%를 소유하는 대표이사로서 B사를 실질적으로 경영하여 왔다. A사와 B사의 사업연도는 매년 1월 1일부터 12월 31일까지이다.

A사는 2006. 12. 15.과 2007. 1. 15. B사에게 초정밀 특수영상처리장치(이하 "본건 장치"라 한다)를 각각 1대씩 1대당 6억 원에 판매하였다. 이와 별도로 A사는 같은 시기에 법인세법상 특수관계인이 아닌 다수의 업체들에 12대의 본건 장치를 1대당 10억 원에 판매하였다. 이와 관련하여 A사는 2006 사업연도와 2007 사업연도 법인세 신고를 할 때 위와 같이 판매한 금액으로 별도의 세무조정 없이 각 사업연도 법인세를 모두 법정기한 내에 신고납부하였다.

그 후 A사의 관할 세무서장은 A사가 B사에 본건 장치를 판매한 금액이 부당하다고 보아 2012. 5. 1. A사에 대하여 2006 사업연도와 2007 사업연도의 법인세를 증액경정하는 각 처분을 하였다(이하 "이 사건 각 처분"이라 한다).

법인세법 제52조에 따른 이 사건 각 처분의 적법 여부를 논하시오.

정답과 해설 A−B사의 거래가 법인세법 제52조의 부당행위계산에 해당하는가, 이것이 핵심 쟁점이다. 이 거래는 ① 특수관계인과의 사이에 이루어진 것이고(법인세법시행령 제2조 제4호 참조), ② A사의 조세부담을 감소시키는 저가양도에 해당하는 거래로서(법인세법시행령 제88조 제1항 제3호) 경제적 합리성을 인정할만한 특별한 사정이 발견되지 않으므로 부당행위계산에 해당한다(저가양도 등 일정한 경우에는 법인세법시행령 제88조 제3항에서 시가와의 차액이 3억 원 이상이거나 시가의 5% 이상인 경우에만 부당행위계산으로 인정한다는 특칙이 있지만, 사안은 여기에 넉넉하게 해당한다). 따라서 세무서장의 처분은 (아래의 참고사항을 무시하고 이야기한다면) 적법한 처분이다.

[참고] 부당행위계산에 해당하는지 여부를 따지기에 앞서, 사실은 국세의 부과제척기간(국세기본법 제26조의2)이 만료된 것이 아닌지를 먼저 검토해야 한다. 실제 출제된 문제에서도 이 점을 먼저 물었고, 이 쟁점에 관해서는 앞의 제2장 가운데 부과제척기간 부분에서 이미 다루었으니 그 내용을 참고 바란다.

PART

04

부가가치세

부가가치세제의 구조를 이해하려면 앞의 두 편에 걸쳐 배운 소득과세와 견주면서 따져 보는 것이 첩경이다. 이하 논의는 세 개의 장으로 나누어, 제11장에서는 부가가치세제란 누구에게 무엇을 과세하는 것인가라는 기본 틀을 공부하고, 제12장에서는 일반적인 부가가치세 납세의무자의 경우 납부할 세액을 구하는 방법을 공부한다. 제13장에서는 부가가치세법상 특별한 지위를 차지하는 면세와 간이과세, 그리고 국제거래 내지 수출입에 대한 과세를 다룬다.

CHAPTER 11

부가가치세의 틀: 기본 구조 및 요소

오늘날 부가가치세(Value Added Tax: VAT)는 미국을 제외한 모든 선진국에 다 있고, 개발도상국에도 거의 다 있다. 해당 법의 이름을 보면 유럽에서는 영국의 'Value Added Tax'처럼 대개 '부가가치세'라 옮길 수 있는 이름을 쓴다. 중국의 '증치세(增値稅: 늘어나는 가치에 대한 세금)'도 같은 뜻이다. 한편 일본에서는 '소비세'라 부르고, 호주에서는 모든 재화와 용역에 다 세금을 매긴다는 뜻에서 'Goods and Services Tax(GST)'라고 부른다.

우리나라의 소득과세는 납세의무자를 크게 개인과 법인으로 나누어 소득세법과 법인세법을 따로 두고 있지만, 부가가치세법에서는 개인과 법인의 구별 없이 모든 납세의무자에게 같은 법을 적용한다. 소득세법과 법인세법에서는 소득 개념이 소득원천설과 순자산증가설로 서로 다른 데 비해, 부가가치세법에서는 개인이든 법인이든 조세채무를 결정하는 방법에 차이가 없기 때문이다. 소득과세와 부가가치세의 또 다른 차이는 세율체계이다. 소득세는 누진세이고 법인세는 복수의 세율이지만 부가가치세는 단일세율(10%)이다.

제1절 부가가치세란 무엇인가?

Ⅰ. 재화나 용역 일반에 대해 내는 세금이다

'부가가치세란 무엇인가?'란 물음에 대한 압축적인 답은 '다단계 일반소비세' 라는 것이다. 이 가운데 소비세 부분은 잠시 뒤에 설명하기로 하고, 우선 소비세 라는 말 앞에 '일반'을 붙인 것은 모든 재화와 용역에 대하여 과세한다는 뜻이다. 이에 대비되는 세제, 곧 특정 재화나 용역에만 세금을 매기는 개별소비세(excise tax)도 생각할 수 있다. 실제로 그런 법으로 사치성 재화 등을 과세하는 '개별'소 비세법(예전 이름은 '특별'소비세였다)이 있다. 일반소비세로서 부가가치세는 모든 재화와 용역에 대하여 과세하므로, 어떤 것을 소비할 것인가라는 의사결정에 세 금이 아무런 영향을 끼치지 않는다는 뜻에서 '조세중립성'을 유지한다고 말할 수 있다. 다만 일반소비세라고 하지만 이것은 이념형으로서의 부가가치세제를 말한 것이고, 우리 부가가치세법을 비롯한 실정법에서 이 이념을 반드시 관철하지는 않는다. 제13장에서 보겠지만 법으로 정한 일정한 재화나 용역은 면세한다. 면세 대상 중 일부는 재화나 용역의 성질상 불가피한 것이고, 일부는 정책적 이유로 조세중립성을 일부러 깨뜨리면서 면세하고 있는 것이다.

[도해 사례] 부가가치세의 원리

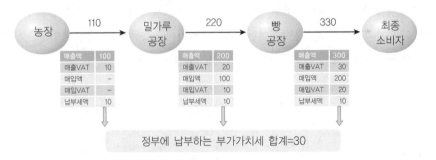

Ⅱ. 단계별 부가가치마다 각각 세금을 걷는다

다음으로 한결 중요한 부가가치세의 특성은 '다단계'로 나누어 단계별 부가가치마다 세금을 걷는다는 것이다. 앞의 도해 사례를 보면, 농장 사업자는 밀을 100원에 팔 때 세금 10원을 더 받아 두었다가(이것을 '거래징수'라 한다) 국가에 납부해야 한다. 다음 단계의 밀가루공장 사업자는 밀가루를 200원에 팔 때 세금 20원을 거래징수해서 국가에 납부해야 한다. 그런데 밀가루공장 사업자는 자기가 매입할 때 거래징수당한 세액(매입세액, 곧 농장 사업자의 입장에서 본 매출세액)이 있으므로 이 10원을 공제하고 차액 10원만 납부한다. 그 다음 단계의 빵공장 사업자가 납부할 세액은 최종소비자에게 빵을 300원에 팔 때 거래징수한 매출세액 30원에서 매입세액 20원을 공제한 차액 10원이다. 소비자는 국가와 아무런 법률관계가 없으므로 국가에 세금을 내거나 공제받을 것이 없다. 그저 빵을 살 때 세제외가격으로는 300원이고 세포함가격으로는 330원을 내어야 할 뿐이다.

정부는 농장, 밀가루공장, 빵공장 이 세 사업자에게서 각 10원씩 세금을 걷으므로 정부가 걷는 부가가치세 총액은 30원이다. 사실 이 금액은 마지막 단계의 빵공장이 공급하는 소비재(빵)의 가액 300원에 세율 10%를 곱한 금액이다. 그런데 이 30원을 마지막 단계의 빵공장 사업자에게서 한꺼번에 걷지 않고, 농장, 밀가루공장, 빵공장 각 사업자에게서 각 10원씩 걷는다. 바로 이것이 부가가치세는 다단계 세금이라는 말의 뜻이다. 각 사업자가 자기 단계의 부가가치에 세금을 내는 것이다.

1. 한 단계에서 다 걷지 않는 이유는?

빵공장 사업자에게서 30원을 한꺼번에 걷으면 더 효율적임에도 왜 굳이 번거롭게 부가가치를 창출하는 각 단계별로 나누어 세금을 걷는 것일까? 위 도해 사례에서는 최종소비자에게 빵을 파는 사업자를 빵공장이라는 사업자 하나로 보았지만, 현실에서는 아마 수많은 소매점들일 것이다. 그런데 이들 중 규모가 영세한 소매점들이 최종소비자에게 얼마짜리를 얼마나 공급하는지를 국가가 제대

로 파악하여, 앞의 예 같으면 300원이라는 금액을 파악해서 부가가치세를 제대로
걷는 것은 현실적으로 어렵다. 이런 이유에서 제13장에서 보듯 '간이과세'라는 제
도로 영세한 사업자들을 따로 관리한다. 결국 최종소비자에 대한 공급 단계에 가
서 세금을 한 번만 걷는 과세는 비현실적이고 불가능하다.

2. 각 사업자별 세금은 자기 단계의 부가가치에 비례

앞의 도해 사례에서 각 사업자는 모두 10원씩 세금을 내고 있다. 여기서 살펴
봐야 할 것은 부가가치세의 계산방식이다. 농장 사업자를 예로 들어보면 거래징
수한 매출세액이 10원이고 매입세액은 없으므로 납부할 세액은 10원이다. 밀가루
공장 사업자라면 거래징수한 매출세액 20원에서 거래징수당한 매입세액(＝농장
사업자가 거래징수한 매출세액) 10원을 공제해서, 차액 10원이 납부할 세액이다. 우
리 부가가치세법이 쓰고 있는 방법은 매출액에 세율을 곱하여 거래징수할 매출
세액(20원＝200원×10%)을 구하고, 거기에서 거래징수당한 매입세액 10원(＝매입액
100원에 세율 10%를 곱한 금액)을 공제하여 납부세액(10원＝20원−10원)을 계산한다.
이러한 부가가치세 계산방식을 '전단계세액공제법'이라고 부른다. 당연한 계산으
로 (20원−10원)＝(200원×10%−100원×10%)＝(200원−100원)×10%이다. 즉 납부
세액, 곧 (매출세액−매입세액)＝(매출액×10%−매입액×10%)＝(매출액−매입
액)×10%라는 등식이 성립한다.

여기에서 각 사업자의 (매출액−매입액)을 그 사업자의 '부가가치'라고 부른
다. 이 예에서 최종생산물은 빵 300원뿐이다. 중간생산물인 밀은 밀가루로 변했
고, 다시 밀가루는 빵으로 변했다. 이 빵 300원이라는 최종생산물의 가치는, 농장
이 무(無)에서 산출해 낸 밀이라는 부가가치 100원, 그 밀을 200원의 가치가 있는
밀가루로 변화시킴으로써 밀가루공장이 산출해 낸 부가가치 100원, 다시 200원
의 가치가 있는 밀을 300원의 가치가 있는 빵으로 변화시킴으로써 빵공장이 산
출해 낸 부가가치 100원, 이 세 가지가 빵 속에 쌓여 있는 것이다. 그렇게 보면
농장 사업자는 자신의 부가가치 100원(＝매출액 100원−매입액 0원)에 10%의 세금
을 내는 것이고, 밀가루공장 사업자는 자신의 부가가치 100원(＝매출액 200원−매
입액 100원)에 10%의 세금을 내는 것이다. 빵공장 사업자는 자신의 부가가치 100

원(=매출액 300원−매입액 200원)에 세금을 내는 것이다.

3. 전단계세액공제법을 쓰는 이유 = 세금계산서 제도

각 사업자가 납부할 부가가치세를 구할 때, [(매출액−매입액)×10%]로 계산하나, [매출세액(=매출액×10%)−매입세액(=매입액×10%)]로 계산하나 실은 마찬가지이다. 오히려 앞의 산식이 좀 더 간편해 보이기도 한다. 그럼에도 우리 현행법이 후자의 전단계세액공제법을 채택하고 있는 이유는 무엇일까? 전단계세액공제법은 '세금계산서' 제도와 병행하는 경우 국가로 하여금 모든 재화와 용역에 관한 거래관계를 한눈에 파악할 수 있게 하여 거래관계의 투명성을 제고하고, 세원(稅源)의 기반을 구축시켜 준다. 도해 사례로 돌아가 보면, 농장 사업자의 매출액(100원)과 매출세액(10원)은 밀가루공장 사업자의 매입액 및 매입세액과 같다. 이런 구조를 활용하여 거래당사자가 세금계산서를 주고받게끔 거래당사자 양쪽에 제재를 가하는 것이 전단계세액공제법에 기초한 부가가치세 설계의 핵심이다.

즉 농장 사업자에게는 거래상대방(밀가루공장 사업자), 매출액과 매출세액 등 주요한 거래정보를 적어서 (매출)세금계산서 2부를 작성하여 그중 1부를 밀가루공장 사업자에게 교부할 의무를 부과하고, 이를 어기면 그 제재로서 가산세를 부과한다. 밀가루공장 사업자에게는 농장 사업자로부터 (매입)세금계산서를 교부받은 경우에만 매입세액을 매출세액에서 공제받을 수 있게 하고, 만일 세금계산서를 교부받지 못하면 매입세액을 공제받지 못하는 불이익을 입힌다. 그런 다음, 각 사업자로 하여금 한 과세기간 동안 자신이 교부한 (매출)세금계산서와 거래상대방으로부터 교부받은 (매입)세금계산서의 일부 정보를 요약하여 집계한 각 '합계표(매출세금계산서합계표, 매입세금계산서합계표)'를 국가에 제출하도록 하고, 이를 어기면 가산세를 부과한다. 이렇게 제도를 짜게 되면, 국가로서는 매출을 일으킨 사업자와 그 거래상대방인 사업자별로 매출과 매입을 대조해 볼 수 있고, 이를 통해 사업자 간의 거래내역을 모두 파악할 수 있게 된다.

이런 전단계세액공제법은 결국 세무행정 때문에 고안해 낸 개념이고, 그 실체는 각 사업자 단계별로 '(매출액−매입액)×세율=세액'이라는 것이다. 이 공식을 소득세나 법인세에서 '(총수입금액 내지 매출액 − 필요경비)×세율＝세액'이라는 공식과 견주어 생각한다면, 부가가치세의 과세표준은 (매출액 − 매입액)이라는 생각이 들 것이다. 경제학적 개념으로는 그렇게 생각하는 편이 오히려 맞다. 그러나 우리 부가가치세법에서 말하는 법개념으로서 '과세표준'은 매출액 내지 '공급가액'이다(부가가치세법 제29조). 즉 '(공급가액＝과세표준)×세율＝매출세액'이라는 식으로 매출세액을 구하는 단계에서 과세표준 개념을 쓰고, 매출세액이라는 세액 단계에서 공제할 세액 가운데 하나로 매입세액을 포함하는 꼴로 법령의 개념을 정하고 있다.

실제 서식을 통해 세금계산서에 어떤 정보들이 들어가는지 구체적으로 확인해 보자.

[서식]   세금계산서

■ 부가가치세법 시행규칙 [별지 제14호서식] (적색)

세금계산서(공급자보관용)								책 번 호 권 호 일 련 번 호 □□-□□□□			
공 급 자	등록번호	□□□-□□-□□□□				공 급 받 는 자	등록번호				
	상호(법인명)		성 명 (대표자)				상호(법인명)		성 명 (대표자)		
	사업장 주소						사업장 주소				
	업 태		종 목				업 태		종 목		
작성	공 급 가 액					세 액				비 고	
연 월 일 공란수	조 천 백 십 억 천 백 십 만 천 백 십 일					천 백 십 억 천 백 십 만 천 백 십 일					
월 일	품 목		규 격	수 량	단 가	공 급 가 액		세 액	비 고		
합 계 금 액	현 금		수 표		어 음	외상 미수금		이 금액을 영수 청구 함			

210mm×148.5mm (인쇄용지(특급) 34g/㎡)

위 서식은 공급자보관용이고, 공급받는 자 보관용도 따로 있으나(세금계산서는 2부를 작성하므로), 두 개가 똑같다. 위에서 보듯이 세금계산서에는 많은 항목들이 인쇄되어 있는데, 공급자가 가산세를 물지 않고 또 공급받는 자가 매입세액을 공제받으려면 반드시 기재해야 하는 정보들(필요적 기재사항이라고 부른다)이 있다. 거래에서 중요하다고 볼 수 있는 정보란 결국은 거래 당사자가 누구인지와 거래의 내용이 무엇인지일 것이다. 뒤에서 보겠지만, 부가가치세의 사실상 납세단위는 사업자가 아닌 사업장이다. 그래서 사업자들은 사업장별 등록의무가 있고, 과세관청은 세무행정의 효율을 위해 사업장마다 등록번호를 부여한다. 거래 당사자에 관한 정보로 요구하는 것이 (i) 공급자의 등록번호(성명·명칭 포함)와 (ii) 공급받는 자의 등록번호이고, 거래의 내용에 관한 정보로, (iii) 공급가액과 세액, (iv) 세금계산서의 작성일자를 요구한다.

[심화학습] 전자세금계산서

전자세금계산서란 전자적인 방법으로 발급하는 세금계산서를 말한다. 정보기술을 활용하여 정보통신망(on-line)으로 세금계산서를 주고받으면 종이도 아낄 수 있고, 세금계산서의 작성이나 교부에 시간적 부담을 덜 수 있을 뿐만 아니라 세금계산서 관리도 편해지므로, 종이세금계산서 대신 전자세금계산서를 도입한 것이다. 다만, 허위나 가공의 세금계산서 발급도 수월해져 조세포탈의 위험도 커지는 문제가 있으므로, 공인인증시스템을 거치게 하는 등 전자적 방법의 형태에 제한을 가하고 있다.

전자세금계산서 발급의무자는 (i) 법인사업자와 직전 연도의 사업장별 재화 및 용역의 공급가액의 합계액이 3억 원 이상인 개인사업자이다. 이들 사업자는 세금계산서를 발급하려면 전자세금계산서에 의해야 하고,[1] 발급일의 다음 날까지 발급명세를 국세청장에 전송해야 한다.[2] 만일, 전송의무를 위반하면(지연전송 및 미전송) 가산세를 물린다.[3]

---

1) 부가가치세법 제32조 제2항 및 같은 법 시행령 제68조 제1항.
2) 부가가치세법 제32조 제3항 및 같은 법 시행령 제68조 제6항 및 제7항.
3) 부가가치세법 제60조 제2항 제3호 및 제4호.

Ⅲ. 부가가치세 = 소비세

1. 소비재도 사는 즉시 다 소비하는 것은 아닌데?

우선 부가가치세가 '소비'에 대한 세금이라고 할 때, 소비라는 말은 무엇을 뜻하는가? 앞의 도해 사례로 돌아가 보면, 맨 처음에 공짜로 얻은 씨앗이 농장, 밀가루공장, 빵공장의 세 사업자를 순차적으로 거쳐 최종적으로 300원짜리 빵을 생산하였다. 이 300원의 10%인 30원을 부가가치세로 거두는 것이므로(물론 10원씩 단계적으로 걷는다), 결국 부가가치세의 과세물건인 소비란 최종소비자가 실제로 소비한 부분을 말하는 것이 아니라 '소비재(빵)의 판매액(300원)'을 말한다. 물론 이 사례의 '빵' 같으면 둘 사이에 차이가 없겠지만, 자동차나 냉장고 같은 내구재라면 소비자의 감가상각 부분이 아니라 소비자의 구입액 전체를 과세한다는 말이다.

2. 생산재에는 세금이 안 붙나?

앞에서 부가가치세란 모든 재화나 용역에 물리는 세금이라고 했는데, 이 말과 소비세라는 말은 모순 아닐까? 모든 재화나 용역에 세금을 물린다는 말은 생산재(소비자가 아니라 다른 기업이 사들이는 재화)에도 세금을 물린다는 말 아닌가? 모순이 아니다. 좀 이해하기 어려운 말이지만 생산재를 공급하는 사업자의 입장에서 보면 세금을 물린다는 말이 맞다. 그러나 국민경제 전체를 놓고 보면 생산재에는 세금을 안 물린다. 생산재 공급자에게 물리는 매출세액만큼을 생산재를 사들이는 사업자에게 매입세액으로 공제해 주기 때문이다. 그런데 공급자의 매출세액이란 언제나 공급받는 자 쪽에서 매입세액으로 공제해 주니까, 이것은 소비재도 마찬가지 아닌가? 사업자 사이에서는 소비재도 마찬가지이다. 그러나 최종소비자 단계에 이르면 차이가 생긴다. 소비자는 매입세액 공제를 받을 수 없기 때문이다. 결국은 소비자에게 넘어가는 물건에만 세부담이 남는 것이다. 그래서 소비세라고 부르는 것이다.

3. 생산재 내지 투자가 들어가도 걷는 세금은 소비재 부분뿐

앞의 도해 사례에 기계공장 사업자를 새로 넣어서 고정자산 투자가 있는 경우를 생각해 보자. 기계공장 사업자가 오로지 자신의 노동력만으로 기계 2대를 만들어(가령 대장장이가 고철을 주워서 쇠망치를 만들어) 밀가루공장 사업자와 빵공장 사업자에게 각 1대씩을 대당 50원에 팔았다고 가정하자. 이를 앞의 도해 사례에 추가해 보면 다음과 같다.

[도해 사례] 생산재와 부가가치세 세수효과

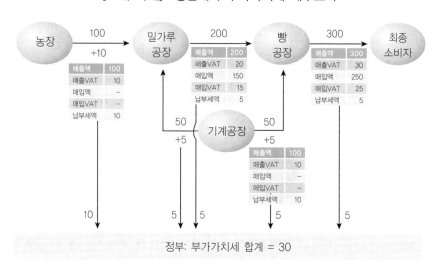

위 도해 사례에서 보는 바와 같이 밀가루공장 사업자와 빵공장 사업자의 부가가치세는 다음과 같이 계산할 수 있다.

① 밀가루공장 사업자: (매출액－매입액)×10%＝{매출액－(원재료매입액＋투자액)}×10%＝{200원－(100원＋50원)}×10%＝50원×10%＝5원
② 빵공장 사업자: (매출액－매입액)×10%＝{매출액－(원재료매입액＋투자액)}×10%＝{300원－(200원＋50원)}×10%＝50원×10%＝5원

위에서 보는 바와 같이 투자액(50원)에 대한 매입세액(5원)만큼 부가가치세

납부세액도 줄어든다(10원 → 5원). (전단계세액공제법으로 계산하더라도 세액에 영향을 미치지 않으므로 같은 결과에 이른다). 결국 국가는 기계공장 사업자로부터 세금 10원을 새로 걷었지만, 밀가루공장 사업자와 빵공장 사업자에게서 세금을 각 5원씩 덜 걷었으므로 국가가 걷는 세금은 총액 30원이다. 다시 정리하면 기계에 대한 기계공장 사업자의 매출세액과 밀가루공장 사업자 및 빵공장 사업자의 매입세액은 서로 씻겨 나가고, 국가가 걷는 세금은 앞서 본 빵 300원에 대한 세금 그대로이다. 다만 밀가루공장 사업자 및 빵공장 사업자의 세금을 5원씩 줄여 주고 그 대신 기계공장 사업자에서 세금을 10원을 걷고 있을 뿐이다. 즉 부가가치세는 공급하는 재화나 용역이 무엇이든 모든 사업자를 과세하는 '일반적'인 세금이지만, 그럼에도 불구하고 '소비'에만 세금을 물리는 '일반소비세'인 것이다.

4. '부가가치'라는 말에서 주의할 점

위에서 보았듯이 각 사업자가 내는 세금은 (매출액−매입액)=(매출액−원재료매입액−투자액)에 세율을 곱한 금액이다. 그런데 우리 현행 부가가치세법은 전단계매입세액공제법을 쓰다 보니 (매출액−원재료매입액−투자액)=(매출액−매입액)이라는 개념을 따로 부르는 말이 없다. 소득세제에 견준다면 이 개념을 과세표준이라고 부르면 될 것 같지만, 앞에서 보았듯이 현행 부가가치세법에서 '과세표준'이라는 말은 매출액 내지 공급가액이라는 뜻이니까 그렇게 부를 수는 없다.

앞에서 부가가치세는 각 납세자가 자기가 산출한 부가가치에 세금을 내는 것이라고 했으니까, 이 개념을 납세의무자별 부가가치라고 부르면 되지 않을까? 여기에도 한 가지 문제가 있다. 일반적으로 경제학이나 언론에서 '부가가치'라는 말은 국민소득 계산 과정을 염두에 두고 쓰는 말로, '부가가치의 총합계=국민소득'이라는 뜻으로 쓴다. 즉 전체 경제가 만들어 낸 소비재와 생산재 전체(GNP나 국민소득)를 염두에 두고, 그 가운데 각 기업이 산출해 낸 것을 각 기업의 부가가치라고 부른다. 한편 부가가치세법에서 '부가가치'라는 용어는 막상 나오지 않는다. 이 말은 그저 세금을 징수하는 방식이 경제흐름의 각 단계에서 세금을 걷고, 이것을 다 합하면 국민총소비에 대한 세금이 된다는 정도의 의미를 나타낼 뿐이다. 이런 뜻에서 현행 부가가치세제를 '소비형 부가가치세'라고 부른다.

[심화학습] 부가가치세와 소득, 소비, 투자, 부가가치

이미 소득세제를 배웠으니 도해 사례의 경제에서 각 사업자의 소득은 얼마인지 계산해 보자. 농장 사업자와 기계공장 사업자의 경우 매출액은 100원이고 필요경비는 0원이므로, 소득은 각 100원씩이다. 밀가루공장과 빵공장의 소득은 50원인가? 소득세제에서 고정자산 취득원가를 바로 필요경비로 처리하는 것이 아니라 감가상각만 필요경비로 처리한다는 것쯤은 이제 알고 있다. (혹시 모르면 돌아가서 다시 보라.) 생각을 편하게 하기 위해 기계공장 사업자가 기계를 공급한 날이 과세기간의 말일이라고 하자. 이 경우 기계공장 사업자의 소득이 여전히 100원이라는 점에는 변화가 없지만 밀가루공장 사업자와 기계공장 사업자가 감가상각할 금액은 없다. 따라서 밀가루공장 사업자의 소득은 (매출액 200원−원재료매입액 100원−감가상각 0원)=100원이다. 빵공장 사업자의 소득은 (매출액 300원−원재료매입액 200원−감가상각 0원)=100원이다. 네 사업자의 소득을 다 합하면 400원이다. 즉 이 경제에서는 이 400원이 국민소득이다.

이 경제에서 소비와 투자는 얼마인가? 소비는 300원이고, 기계장치라는 투자는 100원이다. 소득, 소비, 투자는 어떤 관계에 있는가? 국민소득 400원은 소비 300원과 투자 100원의 합계일 수밖에 없다. 말뜻 자체에서 소득과 소비의 차이는 투자일 수밖에 없으므로, '소득=소비+투자'는 항등식이 성립한다.

국민소득 계산에서 각 사업자별 부가가치는 얼마인가? 이 경제의 최종생산물은 빵 300원과 기계 100원이다. 빵 300원은 농장의 부가가치 100원, 밀가루공장의 부가가치 100원, 빵공장의 부가가치 100원으로 이루어진다. 밀가루공장 사업자와 빵공장 사업자가 기계를 사들이기는 했지만 아직 감가상각할 것이 없으니, 각자 밀가루와 빵을 생산하는 과정에서 기계가 기여한 바는 없다. 기계공장의 부가가치는 얼마인가? 기계공장이 생산해 낸 기계의 가치는 100원이다. 이 도해에서는 각 사업자의 소득이 그대로 국민소득 계산에서 말하는 부가가치이다.

한편 국가가 걷은 부가가치세는 얼마인가? 30원이다. 이것은 최종소비재의 공급액 내지 국민총소비액 300원에 세율 10%를 곱한 금액 그대로 남아있다. 부가가치세가 소비세라는 것은 바로 이 말이다. 그렇다면 300원에 대한 세금을 누구로부터 얼마씩 걷은 것인가? 각 사업자 단계에서 걷은 세액은 (매출액−원재료매입액−투자액)에 10%를 곱한 금액이다. 같은 10% 세율로 소득세나 법인세를 걷는다면 각 사업자 단계에서 걷는 세금은 (매출액−원재료매입액−감가상각)=(과세소득)에 10%를 곱한 금액이다. 이 예에서는 네 사업자의 각 소득은 모두 100원이다.

5. 납부할 세액 계산 시 인건비와 지급이자는 빼주지 않는다.

조금 더 현실적인 보기로 근로자도 있고 각 사업자가 투자한 자본에도 자기자본뿐만 아니라 채권자에게서 빌린 돈도 있다면, 각 사업자가 납부할 세액에는 어떤 영향이 있을까? 아무런 영향이 없다. 납부할 세액=매출세액−매입세액=(매출액−매입액)×세율이라는 식에서 인건비나 지급이자는 고려하지 않기 때문이다. 앞의 도해 사례에서 밀가루공장 사업자의 소득이 100원이 아니고 인건비 50원과 지급이자 10원을 빼면 40원이라고 하자. 이 사업자가 납부할 세액은 여전히 매출세액 20원−매입세액 10원=(200원−100원)×10%=10원이다.

[심화학습] 부가가치세와 소득세의 구조 및 세율과의 관계

앞의 도해 사례에서 각 사업자의 소득은 인건비 50원과 지급이자 10원을 빼면 40원으로 줄어든다. 그렇다면 부가가치세에서 각 사업자가 납부할 세액을 {(매출액−매입액−인건비−지급이자)×세율}로 정하지 않는 이유는 무엇일까? 사실은 그렇게 할 수도 있지만 10%라는 단일세율을 쓰는 이상 그렇게 할 필요가 없다. 앞의 도해 사례로 다시 돌아가 보면, 가령 밀가루공장 사업자에 대해서 매입액 100원을 빼 주는 것은 국가가 농장 사업자에게서 이 100원에 대한 세금을 걷기 때문이다. 현행법에 맞추어 생각하면 매입세액 10원을 빼 주는 것은 농장 사업자에게서 매출세액 10원을 징수하기 때문이다. 위 식에서 인건비나 지급이자를 빼 준다는 말, 또는 인건비에 관한 매입세액이나 지급이자에 관한 매입세액을 공제해 준다는 말은 인건비를 받아 가는 근로자를 사업자로 삼아 그에게서 매출세액을 징수하고, 지급이자를 받아 가는 채권자를 사업자로 삼아 그에게서 매출세액을 징수해야 한다는 말이다. 그러나 세율이 단일세율인 이상 그렇게 할 이유가 없다. 공연히 일만 늘리고 사람들만 고생시키는 헛수고이다.

그렇다면 소득세나 법인세에서는 왜 인건비나 지급이자를 빼 주는가? 모든 개인에게서 누진세율로 세금을 걷기 때문이다. 세율이 단일세율이라면 사실 소득세에서도, 사업자에게는 인건비나 지급이자를 빼 주지 말고 근로자나 채권자에게서는 세금을 안 걷으면 된다. 사업자 단계에서 이들 비용을 차감해 주고 이자를 받아 가는 개인채권자나 인건비를 받아 가는 근로자에게서 10%의 소득세를 걷으나, 사업자 단계에서 이들 비용을 차감해 주지 아니하고, 위 채권자나 근로자에게서 세금을 걷지 않으나 똑같은 금액의 세금을 거둘 수 있으므로, 굳이 국가가 국민과의 사이에 세금에 관한 법률관계를 맺음에 있어서 당사자(납세의무자)의 숫자를 늘려 징수비용 소요에 따른 비효율을 자초할 하등의 이유가 없기 때문이다. 이런 세제를 '간접소득세' 또는 '소득형 부가가치세'라고 부른다. 그러나 현행법제는 누진세제야말로 소득세제의 본질이라고 생각하므로 사업자 단계에서는 인건비나 지급이자를 빼 주고 근로자나 채권자라는 각 개인 단계에 가서 누진세율로 세금을 걷는 직접세 구조를 따르고 있다. 이와 달리 부가가치세에서는 단일세율을 당연한 것으로 전제하므로 구태여 세제를 그렇게 복잡하게 짤 이유가 없는 것이다.

Ⅳ. 간접세

마지막으로 부가가치세는 '간접세'이다. 앞의 도해 사례로 돌아가면, 농장 사업자는 밀을 공급할 때 공급가액 100원에 세액 10원을 매출세액으로 거래징수해서 국가에 납부할 의무를 진다. 마찬가지로 기계공장 사업자는 10원을 거래징수하여 납부해야 한다. 밀가루공장 사업자는 매출세액 20원을 거래징수하여 납부해야 하지만, 자신의 매입세액 15원을 공제하므로 차액 5원을 납부한다. 빵공장 사업자는 최종소비자로부터 30원을 거래징수하여 매입세액 25원을 공제하고 차액 5원을 납부한다. 이처럼 납세의무자가 내는 세금은 다음 단계에 있는 사람에게서 거래징수해서 내는 것이라는 점에서 간접세라는 것이다. 사실은 경제학 개념으로서 간접세라는 말이나 조세부담의 전가귀착이라는 말을 잘못 이해하고 쓰는 설명이기는 하지만, 부가가치세가 간접세라는 용례 자체는 당연한 것이므로 일단은 그냥 이 정도로 알아 두고 넘어가자.

[심화학습]   부가가치의 계산방식: 차감방식 vs 가산방식

우리 부가가치세법은 세액계산을 매출세액에서 매입세액을 차감하는 방식으로 계산한다. 매출액에서 매입액을 차감하고 세율을 곱하는 방식도 실질은 같다. 한편 이런 차감방식 대신에 각 생산요소가 분배받는 금액을 더하는 방식으로 세액을 계산할 수도 있다. 가령 도해 사례의 밀가루공장 사업자의 손익계산서는 (매출액 200원-매입액 100원-인건비 50원-지급이자 10원=소득 40원)이다. 이 손익계산서를 정리하면 (매출액 200원-매입액 100원)=(인건비 50원+지급이자 10원+사업자의 소득 40원)이다. 앞부분의 (매출액-매입액)을 기준으로 세액을 정하는 것이 차감방식이고, 뒷부분의 (근로자의 소득+채권자의 소득+사업자의 소득)을 기준으로 세액을 정하는 것이 가산방식이다.

Tax In News

🎙 日 소비세 증세 논란 재점화… 고령화에 인프라도 '노후'

신종 코로나바이러스 감염증(코로나19)으로 역대 최악의 경기 침체를 겪는 일본 경제에 '소비세 인상'이라는 또 다른 악재(惡材)가 닥칠 조짐을 보이고 있다. 스가 요시히데(菅義偉) 관방장관은 10일 밤 민영방송인 테레비(TV) 도쿄에 출연해 "앞으로를 생각하면 소비세를 올리지 않을 수 없다"며 "행정개혁을 철저히 한 뒤 국민에게 부탁할 것"이라고 밝혔다.

스가 장관은 최근 사의를 표명한 아베 신조(安倍晋三) 총리의 후임으로 유력한 인물이다. 이 때문에 차기 총재로 유력한 스가 장관 발언 이후 오는 14일 열릴 예정인 자민당 총재 선거에서 소비세 문제는 다시 쟁점으로 떠오를 전망이다. 스가 장관은 본인 발언이 풍파를 불러 일으키자 11일 "어디까지나 장래에 일어날 전망 차원에서 대답했을 뿐"이라며 "일단 지금은 코로나19 대책과 경제 회생에 전력을 다하겠다"는 뒤늦은 해명을 내놨다.

그러나 전날 방송에 함께 출연한 경쟁 후보 이시바 시게루(石破茂) 전 자민당 간사장과 기시다 후미오(岸田文雄) 자민당 정조회장이 소비세 인상에 유보적인 입장을 표명한 바와 달리, 스가 장관이 소신껏 소비세 증세를 언급한 것은 사실상

소비세 인상에 대한 확신을 갖고 있다는 의미라고 전문가들은 분석했다. 실제로 전날 방송에서 스가 장관은 "이 정도로 일본이 저출산·고령화 사회화 한다면 아무리 노력해도 인구감소를 피할 수가 없다"며 경제활동 인구가 줄어드는 상황에서 필요한 사회보장 재원을 확보하기 위해 소비세 인상이 불가피하다는 견해를 드러냈다.

(2020년 9월 11일 언론보도)

우리나라의 부가가치세 세율은 10%이다. 이 10%의 세율에 관한 한 1976. 12. 22. 부가가치세법이 제정되어 이듬해 7월 1일에 시행에 들어갈 때부터 현재까지 거의 40여 년 동안 한차례의 개정도 이루어지지 않았다. 그리고 지난 해 국세수입 205조5천억 원 가운데 부가가치세, 소득세, 법인세가 차지하는 비중이 4분의 3 가량 되고, 그 3대 세목 중에는 부가가치세가 57조1천억 원으로 가장 많다. 최근 재정수요 확대에 따른 재원마련을 위한 증세 방안에 관한 논의가 한창인데, 그러면, 부가가치세율 인상이 가장 손쉽고 효과적인 방법 아닐까?

정책입안자들에게는 증세의 효율적 수단이란 달콤한 장점뿐만 아니라 부가가치세에 특유한 다른 부작용들도 감안할 필요가 있다. 우선, 부가가치세는 부자의 소비든 가난한 자의 소비든 같은 세금을 물리므로, 소득대비 세부담 비율을 기준으로 보면, 저소득자가 더 높은 세부담을 지는 '역진성(逆進性)'의 문제를 안고 있는 세금이다. 따라서 부가가치세의 세율 인상은 역진성 심화를 초래하게 된다. 나아가, 부가가치세를 올리면, 소비자가격도 올라가 물가 상승과 함께 소비지출을 줄이는 유인으로 작용할 수 있다. 그리고 최종 소비자가 부담하는 부가가치세의 특성상 그 세율 인상 효과는 거의 전 국민에게 영향을 미치게 된다. 이는 다른 세목보다 세율 인상에 보다 강한 조세저항에 부딪힐 수 있다는 점을 내포한다.

위와 같은 이유로 부가가치세 세율 인상은 국민적 합의를 도출하기 쉽지 않은 정책이라 할 수 있다. 이러한 점을 여실히 보여주는 사례가 일본의 소비세율 인상 연기이다. 일본은 1989년 4월 1일 소비세를 도입할 당시의 세율은 3%이었는데, 1997년에 2%를 인상하여 5%를 유지하다가, 2014년 4월 1일부터 8%로 인상하였다. 그리고 두 차례에 걸쳐 연기를 단행한 후인 2019년 10월에야 비로소 10%로 인상하였다. 결과론이긴 하지만 인상을 단행한 아베 총리도 그로부터 1

년을 넘기지 못하고 사임으로 내몰렸다는 점에서 새롭게 취임한 스가 장관의 발언으로 재점화된 소비세 증세 논란의 귀추가 주목된다.

 연습문제

[2014년 방송통신대 기말시험]

다음 중 우리나라 부가가치세제에 관해 옳지 않은 것은?

① 원칙적으로 모든 재화와 용역에 대하여 과세한다는 면에서 일반소비세이다.

② 매입세액이 매출세액을 초과하는 경우 그 차액은 이월되며 환급은 허용되지 않는다.

③ 부가가치세의 과세물건은 소비 그 자체가 아니라 소비재의 판매액이다.

④ 부가가치세는 최종소비자단계에서만 과세하는 것이 아니라 단계마다 과세가 이루어지는 다단계 세제이다.

정답 ②

해설 ② 부가가치세의 계산구조에서 보았듯이, 매출세액에서 매입세액을 뺀 금액이 납부세액이고, 거꾸로 매입세액이 매출세액을 초과하면 그 초과액은 환급세액이 된다. 이와 대비되는 것이 소득세나 법인세에서 배운 이월결손금공제와 결손금소급공제이다. 즉, 손금(필요경비)이 익금(총수입금액)을 초과하는 경우의 초과액인 결손금은 그 금액에 세율을 곱한 금액을 국가가 돌려주는 대신 그 이후 일정 기간(10년) 동안의 사업연도 (과세기간)로 이월하여 일정 소득의 범위(소득금액의 60%를 한도로 하나, 중소기업이나 회생기업 등은 그 전부)에서 공제할 수 있다. 그리고 법정 규모 이하의 중소기업이면 위 결손금을 그 직전 사업연도로 소급하여 그 사업연도에 납부한 법인세를 한도로 세금을 돌려받을 수 있다.
①, ③, ④ 모두 옳은 설명이다.

제2절 납세의무자

지금까지 본 내용만으로도 부가가치세란 누구를 납세의무자로 삼고(사업자) 무엇을 과세대상으로 하는(재화와 용역) 세금인가를 입법론이나 제도설계라는 관점에서는 이미 어느 정도 감이 생겼을 것이다. 이제부터 법해석론으로 들어가 보자. 납부할 세액을 어떤 식으로 계산하는가를 본격적으로 따지는 것은 다음 장에서 보기로 하고 우선은 우리 현행법이 납세의무자, 과세대상, 과세기간을 어떻게 정하고 있는가를 보자.

I. 납세의무자 = 사업자

제1절에서 보았듯 부가가치세란 사업자가 공급하는 재화와 용역에 대해 물리는 세금이다. 법에서 정한 사업자라야 신고납부 의무가 있다. 사업자란 무엇인가?

> 부가가치세법 제3조(납세의무자) 다음 각 호의 어느 하나에 해당하는 자로서 개인, 법인(국가·지방자치단체와 지방자치단체조합을 포함한다), 법인격이 없는 사단·재단 또는 그 밖의 단체는 이 법에 따라 부가가치세를 납부할 의무가 있다.
> 1. 사업자
>
> 부가가치세법 제2조(정의) 이 법에서 사용하는 용어의 뜻은 다음과 같다.
> 1.~2. (생략)
> 3. "사업자"란 사업 목적이 영리이든 비영리이든 관계없이 사업상 독립적으로 재화 또는 용역을 공급하는 자를 말한다.

앞 절의 부가가치세의 기본 구조에서 보았듯이 납세의무자는 사업자에 한정된다. 위 정의에서 보듯이, 사업자의 개념은, ① 사업상 ② 독립적으로 ③ 재화 또는 용역을 ④ 공급하는 ⑤ 자(者)를 말한다. ③의 재화와 용역의 의미는 잠시 뒤에(제3절 과세대상), ④의 공급의 의미는 다음 장(제1절 공급의 개념)에서 각각 다루기로 하고, 여기서는 그 밖에 세 가지의 개념요소에 대하여만 살펴본다.

①의 '사업'에 관하여는 따로 정의규정을 두고 있지 않다. 따라서 사업의 통상적인 의미대로 계속적·반복적으로 이루어지는 경제활동 정도로 풀이할 수밖에 없을 것이다. 다만 이와 관련하여 한 가지 지적해 둘 것은, ①의 사업의 개념은 앞의 제2편에서 배운 소득세에서 소득의 한 유형인 사업소득에 해당하기 위한 사업의 의미보다는 넓다는 점이다. 왜냐하면 부가가치세법상 사업자에 해당하기 위하여 반드시 해당 사업을 통하여 소득을 벌 목적은 필요로 하지 않기 때문이다. 비영리사업을 하더라도 부가가치세법에서는 사업자이다. 다만 나중에 보듯이 면세사업자가 될 가능성은 있지만, 이 점은 영리사업을 하는 자도 마찬가지이다.

②의 '독립성'을 사업자의 개념요소로 삼고 있는 것은, 그와 반대로 사업자와 종속적인 지위에 있는 근로자(종업원)를 납세의무자로 보지 않다는 뜻으로 설명할 수 있다. 부가가치를 계산할 때, 매출액에서 매입액(원재료매입액＋투자액)만 차감하지 않고, 인건비도 아예 빼 주면서 사업자뿐만 아니라 근로자도 납세의무자로 추가하는 것으로 정할 수도 있으나, 단일세율 구조 하에서 굳이 이런 구조를 취할 이유가 없음은 이미 살펴본 바와 같다.

⑤의 '자'에는, 앞의 조문에서도 확인할 수 있는 바와 같이, 개인과 법인, 법인격이 없는 사단·재단 또는 그 밖의 단체가 모두 포함된다.

마지막으로 나중에 보겠지만 '면세사업'이라는 것이 있다. 즉 재화나 용역 가운데 부가가치세가 면제되는 재화 또는 용역이 있다. 이러한 면세사업을 영위하는 자(흔히 면세사업자라고 부른다)는 부가가치세 납세의무를 지지 않으므로, 법률개념으로서는 사업자가 아니다. '사업자＝납세의무자'이므로 '면세사업자'라는 속칭에도 불구하고 면세사업을 영위하는 자는 사업자가 아니다.

[심화학습] 조합은 사업자가 될 수 있는가?

조합은 개인이나 법인, 법인격이 없는 사단이나 재단에 해당하지 않으므로, '그 밖의 단체'에 조합(체)이 들어가는지가 문제된다. 조합은 민법상 전형계약의 유형 중 하나로 그저 사람들 사이의 계약관계일 뿐이라고 생각할 여지도 있다. 그러나 앞서 소득세법상 공동사업장 제도나 양도소득세에서 조합재산의 출연 부분에서 보았듯이 조합체라는 단체로서의 성격도 가지고 있다. 부가가치세에 관한 판례는 조합도 '기타의 단체'에 해당할 수 있다고 전제하고 있는 듯 보인다. 행정해석은 조합도 납세의무자에 해당한다고 보고 있다.

Ⅱ. 사업자등록

부가가치세법 제8조(사업자등록) ① 사업자는 사업장마다 대통령령으로 정하는 바에 따라 사업 개시일부터 20일 이내에 사업장 관할 세무서장에게 사업자등록을 신청하여야 한다. 다만, 신규로 사업을 시작하려는 자는 사업 개시일 이전이라도 사업자등록을 신청할 수 있다.

부가가치세법 제6조(납세지) ① 사업자의 부가가치세 납세지는 각 사업장의 소재지로 한다.
② 제1항에 따른 사업장은 사업자가 사업을 하기 위하여 거래의 전부 또는 일부를 하는 고정된 장소를 말하며, 사업장의 범위에 관하여 필요한 사항은 대통령령으로 정한다.

부가가치세의 납세의무자는 사업자이다. 그러면 사업자에게 왜 '사업자'등록의무를 '사업장'마다 따로 이행하게 하는 것일까? 사업자등록의무를 불이행하면 세금계산서의 교부가 제한되고, 매입세액 공제를 받지 못하는 불이익이 가해지며, 이와 별도로 미등록가산세가 부과된다. 이는 실로 강한 제재라 할 수 있다. 그리고 위 규정에서 보듯이, 부가가치세의 신고납부를 정하는 납세지라든가 과세관할도 사업장을 기준으로 정해진다. 그렇다면 사실상 사업장을 납세의무자로 보는 셈이다. 그런데 사업장은 '장소'에 불과하고 권리의무 주체가 될 수 없기 때문에 이를 납세의무자로 삼을 수는 없는 노릇이다. 이리하여 사업자를 납세의무자로 정하되, 사업자로 하여금 사업장마다 사업자등록을 하게 함으로써 사업장을 실질적인 납세의 단위로 삼은 것으로 이해할 수 있다.

그렇다면 왜 사업장을 실질적인 납세의 단위로 삼아야 하는가? 부가가치를 창출하기 위해서는 인적(근로자 등의 노동력), 물적(토지, 공장 등 생산설비) 생산요소가 결합되어야 하는데, 이러한 결합은 특정 장소에서 행해지게 마련이다. 따라서 부가가치세를 걷기 위한 단위의 설정개념으로서는 권리의무 주체를 기준으로 한 인적(人的) 개념보다는 생산요소의 결합이 이루어지는 기준인 사업장개념이 적합하다.

여러 사업장을 두고 있는 사업자의 경우 사업장마다 신고는 하되, 납부는 일괄적으로 주된 사업장에서 할 수 있고(주사업장 총괄납부), 아예 납부뿐만 아니라 신고도 사업장이 아닌 '사업자'의 단위로 할 수 있다(사업자단위과세사업자).

제3절 과세대상 = '재화'와 '용역'

부가가치세의 과세표준은 "해당 과세기간에 공급한 재화 또는 용역의 공급가액"이다(부가가치세법 제29조 제1항). 공급의 의미는 다음 절에서 보기로 하고, 여기에서는 재화와 용역이라는 말의 뜻부터 알아보자.

1. 재 화

> 부가가치세법 제2조(정의) 이 법에서 사용하는 용어의 뜻은 다음과 같다.
> 1. "재화"란 재산 가치가 있는 물건 및 권리를 말한다. 물건의 권리의 범위에 관하여 필요한 사항은 대통령령으로 정한다.
>
> 부가가치세법 시행령 제2조(재화의 범위) ① 「부가가치세법」(이하 "법"이라 한다) 제2조 제1호의 물건은 다음 각 호의 것으로 한다.
> 1. 상품, 제품, 원료, 기계, 건물 등 모든 유체물(有體物)

> 2. 전기, 가스, 열 등 관리할 수 있는 자연력
> ② 법 제2조 제1호의 권리는 광업권, 특허권, 저작권 등 제1항에 따른 물건 외에 재산적 가치가 있는 모든 것으로 한다.

재화라는 말은 일상생활에서는 별로 쓰지 않는 말이고 민사법에서 쓰는 법률용어도 아니다. 그렇지만 경제학의 기초를 조금이라도 배운 사람은 이 말을 들어본 적이 있을 것이다. 애초 부가가치세라는 제도의 자체가 국민경제의 흐름을 염두에 두고 설계한 것이다보니 이 말이 법에까지 들어왔지만, 법률용어가 아니다보니 부가가치세법에 따로 정의를 두고 있다. 위에서 보는 바와 같이 재화는 광범위하게 정의되어 있다. 즉 재화는 물건과 권리를 아우르는 개념이고, 특히 권리의 경우 물건 외에 '재산적 가치가 있는 모든 것'이라고 포괄적으로 정의되어 있어, 재산 가치가 있는 이상 재화의 범위에서 빠져나가기가 쉽지 않을 것이다.

[심화학습]

1. 대금지급 수단의 재화 해당 여부

재화의 포괄적 정의에 비추어 본다면 어음이나 수표, 상품권, 현찰 등 대금지급의 수단이 재화에 해당하는지 여부가 문제된다. 물건을 서로 교환한다면 둘 다 과세대상이다. 물건을 팔고 어음으로 대금을 받으면 어떻게 되는가? 이 경우 물건을 파는 거래가 부가가치세 과세대상인 것은 분명하지만 혹시 어음을 주고받는 거래도 부가가치세 과세대상인 것은 아닐까? 글자 그대로 따지면 어음 역시 '권리'로서 '재산적 가치가 있는 것'임은 틀림 없다. 그러나 앞의 절에서 본 도해 사례로 돌아가서, 밀가루공장 사업자가 밀가루를 빵공장 사업자에게 팔면서 그 대금으로 어음을 받았다고 하여, 빵공장 사업자가 어음을 공급하는 것으로 보아 20원을 거래징수하여 납부하는 것은 부가가치세의 기본 구조에 어긋난다. 현행법 해석론으로는 '권리'라는 말을 축소해석하든가 대금지급은 '공급'의 개념에서 벗어난다고 풀이해야 할 것이다.

2. 게임머니(game money)가 재화인가?

온라인 게임을 하는 사람들은 잘 알겠지만 온라인 게임을 하려면 게임머니가 필요하다고 한다. 게임머니를 굳이 정의하자면 게임 내에서 통용되는 화폐를 말하는데, 이는 문화산업진흥 기본법에서 말하는 일종의 디지털콘텐츠에 해당한다.[4] 이런 게임머니가 재화에 해당하는지가 논란이 인 적이 있다.

논란이 된 사안의 사실관계를 요약해 보면, 갑이 게임아이템 중개업체의 인터넷 사이트를 통해 온라인 게임 '리니지'에 필요한 게임머니를 게임제공업체나 게임이용자에게서 매수한 후 다른 게임이용자에게 매도하고 대금을 중개업체를 경유하여 지급받은 사안이다. 과세관청은 갑이 게임머니를 판매하면서도 매출신고를 누락하였다는 이유로 갑에게 부가가치세를 부과하였다. 이 사안에서 대법원은 "게임머니는 구 부가가치세법상의 재화에 해당하고 갑의 게임머니 매도거래는 재화의 공급에 해당한다"고 판단하였다.[5]

2. 용 역

> 부가가치세법 제2조(정의) 이 법에서 사용하는 용어의 뜻은 다음과 같다.
> 1. (생략)
> 2. "용역"이란 재화 외에 재산 가치가 있는 모든 역무(役務)와 그 밖의 행위를 말한다. 용역의 범위에 관하여 필요한 사항은 대통령령으로 정한다.
>
> 부가가치세법 시행령 제3조(용역의 범위) ① 법 제2조 제2호에 따른 용역은 재화 외에 재산 가치가 있는 다음 각 호의 사업에 해당하는 모든 역무(役務)와 그 밖의 행위로 한다.
> 1. 건설업
> 2.~5. (생략)
> 6. 부동산업 (단서 생략)
> 7.~14. (생략)
> ② 제1항 제1호 및 제6호에도 불구하고 건설업과 부동산업 중 기획재정부령으로 정하는 사업은 재화(財貨)를 공급하는 사업으로 본다.

위에서 보듯이 용역은 재산 가치가 있는 '역무'와 '그 밖의 행위'로 나누어 볼 수 있다. 사업자의 개념에 어차피 '사업'이란 개념요소가 들어가 있으므로, 역무의 범위를 사업에 해당하는 것으로 시행령에서 정하더라도 별 문제는 없을 것

---

4) 문화산업진흥 기본법은 디지털콘텐츠를 "부호·문자·도형·색채·음성·음향·이미지 및 영상 등(이들의 복합체를 포함한다)의 자료 또는 정보로서 그 보존 및 이용의 효용을 높일 수 있도록 디지털 형태로 제작하거나 처리한 것"이라고 정의하고 있다(제2조 제5호).
5) 대법원 2012. 4. 13. 선고 2011두30281 판결.

이다. 다만 앞서 본 재화와는 달리 사업을 일일이 늘어놓고 있다.

뒤에서 자세히 보겠지만, 재화냐 용역이냐에 따라 과세시기라든가 과세가액의 산정기준이 다르다. 따라서 재화와 용역의 구분 문제가 생기게 된다.

[심화학습]   건설해서 기부하면 재화의 공급인가 용역의 공급인가?

재화와 용역의 구분이 문제되는 대표적인 사례가 기부채납이다. 가령 사업자 갑이 A 시설을 공사하여 완성한 다음 이를 국가에 넘겨주고 일정 기간 동안 무상 사용권을 취득하는 것을 기부채납이라고 한다. 이러한 기부채납은 재화의 공급으로 보아야 하는지, 용역의 공급으로 보아야 하는지 문제된다. 구체적 사안에 따라 답이 달라질 수 있어 일률적으로 말하기 어려우나, 대체로는 시설의 소유권을 사업자 갑이 일단 취득한 다음, 그 소유권을 국가에 이전하는 형식을 취득하는 경우에는 재화의 공급으로 보고, 애초부터 국가가 소유권을 취득하는 조건으로 사업자 갑이 건설공사를 수행하는 경우에는 용역의 공급으로 본다. 소유권을 일단 취득하는 것인가 아니면 애초부터 국가가 원시취득하는 것인가는 민사법 문제이고, 기본적으로는 둘 사이에서 계약하기에 달려 있다.

 연습문제

[2015년 방송통신대 기말시험 수정]
다음 중 부가가치세에 관한 설명으로 틀린 것은?
① 부가가치세의 과세대상은 크게 재화와 용역으로 구분할 수 있다.
② 부가가치세의 납세의무자는 사업자에 국한되지 않고 소비의 가능성이 있는 재화나 용역을 생산하는 모든 자연인과 법인을 포함한다.
③ 부가가치세는 일반 소비세이지만 면세되는 재화나 용역도 존재한다.
④ 부가가치세를 주사업장에서 총괄 납부하는 경우 과세표준의 신고는 각 사업장마다 해야 한다.

정답 ②

해설 ② 부가가치세의 과세대상은 (i) 재화의 공급과 (ii) 용역의 공급, 그리고 (iii) 재화의 수입이다. 이 중 (i)과 (ii)의 재화 및 용역의 공급에 대한 부가가치세의 납세의무자는 사업자에 한정된다. 따라서 틀린 설명이다. 다만, (iii)의 재화의 수입에 대한 납세의무자는 사업자에 국한되지 않는다는 점에 주의를 요한다. 재화수입의 경우 사업자가 아닌 개인도 납세의무자로 삼는 것은 국제거래에서는 소비지과세원칙이 적용되는 까닭이다. 자세한 것은 제13장 제3절에서 본다.

① 옳은 설명이다. ③ 면세가 존재하는 것은 재화나 용역의 성질상 불가피한 것도 있고, 정책적 이유로 조세중립성을 일부러 깨뜨리는 것도 있다. 자세한 것은 제13장 제1절에서 본다.

④ 옳은 설명이다. 사업자단위 과세사업자는 납부뿐만 아니라 신고도 사업장마다 하지 않을 수 있다.

부가가치세의 납부세액

앞 장에서는 부가가치세의 틀을 살펴보았고, 이번 장에서는 매 과세기간마다 부가가치세로 납부하여야 할 세액 내지 조세채무의 금액을 어떻게 정하는가에 대하여 본다. 다시 소득세제와 견주어 보면 이해하기 쉽다. 소득세는 총수입금액에서 필요경비를 공제하여 소득을 구하고 그 소득에 세율을 적용한다. 여기에서 총수입금액과 필요경비는 기간과세라는 성격상 어느 과세기간에 속하는 것인지를 따지는 귀속시기 판정기준이 필요하다.

부가가치세도 마찬가지이다. 납부하여야 할 세액은 매출세액에서 매입세액을 공제하고 다시 거기에서 법이 정한 일정한 공제액을 빼서 계산한다. 여기에서 매출세액은 사업자가 이번 과세기간에 '공급'한 재화와 용역의 과세표준(=공급가액)에 세율(10%)을 곱한 금액이므로, '공급'이 있는지 없는지를(소득세제로 치자면 총수입금액이나 익금이 있는지 없는지를) 제일 먼저 따져야 한다. 그 다음으로는 공급이 속하는 과세기간이 언제인지라는 공급시기(소득세로 치자면 손익의 귀속시기)를 따져야 한다. 세 번째로는 공급가액이 얼마인지를 정해야 한다. 그 다음 단계로 매입세액이란 앞 단계 사업자의 매출세액을 매입자의 입장에서 뒤집어 표현한 것, 즉 사업자가 사업을 위하여 사용하였거나 사용할 목적으로 공급받은 재화와 용역에 대한 부가가치세액이다. 매입세액은 매출세액에서 공제받는 것이 원칙이나, 공제하지 못하는 일정한 항목(매입세액불공제)도 있다. 마지막으로 소득세제의 대손금에 해당하는 것으로 대손세액공제가 있다.

사업자가 납부하여야 할 세액은, 그 가운데 79%는 부가가치세 명목으로 납부해서 국가의 세입이 되고 나머지 21%는 지방소비세 명목으로 납부해서 지방자치단체의 세입이 된다.

제1절 부가가치세의 계산 구조와 과세기간

Ⅰ. 부가가치세 신고서와 납부세액

[서식] 부가가치세 신고서

구 분			① 신 고 내 용		
			금 액	세율	세 액
과세표준및매출세액	과세	세금계산서 발급분 (1)		10/100	
		매입자발행 세금계산서 (2)		10/100	
		신용카드·현금영수증 발행분 (3)		10/100	
		기타(정규영수증 외 매출분) (4)		10/100	
	영세율	세금계산서 발급분 (5)		0/100	
		기 타 (6)		0/100	
	예 정 신 고 누 락 분 (7)				
	대 손 세 액 가 감 (8)				
	합 계 (9)			㉮	
매입세액	세금계산서수 취 분	일 반 매 입 (10)			
		수출기업 수입분 납부유예 (10-1)			
		고정자산 매입 (11)			
	예 정 신 고 누 락 분 (12)				
	매입자발행 세금계산서 (13)				
	그 밖의 공제매입세액 (14)				
	합 계 (10)-(10-1)+(11)+(12)+(13)+(14) (15)				
	공제받지 못할 매입세액 (16)				
	차 감 계 (15)-(16) (17)			㉯	
납부(환급)세액 (매출세액 ㉮ -매입세액 ㉯)				㉰	
경감·공제세액	그 밖의 경감·공제세액 (18)				
	신용카드매출전표등 발행공제 등 (19)				
	합 계 (20)			㉱	
소규모 개인사업자 부가가치세 감면세액 (20-1)				㉲	
예 정 신 고 미 환 급 세 액 (21)				㉳	
예 정 고 지 세 액 (22)				㉴	
사업양수자의 대리납부 기납부세액 (23)				㉵	
매입자 납부특례 기납부세액 (24)				㉶	
신용카드업자의 대리납부 기납부세액 (25)				㉷	
가 산 세 액 계 (26)				㉸	
차감·가감하여 납부할 세액(환급받을 세액)(㉰-㉱-㉲-㉳-㉴-㉵-㉶-㉷+㉸) (27)					
총괄 납부 사업자가 납부할 세액(환급받을 세액)					

앞의 서식은 부가가치세 신고서 서식의 일부이다. 서식의 맨 왼쪽 편에 보면, '과세표준 및 매출세액'과 '매입세액'이 차례로 나오고, 매출세액에서 매입세액을 차감하여 '납부세액'을 구하게 된다. 매입세액이 매출세액보다 크면, '환급세액'을 돌려준다. 현행법이 채택하고 있는 전단계세액공제법을 그대로 반영하고 있다.

지금까지 배운 내용을 좀 더 확인해 보자. '과세표준 및 매출세액'을 구체적으로 살펴보면, '과세' 중 첫 번째 줄에 '세금계산서 발급분'이 나오고, 같은 줄의 옆에 있는 '세율'에는 '10/100'이 인쇄되어 있다. 앞의 도해 사례로 보면, 밀가루공장 사업자의 경우 매출액이 200원이므로, 이 200원을 '금액'에 적고, '세액'에 20원을 적으면 된다(물론, 다른 과세거래가 더 있으면 그 거래금액을 모두 합한 금액을 적는다). 앞에서 보았듯이 법에서 쓰는 용어로 '과세표준'이란 (매출액−매입액)이 아니라 매출액 그 자체이고, 거기에 세율을 곱해서 매출세액을 구한다.

왼쪽 편의 중간쯤에 위치한 '매입세액'을 보면, 첫 번째 줄에 '세금계산서 수취분'이 적혀 있고, 이는 '일반매입'과 '고정자산매입'으로 나뉘어 있다. 매입세액을 매출세액에서 공제(환급)받기 위해서는 세금계산서를 수취해야 한다는 것을 짐작할 수 있을 것이다. 그리고 '고정자산 매입', 곧 투자액의 경우 그 전액에 해당하는 세액을 매입세액으로서 공제(환급)받을 수 있음을 확인할 수 있다(소비형 부가가치세). 매입세액뿐만 아니라 매입액 자체도 적기는 하지만 세율 칸이 없다는 점에 주목하라. 매출액 그 자체를 과세표준이라 부르고, 매입세액 공제란 세액 단계에 가서 받아 놓은 세금계산서로 확인할 수 있는 특정한 세액을 공제하는 것으로 생각하기 때문이다.

서식을 보면, 지금까지 배운 것만으로 알 수 없는 것들이 많은데, 그중 중요한 것은 이후에 차차 배우게 된다(신용카드에 관한 칸같이, 부가가치세의 필수적 일부가 아니고 그저 세무행정을 돕기 위한 내용은 이 교재에서 다루지 않는다는 점을 미리 양해해 주기 바란다).

╔══╗

기│본│사│례

서울(주)는 01년 1.1에서 6.30 사이에 다음과 같은 거래를 하였다. 아래에 적힌 거래금액은 모두 부가가치세 제외 금액이다. 부가가치세는 모두 정당한 금액을 아래 적힌 거래금액에 추가하여 거래징수하거나 징수당했고 관련 세금계산서도 모두 정당하게 교부하거나 교부받았다. 01년 1기분으로 납부할 세액은 얼마인가?

1. 1.   기초재고는 20개이고 매입단가는 각 400원씩이다.
1. 2.   판매 10개   판매단가 430원
2. 1.   매입 40개   매입단가 420원
3. 1.   매입 50개   매입단가 425원
4. 1.   판매 50개   판매단가 450원
5. 1.   매입 40개   매입단가 435원
5. 2.   판매 80개   판매단가 480원
6. 1.   매입 20개   매입단가 440원
6. 30. 기말재고는 실제로 조사해 보니 60개 있다.

풀이 부가가치세를 고려하여 분개의 형식으로 계산해보자.

1. 2. 현금 4,300 + 430	매출 4,300 + 매출세액*(부채) 430
2. 1. 매입 16,800 + 매입세액*(자산) 1,680	현금 16,800 + 1,680
3. 1. 매입 21,250 + 매입세액 2,125	현금 21,250 + 2,125
4. 1. 현금 22,500 + 2,250	매출 22,500 + 매출세액 2,250
5. 1. 매입 17,400 + 매입세액 1,740	현금 17,400 + 1,740
5. 2. 현금 38,400 + 3,840	매출 38,400 + 매출세액 3,840
6. 1. 매입 8,800 + 매입세액 880	현금 8,800 + 880
(결산) 매출세액 6,520	매입세액 6,425 + 부가가치세예수금 95
(납부시) 부가가치세예수금 95	현금 95

＊ 이해하기 쉽게 매출세액, 매입세액이라 적었지만 실무에서는 '부가가치세예수금', '부가가치세대급금'이라 적는다. 기말 현재의 재무상태표에는 두 가지를 상계한 잔액, 곧 납부할 세액이나 환급받을 세액을 '부가가치세예수금'이나 '부가가치세대급금'으로 표시한다.

╚══╝

앞의 신고서 서식으로 돌아가면 이 보기의 결산분개에 나타난 매출세액 6,520원이 (1)과 (가)에, 매입세액 6,425가 (10)과 (나)에, 그 차액인 납부할 세액 95가 (다)에 들어간다. 한편 눈썰미가 있다면 이 보기의 숫자가 뭔가 낯익을 것이다. 앞의 제9장 재고자산의 평가 부분에서 보았던 바로 그 거래이고 다만 부가가치세의 과세기간에 맞추어 날짜를 바꾼 것뿐이다. 여기에서 두 가지 주목할 점이 있다.

첫째 위 분개 자체에서 알 수 있듯이 서울(주)가 납부하였거나 납부할 부가가치세 95원은 재무제표에 비용으로 나타나지 않는다. 부가가치세를 고려하더라도 서울(주)의 재무제표는 현금이 95원 증가하고 부가가치세 미지급금이 95원 증가한다는 점을 제외하고는 앞서 제9장에서 본 그대로 남는다. 왜 그럴까? 부가가치세는 공급받는 자에게 전가되어 궁극적으로는 최종소비자에게 귀착한다는 법형식을 띠기 때문이다.[1] 바로 그 때문에 매출세액은 국가에 납부할 돈을 우선 받아두었다는 뜻에서 부채로 나타나고 그 반대로 매입세액은 자산으로 나타나는 것이다. 매출세액이 매입세액보다 95원 크므로 재무제표에서는 현금이 95원 증가하는 것이다.

둘째, 앞서 제9장에서 본 손익계산서의 매출총이익 부분과 견주어보면 소득세제와 부가가치세제의 중요한 차이를 하나 볼 수 있다. 매입세액 공제는 매출세액에 대응하는 부분(곧 매출원가 부분의 매입세액)을 공제하는 것이 아니라 매입액에 딸린 매입세액을 공제한다. 곧, 소득세는 '(매출액−매출원가)×세율'이지만 부가가치세는 '(매출액−매입액)×세율'이라는 말이다.[2]

---

1) 앞에서 이미 보았지만 실제로 부가가치세가 없을 때 서울(주)가 앞 거래에 나타난 세제외 가격으로 공급하고 있다가 부가가치세제가 새로 생겨났다고 가정해 보자. 서울(주)가, 부가가치세를 고려해서 10%를 올려달라고 하면 매수인이 양순하게 10%를 올려줄 리가 없다. 실제로 값이 얼마나 올라갈까, 곧 세금부담 가운데 얼마가 전가되고 누구에게 귀착하는가는 시장의 수요공급 상황에 달려있는 것이지 법으로 정할 수 있는 것이 아니다.

2) 기업 내 재고자산의 증가는 아직 가계 부문으로 넘어가지 않고 기업 부문에 남아 있으므로 소비가 아니다. 이 점에서 기계장치를 사들이는 것이나 마찬가지로 매입세액을 공제하는 것이다. 실제로 한국은행에서 발표하는 국민소득 통계를 보면 재고자산 증가는 투자의 일부로 잡는다. '소득=소비+투자'라는 점은 이미 앞서 보았다.

기 본 사 례

서울(주)는 01년. 7. 1. 수제품 스포츠카 제조를 목적으로 자본금 2억원을 현금으로 출자하여 설립되었다. 다음 각 거래를 부가가치세를 고려해서 분개하고, 이 회사의 01년 제2기분 부가가치세 납부세액을 구하라. 아래 각 거래에 나온 거래금액은 모두 세제외 금액이고, 이 회사는 모든 매출세액과 매입세액을 정당하게 거래징수하고 거래징수 당했다. 모든 세금계산서도 정당하게 교부하고 교부받았다.

7. 1. 현금 2억 원을 출자하여 회사를 설립하다.
7. 1. 공장 토지와 건물을 합쳐서 5천만원 주고 사다. 토지의 시가는 3000만원이고 건물의 시가는 2,000만원이다
7. 1. 기계장치 4천만원 어치를 사다.
9. 1. 원재료 4천만원 어치를 사다.
10. 1. 사장 집무실을 1년 반 계약으로 임차하고, 차임 3천만원은 02년 12. 31에 지급하기로 하다.
12. 31. 작업반 연봉 4천만원을 지급하다.
12. 31. 사장 연봉 2천만원을 지급하다
12. 31. 완성된 자동차 1대를 팔고 2억원을 받다. 이 자동차를 만드는 데에는 원재료 3천만원어치가 들었다.
12. 31. 공장건물의 제1차년분 감가상각은 2천만원이다. 공장 토지건물의 시가는 1억 2천만원이다.
12. 31. 기계장치의 제1차년분 감가상각은 8백만원이다.

풀이 부가가치세를 고려하여 분개의 형식으로 계산해 보자.

7. 1. 현금   2억원   자본금 2억원
7. 1. 토지건물 5천만원 + 매입세액 200만원   현금 5천만원 + 200만원
7. 1. 기계장치 4천만원 + 매입세액 400만원   현금 4천만원 + 400만원
9. 1. 원재료   4천만원 + 매입세액 400만원   현금 4천만원 + 400만원
10. 1. (편의상 12. 31.에 결산분개로 회계처리하기로 함)
12. 31. 임차료   1천만원 + 매입세액 100만원   미지급임차료 1천만원 + 미지급금 100만원
12. 31. 노무비   4천만원   현금 4천만원
12. 31. 사장급여 2천만원   현금 2천만원
12. 31. 현금 2억원 + 2,000만원   매출 2억원 + 매출세액 2,000만원
           원재료비 3천만원   원재료 3천만원
12. 31. 감가상각 2천만원   토지건물 2천만원

12. 31. 감가상각 8백만원 　　　　　　　　　기계장치 8백만원

(부가가치세 결산분개)
　　매출세액 2,000만원 　　　　　　　　　매입세액 1,100만원
부가가치세예수금 900만원
(부가가치세 신고납부시 분개)
　　부가가치세예수금 900만원 　　　　　　현금 900만원

　　이 사례는 앞서 제8장에서 복식부기를 배울 때 보았던 사례에 부가가치세를 더한 것이다. 여기에서 토지건물 매입과 사장집무실 임차료에 관한 부분은 아직 안 배웠다. 뒤에 다시 보겠지만 토지의 매입은 면세이므로 공급자가 부가가치세를 거래징수하지 않는다. 역시 다시 뒤에 보겠지만 사장집무실 임차료는, 아직 실제로 돈을 주고 받지 않았더라도 임대인은 임대차 기간에 해당하는 부분만큼 매출세액을 거래징수해서 납부할 의무가 있다.

Ⅱ. 신고납부와 과세기간

부가가치세법 제5조(과세기간) ① 사업자에 대한 부가가치세의 과세기간은 다음 각 호와 같다.
1. (생략)
2. 일반과세자

구분	과세기간
제1기	1월 1일부터 6월 30일까지
제2기	7월 1일부터 12월 31일까지

부가가치세법 제48조(예정신고와 납부) ① 사업자는 각 과세기간 중 다음 표에 따른 기간 (이하 "예정신고기간"이라 한다)이 끝난 후 25일 이내에 대통령령으로 정하는 바에 따라 각 예정신고기간에 대한 과세표준과 납부세액 또는 환급세액을 납세지 관할 세무서 장에게 신고하여야 한다. (단서 생략)

구분	예정신고기간
제1기	1월 1일부터 3월 31일까지
제2기	7월 1일부터 9월 30일까지

부가가치세법 제49조(확정신고와 납부) ① 사업자는 각 과세기간에 대한 과세표준과 납부세액 또는 환급세액을 그 과세기간이 끝난 후 25일(괄호 생략) 이내에 대통령령으로 정하는 바에 따라 납세지 관할 세무서장에게 신고하여야 한다. (단서 생략)

과세기간은 1년에 6개월씩 두 차례로 나뉘어 있다. 6개월 기간의 중간에 '예정신고'를 하고, 6개월 기간이 끝나면 25일 이내에 '확정신고'를 한다. 결국 분기별(3개월 단위)로 한 해에 네 차례 세금을 내야 한다. 이는 1역년(曆年)을 과세기간으로 정하여 한 차례 세금을 내는 소득세와 대비된다. 물론 소득세에도 중간예납이 있기는 하지만, 이것은 지난해에 낸 세금의 일정 부분만큼을 내는 것이고 올해의 실적에 따라 내는 것이 아니다.

[심화학습] 부가가치세 예정신고만 하고 세금을 안내면?

영화관 운영사업을 영위하는 '피카디리'는 01년 제2기 예정신고기간(7월 1일~9월 30일)의 신고기한인 10월 25일에 부가가치세 예정신고를 적법하게 하였으나, 납부세액 10억 원('이 사건 미납세액')이 있음에도 자금사정이 어려워 이를 납부하지 못하자, 영위하던 사업의 일체를 01년 11원 15일 특수관계인인 '서울극장'에 양도하였다. 그 후 관할 세무서장은 01년 12월 5일경 납부기한을 같은 달 말일로 정하여 이 사건 미납세액[3]의 납부를 피카디리에 고지하였으나 피카디리는 그 납부기한이 경과하도록 위 고지세액을 납부하지 않았다. 그러자, 관할 세무서장은 02년 5월 8일 사업양수인인 서울극장을 제2차 납세의무자로 지정하여 이 사건 미납세액[4]을 부과('이 사건 부과처분')하였다.

제1편 제2장 제3절 Ⅱ. 2. (2)에서 공부한 바와 같이 사업양수인이 제2차 납세의무를 지려면, 사업양도인의 체납세액이 사업양수도일 이전에 확정된 것이어야 한다(국

---

3) 납부불성실 가산세가 붙지만, 논의의 편의상 생략한다.
4) 그 밖에 가산금 및 납부지연가산세(종전 중가산금)도 붙지만 논의의 편의상 생략한다.

세기본법 제41조 제1항). 위 사안의 경우 사업양수도일은 01년 11월 15일이고, 이 사건 미납부세액을 예정신고한 일자는 그 이전인 01년 10월 25일이므로, 이 사건 부과처분의 적법 여부는 부가가치세 예정신고에도 납세의무를 확정시키는 효력이 있다고 볼 수 있는지의 문제로 귀결된다. 판례는 이를 긍정하였다.[5] 그 이유는? 예정신고의 경우에도 무신고나 과소신고 시 확정신고와 마찬가지로 가산세가 부과되고,[6] 과세관청이 경정권한을 행사할 수 있을 뿐만 아니라[7] 강제징수도 가능하다는 점[8]을 들었다. 결국, 신고에 의해 납세의무의 확정 효력이 생긴다는 점에서 보면, 부가가치세법상 '예정'신고는 '확정'신고와 아무런 차이가 없다고 본 셈이다.

한편, 제2편 제6장 제5절에서 배운 바 있듯이, 양도소득세의 경우에도 예정신고의무가 있고, 판례는 이런 양도소득세의 예정신고가 납세의무를 확정시키는 효력이 있는지에 관하여 위 부가가치세의 예정신고와 달리 보고 있다(소위 잠정적 효력설). 왜 똑같은 예정신고인데도 그 둘을 달리 보는 것일까? 이는 소득세와 부가가치세의 구조적 차이에 기인하는 것으로 볼 수 있다. 부가가치세 예정신고를 한 사업자가 이미 신고한 과세표준과 납부한 납부세액에 대해서는 예외 없이 확정신고의무를 면제한다.[9] 세율이 10%로 동일하여 세액이 달라지지 않으니 굳이 확정신고를 다시 밟게 할 이유가 없고 따라서 부가가치세의 확정신고에는 예정신고한 세액을 정산한다는 개념이 들어설 여지가 없다. 반면에 양도소득세의 경우 가령, 누진세율 적용대상 자산에 대한 예정신고를 2회 이상 하는 등의 경우에는 적용세율이 달라져 확정신고의무를 면제해 줄 수 없고,[10] 이런 경우 확정신고는 예정신고한 세액을 정산하는 의미를 갖는다.

---

5) 대법원 2011. 12. 8. 선고 2010두3428 판결.
6) 국세기본법 제47조의2 제1항 및 제47조의3 제1항.
7) 부가가치세법 제57조 제1항 제1호 및 제2호.
8) 부가가치세법 제58조 제1항.
9) 부가가치세법 제49조 제1항 단서.
10) 소득세법 제110조 제4항 및 같은 법 시행령 제173조 제5항.

제2절   공급의 개념

신고서의 과세표준 칸에 적을 금액은 '해당 과세기간에 공급한 재화 또는 용역의 공급가액'이다. 재화와 용역에 대해서는 앞 장에서 이미 보았다. 재화와 용역을 '공급'한다는 말은 무슨 뜻인가?

Ⅰ. 일반적인 공급

1. 재화의 공급

> 부가가치세법 제9조(재화의 공급) ① 재화.의 공급은 계약상 또는 법률상의 모든 원인에 따라 재화를 인도(引渡)하거나 양도(讓渡)하는 것으로 한다.
>
> 부가가치세법 제10조(재화 공급의 특례) ⑨ 다음 각 호의 어느 하나에 해당하는 것은 재화의 공급으로 보지 아니한다.
> 1. 재화를 담보로 제공하는 것으로서 대통령령으로 정하는 것
> 2. 사업을 양도하는 것으로서 대통령령으로 정하는 것. 다만, 제52조 제4항에 따라 그 사업을 양수받는 자가 대가를 지급하는 때에 그 대가를 받은 자로부터 부가가치세를 징수하여 납부한 경우는 제외한다.

공급이라는 말은 민사법에서 쓰는 법률용어가 아니므로, 부가가치세법은 따로 정의를 두고 있다. 앞의 명문정의에는 없지만 재화의 공급이라는 말은 재화의 소유권 내지 처분권의 이전을 전제하는 개념이다. 이를 이해하기 위해 '임대차(賃貸借)'를 예로 들어 보자. 가령 사업자 갑이 자신의 부동산을 을에게 임대해 준다면, 이 임대가 재화의 공급인가? 문언만 놓고 보면, 부동산의 임대도 '계약상 원인에 따라 재화를 인도하는 것'에 해당한다. 하지만 부가가치세 구조를 생각해 보면, 부동산의 임대를 재화의 공급으로 볼 수 없다. 재화의 공급이 있게 되면 대

가를 받게 되는데, 임대차의 경우에 임대인이 받게 되는 대가인 임대료는 재화의 '사용'가치이다. 그런데 재화의 '사용'은 용역의 개념에 들어가므로, 임대차에 따른 물건의 인도는 재화의 공급이 아니라 '재화를 사용하게 하는 것'으로서 용역의 공급으로 보아야 한다. 요컨대 시기에 차이가 있을 수는 있지만 재화의 소유권이나 처분권의 이전이 있어야 재화의 공급이 된다.

위와 같이 재화의 공급을 소유권의 이전을 전제로 한 개념으로 이해하면, 재화를 담보로 제공하는 것은 재화의 공급으로 보지 않아야 한다. 담보제공 이후에도 소유권은 담보를 제공받은 자(담보권자)에게 넘어가지 않고 여전히 담보를 제공한 자(담보권 설정자)에게 남아 있기 때문이다. 소득세제에서 양도담보를 양도라고 보지 않았던 것이나 마찬가지이다.

[심화학습] 사업양도를 재화의 공급으로 보아야 할 경우

사업양도를 재화의 공급으로 보지 않는 핵심적인 이유는 거래징수에 실익이 없기 때문이다. 하지만 양수인이 매입세액을 공제(환급)받지 못하는 사업자라면 거래징수에 실익이 생긴다. 다음 장에서 보겠지만 간이과세자와 면세사업자는 매입세액을 공제받지 못한다. 따라서 사업양도라 하더라도 양수인이 간이과세자이거나 면세사업자라면 거래징수를 해야 논리가 맞다. 문제는 위 두 가지 경우에 사업양도를 재화의 공급으로 본다는 명문 규정이 없다는 것이다. 법해석상 과세할 수 있는 것일까, 없는 것일까? 제1장에서 보았던 해석방법론의 문제로 돌아간다. 간이과세자에 대해서는 과세가 가능하다는 판결이 있다.[11]

2. 용역의 공급

부가가치세법 제11조(용역의 공급) ① 용역의 공급은 계약상 또는 법률상의 모든 원인에 따른 것으로서 다음 각 호의 어느 하나에 해당하는 것으로 한다.
1. 역무를 제공하는 것
2. 시설물, 권리 등 재화를 사용하게 하는 것

11) 대법원 2004. 12. 10. 선고 2004두10593 판결.

> 제12조(용역 공급의 특례) ② 사업자가 대가를 받지 아니하고 타인에게 용역을 공급하는 것은 용역의 공급으로 보지 아니한다. (단서 생략)
> ③ 고용관계에 따라 근로를 제공하는 것은 용역의 공급으로 보지 아니한다.

위 글귀를 정리하면 용역의 공급이란 사람의 노무를 제공하거나 재화를 사용하게 하는 것이다. '근로'는 역무의 제공에 해당하지만, 앞 장에서 보았듯이 단일세율을 쓰는 이상 근로자를 납세의무자로 삼아서 따로 과세할 이유가 없다. 따라서 용역의 공급으로 보지 않는다고 정해서 근로자를 납세의무자의 범위에서 제외하고 있는 것이다. 특수관계가 없는 제3자에게 무상으로 공급하는 용역을 공급으로 보지 않는 것은 우선 그런 경우를 생각하기가 어렵고, 혹시 있다면 경제적 가치가 거의 미미할 것이기 때문이다. 무상의 용역이더라도 특수관계자에게 제공하는 것이라면 문제가 달라지지만(제12조 제2항의 생략 부분), 이것은 뒤에 부당행위계산의 부인 부분에서 보기로 한다.

II. 공급의제

방금 전에 본 일반적 의미에서는 재화의 공급 개념에 해당하지 아니함에도 재화의 공급으로 의제하는 경우가 있다. 이에 해당하는 경우로는 크게 ① 면세전용, ② 개인적 공급, ③ 사업상 증여, ④ 사업폐지 시 잔존재화의 네 가지 유형으로 나누어 볼 수 있다. 내용상 다소 차이가 있고 예외도 물론 있지만, 위 유형들은 대개 재화의 매입 단계에서는 매입세액을 공제받았지만 재화의 공급 단계에서 매출세액이 안 생기는 경우를 다루고 있다. 이런 경우 법에서 말하는 일반적의미의 공급은 아니지만 재화의 공급이 있는 것으로 의제하여 과세하는 것으로 이해할 수 있다. 그러면 각 유형별로 의제의 효과를 부여하는 구체적인 이유를 살펴보자.

1. 면세전용

> 부가가치세법 제10조(재화 공급의 특례) ① 사업자가 자기의 과세사업과 관련하여 생산하거나 취득한 재화로서 다음 각 호의 어느 하나에 해당하는 재화(이하 이 조에서 "자기생산·취득재화"라 한다)를 자기의 면세사업을 위하여 직접 사용하거나 소비하는 것은 재화의 공급으로 본다.
> 1. 제38조에 따른 매입세액, 그 밖에 이 법 및 다른 법률에 따른 매입세액이 공제된 재화
> 2. 제8항 제2호에 따른 사업양도로 취득한 재화로서 사업양도자가 제38조에 따른 매입세액, 그 밖에 이 법 및 다른 법률에 따른 매입세액을 공제받은 재화
>
> 부가가치세법 제12조(용역 공급의 특례) ① 사업자가 자신의 용역을 자기의 사업을 위하여 대가를 받지 아니하고 공급함으로써 다른 사업자와의 과세형평이 침해되는 경우에는 자기에게 용역을 공급하는 것으로 본다. 이 경우 그 용역의 범위는 대통령령으로 정한다.

위에서 보듯이 과세사업과 면세사업을 겸영하는 사업자가 재화나 용역을 과세사업에서 면세사업으로 전용하는 것이 위 조문의 적용대상이다. 종래에는 '자가공급'이라고 불렀지만 현행법의 글귀에서는 그 말은 안 나오고, '면세전용'이라고 부를 수 있을 것이다. 과세사업을 두 개 이상 영위하는 사업자가 과세사업 사이에 재화를 전용하는 것이 면세전용이 아님은 당연하다.

면세전용을 공급으로 보는 까닭은 무엇일까? 과세사업을 위하여 취득한 상품이나 원재료 같은 재화는 매입세액공제를 받는다. 그런데 이런 재화를 면세사업에 전용한 것이다. 애초 면세사업용 제품이나 원재료로 사들였더라면 매입세액공제를 받을 수가 없었을 것이다(면세사업자는 최종소비자나 마찬가지로 국가와 법률관계가 없다). 그렇게 보면 과세사업을 거쳐서 취득하였다고 해서 매입세액공제를 허용할 이유가 없다. 그런데 매입세액공제는 이미 해 주었으므로, 전용 그 자체를 공급이라고 보아 과세하는 것이다. 달리 생각한다면, 사업자가 과세사업에서 매입세액공제를 받은 재화를 면세사업에 전용하는 것은 최종소비자에게 공급하는 것과 다를 바 없으므로 공급으로 의제하는 것이다.

용역의 경우는 어떨까? 과세사업에 속하는 용역을 면세사업으로 전용할 가능성은 실제로 상정하기가 어렵다. 현행법은 과세요건을 시행령에 위임했지만, 아직 그런 시행령이 나온 것은 없다.

2. 개인적 공급, 사업상 증여, 사업폐지 시 잔존재화

부가가치세법 제10조(재화 공급의 특례)
④ 사업자가 자기생산·취득재화를 사업과 직접적인 관계없이 자기의 개인적인 목적이나 그 밖의 다른 목적을 위하여 사용·소비하거나 그 사용인 또는 그 밖의 자가 사용·소비하는 것으로서 사업자가 그 대가를 받지 아니하거나 시가보다 낮은 대가를 받은 경우는 재화의 공급으로 본다. (후단 생략)
⑤ 사업자가 자기생산·취득재화를 자기의 고객이나 불특정 다수에게 증여하는 경우(증여하는 재화의 대가가 주된 거래인 재화의 공급에 대한 대가에 포함되는 경우는 제외한다)는 재화의 공급으로 본다. 다만, 사업자가 사업을 위하여 증여하는 것으로서 대통령령으로 정하는 것은 재화의 공급으로 보지 아니한다.
⑥ 사업자가 폐업할 때 자기생산·취득재화 중 남아 있는 재화는 자기에게 공급하는 것으로 본다. (후단 생략)

제4항부터 보자. 사업자나 사용인(종업원을 말한다) 기타 제3자가 사업자 소유의 재화를 사용하거나 소비하는 것(이를 '개인적 공급'이라고 부른다)은 사업자 단계에서 최종소비자 단계로 재화가 이전되고 최종소비자가 이를 소비하는 것과 다를 바 없다. 다만 재화의 인도나 소유권 이전이라는 일반적 의미의 공급에는 넣기 어려우므로, 개인적 공급을 재화의 공급으로 의제한다는 명문규정을 두어서 과세한다. 소득세에서 사업자의 재고자산을 사업자 본인이나 종업원이 직접 소비한 경우 그 가액을 총수입금액에 산입하는 것과 마찬가지이다. 제4항은 '재화'에만 적용하므로, 사업자가 자신에게 노무를 제공하는 것은 과세대상이 아니다. 가령 미용사가 스스로 머리를 다듬는다고 해서 대가 상당액을 공급가액에 넣지는 않는다.

제6항은 제4항의 논리적 연장이다. 사업의 폐업 당시에 남은 재화(이를 '잔존재화'라 부른다)는 개인적 소비가 가능해지므로, 그 시점에 재화의 공급이 있는 것으로 보고 과세하는 것이다.

제5항도 마찬가지 생각이다. 사업자 자신의 소비를 개인적 공급으로 과세하는 이상 제3자(고객이나 불특정다수인)에 대한 증여도 당연히 과세해야 할 것이다. 소비자의 지위에 있는 제3자에게 재화를 이전한 것으로 볼 수 있다는 점은 개인

적 공급이나 사업상 증여나 모두 마찬가지이기 때문이다. 시행령은 견본품의 증여를 과세하지 않는다고 정하고 있다(시행령 제20조 제1호).

제5항은 고객과 불특정다수인만 언급하고 있고, 고객이 아닌 특정인은 증여의 상대방으로 나와 있지 않다. 고객이 아닌 특정인에 대한 증여는 과세하지 않는다는 말인가? 그 말은 아니다. 제4항에 걸리기 때문이다. 고객이 아닌 특정인에 대한 증여는, 사업상 증여는 아니지만 개인적 공급으로 과세할 수 있다.

Ⅲ. 부수 공급

> 부가가치세법 제14조(부수 재화 및 부수 용역의 공급) ① 주된 재화 또는 용역의 공급에 부수되어 공급되는 것으로서 다음 각 호의 어느 하나에 해당하는 재화 또는 용역의 공급은 주된 재화 또는 용역의 공급에 포함되는 것으로 본다.
> 1. 해당 대가가 주된 재화 또는 용역의 공급에 대한 대가에 통상적으로 포함되어 공급되는 재화 또는 용역
> 2. 거래의 관행으로 보아 통상적으로 주된 재화 또는 용역의 공급에 부수하여 공급되는 것으로 인정되는 재화 또는 용역

부수적인 공급은 그 자체의 성격에 따라 재화의 공급인지 용역의 공급인지를 정하는 것이 아니라, 주된 공급이 재화인지 용역인지에 따른다. 실무적으로는 주된 공급과 부수 공급의 구별 자체가 어려운 경우가 많고, 어떤 공급이 독립적인 별개의 공급인지 아니면 다른 공급에 부수되는 것인지, 이런 판단이 어렵다. '거래의 관행', '통상적' 이런 기준으로 답을 낼 수밖에 없다.

[심화학습] 부수 재화·용역의 공급 문제

둘 이상의 재화나 용역을 한꺼번에 공급하는 경우가 있다. 가령 전자제품을 파는 거래와, 이 제품이 제대로 작동할 수 있도록 적절하게 설치해 주거나 사용법을 보여주고 가르쳐 주는 거래는 시기적·장소적으로나 기능적으로 서로 밀접하게 연결되어 있다. 비행기에 태워서 정해진 목적지로 데려다주는 거래와, 그러한 비행기 안에서

식사나 오락을 제공해 주는 거래도 그러하다.

이런 거래를 묶어서 보나 각각 보나 법률효과가 같으면 이상적이겠지만 현실의 부가가치세제에서는 꼭 그렇게 되지만은 않는다. 특히 면세제도가 존재하기 때문에, 면세대상이 되는 재화·용역을 과세대상인 재화·용역과 밀접한 관계하에 함께 공급할 수밖에 없는 경우 문제가 생긴다. 각각의 재화·용역에 대한 공급 대가를 따로 구분할 수 없다면 주종관계를 가려내어 주된 재화·용역에 대한 부가가치세법의 취급을 전체 거래에 적용한다는 것이 부수 재화·용역의 공급에 관한 기본적인 이론이라고 할 수 있다.

하지만 어떠한 경우에 그러한 밀접한 관계를 인정하여 굳이 대가를 가려내지 않고 묶어서 법을 적용하고, 또 어떠한 경우에 그러한 관계가 없다고 보아 대가를 가려내어 따로 법을 적용할 것인가? 잘 알려진 대법원 판결도 많다. 피부과 의원에서 제공하는 피부미용 용역은 면세되는 의료 용역에 대한 부수 재화·용역이 아니라고 한다.[12] 병원의 구내식당 운영자가 병원 운영자와 다른 이상, 음식의 공급은 의료 용역에 대한 부수 재화·용역이 아니라고 한다.[13] 최근의 것으로는 병원 장례식장에서 공급하는 재화·용역이 장례식장의 원래 기능이라고 할 장의 용역에 부수되는 것이라고 본 판결[14]이 있는데, 특히 이 판결의 타당성에 관하여는 논란이 있다.

Ⅳ. 공급자가 누구?

> 부가가치세법 제10조(재화 공급의 특례) ⑦ 위탁매매 또는 대리인에 의한 매매를 할 때에는 위탁자 또는 본인이 직접 재화를 공급하거나 공급받은 것으로 본다. 다만, 위탁자 또는 본인을 알 수 없는 경우로서 대통령령으로 정하는 경우에는 수탁자 또는 대리인에게 재화를 공급하거나 수탁자 또는 대리인으로부터 재화를 공급받은 것으로 본다.

매매의 한 형태인 위탁매매란 물건 등을 팔고 싶은 사람(위탁자)이 남(상법의 용어로 위탁매매인, 위 법령상의 용어로는 수탁자)에게 물건을 보내서 대신 팔아달라고 하는 것이다. 수탁자는 자기 이름으로 살 사람과 계약을 맺고 물건을 판 뒤,

---

12) 대법원 2008. 10. 9. 선고 2008두11594 판결.

13) 대법원 2002. 11. 8. 선고 2001두4849 판결.

14) 대법원 2013. 6. 28. 선고 2013두932 판결.

판매대금에서 자기가 받을 수수료를 공제한 나머지를 위탁자에게 보낸다. 상법의 용어 그대로 어렵게 표현하면 위탁매매인은 '자기명의(自己名義)'로써 '타인(他人)의 계산(計算)'으로 매매를 한다는 것이다(상법 제101조). 수탁자는 수수료를 받을 뿐이므로 판매대금은 애초부터 다 위탁자에게 귀속되고, 그에 맞추어 부가가치세에서도 위탁자를 공급자로 본다. 다만 위탁자가 누구인지를 위탁매매인이 밝히지 않는다면, 거래상대방으로서는 위탁자를 알 길이 없으므로, 이런 경우에는 위탁매매인을 재화의 공급자로 본다. 대리인에 의한 매매에서는, 대리인이 계약을 하기는 하지만 본인의 명의로 계약한다. 아무튼 부가가치세에 관한 한 본인, 대리인, 상대방의 관계는 위탁자, 수탁자, 상대방의 관계나 별 다를 바가 없고, 과세도 같은 방법으로 한다.

[심화학습] 신탁과 부가가치세

신탁재산을 매매하는 경우 부가가치세 납세의무자를 위탁자와 수탁자 중 누구로 볼 것인지 문제된다. 대법원은 전원합의체 판결로 부가가치세는 실질적 소득이 아닌 거래의 외형에 대하여 부과하는 거래세에 해당함을 이유로 수탁자가 납세의무자에 해당한다고 판시하였다.[15] 그러나 2017. 12. 19. 납세의무자를 위탁자로 보는 내용의 입법이 이루어졌다(제10조 제8항). 즉, 국회가 대법원 전원합의체 판결을 입법으로 뒤집은 것이다. 하지만, 국회는 2020. 12. 22. 다시 대법원 전원합의체 판결의 입장으로 되돌아갔다. 즉, 원칙적으로 수탁자를 부가가치세 납세의무자로 하되,[16] 위탁자의 명의로 신탁재산을 매매하거나 위탁자가 신탁재산을 실질적으로 지배·통제하는 경우 등 예외적인 경우에만 위탁자를 납세의무자로 본다(제10조 제8항 삭제).

---

15) 대법원 2017. 5. 18. 선고 2012두22485 전원합의체 판결.
16) 이 경우 위탁자로부터 수탁자에게 신탁재산을 이전하는 것은 재화의 공급으로 보지 않는다(부가가치세법 제10조 제9항 제4호 가목).

연습문제

다음의 거래 중 부가가치세 과세대상이 아닌 것은?

① 재고자산의 판매 ② 약속어음의 양도 ③ 특허권의 대여 ④ 건물의 현물출자

정답 ②

해설 ② 대금지급수단은 광범위하게 정의되어 있는 재화의 개념에 해당하는 것으로 보이지만, 이를 재화로 보게 되면 부가가치세 체계에 어긋나게 되므로, 대금지급수단을 재화가 아닌 것으로 해석하거나 대금지급수단의 양도를 재화의 공급이 아닌 것으로 해석해야 한다. ① 재고자산의 판매는 전형적인 재화의 공급에 해당하고, ④ 현물출자도 재화공급의 거래형태 중 하나이다. ③ 특허권과 같은 권리도 재화이나, 특허권의 대여는 해당 권리를 사용하게 하는 것이므로, 용역의 공급에 해당한다.

[2013년 방송통신대 기말시험 수정]

부가가치세법상 재화의 공급의제에 관한 설명으로 틀린 것은?

① 재화를 담보로 제공하는 것으로서 질권, 저당권 또는 양도담보의 목적으로 동산, 부동산 및 부동산상의 권리를 제공하는 것은 재화의 공급으로 본다.
② 사업자가 자기생산·취득재화를 사업과 직접적인 관계없이 자기의 개인적인 목적이나 그 밖의 다른 목적을 위하여 사용·소비하거나 그 사용인 또는 그 밖의 자기 사용·소비하는 것으로서 사업자가 그 대가를 받지 아니하거나 시가보다 낮은 대가를 받는 경우는 재화의 공급으로 본다.
③ 사업자가 자기생산·취득재화를 자기의 고객이나 불특정 다수에게 증여하는 경우(증여하는 재화의 대가가 주된 거래인 재화의 공급에 대한 대가에 포함되는 경우는 제외한다)는 재화의 공급으로 본다.
④ 사업자가 폐업할 때 자기생산·취득재화 중 남아 있는 재화는 자기에게 공급하는 것으로 본다.

정답 ①

해설 ① 재화의 공급은 재화의 소유권 이전을 깔고 있는 개념이다. 부동산의 임대를 재화의 공급으로 보지 않는 이유를 다시금 떠올려 보라. 담보로 제공된 재화의 소유권은 여전히 담보제공자에게 남아 있다고 보아야 할 것이므로, 재화의 담보제공은 재화의 공급으로 보지 않는 것이다.

②는 개인적 공급, ③은 사업장 증여, ④ 사업폐지 시 잔존재화에 관한 설명으로, 모두 재화의 공급의제에 해당한다. 그 밖에 재화의 공급의제 유형으로 면세전용도 있다. 이들 유형들이 공통적으로 갖고 있는 표지는, 매입단계에서는 매입세액의 공제 내지 환급이 있었으나 공급단계에서는 재화의 공급이 없어 매출세액이 생기지 않는다는 점이다.

제3절 공급시기와 공급가액

Ⅰ. 공급시기

사업자가 납부하여야 할 매출세액은 '해당 과세기간에 공급한' 공급가액에 세율을 곱한 금액이다. 따라서 공급시기가 언제인지를 알아야 한다. 공급받는 자의 입장에서 보면, 자기가 공급받는 공급시기가 언제인가에 따라 매입세액을 공제받을 과세기간이 달라진다.

1. 일반적 공급시기

부가가치세법 제15조(재화의 공급시기) ① 재화가 공급되는 시기는 다음 각 호의 구분에 따른 때로 한다. 이 경우 구체적인 거래 형태에 따른 재화의 공급시기에 관하여 필요한 사항은 대통령령으로 정한다.
1. 재화의 이동이 필요한 경우: 재화가 인도되는 때
2. 재화의 이동이 필요하지 아니한 경우: 재화가 이용가능하게 되는 때
3. 제1호와 제2호를 적용할 수 없는 경우: 재화의 공급이 확정되는 때
② 제1항에도 불구하고 할부 또는 조건부로 재화를 공급하는 경우 등의 재화의 공급시기는 대통령령으로 정한다.

부가가치세법 제16조(용역의 공급시기) ① 용역이 공급되는 시기는 다음 각 호의 어느 하나에 해당하는 때로 한다.
1. 역무의 제공이 완료되는 때
2. 시설물, 권리 등 재화가 사용되는 때

> ② 제1항에도 불구하고 할부 또는 조건부로 용역을 공급하는 경우 등의 용역의 공급시기는 대통령령으로 정한다.

　재화의 공급시기란 근본적으로는 소득세제에서 매출액의 귀속시기와 같은 논점이다. 소득세제상 수익의 귀속시기라는 말에 대응해 부가가치세법에서는 공급의 귀속시기라고 개념을 정할 수 있고 입법론으로는 두 가지를 맞출 수도 있다. 그렇지만 우리 소득세제와 부가가치세제는 각각 역사가 다르다 보니 귀속시기를 통일적으로 정하지 않고, 부가가치세법에서는 '공급시기'라는 개념을 정하고 있다. 앞서 배운 내용을 상기해 보면, 재화의 공급은 기본적으로 재화에 대한 소유권의 이전을 전제한 개념이지만, 재화의 공급시기가 반드시 소유권의 이전시기와 같지는 않다(소득과세의 경우에도 익금의 귀속시기가 반드시 자산소유권의 이전시기는 아니었던 것을 생각해 보면 된다).

　동산과 부동산, 용역으로 나누어 공급시기를 따져 보자. 재화의 공급시기는 재화의 종류가 동산인지 부동산인지를 구별하지 않고, 재화 이동의 필요 여부에 따라 달리 정하고 있다. 동산의 소유권은 인도에 의하여 이전된다. 현실의 인도라면 동산의 이전이 필요하므로, 제1호에 따라 인도시기가 공급시기이다. 다만 시용매매 기타 조건부 판매나 기한부 판매라면, 소득세제나 마찬가지로 조건성취나 기한의 도래로 매매가 확정되어야 인도시기에 이른다.[17] 점유개정, 간이인도, 반환청구권의 양도 같은 관념적 인도(이 개념들은 세무회계 부분에서 배웠다)라면 동산의 이전이 필요하지 않고, 제2호에 따라 이용가능하게 되는 때, 결국 매수인이 약정에 따라 소유권을 얻는 때가 공급시기이다. 결국 소득세제와 같다. 부동산이라면 이동할 수 있는 것이 아니므로 이용가능하게 되는 때, 곧 원칙적으로는 명도시기가 공급시기이다. 용역의 공급시기는 역무의 제공이 완료되거나 재화가 사용되는 때이다.

　소득세제나 마찬가지로 재화든 용역이든 대금지급조건이 공급시기에 영향을 미칠 수 있다. 제2항에 따른 시행령은 장기할부판매(제1호), 완성도기준지급조건(제2호)이나 중간지급조건(제3호)에 따른 재화의 공급, 그리고 공급단위를 구획

---

17) 부가가치세법 시행령 제28조 제2항.

할 수 없는 재화의 계속적 공급의 경우에는, 대가의 각 부분을 받기로 한 때 각 부분만큼을 나누어 공급한 것으로 본다고 정하고 있다.[18]

장기할부판매의 경우에는 대가의 각 부분을 받기로 한 때 각 부분만큼을 공급한 것으로 보므로, 소득세제나 마찬가지이다. 다른 한편, 장기도급계약이라면 소득세제와 차이가 생긴다. 소득세제에서는 작업진행률이 원칙이지만 부가가치세에서는 장기할부조건이나 마찬가지로 대가의 각 부분을 받는 시기가 공급시기이다.

부가가치세법상 공급시기가 총수입금액이나 익금의 귀속시기와 차이가 나는 부분은 우리나라가 두 법을 각각 들여왔다는 역사적 사정 때문에 생긴 부분도 있지만, 서로 다를 수밖에 없는 부분도 있다. 가령 완성도기준지급조건부로 재화를 공급한 경우 부가가치세에서는 공사진행률(원가에 따른 공사진행률) 기준을 쓰기 어렵다. 왜 그럴까? 공사진행률이란 수급인 쪽의 일방적 사정일 뿐이므로 세금계산서 제도와 맞지 않는다. 세금계산서는 양쪽에 공통되는 사건(인도, 대금지급 등)이 있을 때 그 내용을 적게 해야 서로 맞출 수 있다. 세금계산서의 필수 항목을 부실하게 기재하면, 양쪽 다 가산세가 부과된다. 따라서 공급자인 사업자가 자기 혼자만 알 수 있는 사건을 세금계산서에 기재하게 할 수는 없다.

2. 세금계산서의 발급시기 > 일반적 공급시기

> 부가가치세법 제17조(재화 및 용역의 공급시기의 특례) ① 사업자가 제15조 또는 제16조에 따른 재화 또는 용역의 공급시기(이하 이 조에서 "재화 또는 용역의 공급시기"라 한다)가 되기 전에 재화 또는 용역에 대한 대가의 전부 또는 일부를 받고, 그 받은 대가에 대하여 제32조에 따른 세금계산서 또는 제36조에 따른 영수증을 발급하면 그 세금계산서 등을 발급하는 때를 각각 그 재화 또는 용역의 공급시기로 본다.

앞에서 본 바와 같이 전단계 세액공제하에서 재화 또는 용역의 공급 시마다 발급될 것이 요청되는 세금계산서는 재화 또는 용역의 공급시기의 결정요소 중 하나이다. 그렇다면 공급을 하는 자와 공급을 받는 자가 합의하여 세금계산서를

18) 부가가치세법 시행령 제28조 제3항.

주고받으면 법령에서 정한 공급시기에 이르지 않았다고 하더라도 세금계산서를 주고받은 시기를 공급시기로 볼 필요가 있게 된다.

📟 **연습문제**

부가가치세법상 공급시기에 관한 설명 중 옳은 것은?

① 재화의 공급시기는 재화의 종류가 동산인지 부동산인지에 따라 구별하고 있다
② 재화 및 용역의 공급시기는 소득세제상 수익의 귀속시기에 맞추어 정해져 있다.
③ 재화든 용역이든 대금지급조건이 공급시기를 정하는 요인이 되는 경우가 있다.
④ 재화 또는 용역의 공급시기가 도래하기 전에 대가의 일부를 받았더라도 세금계산서는 재화 또는 용역의 공급시기에 발급해야 한다.

정답 ③

해설 ③ 할부 또는 조건부로 재화를 공급하는 경우에는 공급시기의 특례가 적용된다. 즉, 장기할부판매, 완성도기준지급조건이나 중간지급조건에 따른 재화의 공급이나 공급단위를 구획할 수 없는 재화의 계속적 공급의 경우에는 대가의 각 부분을 받기로 한때를 공급시기로 본다.
① 재화의 원칙적 공급시기는 재화 이동의 필요여부에 따라 달리 정하고 있다.
② 부가가치세제와 소득세제의 각 역사가 달라 공급시기와 귀속시기가 통일적으로 정해져 있지 않다.
④ 재화 또는 용역의 공급시기 전에 대가의 전부 또는 일부를 받고 그 받은 대가에 대하여 세금계산서를 교부하면 그 때를 재화 또는 용역의 공급시기로 본다. 이를 통해 세금계산서 역시 공급시기의 결정요소 중 하나임을 알 수 있다.

Ⅱ. 공급가액

1. 공급가액 = 세제외가격

부가가치세법 제29조(과세표준) ① 재화 또는 용역의 공급에 대한 부가가치세의 과세표준은 해당 과세기간에 공급한 재화 또는 용역의 공급가액을 합한 금액으로 한다.

> ② (생략)
> ③ 제1항의 공급가액은 … 대금, 요금, 수수료, 그 밖에 어떤 명목이든 상관없이 재화 또는 용역을 공급받는 자로부터 받는 금전적 가치 있는 모든 것을 포함하되, 부가가치세는 포함하지 아니한다.

신고서 서식에서 보듯이, 매출세액의 과세표준은 공급가액이고, 매출세액은 그 금액에 10%를 곱한 금액이다. 즉 '공급가액'이라는 말은 부가가치세를 제외한 금액, 줄여서 말하면 '세제외금액'이다. 공급자가 받는 돈 그 자체는 세제외금액 더하기 부가가치세액 거래징수액이지만, '공급가액'이라고 부르는 것은 그 가운데 세제외금액 부분이다.

민사법 문제이지만 물건값에 부가가치세에 관한 아무런 표시가 없다면, 그 값은 부가가치세가 포함된 금액이다. 가령 용산상가에 있는 어느 상점의 사업자가 진열대 위에 컴퓨터를 놓고 팔면서 소비자에게서 받기로 약정하고 실제 받은 금액이 110만원이라고 하자. 달리 특약이 없는 한, 매매대금으로 약정한 가격은 분명 110만원이고, 소비자는 더 이상 돈을 낼 이유가 없다. 110만원만 내면 컴퓨터를 받아 올 수 있다.

그런데 제11장에서 처음 보았던 도해 사례로 돌아가서 생각해 보면, 사업자는 소비자에게서 부가가치세를 거래징수해서 국가에 납부해야 한다. 110만원의 10%를 더 받아야 하는 것 아닐까? 아니다. 정반대로 사업자가 실제 받은 가격 110만원에 10% 부가가치세가 이미 포함되어 있다. 즉 세제외가격으로 따지면 공급가액이 100만원이고 그 10%인 부가가치세 10만원을 더 붙인 세포함가격이 110만원인 것이다. 법에서 쓰는 말로 공급가액이란 세제외가격 100만원이다. 일반화한다면 세포함가격(다음 장에서 배울 간이과세에서는 이것을 '공급대가'라고 부른다)을 10:1로 나누어 10/11이 공급가액이 되고 1/11이 부가가치세가 된다. 세금에 관한 언급 없이 약정상 매매가격이 110만원이라면, 공급가액을 100만원이라고 적고 매출세액을 10만원이라고 적은 세금계산서를 발급하고 신고서도 그와 맞추어 적어야 한다.

만일, 물건값과 별도로 부가가치세를 받고자 한다면, 매매계약서에 그렇게 적어야 한다. 거래관행은 '부가가치세 또는 VAT 별도'라고 표시하는 것이 보통이다. 가령 '매매대금은 100만원(부가가치세 별도)'이라고 적었다면 매도인은 110만원을 받을 권리가 있고, 그 가운데 100만원이 공급가액이고 10만원은 부가가치세이다.

[심화학습]   경락대금은 세포함금액인가?

위에서 살펴본 바와 같이 가격에 부가가치세 별도라는 표시가 따로 없으면 그 가격에는 부가가치세가 포함되어 있다고 보면 되므로, 어떤 물건값에 부가가치세가 포함되어 있는지를 판단하는 것은 그리 어려운 일이 아니다. 그러면 경매의 경우 경락대금은 부가가치세가 포함된 금액일까? 즉 경매서류에 부가가치세에 관한 언급이 없는 경우 매수인은 경락대금의 1/11을 매입세액으로 공제받을 수 있는가? 판례는 경매에서는 부가가치세가 경락대금에 당연히 포함되는 것은 아니라고 한다.[19] 해당 판시이유를 그대로 옮겨 적으면 아래와 같다.

"경락대금에 그 부동산의 경락에 대한 부가가치세가 포함되어 있는지의 여부는 그 평가서 등의 내용을 살펴보면 바로 알 수 있는 것인바, 그 결과 경락대금에 그 부동산의 경락에 대한 부가가치세가 포함되어 있지 아니한 경우에는 경락인이 거래징수를 당하는 매입세액 자체가 없으므로, 경락인이 경락대금에 부가가치세가 포함되어 있다는 전제 아래 경매 부동산의 소유자로부터 세금계산서를 받아 제출하였다고 하더라도 부가가치세의 원리상 이를 매입세액으로 공제할 여지가 없는 것이다."

얼핏 이상하다고 생각하겠지만, 경매 절차의 특수성에서 나오는 결론이다. 경매에서는 경매당하는 소유자가 대금을 받아 가는 것이 아니고 법원이 대금을 순위에 따라 채권자에게 나누어 주고 남는 것이 있으면 소유자에게 지급한다. 이론으로 따지면 이 경우에도 공급자는 소유자이므로 경락대금의 1/11을 부가가치세로 국가에 납부해야 하지만, 소유자가 아예 돈을 받지 못하는 경우가 보통이고 설사 받는다고 하더라도 망하는 사람이 확보한 현금을 세금으로 낼 리가 없다. 결국 거래징수가 일어나지 않는다. 이런 경우 매수인은 거래징수당한 세액이 없으므로 매입세액공제를 받을 수 없다는 것이다. 부가가치세법시행령은 이 판례를 받아서 공매나 경매를 공급의 개념에서 제외하고 있다.[20] 이런 시행령이 생기기 전의 경매실무에서는 때로는

---

19) 대법원 2002. 5. 14. 선고 2002두1328 판결.
20) 부가가치세법 시행령 제18조 제3항 제2호.

법원이 나서서 경락대금의 1/11을 부가가치세로 따로 떼어 두어 국가가 가져가도록 정하기도 했고, 이 경우에는 매수인도 1/11을 매입세액으로 공제받을 수 있다는 것이 판례였지만 시행령 개정으로 이런 일은 아예 생기지 않게 되었다.

2. 공급가액 = 시가

부가가치세법 제29조(과세표준) ③ 제1항의 공급가액은 다음 각 호의 가액을 말한다. (후단 생략)
1. 금전으로 대가를 받는 경우: 그 대가. 다만, 그 대가를 외국통화나 그 밖의 외국환으로 받은 경우에는 대통령령으로 정한 바에 따라 환산한 가액
2. 금전 외의 대가를 받는 경우: 자기가 공급한 재화 또는 용역의 시가
3. 폐업하는 경우: 폐업 시 남아 있는 재화의 시가
4. 제10조 제1항·제2항·제4항·제5항 및 제12조 제1항에 따라 재화 또는 용역을 공급한 것으로 보는 경우: 자기가 공급한 재화 또는 용역의 시가
5. 제10조 제3항에 따라 재화를 공급하는 것으로 보는 경우: 해당 재화의 취득가액 등을 기준으로 대통령령으로 정하는 가액
6. (생략)
④ (생략)
⑤ 다음 각 호의 금액은 공급가액에 포함하지 아니한다.
1. 재화나 용역을 공급할 때 그 품질이나 수량, 인도조건 또는 공급대가의 결제방법이나 그 밖의 공급조건에 따라 통상의 대가에서 일정액을 직접 깎아 주는 금액
2.~6. (생략)
⑥ 사업자가 재화 또는 용역을 공급받는 자에게 지급하는 장려금 … 은 과세표준에서 공제하지 아니한다.

공급가액이란 글자 그대로 공급한 가액이므로 특별한 사정이 없는 한 대가로 실제 받은 금액이 되는 것이 당연하다. 특수관계가 없는 자와 거래한 가격은 특별한 사정이 없으면 바로 그 가격이 시가이다. 부가가치세법 제29조 제3항 제1호와 제2호가 그 뜻이다. 공급의제의 경우에는 거래가격이 따로 없으므로 시가 상당액을 공급가액으로 삼는다. 제3호 내지 제5호가 그러한 뜻으로 정하고 있다.

그렇게 보면 자명한 것 같지만 거래형태가 복잡해지면 문제가 그렇게 단순하지 않다. 애초에 대가, 전형적으로는 매매대가가 무엇인지 어려운 문제가 생긴다. 우선 쉬운 예로 냉장고 1대를 파는데 진열장에 표시된 가격이 세제외가격으로 100만원이지만 매수인과 협상한 끝에 100만원에 선풍기 1대를 끼워 주기로

했다고 하자(이하 이 항의 예에서 당사자 간의 매매가격은 모두 '부가가치세 별도'의 세제외가격이라고 전제하고 생각한다. 생각하기 더 편하기 때문이다). 선풍기의 표시가격이 10만원이라면 공급가액은 얼마인가? 냉장고의 공급가액이 100만원이고 선풍기는 사업상 증여로서 공급가액이 10만원인가, 아니면 냉장고와 선풍기를 합한 공급가액이 100만원인가. 당연히 후자이다. 특수관계가 없는 자 사이의 거래가격이기 때문이다. 한편 냉장고 1대의 가격이 100만원이지만 1대 살 때마다 쿠폰을 찍어주고 쿠폰이 10개 모이면 냉장고 1대를 공짜로 준다면, 냉장고 10대의 공급가격은 각 100만원이고 공짜로 받는 냉장고 1대의 공급가격은 0원이 된다.[21)]

[심화학습]

1. 거래형태별 공급가액의 산정 사례

사실관계를 조금씩 바꾸어 가면서 냉장고의 공급가액이 얼마인지를 따져 보자.

(1) 냉장고를 100만원에 매매하지만 매도인이 상품권 10만원짜리를 매수인에게 주었다. 냉장고의 공급가액은 얼마인가?

(2) 냉장고를 100만원에 매매하지만 다음번에 100만원 이상 거래가 있다면 10만원을 깎아 주기로 했다. 그 뒤 냉장고 1대를 90만원에 사고팔았다.

(3) 냉장고를 100만원에 매매하지만 다음번에 100만원 이상 거래가 있다면 10만원을 소급해서 깎아주기로 했다. 그 뒤 매수인이 텔레비전을 100만원에 사자 매도인이 냉장고 매매대금을 소급해서 감액한 금액 10만원을 매수인에게 주었다.

(4) 냉장고 1대의 가격은 100만원이지만 쿠폰에 도장을 찍어 준다. 이 도장이 10개 모이면 냉장고 1대를 공짜로 준다.

특수관계가 없는 자 사이의 거래가격이 바로 시가라는 점을 생각하면 (1)에 대한 답은 아마도 90만원일 것이다. (2)에 대한 답은 아마도 첫 번째로 구입한 냉장고는 100만원이고, 두 번째로 구입한 냉장고는 90만원일 것이다. (3)에 대한 답은 일단은 100만원이지만, 10만원에 해당하는 매출세액은 돌려받을 수 있어야 한다. 일반 원칙

---

21) 사업자가 재화 등을 공급하고 자신이 적립해준 마일리지나 포인트 또는 자신이 교부한 상품권 따위로 대금을 결제 받은 경우에는 그 금액을 공급가액에 넣지 않는 것이 원칙이다(부가가치세법 시행령 제61조 제1항 제9호, 제10호).

으로 돌아가자면 감액경정청구가 그 수단이지만, 부가가치세법 제29조 제5항 제1호는 이런 사후감액분을 당기 납부세액에서 차감할 수 있도록 정하고 있다. (4)에 대한 답은 무엇인가? (1), (2), (3)의 논리를 연장한다면 첫 번째로 구입한 냉장고의 공급가액은 100만원이지만, 11번째로 구입한 냉장고의 공급가액은 0원이 될 것이다. 현행 조문상으로도 그렇다(앞쪽의 각주 참조). 그러나 종전 부가가치세법 시행령 제61조 제4항의 답은 이와 달랐고, 100만원이 공급가액이라고 보았다. 역으로 이것을 (4)의 정답으로 치고 거꾸로 올라가 보면, (1), (2), (3)에서도 공급가액은 모두 100만원이고 깎아 주는 10만원은 전혀 차감할 수 없다고 해석할 여지도 있다. 법 제29조 제6항을 그런 뜻으로 읽을 수 있는 까닭이다.

2. 에누리액 vs. 장려금

공급가액의 산정에 있어서 해석상 어려움을 낳는 쟁점 가운데 하나가 바로 에누리액과 장려금의 구별이다. 구별의 실익은 에누리액은 공급가액을 줄이는 효과가 있는 반면, 장려금은 공급가액을 줄이는 효과가 없다는 점이다. 납세자와 과세관청 간 다툼이 문제된 사안에서 납세자는 특정 금액의 성격을 에누리액으로 주장하게 마련이고, 과세관청은 그 반대의 견지에서 장려금으로 주장하는 행태를 보이게 된다. 그리고 위 법령에서 보았듯이, 부가가치세법은 장려금에 관한 정의를 두고 있지 않고, 에누리액에 관하여만 명시적인 정의를 두고 있어 실제 사안에서 쟁점은 특정 금액이 에누리액에 해당하는지 여부로 좁혀지게 된다. 이 쟁점을 정면으로 다룬 최근의 휴대폰 단말기 보조금 사례를 보자.

KT는 대리점에 단말기(휴대폰)를 공급하면서 가격을 일단 제조사로부터 납품받은 가격을 기준으로 하되, 상호 협의하여 가격을 변경할 수 있도록 약정하였다. KT는 가입자가 KT의 이동통신서비스를 이용하는 것을 조건으로 단말기 보조금을 지원하되, 이 보조금은 KT가 대리점에서 받을 단말기 가격을 위 약정에 따라 보조금만큼 할인해 주었다. 대리점은 같은 금액을 가입자에게서 받을 단말기 가격에서 깎아주었다. 쟁점은 KT의 단말기 공급가액에 보조금 부분을 포함해야 하는가 빼야 하는가이고, 다시 이 쟁점은 보조금을 에누리액으로 볼 수 있는가가 되었다. 대법원은 KT의 승소판결을 내면서 에누리액의 범위를 다음과 같이 넓게 인정하였다.[22]

"재화나 용역의 공급과 관련하여 그 품질·수량이나 인도·공급대가의 결제 등의

22) 대법원 2015. 12. 23. 선고 2013두19615 판결.

공급조건이 원인이 되어 통상의 공급가액에서 직접 공제·차감되는 에누리액은 그 발생시기가 재화나 용역의 공급시기 전으로 한정되지 아니하고 그 공제·차감의 방법에도 특별한 제한이 없다. 따라서 공급자가 재화나 용역의 공급 시 통상의 공급가액에서 일정액을 공제·차감한 나머지 가액만을 받는 방법뿐만 아니라, 공급가액을 전부 받은 후 그 중 일정액을 반환하거나 또는 이와 유사한 방법으로도 할 수 있다."

한편, 당연한 일이지만 같은 문제가 SKT에도 생겼고, SKT는 일단은 보조금을 포함하는 금액으로 단말기 공급가액을 계산하여 부가가치세를 신고 납부하였다가 뒤에 감액경정청구를 내었다. 그러나 관할 세무서장은 경정청구를 거부했고 조세심판원도 마찬가지였다. 나아가 제1심 및 항소심 법원 역시 이미 KT 판결이 나왔음에도 불구하고 원고 패소 판결을 내렸다. 아니, 똑 같은 단말기 보조금인데 왜 결론이 엇갈린 것일까? 대법원 판결이 어떻게 될지는 아직 모르지만, 일단 제1심 및 항소심의 판결은 사실관계가 다르다는 것이다. KT는 이동통신서비스 제공과 단말기 판매를 함께 하지만, SKT는 이동통신서비스만 제공하고 단말기는 다른 계열사가 판매한다는 점을 들었다.

3. 부당행위 시의 공급가액

> 부가가치세법 제29조(과세표준) ④ 제3항에도 불구하고 특수관계인에게 공급하는 재화 또는 용역에 대한 조세의 부담을 부당하게 감소시킬 것으로 인정되는 경우로서 다음 각 호의 어느 하나에 해당하는 경우에는 공급한 재화 또는 용역의 시가를 공급가액으로 본다.
> 1. 재화의 공급에 대하여 부당하게 낮은 대가를 받거나 아무런 대가를 받지 아니한 경우
> 2. 용역의 공급에 대하여 부당하게 낮은 대가를 받는 경우
> 3. 용역의 공급에 대하여 대가를 받지 아니하는 경우로서 제12조 제2항 단서가 적용되는 경우
>
> 제12조(용역 공급의 특례) ② 사업자가 대가를 받지 아니하고 타인에게 용역을 공급하는 것은 용역의 공급으로 보지 아니한다. 다만, 사업자가 대통령령으로 정하는 특수관계인(이하 "특수관계인"이라 한다)에게 사업용 부동산의 임대용역 등 대통령령으로 정하는 용역을 공급하는 것은 용역의 공급으로 본다.

위 제29조 제4항의 규정은 사업자가 특수관계인에게 재화 또는 용역을 공급한 경우에 적용되는 조문으로서, 앞의 두 편에서 공부한 바 있는 소득세법 및 법인세법상 부당행위계산 부인 규정과 마찬가지이다. 즉 특수관계자 사이의 공급

가액이 시가보다 낮다면 시가를 공급가액으로 보는 것이다. 이와 관련하여서는 다음의 두 가지 점에 유의해야 한다.

　　우선 제1호의 경우 '부당하게'가 수식하는 문구는 '낮은'이다. 즉 제1호는 '재화의 공급에 대하여 부당하게 낮은 대가를 받는 경우'와 '재화의 공급에 대하여 아무런 대가를 받지 아니한 경우'를 말한다. 다음으로 재화의 경우 무상공급과 저가공급이 모두 부인대상이지만 용역의 경우 부인대상이 되는 것은 원칙적으로 저가공급이고, 무상공급은 위 제12조 제2항 단서에서 규정하는 사업용 부동산의 임대용역만이 부인대상이다.[23)]

📠 **연습문제**

부가가치세법상 일반과세자의 과세표준에 관한 설명으로 옳은 것은?

① 과세표준에 세율을 곱하면 납부할 세액이 된다.
② 사업자가 폐업하는 경우 과세표준은 폐업할 때 남아 있는 재화의 시가로 한다.
③ 사업자가 재화를 공급받는 자에게 지급하는 장려금은 과세표준에서 공제한다.
④ 사업자가 자기와 특수관계에 있는 자에게 재화를 공급하고 부당하게 낮은 대가를 받은 경우에도 그 대가를 과세표준으로 한다.

정답 ②

해설 ② 옳은 설명이다. 다른 유형의 재화의 공급의제의 경우에도 대체로 시가를 공급가액으로 본다.

① 과세표준에 세율을 곱하면 매출세액이 된다. 납부할 세액은 매출세액에서 매입세액을 뺀 금액이다.

③ 장려금은 과세표준에서 공제하지 않는다. 이와 반대로 에누리액은 과세표준에 포함하지 않는다.

④ 부가가치세법에도 부당행위계산부인 규정을 두고 있다.

---

23) 부동산임대용역을 빼 놓고 생각해 보면, 용역의 경우 저가공급은 부인대상이고 무상공급은 부인대상이 아니라는 말이 되는데, 이러한 차이를 합리적으로 설명할 길이 있을까?

제4절　매입세액불공제와 대손세액공제

　　매출세액을 구하고 나면 거기에서 공제받을 수 있는 매입세액 등을 공제해서 낼 세금을 구한다. 세금계산서를 받아 놓은 매입세액은 매출세액에서 공제받을 수 있는 것이 원칙이다.[24] 그렇지만 공제받지 못하는 경우(매입세액 불공제)가 있다. 또 매입세액은 아니지만 공제받을 수 있는 것으로 대손세액 공제 등이 있다.

I. 매입세액불공제

1. 세금계산서 관련

> 부가가치세법 제39조(공제하지 아니하는 매입세액) ① 제38조에도 불구하고 다음 각 호의 매입세액은 매출세액에서 공제하지 아니한다.
> 1. … 매입처별 세금계산서합계표를 제출하지 아니한 경우의 매입세액 또는 제출한 매입처별 세금계산서합계표의 기재사항 중 거래처별 등록번호 또는 공급가액의 전부 또는 일부가 적히지 아니하였거나 사실과 다르게 적힌 경우 그 기재사항이 적히지 아니한 부분 또는 사실과 다르게 적힌 부분의 매입세액. 다만, 대통령령으로 정하는 경우의 매입세액은 제외한다.
> 2. 세금계산서 또는 수입세금계산서를 발급받지 아니한 경우 또는 발급받은 세금계산서 또는 수입세금계산서에 … 필요적 기재사항 … 의 전부 또는 일부가 적히지 아니하였거나 사실과 다르게 적힌 경우의 매입세액(괄호 생략). 다만, 대통령령으로 정하는 경우의 매입세액은 제외한다.
> 3.~7. (생략)
> 8. 제8조에 따른 사업자등록을 신청하기 전의 매입세액. 다만, 공급시기가 속하는 과세기간이 끝난 후 20일 이내에 등록을 신청한 경우 등록신청일부터 공급시기가 속하는 과세기간 기산일(괄호 생략)까지 역산한 기간 내의 것은 제외한다.

---

[24] 부가가치세법 제38조(공제하는 매입세액) ① 매출세액에서 공제하는 매입세액은 다음 각 호의 금액을 말한다.
　　1. 사업자가 자기의 사업을 위하여 사용하였거나 사용할 목적으로 공급받은 재화 또는 용역에 대한 부가가치세액(괄호 생략)

앞의 제1호 및 제2호는 세금계산서나 그 합계표가 미제출이나 부실기재 등의 잘못이 있는 매입세액을 불공제한다. 세금계산서의 정확성과 진실성을 확보하기 위해 일종의 제재장치를 마련한 것으로 볼 수 있다. 세금계산서가 부가가치세 제도를 유지하는 핵심적 역할을 하고 있어 그 관리 자체가 중요하기 때문이다. 제8호에서 사업자등록 전의 매입세액을 불공제하는 이유도 다를 바 없다. 사업자등록이란 신청한 것만으로도 원칙적으로 세금계산서의 발급이 가능하기 때문이다.

다만 일부의 착오가 있더라도 세금계산서의 다른 기재사항을 볼 때 거래사실을 확인할 수 있다면 매입세액을 공제하고(시행령 제75조 제2호), 세금계산서의 교부시기가 잘못된 경우에도 같은 과세기간 내에 있으면 매입세액을 공제한다(같은 조 제3호).

[심화학습] 매입자발행 세금계산서

매입자가 매입세액을 공제받으려면 공급자로부터 제대로 작성된 세금계산서를 제때 교부받아야 한다. 따라서 공급자가 세금계산서를 발행하지 않으면 매입자는 매입세액을 공제받지 못하게 된다. 이러한 사정이 현실에서는 매입자에게 불합리한 결과를 초래하기도 한다. 이리하여 공급자가 세금계산서를 발행하지 않는 경우 매입자가 관할 세무서장의 확인을 받아서 스스로 매입세금계산서를 발행할 수 있는 제도가 생겨났다.

2. 소비지출에 포함된 매입세액

부가가치세법 제39조(공제하지 아니하는 매입세액) ① 제38조에도 불구하고 다음 각 호의 매입세액은 매출세액에서 공제하지 아니한다.

1.~3. (생략)
4. 사업과 직접 관련이 없는 지출로서 대통령령으로 정하는 것에 대한 매입세액
5. 「개별소비세법」 제1조 제2항 제3호에 따른 자동차(운수업, 자동차판매업 등 대통령령으로 정하는 업종에 직접 영업으로 사용되는 것은 제외한다)의 구입과 임차 및 유지에 관한 매입세액
6. 접대비 및 이와 유사한 비용으로서 대통령령으로 정하는 비용의 지출에 관련된 매입

> 세액
> 7. 면세사업등에 관련된 매입세액(면세사업등을 위한 투자에 관련된 매입세액을 포함한
> 다)과 대통령령으로 정하는 토지에 관련된 매입세액

위 제4호 내지 제6호의 매입세액불공제 항목은 소비에 대한 과세와 관련이 있다. 우선 위 제4호에서 사업과 직접 관련이 없는 지출에 대한 매입세액의 불공제는 그 지출이 결국은 사업자 본인이나 그 지출의 상대방이 누리는 소비이므로, 다른 소비자나 마찬가지로 불공제하는 것이다. 제5호에서 비영업용 승용자동차의 구입과 유지에 들어가는 비용을 매입세액불공제하는 것은 개인적 소비에 쓰일 가능성이 높기 때문인 것으로 이해할 수 있다. 위 제6호의 접대비도 소비자 본인이나 지출의 상대방의 소비를 위한 지출액이므로, 그러한 소비를 과세하는 것이다. 제7호 전단에서는 면세사업자란 사업자가 아니므로(소비자와 다를 바 없다), 면세사업을 위한 지출에 포함된 부가가치세를 공제해 줄 이유가 없다. 제7호 후단의 토지에 관련된 지출의 매입세액은 공제하지 않아 토지 취득가액의 일부가 된다. 소득세제의 자본적 지출과 마찬가지이다.

Ⅱ. 대손세액공제

> 부가가치세법 제29조(과세표준) ⑥ … 제45조 제1항에 따른 대손금액(貸損金額)은 과세표준에서 공제하지 아니한다.
>
> 제45조(대손세액의 공제특례) ① 사업자는 부가가치세가 과세되는 재화 또는 용역을 공급하고 외상매출금이나 그 밖의 매출채권(부가가치세를 포함한 것을 말한다)의 전부 또는 일부가 공급을 받은 자의 파산·강제집행이나 그 밖에 대통령령으로 정하는 사유로 대손되어 회수할 수 없는 경우에는 다음의 계산식에 따라 계산한 금액(이하 "대손세액"이라 한다)을 그 대손이 확정된 날이 속하는 과세기간의 매출세액에서 뺄 수 있다. (단서 생략)
> 대손세액＝대손금액×110분의 10

외상판매의 경우 공급시기는 재화가 인도되는 때이므로, 공급자는 그 시기

가 속하는 과세기간에 외상판매에 따른 매출세액을 국가에 신고 납부해야 한다. 공급자의 외상 매출채권금액은 당연히 매출세액을 포함한 금액이다. 그런데 공급시기 후에 외상 매출채권을 회수할 수 없게 되어 대손이 생기면, 당초 공급시기가 속하는 과세기간의 매출세액은 과다신고했다는 결과가 된다. 그러면 공급자는 과다신고된 매출세액의 감액을 구하는 경정청구를 해야 할 것이나, 대손은 영업활동에서 일상적으로 발생하는 사건이므로, 공급자로 하여금 대손이 날 때마다 경정청구를 하게 하는 것은 매우 번거로운 일이다. 이리하여 법은 경정청구 등의 방법으로 과세표준을 줄이는 것을 금하고, 그 대신 실제로 대손이 난 기간에 대손금액(외상 매출채권금액)에 상당하는 매출세액(대손세액)을 그 기간의 납부세액에서 공제해 준다. 이를 대손세액공제라고 부른다. 이 경우 대손세액을 구할 때, 대손상각하는 채권액은 매출세액을 포함한 금액이므로, 대손금액의 '10/110'이 공제받을 수 있는 세액이다.

Ⅲ. 공급대가의 사후감액

앞서 공급가액 부분에서 잠시 보았지만, 공급대가를 사후에 감액하는 경우에는 그에 상응하는 매출세액을 돌려받아야 논리가 맞다. 이는 대손세액공제와 마찬가지이다.

[심화학습] 매출액의 사후 감액조정이 있는 경우 과거에 납부한 세액을 감액경정청구하는가, 아니면 당기분 납부할 세액을 줄이는 것인가?

매출이 있게 되면, 매출액의 10%만큼 매출세액을 납부하게 된다. 과세기간이 지난 후 공급한 물건에 하자가 있거나 거래실적(수량)에 따라 매매대금을 사후에 감액해 준다면, 국가에 이미 납부한 과거기간분은 돌려받아야 논리가 맞다. 대손세액공제와 다를 바 없다. 어떻게 돌려받는가? 기본 틀로 돌아가 생각하면, 당초 매출세액을 과다하게 납부한 것이므로 과다납부한 당초 매출세액의 감액을 구하는 감액경정청구를 해야 한다. 그러나 매출이 있고 난 후 환입 등 사후 감액조정은 영업활동에서 빈번하게 발생하는 사건이다. 따라서 과세기간을 달리하는 매출액의 사후 감액조정이 일어날 때마다 경정청구를 통하여 과다납부한 매출세액을 환급받게 하는 것은 몹시 번거로운 일이다. 이리하여 법은 매출액의 사후 감액조정이 실제로 일어난 과세기간의 납부세액에서 가감하도록 정하고 있다.

구체적 절차는 수정세금계산서라는 제도를 이용한다. 매출액의 사후 감액조정이 있는 경우 당초의 매출에 대한 세금계산서를 취소하는 것이 아니고 공급가액만을 감액하여 수정세금계산서를 작성하면 된다. 이 경우 수정세금계산서의 작성일자(이는 매출액의 사후 감액조정만큼 공급이 취소된 것으로 보는 일자임)는 매출액의 사후 감액조정이 실제로 일어난 날로 적는다.

공급가액을 사후 감액한다는 말은 거래상대방이 매입세액을 너무 많이 공제받았다는 말이 된다. 따라서 수정세금계산서를 받은 것만큼 당기분 납부세액이 늘어나게 된다.

📠 연습문제

부가가치세법상 매입세액공제에 관한 설명으로 옳은 것은?

① 사업자가 매입한 것이면 개인적 소비를 위한 매입세액이더라도 매출세액에서 공제한다.

② 부가가치세가 면제되는 재화를 공급하는 사업에 관련되는 매입세액은 매출세액에서 공제한다.

③ 비영업용 소형승용차의 유지에 관한 매입세액은 매출세액에서 공제한다.

④ 재화 또는 용역을 공급받지 않고 교부받은 세금계산서상의 매입세액은 매출세액에서 공제하지 않는다.

정답 ④

해설 ④ 실제 재화 또는 용역의 공급 없이 교부된 세금계산서는 당연히 적법한 세금계산서가 될 수 없다. 세금계산서상에 적힌 매입세액을 매출세액에서 공제받으려면 적법한 세금계산서라는 것이 전제되어야 한다.

① 사업자가 자기의 사업을 위하여 사용하였거나 사용할 목적으로 공급받은 재화 또

는 용역에 대한 매입세액을 매출세액에서 공제할 수 있다.
②, ③ 면제사업에 관련된 매입세액이나 비영업용 소형승용차의 구입과 임차 및 유지
에 관한 매입세액은 모두 매출세액에서 공제하지 않는다.

13 CHAPTER

면세, 간이과세, 국제거래의 과세

이 장의 범위는 면세, 간이과세, 국제거래의 과세, 세 가지이다. 면세사업자는 국가와 법률관계를 맺지 않으므로 부가가치세를 내지도 않고 매입세액을 돌려받을 수도 없어서, 사업자가 아니고 최종소비자와 같은 지위에 있다. 간이과세자는 신고납부의무를 진다는 점에서는 사업자의 지위에 있지만, 실질 내용은 최종소비자에 준하는 지위에 있다. 재화를 수입하는 경우에는 세관에서 부가가치세를 거래징수하고, 재화를 수출하는 경우에는 영세율 제도를 통해 부가가치세 부담을 모두 없애 준다.

제1절 면 세

I. 면세의 의의

> 부가가치세법 제26조(재화 또는 용역의 공급에 대한 면세) ① 다음 각 호의 재화 또는 용역의 공급에 대하여는 부가가치세를 면제한다.
> 1.~20. (생략)

앞의 법조 각 호에 나오는 면세재화나 면세용역을 공급하는 자는 매출세액을 신고납부할 의무를 아예 지지 않는다. 따라서 매입세액이 있더라도 그것을 공제받을 수도 없다. 재화나 용역의 공급이 사업이라 볼 정도의 계속성·반복성이 없다면 애초에 사업자가 아니므로 신고납부의무가 없다. 앞의 법조는 사업 단계에 이른 자라 하더라도 공급의 목적물이 면세재화나 면세용역이라면 신고납부의무가 없다는 뜻을 정하고 있는 것이다. 이처럼 면세재화나 면세용역을 계속적·반복적으로 공급하는 자를, 법에 나오는 용어는 아니지만 면세사업자라고 부르는 것이 보통이다. 다시 말하면, 속칭 '면세사업자'는 부가가치세법상의 사업자는 아니다. 사업자라는 말은 부가가치세를 신고납부할 의무를 지는 자를 일컫는 말이기 때문이다.

Ⅱ. 면세의 작용

부가가치세의 기본 이념은 모든 재화와 용역을 과세하자는 '일반적'인 소비세인데, 특정 재화나 용역을 면세한다는 예외는 왜 두고 있는 것일까? 이 의문을 풀려면 우선 면세라는 제도를 두면 어떤 결과가 생기는지부터 생각해 볼 수밖에 없다.

1. 최종소비자 단계의 면세: 가격 ↓

최종소비자 단계에서 빵의 공급을 면세하면 어떤 결과가 생길까? 빵의 소비자 판매가격(세포함가격)을 330원보다 낮은 가격으로 내릴 수 있다. 왜 그럴까? 빵공장 사업자가 세금을 안 내어도 되니까 빵값을 내릴 수 있을 것이라고 직관적으로 짐작할 수 있다. 그렇지만 한 가지 의문점이 남을 것이다. 빵공장 사업자가 거래징수당한 매입세액 20원은 어떻게 되는가? 이것을 공제받지 못하니까 빵공장 사업자에게 오히려 손해가 나는 것은 아닐까?

면세사업자인 빵공장 사업자가 밀가루를 살 때 부담한(거래징수당한) 매입세액 20원을 매출세액에서 공제하거나 환급받지 못한다는 말은, 이제 빵공장 사업

[도해 사례] 면세의 효과

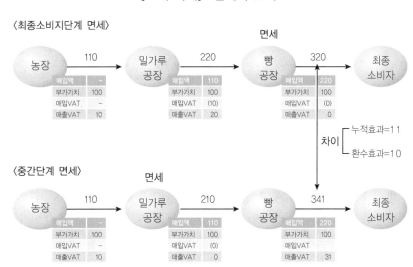

자의 밀가루의 매입원가가 200원이 아니라 220원이 된다는 말이다. 빵공장을 면세하는 경우와 과세하는 경우를 견주어 살피기 위해서 빵공장 사업자의 소득은 과세하는 경우와 똑같이 100원이라고 하자. 빵공장 사업자가 최종소비자에게 빵을 팔면서 받는 대가는 밀가루의 매입원가 220원에 부가가치 100원을 합하여 320원으로 정해진다(물론 빵공장이 가격을 320원으로 꼭 낮추어야 할 이유는 없으므로, 실제 가격은 320원에서 330원 사이의 어느 수준에서 정해질 것이다). 아무튼 소비자 가격이 내려갈 유인이 생기는 것은 분명하다.

빵공장을 면세한다면, 이 사슬에 있는 사업자를 통틀어 국가가 걷는 세금은 결국 얼마가 되는가? 국가가 농장 사업자와 밀가루공장 사업자에게서 각 10원씩을 걷는다는 사실에는 아무 변화가 없다. 국가는 이들 두 사업자가 생산한 부가가치 각 100원에 대해서 각 10원씩 세금을 물리지만, 빵공장 사업자가 생산한 부가가치 100원은 면세해서 세금을 물리지 않는 것이다. 결국 빵공장을 과세하는 경우와 견주면 세수가 10원(=30원-20원) 감소한다.

[심화학습] 완전면세 vs 부분면세

앞의 보기에서 '빵'을 면세한다는 말은 빵에 담겨 있는 세금부담이 다 없어졌다는 말일까? 이 경제에서 밀과 밀가루는 모두 중간생산물이고 최종생산물은 오로지 빵뿐이다. 이 빵에 담겨 있는 세금은 얼마인가? 20원이다. 2단계에 걸쳐서 중간생산물 단계의 세금을 각 10원씩 내었기 때문이다. 빵공장을 면세한다는 것은 빵에 담긴 세금을 '부분면세'하는 것일 뿐이다.

빵에 담긴 세금을 '완전면세'하려면 어떻게 해야 할까? 최종소비자 단계를 과세하되, 영의 세율(0%)을 적용하면 된다. 즉 빵공장에 신고납부의무를 지우되 매출세액 계산 시 과세표준은 그대로 두고, 세율만 영(0)%를 적용하여 매출세액을 0원으로 만드는 것이다. 이런 영세율 제도에서는 빵공장 사업자가 매출세액은 영(0)이지만 매입세액이 20원이라는 사실은 그냥 있으므로, 이 20원을 환급받을 수 있게 된다. 즉 국가는 농장 사업자와 밀가루공장 사업자에게서 각 10원씩 총 20원의 세금을 걷지만, 빵공장 사업자에게 20원의 매입세액을 돌려주어 국가가 걷는 세금은 0원이 된다. 이런 의미에서 영세율을 완전면세라고 말할 수 있다. 현행법에서는 완전면세는 방위산업이나 장애인 보장구 등 극히 예외적 필요성이 있는 경우에만 조세특례제한법으로 인정한다. 한편 뒤에 공부하듯이, 재화를 수출하는 경우에는 전혀 다른 이유로 영세율을 적용한다.

2. 중간 단계의 면세: 가격↑

이제 중간 단계에 있는 밀가루공장을 면세한다고 생각해 보자. 어떤 결과가 생길까? 빵의 소비자 판매가격(세포함가격)이 오히려 올라간다.

밀가루공장 사업자가 농장 사업자로부터 세포함가격으로 110원에 밀을 공급받는다는 사실에는 아무 변화가 없다. 밀가루의 공급은 면세이므로 이를 공급하는 밀가루공장 사업자는 속칭 면세사업자로서 매출세액을 신고납부할 것도 없고 거래징수당한 매입세액 10원을 공제받을 수도 없다. 밀가루공장 사업자의 소득 100원이 그대로 남아 있기 위해서는 밀가루공장 사업자가 매입가격 110원에 100원을 더한 210원에 밀가루를 공급해야 한다. 이 밀가루를 210원에 산 빵공장은 얼마에 공급해야 하는가? 밀가루공장이 납부하는 매출세액이 없으므로 빵공장은 매입세액을 공제받을 것이 없고, 210원은 전액이 빵공장의 매입원가이다. 빵공장 사업자의 소득이 100원이 되려면 빵공장 사업자는 세후금액으로 310원을 받아야 한다. 그렇다면 빵공장 사업자가 소비자에게서 받아야 하는 금액은 얼마인가? 31원을 더한 341원이어야 한다. 농장, 밀가루공장, 빵공장을 모두 과세한다면 최종소비자가격이 330원이지만, 중간 단계를 면세한다면 최종소비자가격이 341원으로 오히려 올라간다는 말이다.

밀가루를 면세했는데 빵값이 오히려 오른다니? 왜 이런 일이 생길까? 세 사업자를 모두 과세한다는 말은 사실 세금을 부가가치 방식으로 세 단계로 나누어 받는다는 말일 뿐이고, 실제 세부담은 최종소비자 단계에서 한 번 세금을 걷는 것과 같다. 앞서 이미 본 바와 같다. 그런데 밀가루공장 사업자를 면세한다는 말은, 이 자를 최종소비자와 똑같이 본다는 말이다. 즉 빵을 최종소비자에게 공급하는 단계에서 세금을 걷는다는 사실은 그냥 둔 채 밀가루공장에 밀을 공급하는 단계도 최종소비처럼 과세한다는 말이다. 이처럼 여러 단계에서 세금을 걷어 세부담이 오르는 것을 '누적효과'라고 부른다.

[심화학습] 누적효과의 제거수단: '의제매입세액공제'

중간 단계를 면세하면 소비자의 판매가격이 오히려 올라갈 가능성을 제거하기 위한 수단으로 '의제(擬制)매입세액공제'라는 것이 있다. 즉 과세사업자가 면세사업자로부터 매입한 재화의 매입가액에 일정한 공제율을 곱한 금액을 매입세액으로 의제해 주는 것이다. 앞의 예에서 빵공장 사업자에게 밀가루매입액 210원에 일정 비율을 곱한 금액만큼을 공제해 주는 것이다. 현행법에서는 부가가치세를 면제받은 농산물·축산물·수산물 또는 임산물에 관련하여 의제매입세액공제를 허용한다.

Ⅲ. 면세의 대상

앞의 제11장의 첫머리에서 언급하였듯이, 특정 재화나 용역의 공급을 면세하면 모든 재화나 용역의 공급을 과세대상으로 삼는 일반소비세의 장점이라 할 수 있는 조세중립성이 깨지게 된다. 조세중립성을 일부러 깨뜨려서 얻고자 하는 목적은 무엇일까?

지금까지 공부한 내용을 토대로 보면, 크게 두 가지를 볼 수 있다. 첫째 최종소비자 단계를 면세함으로써 최종소비자의 판매가격을 인하시키자는 생각이다. 주로 가난한 사람에게 부담을 줄 생필품이나 장려할만한 가치가 있는 특정 재화나 용역을 면세하자는 것이다. 둘째, ① 재화 또는 용역의 성질상 부가가치세법상 납세의무를 지는 사업자로 삼기 어렵거나 ② 사업자로 삼아 보아야 걷을 수 있는 세금이 미미한 경우를 생각할 수 있다. 현행법의 면세대상을 하나하나 따져 보자.

1. 세부담 경감

(1) 부가가치세 역진성 완화

부가가치세법 제26조(재화 또는 용역의 공급에 대한 면세) ① 다음 각 호의 재화 또는 용역의 공급에 대하여는 부가가치세를 면제한다.
1. (생략)
2. 수돗물
3. 연탄과 무연탄
4. 여성용 생리 처리 위생용품
5. 의료보건 용역(수의사의 용역을 포함한다)으로서 대통령령으로 정하는 것과 혈액
6. 교육 용역으로서 대통령령으로 정하는 것
7. 여객운송 용역. (단서 생략)
8. (생략)
9. 우표(수집용 우표는 제외한다), 인지(印紙), 증지(證紙), 복권 및 공중전화
10. 「담배사업법」 제2조에 따른 담배로서 다음 각 목의 어느 하나에 해당하는 것
    가. 「담배사업법」 제18조 제1항에 따른 판매가격이 대통령령으로 정하는 금액 이하인 것
    나. (생략)
11. (생략)
12. 주택과 이에 부수되는 토지의 임대 용역으로서 대통령령으로 정하는 것
13. 「공동주택관리법」 제18조 제2항에 따른 관리규약에 따라 같은 법 제2조 제1항 제10호에 따른 관리주체 또는 같은 법 제2조 제1항 제8호에 따른 입주자대표회의가 제공하는 「주택법」 제2조 제14호에 따른 복리시설인 공동주택 어린이집의 임대 용역

위에 나온 항목들은 대개 일반 국민들의 생활에서 필수적으로 소비되는 것들이어서 일률적 10% 과세는 저소득층에 상대적으로 더 큰 경제적 부담이라고

생각할 수 있다. 이러한 부가가치세의 '역진성(逆進性)'을 덜어 주자는 생각이 반영된 것으로 이해할 수 있다.

Tax In News

🎙 동물병원 진료비 논쟁…"문제는 부가가치세"

동물병원 진료비 표준화를 놓고 갑론을박이 오가고 있지만 핵심 문제는 '부가가치세'라는 지적이 나온다. 2011년 7월 부가가치세법 개정으로 반려동물 진료비에 부가가치세가 부과됐다. 동물병원에서 진료를 받으면 진료비의 10%에 해당하는 금액이 추가로 붙는다. 면세되는 동물도 있다. 축산물 위생관리법상의 가축인 소, 돼지, 말, 양, 닭, 오리, 사슴, 토끼 등이다. 하지만 반려동물의 대다수를 차지하는 개와 고양이는 면세 대상이 아니다. 성형 목적의 진료를 제외하고 면세 대상으로 인정되는 사람 의료와 달리, 반려동물의 진료비는 예방접종과 심장사상충예방약, 중성화수술, 병리학적 검사 등 일부만 면세 대상이다.

정부가 반려동물 진료비 부가가치세로 벌어들이는 세금은 연평균 481억 원(2018년 기준)이며, 실질적 세수는 700억 원 이상이라는 분석도 있다. 하지만 부가가치세를 걷는 것 이상으로 유기 및 안락사 되는 동물이 많아 반려동물 진료 부가가치세를 폐지해야 한다는 목소리가 크다. 수의업계는 반려동물 진료 부가가치세 폐지를 제1의 과제로 꼽고 있다. 반려동물 진료비 부담을 낮추기 위해서라도 부가가치세 폐지가 시급하다는 것이다. 반려인들도 이러한 주장에 동감한다. 여론에 힘입어 정치권도 움직였다. 전재수 더불어민주당 의원은 지난해 4월 동물진료비 부가세 면세를 핵심으로 한 부가가치세법 개정안을 발의했다.

문제는 현실의 벽이다. 동물진료비 부가세 면세 법안은 18대(이낙연, 이인기), 19대(홍영표, 윤호중), 20대(윤호중) 국회에서 지속적으로 발의됐지만 통과되지 못했다.

(2021년 1월 1일 언론보도)

(2) 특정 재화·용역의 이용 장려

> 부가가치세법 제26조(재화 또는 용역의 공급에 대한 면세) ① 다음 각 호의 재화 또는 용역의 공급에 대하여는 부가가치세를 면제한다.
> 1.~7. (생략)
> 8. 도서(도서대여 용역을 포함한다), 신문, 잡지, 관보, 「뉴스통신 진흥에 관한 법률」에 따른 뉴스통신 및 방송으로서 대통령령으로 정하는 것 (단서 생략)
> 9.~15. (생략)
> 16. 예술창작품, 예술행사, 문화행사 또는 아마추어 운동경기로서 대통령령으로 정하는 것
> 17. 도서관, 과학관, 박물관, 미술관, 동물원, 식물원, 그 밖에 대통령령으로 정하는 곳에 입장하게 하는 것
> (이하 생략)

(3) 공익 장려

> 부가가치세법 제26조(재화 또는 용역의 공급에 대한 면세) ① 다음 각 호의 재화 또는 용역의 공급에 대하여는 부가가치세를 면제한다.
> 1.~17. (생략)
> 18. 종교, 자선, 학술, 구호(救護), 그 밖의 공익을 목적으로 하는 단체가 공급하는 재화 또는 용역으로서 대통령령으로 정하는 것
> 19. 국가, 지방자치단체 또는 지방자치단체조합이 공급하는 재화 또는 용역으로서 대통령령으로 정하는 것
> 20. 국가, 지방자치단체, 지방자치단체조합 또는 대통령령으로 정하는 공익단체에 무상(無償)으로 공급하는 재화 또는 용역

위 제20호와 관련해서는 좀 더 살펴볼 것이 있다. 우선 국가 등이 공급하는 자인 경우에는 제19호가 적용되고, 제20호는 국가 등이 공급의 상대방인 경우에 적용된다. 그리고 제20호는 국가 등에 무상으로 공급한 경우에만 적용되고, 유상으로 공급한 경우에는 그 적용이 없다.

2. 부가가치세의 구조상의 이유

(1) 세무행정 측면: 가공되지 아니한 식료품 및 영세한 인적 용역

> 부가가치세법 제26조(재화 또는 용역의 공급에 대한 면세) ① 다음 각 호의 재화 또는 용역의 공급에 대하여는 부가가치세를 면제한다.
> 1. 가공되지 아니한 식료품[식용(食用)으로 제공되는 농산물, 축산물, 수산물과 임산물을 포함한다] 및 우리나라에서 생산되어 식용으로 제공되지 아니하는 농산물, 축산물, 수산물과 임산물로서 대통령령으로 정하는 것

쉽게 생각할 수 있듯이 이 법조항을 둘러싸고 시비가 자주 붙는다. 가령 말린 고사리는 가공된 것인가?

> 부가가치세법 제26조(재화 또는 용역의 공급에 대한 면세) ① 다음 각 호의 재화 또는 용역의 공급에 대하여는 부가가치세를 면제한다.
> 1.~14. (생략)
> 15. 저술가·작곡가나 그 밖의 자가 직업상 제공하는 인적(人的) 용역으로서 대통령령으로 정하는 것

Tax In News

🎙 "수임료 일괄 부가세 부당"…서울변회, 위헌 신청 추진

변호사의 형사·행정사건 수임료에 일괄적으로 붙는 10%의 부가가치세를 폐지해야 한다는 주장이 나왔다. 회원 수 1만6,000명에 달하는 변호사단체인 서울변회는 헌법소원심판 청구 준비 작업에 들어갔다. 4일 법조계에 따르면 서울지방변호사회(회장 박종우)는 변호사의 형사·행정사건 수임료에 부과되는 부가세가 위헌이라는 취지의 헌법소원을 올 하반기 청구할 예정이다. 변호사계는 국가의 잘못을 따지는 형사사건과 행정소송을 진행하는 데 있어 변호사 수임료에 부가세가 일괄부과되는 것은 부당하다고 오랜 기간 주장해왔다. 변호사의 인적 용역은 지난 1999년 부가세법이 개정되며 공인회계사·세무사가 제공하는 인적 용역과 함께 면세 대상에서 제외됐다. 형사사건은 국가를 대리하는 검사를 상대로 위법 여부를 따진다. 행정기관의 법 집행행위를 상대로 진행하는 행정소송도 마찬가지다. 이 과정에서 변호인의 조력을 받는 것에 부가세를 매기는 것은 부

당하다는 게 변호사계의 주장이다. 특히 사업자 의뢰인은 부가세를 환급받을 수 있지만 일반 국민은 환급받을 길이 없어 결국 서민에게 납세 부담이 전가되는 부작용이 있다는 게 서울변회 측의 주장이다. 게다가 "현금을 낼 테니 10%를 할인해달라"는 역제안을 의뢰인에게 받는 등 탈세를 조장할 수 있어 제도 개편이 필요하다는 입장이다.

반면 법조계에서는 변호사 업계의 주장이 그대로 인정받기는 쉽지 않을 것이라는 전망도 나온다. 서울변회는 2015년에도 형사사건 의뢰인을 기본권 침해의 피해자로 상정해 헌법소원을 청구했으나 당사자 적격 문제로 각하돼 본안 판단을 받지 못했다. 정부도 변호사 업계의 방침에 반대 입장이다. 기획재정부 관계자는 "부가세는 최종 소비자가 납세 의무를 지는 것이 원칙"이라고 밝혔고 국세청 관계자는 "변호사 업계의 주장은 주택임대나 농수산물 판매처럼 납득할 만한 면세 이유가 분명하지 않아 설득력이 떨어진다"고 지적했다.

(2019년 7월 4일 언론보도)

1998년까지 민형사사건 변호수임료는 모두 부가가치세 면세 대상이었지만 김대중 정부 시절인 1999년부터 세수 증대 및 자영업자인 전문가들의 과표 양성화 등을 위해 부가가치세 대상에 포함됐다. 현행 부가가치세법에 따르면, 변호사 보수의 경우 형사소송법 및 군사법원법 등에 따른 국선변호인의 국선변호와 법률구조법에 따른 법률구조 및 변호사법에 다른 법률구조사업만 면세대상이고,[1] 나머지는 모두 과세대상이다. 최근 대법원 전원합의체 판결(2015다200111)에서 형사소송에서 변호인 직무가 가진 공공성과 윤리성을 중시하여 형사사건 성공보수 약정을 무효로 판단한 점에 비추어 보면, 형사사건 보수에 한해 면세하자는 주장은 꽤 설득력이 있어 보이기도 한다. 하지만, 형사사건에서도 성공보수가 아닌 다른 형식의 보수는 여전히 유효한 점, 최근 사회 지도층들의 형사범죄가 끊이질 않는 데다 형사사건을 맡는 변호인들의 수입도 상당한 것으로 파악되고 있는 점, 현행 법에서 국선변호인의 국선변호 등을 면세하고 있는 상황에서, 이를 제외한 형사사건 보수의 면세는 부가가치세 면세 논거들인 역진성의 완화, 구조적 및 이론적 이유 어디에도 해당하지 않는 점 등에 비추어 보면, 위 면세주장에 대한 회의적인 시각과 우려도 상존한다고 평가할 수 있을 것이다.

---

1) 부가가치세법 시행령 제42조 제2호 가목.

(2) 이론적 측면: 금융보험업 및 토지의 매매

> 부가가치세법 제26조(재화 또는 용역의 공급에 대한 면세) ① 다음 각 호의 재화 또는 용역의 공급에 대하여는 부가가치세를 면제한다.
> 1.~10. (생략)
> 11. 금융·보험 용역으로서 대통령령이 정하는 것
> 12.~13. (생략)
> 14. 토지

이 두 가지를 설명하자면 매우 길고 어려운 분석이 필요하다. 관심이 있는 사람은 본격적 교과서를 보기 바라고, 여기에서는 그냥 금융보험업과 토지는 면세라고 기억해 두고 넘어가자. 혼동하지 말 것으로, 토지의 임대는 용역의 공급으로서 과세한다. 토지의 매매만 면세한다.

토지의 양도는 면세하나 건물의 양도는 과세하므로, 사업자가 토지와 건물을 함께 양도하는 경우 토지와 건물의 각 공급가액을 어떤 기준으로 정할 것인지 문제된다. 실지거래가액에 의하는 것이 원칙이나, 그 가액의 구분이 불분명한 경우 기준시가 등 법에서 정한 기준으로 안분계산이 필요하다(부가가치세법 제29조 제9항 및 같은 법 시행령 제64조).

Tax In News

🎤 비워가는 나라 곳간…'성역' 부가가치세율의 유혹이~

부가가치세는 1977년 도입돼 2019년 현재 부가가치세수는 70조8000억원으로, 국세수입의 약 24.1%를 차지하고 있다. 10년 전인 2009년 부가가치세수는 47조원이었으나 국세 대비 비중은 28.6%로 국세의 1/3 가량을 차지하는 등 단일 세목으로는 엄청난 세수입을 자랑하는 세목이다.

우리나라 부가가치세율 10%는 OECD 회원국 34개국 중 32위 수준이다. 2019년 OECD 평균 부가가치세율은 19.3%로, 이탈리아, 프랑스, 영국은 20%대이며 우리나라, 독일, 일본 등이 10%대, 캐나다가 5% 수준으로 낮은 편에 속한다. 최근 10년간 세율 변화를 살펴보면, 2010년 OECD 평균 부가가치세율은 18.2%에서 2019년 19.3%로 1.1%p가 상승했다. 또한, 2010년과 2019년을 비교했을 때 세율을 인상한 국가는 19개국이었으며, 우리나라와 같이 세율을 유지한 국가는 15개국, 세율을 낮춘 국가는 1개국이다. 세계적인 추세로 보았을 때 부가가치세율은 점차 높아져가고 있다.

(2020년 9월 3일 언론보도)

Ⅳ. 기타 문제

1. 면세의 포기

면세의 포기도 가능하다. 다만 모든 면세대상에 대하여 인정되는 것은 아니고, ① 영세율의 적용대상이 되는 것과 ② 면세대상으로 열거된 것 중 (i) 주택 및 부수토지의 임대 용역(12호), (ii) 일정한 사업 규모를 갖추지 아니한 특정 인적 용역(제15호), 그리고 (iii) 공익목적 단체가 공급하는 재화나 용역(18호)에 한하여 면세의 포기가 인정된다(부가가치세법 제28조 제1항). 면세의 포기를 신고하면 신고한 날부터 3년간 면세를 받지 못한다(같은 조 제2항).

2. 과세사업과 면세사업의 겸영

(1) 면세재화의 과세사업 전용

과세사업에 사용하기 위하여 매입한 것으로서 매입세액을 공제받은 재화를 면세사업에 전용하는 것을 재화의 공급으로 의제함은 이미 보았다. 반대로, 면세사업에 사용하기 위하여 매입한 것으로 매입세액을 공제받지 못한 재화를 과세사업에 전용하면 매입세액을 공제해 주어야 하는지 문제된다. 현행법은 모든 재화가 아니라 감가상각자산에 한하여 매입세액공제의 특례를 인정하고 있다(부가가치세법 제43조). 다만 해당 자산이 시간이 지날수록 가치가 감소한다는 점을 고려하여 일정한 과세기간(건물이나 구축물은 20년, 그 밖의 자산은 4년)을 한도로 경과된 과세기간의 수에 따라 매입세액공제가 줄어든다(같은 법 시행령 제85조 제1항).

(2) 공통사용재화의 안분 문제

과세사업과 면세사업에 공통으로 사용하는 재화가 있는 경우 안분 계산이 필요하다. 공통으로 사용할 재화를 매입한 경우 매입세액 중 면세사업에 관련된 매입세액은 매출세액에서 공제할 수 없으므로 그 계산이 문제된다. 각 사업에 실제로 얼마나 쓰는지를 따질 수 있으면 그에 따르고, 아니면 각 사업의 매출액(공급가액)의 비율로 안분하는 것이 원칙이다. 두 사업에 공통으로 사용하던 재화를 남에게 공급하면 과세사업분이 얼마인가를 정해야 하므로, 이 경우에도 안분이 필요하다. 안분기준은 직전 과세기간의 공급가액에 의하는 것이 원칙이다.

 연습문제

부가가치세법상 부가가치세가 면제되는 재화 또는 용역에 해당하지 않는 것은?

① 도서
② 은행업
③ 연탄과 무연탄
④ 토지의 임대

정답 ④

해설 ④ 토지의 매매는 면세이나, 토지의 임대는 용역의 공급(재화의 사용)으로서 부가가치세 과세대상이다.
① 도서의 공급을 면세하는 것은 도서의 이용을 장려하기 위한 것이다.
② 은행업의 면세는 부가가치세의 구조에 기인한 것이고, ③ 연탄과 무연탄을 면세하는 것은 최종소비자의 단계에서 면세를 통해 소비자 가격을 낮추어 부가가치세의 역진성을 완화하기 위한 것이다.

제2절 간이과세

Ⅰ. 간이과세자의 범위

> 부가가치세법 제2조(정의) 이 법에서 사용하는 용어의 뜻은 다음과 같다.
> 1.~3. (생략)
> 4. "간이과세자"(簡易課稅者)란 제61조 제1항에 따라 직전 연도의 공급대가의 합계액이 대통령령으로 정하는 금액에 미달하는 사업자로서, 제7장에 따라 간편한 절차로 부가가치세를 신고·납부하는 개인사업자를 말한다.
>
> 부가가치세법 제61조(간이과세의 적용범위) ① 직전 연도의 재화와 용역의 공급에 대한 대가(부가가치세가 포함된 대가를 말하며, 이하 "공급대가"라 한다)의 합계액이 8천만원부터 8천만원의 130퍼센트에 해당하는 금액 이하의 범위에서 대통령령으로 정하는 금액에 미달하는 개인사업자는 이 법에서 달리 정하고 있는 경우를 제외하고는 제4장부터 제6장까지의 규정에도 불구하고 이 장의 규정을 적용받는다. (단서 생략)

사업규모가 일정한 수준에 미치지 못하는 사업자가 재화나 용역을 공급할 때마다 세금계산서를 주고받아 1년에 4번이나 신고납부의무를 이행하는 것은 버거운 일이고, 국가로서도 이들 관리에 들이는 노력에 비하여 세수확보에 큰 보탬이 되지 않는다. 이리하여 법은 소규모 사업자의 경우 간편한 절차로 부가가치세를 내게 하는 간이과세 제도를 두고 있다.

간이과세는 개인사업자라야 적용되고 법인사업자는 사업규모에 관계없이 간이과세를 적용받을 수 없다. 간이과세의 적용기준은 직전 연도의 재화와 용역의 공급대가를 기준으로 8,000만원 미만이다. 여기서 공급대가는 공급가액에 부가가치세를 포함한 금액을 말한다. 가령 공급가액이 100원이면 공급대가는 110원(＝100원＋10원)이다. 한편 연간 공급대가가 4,800만원에도 미치지 못하면 아예 납부의무도 면제된다(부가가치세법 제69조 제1항). 다만 이 경우 납부의무가 면제되는 것이므로, 신고의무는 이행해야 한다.

간이과세자의 경우에도 거래징수의무와 세금계산서 발행의무가 있다.[2] 다만, 가산세의 경우 사업자등록 신청과 관련된 것만 적용된다. 부가가치세를 납부하기는 하나 세액을 계산하는 방식도 전혀 다르다. 다만 재화의 공급의제 등 과세대상 거래의 범위는 일반과세와 다를 바 없고, 간이과세자에게도 영세율과 면세가 적용된다.

Tax In News

🎙 간이과세자 8천만원, 납부면제자는 4천800만원으로 기준금액 상향

연매출 8천만원 미만 사업자가 간이과세사업자로 인정되며, 이들 간이과세자 가운데 부가세 납부가 면제되는 매출액 기준이 종전 3천만원에서 4천800만원으로 인상된다. 이번 간이과세자 기준이 대폭 상향됨에 따라 일반사업자 가운데 약 23만명이 간이과세사업자로 전환되며 세금감면 혜택이 1인당 117만원에 달할 전망이다. 또한 부가세가 면제되는 매출금액 상향 조정으로 간이과세자 가운데 약 34만명이 절세 혜택을 누릴 것으로 예상된다.

(2020년 7월 22일 언론보도)

현행법상 간이과세자를 정하는 기준은 직전연도 재화와 용역의 공급대가 8,000만원미만이다. 간이과세제도의 기준금액을 낮추면 그만큼 과세형평을 해치게 된다. 간이과세자의 납부세액 계산구조가 일반 과세자의 그것과 크게 다를 바 없지만, 잠시 뒤에 배우겠지만, 매출액 파악이 불가능하다는 점이 간이과세제도의 진짜 맹점이다. 결국, 배보다 배꼽이 더 크다는 속담이 보여주듯이 간이과세제도의 존치는 필요악인 측면이 있다. 하지만, 사회 전체적으로 자영업자들의 거래질서가 투명화 될수록 간이과세자의 기준을 낮추는 것이 합당할 것이다. 위 최근 언론보도는 간이과세자의 기준을 높이는 법안이 통과되었다는 내용이다. 오랜 기간 물가상승을 감안해야 한다는 점에서 보면 수긍할만하다. 하지만, 4,800만원에서 8,000만원으로의 대폭 상향은 물가상승만으로는 충분히 설명되지

---

2) 이는 2020년 말 부가가치세법 개정 시 간이과세자 매출기준이 4,800만원에서 8,000만원으로 상향조정되었지만, 이에 따라 일반사업자에서 간이과세 사업자로 그 지위가 변경되더라도 이들에 대해서는 여전히 거래징수의무와 세금계산서 발행의무가 유지된다는 말이다.

않는다. 정치권이 간이과세자의 범위를 확대하는데 관심이 큰 이유는 무엇일까? 혹시 정치권의 유일한 관심은 유권자의 표심에 있다는 우리의 정치 현실의 수준을 여실히 드러내는 또 하나의 사례 아닐까?

Ⅱ. 과세기간과 신고·납부기한

> 부가가치세법 제5조(과세기간) ① 사업자에 대한 부가가치세의 과세기간은 다음 각 호와 같다.
> 1. 간이과세자: 1월 1일부터 12월 31일까지
>
> 부가가치세법 제67조(간이과세자의 신고와 납부) ① 간이과세자는 과세기간의 과세표준과 납부세액을 그 과세기간이 끝난 후 25일(폐업하는 경우 제5조 제3항에 따른 폐업일이 속한 달의 다음 달 25일) 이내에 대통령령으로 정하는 바에 따라 납세지 관할 세무서장에게 확정신고를 하고 납세지 관할 세무서장 또는 한국은행등에 납부하여야 한다.

    간이과세자의 과세기간은 6개월이 아닌 1년이므로, 신고납부도 1년에 한 번만 하면 된다. 또한 일반과세자의 경우에는 과세기간 개시일로부터 3개월간의 예정신고기간에 대하여도 실제 실적에 따라 신고납부의무를 부담하나, 간이과세자의 경우에는 올해 실적이 아니라 작년 납부세액의 절반을 정부가 부과하고, 이렇게 미리 낸 세액은 납부세액에서 **빼** 준다.

Ⅲ. 납부세액의 계산

> 부가가치세법 제63조(간이과세자의 과세표준과 세액) ① 간이과세자의 과세표준은 해당 과세기간(제66조 제2항 또는 제3항에 따라 신고하고 납부하는 경우에는 같은 조 제1항에 따른 예정부과기간을 말한다. 이하 이 조에서 같다)의 공급대가의 합계액으로 한다.
> ② 간이과세자의 납부세액은 다음의 계산식에 따라 계산한 금액으로 한다. 이 경우 둘 이상의 업종을 겸영하는 간이과세자의 경우에는 각각의 업종별로 계산한 금액의 합계

> 액을 납부세액으로 한다.
>
> 납부세액＝제1항에 따른 과세표준×직전 3년간 신고된 업종별 평균 부가가치율 등을 고려하여 5퍼센트에서 50퍼센트의 범위에서 대통령령으로 정하는 해당 업종의 부가가치율×10퍼센트

　간이과세자의 경우 납부세액을 구하는 공식은 '공급대가×업종별 부가가치율×10%'이다. 부가가치세가 포함된 금액인 공급대가가 간이과세자의 매출액이고, 매출액에서 매입액을 차감한 금액이 부가가치이므로, 결국 위 공식은 일반과세자의 납부세액 계산공식과 다를 바 없다. 즉 (매출액×부가가치율×10%)＝(매출액－매입액)×10%＝(매출세액－매입세액)이라는 등식이 성립한다. 식 자체는 그렇지만 간이과세의 진짜 맹점은 최종소비자 단계의 매출액을 확인하기 어렵다는 데에 있다.

　매출액에 부가가치율을 곱한 금액을 기준으로 세율을 적용하므로 매입세액 공제는 이미 반영된 것이지만, 간이과세자가 매입 세금계산서를 수취하여 제출하면 그 세금계산서에 적힌 매입세액의 일부[3]를 납부세액에서 공제해 준다(부가가치세법 제63조 제3항). 간이과세자의 앞 단계에서 이루어질 수 있는 매출액 누락을 방지하기 위한 유인책이다.

Ⅳ. 사업자의 지위 전환: 간이과세자 ↔ 일반과세자

　매출액이 바뀌면 간이과세자가 일반과세자로 혹은 반대로 지위변동이 일어나게 마련이다. 간이과세자가 일반과세자로 바뀌면 보유하는 재고자산이나 감가상각자산의 잔존가치 부분[4]에 붙어 있는 매입세액 상당액을 재고매입세액으로 공제받는다. 위와 반대로, 일반과세자에서 간이과세자로 변경된 사업자는 과다

---

3) 곧 매입세액에 부가가치율을 곱한 금액인데, 반드시 부가가치율을 공제율로 쓸 이유는 없다.
4) 법인세법이나 소득세법상 감가상각 방법이 아니라 부가가치세법에서 정한 정액법으로 계산한다(부가가치세법 시행령 제86조 제3항).

하게 공제받은 매입세액 상당액을 재고매입세액으로 납부해야 한다.

 연습문제

[2013년 방송통신대 기말시험]

부가가치세법상 간이과세에 관한 설명으로 틀린 것은?

① 간이과세는 영세사업자가 간편하게 부가가치세 납부세액을 계산하도록 하기 위한 특례제도이다.
② 간이과세자의 과세표준인 공급대가는 부가가치세가 포함된 금액이다.
③ 법인사업자도 직전 연도의 공급대가 합계액이 4,800만원에 미달하는 경우 간이 과세를 적용받는 경우가 있을 수 있다.
④ 간이과세자의 해당 과세기간에 대한 공급대가의 합계액이 4,800만원 미만이면 납부의무가 면제된다.

정답 ③

해설 ③ 법인사업자는 사업규모에 관계없이 적용받을 수 없다.
   ① 간이과세제도의 취지에 관한 설명이다.
   ② 공급대가와 공급가액의 관계는 '공급대가＝공급가액＋부가가치세'의 산식으로 표시할 수 있다.
   ④ 신고의무는 이행해야 한다.

제3절   국제거래의 과세

I. 속지주의 원칙: 납세의무자의 내외 구별이 없다

부가가치세법 제19조(재화의 공급장소) ① 재화가 공급되는 장소는 다음 각 호의 구분에 따른 곳으로 한다.

1. 재화의 이동이 필요한 경우: 재화의 이동이 시작되는 장소
2. 재화의 이동이 필요하지 아니한 경우: 재화가 공급되는 시기에 재화가 있는 장소

부가가치세법 제20조(용역의 공급장소) ① 용역이 공급되는 장소는 다음 각 호의 어느 하나에 해당하는 곳으로 한다.
1. 역무가 제공되거나 시설물, 권리 등 재화가 사용되는 장소
2. 국내 및 국외에 걸쳐 용역이 제공되는 국제운송의 경우 사업자가 비거주자 또는 외국법인이면 여객이 탑승하거나 화물이 적재되는 장소
3. 제53조의 2 제1항에 따른 전자적 용역의 경우 용역을 공급받는 자의 사업장 소재지, 주소지 또는 거소지

소득세제의 경우에는 거주자나 내국법인은 속인주의를 기준으로 국내원천소득뿐만 아니라 국외원천소득을 포함하는 전세계소득을 과세한다. 이와 달리 부가가치세의 경우에는 철저하게 속지주의에 따른다. 부가가치세법의 적용범위는 위 공급장소 개념에 의존할 뿐이고 내국법인이나 외국법인의 구분 같은 인적 적용범위에 관한 조문은 아예 없다.

Tax In News

🎙 구글 · 페북에 7월부터 부가세 부과⋯소비자요금 10% 인상

오는 7월부터 구글과 페이스북, 유튜브 등 해외 정보기술(IT) 대기업에 부가가치세가 부과된다. 소비자요금과 광고비 등도 10% 인상될 것으로 전망된다. 19일 국회와 정보통신기술(ICT) 업계에 따르면 구글은 최근 클라우드 등 유료 계정 보유자들에게 이메일을 보내 '대한민국 법규에 따라 7월 1일부터 사업자등록번호를 제공하지 않은 계정에 10%의 부가가치세(VAT)가 부과된다'고 통지했다. 내달부터 구글 · 페이스북 · 아마존웹서비스(AWS) · 에어비앤비 · 유튜브 등 해외 디지털 기업의 B2C(기업과 소비자간) 거래에 부가가치세가 부과되는 것을 고려한 조치다. 박선숙 바른미래당 의원이 대표 발의해 작년 12월 국회를 통과한 부가가치세법 일부개정법률안은 7월부터 해외 디지털 기업이 B2C 인터넷 광고, 클라우드컴퓨팅, 공유경제, 온라인과 오프라인 연계(O2O) 서비스 등에서 이익을 거뒀을 때 부가가치세를 부과할 법적 근거를 담고 있다. 이에 따라 다음 달

부터 해외사업자들이 구글처럼 부가가치세 부과분을 고객들에게 전가할 것으로 보인다.

　부가가치세 부과로 해외 IT 기업의 서비스 요금이 10% 인상되면 국내 기업들의 가격 경쟁력이 상대적으로 높아질 것으로 전망된다. 또 베일에 싸여있던 해외 IT 기업의 국내 B2C 거래 수입 규모를 가늠할 수 있는 자료 확보도 가능할 것으로 보인다. 박 의원은 지난 3월 기업 간(B2B) 거래에 부가가치세를 부과하는 법안을 발의했다. 이 법안이 국회를 통과하면 해외사업자 수입의 상당 부분을 가늠할 수 있을 것으로 기대된다. IT업계 관계자는 "그동안 부가가치세 차이 때문에 해외 IT 기업들이 국내 업체보다 10% 낮은 가격을 제시해 역차별 논란이 일었다"며 "B2C보다 규모가 큰 해외 IT 사업자의 B2B 클라우드, 광고 등에 부가가치세를 부과할 수 있게 되면 이런 문제가 많이 해소될 것"이라고 말했다.

(2019년 6월 19일 언론보도)

　2014. 12. 23. 국외사업자의 전자적 용역에 대해서 부가가치세를 매기는 입법(제53조의2)이 이루어져, 2015. 7. 1.부터 시행에 들어갔다. 가령, 구글이 한국에서 벌어들이는 앱거래로 인한 매출에 대해 부가가치세를 매기는 것으로 법을 만든 것이다. 위 규정의 도입 전에도 국내 앱 개발사들이 구글의 한국 내 앱거래에 대해 부가가치세를 내도록 되어 있었다. 따라서 개정규정은 국내 앱 개발사들이 내던 부가가치세를 구글이 대신 내는 것일 따름이다. 이러한 문제가 생기는 근본적인 이유는 무엇일까? 구글이 국내에 사업장을 두고 있지 않기 때문이다. 국내 사업장이 없으면, 부가가치세를 걷지 못한다는 것은 부가가치세가 철저한 속지주의를 따르고 있기 때문이다. 인터넷과 정보통신기술 발달의 영향으로 장소적 개념에 지탱하고 있는 부가가치세의 속지주의가 그대로 유지될 수 있을까?

Ⅱ. 소비지 과세원칙

1. 영세율

부가가치세법 제21조(재화의 수출) ① 재화의 공급이 수출에 해당하면 그 재화의 공급에 대하여는 30조에도 불구하고 영(零) 퍼센트의 세율(이하 "영세율")을 적용한다.

부가가치세법 제22조(용역의 국외공급) 국외에서 공급하는 용역에 대하여는 제30조에도 불구하고 영세율을 적용한다.

부가가치세법 제23조(외국항행용역의 공급) ① 선박 또는 항공기에 의한 외국항행용역의 공급에 대하여는 제30조에도 불구하고 영세율을 적용한다.

부가가치세법 제24조(외화 획득 재화 또는 용역의 공급 등) ① 제21조부터 제23조까지의 규정에 따른 재화 또는 용역의 공급 외에 외화를 획득하기 위한 재화 또는 용역의 공급으로서 다음 각 호의 어느 하나에 해당하는 경우에는 제30조에도 불구하고 영세율을 적용한다.

① 수출재화, ② 국외에서 공급하는 용역, ③ 외국항행용역, ④ 기타 외화를 획득하기 위한 재화 또는 용역에 대하여는 영의 세율을 적용한다. 따라서 매출세액은 0원이 되고 매입세액은 환급받게 된다. 가령 수출재화의 경우 국내 생산 단계에서 납부한 세금을 수출시점에서 전액 돌려주게 되므로, 우리나라의 세금 부담이 전혀 없게 된다(영세율＝완전면세). 우리나라에서 생산한 재화나 용역도 해외에 있는 사람이 소비하는 것인 이상 우리나라에서는 세금을 물리지 않는다는 말이다. 이것을 '소비지 과세원칙'이라 부른다. 우리나라뿐만 아니라 다른 나라도 다 그렇게 하고 있다.

[심화학습] 소비세의 국제적 분배기준: 생산지 과세원칙 vs 소비지 과세원칙

부가가치세 세수를 국제적으로 배분하는 기준으로는 생산지 과세원칙(origin principle)과 소비지 과세원칙(destination principle)이 있다. 생산지 과세원칙은 과세

기간 중 온 세계가 소비한 재화나 용역 가운데 각국이 생산한 분량을 기준으로 세수를 나누자는 생각이고, 소비지 과세원칙은 생산한 분량이 아니라 소비한 분량을 기준으로 소비세의 세수를 나누자는 생각이다.

　가령 A국은 총생산액 500원 중 300원을 소비한 다음 나머지 200원을 수출하고, B국은 총 생산액 300원에 더하여 A국으로부터 수입한 200원을 합한 500원을 소비한다고 가정하자. 양국 간 세수의 분배기준에 관하여 생산지과세 원칙은 각국의 생산량인 500원 대 300원으로 정하자는 것이고, 소비지과세 원칙은 각국의 소비량인 300원 대 500원으로 정하자는 것이다.

2. 수입물품에 대한 부가가치세와 대리납부

(1) 수입물품에 대한 부가가치세

부가가치세법 제3조(납세의무자) 다음 각 호의 어느 하나에 해당하는 자로서 개인, 법인(국가·지방자치단체와 지방자치단체조합을 포함한다), 법인격이 없는 사단·재단 또는 그 밖의 단체는 이 법에 따라 부가가치세를 납부할 의무가 있다.
1. (생략)
2. 재화를 수입하는 자

부가가치세법 제58조(징수) ② 재화의 수입에 대한 부가가치세는 세관장이 「관세법」에 따라 징수한다.

부가가치세법 제50조(재화의 수입에 대한 신고·납부) 제3조 제2호의 납세의무자가 재화의 수입에 대하여 「관세법」에 따라 관세를 세관장에게 신고하고 납부하는 경우에는 재화의 수입에 대한 부가가치세를 함께 신고하고 납부하여야 한다.

부가가치세법 제35조(수입세금계산서) ① 세관장은 수입되는 재화에 대하여 부가가치세를 징수할 때(…)에는 수입된 재화에 대한 세금계산서(이하 "수입세금계산서"라 한다)를 대통령령으로 정하는 바에 따라 수입하는 자에게 발급하여야 한다.

부가가치세법 제29조(과세표준) ② 재화의 수입에 대한 부가가치세의 과세표준은 그 재화에 대한 관세의 과세가격과 관세, 개별소비세, 주세, 교육세, 농어촌특별세 및 교통·에너지·환경세를 합한 금액으로 한다.

부가가치세 제38조(공제하는 매입세액) ① 매출세액에서 공제하는 매입세액은 다음 각 호의 금액을 말한다.
1. (생략)
2. 사업자가 자기의 사업을 위하여 사용하였거나 사용할 목적으로 수입하는 재화의 수입에 대한 부가가치세액

소비지 과세원칙에 따르면, 재화의 수입은 국내에서 생산된 재화와 마찬가지로 과세대상에 포함해야 한다. 우리나라 안에서 소비할 것이기 때문이다. 다만 공급자가 국외에 있는 만큼 그런 자에게 우리나라에 신고납세하라고 시키기는 어렵다. 이리해서 법은 세관장이 관세를 징수할 때 부가가치세도 같이 징수하라고 정하고 있다. 이 말은 재화를 수입하는 자는 그가 사업자이든 아니든 세관장에게 관세를 납부할 의무가 있다는 말이기도 하다. 재화를 수입하는 자가 사업자인 경우에는 세관장이 징수한 매입세액을, 국내의 공급자에게 거래징수당한 매입세액이나 마찬가지로 매출세액에서 공제받을 수 있다.

(2) 대리납부

> 부가가치세법 제52조(대리납부) ① 다음 각 호의 어느 하나에 해당하는 자(이하 이 조, 제53조 및 제53조의 2에서 "국외사업자"라 한다)로부터 국내에서 용역 또는 권리(이하 이 조 및 제53조에서 "용역등"이라 한다)를 공급(국내에 반입하는 것으로서 제50조에 따라 관세와 함께 부가가치세를 신고·납부하여야 하는 재화의 수입에 해당하지 아니하는 경우를 포함한다. 이하 이 조 및 제53조에서 같다)받는 자(공급받은 그 용역등을 과세사업에 제공하는 경우는 제외하되, 제39조에 따라 매입세액이 공제되지 아니하는 용역등을 공급받는 경우는 포함한다)는 그 대가를 지급하는 때에 그 대가를 받은 자로부터 부가가치세를 징수하여야 한다.
> 1. 「소득세법」 제120조 또는 「법인세법」 제94조에 따른 국내사업장(이하 이 조에서 "국내사업장"이라 한다)이 없는 비거주자 또는 외국법인
> 2. 국내사업장이 있는 비거주자 또는 외국법인(비거주자 또는 외국법인의 국내사업장과 관련없이 용역등을 공급하는 경우로서 대통령령으로 정하는 경우만 해당한다)

용역은 그 성질상 통관이라는 절차를 거치지 않고 우리 국내로 넘어온다. 따라서 세관장이 징수할 길이 없다. 그렇다면 수입하는 용역에 대한 부가가치세는 해외에 있는 공급자나 국내에서 용역을 제공받는 자 중 하나에서 걷을 수밖에 없다. 위 법조는 후자에게 세금을 낼 의무를 지우는 것이다. 해외에 있는 공급자가 우리나라의 세율에 따른 부가가치세를 우리나라에 자진 납부하는 것을 기대하기가 어렵기 때문에, 그자 대신 용역을 공급받는 자더러 세금을 내라는 말이다. 이를 대리납부(reverse charge)라고 한다.

그런데 용역을 공급받는 자가 사업자인 경우에는 해당 용역에 대한 수입부

가가치세를 매출세액에서 공제받을 수 있으므로, 구태여 대리납부의무를 지울 이유가 없다. 그렇다면 대리납부의무를 부담시킬 실익이 있는 자는 부가가치세의 사슬에서 제외되어 있어 매입세액을 매출세액에서 공제받을 수 없는 최종소비자와 면세사업자 등이다. 그러나 개인소비자에게 대리납부의무를 강제하는 것은 불가능하므로, 현실적으로 대리납부가 이행될 것으로 기대할 수 있는 것은 면세사업자에 국한된다. 요컨대, 비거주자로부터 용역을 공급받아 이를 면세사업에 제공하는 자만이 대리납부의무를 부담한다.

[심화학습] 국외사업자의 용역 등 공급에 관한 특례

부가가치세법 제53조는 다음과 같이 규정하고 있다.

① 국외사업자가 제8조에 따른 사업자등록의 대상으로서 다음 각 호의 어느 하나에 해당하는 자(이하 "위탁매매인등"이라 한다)를 통하여 국내에서 용역 등을 공급하는 경우에는 해당 위탁매매인등이 해당 용역등을 공급한 것으로 본다.

1. 위탁매매인
2. 준위탁매매인
3. 대리인
4. 중개인(구매자로부터 거래대금을 수취하여 판매자에게 지급하는 경우에 한정한다)

② 국외사업자로부터 권리를 공급받는 경우에는 제19조 제1항에도 불구하고 공급받는 자의 국내에 있는 사업장의 소재지 또는 주소지를 해당 권리가 공급되는 장소로 본다.

최종소비자의 대리납부의무는 현실적으로 실효성이 없다. 위 규정은 이에 대한 보완책으로 들여온 것인데, 위탁매매와 대리 등에 한하여 적용되므로 그 적용범위가 협소하다.

연습문제

[2011년 방송통신대 기말시험 수정]

부가가치세법상 영세율제도에 관한 설명으로 옳지 않은 것은?

① 영세율이 적용되는 공급자에게는 매입세액의 공제가 인정된다.
② 매출세액이 발생하지 않는 것은 영세율이나 면세 똑같다.
③ 선박 또는 항공기에 의한 외국항행용역의 공급은 영세율 적용대상이다.
④ 금융보험용역은 영세율 적용대상이다.

정답 ④

해설 ④ 금융보험용역은 면세 적용대상이다.
①, ② 영세율의 경우 매출세액이 없고, 매입세액은 전부 환급해 주므로, 세부담이 발생하지 않아 완전면세라고 부르기도 한다.
③ 그 밖에 영세율 적용대상으로 수출하는 재화, 국외에서 제공하는 용역 등이 있다.

공저자 약력

이 창 희
공인회계사, 미국변호사
서울대학교 법과대학 졸업
미국 하버드대학교 법학석사
미국 하버드대학교 법학박사
현재: 서울대학교 법학대학원 교수

임 상 엽
세무사
서울대학교 자연과학대학 졸업
서울대학교 법학석사
서울대학교 법학박사
(전) 서울대 및 서울시립대 겸임교수

김 석 환
미국변호사
고려대학교 법과대학 졸업
연세대학교 경영대학원 경영학석사(회계 전공)
미국 워싱턴대학교 법학석사 및 LL.M. in Taxation
서울대학교 법학박사
현재: 강원대학교 법학전문대학원 교수

윤 지 현
변호사
서울대학교 법과대학 졸업
서울대학교 법학석사
미국 조지타운대학교 법학석사
서울대학교 법학박사
현재: 서울대학교 법학대학원 교수

이 재 호
공인회계사
고려대학교 경영대학 졸업
경희대학교 법학석사
서울대학교 법학박사
미국 조지타운대학교 LL.M. in Taxation
(전) 서울시립대학교 법학전문대학원 교수
현재: BnH 세무법인 상임고문

제 2 판
세법입문

초판발행   2017년 1월 30일
제 2 판발행   2021년 3월 10일

공저자   이창희·임상엽·김석환·윤지현·이재호
펴낸이   안종만·안상준

편 집   김선민
기획/마케팅   조성호
표지디자인   박현정
제 작   우인도·고철민·조영환

펴낸곳   (주) **박영사**
              서울특별시 금천구 가산디지털2로 53, 210호(가산동, 한라시그마밸리)
              등록 1959. 3. 11. 제300-1959-1호(倫)

전 화   02)733-6771
f a x   02)736-4818
e-mail   pys@pybook.co.kr
homepage   www.pybook.co.kr
ISBN   979-11-303-3891-0   93360

정 가   29,000원